郊外の果てへの旅／混住社会論

Voyage au bout la banlieue／Sur la société mélangée

O d a　M i t s u o
小田光雄

論　創　社

さまざまな事件を、大事件と小事件との区別なく、ものがたる年代記作者が、期せずして考慮にいれている真理がある。かつて起こったことは何ひとつ、歴史から見て無意味なものとみなされてはならない、という真理だ。

——ベンヤミン「歴史哲学テーゼ」（『暴力批判論』所収、野村修訳、晶文社）

郊外の果てへの旅／混住社会論　目次

郊外の果てへの旅／混住社会論

序　郊外と混住社会

「混住社会」というタームが使われ始めたのは一九七二年度の『農業白書』からだとされている。

七〇年代初頭の日本の農業は、世界に例を見ない六〇年代以降の高度経済成長の激しい照り返しを受け、非農業部門との土地や水などの資源利用をめぐる競合の激化、地価の高騰、農業就業者構成の老齢化、後継者の離脱と不足などの多くの深刻な問題が生じていた。

その問題のひとつが「混住社会」であり、それをタームの発祥の地である七二年の『図説農業白書』（農林統計協会）が次のように分析している。

今日の農村社会は、都市化が広範に浸透しつつあるなかで地域的に異なった様相を示しながら複雑な変ぼうを遂げつつある。大都市近郊地帯では、土地の農業的利用と都市的利用の混在や通勤兼業農家の増大等を通じて農村社会は専業農家、兼業農家および非農家の混住する地域社会へと変ぼうしつつあるばかりでなく、動植物の生育環境の悪化などに伴い農業生産活動の円滑な遂行を困難にする要因が増大している。このような傾向は、都市化の進展等に伴い都市近郊地域からそれ以外の地域にしだいに波及しつつある。

これは一九六一年に公布された農業基本法に基づき、国会に提出された「農業の動向に関する年次報告」の一節である。ここから「混住する地域社会」＝「混住社会」なるタームが立ち上がっていくわけだが、官製用語としても、この「混住社会」という言葉は、その後の日本社会を考えるキーワードのひとつに数えることができるほど、有効なコンセプトを保ち続けたといえるだろう。もちろんそれは文章も含め、分析や叙述に官僚的スタイルが投影されているにしても、「今日の農村社会」に起きつつあったドラスティックな変化に対し、真摯な眼差しが向けられていたことによると思われる。

「混住社会」という新しい言葉が生み出された背景には、都市近郊において、農家と非農家が混住する地域が急増し、七〇年の農林省の農業集落調査によれば、農家と非農家の割合が46対54で、非農家のほうが多くなっていたことが挙

げられる。一九六〇年には61対39だったのである。そして
この傾向は七五年には30対70という結果に至り着いていた。
　柳田国男が一九二九年に著わした『都市と農村』（『柳田国男全集』29、ちくま文庫）というタイトルが象徴している

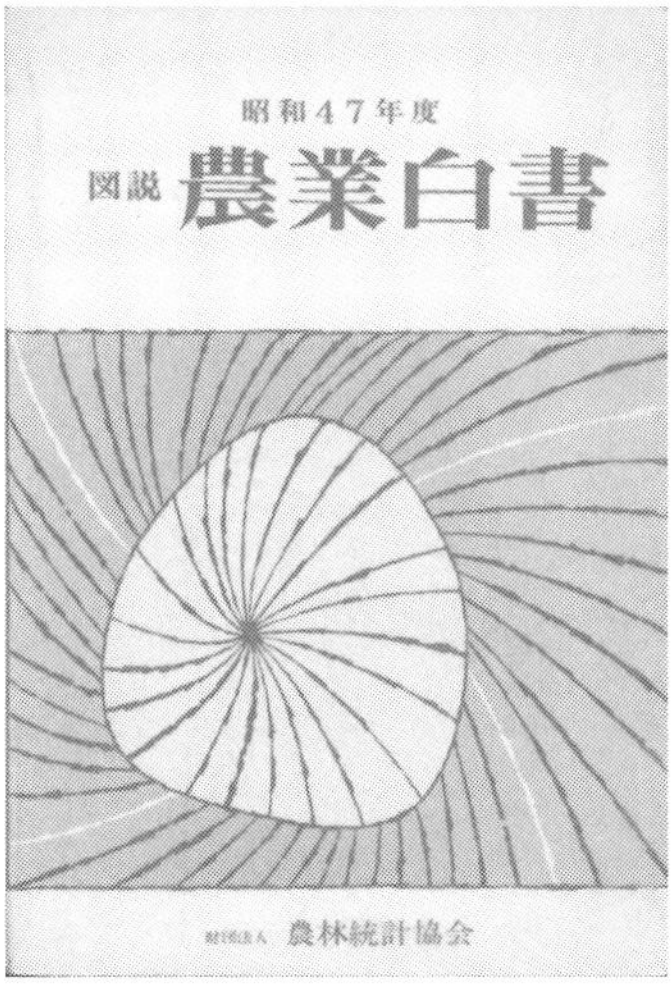

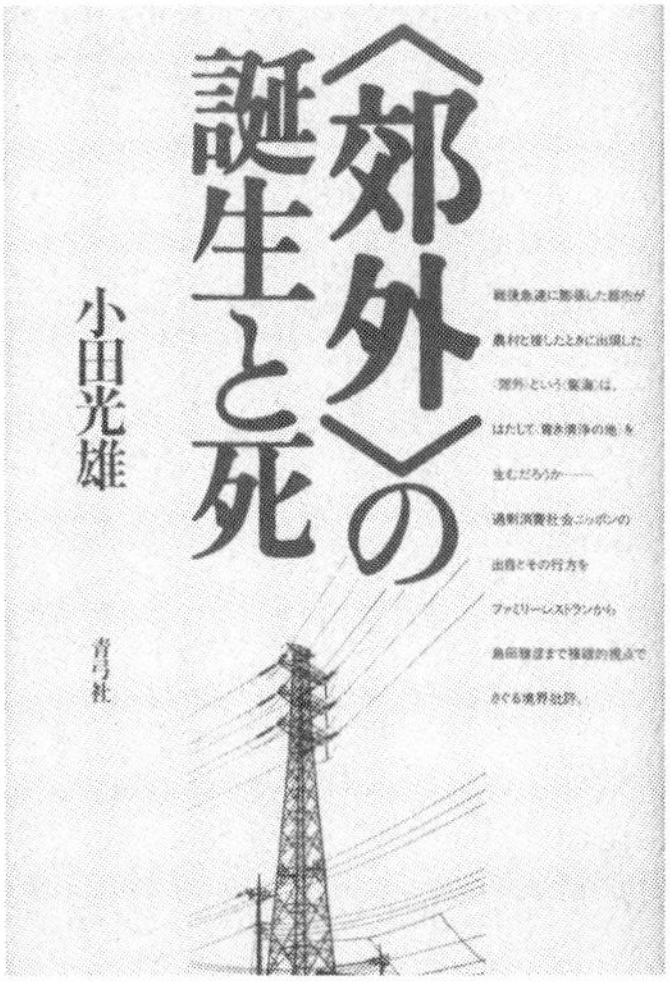

ように、都市と農村は経済的に対立するものであり、社会的にも空間的にも分離されていた。それは戦後も変わることなく続いていたが、六〇年代になって『白書』の指摘するごとく、「地域的に異なった様相を示しながら複雑な変ぼうを遂げつつある」事態を迎えていたことになる。
　長きにわたって農業を中心とし、農家を主要な構成員とする均一な地域社会であった農村が変貌していくこと、それを具体的に示すならば、農村の風景の変化に表われていた。つまり田や畑だった場所に工場や会社が建設されたり、団地や建売住宅地域が開発されたり、あるいはスプロール的に様々な職種から形成されるサラリーマンのマイホームやアパートが建ち並んでいくことを意味していた。そうした風景の転換は六〇年代から広範に起き始め、七〇年に至って農村は流入人口のほうが多くを占めるようになった。それは風景だけでなく、生活の混住でもあった。その結果、かつての農村は変貌し、都市でも地方でもない、あるいは村でも町でもない郊外＝混住社会を出現させつつあったといえる。
　それらの現象とパラレルに、敗戦後には１６００万人を超えていた農業就業人口は七五年には急減し、７００万人を割ってしまい、皮肉なことにそれは農業を保護するための農業基本法の成立と歩みをともにしたといえよう。その

かたわらで、戦後の日本社会はこれまで体験したことのない世界へと離陸し始めようとしていた。

それは消費社会化である。五〇年に50％近くを占めていた第一次産業就業人口は七〇年代を迎えて20％を割り、その代わりに第三次産業就業人口に至っては七三年に50％を超え、日本もまた欧米先進国と同様に消費社会化し、ソフト・サービス社会へと向かっていた。しかも七三年とはオイルショックが起き、重工業を中心とする高度成長期に終止符がうたれた年でもあり、それは脱工業化社会への移行をも示唆していた。

その消費社会化はモータリゼーションの進行ともパラレルで、七五年には二世帯に一台の乗用車保有となり、その他の耐久消費財と同様に家庭の必需品と化していったのである。つまり混住社会＝郊外の誕生は車をベースとする消費社会化を伴っていたことになる。それらを背景にして、ファミリーレストランを嚆矢とするロードサイドビジネスが次々と簇生していく。これは駐車場を備えた郊外型商業店舗の総称であり、当初は異なっていたファストフードやコンビニも郊外を主たる出店の場へと移し、それらに続いて、様々な物販やサービス業が加わり、郊外は八〇年代を通じて、大衆消費社会を造型していくことになる。

それゆえに八〇年代になって、かつて田や畑だった郊外の幹線道路の風景は、アメリカを出自とするロードサイドビジネスで埋め尽くされてしまい、ここでも様々な物販やサービス業の混住現象が起き、ロードサイド商店街の急速な形成を見ることになったのである。それは膨大な消費者たちを召喚し、誕生させた。この郊外消費社会の成長と隆盛が、従来の町の商店街を壊滅へと追いやる要因となったことはいうまでもないだろう。そして九〇年代になると、地域によってはこの混住社会の住人として日系ブラジル人たちも組みこまれていった。それも労働者、生活者、消費者としてだった。多彩な容姿の彼らの出現は郊外のアメリカ的風景と相俟って、農村だった過去が異国のような感慨をもたらした。

このような七〇年代に顕著になった混住社会から始まる郊外の物語と歴史について、私は一九九七年に『〈郊外〉の誕生と死』（青弓社、復刊・論創社）で詳述しておいた。それは農村→混住社会→郊外の誕生→ロードサイドビジネスの出現→郊外消費社会の到来という流れをたどり、その流れに伴って現われたアメリカ的風景と郊外文学の発生に言及し、バブル経済の終焉と郊外消費社会の飽和、過剰消費社会に迫りつつある少子高齢化と人口減少によって、郊外も緩慢な死へと向かいつつあることを示しておいた。その「あとがき」を記している時に、郊外のデッドエンドとそのゾーンを暗示するかのように、ヤオハンの倒産と酒鬼薔薇事件が起きてもいた。それから十五年が経ったことになる。

そして他ならぬ二〇一一年の東日本大震災と原発事故によって、郊外は死へと追いやられてしまったのである。それゆえにあらためて、郊外の混住社会のバックヤードにはシーサイドに位置していても、ロードサイドビジネスに他ならない原発が控えていたことに気づかされたのだ。各電力会社による原子力発電所＝原発が次々と建設され、営業運転を開始したのも七〇年代であり、それは郊外の誕生と併走していた。いってみれば、原発との混住を背景にして、郊外の成立と郊外消費社会の成長はあったとも考えられる。とすれば、郊外の誕生とは、死に至る危機を最初から内包していたことになり、その事実を、３・11は明らかにし、それが東日本のみならず、日本全体の郊外の構造であることをも露呈させてしまったことになる。

拙著を上梓した一九九七年の時点では、続けて『〈郊外〉の誕生と死』の前史を書くつもりでいた。それは十九世紀後半のフランスの百貨店の誕生から、二十世紀前半のアメリカのスーパーの展開による消費社会化、戦後の郊外の膨張とロードサイドビジネスをテーマとするものであった。

それに加えて、拙著で言及できなかった文学、映画、写真、コミック、資料を媒介として、近代日本の郊外の起源、欧米などの郊外の歴史をたどり、さらに広範に郊外を捉えるつもりでいた。それは同時に郊外の果てへの旅を意味するものでもあった。しかし図らずも、『〈郊外〉の誕生と死』の応用編として、たまたま出版状況論を書いたことによって、そちらのほうに時間をとられてしまったこと、それに続いて十九世紀の消費社会と近代の欲望を描いたゾラの「ルーゴン＝マッカール叢書」の翻訳に没頭したこともあって、そのまま長きにわたる中断という事態にならざるをえなかった。

しかしダイレクトな体験ではないにしても、３・11を経てきたこと、私も福島の人々と同様に、原発の近傍にあり、もし大地震が起きれば、同じような災厄に見舞われることが予想される。それは原発を近傍にして、しかもその被害が及ぶ近傍とは30キロ圏と想定されているので、郊外で生活している人々すべてに共通している危機だと見なせよう。そしてこれも原発における都市と農村の構図を想起させるのだ。

それらをふまえ、もう一度、郊外文学＝混住小説を考えてみたい。拙著では六七年の安部公房の『燃えつきた地図』（新潮文庫）から八三年の島田雅彦の『優しいサヨクのための嬉遊曲』（新潮文庫）までを論じておいたが、そこでもれた作品、それ以後の作品をたどることで、あらためて混住社会と郊外文学の意味を考察してみようと思う。

1　郊外の孤独な女たち
――桐野夏生『ＯＵＴ』前編（講談社、一九九七年）

桐野夏生の『ＯＵＴ』を最初に取り上げたのは、この作品が『〈郊外〉の誕生と死』の上梓とほぼ同時に刊行されていることに加え、私が本書の「序」で示した一九八〇年代に顕著になり、九〇年代に入って定着した郊外の風景やファクターが出揃い、『ＯＵＴ』という物語のフレームとバックヤードを形成しているからである。それはまったく同世代の桐野と私が同じ問題意識を共有しながら、やはり同じ時期に郊外をテーマとする小説と評論を書き続けていたことを意味していよう。

その事実はともかく、桐野の『ＯＵＴ』において前提となっているのは、タイトルにこめられているように、まさに郊外が「ＯＵＴ」の空間を表象していることだ。この英語の副詞の「ＯＵＴ」は多くの意味を含んでいるにしても、ここでは「外れて」「狂って」「間違って」といった訳語と解釈を採用すべきだろうし、それは物語と登場人物たちにもそのまま当てはまるものである。それは九〇年代にはいって起きたバブル経済の崩壊、阪神・淡路大震災、オウム真理教事件なども否応なく反映されていると見なせるだろう。

そして『ＯＵＴ』は「駐車場には、約束の時間よりも早めに着いた」と書き出されていくのだが、その冒頭の文章に続いて、まず登場人物たちが働く弁当工場が出現する。それは次のように説明されている。

弁当工場は武蔵村山市のほぼ中央、広大な自動車工場の灰色の塀が続く道に面してぽつんと立っている。周囲は埃っぽい畑地と小さな自動車整備工場群。空のよく見える平べったい土地だ。工場の駐車場はさらにそこから徒歩で三分、荒涼とした廃工場の先にある。

物語の進行につれて、この何気ない叙述と描写の中に、「弁当工場」が物語の重要な象徴的トポスとして、すでに提出されていることに気づかされる。

それゆえに引用部分に表出している固有名詞に注釈を施しておこう。

「弁当工場」はコンビニのためのもので、昼夜稼働し、深夜でも「不夜城」のように蛍光灯の照明を青白く輝かせ、

聳えていた。百人近い夜勤者は三分の一がブラジル人、その他のほとんどは四十代、五十代の主婦のパートだった。業態とすれば、コンビニをめぐって形成された協力企業の工場、コンビニコングロマリットの一社と見なすべきだろう。

それは武蔵村山市に位置している。『1996年版民力』(朝日新聞社)によれば、「武蔵村山都市圏」は自動車などの工業とみかんやなしの観光農業が主たる産業で、近年の大規模な都営住宅の建設や大型工場の進出を機に「変転した住工都市」と説明されている。これらの事実は「武蔵村山都市圏」が中央線沿いの三多摩地域と異なり、八〇年代から九〇年代にかけて急成長したことを告げていよう。これは一九六五年に首都圏整備法が改正され、実質的に当初の田園都市的構想は否定され、郊外のさらなる開発が是認されたことと連鎖し、七〇年代以降に「武蔵村山都市圏」へとも波及してきたことを示唆している。

また私も『〈郊外〉の誕生と死』で、都心と武蔵村山市を結ぶ新青梅街道が八〇年代末に、全国でも有数のロードサイドビジネスの集積地であることを紹介しておいたが、それは『2002-3年版 首都圏ロードサイド郊外店便利ガイド』(昭文社)に掲載された武蔵村山市と新青梅街道の地図を見ると、さらに実感してしまう。残念なことにコンビニは収録されていないけれど、ロードサイドビジネスの驚くほどの増殖と群棲から考えても、同様に多くのコンビニが存在しているはずだ。「弁当工場」の前にとまっている白いトラックは、おそらく新青梅街道を中心とするコンビニに向けて、弁当を迅速に運んでいくのだろう。コンビニの名前は出てこないのだが、「弁当工場」のメニューやシステムからすれば、それはセブン-イレブンではないだろうか。

「広大な自動車工場」とは日産自動車だと見なせば、カルロス・ゴーンによるリストラが始まっていて、それが「小さな自動車整備工場群」へとも跳ね返っていくことを暗示しているかのようだ。これはその後に記される「荒涼とした廃工場」にも象徴されているようにも思える。その実態は引用部分に出てこないが、「夏草の茂る暗渠の向こうに廃屋となった旧弁当工場や閉鎖されたボーリング場などが続く、寂しく荒れた場所だった」との言及が後に見られる。「旧弁当工場」はコンビニの急激な成長によって生産が追いつく規模ではなくなり、撤退してしまったもの、「閉鎖されたボーリング場」は七〇年代のボーリングバブルの痕跡である。いずれも郊外特有の土地活用の関係から解体費が捻出できず、そのまま捨て置かれていると考えていい。

そこは痴漢が出没し、パート主婦たちが被害に遭っていた。その右手には農家や小さなアパートが並び、後者にはは工場で働くブラジル人たちが住んでいた。夫婦者が多く、ポルトガル語で喧嘩する男女の声が聞こえてきていた。工場やアパートの周囲にある「埃っぽい畑」や「庭の広い農家」といった記述から、その一帯がかつては農村だったことが伝わってくる。

そして「駐車場」。前述したように『ＯＵＴ』は「駐車場には、約束の時間より早めに着いた」と書き出されている。ヒロインの雅子がまずそこに登場する。「駐車場は簡単に整地しただけの広い空き地」で、弁当工場の従業員やパート主婦たちの車が停められ、雅子も車体に傷のある古いカローラで通っているのだ。これも拙著で既述しているが、車社会の進行に伴い、一九九三年に乗用車保有台数は４０００万台を超え、九四年に女性免許保有者は２４００万人に至り、その結果、男女運転免許保有者割合は57％対43％となっている。これは雅子たちもそうであるように、八〇年代から女性も自ら車を運転し、通勤したり、買物に出かけることが日常化した事実を告げている。

また実際に一九八二年に有配偶女子有業率は50・８％と半数を超え、「働く主婦」が「専業主婦」を上回り始めていた。それはパート主婦を主たる労働者とするロードサイドビジネスに代表される郊外の就業状況を反映している。これは八〇年代における郊外とロードサイドビジネスと車の三位一体の成長を物語るものであり、『ＯＵＴ』の「駐車場」も作者が意図的でないにしても、それらの八〇年代から九〇年代にかけての社会の変貌の一端を表出させていることになろう。

この「駐車場」から「弁当工場」へは徒歩で3分だが、その道行は「寂しく荒れた場所」を通っていくゆえに、暗く凶々しいイメージがつきまとっている。それは「午前零時から朝五時半まで延々と休みなく、ベルトコンベアで運ばれる弁当を作り続けなければならない。パートにしては高い時給だが、立ちずくめのきつい作業」が待っているからだ。そればかりか、その「寂しく荒れた場所」で、雅子は日系ブラジル人に襲われたりもするし、そこはまた物語のクロージングの場、不可欠の舞台としての機能を果たすことになる。いや、考えてみれば、一貫して『ＯＵＴ』のすべての舞台となるところは「寂しく荒れた場所」に他ならないのだ。

　さらに日系ブラジル人にふれるならば、九〇年代に入って出入国管理法改正により、ブラジルなどからの出稼ぎが急増し、九〇年代半ばの20万人近い日系人のうち、日系ブラジル人はその7割を占めるに至ったとされている。『ＯＵＴ』の「弁当工場」で働くブラジル人たちもそれらの出稼ぎ者であり、九〇年代の郊外が彼らとの混住社会を形成するに至ったことも露出させている。

『ＯＵＴ』の冒頭に近い「弁当工場」に関する一連の文章に長い注釈を施してきたが、これは七〇年代以後に形成されることになった郊外の風景と生活に端を発するもので、新青梅街道を埋め尽くしているロードサイドビジネスの誕生と軌を一にしている。そしてそれらの風景は全国に普及し、郊外の風景を均一化させていったのである。その流れは九〇年代における郊外消費社会の隆盛と繁栄へとつながっていく。

　桐野の『ＯＵＴ』は、均一的な風景によって演出された郊外消費社会の隆盛と繁栄、コンビニエンスなシステムの背後に潜む生産と流通と消費のメカニズムを描き出している。コンビニの弁当はこのようにして工場で生産され、「この工場で働いている限り、心身に溜る鬱屈は何をしても癒されはしない」という労働環境を通じて送り出され、それは不可視のままで消費されていくのだと。そして雅子を始めとしてそこで働くパート主婦たちも工場と同様に、「ＯＵＴ」状況に置かれていること、それはすなわち郊外消費社会もまた「ＯＵＴ」状況にあることを告知しているように思われる。

　桐野は『ＯＵＴ』を書くにあたって、実際に「弁当工場」で働いたと伝えられているし、武蔵村山市と新青梅街道を中心とするトポロジーも念入りな取材に基づいていると考えられる。それが第一章の「夜勤」の生々しいリアリズムへと結晶しているのであろう。

　今回は『ＯＵＴ』という物語のフレームとバックヤードに終始してしまったが、次回は登場人物たちと事件に入っていこう。

2　郊外の孤独な女たち
――桐野夏生『ＯＵＴ』後編（講談社、一九九七年）

「弁当工場」で深夜働く４人の主婦たちの名前とプロフィルをまず提出しておこう。

＊雅子／43歳。会社をリストラされ、再就職先が見つからず、多額の住宅ローンもあり、弁当工場の夜勤パートを選ぶ。後にその会社が信用金庫だとわかる。夫は会社で合わない営業マンの鬱屈を抱え、息子は入ったばかりの高校から退学処分を受け、３人の家族はそれぞれの部屋で重荷を負い、孤独な生活を送る。その小さな家は畑の多い住宅街にある。いつもジーンズに洗いざらしの息子のＴシャツやポロシャツを着て、古いカローラに乗っているが、頼れるタイプとの設定。桐野的ハードボイルド・ヒロインの体現。

＊ヨシエ／50半ば過ぎの寡婦。手先が器用で人一倍仕事が早く、工場の仲間から揶揄もこめて「師匠」と呼ばれている。古い木造アパートに寝たきりの姑と中学生の娘と住んでいる。夫の死亡保険金や貯金も姑のために遣ってしまい、ぎりぎりの生活に追いやられ、辛い夜勤の仕事を辞めることもできずにいる。

＊弥生／34歳。夜勤者の中で最も美人で可愛い女だが、５歳と３歳の子供がいる。夫がギャンブルに狂い、貯金を使い果たし、３ヵ月前から給料も家に入れず、暴力もふるわれ、彼女のパート収入で親子３人がかろうじて食べている。その家は弁当工場のすぐそばで、建売住宅の借家である。ヨシエと同じく自転車で工場に通う。

＊邦子／29歳と自称しているが、実際には「ブスでデブ」の33歳。外車に乗り、持ち物はブランド品が多く、服装にも金をかけていて、クレジットローンに追いかけられる暮らしを送っている。内縁の夫と古い団地に住んでいたが、夫に逃げられ、サラ金から追いこみをかけられている。

補足すれば、雅子以外は地方出身者であり、また彼女も含め、さしたる学歴も縁故も有しておらず、孤独な環境は共通している。もうひとつ共通項を挙げれば、全員が高度成長期を通過してきたことだろう。

この４人が仲間としてチームを組み、弁当を作るのだ。

それは助け合う仲間がいなければ、このきつい仕事はやっていけないからだ。衛生監視員による粘着テープローラーでの背中の埃や塵の除去、手と指のチェック、作業衣への着替え、頭に被るネットと帽子、手と腕の消毒、ビニールの使い捨て手袋と消毒済み手拭き用布巾の用意を経て、コンベアが動かされ、ノルマにうるさい工場主任の管理下に「カレー弁当」千二百食が作られていく。それは次のように描かれる。

> 四角いご飯を平らに均す者、カレーをかける者、鶏の唐揚げを切る者、それをカレーの上に載せる者、福神漬けの分量を量ってカップに入れる者、プラスチックの蓋をする者、スプーンで留める者、シールを貼る者、細かい作業がコンベアの下流に沿って連なり、ようやく一個のカレー弁当ができ上がる。

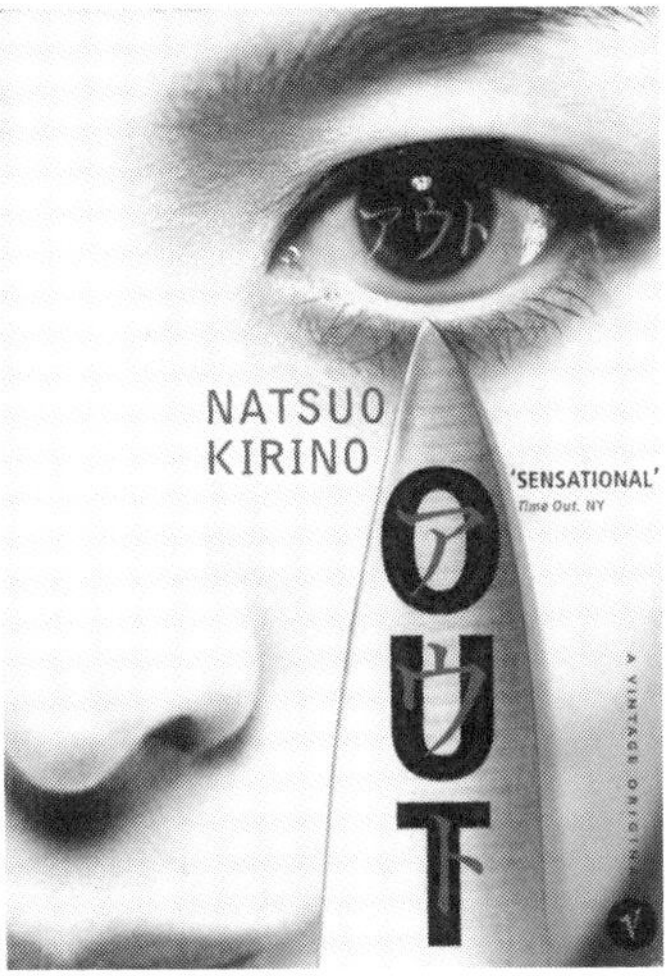

四十代、五十代の多いパート主婦たちの顔色はどす黒く疲れて映り、ぎすぎすした工場は夏でもきつい冷気と様々な食材の匂いにつきまとわれていた。トイレにいくにも交代で、二時間近く待つこともあり、朝までコンクリートの上で立ち仕事が続くのだ。「だから、ひたすら自分を労《いたわ》り、仲間同士で助け合い、なるべく楽な動きをしなければならない。それが体を毀《こわ》さずにこの仕事を長く続ける秘訣だった」。「カレー弁当」が終わると、次には詰める物が多いので、ラインが長くなる「特製幕の内弁当」二千食が続くのだ。人間の生活や身体を保つ食が生み出されていく場ではなく、機械的に無機質な物が生産されていく過程に立ち合っているかのようだ。

彼女たちは様々な事情とトラウマを抱え、「不夜城」のような工場でロボットのように働いている。それだけでなく、仕事から離れても、彼女たちはロードサイドビジネスに包囲され、生活していることが物語の中に埋めこまれ、郊外消費社会の住人の生活が浮かび上がってくる。

邦子は午後になって起きると、団地の入り口のところにあるコンビニで、「特製幕の内弁当」を買う。それは会社、工場、出荷の時間表示からして、自分たちのラインが手がけたものに相違なく、彼女はその弁当をテレビを見ながら機械的に、しかも「洗う余地のないほど綺麗に食べ終わった」。それから邦子は東大和のパブの面接に出かけ、断わられ、腹をたてたけれど、車代をもらったので、牛丼屋に入る。これが夕食代わりであろう。

ヨシエの高校生の娘は駅前のファストフードで夏休みのバイトを決めていた。時給は弁当工場の昼間よりも高く、「若いということはそれだけで価値がある」のだ。朝食もコンビニで売っている、その代わりの食物だというアルミカップの飲み物ですませている。

雅子の息子もダイニングテーブルでコンビニ弁当を食べている。それも邦子の幕の内弁当と同じ表示があった。ただちがうのは出荷時間で、それは昼間のものだった。「夕食が支度されていることが家の存在証明だ」と雅子は考えていたが、それももはや成立しなくなる時期が近づいているのだろう。

コンビニやマクドナルドといったファストフードの他にも、ファミレスも頻繁に登場し、ロイヤルホストなどの具体的な名前も挙げられ、『ＯＵＴ』の舞台である武蔵村山市周辺がロードサイドビジネス王国だとわかる。

前編で資料として挙げておいた『２００２-3年版 首都圏ロードサイド郊外店便利ガイド』（昭文社）の武蔵村山市と東大和市と小平市、及びそれらを貫いている新青梅街道を参照しながら、この『ＯＵＴ』論を書いているのだが、新青梅街道のみならず、そこに掲載された他の主要幹線道路もまたロードサイドビジネスで埋め尽くされている。それらを見ていると、雅子や邦子がこの中を車で走っているシーンが目に浮かんでくるようで、そこに出てくるファミレス、ファストフード、団地、公園、工場、様々な施設なども実際に類推できるし、この中から『ＯＵＴ』の物語が立ち上がってきたのだと実感させられる。

これらが郊外消費社会を支えるコンビニの「弁当工場」で、夜勤パートとして働き、それぞれが特有の孤独を抱え、ロードサイドビジネスに埋め尽くされた地域に生きることを宿命づけられた女たちの肖像である。そしてそこには同じように孤独な日系ブラジル人カズオもいて、雅子は彼のミューズのような存在なのだ。混住社会としてのコンビニの「弁当工場」は、パート主婦と日系ブラジル人たちによって支えられている。その両者の孤独が郊外消費社会にも反映され、コンビニの弁当には近代の家庭の死のイメージがこめられているといったら、考え過ぎであろうか。

しかし彼女たちは「良妻賢母の典型」である弥生が夫を殺したことによって、急激に変わり始める。さらに「ＯＵ

Ｔ」へと追いやられるといってもいいかもしれない。雅子は弥生の「あたし、あの人、殺しちゃったの」という電話を受ける。それを雅子は「紛れもなく凶兆」だと思ったが、弥生を助けるしかないという決意に至る。その理由は「弁当工場」の「助け合う仲間」であると同時に、家庭の崩壊と孤独を共有しているからだ。そして雅子は死体の始末を考え、バラバラにし、生ゴミとして捨てようとする。だがそれは弁当のラインと同様に、「仲間がいなければ、このきつい仕事はやっていけない」。かくしてヨシエが仲間に加わり、それから邦子も続くことになる。そこに桐野は絶妙な次のような一節を挿入している。それは「夜勤の仲間は夜に会う。だから昼間の仕事はどこか胡散臭かった」というものだ。

　死体の解体は雅子の家の風呂場で実行される。そのために彼女は工場からビニールエプロンとビニール手袋をくすねてきていた。弁当が無機質な物として扱われるように、死体も同じ物としてラインに置かれ、解体されるのだ。多額のローンによって購入された郊外のマイホームが殺人死体の解体の場となるのだ。郊外消費社会の家庭のいたるところに死が埋まっている。それは信じていいことなんだと『ＯＵＴ』の物語は告げているかのようだ。

　そしてこの弁当のラインの延長である死体処理をきっかけにして、やはり雅子を郊外のミューズのようにして、孤独なサディストやロリコン男が引き寄せられ、死体処理ビジネスへと展開されていく。つまり「ＯＵＴ」はとめどなく拡がり、死の影は彼女たちにも忍び寄っていくことになる。

　『ＯＵＴ』は「クライム・ノベル」と銘打たれているが、むしろ郊外消費社会が生み出した女性たちを主人公とする、プロレタリア主婦小説のようにも読むことができよう。『ＯＵＴ』(Translated by Stephen Snyder, Vintage, 2004)は英訳が出されているが、言及してきた郊外消費社会の孤独の襞と細部はどのように訳されているのか、一度確かめてみたいと思う。

3　米軍基地とセクシュアリティ
――山田詠美『ベッドタイムアイズ』〔河出書房新社、一九八五年〕

前回桐野夏生の『ＯＵＴ』を論じるにあたって、『２００２−３年版　首都圏ロードサイド郊外店便利ガイド』（昭文社）を手元に置き、参照していたことを既述しておいた。これはロードサイドビジネス９００チェーンの、首都圏における２万店近くを掲載したものだが、それを繰っていると、否応なく米軍基地の存在が目に入ってくる。『ＯＵＴ』の主たる舞台である武蔵村山市は福生の横田基地と隣接しているし、神奈川県を見れば、広大な横須賀、座間、厚木基地、米軍の住宅専用地区としての相模原ハウジング、根岸ハイツなどがあり、それらの周辺は、これもアメリカを出自とするロードサイドビジネスが明らかに旺盛な増殖を示していて、両者の密通と共存をほのめかしているかのようだ。

「在日米軍基地完全マニュアル」とサブタイトルが付された、サブカルチャー研究会編『フェンスの向こうのアメリカ探検』（サンドケー出版局）の中に、次のような一節がある。「郊外の閑静な住宅地の隅に、商店街を抜けた路地の向こう側に、滅多に人の訪れないうっそうとした森の中に、そして、都心の一等地に米軍施設は何の前触れもなくこつ然と現われる」と。それに付け加えれば、東京首都圏の郊外消費地帯の近傍に米軍基地が必ず位置し、つまり郊外消費社会と基地は混住しているのだ。

戦後文学における基地と郊外について、『〈郊外〉の誕生と死』で、小島信夫の『アメリカン・スクール』（新潮文庫）や村上龍の『限りなく透明に近いブルー』（講談社文庫）に言及しておいた。だがそこでふれられなかったのが、田中康夫の『なんとなく、クリスタル』（河出文庫）と山田詠美の『ベッドタイムアイズ』であり、前者はその物語のクロージングにおいて、唐突な一節「ちょうど、一台のカーキ色をしたトラックが、走りすぎていく」が挿入され、「横浜には、米軍基地があります」との注が付されている。それはヴァニティな八〇年代の日本の消費社会がアメリカとの共存によって支えられているという認識に他ならず、田中が横田基地を意識せざるをえない郊外の一橋大学生であったことは偶然ではない。

だがここでは後者の『ベッドタイムアイズ』を取り上げてみる。この作品こそは横須賀基地を脱走してきた黒人兵士のスプーンと日本人ジャズシンガーのキムの出会いと同棲と別れを描いている。「ディック」や「コック」が語られ、「プッシィ」や「ファック」も頻出し、実際に「ファック」の場面も何度も反復されているが、そこに『ベッドタイムアイズ』のコアを見てはならない。それは物語の表層の出来事であり、真のテーマは「Crazy about you」という言葉に象徴される、スプーンとの関係を通じて様々に揺らめくキムの心的現象をカレードスコープのように浮かび上がらせることにある。言い換えれば、山田詠美は一貫して、その特有な「girl meets boy」の愛のかたちとセクシュアリティの揺曳を描いてきたといえるのではないだろうか。

　山田詠美に関しては、拙著で『晩年の子供』（講談社文庫）、私のブログ「出版・読書メモランダム」の「消費社会をめぐって」8で『学問』（新潮文庫）にすでにふれ、そのような彼女の資質のよってきたるところが、戦後の初期の郊外の少女だったことに求められるのではないかという推論を提出しておいた。それと同時に、彼女と同時に在校したわけではなかったけれど、山田詠美が私の小学校の後輩であることも。つまり彼女と私は初期の郊外の先住民的風景を共有していたことになる。

　それゆえに彼女のセクシュアリティの行方が、農村や漁村の少年から米軍の黒人兵に向かっていくことを、それなりに理解できるように思われる。しかしそのように理解していても、『ベッドタイムアイズ』の中に、スプーンとキムの関係の中に、アメリカと日本、米軍基地と戦後日本社会のメタファーを、強く読み取ってしまうのだ。この作品は次のように始まっている。

　スプーンは私をかわいがるのがとてもうまい。ただし、それは私の体を、であって、心では決して、ない。私もスプーンに抱かれる事は出来るのに抱いてあげる事が出来ない。何度も試みたにもかかわらず、他の人は、どのようにして、この隙間を埋めているのか私は知りたかった。

この書き出しの数行に『ベッドタイムアイズ』の物語のコアが凝縮されているし、その後の展開もそれに沿って進んでいく。だがこの「スプーン」をアメリカ、「私」を日本に言い換えると、それは敗戦から現在まで続いているアメリカと日本の関係を象徴し、物語っているようにも思えてくる。それに何よりも「スプーン」は横須賀基地の黒人兵士という設定であるし、二人は「基地のクラブ」で初めて出会い、その立入禁止のボイラー室で「ファック」するのだ。

そして二人の関係が始まり、それが「私」のモノローグとともに進行していく。

> スプーンとも、もう馴れ合い始めている。彼とのメイクラブの後はいつも甘い敗北感が残る。
> ダイスが転ってゲームが始まったような気がする。だけど、こんな深刻なゲームが今までにあったかしら。
> まったく彼は私の教育者たる地位を築き始めていた。
> スプーンの小さなおもちゃ《トイ》になる事を楽しみ始める。トイは気まぐれなキッズにたたきつけられ、もてあそあばれるように、その痛みを楽しみ始める。
> 彼はファックしか方法をしらない！
> どうやってやるんだろう。どうやってお前を気分良くさせられるんだ。やる以外にどんな方法があるってんだよう。きっとスプーンは心の中でこう叫んでいるに違いない。

まだまだこうしたメタファーに充ちた文章はとめどなく挙げられるが、このくらいにしておこう。このような「私」のモノローグをたどっていくと、『ベッドタイムアイズ』が書かれた後の九〇年代になって、日米構造協議に続いて、アメリカから「年次改革要望書」が出されるようになり、それらとかさなってしまうかのような錯覚感に捉われる。

これは拙著『出版業界の危機と社会構造』（論創社）でも言及しておいたけれど、第二の敗戦や占領につながるもので、それはしかもアメリカと日本政府の「馴れ合い」によって進行し、「甘い敗北感」どころではない「苦い敗北感」をもたらした。このような「深刻なゲーム」が「教育者」然としたアメリカ主導によって行なわれ、日本は「おもちゃ《トイ》」のようにもてあそばれ、「ファック」＝犯されてしまったともいえるのだ。私たちはそうした敗北の風景の中に佇んでいるのであり、前回の『ＯＵＴ』の物語とはその一端であることを忘れてはならない。

しかしこのような「私」のモノローグとは対照的に、「スプーン」に向けられた彼女の客観的眼差しをも記しておくべきだろうし、それは山田詠美が初期の郊外で少女時代に学習した、混住社会における支配と被支配の関係、その性を絡めたメカニズムに対する洞察に起因しているようにも思える。「スプーン」は「素適な体」で「粋《クール》」だけど、ハーレム育ちの黒人で、脱走兵という設定であり、彼の体臭は「不快でないのでなく、汚ない物に私が犯される事によって私自身が澄んだ物と気づかされるような、そんな匂い」なのだ。それでいて、彼は「滑稽」で、「悲しい思いをして来た」存在のように見えた。それゆえに「大胆不敵な不良の女」は「あんたの女《ユアガール》」になるのだが、次第にどちらの「付属品」なのかわからなくなっていく。それは「マリア姉さん」が介在することで、さらに複雑な様相を呈してくる。

　とすれば、「スプーン」と「私」に、アメリカと日本の関係を読み取ることは単純すぎる誤解でしかないようにも考えられる。「マリア姉さん」や「どこかの大使館」、刑事らしい外国人と日本人の五人の男女は、何のメタファーとすべきなのだろうか。

　他の作品も同様であるのだが、この山田詠美の処女作『ベッドタイムアイズ』は、八〇年代においてしか出現しなかった奇妙な難解さに充ちたエレガントな小説であり、それはひとつの混住の新しいかたちを提示していたからなのかもしれない。それらを含め、『ベッドタイムアイズ』はまだ十全に読み解かれていないようにも思える。

4　村と黒人兵
——大江健三郎『飼育』（文藝春秋、一九五八年）

私は『〈郊外〉の誕生と死』において、当初の構想では第4章「郊外文学の発生」を大江健三郎の『飼育』から始めるつもりでいたのだが、彼の作品は次回言及する『万延元年のフットボール』も含め、スパンの長い郊外や消費社会の前史に位置づけられるので、この章が長くなってしまうこともあり、見送らざるをえなかった。

それに加えて、大江の作品と文体には他の作家たちと異なる特有の呪縛力が秘められていること、とりわけ『飼育』にはかつて原文でも読んだピエール・ガスカールの『種子』（青柳瑞穂訳、講談社、一九五七年）の明らかな影響が見てとれ、そちらも論じていくとテーマがずれてしまうことも危惧されたからだ。またあらためて私たちの戦後世代に対して、大江文学がもたらした比類なき波紋と影響も思い出されたし、中上健次や村上龍はもちろんだが、それは前回取り上げた山田詠美に至るまで続き、彼女も大江文学の強度な引力圏を経てデビューしたことは明白で、『ベッドタイムアイズ』にしても、大江の『飼育』を抜きにして成立しないようにも思える。それゆえに江藤淳は『ベッドタイムアイズ』を称揚したのではないだろうか。

『飼育』は戦時下における思いがけない混住を描いた、大江文学のコアにして根底に横たわる作品とよんでもいい。ここでの混住は黒人兵という他者を得ることで成立し、ひとつの神話のような光景をエピファニーさせている。まず谷間の小さな村が霧の中から浮かび上がってくるように姿を現わす。季節は洪水のように降り続いた梅雨の後だ。

（……）僕らの村から《町》への近道の釣橋を山崩れが押しつぶすと、僕らの小学校の分教場は閉鎖され、郵便物は停滞し、そして僕らの村の大人たちは、やむをえない時、山の尾根づたいに細く地盤のゆるい道を歩いて《町》へたどりつくのだった。（……）

しかし《町》からすっかり隔絶されてしまうことは僕らの村、古いが未成育な開拓村にとって切実な悩みを引きおこしはしなかった。僕ら、村の人間たちは《町》で汚い動物のように嫌われていたのだし、僕らにとって狭い谷間を見下す斜面にかたまっている小さな集落にあらゆる日常がすっぽりつまっていたのだ。しかも夏の始めだった。子供たちにとって分教場は閉じられている方がいい。

これが「僕らの村」なのだ。そしてこの時代に「村」と「町」はまったく別の世界、異なるトポスであり、「道」や「橋」によって、かろうじてつながっているものだった。そのような「村」と「町」のトポロジーと棲み分けは、一九五〇年代までは日本のどこでも見られた風景に他ならなかった。それゆえに、ガスカールの『種子』の主人公の少年の言葉を借りれば、「町を発見すること」にもなったが、それでいて「村」という「小さな集落にあらゆる日常がすっぽりつまっていた」。

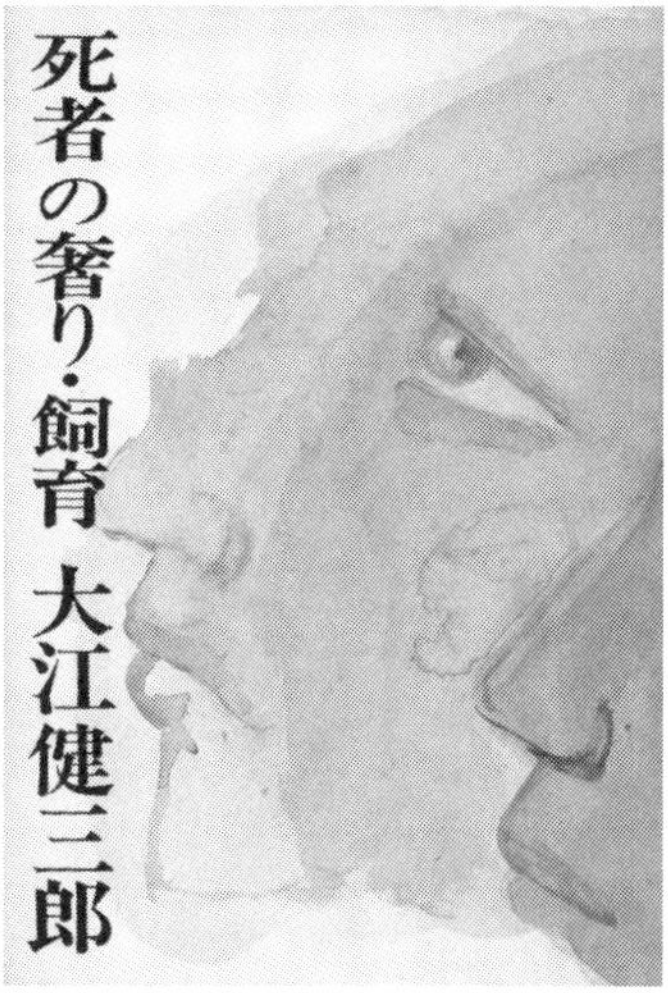

大江はその「村」に生きる「僕ら」を、ガスカールの『種子』をそのまま投影させ、「僕も弟も、硬い表皮と厚い果肉にしっかり包みこまれた小さな種子、柔かく水みずしく、外光にあたるだけでひりひり慄えながら剥がれてしまう青い種子なのだった」と形容している。戦争のために若者たちが不在な「村」に時々郵便配達夫が彼らの戦死の通知を届けにきた。そうした「村」の上空に「珍しい鳥」のように敵の飛行機が通過し始めていた。父は狩猟で得た獲物を「町」の役場へ渡すことで生計を支え、「僕ら」は「村」の中央にある共同倉庫の二階の養蚕部屋に住んでいた。

ある日の夜明けに激しい地鳴りとすさまじい衝撃音が起きた。敵の飛行機が山に落ちたのだ。大人たちは敵兵を探すために、猟銃を手にして山狩りに向かった。女たちは暗い家の奥に身を潜め、「村」には大人たちがすっかりいなくなり、「子供たちだけが陽の光の氾濫に溺れている」。僕は不安に胸をしめつけられた。弟は「夢みるように」いう。「敵兵はどんな顔だろうなあ」「死んでなかったらいいがなあ」「捕まえて来てくれるといいがなあ」と。

子供たちにとって「敵兵」は閉ざされた「村」における「期待」の出来事、事件を象徴するものとして捉えられる。いうなれば、まれびとがやってくるような「期待」なのだ。「僕は期待で気が狂いそうだった」。あたかも神の降臨を待ち望んでいるかのようだ。それは新聞やラジオも普及していなかった「村」にとっては大人たちも同様であり、そのような「村」の感覚とは、テレビが普及する以前の五〇年代までは続いていたものだったと思われる。

それから不安な期待に音を潜めている「村」に最初の宵闇が訪れ、そこに大人たちに囲まれ、両足首に猪罠の鉄ぐさりをはめこまれた「黒い大男」＝「獲物」＝「敵」が現われてきた。そして「村」の倉庫での黒人兵と子供たちとの「混住」＝「飼育」が始まるのである。

黒人兵は「町」の意向が判明するまで、「村」で「獣のように飼う」ことが決められる。ここで留意しなければならないのは、先験的に「村」が「町」から疎外、もしくは隔絶された地域として存在していることだろう。「村の人間たちは《町》で汚い動物のように嫌われていた」という一文は、そのことを告げている。「獣同然」で、「牛の臭いがする」黒人兵は「汚い動物」のような「村の人間たち」のまさに隣人的存在であり、それゆえに「村」で子供たちと一緒に住み、「飼育」されるのだ。

「町」の人間から「蛙」と呼ばれる「僕」は地下倉の黒人兵を常に監視し、食物を与え、観察する。柱に太い鎖でつながれた、うずくまっていた黒人兵は食物を貪婪にむさぼり食う。そうしているうちに、黒人兵の処置は「町」ではなく、県庁に委ねられ、それが決定するまで、「村」で彼を保管しておかなければならないということになった。そのために監視、世話、観察を通じ、「僕ら子供らは黒人兵にかかりきりになり、生活のあらゆる隅ずみを黒人兵でみたしていた」。そして「家畜のようにおとなしい」黒人兵と子供たちは、身ぶりや夏の暑さも共有し、「《人間的》なきずなで結びついた」と思われた。

次第に黒人兵は地下倉から自由な外出も許可されるようになり、女たちからも食物を与えられ、「村の生活の一つの成分になろうとしていた」し、狩猟にまつわる技術を核にして、「僕と弟と黒人兵と父とは一つの家族のように結びついた」。夏の盛りに黒人兵の濃密な体臭が地下倉にこもるようになり、子供たちは彼を「村」の泉に連れていった。そして一緒に裸になり、水浴びし、黒人兵の「美しいセクス」に水をぶっかけたり、山羊と淫らに戯れもした。黒人兵は「たぐいまれなすばらしい家畜」だった。

僕らがいかに黒人兵を愛していたか、あの遠く輝かしい夏の午後の水に濡れて重い皮膚の上にきらめく陽、敷石の濃い影、子供たちや黒人兵の匂い、喜びに嗄れた声、それらすべての充満と律動を、僕はどう伝えればいい？

そうした夏の祝祭はいつまでも終わることなく続いていくように感じられた。

だがしかしその翌日、村における黒人兵との「一つの家族のように結び着いた」関係に突然終止符が打たれる。黒人兵を県に引き渡すことが伝えられ、「村」の人間たちが彼を「町」まで降ろさなければならなくなったのだ。子供たちは打ちのめされた。「黒人兵を引渡す、そのあと、村に何が残るだろう、夏が空虚な脱けがらになってしまう」。といって「僕にどうすることができよう」。

その時、黒人兵は急に立ち上がり、「僕」をつかまえ、地下倉に駆けおり、揚蓋を降ろした。「僕は痛みに呻いて黒人兵の腕の中でもがきながら、すべてを残酷に理解したのだった。僕は捕虜だった。そしておとりだった。黒人兵は《敵》に変身し、僕の味方は揚蓋の向うで騒いでいた」。そのうちに地下倉は夜の長い闇に包まれていったが、翌朝になって、大人たちが地下倉になだれこみ、父が「僕」を「捕虜」とする黒人兵に鉈を振り降ろし、「僕は自分の左掌と、黒人兵の頭蓋の打ち砕かれる音を聞いた」。黒人兵の死体は谷間の廃坑へと運ばれていった。「村」には黒人兵の死体の匂いが充満しているようだった。「鉈をふるって僕に襲いかかった大人たち、それは奇怪で、僕の理解を拒み、嘔気を感じさせ」たし、「僕はもう子供ではない、という考えが啓示のように僕をみたした」。

それは「敵」にして「まれびと」である黒人兵との「混住」＝「飼育」を通じてもたらされた、子供たちの村における祝祭の日々の背景に、あらためて戦争が続いていたことを露出させている。黒人兵の死に続く「町」の書記の死もそれを象徴している。戦争は終わりに近づいているにしても、このようにして、戦場ではない「村」にも「町」にも、残された大人や子供たちにも戦争を露出させ、死の匂いと痕跡を揺曳させているのだ。それは「僕」が「子供」ではなくなるビルドゥングスの過程でもあった。そうした記憶をたどりながら、『飼育』は書かれたように思える。クロージングに近い一節を引用し、それを示すことで、この一文を終えよう。


戦争、血まみれの大規模な長い闘い、それが続いているはずだった。遠い国で、羊の群や刈りこまれた芝生を押し流す洪水のように、それは決して僕らの村には届いてこない筈の戦争。ところが、それが僕の指と掌をぐしゃぐしゃに叩きつぶしに来る。父が鉈をふるって戦争の血に身体を酔わせながら。そして急に村は戦争におおいつくされ、その雑沓の中で、僕は息もつけない。

5　スーパーマーケットの誕生
――大江健三郎『万延元年のフットボール』〔講談社、一九六七年〕

日本の戦後社会の大文字のストーリーは民主主義、文化国家のスローガンに始まり、それは高度成長期へとシフトしていった。しかしそのかたわらにあったのは敗戦と占領、それらに起因するアメリカ人たちとの混住、そして彼らによってもたらされた、世界に例を見ない急速な消費社会への移行だった。

これは繰り返し書いていることだが、一九九〇年代に経済学者の佐貫利雄の『成長する都市 衰退する都市』（時事通信社、一九八三年）に収録された「日・米就業構造の長期的変動」の図表を見ていて、アメリカの五〇年代と日本の八〇年代の産業構造がまったく重なり合うことに気づいた。それは第三次産業就業人口が50％を超える消費社会化を意味し、アメリカによる日本の占領とは、消費社会による農耕社会の征服だったことを告知していた。八〇年代の日本は全国的なロードサイドビジネスの展開と増殖によって、風景が変わってしまい、アメリカ的郊外消費社会が出現し、また東京ディズニーランドも開園し、真の意味での占領が完成した時代でもあった。すなわちそれが日本の戦後社会の無意識的な命題ではなかったかという考えに至り着いた時、私は感慨を禁じ得なかった。

そしてあらためてひとりの作家が五〇年年代から六〇年代にかけて、先駆的に戦争と農村、敗戦と占領、混住と消費社会を一貫して描いてきたことを想起した。それは作家の意図がどうであれ、優れた小説は社会科学書以上に、否応なく時代の現在とその行方を深く幻視してしまうという思いでもあった。その作家とはいうまでもなく大江健三郎であり、作品は『万延元年のフットボール』に他ならない。これは前回の『飼育』と主人公兄弟や舞台を同じくするもので、その続編、後日譚としても読めるのではないだろうか。『飼育』が戦争中の「村」における黒人兵との混住を描いていることに対し、『万延元年のフットボール』は敗戦、村、アメリカ、消費社会が主たる物語コードを形成し、前消費社会の到来の揺らめきを伝えようとしているようにも思える。

それは『万延元年のフットボール』が大江文学のひとつの集大成にして、新しい神話の創造だとされるにしても、「スーパーマーケット小説」、または郊外消費社会前史を彷

彿させる作品にも相当しているからである。そうした意味において、この小説は多様な読み方を喚起する作品として在り続けているともいえよう。そのような視点から、『万延元年のフットボール』を読んでみよう。

この作品の1は「死者にみちびかれて」という章題で、「夜明けまえの暗闇に眼ざめながら、熱い『期待』の感覚をもとめて、辛い夢の気分の残っている意識を手さぐりする」と書き出されている。またしても「期待」だ。『飼育』の中でも、子供たちは敵兵の到着を待ち、「期待」で気も狂わんばかりだったし、「死者」とはあの黒人兵のイメージを引きずり、小学生の一団の石礫によって右眼の視力を失った主人公の「僕」＝蜜三郎とは、銃で左手をつぶされた「僕」の後身ではないだろうか。

物語としての『飼育』と『万延元年のフットボール』の間には二十年以上の時間が流れている。それはまさに日本の戦後社会史を通貫していて、一九四五年の敗戦から六〇年安保を経て、後者の物語と書かれた時代を重ねるとすれば、六七年頃までが物語の歴史軸として設定されていることになる。それが高度成長期とパラレルであることはいうまでもないだろう。『飼育』からたどっていけば、二人の兄弟は谷間の村を出て上京し、大学に入り、兄の蜜三郎は野生動物資料の翻訳者、弟の鷹四は安保闘争に参加し、学生演劇団のメンバーとしてアメリカに渡った。兄はアルコール中毒の妻と知恵遅れの息子がいる。そして弟がアメリカから帰国するところから、物語が動き出す。

そこで兄弟は2のタイトルにある「一族再会」を果たすと同時に、お互いに新しい生活を始める必要性を伝え合う。兄はいう。「いうまでもなく、僕は新生活をはじめたい。しかし、僕の草の家がどこにあるかということが問題だ」。弟はそれに応えていう。「東京でやっているすべてのことを放棄して、おれと一緒に四国へ行かないか？　それは新生活のはじめ方として悪くないよ」。兄弟の姓は根所なのだ。それに柳田民俗学の引用からして、『万延元年のフットボール』のテーマのひとつが、日本人のルーツ探求でもあることも暗示している。

弟の目論見は次のようなものだった。アメリカでスーパー・マーケット（以下引用以外はスーパーと略す）を視察にきた日本人旅行団の通訳をした。彼らの中に自分の姓に興味を示す人物がいて、それが四国のスーパーチェーンのオーナーで、谷間の村のある地方を支配する大金持だった。彼はわが一族の百年来の倉屋敷を買い、それを東京に移築し、郷土料理屋を作る計画でいる。

「おれたちから、あの古ぼけた木造の怪物を、厄介ばらいさせてくれる新興の地元資本家があらわれたわけなんだよ。（……）解体される倉屋敷をおれたちも見届けに行くべきだと思うんだ。（……）そのためにも、おれはアメリカから帰ってきたんだ。」

消費社会史からも実例を挙げれば、一九六二年にダイエーの中内㓛は、シカゴで開催された全米スーパーマーケット協会記念式典に視察を兼ねて参加している。ちなみにダイエーは同年に売上高百億円を超え、この訪米を機としてさらに発展し、七二年には日本一の売上高三千億円を達成し、デパートの三越を抜いた。紛れもなく『万延元年のフットボール』が書かれた六〇年代後半は、スーパーの時代だったのである。

ちなみに日本の消費社会史におけるモニュメンタルなスーパー論である中内の『わが安売り哲学』（日経新聞社）が刊行されたのは六九年で、『万延元年のフットボール』と共時的に出されたことになる。そのスーパーの時代と、百年前の万延元年に根所一族がかかわった農民一揆もオーバーラップしてくる。しかし谷間には大女ジンや隠遁者ギーといった、兄弟にゆかりのある人々はまだ残っているにしても、一族はすでに離散していて、それらは謎に包まれている。だがここではそれらには言及しないで、「identity」を失い、「uprooted」と化した根所一族とは逆に発展し、時代の落とし子でもあったスーパーについての話だけをたどっていこう。

村にもスーパーが出現したことによって、日常生活が激変したとされ、それについては村の住職が語る。

「村の商店は、一軒だけ酒屋兼雑貨屋のそれも酒屋の部分がつぶれないでいるのを除けば、谷間に進出して来たスーパー・マーケットの圧力で総崩れになったんだが、商店の連中はそれに対して自衛しなかったばかりか、いまはたいていの連中が、なんらかの形でスーパー・マーケットに借金をためていますよ。（……）たった一軒のスーパー・マーケットが昔でいえば村ぐるみの逃散しか

ないようなところに、谷間の人間を追いこんでしまったんだなあ！」

この部分はスーパーに仮託して語られた、来るべき八〇年代から九〇年代にかけての、ロードサイドビジネスによる郊外消費社会の隆盛を迎え、急激に露出してきた旧来の商店街の没落を予見しているかのようだ。だが当時の六〇年代から七〇年代のスーパーの時代において、実際にはスーパーと商店街はまだ共存、混住していたし、「逃散」もまだメタファーにとどまっていて、現在のような全面的な「逃散」状態に追いこまれてはいなかったことを付け加えておこう。

そして5の章に至って、「スーパー・マーケットの天皇」というタイトルが掲げられ、谷間の醸造家の酒倉が買収され、スーパーとなり、そこに「3S2D」と縫い取られた旗が風にはためいている場面が出てくる。それはスーパーの天皇がアメリカで学んできたシステムを意味する「SELF SERVICE DISCOUNT DYNAMIC STORE」の略語で、特売日の旗だった。「特売日には、森ぞいの部落からはもとより、隣村からもバスで川沿いの道をさかのぼって買物客があるというわ」。農耕社会だった谷間の一帯がスーパーの出現によって、「町」のように、つまり消費社会化したことが語られている。そのことによって生じた変化への言及もなされ、それはゾラの消費社会小説の嚆矢『ボヌール・デ・ダム百貨店』（伊藤桂子訳、論創社）に見られる一節のようだ。

すでに買物を終えた女たちも、入口と出口を隔てる広いガラス窓（……）の前にたむろして引揚げようとしない。（……）やがて買物のつまった紙袋をかかえたひとりの農婦が、インディオの女のように極彩色の毛布を肩から頭にかぶって出てくると、外にたむろしていた女たちの間を羨望の溜息のツムジ風が走り廻った。毛布をかぶった小柄な農婦は、彼女を囲んで猿臂を伸ばし毛布にさわりにくる女たちから擽られでもするかのように上気した高笑いをたてて身もだえしていた。谷間を永いあいだ離れていた僕の眼に彼女たちはみなこの集落の外からやってきた人人のように感じられるが、それは当然そうではないだろう。谷間の住人たち自体にこの種の風俗が現われたとみなければなるまい。

ここに農耕社会から消費社会への移行がくっきりと浮かび上がり、ゾラもまた消費への欲望によって、女性たちがドラスチックに変化していくさまを、同じように描いている。
　さらに前出の住職は谷間の家々が餅をつかなくなったと語る。それはスーパーで買うようになったからだ。「そういう風に谷間の生活の基本的単位が、ひとつずつ形をうしなって行くんだなあ」と。
　そしてこのスーパーの「天皇」が帰化しているにしても、かつては在日朝鮮人で、谷間の森で強制労働させられ、戦後に村から彼らに払い下げられた土地を独占して買い上げ、それをベースにして、現在のスーパーの「天皇」の地位へと昇りつめたことが明かされていく。その「天皇」という呼び名は、谷間の人々の「底深い悪意」がこもっているとされるが、それは外部からもたらされてきた消費社会の象徴ともいえるスーパーに対するアンビヴァレンツなメタファーともなっているのだろう。もう少しふみこんで読めば、天皇制の出自と消費社会の位相をも照射していることにもなろう。蜜三郎はスーパーの天皇を見て、思うのだ。

　僕は進駐軍のジープが最初に谷間に入って来た日の光景を明瞭に思い出す。スーパー・マーケットの天皇の一行は、あの真夏の朝の穏やかに勝ち誇った異邦人たちに似ている。はじめて自分の眼で具体的に国家の敗北を確認したその朝も、谷間の大人たちはなかなか被占領に慣れることができなくて、異邦の兵士らを無視し自分たちの日々の作業を続けながらも、かれらの躰全体には「恥」が滲んでいた。ただ子供たちだけが新状況にすみやかに順応してジープについて走り、ハロー、ハロー、と国民学校で即席の教育を受けた喚声をあげて罐詰や菓子をあたえられた。

　イメージは重層的に絡み合っている。ここではスーパーも天皇も、敗戦と占領、GHQとマッカーサーのダミーだったことになろう。そのスーパーに向けて、10の「創造力の暴動」とでもいえる鷹四によるスーパーへの一揆が仕掛けられていくのだが、物語としてのスーパーのアウトラインはたどってきたし、もうすでに長くなりすぎているので、ここで止めることにする。その他の、物語に張りめぐらされた多くのファクター、登場人物たちの行方とスーパーについての結末に関しては、ぜひとも『万延元年のフットボール』を読まれたい。すでに書かれてから半世紀近くが経っているけれども、まだすべての謎は解かれていないように思われる。「第二の敗戦」の今こそ、読まれなければならない作品とも考えられるからだ。

6　村から郊外へ

――北井一夫『村へ』（淡交社、一九八〇年）と『フナバシストーリー』（六興出版、一九八九年）

大江健三郎の『万延元年のフットボール』における村も、スーパーの進出後には郊外へとその道筋をたどり、『飼育』から続いていた村は、おそらく幻の村と化してしまったと思われる。

私は『〈郊外〉の誕生と死』の「序章」を「村から郊外へ」と題し、一九五〇年代から九〇年代にかけての風景の変容を通じ、農村が郊外消費社会へと移行していった事実を提出しておいた。

拙著では言及しなかったが、ひとりの写真家がやはり七〇年代から八〇年代にかけて、村と郊外の風景を続けて撮っていた。それは二冊の写真集『村へ』と『フナバシストーリー』へと結実する。これらはまさに「村から郊外へ」至る同時代のビジュアルな記録となっている。その写真家は北井一夫である。

『村へ』はB5判よりもやや小さい判型で、写真集ゆえにノンブル表記はないが、四百ページに及ぶソフトカバーの一冊で、そこに凝縮されたモノクロ写真は、もはや失われてしまったといっていい農村、山村、漁村の風景の集積であり、いずれもどこかで見たような記憶を伴い、見る者に迫ってくる。北井によれば、これらの写真は一九七三年から七九年にかけて、「村々を歩きながら撮りつづけてきたもの」だという。

ここで私たちはまず北井が村々の写真を撮り続けていたその七〇年代において、戦後の日本が消費社会へと向かいつつあったことを想起すべきだし、その時期に、かつての第一次産業の現場に他ならない村々はバニシングポイントを迎えようとしていた。それらの風景の消滅の寸前に立ち会っているかのように、写真が撮られ、それらは複製技術のありふれた風景であるにもかかわらず、かけがえのないアウラが秘められているかのようだ。

全国の村々の各地から、田や畑、道と家、山と森と馬、多くの民家とその内部、そして何よりもその中で生活している人々の姿が召喚されている。その村々で彼らが生まれ、成長し、婚姻し、子どもをなし、老いて死んでいく生活もまた浮かんでくるかのようだ。家で生まれ、家で死ぬ。結婚も葬式も家で営まれる。それは村で生き、村で死んでいくことを意味していた。そのような時代が終わろうとしていたのである。それゆえにこの北井の『村へ』という写真集は現在の時点から見ると、村々への挽歌、比類なき追悼写真集のように思えてくる。

どの村々も数百年の時間を重ね、四世代の混住を前提として、長きにわたって営まれてきたはずだったにもかかわらず、その大半がおそらく現在では高齢化が進んだ、所謂限界集落化しつつあると考えられる。それにここに写されている、その土地の大工によって建てられた民家は、ほとんどすべてが消滅してしまったであろう。そしてその代わりに出現したであろう住居は、農山漁村のエトスを伝える民家ではなく、全国的に共通するマイホーム、つまり一般住宅だったにちがいない。そのようにして近代の風景は現代のそれへと転化していったし、そこに戦後社会の成熟が投影されていたともいえるのである。

しかし北井の村への眼差しはそこで途切れてしまったのではなく、そのような村々の風景が消滅した後の風景にも向けられ、それが『フナバシストーリー』を形成することになる。彼は全国の村々を撮り続けるかたわらで、ずっと「フナバシ」に住み、長きにわたって「造成地と建築工事中の風景」を見続けてきたようだ。その証言を聞いてみよう。

千葉県船橋市に住むようになってからもう一八年になり、その間に、あたりのようすも変わってきた。畑や田んぼが住宅地になり、森がスーパーや駐車場になった。農道に整備された舗装道路が走り、道端に繋っていた夏草が造成地のブタ草になって、歩きながら何気なく見ていた樹木が高層団地やマンションに変わった。

電車から見える東京周辺都市の眺めは、どこも船橋で見るのと同じように見る。船橋市の人口の七五パーセントは、新興住宅地に生活する新住民といわれている。東京の周辺都市に家族をおいて生活する新住民は、船橋と同じような風景を見て、暮らしているのだろうと思った。

そして北井は写真を始めて二〇年になるが、見馴れていた人の生活とその場の風景も変わり、新たに出現した異物のような風景や生活は棘々《とげ》しく、写真をも断念したくなったとも告白している。そのような変化を私のほうに引きつけていえば、「村から郊外へ」の転換に伴って起きた様々な出来事と事象の総体と呼ぶことができよう。

『フナバシストーリー』にリストアップされた、船橋市における六〇年代から七〇年代にかけての団地の建設、入居時期、戸数を見ると、それらは十一ヵ所、二万二千戸に及んでいる。『日本住宅公団20年史』に示された首都圏の

「規模別宅地開発地区分布」によれば、船橋市は東京から30km圏に位置し、同じく松戸市と並んで、六〇年代から最も開発が進んだ地域だとわかる。さらに船橋市の地誌を確認してみると、かつては成田山の宿場町、漁村、農村か

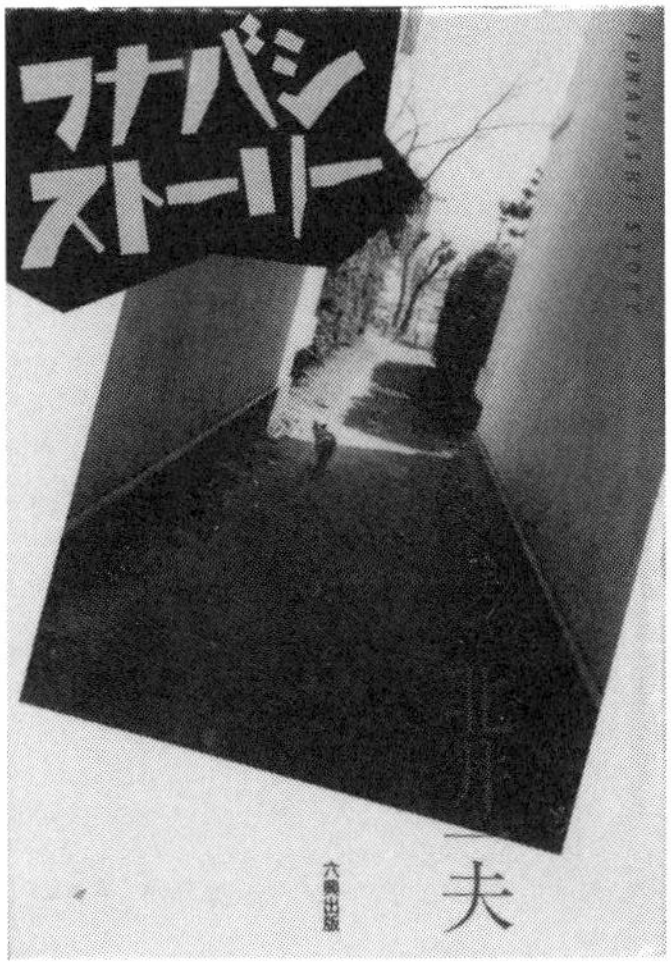

ら構成されていたが、戦後になって海が埋め立てられ、多くの工場が進出し、野菜畑だった台地には私鉄が敷設され、日本住宅公団の団地が建設され、都市化が進んでいったと述べられている。

　ここで一九五五年に設立された日本住宅公団にふれておけば、人口、産業の集中が激しく、住宅難となっている大都市を中心として、勤労者のために、団地や宅地開発を目的としてスタートしたわけだが、船橋市はそれとパラレルに歩んだ東京近郊都市の典型のひとつに数えられるだろう。

　しかし『フナバシストーリー』にそのような船橋市前史をうかがわせる写真は織りこまれておらず、また現在の「フナバシ」に至る開発の風景も収録されていない。だが『村へ』には「葉裏」と題する、風にたなびき、強く揺れ、文字通り葉裏を見せている雑木林の三つの風景が、「千葉県船橋市」のキャプションを付せられている。その他にも千葉県として三里塚の田植えの光景、印旛沼の川魚漁師の姿が見られ、千葉県もかつては農山漁村だったことを伝えているかのようだ。

　それらの代わりに『フナバシストーリー』には、団地の風景とそこでの生活の写真、及びそれらにまつわる聞き書き、エピソード、様々な物語が写真とつり合うように配置され、写真だけで成立する村の物語と異なり、写真と言葉

によって『フナバシストーリー』がかろうじて成立することを教えてくれる。それは北井が団地や郊外の向こう側に、もうひとつの「故郷」や「村」を見出しているからだろうし、次のような言葉にも明らかだと思われる。

> 昭和三〇年代入居開始の団地で、その頃に生まれ育った子供たちはすでに成人している。
> 「団地に育った子は、故郷がない。」
> と、よく言われる。
> しかし、その子たちは、団地に幼児体験を持っている。
> そして、故郷を語る歳になった。
> 砂場、鉄棒、ジャングルジム、ブランコ、すべり台のある団地の公園。集って、チ・ヨ・コ・レ・エ・トとかの遊びをした階段、手摺、踊り場、戸口。水遊びをした一階の蛇口。高く聳えていた給水塔。古びたエレベーター。高層からの眺め。団地にあるそれぞれの眺めは、団地に育った子供たちの故郷のイメージになる。

それは一九六一年に生まれた島田雅彦が『優しいサヨクのための嬉遊曲』から語り始める郊外の風景と通底している。

また北井は次のように語っている。

> 農村や漁村で私が見てきた家族は、長男が一家の柱になった家族構成だった。今、船橋という、労働力を東京に提供している近郊都市は、村に定着することの出来なかった二男なり三男なりが、一家の柱となって朝早くから夜遅くまで働いている、そういう村なのだと思う。

私も『〈郊外〉の誕生と死』の中で、立松和平の『遠雷』（河出文庫）にふれた部分で、同様のことを書いている。しかしそれがあくまで疑似的な村でしかないことにも留意すべきだろう。なぜならば、本来の村とは田や畑、山や海を背景とする第一次産業の生活と労働の共同体であるからだ。

北井もそのような村と団地の生活の差異について多くの問いを発し、それが写真よりも文章のほうへと強く投影されていることが印象的であり、そこでは新興住宅地特有の事件、新住民と旧住民の混住問題と価値観の相違、変化しない団地の内部と団地生活二代目の出現などが語られている。それと写真との共存、混住が『フナバシストーリー』と『村へ』のコントラストともなっている。そこに彼の写真家としての、村から郊外へ至るシフトが示されているし、それは同時代の社会の変化をも告げていよう。

ここまで北井の「村から郊外へ」をたどってきたけれど、その後、彼がどこに向かったのか、まだ確かめるに至っていない。

なお北井は『アサヒカメラ』に発表されたこの一連の「村へ」で、一九七六年に第一回木村伊兵衛賞を受賞し、それは同年の十月号増刊『村へ』として、一本にまとめられ、これが淡交社版のベースとなっている。またそれに先立つ、六九年から七一年にかけて、北井は『つげ義春流れ雲旅』（朝日ソノラマ）に大崎紀夫とともに寄り添い、やはり村々を旅していることを付け加えておこう。

またこの一文を書いてから、絶版となっていた六興出版の『フナバシストーリー』が、『80年代フナバシストーリー』として冬青社から再刊されていることを知った。

7　アメリカの一九五〇年代
——デイヴィッド・ハルバースタム『ザ・フィフティーズ』〔新潮社、一九九七年〕

『〈郊外〉の誕生と死』において、言及できなかったいくつかの著作が、大江健三郎や北井一夫の写真集だったことを、その理由なども含め、前回と前々回で既述しておいた。

そのような参考資料的著作がもう一冊あって、それはD・ハルバースタムの『ザ・フィフティーズ』（金子宣子訳）である。同書はタイトル通り、アメリカの一九五〇年代を描いたノンフィクションの大作で、原著は九三年に刊行されている。前々回、アメリカの五〇年代と日本の八〇年代の産業構造がまったく重なり合う事実にふれておいたが、そのことから鑑みても、このノンフィクションは参照すべき著作に他ならなかった。そればかりか、当時私が郊外論を書いていたことを仄聞してなのか、新潮社の大島道夫が刊行されたばかりの『ザ・フィフティーズ』を恵贈してくれてもいた。

ところがそれは九七年七月のことで、拙著はすでに五月の時点に脱稿し、ゲラが出ていた頃だった。そのために残念ながら、拙著の第3章を「アメリカ的風景の出現」と題したにもかかわらず、ハルバースタムの「アメリカの世紀の終りに」というサブタイトルが付された『幻想の超大国』（狩野秀之訳、講談社）は参照していたが、『ザ・フィフティーズ』には言及できなかった。しかし拙著を上梓した後に同書を読み、あらためてアメリカの五〇年代と日本の八〇年代の郊外消費社会の風景の酷似を、さらに生々しく実感するしかなかったのである。

それにハルバースタムは「著者ノート」で、「私は五〇年代の落とし子だ」と書き、「多くの人々が想像するより興味深く、また複雑であった五〇年代」と記している。また五〇年代を描くことで、それに続く「あの激動の六〇年代」への道筋もたどれるはずだとも述べている。おそらくそのような視点は、ベトナム戦争をアメリカ政府の内側から描いた『ベスト&ブライテスト』（浅野輔訳、サイマル出版会）へとつながっていくのは自明であるが、ここではそのことにふみこまない。

ハルバースタムの「著者ノート」の言葉にならっていえば、彼がその時代にアメリカの高校、大学生だったことに比べて、私はまさに五〇年代初頭の生まれであり、その後の高度成長期に成長し、同様に「多く人々が想像するより興味深く、また複雑であった」八〇年代を通過してきている。それゆえに『ザ・フィフティーズ』を論じてこなかったことも気になっていたし、続けてアメリカの五〇年代の小説を取り上げるつもりでいるので、この機会に書いておきたいと思う。

といって邦訳二段組み、上下巻八百余ページにわたる浩瀚な大著のすべてに言及はできないし、そのアウトラインをたどるにも短文では要を尽せない。そこで本書のストーリーと直接的に連鎖する第1部の〈9〉から〈12〉の章にスポットを当ててみたい。それらの章題は「家を大量生産した男」「ディスカウントショップ」「マクドナルド兄弟」「ホリデイイン」である。

〈9〉の「家を大量生産した男」とはビル・レヴィットのことで、彼はフォードの車の大量生産方式を住宅建設に応用し、郊外住宅地レヴィットタウンを開発した男を指している。日本の場合、まず日本住宅公団による住宅地の開発と団地の建設を通じて郊外が出現していったのだが、アメリカは戦後版アメリカンドリームとしての、さらなる車社会化とマイホーム幻想とレヴィットタウンが三位一体となっていた。さらに日本との関連でいえば、ビル・レヴィットとレヴィットタウンにあたるものは、大工でもゼネコンでもない、ハウスメーカーとその開発住宅地ということになろう。
　その章は次のように書き出されている。

アメリカ車は果てしなく大型化し、華麗なスタイルや贅沢な装備を追い求めた。これも新たな豊饒の時代を示すほんの一端にすぎなかった。だが、第二次大戦後、アメリカ人はすぐにも夢のような生活が始まると思い描いていた。その夢の中心は、自分の家をもつことだった。事実、ヘンリー・フォードの車や急速に改善された道路網とハイウェイ網のおかげで、都市周辺の広大な農地が開発され、この夢は現実となりはじめた――「郊外」が出現したからだった。

五〇年代に始まった、アメリカ各地の郊外における広大なレヴィットタウンの開発と建設によって、郊外人口は六千万人増加し、七〇年代には都市人口を上回るようになり、アメリカの成長率の73%が郊外に起因するという現象を生じさせていた。
　レヴィットタウンに続く、前述したそれぞれの章において、ハルバースタムは五〇年代のアメリカ社会の郊外の風景をカレードスコープのように示し、ディスカウントショップを始めとする様々なロードサイドビジネス、マクドナルドなどのようなファストフード、ホリデイインといったモーテル、ファミリーレストラン、郊外ショッピングセンターの誕生にも万遍なく筆を及ぼしている。
　これらはすべて戦後における郊外人口のドラスティックな増加を背景とするもので、それはディズニーランドも例外ではなく、その開園もまたこの時代だったのである。そしてアメリカ的郊外生活様式は、〈13〉の「テレビの台頭」に示されているように、これもまた五〇年代の郊外で爆発的に普及したテレビを通じてプロパガンダされ、テレビドラマとして世界へと送り出されていった。おそらくその最大の供給先が日本だったことはいうまでもないだろう。
　そして日本は六〇年代の高度成長期を迎え、ダイエーの中内㓛に代表されるスーパー経営者だけでなく、様々なロードサイドビジネス創業者たちが次々とアメリカに向かっていた。それは来るべき消費社会のビジネスモデルを得ようとしてであり、何よりもアメリカこそは突出した消費社会化を実現させていた。それはヨーロッパよりもはるかに先駆ける一九三九年のことで、イギリスやフランスにしても、消費社会化は日本とさほどタイムラグのない七〇年代前後だったし、西ドイツやイタリアに至っては八〇年代を越えてからだった。

その突出した消費社会であるアメリカが戦後の五〇年代において、自動車と郊外の膨張によって、さらに消費社会化が加速されていったのはすでに『ザ・フィフティーズ』に見てきたとおりだ。日本のスーパー経営者やロードサイドビジネス創業者たちは、まずアメリカにおいて車社会と郊外を見出し、それらをバックヤードとするロードサイドビジネスを発見する。そして日本においても、消費社会、車社会、郊外社会に至れば、ロードサイドビジネスが成立するという判断を下したと考えていいし、それを告げるように、七〇年代前半にほぼすべてがその郊外一号店を出店している。ファミレス、紳士服、靴、書店、ホームセンター、カー用品の各店に加え、最初は都心から始まり、後にロードサイドビジネス化していくコンビニやファストフードにしても、同じく七〇年代前半に集中している。これらはすべて八〇年代になって、店舗数と売上高を急成長させ、全国的な郊外消費社会の均一的風景を出現させる装置と化していったのである。それらのロードサイドビジネスの個別の出店、売上高、店舗数、成長の詳細に関しては『〈郊外〉の誕生と死』の第2章「ロードサイドビジネスのある風景」を参照されたい。

このようにアメリカの五〇年代と日本の八〇年代はオーバーラップし、同じ風景を出現させ、すでに三十年以上の歴史を有するに至ったのだ。それが何をもたらしたのか、本書でさらに深く追求されなければならないだろう。

8 消費社会とハードボイルド
――レイモンド・チャンドラー『長いお別れ』（早川書房、一九五八年）

残念なことに、前回のハルバースタムの『ザ・フィフティーズ』にレイモンド・チャンドラーの名前は出てこないけれど、彼の『長いお別れ』も、五四年に出版された、紛れもない五〇年代の作品なのである。それは消費社会とハードボイルド小説が無縁でないことを告げているし、日本においても、チャンドラーの影響を受けた村上春樹や、多くのミステリー作家や冒険小説家たちが台頭してきたのが八〇年代であることも、偶然ではないと思われる。

それらのことはともかく、早川書房の「ポケットミステリ」の清水俊二訳はとても懐かしい。これを最初に読んだのは確か中学三年の頃だった。それに村上春樹ではないが、私も上京するにあたって携えていった一冊が、この『長いお別れ』に他ならなかった。その後何冊も人にあげたりしてきたが、古本屋で見るたびに購入したこともあって、今でも同じ洋酒のボトルとグラスが描かれた油絵を表紙画とする一冊を持っている。おそらくこの絵はギムレットを表象しているのではないだろうか。それゆえに『長いお別れ』は、このポケミス版と不可分だとの思いが今でも抜けていない。

その奥付には昭和35年5月3版、定価は280円とあった。『ハヤカワ・ミステリ総解説目録』で確認すると、初版は一九五八年十月とされているので、静かに版を重ねつつあるといった売れ行きだったように思われる。私が読んだのは六〇年代半ばになってのことだから、初版以来すでに七、八年が経過し、多くの読者を得ていたはずだ。本書4の大江健三郎の『飼育』のところで、大江の文体の呪縛力にふれたが、その意味と内実は異なるにしても、チャンドラーの清水俊二訳も同様だったのである。

同じ「ポケミス」のチャンドラーの田中小実昌訳『高い窓』や『湖中の女』にはそのようなカタルシスをまったく感じることがなく、別の作家の物語のように思えた。そうしたこともあって、今になって考えれば、どれほど理解できていたのか心許ないが、すっかり魅せられてしまったのである。そしてその後も長きにわたり、原書も含めて、繰り返し読み続けてきたことになる。

しかし『長いお別れ』がアメリカの五〇年代の産物にして、消費社会の物語であることに気づいたのは、初めて読んでから四半世紀も過ぎた八〇年代の後半になってからのことだった。そうはいっても、『長いお別れ』に五〇年代と消費社会がダイレクトに描かれているわけではないし、ハルバースタムの『ザ・フィフティーズ』を彷彿させる事柄が目に見えて織りこまれているわけではない。ただ八〇年代に日本に出現した郊外消費社会を経験したことによって、『長いお別れ』の中にそのようなアトモスフィアを感じ取ってしまったとでもいうべきだろうか。物語につきまとっているのは、イギリスを出自とするチャンドラーの、アメリカ消費社会に対する批判的視線のように思われたからだ。

それに加えて、『長いお別れ』の舞台も郊外であり、主人公の私立探偵フィリップ・マーロウも郊外の住人として設定されている。だが郊外を舞台とするといっても、それは前回ふれたレヴィットタウンのような郊外ではなく、アイドル・ヴァレーという、清水訳では「郊外の高級住宅地」、「the rich suburbs」であり、カリフォルニアの五〇年代の、所謂ブルジョワ・ユートピア的郊外と見なせるだろう。そしてチャンドラーはこれらの「the rich suburbs」がイリーガルな開発によって造成されたことをほのめかしているし、その住民たちも、これもただ「人間」と訳されているが、「the local crowd」となっているから、「特殊な群衆」と解釈することも可能である。

その数年前の五〇年にデイヴィッド・リースマンの原題を『The lonely crowd とする『孤独な群衆』(加藤秀俊訳、みすず書房)が出版されていることとも関連しているのではないだろうか。そこで描かれていたのは、台頭するマスメディアと消費社会に包囲された「孤独な群衆」の姿に他ならなかった。

チャンドラーはそれがレヴィットタウンのようなありふれた郊外だけでなく、「the rich suburbs」もその特殊な色彩に覆われていることを、『長いお別れ』の物語を通じて露出させていく。そしてその住人に他ならない、億万長者のポッターに次のような発言をさせている。これは消費社会についての発言と見なせるので、『〈郊外〉の誕生と死』でも示しておいたが、今一度私訳で引いてみる。

「金というのは特異なものだ。(……)何でも金次第となる社会では、金が命であり、金でものを計ろうとさえする。金の力をコントロールすることは難しくなる一方だ。人間はいつも金に動かされてきた動物だった。(……)一般大衆は疲れているし、怯えている。疲れ、怯えている人間は理想を持つ余裕がない。まずは家族を養わなければならない。この時代になって、社会と

個人のモラルのどちらもが恐るべきほど衰退してしまったことを見てきている。そこで生きる人々は品性の欠如に慣らされているので、彼らに品性を期待してもしょうがない。それに大量生産の時代に品質を求めることはできないし、望まれていない。品質がよければ長持ちするからだ。それに代わるのが流行だ。今まであった型をわざと流行遅れにさせようとするぺてん商法だ。大量生産というものは、今年売ったものが一年後には流行遅れになるように思いこませないと、来年は商品を売ることができない。我々は世界で最も美しい台所と最もきれいで明るい浴室を使っている。だがその何とも美しい台所で、アメリカの一般の主婦は食べるに価する料理をつくれない。あれほど輝かしい浴室はわきが止め、下剤、睡眠薬、それから化粧品屋と呼ばれているいかがわしい事業の商品陳列所と化している。我々は世界で最も立派な装置をつくっているんだよ、ミスター・マーロウ。しかしその内実ときたら、ほとんどジャンクだ。」

最後の一文の「ジャンク」は清水訳で「がらくた」となっている。それを原文で示せば、The stuff inside is mostly junkである。その言葉から、私たちは郊外消費社会がもたらした食に関して、ジャンクフードなる呼称を想起することもできる。

しかしこの発言が五〇年代のアメリカ消費社会に対するチャンドラーのひとつの視線であっても、これが『長いお別れ』のテーマだと見なすべきではない。この言葉を発した人物は、他ならぬ「the rich suburbs」を象徴する格差社会の勝者で、カリフォルニアにまったく似つかわしくない、フランスの古城を模したグロテスクな邸宅の所有者として設定されている。つまりこの発言に見られる眼差しは、ヨーロッパ階級社会からアメリカ大衆消費社会へと向けられたものだと考えていい。そこでマーロウは次のように答えている。

「あなたのいわんとするところはよくわかりましたよ、ミスター・ポッター。あなたは今の世の中の生活様式が気に入らない。それで自分が持てる力を使って、私的な場所に閉じこもり、大量生産時代の始まる五十年前の生活をできるかぎり再現させようとしている。あなたは億万長者にはなったけれど、それはあなたに頭痛の種をもたらしただけだ。」

このポッターとマーロウの会話のやりとりの中に、主たるテーマではないにしても、アメリカの五〇年代の郊外消費社会の問題が露出している。ポッターは「the rich suburbs」を代表し、マーロウはレヴィットタウンのようなありふれた郊外の側に位置づけられていると見なすこともできよう。またここにふたつの郊外の格差、しかもポッターの資産も、レヴィットタウンに象徴される郊外の開発によってもたらされたものだと推測されるので、両者は支え合う構造を有している。

それゆえに『長いお別れ』の物語の舞台として、否応なくアメリカの五〇年代の豊かな郊外消費社会が設定され、その病巣が「the rich suburbs」に突出して発見され、それらをめぐる事件の数々が物語を綾なすファクターを形成することになる。それらを追跡し、謎を明らかにしていくのが、私立探偵マーロウが担わされた役割ということになろう。

そのような『長いお別れ』の物語、舞台背景、時代を考えてみると、チャンドラーがこの作品の中で、T・S・エリオットの名前を三回にわたって引き、一度はエリオットの『荒地』まで挙げ、さらにフレーザーの『金枝篇』（永橋卓介訳、岩波文庫）にも言及があることも気にかかってくる。チャンドラーがイギリス出身であることは前述したが、エリオットは逆にアメリカ生まれで、イギリスに帰化し、第一次大戦後の荒廃したヨーロッパの精神風土を『荒地』として描いたとされる。その第Ⅰ章は「死人の埋葬」とある。そのよく知られた始まりを、東京創元社版の西脇順三郎訳で引いてみよう。

四月は残酷極まる月だ
リラの花を死んだ土から生み出し
追憶に欲情をかきまぜたり
春の雨で鈍重な草根をふるい起こすのだ

そして何行か後に、「僕たちは廻廊で雨宿りして／日が出てから公園に行ってコーヒーを／飲んで一時間ほど話した」と続いている。

『長いお別れ』におけるマーロウとテリー・レノックスの出会いは四月でなかったにしても、マーロウはレノックスを自分の郊外の家に連れていき、コーヒーを飲ませ、送っていく。それからしばらくして再会があり、レノックスの死の知らせが届く。すなわち『長いお別れ』も『荒地』と同様に、「死人の埋葬」から物語が始まっていくのである。

エリオットの『荒地』は彼自身も注で述べているように、フレーザーの『金枝篇』における古代社会のフォークロア研究に多くの影響を受けている。それをふまえ、チャンドラーは『荒地』と『金枝篇』の書名を挙げていると思われる。それらに重ねてさらに想像すれば、チャンドラーは第二次大戦後の五〇年代のアメリカ消費社会に「荒地」を見て、自らの『荒地』版としての『長いお別れ』を構想したのではないだろうか。

そして『金枝篇』の代わりになったのは、リースマンの『孤独な群衆』を始めとして出されつつあった、現代の神話分析ともいえるアメリカ社会学の文献だったのではないだろうか。有能なビジネスマンでもあったチャンドラーがそれらに無関心だったとは考えられないし、読んでいたはずだ。それに文学であれ、社会学であれ、同時代の優れた作品や著作は必ず連鎖し、共鳴していると思われるからだ。

これらのことはフランク・マクシェインの『レイモンド・チャンドラーの生涯』や『レイモンド・チャンドラー語る』（いずれも清水俊二訳、早川書房）には何の言及もないけれど、ここで仮説として提出しておくことにしよう。

なお『長いお別れ』における「Ｊａｐ」＝日本人も含めたカリフォルニアの混住社会問題、二〇〇七年に出された村上春樹訳『ロング・グッドバイ』にはふれられなかったことも付記しておく。

テキストはPenguin books １９７４年版を使用した。

9 「理想の消費者」としての少女
——ウラジーミル・ナボコフ『ロリータ』〔河出書房新社、一九五九年〕

ナボコフの『ロリータ』については『〈郊外〉の誕生と死』でも少しだけ言及しているのだが、本書でも再びふれるべきか、いささかためらっていた。

しかしこの小説がチャンドラーの『長いお別れ』と同様に、一九五〇年代のアメリカを舞台とし、ほぼ同時代に書かれていたこと、それにチャンドラーがイギリスを出自としていたように、ナボコフもまたロシアを出自とし、亡命者としてロンドン、ベルリン、パリを経て、一九四〇年代にアメリカへと渡っていることからすれば、二人とも異邦人としての視線で同時代のアメリカを見ていたことになる。

さらにこれは既述しているが、奇しくもアメリカが消費社会化したのはその前年の三九年であり、それから戦後にかけて、アメリカの風景がドラスティックに変わり始める時期に、ナボコフは渡米してきたのである。ロシアやヨーロッパとまったく異なるアメリカの消費社会との出会いは、ナボコフに大きな驚きをもたらしたことは想像に難くない。

これらのことに加えて、刊行からちょうど半世紀を経た二〇〇五年に、若島正による『ロリータ』（新潮社）の新訳が出され、これまで新潮文庫版の大久保康雄訳と異なる、ナボコフ自身が訳したロシア語版も参照した邦訳が提出され、それをあらためて読み、この小説のひとつの主題がアメリカ消費社会を描くことにあったと実感したからだ。またアメリカがそのような社会であったゆえに、『ロリータ』がベストセラーになり、ナボコフに思いがけない富と名声をもたらしたということも含めて。だからここでも書くことにしたのである。

ナボコフは同書巻末所収の「『ロリータ』と題する書物について」で、この小説の執筆過程において、「アメリカを発明するという課題に直面していた」とし、そのことを通じて「アメリカ作家になろう」とし、それゆえに主要な舞台として「アメリカのモーテルを選んだ」という意味のことを語っている。これは「旧世界」のロシアやヨーロッパを経た目で、「新世界」のアメリカのノマド的消費社会を、新たに発見する試みと見なせるだろうし、そこでそのノマド性の体現に他ならないモーテルが選ばれたともいえる。そして両世界の混住小説となる。なぜならば、モーテルこそは「俗物の品のなさほど刺激的なものはない」とされるアメリカ消費社会の象徴だったからである。

ハルバースタムが『ザ・フィフティーズ』で、「ホリデイイン」と題し、モーテルに関して一章を割いていることを既述しておいた。この「ホリデイイン」という近代的なアメリカのフランチャイズシステムによるモーテルチェーンが誕生したのは一九五一年で、それはハイウェイが続々と整備され、自動車旅行が増えてきたことを背景とし、「道路を愛し、道路に頼るアメリカ人が徐々に増えるなかで、これは起こるべくして起こった現象だった」とハルバースタムは述べている。このモーテルの誕生と全米規模の増殖こそは、まさにそれ以後のロードサイドビジネスの範となったであろうし、アメリカ郊外消費社会を成長させるバックヤードでもあった。

そしてこのロードサイドのモーテルが『ロリータ』の主要な舞台ともなり、郊外における「覗く人」のような中年男ハンバートと「ニンフェット」としてのロリータの、車でアメリカを転々とする生活を可能にさせる。つまりモーテルは『ロリータ』をロードサイドノベルたらしめる装置となる。それは『ロリータ』でも告白されている。「というのも、道筋に沿ってずらりと並んだ数知れぬモーテルが空室ありますとネオンサインでふれまわり、セールスマンであろうが、脱獄囚であろうが、性的不能者であろうが、家族の一行であろうが、はたまた堕落した精力満々の二人連れであろうが、どんな人間でも泊めてやろうとしていたのだから」。それはまた「清潔で、小綺麗で、安全な隠れ家であり、睡眠や、口論や、和解や、満ち足りぬことを知らない道ならぬ恋にはもってこいの場所だった」からだ。

そのようなモーテルと郊外消費社会を移動する車での旅の中で、ロリータの実像が描きだされていく。

天真爛漫さと欺瞞、魅力と下品さ、青色のふくれ面と薔薇色の笑いを合わせ持つロリータは、そのときの気分次第で、まったく頭にくるような小娘になることもあった。（……）知能面では、うんざりするほどありきたりの女の子だとしか思えなかった。甘くて熱いジャズ、ス

クエアダンス、べとべとのチョコレートシロップをかけたアイスクリーム、ミュージカル、映画雑誌など、こういったものがお気に入りのリストに必ず入ってくるやつだ。(……)彼女はまるで天からのお告げを信じるように、《ムーヴィー・ラブ》とか《スクリーン・ランド》に載っている広告や忠告を信じていた—(……)もし道路沿いの看板に「当ギフトショップにぜひご来店を」とあれば、私たちは必ずそこに入って、インディアンの土産物や、人形や、銅細工や、サボテン飴を必ず買うことになるのだった。(……)広告に捧げられている相手は彼女であり、彼女こそは理想の消費者、あらゆる汚らわしいポスターの主題にして対象なのだ。

ここに象徴されているように、ロリータとハンバートの関係にも当然のことながら「金銭買収システム」が投影されていく。それは一年間に及んだ二人の旅が「理想の消費者」たる「連れのご機嫌を損なわないようにしておく」ためだったし、アメリカの全土にわたる名所旧跡を訪れることも、ロードサイドの多種多様なレストランに入ることも、そのことが目的だったのである。だから二人の道行は至るところにいったけれど、「実際には何も見なかった」ことになり、ここに『ロリータ』とアメリカのフィクションの位相が浮かび上がってくる。それはナボコフが「理想の消費者」たるロリータを造型し、そして彼女を伴って旅することで描かれた、アメリカ消費社会のビジョンだったのではないだろうか。

しかしフィクションとはいっても、二人が旅を経て住み着いた小さな大学町は、『ロリータ』が刊行された翌年の五六年に出版されたW・H・ホワイトの『組織のなかの人間』(岡部慶三他訳、東京創元社)の中の「新しい郊外住宅地」と題する長い第七部を彷彿させる。そしてそこで描かれる生活は、ハンバートとロリータの母親とのわずか五十日の結婚生活と同様に、当時の郊外のパロディ、いってみれば、私たちが六〇年代にテレビで見ていたアメリカのホームドラマのパスティーシュのようにも思えてくる。それをナボコフはハンバートをして「ソープオペラ、精神分析、安物の小説」からの影響だといわせている。しかもそのパロディ、パスティーシュをナボコフは、プルーストやフロベール的記述によってすすめているので、そのフィクションもとても一筋縄ではいかない。それを翻訳で細部まで察知することは限りなく困難ではないだろうか。

しかしそれでもひとつだけいえるのは、ナボコフとアメリカ郊外消費社会の出会いによって、この『ロリータ』を織りなす言葉が紡ぎ出されたのであり、そこにこの小説の特異な物語と構造が起因していると考えていい。それは『ロリータ』の中の次のような一文にも表われている。「ああ、我がロリータよ、わたしには言葉しかもてあそぶものがないなんて！」

それらの言葉によって成立するハンバートとロリータの母親との短い結婚生活、及び大学町の郊外生活から想起されたのは、『ロリータ』の新訳と同年に刊行された牧野智晃の写真集『TOKYO SOAP OPERA』（フォイル）である。そこでは百人以上の、おそらく郊外の「熟女」たちが「昼メロ」のヒロインを演じる姿が写し出されている。それはモーテルと同様の「ソープオペラ」のニュアンスを生々しく伝え、『ロリータ』という小説の断面と通底しているかのようだ。

そして何よりも一九五八年の『ロリータ』のベストセラー化によるアメリカ的現象として、六一年のスタンリー・キューブリックの映画化も重なり、「ロリータ・コンプレックス」という言葉が流行し、それはR・トレイナーの『ロリータ・コンプレックス』（飯田隆昭訳、太陽社）のような著作の出版に至っている。この著作は日本でも六〇年代に翻訳され、所謂「ロリコン」という言葉も定着していったことになる。

同書によれば、『ロリータ』の出現は、大人と子供の異常な性関係の状況を新たに解明しただけでなく、「ロリータ」＝少女の誘惑者、ニンフェット、「ハンバート」＝ロリータを愛する中年男で、思春期前半の少女に衝動的な性本能を抱く倒錯者という定義が与えられ、精神分析や社会学の分野でも使用される専門用語となり、さらに新しい用語として社会にも伝播していったとされる。

『ロリータ』の出版がもたらした様々な分野における広範な影響に関して、ブライアン・ボイドの『ナボコフ伝 アメリカ時代』の翻訳が出されていないことが惜しまれる。これは前編にあたる『ナボコフ伝 ロシア時代』（諫早勇一訳、みすず書房）は刊行されたのだが、売れなくて後編の翻訳が見送られたのであろう。

これらの事実から明らかなように、サディズムやマゾヒズムがサドやマゾッホという作家の個人名に由来するのと異なり、ロリコンは小説のタイトルに用いられたヒロインの名前に起因していて、『ロリータ』なる小説が、様々な領域にもたらした波紋の広がりを推測できる。それはもちろんナボコフの作品にこめた意図から逸脱したものであっても、トレイナーの『ロリータ・コンプレックス』における歴史的報告と多くの症例や事件が示しているように、ロリータやハンバートがいつの時代にも、どのような社会にも存在していたことを浮上させてしまったことになろう。

しかし日本において、コミックや写真集に「ロリコン」ブームが起きたのは、郊外消費社会が成立した八〇年代であり、それにまつわる事件が起きていったのは八〇年代から九〇年代にかけてだったことは偶然なのであろうか。

10 デペンデント・ハウスの実態
――小泉和子・高藪昭・内田青蔵『占領軍住宅の記録』〔住まいの図書館出版局、一九九九年〕

本書7で論じたハルバースタムの『ザ・フィフティーズ』と同様に、『〈郊外〉の誕生と死』において参照すべきであったと思われる著作がある。だがそれも拙著の上梓後に出版されたので、残念なことにかなわなかった。それは『占領軍住宅の記録』上下で、小泉和子・高藪昭・内田青蔵を著者とし、一九九九年に「住まい学大系」96・97として、住まいの図書館出版局から刊行されている。

『占領軍住宅の記録』は小泉和子による「はじめに」で、第二次大戦後に日本人の生活様式は大きく変わり、ほとんどの家庭が様々な電化製品を備え、ベッド、椅子、テーブル、水洗トイレを使う洋風化した生活を送っているが、このような生活様式の始まりには漠然とした、占領軍を通じてのアメリカ文化の影響といったものではなく、「はっきりした一つの契機が存在していた」と指摘し、次のように続けている。

それが「デペンデント・ハウス」(Dependents Housing)、すなわち連合軍の家庭用住宅、いわゆる「DH住宅」である。デペンデント・ハウスのデペンデントはインディペンデントの反対で、「依存している」とか「従属している」という意味であるが、「扶養家族」という意味もあり、この場合は占領地での将校軍人層の「家族用住宅」のことを指すという。

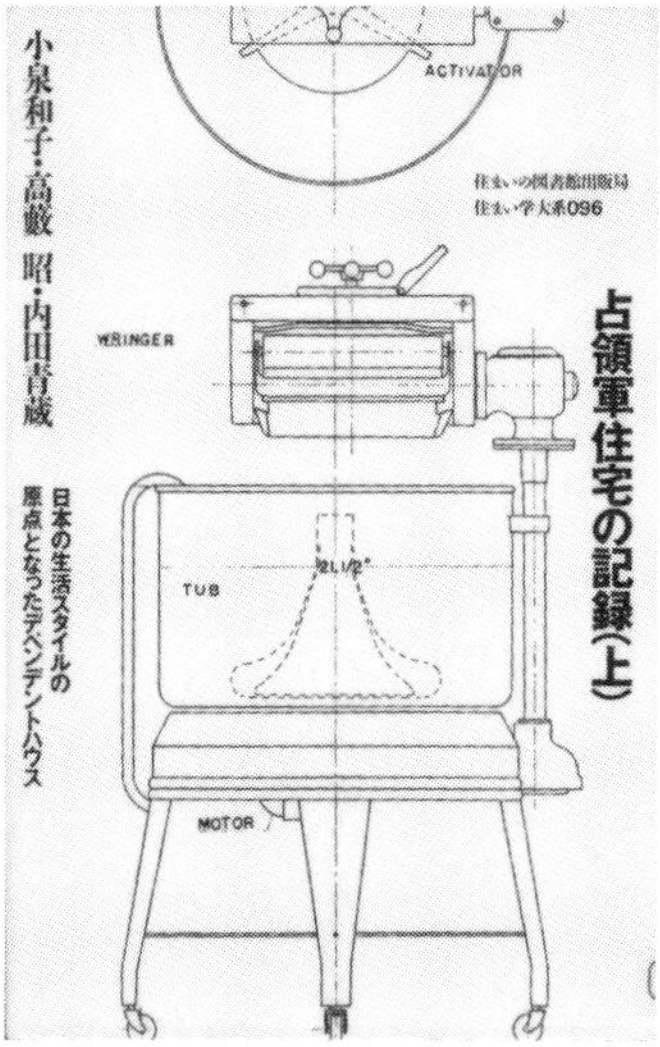

敗戦後の昭和二十年十二月に日本政府はGHQから、国内だけで一万六千戸に及ぶ占領軍の家族用住宅の建設を命じられた。それは東京、横浜を始めとし、北海道から九州の各地に及び、しかも住宅を中心として、学校、礼拝堂、劇場、クラブ、診療所などの公共施設を備え、道路、上下水道を完備した団地の建設であり、その期限は二十二年三月とされた。

東京におけるそれらのデペンデント・ハウスの例を挙げれば、代々木のワシントンハイツ、三宅坂のパレスハイツ、国会議事堂前のリンカーンセンター、現在の参議院議員公舎のところにはジェファーソンハイツ、成増にはグラントハイツがあり、焼け跡のバラック住まいの日本人にとって、「夢のような異空間が広がっていた」ことになる。

小島信夫の『アメリカン・スクール』（新潮文庫）は昭和二十三年を時代背景とする日本人英語教師たちのアメリカン・スクール見学団の生態と内的葛藤を描いている。そのアメリカン・スクールは地方の県にあって、東京ではないが、紛れもなくデペンデント・ハウスを中心とする団地の中にあり、「歩くための道ではない」道路はアスファルト舗装され、車がひっきりなしに通っていた。その道を「見学団の一行はぞろぞろと囚人のように」歩いていくのだ。そしてたどりついたアメリカン・スクールは、畑をつぶした広大な住宅地の中央に瀟洒な姿を見せて立っていた。その付近に立ち並ぶ住宅は寝室までもが手にとるように見え、そこで日本人メイドが幼児の世話をしていた。「参観者たちにはその日本人の小娘まで、まるで天国の住人のように思われる」。その「天国」と戦争して敗北し、占領された現実を描いた生々しい小説として、『アメリカン・スクール』は提出されている。

ここに出現している「天国」がデペンデント・ハウスだったわけであり、私たちは『占領軍住宅の記録』の刊行によって、ようやく具体的にその「天国」の内実と詳細を知ることになったといえよう。そして海の彼方の「天国」と見なせるアメリカ本国では、同じ戦後を迎えての五〇年代の郊外消費社会の誕生と隆盛が準備されつつあったのである。

それはともかく、デペンデント・ハウスに話を戻すと、これは昭和二十三年六月に出された『DEPENDENTS HOUSING』（日本語版標題「デペンデント・ハウス（連合軍家族用住宅集区）」）の発見に基づいている。この写真・図面入りのB４判、二百六十余ページの資料集は、GHQデザインブランチの日本人スタッフと商工省工芸指導所篇で、技術資料刊行会から限定二千五百部、定価千五百円で出版されたものである。この日本版に対して、同じ『DEPENDENTS HOUSING』という米極東軍技術部による記録報告書もGHQの側から出されていて、こちらの編集発売はENGINEAR SECTION FEC、発行年不詳である。この二冊の書影が『占領軍住宅の記録』の上巻の口絵写真に掲載されている。

それらのことからわかるように、『占領軍住宅の記録』は主として日本版から構成され、従として英語版を参照して編まれている。前者は日本側の記録、後者はアメリカ側の本国への概要報告書と位置づけされることからすれば、四十万人に及んだという占領軍のためのデペンデント・ハウスの建設は、日米の混住スタッフによるプロジェクトであったことを示している。それは『占領軍住宅の記録』上巻がデペンデント・ハウス、下巻がその家具や什器にわけられているように、このプロジェクトは建築ばかりでなく、家具、什器、家電製品などにも及び、これを機にして建設、家具、什器、家電業界はいずれも復興の手がかりをつかみ、本格的な生産の開始と飛躍的な技術の向上を果たし、その結果が戦後の日本人の生活様式の変化へと波及していったことになる。

このことに関して、『占領軍住宅の記録』は先に引いた「はじめに」において、戦後の生活史にとって、これが「日本人の生活様式全般にかかわるもっと根本的問題」「DHは第二の文明開化」だったと位置づけている。それでいて、そのことはほとんど認識されていないとも指摘して、次のように述べている。

この原因はＤＨの工事が敗戦直後のことで、どさくさにまぎれてしまったこと、当時でもその全貌を知っていたのは一部の関係者に限られていたからかもしれない。ましてや当時は、これが日本人の生活史上での大きな転換点になるものだなどという、事柄の重大性は誰もわからなかったであろうし、その後の日本がどうなっていくかなどもわからなかったであろう。

しかしそれが今では切実にわかる。それは私自身が占領下に生まれた子供たち、すなわちオキュパイド・ジャパン・ベイビーズのひとりであるし、占領期に続く、様々なモノの出現の覆われた高度成長期、そして消費社会と郊外の誕生、そして郊外消費社会の形成や東京ディズニーランドの開園へとも一直線につながっていると理解できるからだ。現実にデペンデント・ハウスが建設されたばかりでなく、イメージもまた無意識のうちに刷りこまれ、アメリカ的生活様式へと向かっていったのである。また他ならぬ郊外の先駆けともいえる日本住宅公団による団地の開発と建設も、占領軍のデペンデント・ハウスに端を発していることはいうまでもないだろう。

そうした意味においても、この本文合わせて四百余ページの上下本は、写真と図面と含めることによって、戦後史の始まりの刻印する資料として様々なイメージをかき立てずにはおかない。それは本文だけでなく、Appendix とある「栞」も同様で、上巻に収録されたＤＨデザインブランチだった網戸武夫へのインタビュー「デペンデント・ハウスの住宅設計」はすべてにわたって興味深いけれど、彼が建築家としてはめずらしく、ダイレクトにアメリカの家庭とセクシュアリティのイメージに言及しているので、それを引いてみる。ワシントンハイツのＤＨはファミリーでなければ入居できないし、単身赴任ではなかったし、「そこにあるのはアメリカの生活様式」で、それは「短絡的にいえば夫婦単位の生活、つまりセックスです」と述べ、続けている。

ですからそこで行われているファミリーとは、いわゆるセックスを絆とした夫婦が中心です。だから女性は家にいても非常にカラフルなものを着て、挑発的で、帰ってきたらいつもキスするとか、抱き合うとか。そういう二人の行為が営まれる場所としての軍の施設であること、それは歴然としています。

それを象徴するのは、サニタリーと称されるバス、トイレ、シャワーなどの衛生関係のもので、それらはベッドルームと一体化していた。また寝室は妻の城であると同時に、夜のファミリーの運営、料理やパーティは妻が中心で、このようなコンセプトに則ってデペンデント・ハウスが建設されたという。付け加えれば、メイドの主な仕事は昼間の洗濯、掃除、ベビーシッターであった。メイドはメイドルームもあり、専用のトイレがついていたが、それは差別、もしくは階級に基づいていた。

もちろん網戸の証言は「短絡的」であるにしても、日本人の目に映ったデペンデント・ハウスのアメリカ人の家庭生活をくっきりと描き出しているし、彼らと接した多くの日本人がそのように受容したことは想像に難くない。それは九〇年代になって私たちも見慣れた風景になった、日系ブラジル人夫婦がもたらす印象と通底している。同時代に中国や東南アジアの人々が単身赴任や独身のままに日本にきていたことに比べ、日系ブラジル人たちは必ず夫婦や家族でやってきていた。そこに欧米とアジアの差異が認められることは、家族とセクシュアリティのイメージのギャップが依然として存在しているということになるのだろう。そのことを考えても、網戸の建築家ならではの、デペンデント・ハウス家屋構造から見られた家族とセクシュアリティに関する発言はリアルで、アメリカ人の家庭生活を敗戦直後の段階で穿っているようにも思えてくる。

ちなみにふれておけば、網戸も含めたデペンデント・ハウス日本人担当者十四人が上巻にリストアップされているが、経歴やその後の消息の双方が判明しているのは半分ほどであり、そのうちの四人についてはどちらも記載がなく、このプロジェクトのために様々なルートから召喚されたことを示唆しているのだろう。

なお梶山季之は『小説ＧＨＱ』（集英社文庫）において、このようなデペンデント・ハウスを始めとする、占領軍の多大な濫費的要求は一年間に五百億円以上にのぼり、それはすべて国民の税金でまかなわれ、この敗戦処理がインフレーションの原因であったと指摘している。昭和二十一年の国家予算は千九百億円だったのだ。これについては「梶山季之と『小説ＧＨＱ』」（『文庫、新書の海を泳ぐ』所収、編書房）を書いているので、よろしければ、参照されたい。

なおDEPENDENTS HOUSINGに関してはネットの「Thinking for the House」が動画も含んで興味深い。こちらもぜひ一見されたい。

11 郊外の憂鬱
――村上龍『テニスボーイの憂鬱』（集英社、一九八五年）

米軍基地や前回言及したデペンデント・ハウスに象徴される占領軍住宅を日常の風景として、また目に焼きつけて成長した少年がいる。彼はまさに「基地の街に生まれて」というエッセイを書き、そこで佐世保には米軍基地があり、朝夕にはアメリカ国歌に合わせて星条旗がはためいていたと述べている。そしてアメリカは日本の歴史が初めて体験した「占領軍」で、そのオンリーの生活を通じて、「私は『武装した外国人によって自国の女が飼われる』のを目撃した最初の世代」だとも記している。

これは『村上龍全エッセイ1982―1986』（講談社文庫）の一編だが、同じく所収の「森永製菓への脅迫文」において、「占領された者だけが文学へ向かう。彼は掠奪されているのだ」とも書いている。こちらに引きつけていえば、占領とは強制的混住を意味しているし、それは基地のある郊外に否応なく表出してしまう。それは大江健三郎の、日本人によるアメリカ兵の「飼育」ではなく、アメリカ兵による日本人の「飼育」のようなかたちをとるだろう。そのために佐世保ならぬ横田基地を背景として、村上は占領と郊外の風景を『限りなく透明に近いブルー』（講談社文庫）の中に描き出す。

この「ブルー」とは、続いている占領下における基地と郊外の「憂鬱」に他ならないことを、『〈郊外〉の誕生と死』で論じておいたが、もうひとつの郊外消費社会の「憂鬱」に関しては少ししかふれられなかったので、ここで取り上げておきたい。それは八二年から八四年にかけて、『ブルータス』に連載され、八五年に刊行された『テニスボーイの憂鬱』である。

この作品は書かれた時代が八〇年代前半ということもあって、バブルに向かいつつある郊外、「二十年前は山ばかりだった横浜北部の、新興住宅地」を舞台としている。主人公のテニスボーイの青木は開発による土地成金の一人息子で、三十歳である。地元でステーキハウスを二軒経営していて、妻と一歳半になる息子がいる。車はメルセデスベンツだ。父親は億万長者だが、残ったわずかな土地でナスとトマトを作り続け、浪費に走ることはない。母親は子宮癌で、薬の副作用のためにからだは腫れ上がり、顔も歪んで死んでいたが、家庭不和や精神的退廃はないと説明されている。

このようなイントロダクションの説明からすれば、首都圏郊外の土地成金一家の息子で、実業家としての豊かな生活が書割であっても、少しばかりほのめかされてもかまわないのに、村上龍特有の物語ナラティブと文法によって、奇妙なまでのアンバランスな生活が浮かび上がり、それは時としてグロテスクなイメージをもたらしている。飼っているアイリッシュセッター犬の吠え声は「お前らは人間のくずだ」といっているようだし、女中は自由が丘のキャバレーの元ホステスで、目前に迫ってくると死んだふりをしたくなるほどの「ものすごい顔の女」である。父親はこれまでにイノシシを八十九頭撃ち殺し、女房はコンバースのジョギングウェアを着て、ジバンシーのサングラスをくもらせ、テニスボーイの昨夜の素行を疑い、子供を連れ、実家に帰ろうとしている。

しかも他ならぬ第一章の始まりにおいて、「テニスボーイは犬の吠え声で目が覚めた」と書き出されているのだ。それらのイメージと妄想が重なり、テニスボーイは「自分が世界一恵まれない男に思えてきた」。車で出かけようとしたが、路上で幼児が遊んでいたので、ブレーキを踏み、母親が現われるのを待つと、太った眼帯の女が出てきて、バンパーの金文字板に十一回頭を下げた。テニスボーイはその視線の奥に憎悪を見てとり、呟く。「ねたむなよ貧乏人、メルセデスベンツに乗っていてもむちゃくちゃ不幸な人はいっぱいいるんだからな」と。その言葉は八〇年代を迎え、かつての「占領軍」のような豊かな生活を送ることができるようになっても、「不幸な人はいっぱいいる」ことが暗示されているように思える。

そしてテニスボーイは店にチーフやコックなど総勢十九名を前にして、訓示する。


おはようございます。実は昨夜、つい道路一本向こう側に来春オープンするデニーズさんの営業の方と席を同じくしていたのですが、最近の統計によりますと、アメリカの外食比率は二食に一回に近づき、日本のそれは三食に一回に近づいているそうです。そして日本の外食市場の需要そのものの大きさは十兆円から十五兆円あるといわれ、二十兆円台にのることも予想されています、このマーケットの巨大化は経済が豊かになればなるほど進むとみられております。豊かな生活を求める気持ちと、女性が社会に…………

この後に「社員の一人があくびをした。テニスボーイもあくびをしそうになった」と続いている。それからタイト

テニスボーイの憂鬱
村上龍
すべてのテニスファンへ
そして、許されない愛を戦うすべての
男と女達へ捧げる
超先端恋愛小説
集英社刊
定価1000円

ルにある「テニスボーイ」のテニスとの関係やゲームの内容なども語られていくのだが、ここではあえてそれらにはふれない。この作品にこめられたテニス小説としての一面、及びテニスボーイとテニスに表象されるメタファーは承知していても、ここではバブル前期ともいえる八〇年代の郊外と、彼の「失われた時を求めて」に焦点を合わせてみたいからだ。

これまで紹介してきた『テニスボーイの憂鬱』の主人公青木をめぐる家族と仕事の見取り図は、物語の始まりからわずか十ページ足らずで提出されている。それは村上ならではの特異なナラティブに加えて、青木のモノローグ、書割のような夫婦の会話や父親の毎日繰り返される言葉、店のチーフのスワッピング報告などがポリフォニックに織りなされ、進行していく。前述したように、そのような物語の構成と進行は、この作品にアンバランスにしてグロテスクな効果を与えている。それは戦後かつてないバブル期を迎えようとしているのだが、第二の敗戦ともいうべき占領が完成した八〇年代の歪みの反映のようにも思われる。それを映し出す鏡がアメリカ的風景に覆われた都市郊外であることはいうまでもないだろう。

したがって物語における色彩の濃淡はあるにせよ、それらのファクターをまずラフスケッチのように示し、テニスボーイの「憂鬱」の内側へと誘導していこうとしている。しかもそれが「ステーキハウス」＝ロードサイドビジネスとつながっていることにも注目すべきで、引用した「訓示」は郊外の外食市場の拡大を伝えると同時に、そのパロディ的ニュアンス、郊外におけるありとあらゆるものの混住をも伝えようとしているかのようだ。だがその基調音は「ゆううつだゆううつだゆううつだゆううつだゆううつだゆううつだ………」という呟きである。

テニスボーイの原風景として常にフラッシュバックされるのは、開発される前の情景である。

——

赤田、この一帯は昔からそう呼ばれてきた。横浜のチベットと呼ばれ、開発が最も遅れたのもその赤土のためなのだ。テニスボーイは雨の日の赤土を決して忘れない。滑って危険だというので大人達は赤土の登校路に砂利を撒いた。ゴム長の靴底に尖った砂利石がくいこみ、雨は地面で赤く跳ねた。水溜まりは鮮やかな茶褐色で濁り、転んだりすると汚れるし砂利石で怪我をするので子供達はすぐ前方の地面をしっかり見て一歩一歩真剣に歩いた。（……）ヨシヒコ（テニスボーイの一歳半の息子―引用者注）はそんな道を歩くことはないだろう。テニスボーイはそう思った。雑木林や畑はどんどんなくなっていく。ヨシヒコが歩くのは東京や他の街と変らないコンクリートやアスファルトの道だ。

かつてどこの道も舗装されておらず、雨が降れば、いつもぬかるんでいた。テニスコートがある場所も以前は沼だったのだ。変わったのは風景や道ばかりでなく、生活そのものも同様である。雑木林にいた雉子や小綬鶏、沼の蛙やホタル、山の峰の子やあけびを失った代わりに、「家は新しくなり、外車や毛皮や宝石や家具が、つまりそれまではテレビや雑誌でしか知らなかったものが、勝手に押し寄せてきた」。それまでは道路も電車もない山の中だったから、魚を食べるのは正月だけで、あとはいつも干物だった。それがシャンペンと美食とテニスの日々へと至ったのである。

そのようなプロセスを村上は丁寧に注釈している。「それらを得て、失ったものが見えなかった。どうしようもない雑木林が失くなっても何かを手放したなどという実感があるわけがない」と。この言葉は、八〇年代におけるロードサイドビジネスの増殖によって成立した郊外消費社会の実態をえぐっているようにも思える。外食産業を始めとするロードサイドビジネスの各店舗はかつての田や畑に建てられていったのであり、田や畑の風景が失われたところで、「何かを手放したなどという実感」が生じるはずもなかった。そのような風景の転換を経て、均一的なロードサイドビジネスに覆われていき、郊外消費社会が出現するに至ったのである。

しかしテニスボーイが思い出す歌は、ユーミンの「あの日に帰りたい」や小林旭の「さすらい」で、特に彼はメルセデスベンツの中で後者を聞くことを好み、時として涙ぐむのだ。それを子供の頃、映画館で馬に乗ったまま歌う小林旭の姿を何度も見たこと、「さすらい」に喚起され、今は建売住宅が並んでいる昔の山道を一人で登り、公民館で田舎芝居や奇術の興行をうっていた道化師の一団と一緒になり、オート三輪に乗り、一人で置き去りにされたことを思い出すのだ。それが彼の原風景であり、現在の彼をも呪縛して止まない。

ところがテニスボーイはステーキハウスのテレビコマーシャルのモデルである吉野愛子と知り合い、愛人関係となる。彼女は長野県出身で、彼と同じような原風景と体験を共有していた。それを機にして、テニスボーイは実業家として飛躍し、次々に新しい店を出店し、五軒のオーナーとなり、順風満帆な生活に彩られていく。だがそれでも原風景にも似た「寂しい町」で暮らしたいという思いに駆られる。それは「マクドナルドとかケンタッキーとか絶対にないような町だ」。それに対して、新たな愛人は答える。「難しいわよ、そんなの、今、どこにでもあるもの、あたしの田舎にもできたって言うし、そりゃやっぱり寂しい町しかだめね（……）」

このように絶えず、テニスボーイは開発された郊外消費社会からの脱出を願い、そのために「憂鬱」がはれることはない。声高に反米や占領が語られているわけではないにしても、この作品は、八〇年代におけるそのようなバブルの底に流れるアトモスフィアを描いていると見なせよう。それが「憂鬱」であり、嘔吐として表われている。彼は最初から嘔吐に言及し、彼の周りの人間もよく吐き、彼自身も吐き気をもよおし、時として吐いている。

そうした『テニスボーイの憂鬱』を読みながら思い出されたのは、サルトルの『嘔吐』（白井浩司訳、人文書院）だった。これは当初のタイトルを『メランコリア』、すなわち『憂鬱』として書かれたもので、主人公のロカンタンも邦訳名のように「嘔吐」していないが、常に吐き気を感じている。その吐き気は第二次大戦を前にしたヨーロッパ秩序と存在の崩壊に起因するとも解釈できようが、それに対し、テニスボーイの吐き気は占領と第二の敗戦による日本的アイデンティティの喪失と考えられるかもしれない。

なお村上は九〇年代になって、『メランコリア』（集英社）という作品も書くことになる。これはまた別の機会に譲ろう。

12　ファミレスの出現
――城山三郎『外食王の飢え』（講談社、一九八二年）

前回、村上龍の『テニスボーイの憂鬱』において、テニスボーイが経営するステーキハウスでの、デニーズも出てくる「訓示」を引用し、一九八〇年代の外食産業の成長の一端を示しておいた。ステーキハウスはポピュラーなファミリーレストランに分類できないにしても、郊外のロードサイドビジネスであり、外食産業のひとつに数えられるし、具体的に例を挙げれば、あさくまといったチェーンが八〇年代に展開されていた。

七〇年代を迎え、いち早くロードサイドビジネス化していったのはファミリーレストランであり、すかいらーく、ロイヤルホスト、ロッテリア、デニーズの郊外一号店は七〇年代前半に集中している。同時代に最初は都心部から始まったマクドナルドなどのファストフードも、次第にロードサイドビジネス化していき、それらも加わり、外資との自由化と相俟って、八〇年代に大きく成長し、外食産業を形成することになる。そうしてファミレスやファストフード店舗の風景は郊外と切り離せないものと化し、小説、テレビ、映画の物語の装置として機能していった。そうした典型的風景を本書1、2の桐野夏生の『ＯＵＴ』で見てきた。

これらのロードサイドビジネスのある風景がアメリカの五〇年代の郊外を発祥とすることは既述してきたとおりだが、さらに付け加えるならば、日本マクドナルドの藤田田やロイヤルの江頭匡一は米軍基地との密接な関係から戦後を始めている。藤田や江頭、すかいらーくの茅野亮など七人を取り上げた佐野眞一の『戦国外食産業人物列伝』（家の光協会、一九八〇年）を参照すると、藤田や江頭は米軍基地に物資を自由に輸入できるＳＰＳ（スペシャリティ・ストア）の免許を与えられていた。この特権を得た者は彼らを含め、全国で六人しかいなかったという。

マクドナルドの藤田に関しては、すでに『ユダヤの商法』（ＫＫベストセラーズ、七二年）をめぐって、『〈郊外〉の誕生と死』や「現代の立身出世本」（『文庫、新書の海を泳ぐ』所収、編書房）などにおいて、様々に言及してきたので、ここではロイヤルの江頭とファミレスにふれてみよう。それは城山三郎のビジネス小説『外食王の飢え』がファミレス業界を舞台とし、江頭やすかいらーくの茅野をモデルにしているからでもある。

『外食王の飢え』は城山の代表作とされていないし、現在では言及されることも少ないけれど、七〇年代後半から八〇年代が外食産業の時代であったことを刻印する小説に仕上がっていて、同様の作品を他に求めることができない。ただこれが城山文学の優れた達成に属するとは言い難いが、間違いなく外食産業の戦後史に関するリーダブルで啓蒙的な著作に位置づけられるだろう。それをリードした人々のキャラクター、万国博との関係、アメリカ視察、郊外店のチェーン化と出店におけるオーダーリース方式、チェーン店の要であるセントラルキッチン、スタッフ養成のアメリカ的マニュアル化、チェーン化をめぐるM＆Aやバッテイング、大手企業との確執、株式上場に至るプロセスと資金調達といったファミレスのセオリーがほぼすべてにわたって書きこまれ、広範な資料収集と用意周到な取材をうかがわせている。

城山三郎
外食王の飢え
ただ一度の人生を“外食産業”に
賭けた男の夢と野望！
めざましい急成長を遂げた外食産業の内部に
初めてメスを入れた、本格的最新経済小説。
講談社刊／定価1000円

そうした意味において、『外食王の飢え』はもちろんフィクションであるが、キャラクター造型やファミレスの実像も含め、ロイヤルの江頭とすかいらーくの茅野を主たるモデルとし、それに従としてイトーヨーカ堂系のデニーズも点景のように添えられている。それゆえにファミレスの業界の同時代のノンフィクションとして読むことを可能にさせる。

『外食王の飢え』の主人公はレオーネの倉原、そのライバルとしてサンセットの沢が設定され、この二人のキャラクターはロイヤルの江頭とすかいらーくの茅野のかなり等身大のプロフィルであるように描かれていて、それは前述の佐野の『戦国外食産業人物列伝』における彼らのイメージとも通底しているといえよう。

城山は『外食王の飢え』を敗戦後における食料事情と占領軍の関係から始め、それは次のような記述に象徴されている。


——世の中は、食物を持つ人間と持たぬ人間の二種類に分れたかに見えた。そして、前者の頂点にあるのが、ＧＩ

と呼ばれた駐留米軍の将兵と、その家族たちであった。真白なパン、あたたかなオートミール、さまざまな卵料理、香り高い朝食からはじまり、そこにはまるで極楽のような食生活があった。

基地とデペンデント・ハウスはこのような「極楽のような食生活」を表象するものだった。それに引き寄せられるようにして、倉原は板付のアメリカ空軍基地のコック見習となり、「調達商人」の仕事をつかんでいく。これは城山の説明によれば、米軍将兵とその家族のための美容、クリーニング、靴みがき、自動車修理、花屋、パン屋などのサービスや生活用品を提供する仕事は、それぞれの業者が出入りするのではなく、一括して「調達商人」が請け負うとされているので、前述のSASとはこの「調達商人」の最上位に属する特権だと考えられよう。

「調達商人」の仕事を通じて、基地におけるアメリカ式運営がシステムとマニュアルに基づき、その上に物質的な豊かさが花開いているのを知り、倉原はそこが「別天地」であり、「日本のそれが地獄なら、ここは天国であった」と実感するに至る。そして誰よりも早く「この世の楽園」にたどりつきたいと思った。小島信夫の『アメリカン・スクール』だけでなく、ここでも基地とデペンデント・ハウスが「天国」のように見えていたのだ。

その契機は「朝鮮戦争」で、「調達商人」の仕事はふくれ上がり、基地の外でもパン屋を始めとして自らの事業へと乗り出し、それはレストランの開店へともつながっていく。これがレオーネの前身となり、アメリカの外食産業をモデルにして多店舗展開を始め、セントラルキッチンを設け、外食産業(フッド・インダストリー)をめざしていったのである。その成長は一九六八年の初めてのアメリカ視察と七〇年の万博アメリカ館へのレストラン出店を機にして加速する。

その一方で、サンセットの沢の物語もパラレルに描かれていく。こちらは団地の食料品店から始め、やはり六八年にアメリカを視察し、ファミレスのチェーン店を目撃する。そして帰国後に「アメリカで見てきたロードサイド・レストランのイメージ」に則った二十台の駐車場を備えたサンセット一号店を出店した。そこは厚木街道沿いで、「まわりには、まだ田んぼが残っていた。いわば人里離れたところ」だったが、チェーン展開が進められていった。出店とセントラルキッチンの設置が同時に重なっていたけれど、サンセットは客が増加し、目に見えて成長していった。それを城山は「日本人がアメリカ人に変わってきている」ことに加え、次のように説明している。

ニュー・タウンと呼ばれる巨大な団地群を背景に、いわゆるニュー・ファミリーたちが、まるで地から湧くようにやってくるようになった。

一家で車で乗りつけられて、清潔で、手早く給仕され、ほどほどの味で、納得の行く値段で、くつろいで食べられる。それだけのことが、同じチェーンのどの店へ行っても同じように満たされるとわかると、宣伝しないでも、新しい店へ客はついた。


ここにファミレスチェーンのコンセプトが店にとっても客層にとっても定着したと見なせるであろうし、それは七〇年代後半になって社会的に造型されたイメージであると同時に、それはレオーネやサンセットの株式上場への足がかりともなる。それに伴ってファストフードも同じ道筋をたどっていったのである。またそのようなプロセスはロードサイドビジネスのすべてに共通するものでもあった。

『外食王の飢え』において、レオーネとサンセットの首都圏郊外の厚木街道沿いでの出店競争までを追い、そのことによって逆に両社がさらに繁栄し、株式上場へと進んでいくまでを描いている。

二〇一〇年代になってあらためてこの小説を読み、前回の『テニスボーイの憂鬱』の舞台背景を考えてみても、八〇年代がロードサイドビジネスの中でも突出したファミレスの時代であったことが思い出される。

そしてまた佐野の前掲書の藤田田の章で、ロイヤルの江頭がもらしていた言葉が脳裏に浮かび上がってくる。それは次のようなものだ。「外食産業の創業者は、多かれ少なかれ、少し狂ったところがないとつとまりません。その意味では新興宗教の教祖に似ているともいえます。自分自身が信じられなければ、他人を信じさせることなんて絶対にできませんよ」。

とすれば、外食産業も含んだ七〇年代から八〇年代にかけてのロードサイドビジネスの時代にあって、ロードサイドの至るところに新興宗教が芽生えたことを告げているし、この時代に多くの新興宗教が台頭しつつあったということにもなろうか。

13　敗戦、占領、性の倒錯

――宇能鴻一郎『肉の壁』（光文社、一九六八年）と豊川善一「サーチライト」（一九五六年）

これまで米軍基地やデペンデント・ハウスの「天国」的側面について、繰り返し言及してしまったけれど、占領は強制的混住であったことからすれば、そのような綺麗事ばかりのイメージですまされるはずもない。

そのことを考えると、高校生の時に読んだ小説にもかかわらず、いつまで経っても記憶に残っている一冊が浮かんでくる。それは宇能鴻一郎の『肉の壁』である。カッパ・ノベルスの『肉の壁』単行本の巻末を確認してみると、この小説はすでに廃刊となった月刊誌『宝石』に「昭和42年8月号から43年6月号まで連載された」と注記されている。奥付には「昭和43年6月初版」とあるので、連載終了後、ただちに刊行されたとわかるし、私の所持するのは「7月7版」となっていることから、準ベストセラー的売れ方をしたのではないかと想像される。

ただ私はリアルタイムで買い求めておらず、これはかなり後になって古本屋の均一台で拾ったものである。だから最初にこの小説を読んだのは『宝石』の連載で、しかも毎月立ち読みし、最後まで読んだことになる。それは主人公の少年がほぼ同年であることに加えて、そこで描かれていく体験が、基地と進駐軍とアメリカ兵が絡んだ特異な光景のように思われたし、そのような小説は読んだことがなかったからだ。またその少し前に読んでいた、やはりカッパ・ノベルスの松本清張の『黒地の絵』の凶々しさが想起されてもいた。『肉の壁』のイントロダクションは次のように始まっている。

> その奇妙な趣味を、竜也は少年のころ、気まぐれな白人女によって教えこまれた。
>
> ――
>
> 終戦後まもなく、父親を栄養失調で死なせたあと、竜也は心臓の悪い母親と弟との三人の生活を支えるために、旧制中学を中途退学して、進駐軍キャンプ内の調達庁出張所に、ボーイとして働いていた。キャンプには母の兄である伯父が通訳として、やはり勤務しており、その手引きではいったのである。

「その奇妙な趣味」とは何か。それは占領軍のPX主任の婦人将校《ワックス》による、十五歳の日本人給仕に対する「飼育」を通じての性の調教に他ならず、サディズムとマゾヒズムを体験させることだった。そのような場として、デペンデント・ハウスは機能していたのであり、ジェーンという婦人将校は日本で、「裸の美少年に酒をつがせたり」する「エジプトの女王になりたい」と望み、竜也にそれを命じ、さらに自分をベルトで鞭打たせる。そのような行為に対して、宇能鴻一郎は注釈を施している。

> ——当時、日本に進駐した占領軍兵士のなかには、男女を問わず、本国では満たされない性的な、ひそかな趣味や珍奇な思いつきを日本人を相手に満たそうと試みるものが珍しくなかった。
>
> おそらく彼らは対等の人格を感じさせる同国人に対しては、そうした嗜好は恥ずかしくて言いだすこともできなかったにちがいない。しかし被征服国民で、みじめな、飢えた黄色人種で、さして強烈な人格も道徳律も感じさせない日本人に向かっては、彼らは気やすく大ぴらに、動物に変身することができたのだ。

占領軍のセクシュアリティがここで語られている。占領下においては男もまた犯されるのだ。後にサイードの『オリエンタリズム』（今沢紀子訳、平凡社）の中でも、同じような言葉に出会うことになる。「オリエントは、我々がヨーロッパにおいてはもちえない性的体験を探し求めることができる場所なのであった。（……）彼らがしばしば（……）探し求めたものは、いっそう放埒で、いっそう罪の意識にさいなまれることの少ないさまざまな性的関係であった」。

かくして竜也は婦人将校に「飼育」されるばかりでなく、その後黒人兵にも犯され、「奇妙な趣味」の段階を越え、サディズムを根底に秘めた復讐の一生へと駆り立てられていくのである。これが他ならぬ『肉の壁』の主題であり、ジョン・ダワーの『敗北を抱きしめて』(三浦陽一他訳、岩波書店)とは異なる物語ということになる。

宇能やサイードの注釈の言葉に込められているキートーンは、村上龍の『限りなく透明に近いブルー』や山田詠美の『ベッドタイムアイズ』の性の場面にも否応なく表出していたし、ダワーの『敗北を抱きしめて』からも伝わってきたものである。さらに沼正三のマゾヒズム小説『家畜人ヤプー』(角川文庫)にしても、その他の戦後の多くのSM小説にしても、敗戦と占領をトラウマとして、すなわち強制的混住に大いなる端を発していると考えざるをえないのだ。

そのような作品として、豊川善一の「サーチライト」がある。これは一九五六年に琉球大学の学生を同人とする『琉球大学』に掲載された作品だが、アメリカ軍の圧力により発売禁止即回収という措置をこうむったために、長い間読めない一作として封印されていた。しかし二〇一二年になって、『オキュパイドジャパン』(『コレクション戦争と文学』10、集英社)に収録されるに至ったので、半世紀を経て、ようやく公開され、読むことができるようになったといっていいだろう。

「サーチライト」でも、まず基地の存在が提示される。それは沖縄の軍用道路の一号線に面している。

そして、この道と並行して、こいつもまた地面のあるかぎり、どこまでも繋がっているバラ線の一列縦隊。その向うがわに思い切りひろがっている飛行場。高射砲陣地。格納庫。弾薬倉庫。ガソリンタンク。通信隊。など、など、いわゆる基地というもの。

「サーチライト」の主人公信吉と仲間たちはその通信隊の裏側にあるチリ捨て場周辺をかせぎ場所としている。その「かせぎ」はスクラップ漁りのように語られてもいるが、何か別の気配も漂っている。そこはゲートの方角からガード交代の点呼の号令が聞こえ、定期的にサーチライトの光りが当てられ、時としてジェットの轟音が耳の鼓膜をつんざくほどだが、もはや「かせぎ」はいくらにもならない時期に入っていた。

信吉はドサ回りの芝居小屋で、座長と衣裳係の子どもとして生まれ、十二歳から舞台に立っていたが、一座は一九四四年十月十日の那覇大空襲の数日後に解散になり、彼は同じく身寄りのない娘役のシズに連れていってくれるように頼んだ。そして二人はどうしてあの激しい戦争をくぐり抜けたのかふしぎなほどだったが、生き残った。ところがその後、シズは収容所で骨と皮にやせ細り、栄養失調で死んだ。

そうしたシズの回想にひたっていた信吉は、サイレンの音によって現実に連れ戻される。MPのジープがゲート前に泊まり、白い救急車が駆けつけてきていた。事故が起き、誰かが車に轢かれたらしく、アスファルトの上は血の海となり、赤いハイヒールが転がっていた。

その光景は信吉に「不慮の災禍」のなげきを喚起させ、「異様な衝撃感」をもたらした。またそれらの血の匂いとかたまりは、自分が米軍の古い銃創で喉を突き、自殺しそこねた記憶を生々しく思い出させた。それ以来、数少ない周囲の人々も彼を避けるようになっていた。自殺へと追いやった原因は「占領直後のあの混迷と乱雑のなか」にあって、しかも「人間にとって精神形成にあたるだいじな時期」に遭遇した事件に他ならない。それは「実にくやしい屈辱の思いに身をさいなまれること」であり、「男らしい意地や張りもすべて、あの時を境いにしてみんなつぶれてしまった」のである。

それは「三年の前の夏、というと戦争がすんでまだ三年目の夏。十六才の信吉は家族部隊にいた。／ウエノヤの住宅地帯。仕事はハウスボーイ。」とあるので、場所は基地住宅（ベースハウジング）、すなわちデペンデント・ハウスをさしている。仏桑華の赤い「暗い花」がいっぱい咲く庭、チョコレート色のプリモス、真空掃除機、電気洗たく機、電気冷蔵庫、大きな電蓄、洋服だんすにぶら下がる多くの洋服と色とりどりの靴、「この規格住宅は、手にさわるもの見るもの、なんでもすべてが、まったくすばらしく、はじめて経験するばかりのそれこそ『ワンダフル』の連発だった」。

だがそのような生活は長く続かなかった。初めての給料をもらった外出の日の帰り道で、信吉は「モシモシ　ボーイサン　ヘエイ　ストップ」と呼び止められ、「大きなクバうちわほどの黒い手と腕」による「あらあらしい暴力」に襲われ、犯されてしまったのだ。その回想の間にも「執拗にえものをあさりまわるどん欲なサーチライトの光り」が移動していく。

――あの夜、信吉がこぼした涙に映って散ったキャンプの夜の権力を持ったまたたきには、性の倒錯のなかで非力に踏みにじられた〈少年〉の、相手を呪いころしたい最高最大の憤怒と感傷があった。

しかし「サーチライト」はクロージングの段になって、それが信吉の奇妙な欲望の対象と化してしまったこと、「へんちくりんなおシャレ」としかいいようのない女装をするに至っている事実が語られ、占領下における「性の倒錯」が生々しく露出する。そして三週間前の「ケネディさん」の「こっけいなくらいいきり立って馬みたいなくふれたヤツ」が言及されることで、信吉の夜の基地での「かせぎ」の実態が明らかにされ、この短編は終わっている。つまり『肉の壁』の竜也が復讐に向かったのとは逆に、「サーチライト」の信吉は占領され、同化せざるをえなかった沖縄のメタファーのような存在と考えるべきなのだろうか。

私はこの作品を新城郁夫の『沖縄を聞く』(みすず書房)所収の「サーチライト論」である「植民地の男性セクシュアリティ」で知った。おそらく『オキュパイドジャパン』への収録も、この示唆に富んだ論考に起因しているようにも思われる。新城の「サーチライト」論は、植民地における異人種、占領被占領者、男性のそれぞれの間の重層的な性関係に表出する欲望の動きの中に、自らのセクシュアリティの問題も含め、ゲイの身体政治を探る試みとして提出されている。この論考、及び彼が「注」において示している「サーチライト」の発売禁止処分、それに続く豊川を始めとする『琉球文学』同人たちが除籍となる「第二次琉球事件」から、この短編「サーチライト」が米軍と大学当局に大きな波紋と衝撃をもたらしたことは疑いを得ない。村上龍の『テニスボーイの憂鬱』のところで、彼の「占領された者だけが文学へ向かう。彼は掠奪されているのだ」という言葉を紹介しておいたが、それは豊川と「サーチライト」にも当てはまるのではないだろうか。

そしてこの「サーチライト」と「植民地の男性セクシュアリティ」に加えて、『肉の壁』を添えれば、占領における男のセクシュアリティのトライアングルが、いささかなりとも可視化されるようにも思える。拙稿をきっかけにして、これらの三作にふれる読者を持つことができれば、ともうれしい。

14 団地パニック奇譚
——大友克洋『童夢』（双葉社、一九八三年）

大友克洋の『童夢』において、まず迫ってくるのは突出した団地の風景とその描写に他ならないし、それは冒頭の見開き二ページの夜の高層団地の風景に象徴されているといえよう。そこでは屋上も俯瞰されているが、まったく人影もなく、「どさッ」という小さな吹き出しがなければ、幾何学的で端正な建築のパースのようにも見え、コミックの一場面なのかどうか、判断を保留するところだろう。

そのような見開き二ページにわたる団地のシーンはこの他に内部の光景を含め、四ヵ所に及んでいるし、表紙カバーも一コマの拡大転載だが、同様であることに気づく。それが崩壊した団地の風景に他ならないにしても。これらに加えて、すべてのページにといっていいほどに、団地の建物の外観のみならず、内部の構造、部屋の中も描かれ、その周辺の施設、公園、植栽なども例外ではない。

これは『童夢』の物語の舞台が団地であるから当然のことのように思われるかもしれないが、ここまで意図的に団地空間そのものを描き出そうと試みたコミックはなかったように思われるし、その後も出現していないのではないだろうか。例えば、同様に高層団地を舞台をしたコミックである細野不二彦の『幸福の丘ニュータウン』（小学館）にしても、団地の風景はこれみよがしのように描かれている。だがそれらは書割であって、そこで起きる物語がメインのテーマとなっているとわかる。ところが『童夢』においては団地という空間が特異な物語を生み出すトポスであることが前提となっているゆえに、そのような執拗な反復と見なせる描写が挿入され、物語を覆っていると考えられる。

また『童夢』に描かれた高層団地は、ベースとして高島平団地をモデルにしていると思われる。高島平団地について、『日本住宅公団20年史』を参照すれば、それは口絵写真のトップに掲げられ、高層、高密度住宅の形態とその風景は『童夢』の団地と酷似している。そして高島平団地に関する次のような記述にも出会う。

日本の30年代の団地は、社会資本が比較的未整備な郊外に建設され、２０００戸から３０００戸までの自己完結型のものが多かったが、40年代に入って、団地の大規模化、高層化などともに、内部の生活環境施設において

も大規模化、高度化が進んだ。ちなみに、47年に入居した高島平団地（東京板橋区）は、14階建の住棟を含む中高層住宅が多数並ぶ——1万戸を超える大団地であるが、そこには推定4万人近い人びとが住んでおり、ある意味では地方都市に匹敵する規模と設備をもち、高密度地域社会の典型であるといえよう。

これをさらに補足すると、東京二十三区内で三五〇ヘクタール、全六四棟に及ぶ最大規模開発団地で、施工開始は昭和三十八（一九六三）年である。

日本住宅公団は一九五五年に設立され、翌年に首都圏整備法が公布され、郊外に二千から三千戸のスプロール的団地開発が行なわれていたのが、六〇年代になって新都市計画法や都市再開発法の公布に伴い、高島平のような都市周辺における再開発に基づく大規模で高層化した団地も誕生していったのである。しかしそれが『日本住宅公団20年史』がいうごとく、「地方都市に匹敵する」団地であったにしても、それまでと同様の人工の郊外、しかも高層高密度の郊外の出現だったことは否定できないだろう。

そしてこれは『〈郊外〉の誕生と死』でも言及しておいたが、郊外の開発の先駆けだった日本住宅公団の賃貸住宅計画戸数は一九七一年をピークにして減少していく。それは高度成長期と併走してきた団地の使命の終焉と、そのかたわらで始まっていた郊外のマイホーム取得の隆盛を物語っていよう。この時代から混住社会が形成され、ロードサイドビジネスも誕生していったのであるから。

それはまた高度高密度の団地に住むことの不可能性や不安を表出させていき、高島平における自殺者の頻出となって具体化してしまう。その現象に注目したのは、実際に高島平団地に住み、同時代における住居論『都市の貌』や『〈住む〉という思想』（いずれも冬樹社）を上梓していた米沢慧、同じく戦後家族論『家族の現象論』（筑摩書房）を著わしていた芹沢俊介であった。

とりわけ後者の芹沢は同書所収の「象徴としての高島平」において、一九七二年から七五年にかけての居住者、非居住者を含んだ団地での投身自殺者五十八人を示し、米沢の発言を背景とし、死の象徴性としての高島平のイメージの在り処を探りあてようとしている。しかしそれに関しては、これ以上踏みこまない。ただここでは『童夢』の団地のモデルと考えられる高島平にこのような投身自殺者が続出していた事実を伝えておきたいからだ。

さてここで『童夢』の物語へと戻ることにしよう。冒頭の見開き二ページの団地の風景にあった吹き出しの「どさッ」が、物語が始まっていくと、投身自殺の音だったこと

がわかる。そして警官や刑事たちの会話が記される。「この団地だけで25人目だからな／もう『変死』だけじゃすまないぞ……」。このセリフから団地に高島平のような相次ぐ自殺、しかも「変死」的な自殺が起きていることがわかる。警察の会議で、刑事も発言している。「最初の被害者が出てから3年と2ヶ月……自殺者と思われる者5名……事故扱い7名事件扱い3名変死……9名／尋常じゃないですよ」と。

さらなるもう一人の、遺書も動機もノイローゼでもない普通のサラリーマンの変死も生じたことによって、捜査の方針の重点は、これまでの被害者の周辺事情と関係者に置かれていたが、この堤団地自体に向けられ、団地建設における用地買収問題、建設に関しての入札事情、その際に問題のあった会社や人物、周囲の住民で建設に反対した者や団地に怨みを持っている者などについての聞き込みもなされていく。

そのような過程で、「団地内の不審人物」が挙げられ、登場してくることになる。三浪の浪人生の勉、流産してノイローゼになった手塚さんの奥さん、頭は子どもだが、体は「男」で母親と棲んでいるヨッちゃん、トラックに乗っていたが交通事故で片足が駄目になり、アル中のために妻にも逃げられた吉川、一人暮らしでボケているチョウさんといった顔ぶれである。つまりこれらのメンバーが「不審人物」として挙げられることは、他と異なる高層高密度の団地においてさえも、同じような社会の排除の視線が注がれていることになるし、それが物語の前提だと了解される。

そのような団地空間で巡回や捜査を続けているうちに、夜に一人の巡査が拳銃を奪われ、屋上から飛び降り自殺し、山川部長刑事も同じ死をとげる。その代わりのように引越してきた少女のエッちゃんと岡林刑事の登場によって、『童夢』の物語は新たな場面へと入っていく。団地の人たちは一連の事件以来、夜の外出を避け、「事件のことはほとんどタブーに近いぐらい」になっている。その一方で、エッちゃんとチョウさんの出会いによって、二人がともに超能力者で、チョウさんが事件を操っているらしいことが判明してくる。

　エッちゃんはヨッちゃんとアル中の吉川の息子と親しくなるが、三浪の勉はエレベーターでエッちゃんを襲い、それに失敗すると、カッターナイフで首を切って自殺する。再び見開き二ページで、彼の血があたり一面に飛び散った団地の高層の通路と壁が描かれている。それに続いて吉川が巡査のなくなった拳銃を手にし、子どもに続いて、ヨッちゃんと息子も撃ち、エッちゃんにも迫ってくる。これらはすべて「今迄僕一人で遊んでいたのに」と語るチョウさんが、いくつも仕掛けた事件をエッちゃんに邪魔されたために仕組んだものだった。

　かくして高層高密度団地を舞台とするエッちゃんとチョウさんの戦いが始まり、それは『童夢』の物語の半分を占めることになる。団地の屋上に佇む二人、団地の姿が様々なアングルから捉えられ、そのまま超能力者の戦場へと化していくのだ。それらはストップモーションなども含め、映画技術をも自家薬籠中のものとした大友のコミック文法が最大限に発揮され、緊張した臨場感を伴う一大スペクタクルを現出している。仕掛けられたガスの充満、次々と飛び散っていくガラス窓、続いて起きる高層団地を破壊せんばかりのガス爆発、崩壊していく団地の内部の光景、七〇年代にブームの頂点に達した『タワーリング・インフェルノ』などの、パニック映画ならぬパニックコミックのクライマックスに立ち会っているかのようだ。

　これらの『童夢』の半分をしめる団地のおける戦いとその崩壊を見届けると、もはやそこに『日本住宅公団10年史』にあった牧歌的にして、まだメルヘン的な面影も有していた初期の団地の風景がもはやまったく失われてしまったことに気づく。そして歴史を経て、様々な事件をも体験してきた上に、八〇年代における終末史観も相乗する団地もまた、このような凶々しいイメージを内包するようになってしまったことも。これらの「公団史」に関しては本書150、「三冊の日本住宅公団史」でふれることになろう。

　しかもそれをチョウさんのような「翁」、エッちゃんのような「童」に象徴させたこと、しかも「翁」と「童」は同一の「子供」として語られ、見なされていることからすれば、「童夢」とは双方が紡ぎ出した物語ということにもなる。そのような「翁」と「童」、そして郊外の物語は、大友の最初の作品集『ハイウェイスター』（双葉社）のそれぞれの短編の中に気配はうかがわれていたが、『童夢』のような長編へと結実したのは、高島平のような高層高密度の団地のイメージを物語へと取りこむことによって可能となったと推測される。郊外のポストモダニズム的高層高密度の団地空間にあってさえも、老人や子供たちによる凶々しい夢想が息づき、そこにも常に古代からの神話的「翁」と「童」の混住の役割が潜んでいることも示唆しているのだろう。

またさらに超能力者やその少女ということであれば、七〇年代後半から八〇年代初めにかけて、相次いで翻訳され始めたスティーヴン・キングの諸作品を挙げることができる。それらは『キャリー』『ファイアスターター』（永井淳、深町真理子訳、いずれも新潮文庫）、『呪われた町』（永井淳訳、集英社文庫）、『シャイニング』（深町真理子訳、文春文庫）などである。これらの中で『キャリー』と『ファイアスターター』はまさに超能力を有する少女を主人公とし、『シャイニング』はホテルを舞台としているが、このホテルを団地に置き換えれば、そのまま『童夢』のコンセプトも成立するように思われるし、『ファイアスターター』を除いて、いずれも『童夢』以前に映画化されているので、それらの映像の影響がコミックへも流れこんでいると考えられる。そうした同時代の様々な流れも受け継ぎ、『童夢』は成立したように思われる。

15　戦後と「フルサトの歌」
——菊地史彦『「幸せ」の戦後史』（トランスビュー、二〇一三年）

本書としては初めてのことだが、出たばかりの新刊の紹介と書評を兼ねた一編を挿入しておきたい。その新刊は菊地史彦の『「幸せ」の戦後史』である。彼はこの著作において、「私もまた昭和と平成を生きてきたひとつの社会現象」という認識のもとに、「自分の生きてきた時代」を描いている。その認識にしても時代にしても、菊地と私は同世代ゆえにバックヤードを共有しているし、『「幸せ」の戦後史』も「戦後社会論」に他ならないので、拙著との併走を確信しているからだ。

しかも菊地は長年の友人で、元筑摩書房の編集者でもあり、またこれはまったく偶然だが、前回の大友克洋の『童夢』のところでふれた、芹沢俊介の『家族の現象論』の企画編集にも携わっている。菊地と筑摩書房に関しては『出版状況クロニクルⅣ』で既述しているので、これ以上ふれない。

それらのことから類推できるように、この『「幸せ」の戦後史』なる平易なタイトルに惑わされてはならない。ここでは敗戦から始まり、六〇年代の高度成長期を経て、七〇年代後半からの高度資本主義消費社会とバブル時代、そして九〇年代のバブル崩壊から3・11までを戦後史と捉え、そこから時代とともに歩んできたそれぞれの「幸せ」の位相が浮かび上がる仕掛けになっている。いうまでもなく、私も戦後史が現在まで続いていることを疑っていない。

そのために菊地は敗戦から3・11までの六十余年を幾度も往復し、労働、家族、アメリカの夢と影、自己の問題などを蛇行しながらたどり続けた。それは二〇〇九年八月に開始され、一三年二月に終了する長い旅でもあった。私見によれば、この『「幸せ」の戦後史』は戦後世代による現在まで続いている「戦後史」と「幸せ」なるもののアルケオロジーの試みに相当するのではないかと思われた。

それを菊地は「六十余年にわたる日本の〈社会意識の変化〉を捉える試み」と想定し、見田宗介を始めとする社会学の成果を援用する。「〈社会意識〉とは社会そのものの自己意識」で、人々の様々な欲望に一定の形式とその成就や達成の基準を与える「自己編成的ふるまい」によって、「〈社会意識〉は社会に奥行きや広がり、さらに景観を与え」ることになる。このような視座に基づく『「幸せ」の戦後史』にあって、必然的に「〈社会意識〉が溢れ出したと思える行動や言動を、社会事象や文化現象から取り出し、その背景を探るというやり方」が採用され、菊地はそれを「〈社会意識〉事象の発見と分析と言い換えてもいい」とも断わっている。

これらの記述を含んだ序章の「〈社会意識〉とは何か」の最初のサンプルとして、流行歌である「フルサトの歌の変容」が言及されていく。菊地にしてみれば、「しょっぱな」の十ページ足らずの小論にすぎないかもしれないが、彼と私の戦後史における位相の差異をくっきりと示しているので、こちらも「しょっぱな」から立ち止まってしまい、深い感慨を覚えざるを得なかった。

それこそ戦後史の一面とは、ここに描かれた見取図の中で進行したのであり、その視線は東京の団地で少年期を送り、そのまま都市生活者であり続けた菊地ならではのもののように思われる。そこに農村で育ち、地方で暮らしてきた私を置いてみると、同世代でありながらも、当然のように異なる「フルサト」だけでなく、都市や街、地方や村の社会意識をたどることができるのではないだろうか。

菊地は東日本大震災を背景とする二〇一一年のNHK紅白歌合戦において、犠牲者への悼みと失われたフルサトへの思いをこめて歌われた新旧の「フルサトの歌」のことから、この『「幸せ」の戦後史』を始めている。そして戦後の「フルサトの歌」についての二つの転換点を挙げ、最初は一九五〇年代半ばから六〇年代にかけての、地方から大都市圏への大量の人口流入によって、彼らを主人公とする望郷の歌が生まれたと指摘する。それらの望郷歌謡曲の代表作は「別れの一本杉」（春日八郎）、「りんご村から」「哀愁列車」（三橋美智也）、「逢いたいなァあの人に」（島倉千代子）であり、そこにはサブテーマとして男女の別離が含まれていたが、戦前と異なるのは出郷した男の都会の孤独ではなく、村に取り残された娘の孤独が歌われ始めたことに注目する。

　これらの戦後望郷歌のかたわらで、都会への憧れの歌も多く歌われ、出郷者たちは家族や恋人を残してきた心の痛みは感じているが、もはや帰郷の強い動機を失い、都会に出た者の優越感を秘め、これが高度成長期にあった出郷者たちの成功物語の表象だと見なす。そして先の紅白歌合戦で歌われた、六〇年代半ばの「帰ろかな」（北島三郎）に至って、都会の優位は決定的になる一方で、村は牧歌的な世界のように理想化され、村の暮らしの重苦しさは隠蔽されてしまう。これが第一の転換点である。

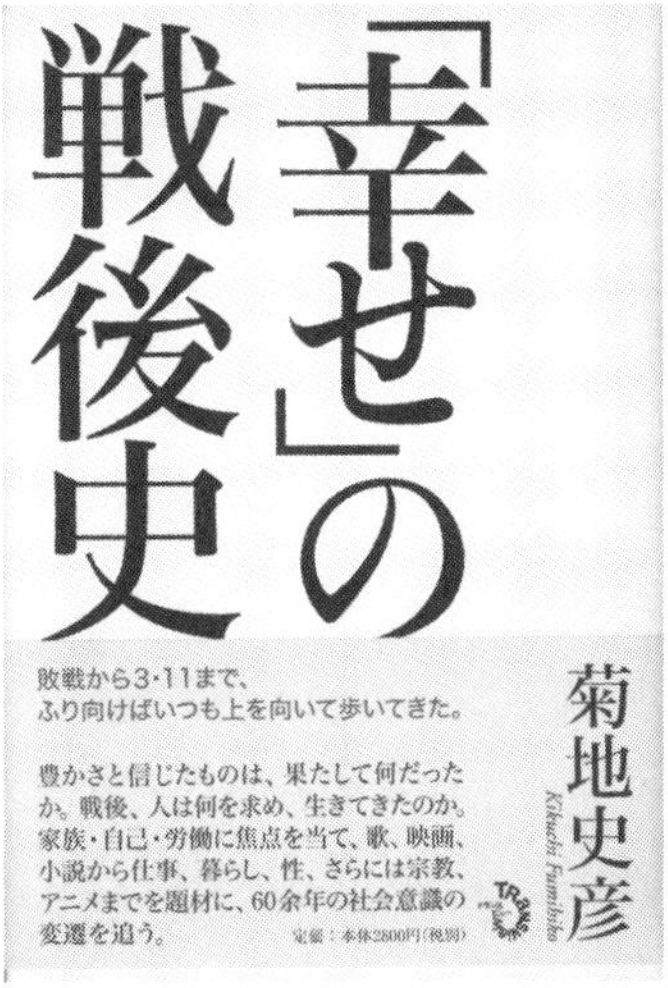

「幸せ」の戦後史
菊地史彦
Kikuchi Fumihiko
敗戦から3・11まで、
ふり向けばいつも上を向いて歩いてきた。
豊かさと信じたものは、果たして何だったか。戦後、人は何を求め、生きてきたのか。家族・自己・労働に焦点を当て、歌、映画、小説から仕事、暮らし、性、さらには宗教、アニメまでを題材に、60余年の社会意識の変遷を追う。
定価：本体2800円（税別）

　第二の「フルサトの歌」の転換点は、高度成長期が終わった七〇年代半ばで、それらの代表作として「ふるさと」（五木ひろし）、「望郷」（山崎ハコ）、「ホームにて」（中島みゆき）が挙げられ、これらはそれまでの望郷歌と異なるトーンをしのばせ、「歌われているフルサトはもうそこにはなく、失われている。帰りたくないのではなく、もう帰るところがない」という地点を迎える。それは望郷歌の主人公がかつての「出郷者」から「棄郷者」、あるいは「無郷者」に至る過程を物語っていることになる。私のほうに引き寄せれば、この時代から「フルサト」は村から郊外へ、混住社会へと移行し始めていたのである。

　そして菊地は最後に「この曲こそ、七〇年代の望郷歌に連なりながら、このジャンルそのものに引導を渡した歌」として、筒美京平作曲、松本隆作詞「木綿のハンカチーフ」（太田裕美）の分析に取りかかる。このよく知られた「都会に出ていった青年がしだいに街の暮らしになじみ、故郷の少女から遠ざかっていくという物語」が、紛れもなく「棄郷者」や「無郷者」に他ならぬ東京人たちによって送り出された歌であることを確認した後で、歌詞に見られる青年から少女への贈り物の指輪と、少女の望む木綿のハンカチーフの対比構造の表象分析を行なう。それを要約すれば、次のようなものになろう。

七〇年代後半の高度消費社会の大都市にあったスーツ姿の青年は、「流行の指輪」というモノを介して故郷の少女とのつながりを維持しようとするが、彼女はその欺瞞に気づいて拒み、彼を断念する代わりに、ありふれた「木綿のハンカチーフ」を望む。青年のスーツと「指輪」が象徴するのは未来の社会的成功と婚姻を約束するものであり、このふたつは「男が村から街へ出て組織に仕え、その稼ぎで伴侶を迎え、家庭を営むに至る、昭和戦後のなじみ深い『上昇の物語』」だと菊地は述べ、そして続けている。

> とすれば、少女が青年の提示する「未来」を決然と否定するのは、戦後日本のメジャーな物語の否定と等しい。松本は、出郷する恋人を想うストーリーを再現した上で、これが「最後」だと少女に言わせ、その系譜を自分自身で終了させたのである。

それゆえに「木綿のハンカチーフ」は「このジャンルそのものに引導を渡した歌」とされるのだが、菊地はそこに「もうひとつの絵」を重ねている。そこに投影されるのは作詞者の松本隆の位相である。彼は「棄郷者」「無郷者」であるけれど、すでに都会人として安定を得た者、相対的に優位に立つ者の立場にいる。もちろんそれらをことさら主張しているわけではないが、彼は「村の少女の側」に立ち、少しばかり「新参の出郷者に対する侮り」を混入させ、「都会へ出た田舎の青年の高揚感をたしなめる方へ旋回している」。その青年に対する都会人によるシニカルな描写は「不思議なことに」少女のまなざしと重なることで、「木綿のハンカチーフ」は成立したことになる。そして菊地はいう。

> もちろん意図されたシニシズムではない。七〇年代に就職し、家庭を築いた団塊世代が大都市圏（郊外）を拡張していく中で、このマジョリティが生み出した〈社会意識〉に、ソングライターの方が対応しているのだ。この新都会人たちはすでに「棄郷者」であり、「無郷者」であるが、同時に「木枯らしのビル街」の過酷を知っている。わずかな優越感と大きな無力感の両方を携えた彼

――らは、村からきた青年の挫折を予感し、村の少女の別れの決意の方に共感したのである。

菊地のこれらの「木綿のハンカチーフ」における〈社会意識〉の発見と分析は、かつて「都会に出た田舎の青年」の一人に他ならなかった私に様々な感慨を強いるし、これを書いている菊地の長きにわたる都市生活者の位相に対して、想像力を逞しくせずにはおられない。

しかしここはそれらに言及する場ではないので、「木綿のハンカチーフ」も「団塊世代が大都市圏（郊外）を拡張していく中で」のひとつの、まさに郊外の物語の照り返しであったことを確認するにとどめよう。後の消費社会を論じた章において、それに対応するように、菊地は団塊の世代のマイホーム幻想についてもふれていて、そこでは私の『〈郊外〉の誕生と死』も引かれているからだ。

だが七〇年代の「木綿のハンカチーフ」で、菊地の「フルサトの歌」への言及は終わっているわけではない。それは「註」の部分に引き継がれ、七〇年代後半の社会的変化によって生じた「亀裂」に起因する山口百恵や井上陽水の歌から、八〇年代以後の歌も挙げられている。

そしてもう一度本文に戻ると、二〇一一年に嵐が歌った「ふるさと」は望郷歌の定型的な要素がすでに消えてしまい、村の風物も待つ少女ももはや存在せず、それは3・11以後の「根こそぎ押し流され、汚染されたフルサト」に対する強烈な断念を求めているようで、その時代の〈社会意識〉を見せつけていると菊地は記す。

しかし前述したように、望郷歌に関する論述は始まりにすぎず、同様の〈社会意識〉分析を通じて、九〇年代からゼロ年代にかけての労働現場で起きたリストラ、非正規雇用、職場の変調といった社会事象を扱い、六〇年代から九〇年代にかけての戦後家族の意識変容を、日本映画やオタク文化やオウム真理教を素材として描き、さらにアメリカとの接触で進行した労働と消費と文芸の構造的変化を追っている。それらを広範に横断して最後に「受け入れられない自己」の問題へと至り着く。それは菊地自身が「生きてきた時代」の〈社会意識〉の変容の歴史でもあり、繰り返すならば、同世代の私自身の「生きてきた時代」ともそのまま重なり、併走しているのである。

このような文章を綴っていて、菊地と知り合った四十年近く前のことが様々に思い出された。それらのことをひとつだけ挙げれば、吉本隆明の近代の歌曲分析をベースとする「日本のナショナリズム」（『ナショナリズム』所収、筑摩書房）について話し合ったことがあり、それが彼のこの望郷歌分析にもつながっているのだろうと想像できた。

さらにこれは言わずもがなのことかもしれないが、音痴の私とちがって、彼は歌がとてもうまい。今度会ったら、カラオケで「木綿のハンカチーフ」を聴かせてもらおうと思う。

16 「あらかじめ失われた子供達」——岡崎京子『リバーズ・エッジ』（宝島社、一九九四年）

大友克洋の『童夢』に続いて、もう一冊コミックを取り上げてみる。それは岡崎京子の『リバーズ・エッジ』で、九〇年代の作品であるが、同じ郊外の風景を舞台とし、やはりスティーヴン・キングの影響を見てとれるからだ。さらに付け加えれば、梶井基次郎の「桜の樹の下には」（『檸檬』所収、新潮文庫）の半世紀後の郊外バージョンのようにも読みたい誘惑にかられてしまうのである。

そうした意味において、『リバーズ・エッジ』は岡崎の他の作品よりも突出して様々な小説や映画からの引用をうかがわせるだけでなく、コミックと挿入された言葉だけのコマが拮抗し、物語に比類なき緊張感をもたらしている。しかもそれは一九八〇年代から九〇年にかけての郊外の根底に生じていたアトモスフィアのように思える。

『リバーズ・エッジ』は次のようなモノローグといっていい言葉によって始まり、そして終わっている。

あたし達の住んでいる街には
河が流れていて
それはもう河口にほど近く
広くゆっくりよどみ、臭い
河原のある地上げされたままの場所には
セイタカアワダチソウが
おいしげっていて
よくネコの死骸が転がっていたりする。

これらの言葉はイントロダクションとクロージングの黒地のコマに白抜きで置かれ、巻末の「ノート／あとがきにかえて」で、ほぼ同様の文章が引かれているので、三たびにわたって使われていることになる。そしてこれらの言葉の間に、長い『リバーズ・エッジ』の物語が展開されていくのである。それならば、その物語とはどのようなものなのか。

『リバーズ・エッジ』の物語はイントロダクションの言葉に続いて、「そしてあたし達の学校もその河のそばにある」と始まっているように、その高校と河原、街とそれぞれの家庭を舞台としている。モノローグにこめられたトポスに関するメタファー、及び描かれていく風景から考えても、都市の内側ではなく、郊外における物語だと見なせよう。

ヒロインの若草ハルナは同級生のルミちん、よっちゃんと親しい友達関係にある。ハルナはやはり同級生の観音崎君とつき合い、ルミちんは「38才妻子もち」の愛人のようだ。ハルナは観音崎たちがいじめていた山田君をかばい助ける。山田君は「おとなしめで目立たないひっそりとした男の子」だが、「オシャレでキレイな顔をしている」ので、女子には人気があったけれど、男子には「〝攻撃誘発症〟のマト」になっていたからだ。山田君は別のクラスの田島カンナや一学年下のモデルの仕事をしている吉川こずえとつき合っているらしかったが、ホモだという噂も飛んでいた。でもハルナは思いがけずに校庭の隅で、やはり自分もミルクを与えていたのらねこにエサをあげていた山田君を見たこと、以前に放課後の屋上で話をしたことがあるぐらいだった。ところがその山田君が学校のロッカーに閉じこめられていることを知り、ハルナは病院の死体置場のような夜の学校に助けにいく。

ハルナは助け出した山田君と河ぞいを歩き、橋をわたる。夜の鉄橋と二人の姿が見開き二ページで描かれ、再びモノローグの言葉が記されている。それは本やTVでいわれている地球への小惑星の激突やオゾン層の破壊によるフロン量の排出といった、地球の危機のことである。でも「実感がわかない／現実感がない」と続き、それはこうして山田君と歩いていることも同じだと。物語の始まりの前提としての、同時代におけるリアリティの欠如や空白を暗示しているかのようだ。

八〇年代から九〇年代にかけての郊外消費社会がもたらしたものは、書割めいたロードサイドビジネスの風景と生活そのもののシミュレーション化であり、東京ディズニーランドに象徴される擬似イベント化でもあった。しかし山田君との会話、及び「ボク同性愛者なんだ」という彼の初めての告白から、物語に息吹が流れこみ、「海の匂い」を感じ、「汽車の音」も聞こえてくるようにも思われた。もちろん錯覚にちがいないのだが、そのようにして『リバーズ・エッジ』の幕が上がっていく。

山田君が学校に出てきたのは二週間後だった。そしてハルナはまたしても観音崎にいじめられた山田君を助けたことから、その日の夜に秘密の宝物を見せてもらう約束をした。その場所は河原の「ヤブ」の中だった。物語の進行につれ、学校や住んでいる場所や周辺の風景が描きこまれていく。学校に向かう道の途中から見える煙をたなびかせている工場、ハルナがもう住んで十年になる家＝マンションは十二階で、そこから同じような郊外の高層マンションが立ち並んでいるのが見える。山田君はハルナを河原の「ヤブ」の中へと誘う。すると「僕の宝物」である、誰ともわからない人間の死体が現われるのだ。それはもはや肉もついておらず、白骨化していた。山田君は自分が生きているのか死んでいるのか、わからないけれど、「この死体を見ると勇気が出るんだ」という。それはやはり死体を見にきているモデルのこずえも同じだろうし、身元不明の死体は「彼女の宝物」だとも話す。ハルナは初めて本物の死体を見たのだが、「何か実感がわかない」のだ。「もしかしてもうあたしはすでに死んでいて／でもそれを知らずに生きてんのかなあと思った」。そうしてハルナと山田君とこずえは、河原の死体という「宝物」をめぐる共同体を形成して行くことになる。

死体探しの物語として、スティーヴン・キングの『スタンド・バイ・ミー』（山田順子訳、新潮文庫）が想起される。これは原タイトルをThe Body＝『死体』とし、映画化にあたって改題されたものだ。あるいは河原がネコの死骸も埋まっている墓地であると考えれば、やはりキングの『ペット・セマタリー』（深町真理子訳、文春文庫）を挙げることができよう。死者と墓地を通じて、明かしえぬ共同体が立ち上がり始めるのだ。それは郊外に生きる彼や彼女たちがゾンビであることを暗示しているかのようだ。

その死体のシーンと重なるように、観音崎とルミのセックスとコカイン吸引の場面が描かれる。死と性は表裏一体であることがオーバーラップし、それが郊外においてもまったく変わらない人間の在り処だと告げているかのようだ。だがそのセックスは当然のようにエロスを伴っていない。

でも何も変わらず、次の日には「いつもどうり」の日常生活が始まっていく。しかし次第に登場人物たちのトラウマも浮かび上がってくる。ハルナの父の不在、観音崎の家庭の問題と性的オブセッションとハルナとのすれちがい、山田君の売春、こずえの過食症、カンナの同性愛者山田君への恋、ルミの援助交際と妊娠、それから事件の数々が召喚されていく。「ヤブ」の中のボロ小屋に住んでいた「ジジイ」が金を埋めたという学校伝説が広まり、死体が見つかるといけないので、夜の河原でハルナと山田君とこずえは穴を掘り、死体を深く埋めてしまう。そして誰がやったのかわからないが、エサをあげていたねこも殺され、ハルナとこずえは学校の花壇に埋める。ルミは観音崎を河原に呼び出し、中絶費用を要求するが、彼に首を絞められ、仮死状態に陥る。それを山田君に目撃され、彼女が死んでしまったと思い、二人で埋めようとしたが、ルミは目を覚まし、姿を消してしまう。そして家に帰り、姉妹喧嘩の果てに、カッターナイフで切られ、血まみれになる。カンナは山田君に対する恋の逆恨みで、ハルナの家に放火し、自ら黒こげ死体となって発見される。そのようにして、山田君とこずえは新しい死体を見つけたのであり、カンナも明かしえぬ共同体の一員に加わることになるのだ。それに今度はハルナと観音崎君の河原での機械的なセックスシーンがオーバーラップしている。

そして「僕らの短い永遠」、「僕らの愛／平坦な戦場」というフレーズが煙草の火と死体を包む炎とともに挿入され、これも黒地の見開き二ページに白抜きで、それらのフレーズを含んだ詩が掲げられる。それが下に示された注によって、SF小説『ニューロマンサー』（黒丸尚訳、ハヤカワ文庫）などの著者ウィリアム・ギブソンのThe Belovedなる詩だとわかる。それは「この街は／悪疫のときにあって／僕らの短い永遠を知っていた」と始まり、前出のフレーズへとつながり、「平坦な戦場で／僕らが生き延びること」という言葉で閉じられている。ここで二〇〇〇年に刊行された椹木野衣の岡崎京子論のタイトルが『平坦な戦場でぼくらが生き延びること』（筑摩書房）であったことを思い出す。

「この街は／悪疫のときにあって」にふさわしく、一夜にして多くのことが起きた。だが「惨劇はとつぜん起きる訳ではない」。それは「アホな日常、たいくつな毎日のさなかに」徐々に用意され、進行し、「風船がぱちんとはじけるように起こる」のだ。カンナは「黒コゲ」になり、ルミも姉さんも命に別条はなかったが、たくさんの血が流れ、ルミの赤ちゃんも同様に流れた。「あたし達は／何かをかくすために／お喋りしていた。ずっと／何かを言わないですますために／えんえんと放課後／お喋りしていたのだ」。それでもいつの間にか学年が終わり、終業式、卒業式が続き、こずえは中退し、ハルナは転校する。「部屋が火事にあってもう住めないし（というか団地村のソガイにあってママがヒステリーを起こしたのだ）」と一応は説明されている。観音崎君とも二度と会うことはないだろう。別れを告げにきた山田君とハルナは再び夜の鉄橋を歩く。山田君は死体ではなく、生きているハルナが好きなので、「いなくなって本当にさみしい」と告白する。それを聞いて、ハルナは山田君に見られないように涙を流す。すると今度は確かに「海の匂い」もして、「汽車の音」も聞こえてきた。それでも変わることのない日常がまた繰り返されていくことを示すように、最初に引用した言葉が掲げられ、『リバーズ・エッジ』は閉じられている。

そして最初に挙げた「ノート／あとがきにかえて」の一文が『リバーズ・エッジ』についての作者による見事な自注、言葉による要約、イメージの凝縮となっている。それはギブソンの詩からの影響をも物語っているのだろう。そのコアを引用しよう。

彼ら（彼女ら）はそんな場所で出逢う。彼ら（彼女ら）は事故のように出逢う。偶発的な事故として。

あらかじめ失われた子供達。すでに何もかも持ち、そのことによって何もかも持つことを諦めなければならない子供達、無力な王子と王女。深みのない、のっぺりとした書き割りのような戦場。彼ら（彼女ら）は別に何かのドラマを生きることなど決してなく、ただ短い永遠のなかにたたずみ続けるだけだ。

惨劇が起こる。

しかし、それはよくあること。よく起こりえること。チューリップの花びらが散るように。むしろ、穏やかに起こる。ごらん、窓の外を、全てのことが起こりうるのを。

そしてそれらは忘れ去られていく。だがその傷のひきつれの記憶だけは残るであろう。それが「平坦な戦場で僕らが生き延びること」だとギブソンの言葉で閉められ、「River's Edge」と結ばれている。これ以上の解説や注釈はもはや不要だろう。だが現在において、その「全てのこと」の中に、「3・11」の出来事を含めなければならない。『リバーズ・エッジ』はコミックと言葉の喜ばしき婚姻とよんでいい作品であろう。そうして引用した部分は郊外が「深みのない、のっぺりとした書き割りのような戦場」で、その「平坦な戦場で僕らが生き延びること」がどのようなものなのかを、「偶発的な事故」のような「惨劇」として描き、提出しているように思われる。そして1と2の『OUT』のところでも記しておいたが、最後に河原のセイタカアワダチソウの下には死体が埋まっている。それは信じていいことなんだという言葉を付け加えておきたくなる。

なお拙ブログ「出版・読書メモランダム」の「ブルーコミックス論」でも岡崎京子を論じているので、よろしければ参照されたい。

17 生者と死者の間の暗い通路
――スティーヴン・キング『デッド・ゾーン』（新潮文庫、一九八七年）

大友克洋の『童夢』と岡崎京子の『リバーズ・エッジ』におけるスティーヴン・キングの影響に関して指摘したこともあり、ここでキングについても一編書いておきたい。それは大友と岡崎のコミックのみならず、キングは一九八〇年代以降の日本の小説や映画に多大な影響を及ぼしたと考えられるからだ。おそらく日本のホラー小説の成立もキングの作品群の存在を抜きにして語れないように思える。

さらにキングの生まれ育った時代と状況をたどってみると、彼は一九四七年生まれなので、五〇年代に少年期を過ごし、ホラー映画やSF小説に目覚め、六〇年代には多くの習作を書き、七三年に『キャリー』（永井淳訳、新潮文庫）でデビューしている。それは同時代の七一年に刊行されたW・P・ブラッティの画期的なホラー『エクソシスト』（宇野利泰訳、新潮社、創元推理文庫）の大ベストセラー化や映画化とも無縁ではないにしても、キングの『キャリー』に始まる初期のホラーは、ハルバースタームが『ザ・フィフティーズ』で描いた郊外消費社会の出現に象徴される五〇年代をルーツとしているし、そこから始まるアメリカの六〇年代から七〇年代にかけての歴史を描いてきたと見なせるだろう。

キングは『小説作法』（池央耿訳、アーティストハウス）において、影響を受けた「参考図書」九六冊をリストアップし、その中に『ザ・フィフティーズ』も挙げられている。私見によれば、アメリカのSF黄金時代は郊外の五〇年代の成長過程に寄り添っていたはずで、キングは六〇年代を経て、七〇年代に至ったその郊外の行き着いたイメージや没落をふまえ、ホラー小説を書き出したとも考えられる。

しかもキングは佐藤守彦の「アメリカ文化とスティーヴン・キング」（奥澤成樹編『コンプリート・スティーヴン・キング』所収、白夜書房）に引かれている言によれば、「自分のは、ほとんど凡庸な人々むけの素朴な作品で、マクドナルドのビック・マックとフライド・ポテトの大と同じ文学的価値しかない。なにか自分に取り柄があるとしたら、それを知っていることだ」と語っている。これは自らの物語がロードサイドのファストフードと同じ凡庸さに基づき、それゆえにベストセラー作家として商業的に成功したと述べていることになろう。この発言はやはり同書所収のインタビューにおける、自らを「プロットつきのシアーズ通信販売カタログ」、その作品を「大量生産されるスーパー・マーケット・ホラー小説」とよんでいることとも通底している。

しかしそれらもキングの文学のベストセラー化の一面であるにしても、『小説作法』の中に示された「文章は飽くまでも血の滲むような一語一語の積み重ねである」という言葉、及びそのホラーの特質が『エクソシスト』などの先行する作品と異なり、本質的に外から襲ってくるものではなく、郊外それ自体や日常の家族と夫婦が孕んでいる罅《ひび》のようなものが生み出してしまうものによって形成されていることを忘れるべきではないだろう。

それらは第一作の『キャリー』における狂信的母親による異常な家庭環境が少女にもたらす超能力、第二作『呪われた町』における郊外化の果てに生じた限界集落のようなセイラムズ・ロットという町、第三作『シャイニング』に見られる夫婦関係の破綻と危機が呼び寄せてしまうホテルの悪霊などに表出している。

だがここではキングの第五作目にあたる『デッド・ゾーン』（吉野美恵子訳）を取り上げてみる。それは作品の完成度と五〇年代から始まり、七〇年代末に至り着く物語の流れもさることながら、デイヴィッド・クローネンバーク監督、クリストファー・ウォーケン主演の映画も秀作で、その得たものというよりも失ったものに対する悲しみを想起させる寒色系の映像がひときわ印象に残っていることにもよっている。

またさらに近年にアメリカでテレビドラマ化もされ、その映画とは異なるはるかに長い連作をＤＶＤで観ることもでき、こちらも楽しませてもらったからだ。こちらは精神分析的フィクションも含め、エンターテインメント・サイキックストーリーに仕上がり、原作を巧みに膨らまし、生かしているといえよう。

『デッド・ゾーン』の物語の起点は五〇年代に設定されているが、実質的には七〇年代から始まり、七九年に終わっていることを考えると、まさに七〇年代というディケードを描いているともいえる。したがって、それはハルバースタームが提出した『ザ・フィフティーズ』に接木された、六〇年代を経て七〇年代へと至るアメリカ社会状況が舞台であることを意味している。

『デッド・ゾーン』の主人公ジョン・スミスの住むクリーヴス・ミルズという町は、次のようなものだ。それは連続殺人が起きるキャッスル・ロックも同様のイメージがあり、そこはまた『クージョ』（永井淳訳、新潮文庫）や『スタンド・バイ・ミー』の舞台ともなっている。

クリーヴス・ミルズは、横断信号（午後六時以降は点滅灯にある）のある交差点一つと、二十軒余りの商店と小さなモカシン工場のある本通りが町のほぼすべてだった。メイン州立大学のあるオロノ市周辺の田舎町の多くと同じく、クリーヴス・ミルズも学生が消費するもろもろのものの供給を町の主要産業としていた―ビール、ワイン、ガソリン、ロックンロール・ミュージック、ファースト・フード、麻薬、食糧雑貨類、貸家、映画館。（……）

大学の教授団と経営陣は大学の学生ともどもクリーヴスを彼らのベッドタウンとして使い、おかげで町は人も羨む税基盤を得た。（……）町民たちは大学の連中の才走った会話、アカがかった反戦デモ、町政に対する口出しを苦々しく思ったろうが、優雅な教授村と、(……)アパート群とから毎年はいる現収に対しては、間違ってもノーとは言わなかった。

アメリカの戦後のベビーブームは一九四六年から六四年まで続き、この十九年間に八〇年代のアメリカ人口の三分の一を占める七千七百万人が生れたとされる。キングもその一人であり、このようなアメリカ版団塊の世代とでもいうべきベビーブーマーの出現とパラレルに郊外の隆盛を見たのだが、それは大学も同様で、急増したベビーブーマーに対して多くの大学が新たに開設され、『デッド・ゾーン』に述べられたクリーヴスのようなベッドタウンも、アメリカの郊外の各地に誕生していたにちがいない。もちろんそこにはキングが成長したメイン州の郊外の風景も織りこまれているはずだ。そうしたアメリカならではの戦後的トポスであったゆえに、キング固有のホラーが召喚されることになったのだ。

一九七〇年、時代と社会はベトナム戦争に起因する様々な事件の余波を受けていたが、大学と町は「安全地帯」にして、「いつまでも大人にならずにいられる一種の理想郷」に見えた。ハイスクールの教師ジョン・スミスは大学も同窓で、同僚でもある恋人のセーラとハロウィンに、二十マイル先で開催されているカウンティ・フェアに出かけた。カウンティ・フェアとは「農産物フェア」の訳語もあてられているけれども、フェア会場におけるホットドッグ、揚げたタマネギ、ベーコン、綿あめなどの食物、観覧車のネオン、メリーゴーランド、小型ローラーコースター、射的場、大テントから流れてくるビンゴの数字といった描写、「子供のころのカウンティ・フェアを再体験する」とか、フェアというものは「どれもみんな同じ、それに何年もたってもたいして様変わりしないもの」との思いから想像すると、戦前から続いているアメリカならではの巡回縁日と見なしていいのではないだろうか。

そのように考えてみると、農業フェアを描いた映画『ステート・フェア』が思い出されるが、『デッド・ゾーン』とは異なるものだとわかる。このようなカーニバルを例に取り、SFからホラーへの流れを記せば、レイ・ブラッドベリの『何かが道をやってくる』(大久保康雄訳、創元推理文庫)や『刺青の男』(小笠原豊樹訳、ハヤカワ文庫)から『デッド・ゾーン』への変容ということになろう。

そのフェアの「運命の車」という屋台のギャンブルで、ジョンはなぜか当たりが予測できて、五百ドルを儲ける。そして彼はホットドッグを食べたことで具合が悪くなったセーラをアパートまで送り、その後交通事故に遭い、四年半にわたる昏睡状態に陥ってしまう。郊外のベッドタウンの近傍で催されていたフェアは、ギャンブルの勝利とセーラの身体の不調を伴って、ジョンの長期に及ぶ昏睡へと導くタイムトンネルのように機能し、戦後的トポスと平穏な日常生活のかたわらにぽっかり開いている陥穽を象徴しているといっていい。大学と町が表面的には安全地帯にしてして「理想郷」であったことに対し、フェアは悪夢的なカーニバルに他ならなかったのである。レイ・ブラッドベリにとっては幻想へと誘われる魅惑的な存在であったのに。ジョンの母親はいう。「罪と悪の場所だわ」と。

ジョンの昏睡と並行して、ベトナム戦争敗北、ドルショック、ウォーターゲート事件、ニクソン大統領辞任などが続くアメリカの七〇年代前半が過ぎていく。そうした年月の中で、セーラもまた「一種の冥界」にいるようだった。そしてジョンが目覚めたのは一九七五年になってのことであり、彼は四年半にわたって意識を失っていたことになる。ただ彼は単に覚醒しただけでなく、透視予知能力を身につけて目覚めたのだ。失われた四年半の間に、両親は年老い、母親は狂気へと誘われ、恋人のセーラは他の男と結婚し、すでに子供も生まれていた。それは悲しみに満ちた目覚めに他ならなかった。キングはそれがジョンの宿命であるかのように覚醒の回路を描写している。

夢を見ているのだろう、と彼は思った。

彼は暗い陰気なところにいた――一種の通路だろうか。天井は高すぎて見えなかった。暗がりに没して見えない。壁は黒ずんだクロム・スチールだった。それが上にいくにつれて広がっている。彼は独りきりだったが、はるか遠くから伝わってくるような声が、彼のもとに流れてきた。聞き覚えのある声、いつかどこかで彼にむかって発せられたことのある言葉。その声は彼をおびえさせた。声が呻いて、彼の子供のころの記憶にある捕らわれた小鳥のように、暗いクロムの谷間にこだまをはねかえらせながら消えていく。(……)死んでしまった(……)遠い昔のその小鳥の鳴き声と同じ宿命的なものが、その声にもあった。それは永久にこの場所から逃れられないのだ。

そして彼は生者と死者の世界の間のような荒涼として暗い影に閉ざされた通路を独りで歩いていく。このイメージはクローネンバーグの映画の中でも象徴的なシーンとして組みこまれ、『デッド・ゾーン』そのもののように出現している。

そうして覚醒したジョンは失われたものを確認しながら、看護婦の自宅の火事や医師の母親の生死の透視から始めて、昏睡中に起きていた連続殺人事件の捜査にも関与していく。ジョンの超能力はアメリカの未来をも予知することになり、彼は図らずも暗殺者となる道をたどっていく。それは目覚める前に見ていたあの通路の行き着く先だったことを明らかにする。キングは『デッド・ゾーン』において、失われたものを代償にして超能力を得てしまったジョンの内的葛藤と苦悩を、悲しみをこめて描き出している。それは郊外に生きる人々の何らかのメタファーのようにも読めるし、大友克洋の『童夢』や岡崎京子の『リバーズ・エッジ』にも引き継がれ、流れこんでいるメランコリーな水脈ではないだろうか。

そのようなキングの、日本における受容を考えてみると、『キャリー』『呪われた街』『シャイニング』はいずれも七〇年代後半に単行本として刊行されたが、いずれも売れ行きはよくなかったようで、しばらく品切、絶版状態にあった。その中でも『シャイニング』は七八年にパシフィカからの翻訳刊行、八〇年代にスタンリー・キューブリックによる映画化もされたけれど、出版社の倒産もあり、八六年文春文庫として復刊となるまで、ずっと入手困難だった。

しかし八〇年代に入り、文庫化され、新作も文庫で出版され始め、『スタンド・バイ・ミー』に代表される映画化と相俟って、キングのホラーは日本でも定着し、日本版ホラー小説へと継承されていったと思われる。その時代における受容の地平を考えると、本書でも既述してきたように、日本の八〇年代において、郊外消費社会が成立し、東京ディズニーランドも開園し、アメリカと同じ風景に至ったこと、それゆえにキング的ホラーもリアルなものとして受け入れられるベースが築かれていたことにもよっているはずだ。日本版ホラー小説に関しては後述するつもりである。

18　郊外の日常生活のゆらめき
——黒井千次『群棲』（講談社、一九八四年）

一九七一年に小田切秀雄は、古井由吉、黒井千次、後藤明生、阿部昭たちを「内向の世代」とよび、彼らが外部社会との対決を避け、内向的になっていることを批判した。しかしそのような批判も生じる一方で、「内向の世代」の作家たちは戦後文学において、これまでと異なるトポスやテーマに向かっているように思えた。それは出版史的にいえば、小田切の命名とパラレルに河出書房新社から刊行されていた「新鋭作家叢書」にうかがうことができた。この全十八巻からなる「叢書」は主たる「内向の世代」の作家と作品が収録され、高度成長期と併走していた六〇年代における日常の変容を明らかに描いていた。

そこで「内向の世代」の作家たちが描いていたに日常の変容とは、初期の郊外の出現と形成に寄り添うかたちで表出しつつあったアトモスフィアともいうべきものだった。それは従来の都市や町や村がもたらすニュアンスとはまったく異なっていた。具体的に例を挙げると、古井由吉の土俗的なものへの注視、黒井千次の生活空間におけるゆらめき、後藤明生の団地空間の捉え方などである。

残念なことに『〈郊外〉の誕生と死』ではそれらのすべてに言及できず、古井由吉の『妻隠』（河出書房新社）だけにとどまってしまったので、ここで黒井千次の『群棲』（講談社）を取り上げておきたい。この作品は古井の『妻隠』とほぼ同時期に発表された『走る家族』（河出書房新社）の同タイトルの作品と、同所収の『揺れる家』の八〇年代ヴァージョンであり、前二作をさらに深化させた短編連作集と見なせるだろう。それは「群生」という言葉が『走る家族』に見えているし、『揺れる家』に示された家や土地のエピソードも『群棲』と共通し、引き継がれているからだ。

このふたつの作品と『群棲』が異なるのは、前述したように後者が十二編からなる短編連作集であることで、そのために物語の始まりにあたって、次のような注釈が付されていることだ。まずはそれは引いておかなければならない。

> 住宅地を南から北へと貫く一本の道がある。南に当る駅の方角から歩いて来た人は、やがて、すぐ突き当りになる短い路地が右へ折れているのを目にするだろう。

道に面した、路地の手前の角は木内家であり、先の角は滝川家である。そして木内家の奥に安永家、滝川家の奥には織田家がある。つまり、路地の入口では木内、滝川の二軒が向き合い、その奥では安永、織田の両家が対面している。

この作品は、路地をはさんでお互いに〝向う二軒片隣〟の関係にあるこれら四軒の家を主たる舞台とする。

(……)

「これら四軒の家」の住所は明確にされていないが、短編連作における様々な記述を拾ってみると、近くに団地と一群の建売住宅が並び、スーパーマーケットと高校がある。そして買物に「都心」に出ているし、渋谷から電車で一時間の距離に位置しているようだ。最後の短編「訪問者」の冒頭において、「さすがに郊外のせいか、空気がいいのかもしれないが」といったように、初めて「郊外」という言葉が表われ、『群棲』が郊外を舞台とする物語だと確認するに至るのである。あたかもそれは一九八一年から八四年にかけて書いてきた連作が郊外の物語だと、黒井自身があらためて認識したかのような印象すらも与えるのだ。実際に郊外がロードサイドビジネスの隆盛とともに消費社会化し、これまでにないリアルなトポスとして立ちあがってきたのも八〇年代に他ならなかった。

ここで戦後史をふり返ってみれば、一九七三年のオイルショックによって、高度成長期に終止符が打たれた。その社会的変動を予兆し、描くかのように出現してきたのが「内向の世代」の作家と作品であると考えられる。それゆえに彼らの作品が高度成長期に寄り添う大きな物語ではなく、小さな物語に映り、小田切秀雄による命名と批判が生じていた。そうした典型として、黒井の『走る家族』や『揺れる家』から『群棲』へと至る家や家族、住居や生活する場所をテーマとする作品が挙げられるであろう。

しかし『群棲』に象徴して表われているように、「〝向う二軒片隣〟の関係にあるこれらの四軒の家を主たる舞台とする」短編集において、大きな事件が起きるわけもなく、小さな出来事が積み重ねられていくだけだが、郊外のアモルフな日常の生活と家族の心象のゆらめきが、あまりにも生々しく表出している。それは高度成長期という大きな物語が進行するかたわらで起きていた、家族と住むことをめぐる紛れもないドラマでもあったことをも想起させる。したがって黒井千次に限らず、古井由吉や後藤明生にしても、外部社会と断絶した「内向」のドラマを描こうとしたのではなく、それと地続きになっている日常と意識の変容に焦点を当てているように思える。

『群棲』において、それらはどのような輪郭をもって示されているのだろうか。まずはこれらの四軒の家族構成とその事情、それに該当する短編を挙げてみる。最後に付け加えた田辺家は四軒の中に入っていないが、織田家の裏側に位置し、『群棲』では先住者として狂言回しのような位置にあるし、対象となる作品も見られるので、ここに加えておく。

＊織田家／房夫・紀代子夫婦、二人の子供。――「オモチャの部屋」「二階家の隣人」「手紙の来た家」

＊滝川家／尊彦・静子夫婦、子供たちは成人して独立し、夫は定年退職が迫っている中で、会社から釧路か秋田へ転勤を促されている。――「道の向うの扉」「水泥棒」「訪問者」

＊安永家／勇造・雅代夫婦、二人の息子、祖母義子。――「夜の客」「買物する女達」「壁下の夕暮れ」

＊木内家／昌樹・美知子夫婦、夫は失業中で、妻は家出したりするが、二人とも精神的に病んでいるようでもある。――「窓の中」「芝の庭」

＊田辺家／古くからの住人田辺老人は家を新築し、二階をアパートにするが、入居者が火事を起こす。――「通行人」

これらの家族のすべてが「向う二軒片隣」という狭い空間に住み、それぞれの交流も描かれているけれども、映画における「グランドホテル」形式のように、一堂に会することはない。しかしひとつの家族が他の家族を映し出す鏡のような役割を果たして連鎖し、各家族が秘めている平穏でない日常の亀裂が浮かび上がってくる仕掛けとなっている。

その前提となるのは、そこがもはや共同体を形成しないトポスという現実だろう。それを象徴するのは四軒の家の夫がサラリーマンである、もしくはであったことで、かつての村や町に共通する農業や商業に基づく労働と祭をともにし、死者を追悼する共同体ではないことであろう。「壁下の夕暮れ」は「町会だより」に関する言及から始まる。そこには必ず黒枠の「謹んで御悔み申し上げます」と書かれた部分があり、他に比べて「唯一生きている記事」だとされているにもかかわらず、「知っている氏名にぶつかることはほとんどなかった」とも述べられている。

そのような「町」＝郊外はどのようにして出現したのであろうか。それが織田家と田辺家を題材とする冒頭の一編「オモチャの部屋」に記されている。房夫と二人の子供の会話から、過去の記憶がたぐり寄せられていく。そのきっかけは田辺家の大きな桜の木が切られたことによっている。そして房夫は思い出す。自分が子供の頃にここに住んでいて、桜の木がすでに花を咲かせていたこと、古い大きな家があったこと、父の両親の死やその弟妹たちとの土地の分割相続が生じて、古い家が取り潰され、空地となったこと、それから幾年かして房夫がその一部に小さな家を建てたことなどを。

桜の花盛りの様子や白く散った花びらのひんやりとした感触の記憶から始まり、さらに失われた家とその空間も思い出されていく。房夫は子どもたちに古い家の間取りを再現しようとする。長火鉢が据えられた茶の間、自分と伯父のオモチャの部屋、ミシンが置かれていた母、もしくは祖母の部屋、暗い廊下、じめじめした風呂場、妙な匂いのする納戸などが幻視され、オモチャの部屋が現在の玄関のところにあったと類推する。そうしてそこで祖父が倒れて死んだこと、そこに死体も安置されたことも思い出された。

そうした記憶の喚起に伴うように、田辺老人が死者にたむける花のように紫陽花を手にして現われる。そして彼もこの土地と房夫の家のかつての記憶を語り出す。祖母の死、現在の台所の下にある井戸のこと、兄と小石を投げ込んだ記憶などが夢幻的な風景のように浮かんでくる。だがそれらは高度成長期以前に存在した「失われた時を求めて」のようで、「もしもいま明りをつければオモチャの部屋が忽ち消え失せ、子供達の靴の散らばる玄関に変りそうだった」。

だがそのような田辺老人も加わり、子供たちをも巻きこんだ房夫の夢想は、妻の紀代子の深夜の帰還によって破られる。夫の「ここにあった前のうちの中を案内してやったんだ」という言葉に対して、妻は「私、知らないわ、そのうち」と答えることに象徴されている。それでも夫はその話を続けるが、妻は白い紫陽花に気づき、話を遮り、それを問うので、夫は田辺老人が持ってきたと話し、「この通りの最後の古い家が消える」ことを伝える。すると妻はいう。「今から新しいうちを作って、あの御夫婦、あと幾年生きるつもりかしらね」と。

「オモチャの部屋」に表われた土地と家の過去を共有する房夫と田辺老人、そうではない紀代子の言葉、それから前述した「壁下の夕暮れ」に見られる住民と無縁の存在である死者たちに象徴される位相こそが展開されていく。『群棲』のそれぞれの物語の予兆のようにも思われ、それが郊外における混住のかたちだと告げているかのようだ。

19 団地におけるゴーゴリ的関係
——後藤明生『書かれない報告』〔河出書房新社、一九七一年〕

前回の黒井千次と同様に、後藤明生も「内向の世代」の一人と目され、一九七〇年前後に団地を舞台とするいくつもの作品を発表している。これらの一連の団地小説は会社を辞めた男と団地を描いた『何?』、週刊誌のゴーストライターと団地の生活、及びその過去を浮かび上がらせる『誰?』、団地の生活とその内側を考察する『書かれない報告』などである。

これらの中編三作は前回も挙げておいた「新鋭作家叢書」の『後藤明生集』に収録され、それは半ば「団地小説集」といった色彩に包まれることから考え、この時代の後藤の代表作と見なしていいだろう。実際に後藤の口絵写真は団地のベランダで煙草を吸っているものだし、これは彼が住んでいたとされる草加市の松原団地だと思われる。それゆえに後藤の団地小説はこの松原団地をモデルにしているはずで、ここでは主としてその内的生活をテーマとする

『書かれない報告』を取り上げてみる。この作品に時代とクロスする団地状況、それなりに歴史を経た団地での生活と住むことの意味、そして行き着いた団地という住居の問題などが集約して描かれているように見なせるからだ。

その前に後藤の作品に登場する団地の置かれている環境と場所について言及しておくならば、それは『日本住宅公団20年史』などを参照するまでもなく、『誰？』にそのくっきりした記述が見えるので、先に引いておく。

この団地はもともとは田圃だ。現にいまでも団地のまわりでは、夏になると蛙が鳴いている。しかしなにしろ、団地そのものが千二百メートル四方という広さであるから、田圃に取り囲まれているというよりはむしろ、田圃が団地の周辺にまだしがみつくように残っているという感じだ。二年ほど前の真裏に開通したバイパスは、ちょうど団地のために土地を売った百姓たちの住む土地と団地とを区切る境界線のようだ。

団地の出現が「百姓たちの住む土地」へのサラリーマンたちの侵入であること、しかしそのように出現した混住社会のメインは団地であり、農村はそのサブであるかのように語られている。そして混住社会であるにもかかわらず、バイパスが境界線となり、団地と農村が分離していることを、この一文は無意識に告げている。それは団地の住民たちの農村への差別的視線を象徴しているように感じられ、定住者たる「百姓たち」に向けられた、ノマド的サラリーマンの屈折した思いの表出と考えることもできよう。

これは三部作に共通しているのだが、主人公は戦前に朝鮮半島で生まれ、敗戦後に九州に戻り、そして大学に入るために上京し、就職して団地へとたどり着き、すでに五年から六年「鉄筋コンクリート五階建ての中で、他人の家族と積み重ねてられて暮す生活」を送っている。ところがその団地とは『何？』に示された言葉によれば、常に「見も知らぬところ」のようで、「記憶を抹殺する流刑地のような場所」として、その理由は詳しく挙げられていないけれども、植民地の記憶と似通うイメージがあるというべきだろう。それは田圃だったところに急激に出現した広大な団地空間がもたらすアトモスフィア、もしくはタイトルにこめられているように、絶えず「何？」とか「誰？」とか発しなければならない異国にいるようなオブセッションに包まれているトポスとして、主人公の目に映っているからだ。しかしその視線は混住社会全体へと向けられるのではなく、絶えず団地とその社会の内側へと沈潜していく。

後藤の朝鮮とは異なるが、安部公房も植民地の満州から帰還し、一九六七年に同じく団地を背景とする『燃えつきた地図』（新潮文庫）を発表している。こちらの主人公は興信所員で、いわば郊外と団地を捜査する探偵として、すなわち郊外からの、同時に外部への視線も携え、現われる。『〈郊外〉の誕生と死』で『燃えつきた地図』はすでにふれているので、これ以上の言及は拙著を参照されたい。

しかし後藤の作品にあって、主人公の男は団地の住人として設定され、その空間の内部構造と関係へと眼差しが向けられ、物語が紡ぎ出されていくことになる。もうひとつだけ付け加えておけば、同じ植民地的なイメージを投影させた団地であっても、安部はカフカ的状況、後藤の場合はゴーゴリ的な関係の場を浮かび上がらせているといってもいいかもしれない。

さてその後藤の三部作のうちでもっとも長く、といっても中編ではあるが、『書かれない報告』は県庁の社会教育課から突然かかってきた電話から始まっている。主人公の「男」はそのようなところから電話を受ける覚えはなかった。

男はR団地の一居住者に過ぎない。もちろんR団地はR県に所属している。したがって男はR県民だった。しかしただ、それだけの話だ。生れ故郷でもなければ、親兄弟が住んでいる土地でもない。たまたま抽籤に当ったため、流れ着いているだけだった。なにしろ男が住んでいるのは団地だからだ。

『何？』『誰？』と同様に、『書かれない報告』において、主人公は「私」でも「彼」でもなく、また命名されることもなく、「男」と表記されているので、ここでもそれを踏襲するしかない。社会教育課からの電話は「団地生活の実態調査のようなもの」の依頼で、R団地の場合は七千世帯あることから、七十人がそのレポーターに選ばれたのである。その資格は「同一団地の同一番号の部屋に、満五年以上居住している男性」、選択の基準は「妻帯者であれば年齢職業は問わず」というもので、「男」はそれらの条件を充たしていたこともあり、その指名を受諾してしまったのである。

そして二階の３ＤＫに住む「男」は、今回の鉄筋コンクリートの住居に関するレポートを県の土木建築課が多大な関心を寄せていることを聞き、電話を置きながら、その真上にあるダイニングキッチンの天井を見た。そこに漏水が起きていたこと、それをきっかけにして鉄筋コンクリート建造物に様々な感慨をめぐらしていたことを思い出した。

なぜ水は漏ってきたのか？　三階のいかなる水なのか？　居住して七年目に天上にヒビが入ったのだろうか？　ダイニングキッチンの上は三階も同様だから、トイレットの用水でないことは確かだ。とすれば、台所か風呂場の水だろうか？　水漏りしている二階の天井は三階の床でもある。そこで「男は鉄筋コンクリート建造物の、目に見えない内部の暗闇をぼんやり頭の中に描き出」そうとしたが、その火事でも燃えないらしい構造は何ひとつわからなかった。がらんどうの空間なのか、それとも何かで埋め尽くされているのだろうか？　しかしその耐熱性建築の団地でも、昼火事があり、同じ間取りの住居が「３ＤＫの焼却炉」のように燃えたエピソードも挿入されている。

漏水の原因について考えているうちに、「男」は「それにしても人間の家族が、他人として上下に積み重ねられて生活するのは、いったいどういうことだろうか？」と自問し、団地に表われている「人間が縦に積み重なって生きている住居における階上階下の関係」の意味をも問い始める。「男」にとって、その漏水はダイニングキッチンにある板の凹みの部分と同化し、それは「凹みの意識」、もしくは「意識の凹み」へとも転化していく。「そして男が、そのたびにそれを意識せざるを得ないのは、なにしろそこは男の住居だからだ。そこ以外に住むべきところのない、住居だった」。

それゆえに「男」は水漏りに関する調査、及び修理を依頼するために、団地駅前にある公団事務所に出かけていく。しかしすでに止まっていた水漏れの原因はわからず、住宅公団の職員の訪問、女事務員の説明、ペンキ職人の指摘などによって、むしろ住居をめぐる位相は混乱する事態を迎えていく。

すると「男」は住居に侵入してきた黒い小さな虫のことも気にかかってくる。それは水漏れと同じように、原因も不明で、外部から住居の内部へ侵入してくるものであり、「男」にとって水漏れに続く「新しい傷口」となっていく。すなわち「第一の傷口」としての水漏れ、「第二の傷口」としての虫の侵入。そうして「男」は「住居そのものの防禦」を考えるようになる。しかし水にしても虫にしても、暗闇の中の迷路を通路として住居へと侵入してくるのであり、それは「男」にとって「第三の傷口」のようにも思えてくる。

「男」は団地に「たまたま抽籤に当ったため、流れ着い」た。だが鉄筋コンクリート建造物の中での「人間の家族が、他人として上下に積み重ねられて生活する」ことは、それ以前のモルタル造りの二階建てアパートでのものに比べ、住居として防禦に勝り、ほぼ完璧のように思われた。「窓のついた鉄筋コンクリート建造物である団地の四階建て一棟」は「どこまでの際限なく続く海の上から、不意に見も知らぬ陸地に流れ着」き、「坐礁したまま動かなくなった、一隻の船体のようにも見える」のだ。だがそれは「防禦」の象徴のようでもある。とりわけ夜にあっては。それゆえに水漏れも虫の侵入も、それらの通路をめぐる「男」の意識の迷路の暗闇もまた、「防禦」を侵犯する「傷口」として現前してくることになる。そして「男」は次のように結論づけ、『書かれない報告』を閉じる。

はっきりしていることは、唯一つだった。住居はすでに男の一部だ。同時にもちろん、男は住居の一部である以上、一日たりとも男が住居を離れて自分を考えることなどできないはずだ。そのようにして男は、日夜、住居とともに生活している。その住居が傷つきはじめているいま、どうして男だけが傷つかないまま生きていられようか。なにしろ男は、そのような形において住居と結びついていたからだ。

現在の命名からすれば、「男」は象徴的に「団地男」とでも呼ばれることになるだろう。そうした意味において、後藤が主人公を「男」としたのは、予見的にして賢明な選択だったように思える。

ここでまさにこの「団地男」は人間と住宅の普遍的な関係にたどりついたように思える。たまたま抽籤に当って流れついた団地であっても、住むことと生活を通じて、そのような人間と住居の内的な関係のドラマが生じ、展開されていくことを告げている。それゆえに団地もまた農家、商家、建売住宅、マンションと変わらないし、住むという現実を浮かび上がらせるのである。そのようにして、団地もまた人間の普遍的なトポスとして浮上してくる。それが後藤の一連の団地小説が秘めているコアのようなものではないだろうか。

20　団地、満州と朝鮮、疑似家族
――深作欣二『やくざの墓場・くちなしの花』（東映、一九七六年）

深作欣二のやくざ映画といえば、ただちに『仁義なき戦い』ということになってしまうが、このシリーズ以外にも秀作があり、一九七〇年代において、『仁義なき戦い』と併走していたし、時代を生々しく表象する作品として送り出されていた。

それらを私の好みから挙げてみると、『血染の代紋』（一九七〇年）、『県警対組織暴力』（七五年）、『やくざの墓場・くちなしの花』（七六年）の三作になる。これらの三作はいずれもほぼリアルタイムで、しかも映画館で観たこともあって、強いインパクトを受け、記憶に残ったことも言い添えておくべきだろう。

またさらに付け加えれば、この映画館は商店街に位置し、少年時代から通い、私はここで映画に目覚めたのだ。だが郊外消費社会の隆盛に伴い、商店街の衰退とともに、この映画館も八〇年代に閉館し、いつの間にか解体されてしまったのである。

しかし本書のテーマと深作欣二のやくざ映画がどのように結びつくのか、その組み合わせに疑問が生じるであろう。だがそれはいかなる映画であろうと、いかなる小説と同様に、時代と状況を反映させてしまうし、それが映画ならではのリアリティの発現と考えることもできよう。といって、もちろんこれらの三作すべてを取り上げることはできないので、ここでは『やくざの墓場・くちなしの花』だけに限る。この映画には大友克洋の『童夢』や前回の後藤明生の一連の団地小説でも見られなかった、団地におけるネガティブな象徴性が表出しているように思われるからだ。

それと同時に先頃出た『キネマ旬報』（２０１４、３／下）が「大島渚１９３２－２０１３闘いの記録」を編み、彼の全フィルモグラフィを収録し、また映画監督以外のプロフィルについても言及し、ひとつの追悼のための特集ならしめている。だがそこには俳優としての大島が抜けている。それは大島が『やくざの墓場・くちなしの花』に俳優として「特別出演」したことが等閑視、もしくは忘れられてしまっているのではないだろうか。

しかしそこで警察本部長を演じた大島は、冒頭で日の丸を背景にして、社会の治安維持と暴力団壊滅の必要性を訓示し、この映画の狂言回しの役割を務めている。大島のキャラクターと演技は、現在の暴対法下の警察官僚の姿を先取りしたようなイメージを示し、存在感もあって、忘れられない印象を残す。それにその役は山下耕作の『総長賭博』において、やはり日の丸を背後にして、右翼の黒幕として登場した佐々木孝丸を彷彿させるし、明らかに大島もそれを意識し、演じているように思える。またこの映画の脚本も『総長賭博』と同じく笠原和夫の手になるものなので、時代は異なるにしても、物語の進行と構成、登場人物たちのキャラクターは共通しているといえよう。

しかし渡哲也の東映第一回主演作品として、これも深作の『仁義の墓場』（一九七五年）の評価が高いことに比べ、『やくざの墓場・くちなしの花』は第二回、しかもこれもやはり渡が唄って流行歌となった「くちなしの花」（七三年）をタイトルに加え、主題歌としたこと、それでいて「芸術祭参加作品」などと謳われていたこともあって、ちぐはぐな印象を与え、どうしても『仁義の墓場』の陰に隠れてしまったように思える。

おそらく最初のタイトルは『仁義の墓場』と対になる『やくざの墓場』だったと考えられるが、前者の評価が高かった割には興行成績がよくなかったので、流行歌が割りこむことになってしまったのではないだろうか。それでも『渡哲也』（「シネアルバム」67、芳賀書店）を確認してみると、彼に『やくざの墓場・くちなしの花』でブルーリボン賞が贈られていることを知り、当時はそれなりに評価されたことにいささかの安堵を覚える。なお同書に収録された渡辺武信の「渡哲也と日活アクション映画の系譜」は秀逸な一文であることも断わっておこう。

それらはともかく、簡略に『やくざの墓場・くちなしの花』のストーリーを述べれば、渡が演じる黒岩は大阪府警の四課の刑事で、博徒である地元の西田組の専従捜査に携わっている。彼はかつて容疑者逮捕の際に射殺事件を起こしたことで、捜査の一線から外されていたが、広域暴力団山城組の、西田組の縄張りへの侵出とそれらの事件がきっかけとなり、復帰したこと、その一方で射殺した容疑者の情婦と愛人関係になっていることなどが、ストーリーの進行につれて明らかになる。またその背後にある警察と西田組の癒着、金融業を営む警察OB組織と山城組の深いつながりも浮かび上がってくる。

西田組と山城組は賭場の借金をめぐって抗争となり、その渦中で黒岩、西田組の金庫番啓子＝梶芽衣子、組長代行岩田＝梅宮辰夫の三人は刑事とやくざの立場をこえ、愛人及び義兄弟という疑似家族を結んでいくようになる。それは啓子が黒岩の住まいを訪ねる場面から始まっている。

西田組と山城組の抗争の捜査に駆り出され、黒岩は徹夜明けの疲れた足取りで帰宅してくる。まだ明けやらぬ朝、高層団地が建ち並ぶ風景をバックにして、歩いてくる黒岩の姿がロングショットで映される。そのシーンに、これも同じく『仁義なき戦い』を担当している津島利章のパセティックな旋律の音楽が重なり、明け方の団地のある風景が何かしらの不安と鬱屈を孕んだものとして、観る者に迫ってくる。映画の中において、多くの団地の風景を目撃しているが、このようなディストピア的団地は多く描かれていないと思う。

黒岩はエレベーターで上がっていく。どうやら彼は団地の最上階に住んでいるようなのだ。エレベーターを出ると、部屋の前に啓子が待っていた。黒岩は彼女を部屋に招じ入れ、窓を開け、スタンドの電気をつける。風にカーテンが揺れ、スタンドの光で部屋が照らされ、団地における一人暮らしの黒岩の生活のリアルな実態を垣間見せる。そして黒岩は啓子にいう。


――「人間の住むとこちゃうよ。下に降りていくより、こっから飛行機乗っていくほうが早いくらいの高さや！」


啓子の団地への訪れは黒岩に金を届けること、山陰地方らしき刑務所に入っている彼女の夫の面会への同行の依頼だった。それは西田組の岩田、啓子、その夫という三人のやくざ内の関係を、新たに岩田、啓子、黒岩という外部の刑事を含んだ関係へと転換せしめるものであった。刑務所でも啓子と夫の破綻を告げる面会の後、彼女と黒岩は鳥取砂丘を歩き、海を目前にする。

海を見ながら、黒岩は自分が満州の生まれだという。警官になったのも、引き上げてきて内地の人間にいじめられたので、喧嘩に強くなって仕返ししてやろうと思ったからだと。啓子もいう。父親は朝鮮半島の出身で、日本にきてずっと帰りたいといっていたけれど、簡易ハウスを転々としているうちに死んでしまったと。どうも面会で夫は啓子に朝鮮に帰れと罵倒したようで、彼女は海に入っていこうとする。それを止める黒岩と啓子、この砂丘と海のシーンは二人が否応なく結ばれる宿命のようにして描かれ、そこに「くちなしの花」が重なって流れるのだが、これは明らかにミスマッチで、ひとつのクライマックスシーンの感興をそぎ、破滅へと向かう二人を、歌謡曲で甘くくるんでしまうような気がする。

そして岩田も告白する。自分は朝鮮人だが、啓子は朝鮮人と日本人のハーフで苦労したから、黒岩と一緒になって幸せになってほしい。二人の仲を公然のものとするために、ついては黒岩に兄弟分になってほしいと。

かくして刑事の黒岩の団地生活の背後には満州という植民地が浮かび上がり、やくざの岩田と啓子においては在日朝鮮人問題が露出し、そのふたつのファクターがクロスした時、混住社会、もしくは疑似家族が出現していくのである。当然のことながら、このような混住社会と疑似家族の行方が破滅へと向かっていくことはいうまでもないことだ。そのような悲劇のための供物のようにして、ラストシーンにおいて、黒岩は射殺され、死んでいく。渡哲也はその悲劇を見事に演じきっているように思われる。

『やくざの墓場・くちなしの花』はDVD化もされ、レンタルで観ることもできるので、実際に観ていただければ、とてもうれしい。

21　ベルリンの壁崩壊後の物語
——浦沢直樹『MONSTER』〔小学館、一九九五年〕

かつて「図書館での暗殺計画」（『図書館逍遥』所収、編書房）という一文を書き、浦沢直樹の『MONSTER』にふれたことがあった。だがそれは二〇〇一年のことで、『MONSTER』はまだ連載中であり、完結していなかった。タイトルからわかるように、拙稿は主としてそこに描かれた図書館シーンへの言及だったが、マーク・イレル他の『狂気の家畜人収容所』（鈴木豊訳、二見書房）が物語の淵源ではないかとの推測も述べておいた。

その後二〇〇八年になって、判型も大きくなり、新たに「完全版」と銘打ったA５版『MONSTER』全九巻が刊行された。そこで帯文に「コミック史上最高のサスペンス」と謳われた「完全版」をあらためて読んでしまった。たまたまその時に別のところで、ベンヤミンに関して書き、彼が児童書の古本を収集していたことを思い出した。またそれにスティーグ・ラーソンの『ミレニアム』（ヘレンハルメ美穂他訳、ハヤカワ文庫）三部作、ネレ・ノイハウスの『深い疵』（酒寄進一訳、創元推理文庫）などを始めとするスウェーデンやドイツの新しいミステリを読み、それらの背景が一九八九年のベルリンの壁の崩壊、ソ連邦解体であり、そうした現代史の流動を発端として生じた東西の混住が物語の前提となっていることに気づいた。そのことから混住の概念もさらに包括的に考えるべきだし、本書にそれらも取りこんでいく必要性も覚えた。

まさに『MONSTER』はそうした作品の典型のように思われた。古い絵本の存在などにうかがわれるベンヤミンの痕跡、及びベルリンの壁崩壊に始まる一九八〇年代から二一世紀初頭にかけての現代史がクロスし、『MONSTER』の物語が立ち上がってくるのである。したがって『MONSTER』はベルリンの壁崩壊とそれに続くチェコスロヴァキアのビロード革命を背景とし、ドイツのデュッセルドルフ、ハイデルベルグ、ベルリン、ミュンヘン、さらにプラハ、ウィーンなどを舞台として展開されていく。

かつてのミステリやコミックのひとつのパラダイムでもあった東西冷戦という前提は、もはや過去の風景となり、それ以後の現代史の流動と混沌が物語を紡ぎ出す動因へと転化する。そうしたコミックの代表作として『MONSTER』を挙げることに躊躇しないし、多くの賛同も得られるのではないだろうか。

そうはいっても、この三八〇〇ページ近い『MONSTER』は、逃亡する主人公と探索される謎という物語のコアは明確であるのだが、ストーリーは現代史に寄り添って錯綜し、舞台はめまぐるしく変わり、謎がまた謎を生み出していく構造なので、第一巻の部分だけでもストーリーを紹介しておこう。

まず物語の時間軸について記しておけば、『MONSTER』のドラマと事件は一九八六年のドイツから始まり、東西の壁崩壊を経て、多くの犠牲者を出し、二〇〇一年にとりあえず終焉を迎えたとされる。それを追ってみる。八六年東ドイツの政府貿易局顧問リーベルトが西側に亡命を求め、デュッセルドルフに住むことを希望した。彼は妻と双生児の兄妹を連れてきていた。しかし夫妻は仮住まいの屋敷で何者かに襲われ、殺害された。子供は生き残ったが、兄は頭部に弾丸を受け、瀕死の重傷を負い、妹は外傷はないものの、激しいショック状態に陥っていた。二人はアイスラー記念病院に収容され、少年は日本人の天才的脳外科医テンマの執刀によって、かろうじて救われる。そのきっかけは、ドイツにおけるトルコ人問題も絡んでいた。警察はリーベルト一家事件を東側による犯行と見なし、捜査を進めたが、犯人は不明のままだった。

続けて同病院の院長ハイネマンを含む三人の医師が硝酸系毒物入りキャンディで殺害され、リーベルト兄妹は病院から姿を消していた。警察の必死の捜査にもかかわらず、有力な手がかりはつかめず、殺人事件と双子の失踪の関連もわからず、事件の真相は明らかにならなかった。そのような状況にあって、ドイツ連邦捜査局から派遣されたルンゲ警部だけがテンマに疑いの目を向けていた。テンマは双子の兄の手術のために、急患のデュッセルドルフ市長のオペを断わり、市長は死亡し、そのことでテンマは将来の座も、院長の娘との婚約も破棄された。それはハイネマンによるもので、テンマに代わったのは院長の取り巻きの二人の医師であり、この三人が殺害されたからだ。これらの事件を前史として、『MONSTER』は進行していく。

そしてその九年後の一九九五年に、デュッセルドルフのアイスラー記念病院で再び事件が起きていく。東西ドイツは統一され、東側からの人々の流入によって経済の混乱と治安の悪化が生じた時代でもあった。その頃、ルンゲ警部が捜査していたのは中年夫婦連続殺人事件で、それらの夫婦に共通しているのは、裕福で子供がいないことだった。ルンゲ警部はこの連続殺人事件に錠前破りのプロのユンケルスが関与していると考え、彼が交通事故で入院したとの情報を得て、デュッセルドルフの病院に駆けつけると、その主治医はアイスラー記念病院の外科部長テンマだった。ルンゲ警部は八六年における三人の死により地位を得て、最も恩恵をこうむったのがテンマだと知り、再び疑惑を抱く。

　一方でテンマは手術によって回復したユンケルスから「モンスターが……来る……」という言葉が発せられるのを聞く。だがルンゲ警部の尋問に対しては頑なに黙秘を続け、ある日病院近くの廃ビルで射殺され、発見される。テンマはその殺害犯人を見たと名乗り出て、それが失踪した双子の兄ヨハンであり、中年夫婦連続殺人事件も九年前の三人の毒入りキャンディ殺人事件も、彼の仕業だと証言する。しかしルンゲ警部はテンマが二重人格者で、自らが犯した殺人をヨハンという架空の人物に押しつけていると考え、テンマが最重要容疑者となっていく。

そうした状況下で、テンマはドイツ各地を訪れ、中年夫婦連続殺人事件を追い、いずれの夫婦にも養子か里子らしき男の子がいて、その少年の妹がハイデルベルグにいることを突き止める。そのハイデルベルクでも、衝撃的事件が起きる。フォルトナー夫婦にはハイデルベルク大学に通うニナという娘がいたが、夫婦は惨殺され、彼女は行方不明になる。このニナが双子の片割れ、ヨハンの妹なのである。これらの殺人をめぐって、テンマは重要参考人として追われることになり、彼は逃亡者にして探索者ともなり、ヨハンとニナの背後に潜む謎を追跡していく。

ここまでが第一巻のストーリーの要約だが、その後にたどられていく『MONSTER』の重要なトポスを記しておけば、東ドイツに存在した施設511キンダーハイムが挙げられる。そこは東ドイツ内務省が管理する政府の実験場で、孤児たちを完璧な兵士に育て上げる場所だった。だがそこで行なわれた授業は言葉による殺し合い、勝ち抜きゲームのようなもので、相手を支配する最大の武器は暴力でも武器でもなく、言葉だと教えこみ、カリスマとなる訓練だった。ヨハンとニナはここにいたのだった。しかも二人はドイツ人ではなく、チェコスロヴァキア人と考えられた。

ミュンヘンに現れたヨハンはミュンヘン大学図書館の一般閲覧禁止区域の図書類の中にあった絵本を見て、突然失神する。そのタイトルは『なまえのないかいぶつ』で、作者はエミール・シェーベ、版元はチェコのプラハのモラヴィア出版だった。まだまだ謎は積み重ねられていくのだが、これ以上は『MONSTER』を読むことによって、直接確認されたい。

さてぎこちない紹介になってしまったけれど、これで『MONSTER』の歴史的背景が、最初に示したベルリンの壁崩壊やチェコのビロード革命を通じてもたらされた、ヨーロッパの様々な国籍を有する人々の混住状況にあることを了承されるだろう。それらの物語配置はリアルで、しかもコミックのナラティブの進化を実感させるのだが、それにもまして興味深いのは『MONSTER』に流れこんでいる、先行するコミック、ミステリ、文学、映画の痕跡である。しかもその手法はメタコミックという試みにも挑んでいて、ひとつのポストモダニズムの、コミックにおける実験のようにも読めるのである。これもコミックに表出する様々な文化ファクターの混住といえるのではないだろうか。もちろんすべてにふれることはできないが、それらのいくつかをたどってみる。

まず『MONSTER』は手塚治虫へのオマージュとして描かれ、それは主人公の名前と職業に表われている。主人公のドクター・テンマの名前は『鉄腕アトム』の天馬博士、職業の医師はもちろん『ブラック・ジャック』(秋田書店)、ドイツを舞台とすることは『アドルフに告ぐ』(文芸春秋)に範を求められる。

またデュッセルドルフにおける殺人とモンスターの出現は、コリン・ウィルソンの『殺人百科』(大庭忠男訳、弥生書房)、双子の兄妹はアゴタ・クリストフの『悪童日記』(堀茂樹訳、ハヤカワ文庫)三部作、ルンゲ警部はトマス・ハリスの『羊たちの沈黙』(菊池光訳、新潮文庫)から引かれ、テンマの逃亡者にして捜索者の設定は、テレビや映画の他ならぬ『逃亡者』を原型としていると思われる。さらに付け加えれば、ベンヤミンもまたドイツからの亡命者だったのだ。

つまり『MONSTER』のキャラクター、ストーリー、物語のパラダイムは先行するコミック、ミステリ、文学、映画などからの自在な引用によって構成され、そこにコミックのこれまでになかった進化をみることができるように思う。しかもそれは浦沢直樹と脚本担当の長崎尚志のコラボレーションによって可能となった世界であり、浦沢のコミック世界は長崎を得ることで、講談の系譜を引く梶原一騎や小池一夫の原作世界から離陸し、早川書房を始めとする翻訳ミステリを自家薬籠中のものとする若い原作者へと移行したといえるのかもしれない。ここでは二人のコラボレーション、長崎の原作について、『MONSTER』しかふれられないが、いずれ別のところで取り上げることになろう。

さらにそこには現代文学からの地続きの引用も見られ、『MONSTER』の主要な登場人物がコインロッカーで生まれたとの設定は、村上龍の『コインロッカー・ベイビーズ』(講談社文庫)を反復し、これから述べるメタコミック的仕掛けは、村上春樹の『風の歌を聴け』(講談社文庫)からヒントを得ているのではないだろうか。

『MONSTER』は本編の他に、前述したエミール・シェーベの『なまえのないかいぶつ』が浦沢直樹訳で連載中の九九年に出され、完結後の〇二年に「もうひとつのMONSTER」として『ANOTHER MONSTER』がヴェルナー・ヴェーバー、浦沢直樹共著、長崎尚志訳で、いずれも小学館から刊行されている。前者は『MONSTER』の中で物語を導く絵本、後者は『MONSTER』のノンフィクション版ともいうべき位置づけとなり、本編はこれらの二冊によって物語をさらに補強され、あたかも実在した事件であるかのように仕立てられたことになる。この二冊は翻訳書であるかのようによそおっているが、翻訳権クレジット表記からフェイクであることは明白だ。

しかしこのような仕掛けは、村上春樹が『風の歌を聴け』の中で、架空の作家デレク・ハートフィールドと同じくその架空の作品のいくつかを登場させ、さらに念入りに村上が「ハートフィールド再び」という「あとがき」で、彼の伝記らしき一冊を挙げ、フィクション『風の歌を聴け』に対し、ノンフィクション的仕掛けを施していることにならっているのだろう。

そうした意味において、『MONSTER』三部作もまた、先行する様々な物語の混住に他ならず、それはすべてが混住するに至るグローバリゼーションの時代のメタファーになるのかもしれない。

なおブノワ・ペーターズ作、フランソワ・スクイテン画『闇の国々』(吉永真一、原正人訳、小学館集英社プロダクション)は、そうした時代を象徴する国々の混住を描いたフランスのバンド・デシネ＝コミックとよんでいいのかもしれない。

また、これはすでに書いているので、付記しておくが、拙ブログ「出版・読書メモランダム」の「ブルーコミックス論」33、34において、長崎尚志の別名義、江戸川啓視原作の『プルンギル―青の道―』(作画クォン・カヤ、新潮社)、『青侠ブルーフッド』(漫画石渡洋司、集英社)を論じているので、こちらも読んで頂ければ幸いである。

22 ボートピープル、新宿、混住小説
――佐々木譲『真夜中の遠い彼方』(大和書房、一九八四年)

混住社会という言葉が生まれたのは、都市近郊の農村地帯が郊外化する過程において、農家と非農家の混住が始まり、一九七〇年代にはその比率が逆転し、非農家数が農家数を上回ることになり、それが全国的な現象を示すようになったからである。これに続いて八〇年代にはロードサイドビジネスの増殖により、田や畑だったところに大型駐車場を備えた郊外型商業店舗の混住が加わり、郊外消費社会の隆盛を迎えていく。これらの社会状況は本書で既述してきたとおりだ。こうした郊外における現象は、職業やビジネス業態は異なっていても、あくまで日本人同士の混住を意味していた。

しかし八〇年代後半に入ると、その混住は日本人と外国人との色彩を帯びるようになり、それは都市からは始まり、郊外へも波及していった。桑原靖夫の『国境を越える労働者』(岩波新書)に示された、当時の外国人入国者増加数

を確認すると、七八年には百万人だったのが、八四年には二百万人、九〇年には三百五十万人を超えている。その中でもアジア諸国からの入国者は八四年に百万人を突破した。この数字は正規に入国した観光客、労働者をさしているので、密入国者は含まれていないため、さらに増加することになる。

それに加えて、七〇年代後半からはインドシナ半島からボートピープルという難民が漂着し、本間浩の『難民問題とは何か』(岩波新書)によれば、一九七五年から八九年にかけて、一万二千人以上の難民の上陸が報告されている。さらに日本人残留孤児たちの中国からの帰還、九〇年代からの出入国管理法改正による日系ブラジル人たちの出稼ぎの急増もあり、外国人たちとの紛れもない混住社会が、否応なく形成され始めていったのである。

九〇年代になって、このような外国人労働者、難民、密入国者、中国残留孤児たちに関するノンフィクションが数多く出されていく。だがこれらのノンフィクションに先駆け、小説の領域において、ミステリ、ノワール、ハードボイルドという形式をとりながら、八〇年代から九〇年代にかけて、注目すべき作品群が途切れることなく書かれていたことを忘れるべきではない。

これらの作品は混住の葛藤から生じる犯罪を描きながらも、その根底には外国人労働者や難民とどのように共棲すべきかという真摯な問いかけが含まれ、彼らを抱きしめているようにも思われる。それは外国人労働者や難民の存在こそが物語を活性化させ、甘美な輝きを添えることによって証明される。私はこれらの一連を作品群を混住小説とよびたい。

その一端はすでに桐野夏生の『OUT』で示しておいたが、これからそれらの混住小説を七、八編取り上げてみたいと思う。まずは一九八四年刊行された佐々木譲の『真夜中の遠い彼方』で、これは八七年に集英社文庫、のち天山文庫に収録され、九〇年に若松孝二監督、原田芳雄主演で、『われに撃つ用意あり』として映画化もされている。

『真夜中の遠い彼方』の「プロローグ」において、「一九七九年二月、インドシナ半島の北部でまた新たな戦争が始まっていた頃、タイ南部ナラティワットに近い海岸で、ひとりのベトナム人少女が保護された」というドキュメント的一文が置かれている。それに続いて、彼女がタイの海賊に襲われたボートピープルで、名前はメイリン、十五歳だと記されている。

それから四年後の一九八三年六月二十五日土曜日、舞台は新宿の歌舞伎町へと移る。郷田克彦にとって、今夜は八年営んできた酒場を閉める日だった。彼は十数年間にわたって、この街に生きてきたのであり、「この街、歌舞伎町と、それをとりまく新宿のごく狭い一帯だけが、克彦の世界のすべてだった。きょうまでは」と説明される。そのきっかけは彼が頭を割られ、額に血をたらし、歌舞伎町の奥のジャズの店でかくまわれ、介抱されたことだった。「その日付を克彦は忘れたことがない。十九歳の年の、十月の二十一日だった」。つまりそれは一九六八年の騒乱罪が適用された10・21をさしている。ここに提出されているのは克彦にとって、新宿と歌舞伎町というトポスがアジールであり続けていたが、今日でそれも終わる、いうなれば、アジールとの別れの日だという前提である。

その象徴として、克彦の営む古ぼけた酒場のポートレイトが描かれる。再開発を迫られているような小路に位置し、道の左右には木造二階家の小さな飲み屋や大衆食堂が並び、その突き当りにあった。すでに取り壊しの決まった建物の二階の小さな店で、L字型カウンターに七、八人、奥のボックス席に四人から六人で満杯となる、「全体にどこか地下室めいた雰囲気のある、暗い酒場だった」。前述の映画にあってはこの二階ではない酒場が主たる舞台となり、そのような雰囲気のセットが「遠い時代の残り香」を漂わせるように組まれていたことを思い出す。

そこに白いTシャツを着て、腕に傷を負った女が飛びこんできた。彼女は十八、九に見え、歌舞伎町の性産業に従事している女のようではなく、「地方都市の女子工員といった風情」だった。そうして『真夜中の遠い彼方』の物語が始まっていく。

彼女が何であるにせよ、と克彦は思った。誰かに追われ、怪我をしているなら、出ていけとは言えまい。追っているのが誰であれ、怪我をした理由がなんであれだ。

克彦自身が十数年前にこの街に逃げこんできたときも、かくまってくれた男はその理由を問いただしたりはしなかった。黙って額の傷を手当てし、熱いコーヒーとピラフを出してくれたのだ。

それを反復するように、克彦は彼女の怪我を手当てし、サンドイッチを作り、コーヒーを入れ、彼女に食べるように勧める。彼女は怯えているにしても、家出少女のようではなかったし、日本語のイントネーションと容姿から沖縄出身のように見えたが、十九歳になるタイ国籍のメイリンで、日本にきて二年余になり、新宿日本語学校に通い、日本語を覚えたという。

彼女の微笑は懐かしさをそそるもので、それは克彦にとって、自分がまだいくつもの夢をもてあましていた昔を想起させた。そうした思いは追われてジャズの店に逃げこんだ、かつての地方出身の、同じく十九歳だった克彦と重なってしまう存在として、位置づけられたことを意味していよう。

リンは食事のお礼に手伝いを申し出る。彼女を外に出すことができない克彦もそれを受け入れ、店を閉じる最後の夜の料理を作ることにする。「最後の夜くらいは相棒つきで商売をやってみるのもいいかもしれない」と思ったからだ。その最後の夜にふさわしい曲をと考え、克彦は「あの時代の曲」であるボブ・ディランの「ブロウイン・イン・ザ・ウインド」を流す。

それを聞いて、リンはいう。わたしはこの歌をタイの難民キャンプで覚えた。教えてくれたのはスウェーデンのボランティアの女の人で、若い頃はパリにいて、この歌は「わたしたちの世代の讃美歌」だといってました。ここでこのアンナという女性が、パリの五月革命の世代であることが暗示されている。そしてリンは自分がタイ人ではなく、ベトナムのボートピープルで、難民キャンプを脱走し、バンコクで偽造パスポートを入手し、日本へきたと告白する。

だが日本政府にしてみれば、彼女は「難民」ではなく、自分で脱出し、第三国の旅券を入手し、日本で新生活を始めてしまった者は「流民」なのだ。それに対して、克彦もいう。「別に驚かないさ。歌舞伎町にはタイ人もフィリピン人も韓国人もいる。無国籍者もいるし、きっと殺人犯も、亡命者もいるよ」と。リンと克彦はもう一度かけた「風に吹かれて」を思わず唱和してしまう。ここで邦訳タイトルになっているのは、日本の「あの時代の曲」をリンと唱和する象徴的意味づけとも考えられる。

リンの語る一九七九年のベトナムによるカンボジア侵攻と、それに伴う中国のベトナム侵攻、その後に続くベトナム脱出から日本への入国は、「難民」から「流民」へと至るプロセスだった。アジールから追われようとしている克彦もまた、「難民」から「流民」への過渡期を迎え、リンの話す背後からは六〇年代末の記憶が立ち上がってきて、オーバーラップする。

このような過剰なまでの六〇年代や新宿に対する思い入れ、リンの造型を通じて形成される様々な神話化の問題については、ここでは言及しない。それは佐々木も自覚しているはずだし、それはリンを逃す重要な役割を担う史郎の言葉にも表れているからだ。

史郎はいう。「むずかしいことを言うのはやめましょうよ。ヤクザと警察の両方を相手にしてる女の子がいるんだもの、助けてやるのは当たりまえのことじゃないですか」。それに加え、克彦にとってリンを助けることは、十数年前の10・21の再現となるのだ。リンと克彦の行方はどうなるのか、タイトルに示された「真夜中の遠い彼方」とはどこを意味しているのか、これ以上のことは読者となって確認されたい。

この『真夜中の遠い彼方』を嚆矢として、ミステリ、ノワール、ハードボイルドのかたちをとり、混住小説が書かれていくことになる。それを次回からしばらくたどっていこう。

なお『真夜中の遠い彼方』は『新宿のありふれた夜』と改題され、九七年に角川文庫にも収録されている。

23 叛史と難民
——船戸与一「東京難民戦争・前史」（徳間書店、一九八五年）

これは一九八五年に『問題小説』に「東京難民戦争・前史」の総タイトルで、「運河の流れに」（1月号）、「巣窟の鼠たち」（7月号）、「銃器を自由を！」（10月号）と三回にわたって連載され、残念なことにそのまま中絶してしまった作品である。その後、『男たちのら・ら・ば・い』（『問題小説傑作選』3、徳間文庫、九九年）に「運河の流れに」だけは再録され、読めるようになったが、他の二編は放置されている。これらの事情から、拙著『船戸与一と叛史のクロニクル』（青弓社）においても、論じてこなかった。

しかし未完に終わった「東京難民戦争・前史」は八〇年代に船戸によってしか書かれなかった難民の「叛史」とでもいうべき物語であり、それは七七年にすでに提出されていた豊浦志朗名義の『叛アメリカ史』（ブロンズ社、後ちくま文庫）所収の「ヴェトナム難民の明日の選択」をベースにしていると判断できよう。それに『叛アメリカ史』は混住の「叛史」といっても過言ではないからだ。

　さて前置きはともかく、これらの三編の内容をたどってみよう。「運河の流れに」は「梶木のばばあがくたばったので、だれもが浮かれきっている」という一文から始まっている。梶木荘の家主である「梶木のばばあ」が脳溢血のために七十二歳で死んだのだ。川崎市の場末にあるこのみすぼらしいアパートは、ベニヤ板仕切りの三帖、台所と便所共用の劣悪な住環境にもかかわらず、家賃と光熱費と合わせて夏は五万円、冬は六万円とんでもなく高かった。それにには理由があった。

——おれたちは日本人じゃない。全員インドシナ半島からの難民なのだ。それも難民救済センターにちゃんと管理されているような模範的な難民じゃない。

　「おれたち」というのはグエン、カオ、ボー、ダンのベトナム人四人、ロン、キュー、ヌーのカンボジア人三人、それにラオス人少女エオも含まれていて、グエンとカオは密入国者、他の者たちも難民救済センターの斡旋した職場や施設からの逃亡者だった。だから梶木荘以外に住む場所がなく、三年近く高い家賃を払い続けてきたのだ。難民の問題はまず住宅に集約して表われる。それは東日本大震災と原発事故によって国内で「難民」とならざるをえなかった被災者たちを襲い、いまだもって解決されていない問題に他ならない。時代と背景は異なるにしても、思わずエンゲルスの『住宅問題』（村田陽一訳、大月文庫）なる一冊を想起してしまう。

　また梶木荘の住人たちは劣悪な住居に加え、各自が厄介な事情を抱え、職にしても最低賃金の新宿の歌舞伎町や横浜中華街などの歓楽街での下積み労働しか得られず、「だれもがいまや日本には憎しみすら感じている。だが共通の言語は日本語しかないのだ！」という状況の中に置かれている。ここで植民地における言語問題も喚起されるけれど、そのことに踏みこむ余裕がない。このような状況下にあって、家主が死に、ボーの性的才覚により、「住宅問題」は解決するかに見えた。

　しかし事件は別に起きていた。エオが強姦され、深夜に戻ってきたのだ。彼女はウェイトレスとして働いている喫茶店の客である三人の学生に輪姦されたのだ。「模範的な難民」ではない「おれたちはエオの強姦について日本の警察に頼るつもりはこれっぽちもない。それは全員の暗黙の了解事項なのだ」。二十九歳の最年長で、ベトナムで兵役と戦闘の経験があるグエンがリーダーとなり、エオの復讐を目論む。まずはアーミーナイフを買い揃え、車を手配し、三人の学生を運河のほとりにある倉庫に拉致し、処刑に至る。四人のベトナム人と三人のカンボジア人によるラオス人少女強姦者たちの処刑だ。

　それはグエンがエオの強姦をきっかけにして、難民の存在と日本での四年に及ぶ生活をあらためて考え、「おれたちは難民なのだ。国家や法律で保護されてる連中とはちがう。勝つためにはどんな方法でも使わなければならない」と決意したことの帰結でもあるのだ。そして船戸は次のグエンの独白の部分に対し、他の作品では見られない傍点を付している。それを引用しておこう。


――難民だから国家や制度に忠実である必要はない。この世のなかで活き活きとやろうと思ったら管理そのものを――すさまじい勢いで突き抜けなければならない。


　そうして「東京難民戦争・前史」は「巣窟の鼠たち」「銃器を自由を！」へと進んでいく。「巣窟の鼠たち」では韓国人密輸グループによる末端価格三億円に及ぶ覚醒剤をめぐるグエンたちの現金強奪と殺人、それにキューの死と拳銃の入手が伴い、「運河の流れに」では武器としてナイフしかなかったが、現金千百万円とともに火器をも手に入れたことになる。

　次の「銃器を自由を！」において、横浜華僑の裏側の組織で、賭場や売春、麻薬などの非合法な商売を束ねる華人共生連合の利権絡みのトップ争いに、グエンたちは巻きこまれる。それには華僑内での文革派と反文革派の争いも絡んでいた。そのトップ争いをめぐって、グエンたちは覚醒剤の現金強奪の際にレンタカーを調達したことでつながった中国人から、ライバルを派手に殺してほしい、そのために拳銃四挺とカービン銃二挺を用意するとの依頼を受けたのである。その依頼には裏切りも含まれ、その仕事を成功させても報酬は支払われず、殺すつもりでいることが明らかだった。だがこの仕事を通じて、六挺の火器がグエンたちにもたらされるのだ。

　そのような中で、グエンはかつて中華街で知り合った老中国人から聞いた話を思い出していた。第二次世界大戦後の日本のどさくさに闇市とよばれる自由市場ができ、東京の最大の闇市は新橋にあり、そこで大いに儲けた韓国人や台湾人が戦後の混乱が収まると、その儲けた金を集中的に赤坂に投資し始めた。日本の政策決定は国会議事堂ではなく、赤坂の怪しげな奥座敷で決定されるからだし、それはつまり赤坂を押さえる者が政治の裏側を押さえることになるからだ。そしてグエンは何の根拠もないのに、「唐突にこう思った。おれたちインドシナ半島からの難民は新宿を押さえなければならない！」と。この閃きは信念のようなものとして固まっていった。「銃器を自由を！」で、「東京難民戦争・前史」は中絶してしまうのだが、このグエンの閃きからして、物語がどのように展開されていくかを暗示させているといえよう。

「東京難民戦争・前史」は、すでに船戸が前述の「ヴェトナム難民の明日の選択」において予想していた、アメリカにおけるベトナム難民のアメリカへの回路とまったく重なっている。そこで船戸は五つの段階を挙げているので、それを示す。

①都市への漂流
②人種主義との本格的邂逅
③スラムの形成
④怨嗟の噴出
⑤テロルの志願

これを「東京難民戦争・前史」に示されたグエンたちの回路に置き換えれば、①新宿歌舞伎町を経て横浜中華街へ、②難民救済センターが斡旋した職場や施設における篤志家然として経営者や偽善性に充ちた神父たちの存在、及び歓楽街の下積み労働しか得られない状況、③梶木荘という難民特有のスラムの形成に伴う結束、④エオが強姦されたことに対する怨嗟の噴出、⑤犯罪を通じて、叛日本へと向かっていく構図となる。

つまりここに紹介した三編はまだイントロダクションであり、これから本編がまさに本格的に展開されようとしていたとわかる。すなわち八〇年代における最大のハードボイルドにして混住小説が出現しようとしていたのに、ここで中絶してしまったのである。

その代わりにはならないにしても、これらの三編に、ブックレット『東京難民戦争』（青峰社）所収の中絶の理由を含めた、船戸へのインタビューを加えた一冊の刊行を、ぜひ徳間書店に望みたい。

24 難民と不法残留者
――笹倉明『東京難民事件』（三省堂、一九八三年）と『遠い国からの殺人者』（文藝春秋、八九年）

前々回の佐々木譲『真夜中の遠い彼方』や前回の船戸与一「東京難民戦争・前史」に先駆け、一九八三年に笹倉明によって『東京難民事件』が三省堂から出されている。これは小説ではなくノンフィクションであるが、まったく無視されたようだ。だが幸いなことに、著者の直木賞受賞を受け、九〇年に集英社文庫に収録された。

『東京難民事件』は笹倉が「インドシナ流民に連帯する市民の会」にボランティアで参画し、日本の八〇年代における「出入国管理及び難民認定法」「外国人登録法」という法体系と向き合った記録だといってもいい。それゆえに必然的にテーマと内容によって、佐々木や船戸の物語にもインパクトを与え、先駆的なノンフィクションという栄光を担ったことになる。しかもそれは笹倉にとっても同様で、『東京難民事件』をくぐり抜けることによって、国家、民族、裁判、犯罪と対峙するに至り、それは後の彼の作品そのものへとも投影されていく。裁判のメカニズムは八八年にサントリーミステリー大賞受賞の『漂流裁判』、難民と犯罪は八九年の直木賞受賞作『遠い国からの殺人者』（いずれも文春文庫）へと結実していく。

笹倉は『東京難民事件』の文庫化にあたって、「前がき」として「私流開国論・一九九〇」を付し、そこで日本における難民史を提出している。それに基づき、難民クロニクルを作成してみる。

＊一九七五年／難民元年、アジア人流入元年。南ベトナムのサイゴン陥落、カンボジアのプノンペン解放、ラオスの共産主義革命の波及。

＊一九七八年／新宿事件。歌舞伎町におけるラオス人同士による殺傷事件をさす。以後警察や入管の手入れが厳しくなる。

＊一九七九年／ボート・ピープル大量流出年。七八年末からのベトナムのカンボジア侵攻により、北の南支配による差別と圧迫のために、ベトナムからは船で、カンボジアからはタイ国境へと膨大な難民が脱出。

それに加え、台湾、韓国、フィリピン、タイなどからじゃぱゆきさんが本格的に来日する じゃぱゆき元年でもある。

＊一九八九年／中国からの偽装難民としての密航船が続々と到着し、それは十八隻、二千人を超える。

このような状況を鑑み、「八〇年代は、難民の受け入れ問題にはじまって、ひろくアジア人の受け入れ問題へ、議論の焦点を移さねばならない時代の過渡期であった」と笹倉は記している。確かに八〇年代はバブルの時代であるとともに、難民とじゃぱゆきさんの時代だったともいえるし、日本のバブルこそが、難民とじゃぱゆきさんたちを引き寄せた大いなる原因に他ならなかったのだ。

『東京難民事件』のヒロインは一九七六年十一月に東京羽田の国際空港に降り立った十七歳の少女だった。パスポートはタイ国政府発行のもので、名前はソムシー・セロとなっていたが、髪と目の色、身長と写真を除けば、そこに記載されている事柄は本人とまったく無縁のものだった。彼女は仕事がありつける街だと聞いていた新宿に向かい、その夜は深夜喫茶で過ごし、次の日からウェイトレスの仕事を求め、タイからの留学生と偽り、レストランや喫茶店を当たった。三日後に歌舞伎町の深夜レストランに職を見つけた。片言の日本語しか話せない彼女にとって、その仕事しかなかったからだ。午後六時から翌朝四時までの十時間労働で、給料は月十二万円だった。眠る場所は山手線の車中で、靖国通り沿いの中国料理店の昼間の同じ仕事も兼ねていた。

彼女は六十日の観光ビザで入国していたし、仕事は潜りであり、ビザ切れ前に一度は台湾に出る必要があった。そしてその間に貯めた十五万円を持って日本を離れ、再び来日したのは翌年の七月だった。彼女の本当の名前はチャン・メイラン、一九五八年生まれのラオス人であった。七五年にラオスのパクセに住んでいたメイランは、反王制派のラオス愛国党パテト・ラオ軍の進攻で、首都ビエンチャンに逃れ、メコン河を渡ってタイに密入国し、バンコクに向かい、タイ国パスポートを入手したのは翌年の秋だった。旅行業者を通じて買い取ったパスポートは、タイから出国するために不可欠だったのだが、それが彼女の運命を左右することにもなったのである。

それゆえに彼女は海から漂流船でやってきたボート・ピープルのような難民と認められず、「エア・ピープル」、すなわちパスポートを持参し、空から飛行機で入国してきた流民として見なされる。またそこには必然的に難民や流民に対する日本政府や社会の問題のみならず、国家と個人、民族と祖国、ボートとパスポート、形式と本質、南と北などの多くの問題が表出する。それが同書におけるメイラン事件の核心ということになる。

メイランは再び出国できず、ビザの有効期限が切れ、不法残留者、地下生活者となる。もし発覚すれば、タイへ強制送還され、難民キャンプへと追いやられるだろう。ラオスには帰れないのだから、日本で暮らせるだけ暮してみようと決意した。だが彼女は七九年十月、深夜に無灯火で自転車に乗っていたことで、警察官の職務質問を受け、狼狽し、外国人とわかり、外国人登録証を持っていなかったことから、その場で現行犯逮捕されてしまうのである。これがメイラン事件の始まりだったのだ。そして「難民裁判」が神父、弁護士、学生を中心とするボランティアによって支援され、そのプロセスを通じて、メイランとその家族が現代史によって蹂躙された歴史が明らかになり、また彼女に対応する日本国家の法的構造とメカニズムも露呈していく。

このようにメイラン事件のアウトラインを紹介しただけでも、佐々木譲の『真夜中の遠い彼方』や船戸与一の「東京難民戦争・前史」がこの事件に物語の淵源を仰いでいるとわかるだろう。前者のヒロインの名前はまさにメイリンで、後者の主人公たちもラオス人の少女を含んだインドシナ難民と設定されているのだ。しかもこれらの物語は『東京難民事件』に多くの示唆を得ていたにもかかわらず、笹倉に対しても逆流したかのような影響を及ぼしたのではないだろうか。そうして八九年の『遠い国からの殺人者』へと結実していったように思われる。

『遠い国からの殺人者』の「プロローグ」は博多のストリップ劇場の、北海道生まれで四十八歳になるドサ回りの踊り子渚の独白、東北出身のコメディアン崩れの照明係綿谷の感慨を経て、コロンビア出身の異国からの踊子が舞台に登場する場面までを描いている。それはそこが様々な出自が重なる混住を象徴するトポス、いわばひとつの辺境でもあることを告げているかのようだ。

そして第一部に入り、西新宿のマンションでの殺人事件が報告される。女からの通報で、警察が駆けつけると、鋭利な刃物で殺されたと見られる若い男の死体が発見され、同居人の女の姿が消えていた。彼女は金髪の女性で、西洋人ではないかと思われた。警察の捜査によって、その女がストリップ劇場の踊り子で、名前はサリー・ブラウン、カリフォルニア出身のアメリカ人だと判明する。男がヒモで、彼女に売春までさせていたことも。

一方で三十八歳の元トランペット奏者の岩上龍一は七年前から東池袋でジャズ・バーのロフトを営んでいたが、そこに何者かに追われ、一目で異国人とわかる女が飛びこんできた。彼女はビリーと名乗り、帰れないというので、岩上は女を自分のマンションに連れていき、同居するはめになっていた。ここまでの物語の構図は、佐々木の『真夜中の遠い彼方』を反復しているかのようだ。

警察の捜査も進み、サリーはアメリカ国籍ではなく、金髪も本来の黒髪を染めていて、コロンビア出身であることが確実視されていった。劇場関係者によれば、髪を染めた南米人は西洋人のように見えるので、商品価値が高くなるのだ。また東池袋でよく似た不審なストリート・ガールらしき外国人が発見され、路地の奥の酒場に逃げこみ、見失ったことも報告される。女が街娼になっているのではないかとの問いに、担当の警部が答えていう。これが難民に向けた警察の眼差しなのだ。

「おそらくそうだろう。（……）昨今、不良外人がとみに増えているが、職にありつけない者のやることは決まっている。窃盗、強盗、それに娼婦だ。社会と関係を持たずに生き延びていく手段は、その三つしかない。被疑者の場合は、とくに手配中の身であることを自覚しているだろうから、売春といっても組織に入っていけない。路上の一匹狼になるしかないわけだ」

かくして被疑者が発見された地域や盛り場への聞き込みとパトロールが強化され、それは岩上とロフトにも及び、彼女への包囲網がせばまっていく。そこで彼女は渚に助けを求め、渚は彼女のためにロードラ・ヴィラリアル名義のフィリピン・パスポートを入手するが、出国直前の成田で彼女は逮捕されてしまう。

そして第二部で、彼女のたどった回路が国籍と名前の変遷とともに明らかにされていく。アメリカン人サリー・ブラウン、コロンビア人パトリシア・アルマンサ、フィリピン人ロードラ・ヴィラリアル、さらにもうひとつのフィリピン人名シエラ・ラウロンが浮上してくる。最後の国籍と名前が彼女の実像で、一九六一年生まれの二十六歳だったのだ。

彼女の裁判にあたって、岩上とその友人の弁護士赤間、渚と綿谷は救護活動に取り組む。それはメイラン事件のためのボランティアの活動を彷彿させる。そのような裁判を通じて、フィリピンからやってきたじゃぱゆきさんとしてのシエラ・ラウロンのそれまでの人生、フィリピン社会とそこでの生活が浮かび上がり、それを合わせ鏡のようにして、八〇年代の日本社会のバブルのネガともいえる側面と軌跡を映し出すに至るのである。言い換えれば、フィリピンからきたじゃぱゆきさんによって、日本社会が異化され、もうひとつの異なる日本が描きだされたことになろう。

それゆえに笹倉の『東京難民事件』と『遠い国からの殺人者』はノンフィクションとフィクションのちがいはあれ、難民とじゃぱゆきさんの立場から、八〇年代の日本を照射しているといえよう。

25 「ヴェトナム難民の明日の選択」——内山安雄『ナンミン・ロード』（講談社、一九八九年）

前回の笹倉明の『遠い国からの殺人者』が発表された同じ一九八九年に、内山安雄の『ナンミン・ロード』が「特別書き下ろし長篇小説」として、講談社から刊行された。

これは中絶してしまった船戸与一の「東京難民戦争・前史」の系列に位置する作品と見なせるし、同様にベトナム人を主人公としている。そして三人称の難民の目を通じて叙述されていく、日本における混住の民族葛藤の物語だといっていい。それは「五月の半ば、グエン・ミン・トクは四年近く住んだ六畳一間のナンミン長屋から、リアンと一緒に出ていこうとした」という一節から始まり、次のように続けられていた。

> トクは十年前、タイ国籍の偽造パスポートを手に一人ぽっちで入国し、そのまま不法残留者として潜行生活に入った。わずか十三歳だった。そして今、この国には存

在すらしない人間ということになっている。
共同生活者のリアンとは、ここに入居する少し前、ボランティア団体が運営する日本語学校で知り合った。リアンはアメリカの将校とベトナムのオンリーの間に生まれた混血児だ。食堂の皿洗いをしていたお下げ髪の垢抜けない十七歳の女が、今では二十一歳の妖艶な夜の女に変貌している。

本書の読者であれば、説明するまでもなく、トクが七九年のボートピープル時代の難民で、佐々木譲の『真夜中の遠い彼方』のメイリン、笹倉明の『東京難民事件』のメイランと同じ軌跡をたどった「エア・ピープル」の一人だとすぐに了解されるだろう。

だが『ナンミン・ロード』のトクが二人と異なるのは、彼女たちが様々な意味でのボランティアによって支援され、危機からの脱出が試みられていくことに対し、彼の場合は船戸与一が「ヴェトナム難民の明日の選択」（『叛アメリカ史』所収、ちくま文庫）で示した難民のステップをたどっていくことだ。船戸のテーゼは五つの段階に分かれ、それは前々回に示しておいたけれど、内山の『ナンミン・ロード』はそのうちの②の「人種主義との本格的邂逅」を描いているといえる。アメリカを例にして、船戸は述べている。「都市に流れついたヴェトナム難民は本格的な人種主義に直面する。白人労働者階級から新参のアジア人として疎外され、差別構造のボトム（底辺）に位置づけられる」と。『ナンミン・ロード』のトクたちの場合、それは戦後における占領を象徴する基地のある町で、いきなり混住の実態と錯綜に遭遇していることになろう。
そのような物語を分析する前に前述の二人も含め、『ナンミン・ロード』を彩る主な「ナンミン」たちを紹介しておくべきだろう。

＊グエン・ミン・トク／不法残留者。福祉モデル企業の倉庫会社勤務。父は大学教授だったが、再教育キャンプで自殺。母は難民としてアメリカに渡り、再婚。ベト

ナムからボートピープルとして兄妹と三人で脱出したが、海賊に襲われ、兄は殺され、妹は犯され、香港にさらわれる。
＊リアン／トクの同居者。アメリカ兵とベトナムのオンリーの混血児。日本で「ナンミン」認定は受けているが、定住資格がない「特別在留許可」だけを取り、アメリカへの移住を夢見る。
＊ラン／トクの妹。日本にきて三年。縫製工場に勤め、寮に住む。日本人デザイナーの恋人ができ、転職するが、妊娠して捨てられ、新宿の売春クラブに籍を置く。
＊ラップ／リアンの腹違いの弟で、十六歳。母に捨てられ、ベトナムの施設で育ち、来日したばかり。
＊バン／「ナンミン」のエリートで、日本国籍を持ち、短大を卒業し、日本でも指折りのメーカーのエンジニア。トクはランとバンの結婚を望んでいる。
＊ロイ／トクの職場の同僚。ボランティアの信子と婚約するが、彼女の家族の反対にあい、破談。
＊ファックとチュエン／やはりトクのかつての同僚で、現在は麻薬ビジネスに関わる。
＊ズオン／トクの以前の友達で、今はファックとチュエンの仕事を手伝う。麻薬中毒で、二人の日本人を殺傷し、警察に追われている。
＊ミンレイ／新宿のクラブのホステス。六年前にベトナムを出て、三年前に日本上陸。
＊チェン、リュー、サム／トクの職場の同僚たち。ただしパート待遇。

これらの十三人のベトナム人たちの物語が『ナンミン・ロード』であり、主人公にすえられたトクは、他の男女を問わないベトナム人たちを映し出す鏡像のような役割を果たしている。

「ナンミン」たちを取り囲んでいるのは、グエン・キム・タン、彼は日本女性と結婚して帰化し、南十蔵を名乗る東京の私立大教授で、「ナンミン問題のイデオローグ兼ボランティア」、福祉系モデル企業として「ナンミン」たちを雇っている倉庫会社のワンマン社長、その溜まり場である喫茶店の進駐軍の白人とパンパンの混血児のマスター、日本語を教えるボランティアだが、ソープランドに勤めている久美子、ランをもてあそぶ気取ったデザイナーの松井などである。これらの人々も「ナンミン」たちを日本社会の状況の中に浮かび上がらせる装置のような存在として、混住の困難さと差別のメカニズムをあからさまに照らしだす。

それはまず日本人が「ナンミン」のベトナム人を差別する眼差しで包囲し、その差別、被差別の構造が『ナンミン・ロード』の物語のコアともなっている。デザイナーは具体的に例を挙げていう。「まあ、言葉のギャップもあるだろうけど、しょせん日本人とベトナム人とでは、生活習慣でも考え方の面でも、相入れないんだよね」。それはフィリピン、タイ、パキスタン人へともつながるものであり、「ナンミン」のベトナム人たちもその日本人の差別を継承し、そのように「ジャパゆき」たちを見るのである。

このような差別のメカニズムはヨーロッパ人に対して向けられるものではなく、東南アジアの人々に向けられる、西洋経由のひとつの「オリエンタリズム」と考えるべきだろう。おそらくは欧米人が日本人に対して向けた眼差しが連鎖して、東南アジアの人々にも及んでいく系譜を示し、「ナンミン」と「ジャパゆき」たちはそれを突出させる触媒のようなものとして機能する。

とすれば、「ナンミン」と「ジャパゆき」を前にした場合、サイードが『オリエンタリズム』で述べている言葉をもじっていうと、大半の日本人が「必然的に人種差別主義者であり、帝国主義者であり、ほぼ全面的に自民族中心主義者」になってしまう側面を描いているといえるのかもしれない。それはまた彼らや彼女たちがかつての日本人の似姿であることにも起因しているのではないだろうか。都市に出た近代人が古い田舎や親をうとましく思ったように。

そうした複合性はトクが代々木公園のホームレスたちを訪ねる場面に表出している。かつて浮浪者そのものだったトクは、そこで日本語と生活術を学んだのだ。しかし公園に戻っても、そこでの生活はもはやトクにとって耐えられるものではなかった。流暢な日本語をあやつるようになったトクの日本での生活は、「ナンミン」とはいえ、ホームレスに再び戻ることを不可能にしていたのである。そこに異国での言語と生活の織りなす変容のドラマが垣間見えるように思われる。

最初に示したトクたちの米軍基地のある町の六畳一間の「ナンミン長屋」から1DKのアパートへの引越しは、彼らの生活の向上には結びつかなかった。トクの周辺は犯罪の気配に染められていく。彼はいう。「ロイとか俺まで引きこんで、ベトナム・マフィアでも結成しようっていうのか?」。そして九年前のトクの拳銃による警官殺しが明らかになる。

ランは失踪し、リアンは殺され、ロイはチュエンとファックの麻薬ビジネスに加わり、ズオンはトクの貯金を持ち逃げする。だがズオンは重傷を負い、警官を撃ち、ヘロイン幻覚の中で死んでいく。ズオンは錯乱しながらも、自らの墓碑銘を伝えるかのように、自分の生年月日、経歴、フルネーム、出身地、教師の一人息子で、クリスチャンだったことをベトナム語でまくし立てた。かつて「十三歳のトクとズオンは、東京の片隅で、身を寄せ合って、ベトナム人には厳しすぎる一冬を一緒にすごした。雪の降る夜などは、寒さに耐えられず、抱き合うように寝たこともある。あの頃は、兄弟のようなつもりでいた」のに、トクはズオンのことを何も知らなかったのだ。

ズオンは自分が生きていたことを覚えていてほしくて、トクにそれを話したのだ。日本では生きていく場所がなく、死んで初めて自分だけの場所を確保できるからだ。ズオンに対して、ここでトクはいう。それは「ナンミン」の諦念ではなく、希望の言葉のように発せられる。「そんなことはない。ズオンが思っているより、もっと公平だよ。いや、きっとそうなる。きっと」。そしてズオンの死のかたわらで、まだ三発の弾丸がこめられた銃を手にし、「どこで、どんな目にあおうとも、最後の一瞬まで生きるのを諦めない」と決意するのだ。「二発は行き延びるために、残りの一発はトク自身のために」とあるから、防禦と「最後の一瞬」のためのものとなる。

内山も笹倉明と同様に、ボランティアとして「難民を助ける会」に参画していたようで、「あとがき」において、「声なく弱き人々の側から、時代にかかわる作家でありたい」と記している。

しかし内山の『ナンミン・ロード』は一九九二年にアルゴ・プロジェクト、五十嵐匠監督により、レー・マン・ホウンなどのベトナム人主演で映画化されたが、最初の長編『凱旋門に銃口を』（講談社ノベルス、後に講談社文庫）ほどにも評価されなかったし、映画もまた同じだったように記憶している。それゆえに文庫化もされておらず、八九年の単行本のままで、もはや誰も語らない。だから拙文をきっかけに、何人かの読者が生まれればと思う。

26 新宿鮫と台湾流民
――大沢在昌『毒猿』〔光文社カッパ・ノベルス、一九九一年〕

一九九〇年に発表された大沢在昌の『新宿鮫』（光文社カッパ・ノベルス）と九一年の第二作『毒猿』はいずれも一匹狼の刑事の新宿鮫を主人公とし、その舞台を新宿としていることは変わらないけれど、後者は私のいう混住小説のファクターを導入したことによって、より警察小説の奥行を深化させたといえる。船戸与一の言を借りれば、優れたハードボイルド小説とは民族葛藤を前提とするからだ。『新宿鮫』においても、その気配は漂い、最近はアジア系外国人の街娼が激増し、それに伴い、新宿における不法労働者も増え、組織化されたものもでき、地元の暴力団との抗争も発生しているとの記述も見られた。だがそれはあくまで物語の背景的状況であって、前面に押し出されてはいなかった。その事実は新宿の同時代のカオス的状況と主人公の新宿鮫のプロフィルの関わりに比して、いささか平板な印象を与え、シリーズ化の行方が気がかりでもあった。『新宿鮫』が大沢の新境地を開いた作品で、日本推理作家協会賞が与えられたことも承知していたけれども。

しかしそれはこちらの杞憂だったことが「新宿鮫Ⅱ」として出された『毒猿』を読んで、ただちに了解された。そればかりか、大沢はこれまで取り上げてきた佐々木譲『真夜中の遠い彼方』、船戸与一「東京難民戦争・前史」、内山安雄『ナンミン・ロード』などを先行する作品として踏まえ、『毒猿』を送り出したようにも思われた。先の三作はいずれも難民とボランティアに準ずる人々の視点から描かれていたが、大沢の作品においては鮫島という刑事の側から捉えられた難民と流民である。

それは難民と流民が日本の法体系に抵触し、その中にさらに浮かび上がる構造となることは必至だし、それが刑事を主人公とする警察小説のパラダイムに他ならないからだ。だがこの構造は『毒猿』が警察寄りの反動的小説ということを意味しはしない。これも船戸のテーゼをもじれば、優れたハードボイルド小説とは主人公が難民やボランティアに準ずる人々であれ刑事であれ、混住社会における民族葛藤の断面を不可避的に描いてしまうことになるからだ。

『新宿鮫』と異なり、『毒猿』は始まってまもなく、大久保のマンションの一室にある台湾人相手の常設賭場の監視の場面に至る。つまり早くもこの物語が台湾人絡みであることを告げている。これは警視庁と新宿署の合同によるもので、鮫島も駆り出されていて、その場面に続き、次のような一文がはさまれ、この『毒猿』の背景を示唆している。


新宿に、台湾人が大量に流れこみはじめたのは一九八〇年代の中ころだった。いわゆる出稼ぎのホステスたちがどっと日本を訪れ、台湾バー、台湾クラブが全盛を誇った。一時は、新宿だけで二百軒を越す勢いだった。

　こうした台湾クラブの大半は、決して大きな店がまえではなく、ママひとりに、ホステスが数人という規模で、店のあがりは、ホステスらの売春によるものがほとんどだった。


　このような説明に加えて、新宿に反映されている台湾の様々な動向が語られていく。台湾本国の景気がよいために出稼ぎが減り始めると同時に、東京都庁の新宿移転に伴い、接待などに使われる高級で大型の韓国クラブが増え、小さな台湾クラブは客足が落ちている。そのために数えきれないほどあった博打好きの台湾人相手の常設賭場も減っている。それらの賭場を開いていたのは台湾出身のやくざたちだった。彼らは一九八四年から八五年にかけて台湾で起きた「一清《イーチン》運動」＝やくざ狩りによって、台湾国内から追われ、新宿や香港に逃れ出た。そして新宿の台湾人ホステスのヒモとなり、賭場を開き、二百人以上の台湾やくざが台湾クラブに寄生し、用心棒代を取り立てるようになっていた。

　ところが新宿の特殊性もあって、日本人やくざと台湾人やくざとの間で抗争というほどのトラブルは起きず、むしろ両者の間に交流が生まれた。そのことによって、日本人やくざが台北に進出したり、台湾の組織暴力団である四海幇、竹連幇、牛埔幇などとの関係が成立し、台湾から地下銀行を通じての覚醒剤や銃器の密輸に関与し始めていたのである。これらが『毒猿』における新宿と台湾の関係であり、刑事としての新宿鮫が捉えた光景といえよう。

　これは蛇足かもしれないし、ここではいささか場違いであるにしても、ひとつだけ付け加えておきたい。台湾における七〇年代の日本人売春ツアーを描いた黄春明の小説『さよなら・再見』（田中宏、福田桂二訳、めこん）も出され、こちらは『毒猿』とは逆に、台湾から七〇年代の日本が相対化されていることになる。この小説も後述するつもりだ。

　その一方で、これも大沢の『新宿鮫』シリーズの特色である視点の複合化によって、新宿のキャバレーのメンバーが登場する。店長の亜木、ボーイのナンと楊、ホステスの香月、奈美、郁などだ。ナンはバングラデシュ人、楊は台湾か本土がわからないが、中国人、奈美は母親が中国残留孤児で、黒龍江省に生まれ、十三歳で日本に渡ってきていた。『毒猿』の物語はこの奈美、中国名を清娜《チンナ》とするひとりの女性の視点からも語られ、進行していく。楊は亜木を殺し、中国語が話せ、自分をかばってくれた奈美と行動をともにするに至る。この楊こそが本作の主人公ともいえる「毒猿」に他ならないのだ。日本語が話せない楊にとって、彼女は通訳の役割を果たすことになるのだが、この関係は九〇年代の混住社会の多様性を示している。だがそれはともかく、「毒猿」＝ドゥユアンとは何者なのか。

それは来日した台湾人の台北警察局刑事郭栄民の口から語られる。郭は北京語、台湾語、日本語を話す存在として設定されている。それは台湾における日本の植民地、中国

との関係などを象徴していることになろう。郭は鮫島にいう。「私がつかまえたいのは、ギャング、人殺し、強盗、もし、そいつらに武器を提供している外国人がいたら、それもつかまえたい。だから、あなたほど、外国人と暴力団、わけられない」と。台湾、日本を問わず、八〇年代を通じて、犯罪の国家や民族も含めたボーダレスなグローバリゼーション化が告げられていることになろう。

その中枢ともいうべきトポスが新宿であり、彼はその目的を果たすために、来日してきたのである。それは『MONSTER』のところでもふれた一九八九年のベルリンの壁崩壊、及びやはり同年の天安門事件の余波でもあろう。

郭は語る。自分は警察に入る前、軍隊にいて、スペシャル・フォースの訓練を受け、金門島守備隊に配属され、「水鬼仔《ツイクイア》」と呼ばれた。「水鬼仔」はエリートで、射撃や格闘に卓越し、結束も固いが、自分は家庭の事情により、それを離れ、警察に入った。そして「一清運動」が始まり、台湾社会からギャングや暴力団が一掃されたかのようだったが、八七年に台中交流が始まり、本土から銃器が豊富に流れこみ、それに加えて犯罪も巧妙化し、プロである「職業凶手」＝殺し屋も生まれた。その一人が「毒猿」で、彼の正体は「水鬼仔」で一緒だった劉鎮生ではないかと。

「毒猿」は四海幇のボスからの依頼で、殺人を繰り返して

きたが、そのボスが敵対するギャンググループに誘拐され、その報復のために「毒猿」を使った。ところがそのボスはまたしも同じギャングに捕われ、「毒猿」の本名をもらしてしまったので、その住居が襲われ、愛人が撲殺されてしまった。それでそのボスは日本に逃げ、日本のやくざにかくまわれているのだが、「毒猿」はギャングたちを処刑した後、彼も追って新宿へとやってきていたのである。それがキャバレーのボーイ楊だったのだ。

ここまでたどれば、もはや『毒猿』の構図は明らかだろうし、その物語構造の混住性も了解頂けると思う。すなわち、日本の一匹狼刑事新宿鮫と同じような台湾の刑事郭、「毒猿」と中国残留孤児の娘奈美、追われる台湾人やくざと日本人やくざの三角形の構図、混住する関係のうちに物語は展開し、それは新宿御苑におけるクライマックスへと突入していくのである。混住アクションドラマの秀作と呼んでいいようにも思われる。

なおもうひとつ台湾絡みのハードボイルドコミックを紹介しておく。それは真刈信二作、赤名修画『勇午』（講談社）の「台湾編」全4巻で、こちらは一味異なる台湾のドラマを示して、とても興味深い。よろしければ、ぜひご一読あれ。

27 中国残留孤児二世と「半々」——馳星周『不夜城』〔角川書店、一九九六年〕

少しばかり時代が飛んでしまうけれど、前回の大沢在昌『毒猿』における新宿と台湾の関係の後日譚と見なしてい い作品が九六年に刊行される。それは馳星周の『不夜城』である。『不夜城』は次のように書き出されている。

土曜日の歌舞伎町。クソ熱い夏の終わりを告げる雨がじとじとと降っていた。

区役所通りを職安通りに向かって歩いていた。手さげたスポーツバッグがわずらわしかった。土曜と雨が重なった区役所通りは、平日の半分の人影もなかった。狭い歩道を占拠しているのは、ミニから伸びた足をこれみよがしに突き出している女たちと客引き、それに中国人たち。ときおり、南米や中東の顔も見えるが、数えるほどしかない。日本語より北京語や上海語の方がかまびすしい歩道の脇では、客待ちのタクシーが延々と列を作っていた。
このような冒頭の描写からしても、歌舞伎町の主役が「中国人たち」で、「北京語や上海語の方がかまびすしい」状況になっているとわかる。それもそのはずで、その後に新宿の実権は台湾マフィアから中国系マフィアの手に移った、あるいは台湾の連中が消えた後に大陸と香港、マレーシアのやつらが大挙して押し寄せてきたとの記述も見つかる。時代と状況が変わったのだ。それは携帯電話の使用にも表われ、またバブル崩壊に関する言及にも示されていることになる。

『新宿鮫』の背景が九〇年代初頭だったことに比べ、『不夜城』は九〇年代半ばの新宿状況、同書の中に言葉を借りれば、「夜の歌舞伎町のルールは中国人のルールに置き換えられ」、「日本の法律は歌舞伎町じゃほとんど無意味」という舞台裏を前提として、『不夜城』の物語は始まっている。

それらに加え、混住の実態はさらに錯綜し、残っている台湾人、新たに押し寄せてきた中国人に加え、周辺を含めると、韓国人、タイ人、パキスタン人、コロンビア人なども共棲し、それぞれが裏の仕事に携わっているのだ。それらの異なる民族の錯綜について、馳はレイモンド・チャンドラーもどきの比喩を使用し、あまり上等ではないけれど、カジノを取りしきるタイ人のことを、「その表情は、コロンビア人の娼婦を相手に、ボディガードをしてやる代わりに一発やらせろと迫っているイラン人のようだった」と描写している。このねじくれたオリエンタリズムは、馳のレトリックというよりも、これらの人々の中にあって、彼らよりもさらに屈折した立場にある主人公の眼差しから派生したものと考えられる。

このようなひとつの町における民族の混淆を前提にして始まるハードボイルド小説がある。それはいうまでもなく、ダシール・ハメットの『血の収穫』（村上啓夫訳、創元推理文庫）で、アングロサクソン人に加え、フィンランド人、イタリア人、東欧系も入り乱れた人種の縄張り争いが展開されている。その町はパースンヴィル（人間の町）ならぬポイズンヴィル（毒の町）と呼ばれていた。そこに現われるのはコンチネンタル探偵社の「おれ」で、「おれ」は彼らを互いにつぶし合いさせ、町を清掃しようとするのだ。

『不夜城』の範となる物語構造もまたこの『血の収穫』に仰いでいることは明白であり、ここでは新宿歌舞伎町が他ならぬポイズンヴィルなのだ。とすれば、『血の収穫』の「おれ」に相当する人物とは誰なのか。それは日台混血の故買屋 劉健一《リウジエンイー》である。彼も含め、登場人物リストを作成してみる。

＊劉健一／日本名高橋健一。三十歳半ば。父は死に、母は失踪。楊偉民をたよって歌舞伎町に移り住み、北京語を学び、故買屋とバーを営む。
＊楊偉民／台湾人。表面的には薬屋を営む老人だが、歌舞伎町の実力者で、自前の自警団を持ち、情報に精通し、マフィア、堅気を問わず、様々な中国系社会に情報を売っている。
＊呉富春／中国人と日本人の混血で、中国残留孤児二世。八二、三年に吉林省から帰国。健一とコンビの仕事仲間だったが、一年前に麻薬関係のトラブルで上海人を殺し、逃亡。
＊元成貴／上海人の留学生崩れ。歌舞伎町の上海人をまとめ、不法入国者の受け入れ、ドラッグや銃器密輸入で金を貯え、レストラン、貿易、人材派遣なども手がけ、大物実業家の仮面も得ている。富春が殺したのは彼の片腕。
＊孫淳／元成貴の脇に侍る殺し屋。元人民解放軍特殊部隊の兵士。
＊黄秀紅／元成貴の愛人。数年前に失脚した中国共産党の娘で、北京大学から東京大学へ国費留学し、そのまま新宿に居着き、中国人バーを経営。
＊崔虎／北京グループのボスで、北京大学出と伝えられる。元成貴や上海グループと敵対し、歌舞伎町の中国人同士の殺し合いの大半に絡んでいるとされる。
＊呂方／健一と同年で、台湾人不良グループの頭。少年にもかかわらず、ナイフの名手だったが、健一に殺される。
＊夏美／健一に買ってほしいものがあると電話してきた女。後にやはり残留孤児二世で、富春の妹とわかる。

『不夜城』の物語は元成貴の片腕を殺し、姿をくらませていた呉富春が歌舞伎町に戻ってきたことで、幕が切って落とされる。そして歌舞伎町を舞台をする台湾人、中国の北京人、上海人グループの台湾語、北京語、上海語が入り乱れる闘争に突入していくわけだが、共通言語が日本語であることはいうまでもない。

しかしこの混住小説『不夜城』に至って、新たなコンセプトが導入されたと見なせるし、それこそ物語を支える血脈のように思える。それは「半々《バンバン》」、主人公の健一が台湾名では劉、日本名では高橋であるように、混血であることを意味し、混住社会の新たなる段階を示唆している。健一にとっては「新しい名前を得たことで、目に前に広がる世界が劇的に変化したのだ」。そこに策謀が蠢いているのを後に知ることになるのだが。

「半々」は健一だけでなく、コンビを組むに至った中国残留孤児二世で日本名を坂本富雄という富春も同様だった。健一の独白。

> おれと富春は似た者どうしだったのだ。少なくとも、身体の中に流れる血が半分は日本人、もう半分は中国人のもの——といっても、おれの場合は台湾人だが——というのは兄弟のようなもので、どちらもそれまで自分が属していた世界とは別の世界に受け入れてもらおうとして、手厳しく拒否されたという点では同じコインの裏表みたいなものだった。

二人は八九年に歌舞伎町の台湾クラブで出会ったのだ。富春は健一の顔を見て、「北京語で、中国人かと聞いてきた。おれは、半々《バンバン》だ、と答えた。狼の群れの中に間違って紛れ込んでしまった野良犬同士がお互いの存在を敏感に察知したようなもの」だった。ここに『不夜城』の物語コードが提出されている。つまりこれから展開されていく物語は日本人、台湾人、中国人からなるそれぞれの「同胞」の社会に対し、「野良犬」でしかない「半々」が闘争を仕掛けていく。「この世の中にはカモるやつとカモられるやつの二とおりしかない」のだ。

この二人にもう一人の「半々」が加わり、そのトライアングルが『不夜城』を動かすドライビングフォースと化していく。夏美という中国女を追って、富春は歌舞伎町へ戻ってきたのだ。だがこの謎めいた女、虚偽と裏切りを繰り返すファム・ファタルのような女は、富春の妹にして、近親相姦の関係にある呪われた女のようでもある。中国残留孤児二世として日本へと帰国し、兄と同様に学校での差別と疎外、それは「半々」という人種主義との遭遇であり、都市へと出奔し、富春と再会し、健一の前へと姿を表わすことになったのだ。それも宿命のようにして。夏美は別名小蓮《シャオリエン》、呉富蓮、坂本真智子。またしても健一の独白。

夏美が血の繋がった兄たちと寝たのは、決して性欲からなんかじゃない。狂暴な兄たちを手なづけ、奴隷のように従えるには自分の肉体を差し出すのがベストだと判断したのだ。（……）夏美は打算で動く生き物なのだ。

おれにはわかる。夏美は常に怯えながら生きていたに違いないのだ。夏美の目の色が持つ意味を、おれはやっと理解した。夏美は、おれと同じ場所で生まれた生き物だったのだ。


「あいのこ」＝「半々」とはもうひとつの故郷へと帰れない存在に他ならない。それでいて、彼女は「ヨーロッパの昔の絵に描かれた闘いの女神のようだった」。これがドラクロワの「民衆を導く自由の女神」をさしているとすれば、夏美は悪や裏切りを象徴する宿命の女であると同時に、「健一を導く女神」という両義性を帯び、『不夜城』に君臨していることになる。健一、夏美、富春の「半々」たちのトライアングルと疑似家族の行方はどうなるのか、物語はそれらのカタストロフィに向けて沸騰しながら突き進んでいく。そこに馳星周が提出した混住小説の新しい様相と局面が描かれているように思える。

またさらに補足すれば、既述してきた八〇年代の混住小説がノンフィクションに先行して書かれたことに比べ、九〇年代にはノンフィクションも併走し、『不夜城』にはそれらのエキスも取りこまれ、こちらも「半々」的構成となっている。参考文献として、井田真木子『小蓮の恋人』、吾妻博勝『新宿歌舞伎町マフィアの棲む街』（いずれも文藝春秋）、莫邦富『蛇頭』（草思社）などが挙げられているが、後の二冊は文庫化にあたって、馳が解説を書き、これらが『不夜城』の物語スキームとデータベースを支えていたことが記されている。これに溝口敦『チャイナマフィア』（小学館）を挙げてもいいだろう。このような九〇年代に入ってから、難民であれ不法入国者、滞在者であれ、残留孤児であれ、フィクションとノンフィクションが「半々」となって、新しい地平へと進んでいくのである。

28 郊外における神の降臨
——篠田節子『ゴサインタン・神の座』（双葉社、一九九六年）

神 荒野の道より民を導きたまふ。

「出エジプト記」

折口信夫が「国文学の発生（第三稿）」（『古代研究（国文学篇）』所収、『折口信夫全集』第一巻、中公文庫）でいうところの神としての「まれびと」が、古代ならぬ現代の郊外に、しかも混住社会の一員となって出現することがあるのだろうか。それが篠田節子の『ゴサインタン』（以下この表記とする）を貫いているテーマに他ならない。

ゴサインタンとは山の名前で、ネパール語で神の住むところをさすが、裏側のチベットではシシャパンマ、「家畜が死に絶え、麦も枯れる地」の意味となり、「神の座」は両義性を帯びていることになろう。これは物語の後半になってようやく明かされる。

『ゴサインタン』の舞台となるのは、東京の神奈川県境に近いH市黒沼田地区である。そこでの名家結木家は江戸時代からの名主で、戦後の農地改革で土地の大半を失ったけれど、まだ一町歩の畑と二十軒の借家がある土地と山林が残っていた。バブルが弾けたとはいえ、年々宅地化が進む地域ゆえに、その土地を含めた結木家の資産は莫大なものだった。その跡取り息子の輝和は四十近くになるが、農業を営んでいることに加え、資産と旧家の重みが仇となって、嫁の来てがなく、独身のままだった。しかもかつて市の実力者だった父は脳血栓で倒れ、半身不随となり、母はその看護に明け暮れていた。

黒沼田の農業の歴史は武蔵野の赤土を耕し、畑作中心で発展してきたが、十数年前から都市化が進む中で変わり、各家ごとに農地の広さも家族構成も異なってきていた。昔ながらの米中心の専業農家、息子が勤めている兼業農家、年寄り二人だけで土地を守り、畑に出ている家、農地を売るつもりで待機している家、節税のために農地に作物らしきものを植えている家といった具合だ。だが一方では市場出荷用に野菜を一品大量生産、もしくは少量多品種生産したり、マスクメロンといった新たな作物の栽培を試みたり、住民や大手スーパーへの直販に挑む若い農家の跡取りたちも出現していた。

しかし結木家は旧来のままの畑作を続け、農業収入よりも借家や駐車場から入る不動産収入がはるかに大きい「典型的な第二種兼業農家」であり、家名の神通力も失われつつあった。それは地区の中にニュータウンができ、都心から人々が移り住み、農地にもモザイク状に新興住宅地が出現し、住民の意識が変わり、郊外と混住社会が形成され始めたこととパラレルだった。

そうした中で、数限りなく見合いを重ねてきた輝和のもとに、新たな外国人との見合い話が持ちこまれてきたのである。しかもそれは聞いたことのあるフィリピン人や中国人ではなく、ネパール人とだった。そのことを問う輝和に対し、仲介者はいう。

「陽気でかいがいしいなんて、ありゃフィリピンパブの顔だぜ。嫁さんにしてびっくり、掃除、洗濯、料理なんて、はなからする気はないし、ウインクひとつでケツの毛まで抜かれ、丸裸にされた男の話なんかけっこうあるしな。大陸の女はもっとひどい。共産主義下の男女平等のお国柄だから、男が台所に立つなんか、へとも思っちゃいない。高い金使って里帰りさせたって、お願いしますと頭下げるどころか、当然の権利だという顔をして、土産まで要求してくるそうだ。その点、ネパールはまだスレていないらしい。それに……」

それは集団見合いで、今年で四十になる六人の男たちと九人のネパール人女性が一室に集められる。彼女たちはネパールから研修目的で日本にきて、大月市内の電機部品工場で働いているのである。ナンバーをふられた彼女たちは緊張のあまり、「恐怖に近い硬い表情」をしていたが、その中に一人だけ、日本人に近い黄色い肌をした小柄な女がいた。あらためて、見ると、化粧法のせいか輝和の回りの日本人よりも日本的な、なつかしい顔立ちをしていた。脂肪の乗った上瞼は切れ長で、丸い頬や小さな口元は、慎ましやかな印象を与える。怯えたような、憂鬱な表情さえしていなければ、それなりに愛嬌のある顔かもしれない。

通訳によれば、彼女の名前はカルバナ・タミで、ネパールのカトマンズからきたという。しかし通訳が伝えられたのはそれだけだった。一応ネパール語は公用語とされているが、ネパールは多民族国家で、主としてインド系とチベット系の人々で構成されている。だがヒマラヤ山地に住む人々、インドに近い平原に住む人々、その中間の山腹や盆地に住む人々は、各民族や部族によって、言語や宗教や生活習慣もまったく異なるのだ。カルバナはネパールの山奥の未開の村からきたのかもしれない。

それでも輝和は、彼女の出身地や民族が何であろうと、一日も早く日本語を話せるようになり、日本の生活習慣になじむことが肝心だと考える。それにふさわしい女として、カルバナは輝和のみならず、彼の母親によっても選ばれたのだ。かくして輝和はカルバナに淑子という名前をつけた。それは中学三年生の時に憧れていたクラスメートの名前で、それが古風な感じを与える異国の女性に似合うと思ったからだ。

淑子の結木家への訪問と医者による健康診断を経て、輝和と淑子は現地で挙式するためにネパールへと旅立った。外国人との結婚には外国人登録証やパスポートの他に、現地政府の発行する婚姻用件具備証明書が必要で、そのために現地で挙式し、婚姻証明を日本の役所窓口に提出することが最も簡略だったからだ。

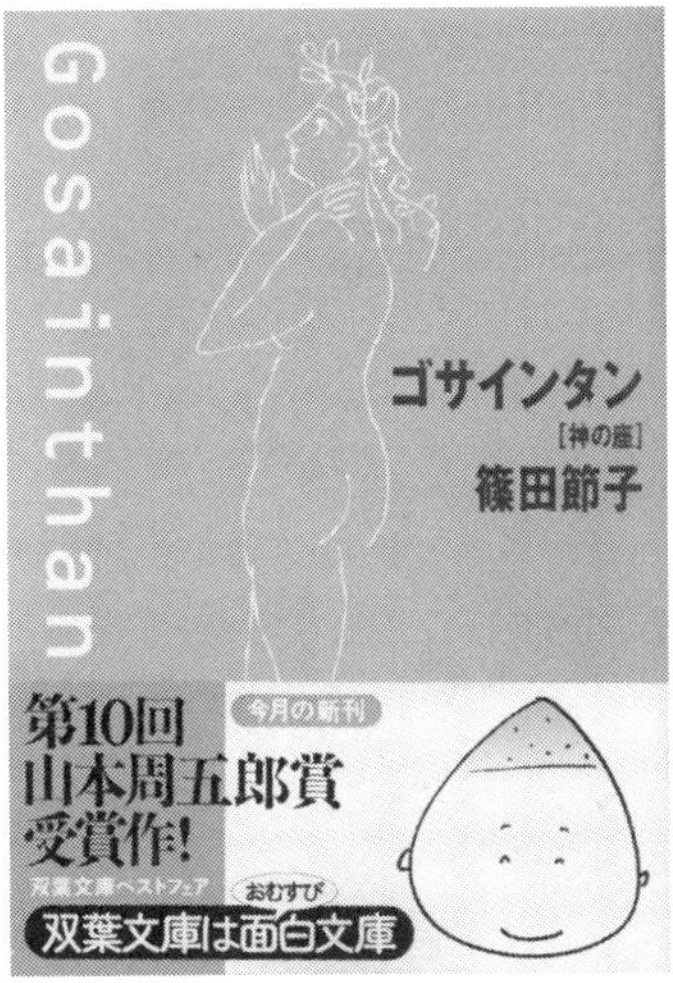

それらの諸費用は三百八十万円で、見合い料二十万円を合計すれば、四百万円ということになる。だがそうした費用は四十歳になる農家の跡取り息子の結婚と結木家存続のための必要経費と見なせば、必ずしも高い金額ではなかった。日本人の嫁をしかるべきところからもらったら、結納金や結婚式などの費用はもっとかかるからだ。

輝和の側の結婚に至る事情は判明していたけれど、カルバナのそれは明らかになっていない。結婚式に彼女の両親は姿を見せない。それは山岳部族の村に住んでいて、山道の吊り橋が切れてしまい、川が渡れなくなったからだと説明される。カルバナは何者なのか。だが外見による判断、それに勝手な名前の命名によるネパール人から日本人への同化がこの結婚の内実であることに変わりはない。実際に彼女は「日本人に似ている」し、すでに「ヤマトナデシコ」扱いされているし、輝和にも「古風な日本の花嫁」のように見え、彼の母親もいう。「これからちゃんとした日本人として生まれ変わって、結木淑子としての人生を生きていってくれればいいのよ」と。

そうしてネパールから戻り、結婚生活が始まった。しかし淑子は母親の懸命の教育にもかかわらず、日本語も家事も上達しなかったが、彼女がきてから不思議なことが起き始め、彼女の世話する畑のかぶの根瘤病が消え、出荷できるようになったこと、死んだ愛猫が毎晩現われ、それに淑子が話かけると、成仏したらしい様子を見せたことなどだった。しかし突然彼女は失踪し、かなり離れた飯能で発見される。どうしてだと問う輝和に淑子は、「私、山、行く」と答えた。「私は山に行こうとしました」という意味だろうと彼は解釈した。

だがその後、淑子はシャーマンのような発作を起こし、異民族の意味不明の言葉を発し、密教の忿怒仏の顔になっていた。家全体が揺れ、地震が起きたようで、ブレーカーが飛び、家は闇に閉ざされた。そのようなことがあってからしばらくして、父親が「よしよし（……）もう、おやすみ、ご苦労さんだったね。もういいのよ、さあ、おやすみ」という淑子の明瞭な発音の日本語に包まれ、往生を遂げる。

そして続けて母親もクモ幕下出血で死ぬ。その葬式の席で、淑子は日本語でいう。

「おまえたちは、私の子供である。私は、おまえたちを救うために、ここに降りてきた。このような神の力をさずかるために、しばらく天空に行く、子供たちよ。どうか、私が帰ってくるまで、行いを正しくして待っていなさい。（……）」

そして彼女は香典を貧しき者へと施し、喪服のまま姿を消してしまう。しばらくして同じ姿で再び現われた淑子は、眼球がついているような丸く白い石を打ち鳴らし、どこにいっていたのだとの問いに、やはり「山に行きます」と答えた。その山がネパール人のゴサイタンであったと後にわかる。それから超能力を発揮し、奇跡を示す淑子を神様と敬う信者たちが結木家を訪れ始め、輝和は「拝み屋の大将」のような立場になっていく。まだ物語は半ばほどであるけれども、『ゴサインタン』における郊外、混住社会、神としての「まれびと」の出現までを追ってみた。

このようにして、淑子を中心とする新興宗教とコミューン的な共同体が立ち上げられていくのだが、それ以後は本書のテーマから逸脱していくので、ここで物語の追跡を止める。

なお最初に記さなかったけれど、篠田の『ゴサインタン』は、『小説推理』の一九九五年十一月号から九六年二月号にかけて連載されたもので、九五年に起きた阪神・淡路大震災とオウム真理教事件をふまえて書かれたと見なしていいだろうし、それらがこの物語に特有な陰影とゆらぎを与えているように思える。それはただどれなかった後半の展開に投影されているのではないだろうか。その展開を確かめたいのであれば、ぜひ自ら読んでほしいと思う。

それから『ゴサインタン』を読みながら、常に念頭にあったのはパゾリーニの『テオレマ』である。一九六八年に公開されたこの映画は、ミラノ郊外の工場経営者の、一見して平和な大邸宅、夫婦、息子と娘、女中からなる家庭が舞台となる。そこにある日「明日、着く」という、発信人の名前のない電報が届く。そしてテレンス・スタンプが演じる、見知らぬ美貌の青年が現われる。彼はあたかも家族の一員のようにふるまい、この大邸宅に居ついてしまう。するとこの家の全員がおかしくなり始める。青年は女中、息子、妻、夫、娘の順に肉体関係を持ったところで、また電報が届き、青年は「明日、出発する」という。彼が去ると、家族はその不在の空虚さに耐えきれず、拒食症、抽象画への没頭、色情狂的行動、すべてを放棄し全裸での荒野への歩行と、様々な狂気への道をたどり始める。だがただ一人、女中だけは田舎に帰って断食を始め、ついには家の屋根の上に昇天するという奇跡を実現するのだ。彼女だけは青年と性的関係を結んだことで、郊外から村へと回帰し、聖女へと変貌したと解釈することもできよう。

それに対し、カルバナはネパールの村から日本の郊外に到着し、四十近い農家の跡取り息子との結婚を通じて、淑子として神へと至ったと考えられる。しかし彼女もネパールへと戻り、それを輝和が追いかけ、結末において新たなる二人の生活が夢想されている。このような結末もまた、九五年におけるふたつの大事件に遭遇した後でのひとつの希望のように思われる。

なお『テオレマ』のシナリオはキネマ旬報社の『世界の映画作家』1の『ゴダール、パゾリーニ』に田之倉稔訳、「物語＋シナリオ」は『テオレマ』（講談社）として米川良夫訳がある。先に挙げた『旧約聖書』の一節は『テオレマ』の最初のナレーション、及び米川訳のエピグラフでもある。

29　混住映画としての「黒社会」シリーズ
――三池崇史『新宿黒社会 チャイナ・マフィア戦争』〈大映、一九九五年〉

　日本映画状況とそのインフラを考えるにあたって、一九八〇年代に立ち上がったビデオレンタル市場を抜きにして語れないだろう。とりわけ九〇年代に入ると、Vシネマというジャンルが急速に台頭してくる。Vシネマとは劇場公開されないビデオレンタル専門映画のことで、それは当初東映のレーベル名だったが、その分野を包括する名称となっていった。

　そしてビデオレンタル市場の成長とともに、Vシネマの制作は活発となり、低予算、短期間での撮影、新人監督や俳優の採用、B級ジャンル映画のイメージがあったにもかかわらず、量産化によるプログラムピクチャー作品の質とボルテージは上がる一方で、予想外の領域からの日本映画の豊饒さを知らしめることになった。

　こちらに引きつけて言い換えれば、劇場公開映画とVシネマが混住することによって、日本映画が異化され活性化し、ひとつの思いがけない黄金時代がもたらされたのである。それはVシネマが逆に劇場公開される作品になっていったことにも表われている。

　当然のことながら、そのようなVシネマの中から突出した映画的才能をうかがわせる監督と俳優が生まれてくる。しかも彼らはコラボレーションするようなかたちで。その監督として三池崇史、俳優として哀川翔の名前を挙げることができよう。それに九〇年代に最も親炙した映画の監督と俳優を問われれば、私は即座にこの二人の名前を発してしまうほど、実際に多くを観ているし、彼らは彼らで実に多くの映画を監督し、またそれらに出演しているのだ。

　しかも三池は私が混住映画と名づけている「黒社会」シリーズ三部作『新宿黒社会 チャイナ・マフィア戦争』（一九九五年）、『極道黒社会 RAINY DOG』（九七年）、『日本黒社会　LEYLINES』（九九年）を監督し、哀川は『極道黒社会』で主演、『日本黒社会』では共演の位置を占めている。

　それゆえにここでは、三池監督、哀川主演で、台湾の風景と雨のシーンがいつまでも記憶に残る『極道黒社会』を取り上げるべきかとも考えた。だが「黒社会」シリーズ第一作にして、三池作品で、初めて劇場公開された記念すべき作品が『新宿黒社会』（以下この表記とする）で、またこれまでに取り上げてきた大沢在昌『毒猿』、馳星周『不夜城』と時代状況やトポスやテーマがまったく重なるものなので、今回はこちらを選択することにした次第だ。

なおこの脚本は藤田一朗で、彼は『日本黒社会』も含め、三池の「第三の極道」シリーズなども担当しているが、どのような人物なのか、そのプロフィルは伝えられていない。脚本と藤田について言及したのは、この「黒社会」シリーズが原作を有していない事実を喚起したかったからだ。もちろんこれらの映画の成立は、これまで挙げてきた小説やノンフィクションの出現、難民や流民をめぐる社会問題、及びタイトルやコンセプトはチョウ・ユンファ主演、テイラー・ウォン監督『黒社会』（一九九〇年）、役所広司主演、馬場昭格監督『極東黒社会DRUG CONNECTION』（九三年）の延長線上にあることも付記しておくべきだろう。とりわけ日本の「黒社会」が必然的に混住社会化してしまうことも。

しかし三池崇史の出現によって、その「黒社会」を描いた混住社会映画は、それまでの凡庸な物語と映像からきっぱりと切断され、新たな世界を提示したといえる。それは谷村ひとしの何の変哲もない極道パターンコミックが、凶々しくも美しい『極道戦国志不動』（一九九六年）へと仕上げられたプロセスと共通しているように思える。

そうはいっても、『新宿黒社会』もまた二十年近く前の映画であり、ＤＶＤレンタル市場にもほとんど見出されないと考えられるので、表層のストーリーだとしても、ビデオジャケットに付された内容紹介を示しておいたほうがいいだろう。

あらゆる犯罪の坩堝新宿。異常なまでの残虐性で急激に勢力を伸ばしつつあるチャイニーズマフィア〈龍爪〉。彼らを追う新宿署の一匹狼・桐谷龍仁は弟の義仁が〈龍爪〉に関わっていることを知り、愕然とする。歌舞伎町のあらゆる利権をめぐり、男たちが想像を絶する残虐な殺し合いを繰り広げる!!　臓器販売、売春、麻薬、殺人、賄賂、ホモセクシャル、そして家族愛、何が正義で、何

——が悪か、人間の二面性を斬新な演出で描いた、ピカレスク・バイオレンス・ムービー！

この『新宿黒社会』の冒頭を飾るのはベッドの上の全裸の少年、ヘロイン操作のために踏み込む刑事たち、男娼の少年のナイフによって切られる警官、首を切られた死体などで、それらの鮮烈な映像は、これから始まる映画の行方を過剰なまでに暗示している。物語の構図は明確で、新宿歌舞伎町は日本人ヤクザ、台湾と中国のチャイナ・マフィアの三つの勢力に仕切られ、それに対して椎名桔平が演ずる新宿署の刑事がいる。椎名は捜査の過程で、弁護士をめざす弟がチャイナ・マフィアをめぐる仕事に加わり、所在が不明となっていることを知り、その奪還に身を挺していく。

そうした中で明らかにされていくのは、椎名たちの父が中国残留孤児、母は中国人で、椎名が十六歳の時に帰国してきたことである。つまり兄弟は残留孤児二世で、日本における両親の不遇や病気にもかかわらず、兄は警察学校を出て刑事という道に進み、弟は弁護士をめざしている。これまでの難民たちを描く物語にあって、彼らは必ず日本の法律から裁かれる立場に置かれていたが、ここに至って残留孤児二世であるにしても、その逆の位置へとたどりついたことになる。

その一方で、台湾マフィアに扮する田口トモロヲは台湾で父親を殺し、日本へと逃れてきたのだ。彼はホモセクシャルで、男娼の少年を愛人、または弟のように遇している。また彼は台湾に病院を建てているが、それはそこに収容された子供たちの臓器売買を目的としていた。椎名は台湾に向かい、その事実を突き止める。

この他にも『新宿黒社会』は日本人ヤクザの大杉漣、中国人マフィアのシーザー武志、その愛人の柳愛里などもトラウマを抱えた存在として登場し、自分の立場や国籍をはみ出すかのように、殺戮や性的関係が沸騰して営まれていく。しかしそれらの過剰なまでの映像の背後には、家族や疑似家族、あるいは兄弟や血族との関係、また父親殺しや兄妹の離反に示される近親憎悪といった問題が深く沈んでいるように見えるし、椎名と弟、田口と男娼の少年の関係に象徴されている。それは「黒社会」三部作シリーズのみならず、『極道戦国志不動』にも表出していた。

『新宿黒社会』において、椎名は日本人の血が混じっているゆえに、中国の農村で兄弟揃って豚小屋に追われたことを語る。田口の父親殺しとその血の記憶は消えず、男娼の少年と父性的関係を築いても、絶えずフラッシュバックしてくる。台湾の病院で臓器を奪われた子供たちの傷痕が映し出されるが、それも彼らのイメージの表象のようにも見える。あらかじめ失われてしまった子供たちよという言葉が浮かんでくる。彼らはそれらのトラウマを抱え、日本へと帰還、あるいは密入国してきたことになる。

　そしてそのようなトラウマと記憶を抱えたストレンジャーこそが、バブル崩壊後の日本社会を浮かび上がらせる触媒と化すのである。当然のことながら、彼らがもたらすのは惨劇に他ならないし、それらのトラウマと記憶は惨劇によってしか拭い去ることができない。たとえそれが一時的なものであっても。そのようにして椎名を中心にして惨劇は繰り返され、日本人ヤクザもチャイナ・マフィアたちも殺され、椎名だけが生き残ったかのように物語は終わろうとする。だがそこで中国語のナレーションが入り、テロップが流れる。桐谷龍仁という刑事が新宿の露地で撃たれて死んだと。

　だが椎名の弟と男娼の少年は生き残る。続いていく物語は弟たちのそれであることを示唆するように。そういえば、三池の翌年の『極道戦国志不動』は父と兄の惨劇を目撃した弟の物語に他ならないのである。

30
「大津波がくる。いつかきっと……みんないなくなる」
——青山真治『ユリイカ EUREKA』

〔JWORKS、角川書店、二〇〇〇年〕

一九九〇年代のVシネマの隆盛は前回の三池崇史のみならず、多くの優れた映画監督を輩出させた。青山真治もその一人であり、最初に『Helpless』（一九九六年）を観て、これまでと異なる郊外のロードサイドの犯罪と物語の萌芽を感じた。しかしそれがさらなる事件と新たな登場人物を伴い、地続きの映画として出現するにあたって、二〇〇〇年の『ユリイカ』（以下映画も小説もこの表記とする）まで待たなければならなかった。実際に『ユリイカ』の主要な登場人物の一人は『Helpless』から召喚されている。

　そして『ユリイカ』における神話的ファクターはさておき、主として九〇年代に起きた様々な事件や出来事を淵源とし、それらの中から犯罪や物語が発生するに至ったという構図のもとに組み立てられていると見ていいだろう。だが現在の地点でもう一度この映画を観ると、大いなるカタストロフィの後の物語、すなわちそれは他ならぬ二〇一一年の3・11を経た後の物語のようにも思えてくる。

映画『ユリイカ』の冒頭において、「大津波がくる。いつかきっと……みんないなくなる」という少女のナレーションが聞こえてくる。そこに映し出されているのは海ではなく山だが、そうであるからこそ、何らかの予兆のメタファーのように感じられる。それに3・11を経た後で、この冒頭のナレーションを聞くと、否応なく東日本大震災と原発事故の光景が重なり、浮かび上がってくる。『ユリイカ』こそは、二〇一〇年代にもう一度観られなければならない映画ではないかと、心の中で呟いてしまうのである。

そして直接の言及はないし、時代は九〇年代前半に設定されているけれど、『ユリイカ』の制作は九九年であり、九五年に起きた阪神・淡路大震災とオウム真理教事件、九七年の酒鬼薔薇事件などを不可視のバックヤードとして提出されたと考えるしかない。それだけでなく、〇一年の日本での公開寸前に、九州の少年によるバスジャック殺人事件が起き、もちろん事件と映画は何ら通底するものではなかったのだが、『ユリイカ』との共時的関係を示すことにもなったのである。

それらはともかく、まずは冒頭のナレーションに続く『ユリイカ』の展開をたどってみる。九州の地方都市でバスジャック事件が起きる。犯人は拳銃を持って、乗客たちを見せしめのように次々と射殺し、犯人もまた刑事に撃ち殺される。人質とされたバスの運転手沢井＝役所広司もその現場にあって、危うく命を失うところであり、彼の他に生き残ったのは中学生と小学生の兄妹、直樹と梢＝宮崎将、あおいだけだった。

このバスジャック事件は三人に大きなダメージを与えた。それは見慣れた日常生活に突然亀裂が走り、死の淵まで追いやられ、その寸前で連れ戻されたような体験でもあったからだ。黄泉の国を体験したかのようであり、『ユリイカ』のクロマティックB＆Zというモノトーン画面は、それを象徴しているのではないだろうか。いうなれば、この映画は黄泉の国をめぐる物語とも見なすことができる。

その事件以上に三人に深い傷を負わせたのは、マスコミや周囲の視線だった。沢井は家族を捨て、街から失踪し、兄妹の家庭も母が家出し、父が自殺し、崩壊してしまう。そして直樹と梢は心を閉ざし、残された家で二人だけの世界に閉じこもる生活に入った。

それから二年後、沢井は街に戻ってくるが、時を同じくして周辺で連続殺人事件が起き、彼はまたしても周囲から疑惑の目を向けられ、そのことに傷つく。だが沢井は兄妹が二人だけで、引きこもって生活しているのを知り、彼らの家を訪れ、一緒に暮し始め、そこに兄妹の従兄も加わってくる。

　一方で沢井に対する殺人の疑惑は消えず、警察の追及は本格化し、拘置されるが、アリバイが立証され、釈放される。そこで沢井は街を出るために小さなバスを手に入れ、兄妹とその従兄の四人で街を発つ。その四人のバスの旅は、撃ち殺されたバスジャック犯人を伴うもののようでもあり、これが映画の後半に至るまでのストーリーの要約となろう。

　ただ映像から判断して、その主たるトポスが郊外であることはわかるが、バスジャックの現場はどのようなところなのか、兄妹の住むログハウスは何なのかといったことへの説明は施されていない。
　もちろんこれらは当然のことながら、映像上でのストーリーの進行は、状況説明や登場人物の内的感情の描写を十全に伴っていないために、どうしても細部に至るまでのフォローは想像力によって補うしかない。だが幸いなことにといっていいのか断言はできないけれど、映画に基づき、青山自身によって小説『ユリイカ』が書かれているので、それを参照し、背景のディテールを詰めてみる。
　小説『ユリイカ』の最初の章は「津波」と題され、山を見つめ、高速度で津波が近づいてくるようだと思っている梢のモノローグから始まっている。映画の冒頭のナレーションとは梢のモノローグでもあったのだ。そして次の章は「一九九二年八月十三日」となり、これがまさにバスジャック事件が起きた日だとわかる。その予兆として、「火山が爆発し、海の向うで戦争が始まる、経済が破綻する」ことが起きたとされる。それらは九一年の雲仙普賢岳の爆発、湾岸戦争の始まり、バブル経済崩壊をさし、そうした大状況において、「世界の端っこの国のその端っこの町のさらに端っこ」にあるカナダ風ログハウスでの生活が対置され、バスジャック事件が起きていく。

その日の沢井の行動を追ってみる。田と隣り合っている家を出た沢井はバスを発車させる。造成地に建てられたログハウスに住む兄妹はバスに乗る。続いてバスジャック犯人、団地居住者のサラリーマンたち、初老の女性などが乗り合わせ、バスは進んでいく。映画では整備された幹線道路として出てくる。次に広い駐車場にバスが止まる。バスジャックされたのだ。小説によれば、第三セクターが造って潰した遊園地の廃墟、「取り壊すにも金がかかり過ぎて放置する以外手の施しようもない夢の残骸のような遊園地の大駐車場」となっている。後に沢井はそこで思うのだった。「俺は憶えている。誰もが忘れたとしても自分だけは忘れない。そしてあの兄妹だけは忘れない場所だ」と。

次にバスジャックのおける犯人、沢井、兄妹の心象を抽出してみる。「自分だけは透明」で、犯人にとってもどこからやってきたのかわからない存在と設定され、後に雲仙普賢岳のボランティアの一員だったのではないかという噂も流れることになる。犯人との意味のわからない会話を通じて、沢井は「このわけのわからん怪物を前にしてどうすればいいのか、この耐え難い緊張から解放されるなら死んでもいい」とさえ願った。直樹も「また死に魅いられた」し、梢も後になって「あの時死ぬべきだった」と思う。生き残った三人はバスジャック事件をくぐり抜けることによって、死に呪縛された存在と化してしまったのである。二年が過ぎ去っても、それを沢井は山を見ていてフラッシュバックさせる。

沢井は呆然と山を見つめた。すべてが同じだと思っていた地面が、夢のように崩れていった。動けなかった。この足元の大地も、決して均一にあるわけではなかった。仕事を始めて以来、ここだけは健康だと、頭に描いた幸福を邪魔されることもなく生きていけると思い続けたことは、そして二度と問うことなく、忘れたままにしておくことができると、そう多寡を括っていたことどもは、すべてが幻に過ぎなかった。いま、何もかもが露になる、と思った。自分の足元の地面が、流れる水のように透けて、その中をバスが横切っていくのが見えるようだった。自分が運転し、異邦の王子の生まれ変わりのようなあの男に拳銃で脅され、奪われ、血に汚れたあのバスが、とうとう動き出した。逃れようはないのだ。そう思った。（……）

冒頭で梢が山を見て、大津波がくると思ったのも、沢井の心象と同様なのであり、沢井と兄妹が「共棲」し、そして街から「出発」することによってしか、その呪縛を解くことができないのだ。しかもそのために入手した国道沿いの中古車センターにあったマイクロバスは普賢岳の救助活動に使われたものだとされている。ということは前述したようにバスジャック犯人との同行をも意味していることになろう。

沢井の心象の中で、犯人は平家落人部落や古代の古墳の中から出現してきた「異邦の王子の生まれ変わりのようなあの男」「わけのわからん怪物」となり、ただの死のオブセッションの象徴からメタモルフォーゼし始めていた。そのような犯人のイメージの変容のかたわらで、町の外れにできた新しいスーパーマーケットのアミューズメントパークのようなにぎわいと対照的な、新興住宅地になるはずだった雑草だらけの造成地、その一角にある荒れ果てたログハウスの光景などが挿入されている。

それらは歴史から切断されてしまった九〇年代の郊外の風景であるかのようで、犯罪や事件の、ひとつのよってきたるべきところを暗示しているかのようでもある。また映画以上に小説『ユリイカ』は、中上健次の『枯木灘』（河出文庫）を始めとする作品群の大いなる影響のもとに成立しているとも思われる。

『ユリイカ』は映画であれ、小説であれ、二〇一一年の3・11以後、もう一度観られ、読まれなければならない作品だと断言してもいい。願わくば、拙文をきっかけにして、何人かの観客や読者が生まれますように。

31 「それを知るには勇気がいるぞ」
――黒沢清『地獄の警備員』（JVD、一九九二年）

もう一本、映画を取り上げてみる。黒沢清も多くのVシネマを送り出し、彼自身が命名した「日本のジャン・ポール・ベルモンド」である哀川翔とのコラボレーションで、九〇年代半ばからの『勝手にしやがれ!!』六部作、『復讐』と『修羅』の各二部作などへと結実させる。またそれらとパラレルに役所広司と組み、『CURE／キュア』に始まり、『カリスマ』『降霊』『回路』と続いていくサイコホラーシリーズも提出していく。

そして黒沢は三池崇史や青山真治と同様に、国際的にも高い評価を受けるようになっていくのだが、ここではそれ以前の一九九二年の『地獄の警備員』を取り上げてみたい。この作品は従来のホラー映画のコンセプトを組み替えてしまったと思えるからだ。共同脚本は富岡邦彦、また助監督は青山真治が務めている。

私は本書17のスティーヴン・キングのところで、キングのホラー小説の特質がブラッティの『エクソシスト』などの先行するホラー作品群と異なり、本質的に外から襲ってくるものではなく、郊外それ自体やそこで暮らす家族や夫婦が孕んでいる罅《ひび》のようなものが生み出してしまうものだと指摘しておいた。またアメリカの戦後の郊外におけるSFからホラーへの流れについても。

同じように七〇年代前半のアメリカの『エクソシスト』に始まり、スプラッターホラーへ継承されていったホラー映画の、日本における転換がこの黒沢の『地獄の警備員』によってもたらされ、それが『CURE／キュア』を始めとするサイコホラーへと引き継がれていったと見なせるだろう。それゆえにこそ、その原点としての『地獄の警備員』が今一度考察されなければならないのである。まずそのストーリーをたどってみる。

舞台は急成長しつつある総合商社曙商事のビルで、ヒロインの秋子（久野真紀子）がタクシーに乗り、訪れていく冒頭のシーンから推測すると、このビルは郊外に位置しているようだ。そのタクシーの中で、富士丸という元相撲とり（松重豊）が精神病院から抜け出したと聞かされる。これがイントロダクションである。

秋子は曙商事の新入社員で、新設の12課に配属され、出勤してきたのだが、新人はもう一人いて、それは巨漢の警備員で、他ならぬ富士丸であることが次第にわかってくる。そしてある日、古参の警備員がロッカーの中に折り畳まれ、無残な死体となっているのを同僚が発見する。これが富士丸による恐怖の殺人の始まりで、本来であれば、ビルの人間を守るべき警備員によって、凶行が重ねられていく。かくして脱出不可能なビルの中で、殺人を繰り返す警備員と、恐怖の中で動き回る社員たちの地獄におけるようなサバイバル闘争の幕が上げられたのである。

　このようにストーリーだけを追えば、『地獄の警備員』はエンターテインメントにしてシンプルなホラー映画に分類できるし、そうした地平をめざし、この映画が制作されたと見て間違いないだろう。しかしどうして元相撲とりが精神病院を抜け出し、ビルと人間を守る警備員になったのか、その守る立場の警備員がどうして同僚や社員を襲い、殺人を繰り返すようになったかの謎はまったく明かされないのだ。秋子は「どうしてこんなことをするのか」と問う。すると警備員は「それを知るには勇気がいるぞ」と答える。だがそれ以上の答えは返ってこない。したがって血まみれの死体が繰り返し映し出されても、ホラーの核心の謎は富士丸の大きな身体の中に埋めこまれ、不可視のままに処理され、警備員の服をまとった正体不明の殺人者として、不気味なモンスター的印象だけを残し、映画は終わる。

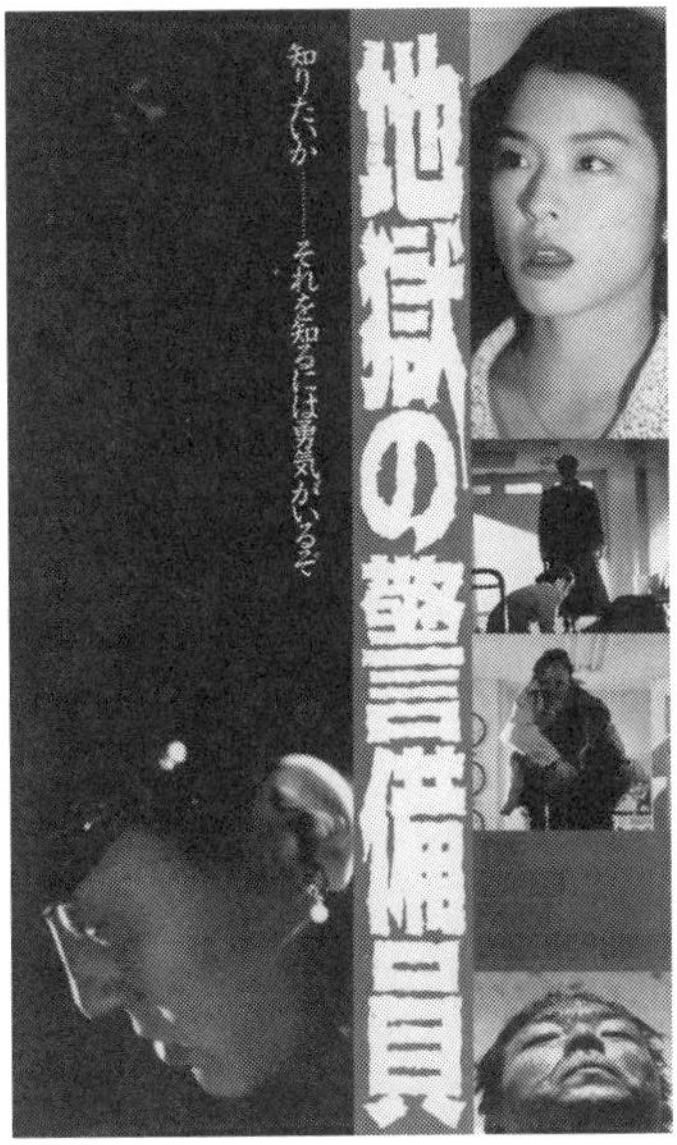

『地獄の警備員』を観ていて想起されたのは、スピルバーグのデビュー作といっていい『激突！』である。この映画は周知のように、カリフォルニア州を西に向かっていた平凡なサラリーマンが理由もなく巨大なタンクローリーに追い回され、殺されかけるストーリーである。その巨大なタンクローリーは外観を見せるだけで、運転手は姿を見せないことで、その不気味さと恐怖は比類なく高まり、それはアメリカの郊外のメタファーのように思われた。『地獄の警備員』における富士丸の大きな身体は、『激突！』の巨大なタンクローリーと通底しているのではないだろうか。

　また『激突！』と同時に、ひとつの小説も思い出された。それは筒井康隆の「走る取的《とりてき》」（『メタモルフォセス群島』所収、新潮社）である。この八〇年に書かれた短編は副都心の裏通りの小さなバーから始まる。信田と亀井は同窓会の打ち合わせのために学生時代によくきたこのバーに寄った。そのバーの片隅で幕下力士らしき巨大な肉体の相撲とりがひとりで飲んでいた。二人の友人が相撲とりのように肥り出したという話を耳にし、自分のことをいっていると誤解したらしく、その取的は彼らをすごい目でにらんでいた。軽薄な彼らは人気商売の相撲とりが喧嘩を仕掛けてくると思わなかったので、大銀杏《おおいちょう》じゃなくて、丁髷《ちょんまげ》だから幕下の取的だとか、褌かつぎだとかわざと聞こえるように話していた。それから取的を見ると、向こうも見つめ返し、その不気味な印象は「とてつもなくいやな、まがまがしいことの起りそうな予感」を生じさせた。

そこで二人はバーを出て、逃げるように路地に入ったが、取的が巨体からは信じられないスピードで彼らを追いかけてきたのだ。二人は路地から大通りに出て、歩道を逃げ続け、取的では入ることができない繁華街の高級クラブへと避難し、二時間を過ごす。もう大丈夫だと思い、二人はクラブを出たのだが、駅に向かう人ごみの中に取的がいて、すぐに彼らを見つけ、こちらへと駆け出してきたのだ。その時の二人の行動と心的現象を引用してみる。少し「走る取的」に関する言及が長くなってしまうけれど、この部分は『地獄の警備員』の中で、襲われる秋子たち、『激突！』で巨大なタンクローリーに追い回される主人公のそれを代弁しているように思われるからだ。

> おれたちはわけのわからぬ悲鳴を続けさまに発しながらからだの向きを変え、死にものぐるいで走りはじめた。あの取的は、恐怖で常識を失うほど取り乱した今のおれたちにとって、もはや人間ではなかった。化けものだった。どんなに遠くからでもおれたちの居場所を知ることができるけものじみた嗅覚が、あるいは非人間的な超感覚、異常知覚を持っているえたいの知れない変な生きものであった。しかも彼は時間を超越してまでおれたちを追ってくるのだ。（……）

そして「おれたち」は電車に乗り、郊外の駅で降り、さらに逃げようとするが、取的はついに二人を捕え、彼らは殺されてしまうのである。

『地獄の警備員』『激突！』「走る取的」の三作に共通しているのは、日常生活における大きな異形のものの襲来である。しかもそれらはエイリアン、サイコキラー、ゾンビ、怪獣などではなく、安全の象徴たる警備員、見馴れたタンクローリー、相撲とりとして出現し、平和な日常に潜んでいる正体不明の謎を表象しているかのようでもある。

とりわけ『地獄の警備員』が開示したのは、そのようなもので出会ってしまったら、もはやかつての日常生活に戻ることができないというビジョンだったのではないだろうか。そして『CURE／キュア』以後の黒沢のサイコホラー映画は、そうしたこちら側と向こう側を往還する構図を形成しているとも思われる。もちろんこちら側を向こう側とは生と死の世界であり、大きな異形のものとは死のメタファーに他ならないだろう。それは「走る取的」の引用文にも明らかであるが、筒井はその後に「そんなやつから逃げのびることは不可能なのではないだろうか。そうだとも。絶対に不可能なのだ」とも書き加えている。

また「走る取的」の二人が郊外の駅で殺されてしまうこと、『地獄の警備員』の郊外に位置するらしい、閉ざされたビルもまた、八〇年代から九〇年代にかけて成長し、都市でも地方でもない郊外の不気味さを暗示しているかのようだ。「走る取的」が『地獄の警備員』の成立にヒントを与えたかどうかは明らかでないとしても、両者において、取的と警備員が死の表象であることは共通していよう。

32 郊外の悪夢——デイヴィッド・リンチ『ブルーベルベット』〔松竹、一九八六年〕

一九八〇年代にビデオの時代が到来し、それに伴うレンタル店の増殖によって、多くの未知の外国映画を観ることができるようになった。それらの監督の中で、とりわけ私を魅了したのは二人のデイヴィッドである。その一人のクローネンバーグについては本書17で、スティーヴン・キングの『デッド・ゾーン』を見事に映画化した監督として、少しだけふれておいたが、ここではもう一人のリンチを取り上げよう。

それはもし八〇年代にビデオで観た外国映画を一本と問われれば、ただちにリンチの『ブルーベルベット』を挙げるであろうし、この一作は日本においても様々な分野に多くの影響を及ぼしたと見なせるからだ。先に続けて三池崇史、青山真治、黒沢清の映画に言及してきたが、彼らの映画における新たなホラーと映像の出現やかたちも、『ブルーベルベット』に表象された謎や色彩と無縁ではないように思える。

そしてまた、近年突出して派生したと考えられる、タイトルに「ブルー」、もしくはそれに類似する色を含んだコミックに注目し、拙ブログ「出版・読書メモランダム」で「ブルーコミックス論」として、こちらも一年ほど連載してきた。このコミックの分野においても、もちろん作品によってだが、『ブルーベルベット』の影響は明らかだった。ところが残念なことに、一度はふれなければならないと思いながらも、『ブルーベルベット』に言及する機会を得ずして、終わりを迎えてしまったのである。それがずっと気になっていたので、ここでぜひ書いておきたいのだ。

あらためて『ブルーベルベット』が一九八六年の映画であることを確認すると、すでにあれから四半世紀以上が過ぎていることに気づく。それと同時に、日本の八〇年代がロードサイドビジネスの全盛で、郊外がそれらの風景に覆われ、アメリカ的消費社会の出現の時代だったことを思い出す。それは日本の郊外の風景をドラスティックに転換させ、均一化、画一化させていったディケードでもあった。

さらに付け加えれば、日本の八〇年代は産業構造的にアメリカの五〇年代とまったく同化し、それを象徴するように、八三年には東京ディズニーランドも開園し、バブル景気も続いていたし、消費とエンターテインメントの時代が花開きつつあった。考えてみれば、郊外消費社会も混住社会もアメリカをルーツとしていた。

そのような日本の時代状況の中に『ブルーベルベット』は忽然と現われたのだ。しかもその時代と舞台は、アメリカの五〇年代の郊外と想定され、そこで起きる事件がテーマであり、それは日本の八〇年代とも、見えないタイムトンネルでつながっているようにも思われた。

リンチの名は『エレファント・マン』の監督として記憶されていたが、『ブルーベルベット』のような時代と舞台を背景とする映像世界は予想外だった。それにアメリカのみならず、日本においても社会現象ともなった、アメリカのテレビドラマ『ツイン・ピークス』によって、リンチの名が広く知られるようになるのは九〇年代を迎えてのことだった。そこで『ツイン・ピークス』が『ブルーベルベット』の集大成のような作品だと知らされるのである。

それならば、その先駆としての『ブルーベルベット』とはどのような映画なのか、ストーリーをたどってみる。

タイトル・クレジットのオープニングの背景となるのは紛れもないブルーベルベットのカーテンで、その奥にこれから始まる物語が隠されていることを想像させる。そのカーテンを開いたかのような景色が冒頭のシーンで、鮮やかな青い空、白いフェンス、赤いバラが映し出される。カーテンと見合った過剰なまでの原色で、それは絵葉書の中にある書割めいた景色のようだが、それこそはアメリカの五〇年代のシミュレーション的風景に他ならない。そしてボビー・ヴィントンなどによるその時代の名曲、かつてのよきアメリカを彷彿させる曲とされる「ブルーベルベット」(Blue Velvet) が流れ出す。この歌は映画と一体化していると見なすしかないので、ここにその歌詞を引いておこう。

She wore blue velvet
Bluer than velvet was the night
Softer than satin was the light
From the star
She wore blue velvet
Bluer than velvet were her eyes
Warmer than May her tender sights
Love was ours
Ours, a love I held tightly
Feeling the rapture grow
Like a flame burning brightly
But when she left, gone was the glow of
Blue velvet
But in my heart there'll always be
Precious and warm, a memory
Though the years
And I still can see blue velvet
Though my tears

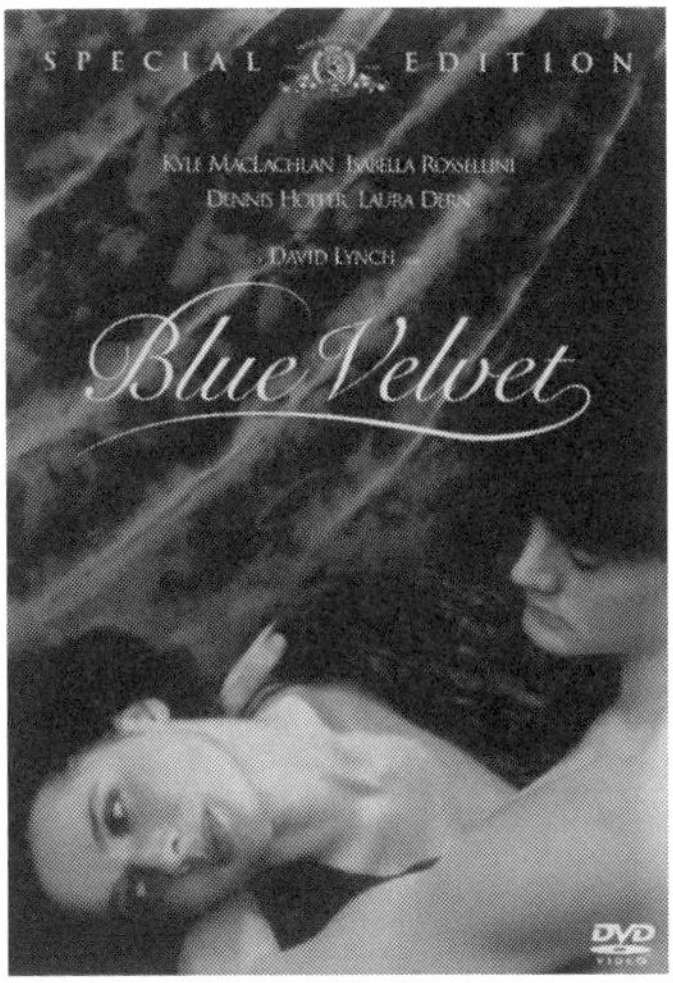

この歌に続いて、白いフェンスと黄色のチューリップが映り、郊外の家並みの中を消防車が走り、子供たちが横断歩道を渡っていく。白いフェンスの内側は豊かな緑で囲まれ、その庭で、年配の夫が芝生に水をやり、妻はリビングでテレビのサスペンスドラマを見ている。そのテレビのかたちとドラマは、時代が五〇年代であることを告げ、これらの風景がテレビや雑誌にあふれていたアメリカの五〇年代の郊外のステレオタイプ的生活様式、安全で平和な郊外

生活を示唆しているのだろう。

　ところが水まきのホースが木にからんでしまったために水の調節がうまくいかなくなり、それを何とかしようとしていたところで、彼は発作が起き、芝生の上に倒れてしまう。そのホースから吹き出す水と犬が戯れ、その向うから幼児がよちよちと歩いてくる。

　これらの短い冒頭のシーンによって、表層の平和な世界が一瞬のうちに反転し、たちまち不安な世界へと誘われていくような予感が漂う。そしてカメラは緑の芝生にもぐりこみ、不気味なまでに蠢く蟻の群れを映し出し、これから展開される『ブルーベルベット』の世界の不吉な行方を暗示しているといえよう。

　実際に倒れた男の息子で、父が倒れたことで大学から戻ってきたジェフリー（カイル・マクラクラン）は見舞った病院からの帰り道に、野原で切り落とされた人間の片耳を見つけた。黄色のチューリップと切られた耳から、ゴッホのひまわりの絵と耳のことがすぐに浮かんでくる。彼は蟻が群がっていた耳を警察に届けるが、その事件の捜査は秘密裡に行われているようで、担当の刑事も口をとざすばかりだった。その刑事の娘サンディ（ローラ・ダーン）は地元の高校の後輩で、ジェフリーに近所に住むクラブ歌手ドロシー（イザベラ・ロッセリーニ）が疑われていることを漏らす。そこでジェフリーは手がかりをつかもうとして、ドロシーのアパートに忍びこみ、クローゼットの中に隠れ、彼女の行動を監視する。

　それはブルーベルベットのカーテンの裏側を除くような行為であり、また彼女はクラブで「ブルーベルベット」を歌い、歌と同様にブルーベルベットの服を着てもいるし、ドロシーこそがこの映画の表象にして、偶像であることは間違いない。そしてクローゼットの中から目撃したのは、ドロシーの裸形の姿、それに彼女をサディスティックに責めたてるドラッグ中毒のフランク（デニス・ホッパー）の倒錯的なセックスの世界だった。彼女の裸体と倒錯的セックスとはブルーベルベットに隠されていたものに他ならない。

　つまりブルーベルベットのカーテンの表側には、昼の青い空の下にある原色の花々と緑に包まれた平和な郊外の日常生活が広がり、逆に裏側では切られた耳に象徴される犯罪と暴力、夜の闇の中での性的倒錯と官能性のざわめきが聞こえてくることになる。それは郊外における平和な日常と犯罪や暴力の混住を意味している。

　かくしてジェフリーはそれらの表と裏側を往還する存在として、フランクとその仲間たちとも関わるようになり、悪夢のような世界へと引きずりこまれていく。まさしく『ブルーベルベット』は五〇年代におけるアメリカの郊外の起源を追跡、再現しながら、ステレオタイプ的現実と異なるもうひとつの郊外伝説があったことを提出しているように思われた。

そしてさらにこの映画における主人公ジェフリーの立場を考えるのであれば、彼はブルーベルベットのカーテンの裏側で起きている事件に巻きこまれていく当事者である。だが一方では郊外における見者ならぬ探偵として、犯罪の痕跡をたどりながら、しかもそれはストーカーと覗く人を兼ね、ブルーベルベットの表象としてのドロシーと一体化しようとする。「ブルーベルベット」の歌詞の最後のところを私訳してみる。

ブルーベルベットよ
それでもいつだって僕の心には残っている
とても大事で暖かい、思い出が
時がたっているのに
僕にはまだブルーベルベットが目に浮かぶ
それに涙はつきものだけれど

これにもうひとつの歌であるロイ・オービソンの「イン・ドリームス」が重ねられていく。フランクの仲間のオカマが形態模写で歌う「イン・ドリームス」の奇怪にして素晴らしい臨場感は、すべてが夢の中の出来事だったと告げているかのようだ。それは五〇年代のアメリカばかりでなく、日本の八〇年代の郊外消費社会の風景も同じだと歌っているかのようにも思われた。

こうして風景や物語のみならず、歌を通じても悪夢的な『ブルーベルベット』は、涙は伴わないけれど、いつまでも記憶に残る映画と化してしまったのだ。

33 「サヴァービアン・エイリアン」
——エドワード・ホッパーとエリック・フィッシュル

前回ようやくデイヴィッド・リンチ『ブルーベルベット』に言及できたので、それに関連してもう一編書いてみたい。

一九八〇年代において、ロードサイドビジネスの隆盛によって形成され始めた郊外消費社会の風景の中で、私はその起源を求め、七〇年代に読んだことのあるアメリカ社会学の文献を再読していた。それらはリースマン『孤独な群衆』(加藤秀俊訳、みすず書房)、ガルブレイス『ゆたかな社会』(鈴木哲太郎訳、岩波書店)、ブアスティン『アメリカ人』(木原武一訳、河出書房新社)、ホワイト『組織のなかの人間』(岡部慶三他訳、東京創元社)などである。

これらを読むことで、一九七〇年にフランスで出され、七九年に邦訳されたボードリヤールの『消費社会の神話と構造』(今村仁司他訳、紀伊國屋書店)が、アメリカ社会学の成果をベースにしたフランス的応用編であることをあらためて了承した。ちなみに付け加えておけば、アメリカは一九四〇年前後に消費社会化していたが、フランスと日本はともに七〇年代前半であり、ボードリヤールの著作は、その過渡期の産物だったと位置づけられるだろう。

そうした郊外消費社会の起源をアメリカにたどりながら、それらのイコノロジーの系譜をも視野に収めたいと考えていた。そのような中で、あきらかに郊外特有のアウラを漂わせる二人のモダンアートの画家に出会った。彼らはエドワード・ホッパーとエリック・フィッシュルである。

当時彼らの日本語版は出されていなかったので、洋書を買い求めるしかなかったし、それらの二冊を挙げておくが、後者は現在も依然として未刊行のままかもしれない。

* EDWARD HOPPER 1882-1967 (SCHIRMER-MOSEL, 1981)
* ERIC FISCHL (ART IN AMERICA, 1988)

まずホッパーは今やNight hawks(「夜ふかしする人々」)という絵によって、日本でもよく知られたアメリカの画家となっているのだろうし、その絵を新聞の美術欄で見たばかりだ。これは一九四二年の作品で、深夜のストリート沿いのバーにおける一人の男とカップルの客の姿の構図から、意図的ではなかったにしても、大都会の孤独を描いたものとされ、そうしたクリシェでホッパーはアメリカのみならず、ヨーロッパも含め、死後の七〇年代以降も人気を得ていったように思われる。この作品はシカゴ美術館にある。

それは日本でも同様で、マイクル・コナリーの警察小説の翻訳出版にも明らかである。この原タイトルは The Black Echo だったが、一九九二年の邦訳に際し、『ナイトホークス』（古沢嘉通訳、扶桑社ミステリー）と改題刊行されている。その理由はこの小説の中で象徴的にして重要な役割を果たしているのが、ホッパーの「夜ふかしする人々」に他ならないからだ。ボッシュという名前の主人公は、ヒロインと呼んでいい女性の部屋にかかっている「夜ふかしする人々」の複製画を見て、彼女と精神的つながりがあるように思い、次のように述懐する。

その絵には親しみがあり、ときおり事件や張り込みに没頭しているときにその絵のことを考えることがあるくらいだった。オリジナルをいちどシカゴで見たことがある。ほぼ一時間近く、絵の前に立ってじっと見ていた。通りに面しているレストランのカウンターに静かな雰囲気の影のような男がひとりですわっている。男はカウンターのむかいにすわっている自分とそっくりな男をみているが、そっちの男のほうは女連れだ。どういうわけか、ボッシュは自分をその男と、最初の男と同一視していた。おれは一匹狼、とボッシュは思う。おれは夜鷹《ナイトホーク》だ。

ホッパーの「夜ふかしする人々」のフレームの中で、コナリーの『ナイトホークス』が構想され、展開されていくことを伝えるモノローグであり、このようにしてホッパーは受容されていったと想像できる。

しかし私は「夜ふかしする人々」のような大都会の孤独を象徴する絵よりも、ホッパーがやはり四〇年代から五〇年代にかけて描いていた、郊外の孤独を表出させていると思われる作品群に魅了されたのである。それらは「サウス・カロライナの朝」「午前七時」「真昼」「夏の夕暮」「西部のモーテル」「観光客の部屋」「ガソリンスタンド」などで、これらのアメリカの四〇年代から五〇年代における郊外を表象させる作品群は、「夏の夕暮」を表紙とする日本語版『エドワード・ホッパー』(ベネディクト・タッシェン出版、九一年)にも収録されている。

このホッパーの影響を強く受けたエリック・フィッシュルに関しては、これも八六年に出された伊藤俊治の『生体廃墟論』(リブロポート)所収の「サヴァービアの飛沫—エリック・フィッシュルの世界」で知り、前掲の画集を購入したのだと思う。

伊藤はそのフィッシュル論の章を、左ページに「バッド・ボーイ」というモノクロの絵を置き、それから書き始めている。この絵の説明になっているので、引いてみよう。

ブラインド・カーテンから斜めに射し込む光を浴びて流れるような縞模様を裸体に浮べる成熟した女性が性器も露わに乱れたシーツの上で身悶えするのを、十二歳くらいの少年がおびえながら見守っている。女は脚を奇妙な形に曲げアーチを描いて、夢みるようなポーズをとる。背を向けた少年は後手でテーブルの上のハンドバッグからサイフを抜きとろうとし、そのすぐそばにはバナナやリンゴの盛られたボウルがポツンと置かれ、注意深く構成された画面によって、この絵を見る者は、あたかもこの情景をものかげに潜んでじっと覗きこんでいるような眼差しを促されてしまう。(……)おそらくこの絵が強烈なのは、情景が逃れ切れない母と子の暗喩を思わせ、隔離と不毛の荒涼とした部屋を暗示しているということ以上に、異様な感情をこめてそれぞれのディテイルを強調するその特別な描法ゆえなのだろう。

前掲のERIC FISCHL所収のカラーで、「バッド・ボーイ」を見ると、構図は確かにそのとおりだが、室内の光と影、及び色彩のコントラストがあまりにも鮮やかなことから、その印象は比較にならないほど強烈であり、さらに必然的に「ものかげに潜んでじっと覗きこんでいるような眼差し」を強いられてしまう。

同書にフィッシュルに関する「証言」を寄せているピーター・シェジェルダールによれば、フィッシュルは八一年に描かれた「バッド・ボーイ」によって、モダンアートの重要な存在と認められたとあり、それがどのように描かれたかというフィッシュル自身の「証言」をも引用している。それを意訳し、要約してみる。

どのように描いたかというと、まず一鉢の果物が浮かんだ。リンゴ、ミカン、それにバナナだ。それが置いてあるのはベッドルームで、ベッドがあり、窓にはブラインドが降ろされ、そのバンブーカーテンの間から光が射しこんでいる。郊外での悪しき行為の構想が具体化する。ダブルベッドに彼女が横たわり、足指の爪をつかみ、まさに見る人に他ならない私たちにすべてをさらけ出している。だが彼女は一人ではなく、ベッドには子供がいる。彼はベッドから離れ、テーブルのところにいき、彼女から目を離さず、後手で財布を盗もうとしている。何というバッド・ボーイ!

このようなイメージと妄想が「バッド・ボーイ」へと結晶したことになるのだろう。伊藤はニュー・ペインティングアーチストとしてのフィッシュルを「サヴァービアン・エイリアン」と呼んでいる。一九四八年生まれのフィッシュルはニューヨーク郊外のロングアイランドのポートワシントンで育ったが、すでにその郊外は五〇年代を過ぎ、六〇年代に入ると、ユートピアではなく、時代や社会状況の矛盾がダイレクトに反映され、その矛盾が噴き出すトポスと化していた。

それはまず主婦や子供たちに表われ、フィッシュルの母親は七〇年にアルコール中毒で亡くなっている。フィッシュルはいう。それゆえに「私の絵のトーンのすべては私の子供の頃と深い関係がある」と。つまりフィッシュルの「バッド・ボーイ」を始めとするすべての絵は、郊外で見た悪夢のようなものだと言い換えることができるかもしれない。その意味において、「フィッシュルの眼差しはサヴァービアの時空とそのなかのアドレッセンスに向けられている。サヴァービアの少年たちの思い出に蓄積された、初めての性的で濃厚な混沌、大人の性と人工の暴力にさらされていた少年たちのうろたえと困難と哀しみ……フィッシュルのタブローの基層をなすものは、おそらくそうした感覚に他ならない」との伊藤の指摘は正鵠を得ているといえよう。

そしてここにデイヴィッド・リンチを登場させれば、ホッパーにおける大都市ならぬ郊外の孤独、フィッシュルの郊外での悪しき行為と妄想、両者に共通する覗く人の感情といったすべてが『ブルーベルベット』に引き継がれ、流れこんでいるのではないだろうか。二〇〇七年になって『美術手帖』十月号がリンチの新作『インランド・エンパイア』の公開を機として、特集「ハリウッドの光と闇　デイヴィッド・リンチ」を組んでいた。そしてそこでリンチの画家や写真家としての紹介もなされ、絵画においてはフランシス・ベーコン、写真においてはジョエル＝ピーター・ウィトキンの影響を明らかに見てとれた。

そこに収録されたリンチの「略年譜」によれば、リンチは四六年生まれで、彼もアメリカの郊外を転々とし、画家を志していたようで、リンチとフィッシュルはともにアメリカの戦後の郊外を生きた同時代人だったことになるのだ。それは何よりも『ブルーベルベット』と「バッド・ボーイ」の共通する郊外の物語の表象に見ることができるように思える。

『美術手帖』の特集に掲げられたリンチの言葉を引用し、この一文を閉じる。それもまたホッパーやフィッシュルにも表出している郊外を見る眼差しだからだ。

> 私は、発見する時の感じが好きだ。それは物語についていえる。最も素晴らしいことの一つだ。物語の懐深く、さらに深く入っていく。すると謎が姿を現し、出来事が起こりだす。

34　やがて哀しきショッピングセンター
――ジョージ・A・ロメロ『ゾンビ』（C―Cヴィクター、一九七八年）

私は一九九七年に上梓した『〈郊外〉の誕生と死』の最終章において、郊外ショッピングセンターと絡め、ジョージ・A・ロメロのホラー映画『ゾンビ』をすでに論じている。しかし当時と現在では郊外ショッピングセンターをめぐる問題が、まったく異なる状況に至ったといっても過言ではない。拙著において、二一世紀初頭には本格的な郊外ショッピングセンターの時代が到来すると予測しておいたように、それが本当に実現してしまったからだ。

しかもそれは拙著の刊行の翌年に出された日本構造協議に基づくアメリカの、所謂日本の消費者のための「年次改革要望書」に端を発している。この「年次改革要望書」の命ずるままに、二〇〇〇年になって、実質的に出店の自由を規制していた大規模小売店舗法（大店法）が廃止され、大規模小売店舗立地法が施行となり、日本の商店街はさらなる衰退へと向かった。

その一方で、全国各地における大型ショッピングセンターの開発が始まり、ショッピングセンターバブルと呼んでいいほどの開発ラッシュと店舗の巨大化が進められた。当初は企業の工場跡地などに出店していたが、さらに広大な用地を確保できる市街化調整区域の農地などに建てられるようになり、店舗面積だけで五万平方メートルを超えるショッピングセンターが続々と出現し、それは年を追う毎に巨大化し、八万から九万平方メートルにも及んでいった。

この大店法から大店立地法に至るフローチャート、具体的なショッピングセンターの開業とその場所については、これも拙著『出版業界の危機と社会構造』（論創社、二〇〇七年）に収録しておいたので、詳細はそちらを参照されたい。なお大型店と地域の問題に関しては、矢作弘『大型店とまちづくり』（岩波新書、二〇〇五年）、ショッピングセンターについては本書57で取り上げる『日本ショッピングセンターハンドブック』（商業界、〇八年）、その中心を占めるイオンのことは『イオンスタディ』（同前、〇九年）などが、ゼロ年代のショッピングセンターをめぐる問題と位相を告げていて生々しい。

それらに示された事実やデータは二一世紀に入って、二〇世紀まではショッピングセンターに無縁だった多くの人々がそれを身近に体験し、その消費者となっていったことを示している。それは私の周辺でも例外ではなく、数年前に車で二十分ほどのところに巨大な郊外ショッピングセンターが開業した。元は主として茶畑だった場所である。広大な駐車場を備え、さまざまな物販やサービス業種を組み合わせ、アミューズメントやアメニティも取り込んだ総合商業施設であり、二一世紀のパサージュと呼んでいいのかもしれない。ちなみにベンヤミンの『パサージュ論』の英訳版タイトルはThe Arcades Project（Translated by Howard Eiland and Kevin McLaughlin, The Belknap Press of Harvard UP, 1999）となっている。

だがそれはさておき、二一世紀の日本において、郊外ショッピングセンターの増殖的出現を通じ、それが身近な存在にして、空間となったことは紛れもない事実といえよう。そして二〇〇七年の数字を示すならば、ショッピングセンター総数は二千八百を超え、総面積は全小売業の30％、総売上高はその20％を占める二十七兆円に及んでいる。

しかしそのかたわらで、日本の総人口は二〇〇七年の一億二千八百万人をピークとして減少を続け、二〇五〇年には一億人を割るとされる。すなわちそれは日本の二〇世紀が人口増加であったことに対し、二一世紀は人口減少であり、また高齢化と少子化の進行を伴っていることを意味している。

一九八〇年代からの郊外の人口の膨張、ロードサイドビジネスの隆盛、郊外消費社会の成立はあくまでそのような日本の二〇世紀的動向によって支えられていたし、それとパラレルに考えれば、郊外もまた膨張を停止し、縮小へと向かう段階へと入ってきている。そこに郊外ショッピングセンターだけが突出し、過剰なまでに開業したことになる。それゆえにすべてにおいて過剰消費社会と化してしまった二一世紀において、郊外ショッピングセンターはどのような回路をたどろうとしているのだろうか。

さて前置きが長くなってしまったが、これらのことに思いをめぐらせていると、いつも脳裡に浮かんでくるのが『ゾンビ』であり、この映画こそはアメリカの郊外消費社会の行方を幻視した作品のように思えてくるのである。また現代のホラーの起源が郊外にあることをまざまざと表出させるのだ。

ゾンビとは宇宙からの怪光線によってよみがえった死者たちであり、彼らは生者の血と肉を求めて彷徨い、襲うのだ。そしてゾンビに襲われた生者自らもゾンビ化し、都市はゾンビによって壊滅してしまう。そのためにわずかに生き残ったテレビ局員やコマンド隊員はヘリコプターで郊外へと脱出する。そして郊外ショッピングセンターにたてこもり、ゾンビたちとの闘いが展開されていく。それゆえにこの映画のほとんどがショッピングセンターを舞台としている。

　広大な無人の駐車場が映し出される。都市から脱出した彼らは何かに引き寄せられるようにして、ショッピングセンターの屋上へと漂着する。それからやはり無人のショッピングセンターの内部に入りこむ。切られていた照明がつけられる。すると夥しい商品の群れが出現する。それは人間が不在の空間で、交換価値も使用価値も失い、空虚な記号のように浮遊している商品の風景だ。衣服、スポーツ用品、食料品、酒、雑貨、銃器……。あらゆる商品があり、サービス業も揃っている。銀行、レストラン、ゲームセンター、美容院……

　人間がすべて死に絶え、巨大な郊外のショッピングセンターという建物と商品だけがとり残されて出現する風景のようだ。消費者のいない消費社会であり、生き残った彼らこそが消費社会の孤独な王となる。しかし交換価値の回復は不可能で、使用価値だけを見出すしかない。彼らは陳列された食料を自由に食べ、酒を飲み、銃器で武装し、レストランで食事し、美容院で髪を整える。いわば消費者のユートピアが実現するのである。それがゾンビとの闘いに備える束の間の休息だとしても。彼らのひとりがいう。「ここはすばらしい。何でも揃っている。別天地だ」と。

　しかしここにもゾンビは押し寄せてくる。ぎこちなく徘徊する無数のゾンビたちは画一的な表情と動きで、広大な駐車場にまず集結し、商品を求めて彷徨う消費者のようにショッピングセンターの内部へと入ってくる。かくして無人だったショッピングセンターは、商品の間を動き回るゾンビたちの姿で埋まってしまう。蝟集してくるゾンビと自らをさして、コマンド隊員が呟く。「理由もなくここに来てしまう」と。
　画一的な事情と動きでぎこちなく徘徊し、増殖する無数のゾンビたちとは、紛れもなく郊外消費社会における消費者のメタファーに他ならないだろう。ゾンビたちの教会とは、商品のあふれる郊外ショッピングセンターであり、商品が神に相当する。そして倒されても倒されても、次々と出現してくるゾンビたちとは、消費社会の欲望の自己運動のようにも思えてくる。

この『ゾンビ』というホラー映画にはショッピングセンターに象徴される郊外の消費社会の悪夢のようなものが確実に存在する。村上春樹は『やがて哀しき外国語』（講談社文庫）において、アメリカにおけるゴーストタウンと化したショッピングセンターの「寒々しい光景」を報告し、さらに傍点を付して「寒々しいという以上の何か」がそこにあるとまで記している。

実際に日本においても、幹線道路をしばらく走ってみれば、閉店したまま放置されたロードサイドビジネスの建物を多く目撃することになるし、九〇年代に開発されたショッピングセンターでさえも同様な状況に追いやられている。かつて全盛を誇った商店街がほぼ消滅してしまったように、やがて哀しき郊外消費社会の時代も迫りつつあるように思える。

35 郊外とアメリカ映画
——大場正明『サバービアの憂鬱』（東京書籍、一九九三年）

D・リンチの『ブルーベルベット』やロメロの『ゾンビ』、エドワード・ホッパーやエリック・フィッシュルのそれぞれの作品など、アメリカの映画や絵画に続けてふれてきたが、一九九〇年代になって、アメリカの郊外を、映画を主として俯瞰しようとする一冊が出現した。それは大場正明の『サバービアの憂鬱』で、「アメリカン・ファミリーの光と影」というサブタイトルが付されていた。

そこでは郊外と映画とファミリーがテーマであり、当然のことながら『ブルーベルベット』や『ゾンビ』も取り上げられ、絵画に関してはホッパーは登場していないにしても、フィッシュルの「バッド・ボーイ」にも言及がなされ、目配りのよいアメリカ郊外についての文化的配置図を形成していた。

しかし当時読み出してから、ひとつの違和感を覚えたことも事実であるので、そのことから始めてみよう。大場はその「序章」の冒頭で、次のように述べていた。

本書のタイトルになっている、サバービア（suburbia）という言葉は、アメリカの小説や映画などではよく目にするが、日本ではまだそれほど一般的な言葉ではないと思う。

英語の辞書でこの言葉を引いてみると、「（都市）の郊外族、あるいは、郊外風の生活様式［習慣、風俗］」といった意味がならんでいる。この意味をもうすこし明確にするために、もうひとつ、サバービアと似たサバーブ（suburb）という言葉をとりあげてみよう。この言葉には、「（都市の）近郊、郊外」という意味があり、サバーブス（the suburbs）となると「（都市の）郊外［近郊］住宅地区」という意味になる。どちらも、都市から離れた、静かで広々とした郊外の住宅地やその住民を意味する言葉だ（……）。サバーブという単語に、「地域、社会」を意味する〝ia〟という接尾辞が加わった〝サバービア〟の場合は、郊外住宅地やその住人だけを意味するのではなく、住宅地や住人の生活様式や風俗、文化といった要素も含まれているのだ。

アメリカの郊外と住宅、その住宅地や生活様式を包括する意味でのサバービア、及びそれに類するサバーブ、サバーブスの説明としては正当であるにしても、その後で「日本でいえば、新興住宅地という言葉が、それに近いといえる」との認識には異議を申し立てたくなる。

確かに大場がいうように、日本においてサバービアという言葉は普及していなかったが、郊外は一九七〇年代にすでに誕生して姿を現わし始め、八〇年代におけるロードサイドビジネスの時代を迎え、あまりにもリアルに、郊外消費社会を出現させたのである。拙著『〈郊外〉の誕生と死』の中で実証しておいたように、ロードサイドビジネスのある風景の増殖化は、八〇年代になって全国的なものになり、郊外の風景を画一化、均一化していったといえる。

それは幹線道路沿いの田や畑だった場所に、各種の物販やサービス業の駐車場を備えた郊外店が建てられ、それらで埋まっていく風景の変容を意味していた。サバービアという言葉は使われていなかったが、すべての物販やサービス業において、所謂郊外店ラッシュの時代が押し寄せていたのである。

しかし大都市の内側に住んでいる人々は、そのような全国各地で起きていた郊外店の隆盛に伴う風景の変容、それはアメリカ的風景の出現に他ならなかったのだが、そのことにまだ意識的ではなかった。おそらく大場もそのような一人であり、その眼差しはひたすらアメリカに向けられ、アメリカにおける郊外の生活のイメージを浮かび上がらせようとして、この一冊が書き始められたと考えられる。

大場がアメリカの郊外の世界に関心を持つきっかけになったのはスピルバーグの映画で、多くはUFOや宇宙人に眼を奪われがちだが、その舞台や背景が郊外の住宅地であることに注目するようになったからだ。例えば、それらは『E.T.』におけるE・Tが最初に目撃する人間世界としての郊外住宅地の無数の光のパノラマ、『未知との遭遇』の主人公たちが暮らす郊外住宅地、及びそれが停電に見舞われ、次々に闇に呑みこまれていくシーンなどで、スピルバーグは郊外の景観と世界を意識的に映画に表出させた最初の監督ではないかと指摘している。

そういえば、監督ではなく、製作や脚本を担当した『ポルターガイスト』や『バック・トゥ・ザ・フューチャー』シリーズの舞台も郊外住宅地であったし、私も本書31で『激突！』における運転手の顔が見えない巨大タンクローリーこそは、郊外の得体のしれない不気味さと恐怖のメタファーではないかと既述したばかりだ。

それはともかく、大場は『E.T.』と『未知との遭遇』に描かれた郊外の家が、スピルバーグ自らが育った家であるとのコメントを引き、スピルバーグが郊外の子供だったこと、そしてそれらに投影されている郊外の「ふくみ」の部分に注目し、第十章を「郊外住宅地の夜空に飛来するUFO—スティーブン・スピルバーグのトラウマ」に当てている。

そこで大場はまずスピルバーグが一九四七年の生まれで、アリゾナ州フェニックスの郊外のスコッツデールで成長したことを確認している。それを補足すれば、ハイスクールを卒業した頃、両親が離婚し、母親とカリフォルニア州ベイエリアに移り、カリフォルニア大学に入り、本格的に映画を作り始めている。そしてTV映画『激突！』（一九七三年）が劇場公開され、次に『ジョーズ』（七四年）が大ヒットし、『未知との遭遇』（七七年）、『E.T.』（八二年）と続き、ハリウッド新世代のトップ監督となっていたのである。

大場は初期作品の『激突！』や『ジョーズ』の背景にも、郊外の倦怠に覆われた世界の揺曳を見る。『激突！』の主人公の平凡なビジネスマンのことを、スピルバーグが「ミスター・サバービア」＝「現代的な郊外生活に埋没した典型的な中流の下のほうにいるアメリカ人」と呼んでいることから、『激突！』という映画は、モータリゼーションも深く絡んだ「郊外の生活に対して激しい揺さぶりをかけようとする作品」と位置づけている。また不気味なまでに追いかけてくるタンクローリーが、平穏な郊外の日常生活の中で、主人公の刺激を求める潜在的願望が生み出す巨大な妄想であることも。

もはや『ジョーズ』について説明するまでもないだろう。『ジョーズ』における巨大なサメも、『激突！』の巨大なタンクローリーに相当するもので、しかもタンクローリーやサメとの闘いに勝利を収めた後、いずれの主人公もまた同じ日常生活へと回帰していくのである。

『激突！』から『E.T.』に至るまで共通しているのは、外部からやってくる何ものかによって、日常世界が揺さぶられるという構図である。それはスピルバーグが成長した五〇年代がアメリカＳＦの黄金時代だったことの反映のようにも思われる。

さて最初に『サバービアの憂鬱』における日本の郊外への同時代的視点の欠如に対し、不満を述べておいたが、ここまでくると、それが欠けていたからこそ、この一冊が中途半端な郊外に関する日米比較論に陥ることなく、アメリカの「サバービア」と映画の関係を集中して論じることになり、それはそれでひとつの成果であるようにも思われた。

ところが大場は「あとがき」に至って、本文では意識してふれなかったが、「日本の現在、あるいは、近い将来の状況」を念頭に置いて書いたし、日本の「郊外化も着実に進行している」ととってつけたように述べている。その理由として、「これは、ぼくが意識するようになったためかもしれないが、特にこの数年のあいだに、雑誌のグラビアなどで、郊外住宅地といえるような光景を目にする機会が増えたように思う」からで、その光景は「幹線道路沿いに、ファミリー・レストランやコンビニ、ファストフードの店などが軒を連ね、その向こう側に一面の住宅が広がっている」といったものである。それは大場がこの『サバービアの憂鬱』で書いている「数年の間に、雑誌のグラビアなどで」、日本の郊外を「意識するようになったため」で、私の前言は取り消す必要がないと判断している。

ただそれらのことよりも、『サバービアの憂鬱』はアメリカ映画を取り上げ、日本においてアメリカの郊外の「憂鬱」に焦点を当てて論じた先駆的一冊であり、類書のないアメリカ郊外映画史となっている。拙文ではスピルバーグにしかふれられなかったことが残念である。これが絶版のままであることが惜しまれるので、ちくま文庫などでの復刊が望まれる。

なおこの一文を書いてから検索すると、『サバービアの憂鬱』の全文が大場のホームページに掲載されていることを知った。興味ある読者はぜひアクセスされたい。

36 他人指向型と消費社会
――リースマンの加藤秀俊 改訂訳『孤独な群衆』〔みすず書房、二〇一三年〕

リースマンの『孤独な群衆』の改訂訳版が出された。この機会を得て、『孤独な群衆』を改訂版で再読したので、それについて書いておこう。ちなみにその前に記しておけば、加藤秀俊訳の一九六四年版は毎年のように版を重ね、二〇〇九年には四十二刷、発行部数は累計で十六万部に及んでいるという。

このアメリカ社会学の古典とされる『孤独な群衆』は改訂訳版に加え、四、五回目の通読ということもあり、かつてよりもさらにこちらに引き寄せ、再読後の印象を述べてみる。これは邦訳名に反映されていないが、サブタイトルは「A Study of the changing American character」であり、その研究の結果として、メインタイトルの The Lonely Crowd が導入されたと見なしてかまわないだろう。よく知られているように、リースマンはこの中で、アメリカ人の社会的性格と状況の推移を占める概念として、伝統指向型、内部指向型、他人指向型を提出し、それらは混住しているにしても、従来の伝統指向型や内部指向型に代わって、他人指向型が支配的になりつつある時代を迎えていることを示した。

　それらをリースマンの記述によって端的に定義すれば、次のようなシェーマとなる。

①　高度成長潜在的社会における典型的成員はその同調性が伝統に従うことによって保証されるゆえに、伝統指向型。

②　過渡期人口成長期の社会はその典型的成員の社会的性格の同調性が幼児期に目標を内側にセットすることで保証されるので、内部指向型。

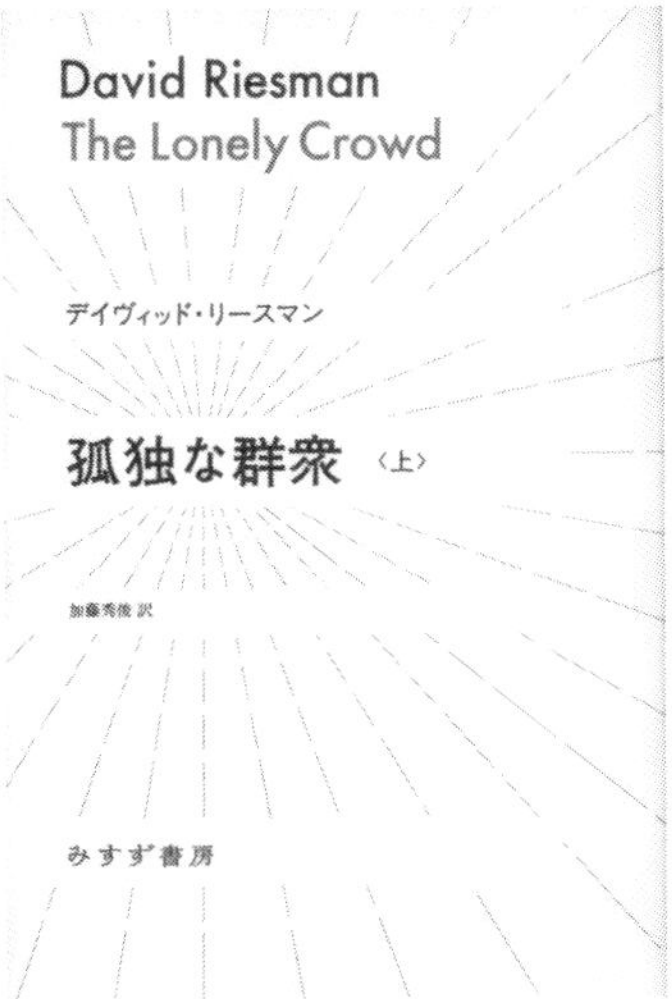

③　初期的人口減退の社会に入ると、外部の他者たちの期待と好みに敏感となる傾向が高まる。そしてそれに対する同調性が保証されるという社会的性格がその典型的成員にゆきわたるようになり、これが他人指向型。

　ここでひとつだけ補足しておけば、③の初期的人口減退の社会とは、まず第一次産業就業者の減少を意味している。リースマンはこのような三つの型を提示することで、十九世紀アメリカの社会的性格の変容を伝えようとしている。『孤独な群衆』がイエール大学出版局から出されたのは一九五〇年であることから判断して、これは二〇世紀前半におけるアメリカ社会の変貌とパラレルに生じたものだと考えていい。もちろんこれらは単純な移行と段階ではなく、それらは重なり合い、進んでいくとされる。それはまた本書7でふれたハルバースタムの『ザ・フィフティーズ』の幕が切って落とされた時代でもあった。偶然ながらリースマンもハルバースタムもファーストネームはデイヴィッドであり、本書32に続いて、ハルバースタムが同書でリースマンの『孤独な群衆』に関してわずかしか言及していないにしても、ここでも二人のデイヴィッドが連鎖してしまうのである。

　それはともかく、これらのアメリカの社会的性格の変容について、リースマンは人口統計学的特徴と経済発展の段階を対比させている。後者はコーリン・クラークによる第一次、二次、三次という経済分類法であり、それを私的に転換すれば、農耕社会、工業社会、消費社会とよぶことができよう。改訂訳『孤独な群衆』に「解説」を寄せているトッド・ギトリンも「簡単にいえばアメリカは生産第一主義の社会から消費中心の社会に変貌した」と述べている。

そして一九五三年のペーパーバック化によるベストセラー化の背景についても、「当時のアメリカ人は大恐慌や戦争から解放され、郊外生活、新しい住宅、自動車や電化製品、社会的地位などにめぐまれて、一見したところめぐまれた生活をしているようにみえても文化的、心理的に混乱していたのだ」と指摘している。ギトリンのアメリカ戦後史は『アメリカの文化戦争』（疋田三良他訳、彩流社）に詳しい。

それならば、アメリカ社会における具体的変貌とは何であったのか、繰り返しになってしまうが、それを見ておこう。私は『〈郊外〉の誕生と死』を書くに際して、経済学者の佐貫利雄の『成長する都市 衰退する都市』（時事通信社、一九八三年）を絶えず手元に置き、参照しながら進めていったのだが、同書には欧米と日本の一八六〇年から一九八〇年にかけての「先進6ヵ国・就業構造の長期的変動」、及び「人口動態」が収録されている。

この表を参照すると、アメリカは一八八〇年は第一次産業50％、第二、三次産業がそれぞれ25％で、まぎれもなき農耕社会だったが、一九四〇年には第一次産業は20％と半分以下になり、第二次産業は30％、第三次産業が50％を越え、消費社会化した事実を物語っている。このデータは『孤独な群衆』に寄り添い、半世紀を経て、アメリカが農耕社会、工業社会、消費社会へと至ったことをまざまざと示している。

そして八〇年には第三次産業は67・1％、第二次産業は29・3％、第一次産業はわずか3・6％になってしまい、アメリカが世界で最も先行する消費社会であることを伝えている。ちなみにヨーロッパ諸国の消費社会化は七〇年以後である。

さらに「人口動態」を見ると、一八八〇年代の五千六百万人が、一九五五年には一億六千九百万人、八〇年には二億三千万人と、その一世紀間の増加率は四倍を超え、ヨーロッパ諸国は二倍にも達していないことからすれば、移民人口を含めてだが、アメリカは圧倒的に人口増加が続いていたことになる。

その一方で、進行していたアメリカの歴史を簡略にたどれば、一八六五年に南北戦争が終わり、資本主義が急速に発展し、農業が後退し始め、工業社会を迎えようとしていた。そしてマーク・トウェインたちが描いた所謂「金ぴか時代」もやってきていたが、九〇年頃にはフロンティアは消滅しつつあった。二〇世紀に入り、第一次世界大戦を機とするヨーロッパとの力関係の変化を受け、帝国主義的資本主義国家として成長する中で、一九二九年に大恐慌が起き、三九年には第二次大戦に突入するが、ヨーロッパと異なり、戦場とならなかったアメリカは、戦後になって世界に確固たる位置を占めるに至る。

このような産業構造の転換、絶えざる人口増加、二回にわたる世界戦争の経験とパラレルに、アメリカ的社会性格は伝統指向型、内部指向型、他人指向型へと移行し、五〇年代を迎えたことになる。これがリースマンの『孤独な群衆』の前史、及び背景と考えていいだろう。

そして五〇年代以後の消費社会はそれ以前よりも労働時間が短くなり、物質的生活は豊かになり、余暇も増えてくるのだが、教育、サービス、レジャー関連の第三次産業などが拡大し、マスメディアを通じてのイメージや言葉の消費が、両親や子供といった家族領域にまで広く及び、シンボルの流通も激流のようなものと化していく。このような状況とプロセスを経て、戦後の消費社会と他人指向型が生まれてくることになる。

かくしてリースマンは他人指向型について、ゴチックで述べるのだ。その部分を引いてみる。付け加えておけば、原文はイタリックである。

他人指向型に共通するのは、個人の方向づけを決定するのが同時代人であるということだ。この同時代人は、かれの直接の知りあいであることもあろうし、また友人やマス・メディアをつうじて間接的に知っている人物であってもかまわない。同時代人を人生の指導原理にするということは幼児期からうえつけられているから、その意味では、この原理は「内面化」されている。他人指向型の人間がめざす目標は、同時代人のみちびくがままにかわる。かれの生涯をつうじてかわらないのは、こうした努力のプロセスそのものと、他者からの信号にたえず細心の注意をはらうというプロセスである。

ここまできて唐突に思われるだろうが、私はこのリースマンの他人指向型に関する定義を、戦後の日本社会へと当てはめてみたい誘惑に駆られてしまうのだ。すなわちここでいわれている「かれ」が日本、「同時代人」とはアメリカのことではないだろうか。

それを論じる前に、アメリカと同様に、日本の「就業構造の長期的変動」を確認してみる。一八八〇年に日本の第一次産業は82・3%、第二次産業は5・7%、第三次産業は12%、一九五〇年は第一次産業48・3%、第二次産業21・9%、第三次産業29・8%、八〇年は第一次産業10・9%、第二次産業33・7%、第三次産業55・4%となっている。

しかしこの変化のスピードは異常な速さだったというべきであろう。前述したようにアメリカの一九八〇年の第一次産業は50%であり、10%を割るのは一九六〇年であるから、九十年間にわたる緩慢な減少だったと見なせる。だが日本の場合、一九五〇年が48・3%で、八〇年が10・9%であるから、わずかアメリカの三分の一の三十年間で達成されたことになり、それは第三次産業化にも同様で、アメリカが30%から60%近くに上昇するまで七十年かかっていることに比べ、日本は四十年しかかかっていない。これらのすべては戦後に集中していて、その発端は敗戦と占領に起因すると判断するしかない。

さらに一九八〇年の日本の産業構造がアメリカの四五年から五〇年にかけての産業構造、すなわち占領時のアメリカの産業構造にぴったり重なることを発見した時、私は驚きを禁じ得なかった。また占領時におけるアメリカの生活様式は、日本人にとって「天国」のように見えたのだ。それゆえに『〈郊外〉の誕生と死』において、次のように書いた。

> アメリカによる占領とはその「天国」=消費社会による農耕社会の征服だったのだ。だからこそ農耕社会を解体し、都市へと人口を集中させ工業社会を形成し、自動車と郊外のある豊かな消費社会となること、そのことによって初めて占領は完成されるのである。それがまた日本の戦後社会の無意識な命題となった。

とすれば、リースマンのいう他人指向型はアメリカ本国だけのものではなく、戦後の日本社会にも及ぶことになる。彼の定義をもじれば、占領期日本において、「アメリカを社会の指導原理にするということは、占領期からうえつけられているから、その意味では、この原理は『内面化』されている」ことになるし、「他人指向型の日本がめざす目標は、アメリカのみちびくままにかわる」のである。

そのようにして、日本は七〇年代前半に消費社会となり、八〇年代から九〇年代にかけては郊外ロードサイドビジネス、今世紀に入って郊外ショッピングセンターが全盛を迎えることになった。それとパラレルに原発が郊外に配置されていたことを忘れるべきではないだろう。消費社会も郊外もロードサイドビジネスも郊外ショッピングセンターも原発も、すべてがアメリカを起源としている。

リースマンがアメリカ人を「孤独な群衆」と見立てたのは一九五〇年で、消費社会化から十年が経っていた。日本の消費社会化は七〇年代前半であるので、それから類推すれば、八〇年代になって日本人もまた他人指向型の果てに、「孤独な群衆」と化したことになる。そういえば、アメリカのディズニーランドは五五年、東京ディズニーランドは八三年の開園である。それは「孤独な群衆」のための楽園といえるのかもしれない。

したがって、リースマンが『孤独な群衆』で提出した社会的性格の伝統指向型、内部指向型から他人指向型への移行とは、アメリカのみならず、日本でも起きていたことになるのだ。しかしここで留意すべきは、リースマンがアメリカの主流を占めるワスプではなく、少数派に属するユダヤ系アメリカ人であることで、そこに属する少数派の視線の果てに「孤独な群衆」が造型されていることであろう。

それは五〇年代以降に急速に進むと予想される郊外消費社会の均一化、画一化、いうなれば、他人指向型に基づく均一化、画一化の社会的性格を危惧しているようにも思えるし、『孤独な群衆』の次のような結びの一文はそれを語っているのではないだろうか。この部分は改訂というよりも改訳されている。

> じっさいのところ、人間はそれぞれちがったようにつくられているのである。それなのに、おたがいがおなじようになろうとして社会的な自由と個人的な自律性をうしなってしまっているのだ。

37　郊外の写真家たち
——小林のりおとビル・オウエンズ

『〈郊外〉の誕生と死』において、日本の郊外の歴史を表象する写真集として、小林のりおの『ランドスケープ』（アーク・ワン、一九八六年）に言及している。この写真集は八〇年代半ばの東京や横浜の郊外の風景が、団地や分譲住宅地の開発によって変容していく過程を追跡したものだ。拙著のその部分を繰ってみると、管見の限り、『ランドスケープ』が日本で唯一の写真集であると述べ、次のように書いている。当時の思考をそのまま伝えたいので、それを引用することを許してほしい。

郊外の写真家である小林のりおのこの『ランドスケープ』は、郊外が生成していく過程を風景そのものの変容によって伝えることで、郊外がどのようにして誕生するのかをみごとに映しだしている。小林のりおのカメラは、郊外の誕生する前史とでもいうべき風景に引き寄せられていく。

ブルドーザーによって土がむきだしになった丘陵地帯、森や林が伐採されて整地された土地、轍の跡の続く絶えず進行中の開発現場、クレーン車やブルドーザーの姿、打ちつけられたばかりの白いコンクリート、それらの風景は土地の死とその解剖にカメラが立ち合っているかのようだ。

さらにこの『ランドスケープ』において印象的なのは、郊外の開発現場とマイホームの風景の無国籍性である。森や林や緑の色彩が開発の進行によって減少していき、むきだしの褐色の土のかもしだす色彩のトーンは、そこが荒野や砂漠のような空間であるように感じさせる。開発によって土地の歴史性が消滅し、過去の風景が突然切断されたのである。

「過去の風景」とはそのような開発の中に挿入された茅葺きの古い農家が象徴する農村の姿に他ならない。しかし開発が進んでいく過程で、これらの農村の残映は消滅し、郊外へと変容し、ことごとく新しいマイホーム、団地、マンションが立ち並ぶ風景が召喚される。また学校もあり、公園もあり、テニスコートも出現している。

そのような中にあって、小林のりおは分譲地の「西洋

風」のマイホームを住宅産業のカタログ写真のように撮っていく。小林の言によれば、郊外の「西洋風」のマイホームの現実は、「緑の砂漠の後に作られた申し訳程度の人工自然と流れてくる光化学スモッグの下での窮屈な生活」だという。そして彼はその風景の中に身を置き、「周囲を企業のカタログイメージによって囲まれてしまった写真家」と自称し、「遥か海の向こうの楽園や片隅の自然を、美しいイメージで詩うことなく、こうしてある今をカタログ写真よろしく克明に映しとる事から始められるべきだ」と書きつけている。

それゆえに『ランドスケープ』は「カタログ写真」のような作品の集積として出現している。それは郊外のアイデンティティが「カタログ写真」の中にしか存在しないことを告げているかのようであり、また郊外そのものが「カタログ写真」の帝国で、パロディ、パスティーシュ、シミュラクルによって成立していることを物語っているかのようだ。その「カタログ写真」の風景は、同じく八〇年代に「ベッドタウン二世」、つまり郊外の小説家としてデビューし、郊外を描いた島田雅彦の世界と通底している。

そして小林の郊外への眼差しは九〇年代に入って、TAKASHI HOMMA に継承され、それは『TOKYO SUBURBIA』（光琳社出版、一九九八年）として結実していく。カバー写真に浦安の団地の風景を採用し、湘南インターナショナルビレッジから始まる同書は、菊倍判の判型と5・5センチに及ぶ厚さを有し、九〇年代におけるさらなる郊外の膨張とそのリアリティの台頭を主張しているようにも見える。しかし『TOKYO SUBURBIA』は拙著の刊行の翌年に出されたために、残念ながら参照できなかったのである。

また九七年における拙著の執筆の時点で、HOMMAの写真集と同様に、見ることができなかった一冊があり、これは未刊のためではなく、絶版となっていたからだ。ここでこの写真集も取り上げておくべきだろう。それはBill Owens,Suburbia (Fotofolio, 1999) である。こちらは一九七三年に刊行され、絶版のままで、同じく拙著上梓後の一九九九年に復刻され、ようやく入手に至っている。だがそれでもSuburbiaは前々回の大場正明の『サバービアの憂鬱』の口絵写真にも数点が収録され、また本文での言及もあったので、この写真集の存在は承知していたし、小林の『ランドスケープ』との関連も気になっていたのである。

しかし実際に入手してみると、その推測は当たっておらず、『ランドスケープ』の視線が郊外の変容していく外部風景に向けられていたことに対し、Suburbiaはひたすら郊外の内側にあるマイホームと家族の姿に集中し、それらの写真を中心にして一冊が形成されていたのである。マイホームの中や庭にいる様々な夫婦や家族、妻や子供のポートレートが大半を占めている。これらは冒頭に置かれたハイウエイと開発されつつある郊外の風景とそれらを示す「Sun setown」なる看板の写真、及び巻末の見開き二ページに示された、画一的に区画整理された土地に、これも均一的な家が立ち並んでいる風景を目にしなければ、ただちに郊外だとわからない。どこでも見られるような夫婦や家族のポートレートのようにも映っている。

しかしそれぞれの写真に付された一文を読んでいくと、写真に出てくる人々が郊外へと移住してきたのであり、その喜びの中で生活していることが伝わってくる。それらの例を挙げてみれば、庭にバーベキューセットを出し、そこで肉を焼いている夫とそれに寄り添う妻に対して、「日曜の午後、私たちは一緒にいて、私がステーキを焼き、妻がサラダをつくる」とある。庭で芝生を刈っている男をロングショットで捉え、「郊外で暮らす喜びのひとつは自分で芝生の手入れをすることだ」との一文が付され、モダンアートらしき絵画を背後にした夫婦に関しては、「私は郊外で自由なセンスに目覚めた……」とある。いずれにしてもすべての写真に閉塞的なニュアンスは漂っておらず、郊外はまだ希望に包まれ、これもまた最後のページある草の繋った空地に建てられた「ショッピングセンター出店決定地」という看板がそれを保証しているようにも思える。

一九九九年の復刻版 Suburbia に「序文」を寄せているのは、これも『ザ・フィフティーズ』のＤ・ハルバースタムであり、オウエンズの写真に対する優れた解説にもなっているので、これも私訳し、説明も加え、要約してみる。

第二次大戦後に何百万人にも及ぶ普通のアメリカ人が郊外へと移住し始めた。これはアメリカ史における大移住のひとつに数えられる。それは主としてビル・レヴィットによる大量の郊外住宅建設に導かれてもいた。レヴィットはフォードの大量生産方式を、中産階級対象の住宅建設に応用した画期的ハウスメーカーで、彼の開発した郊外住宅地はレヴィットタウンとよばれている。レヴィットに関しては『ザ・フィフティーズ』の「家を大量生産した男」の一章が彼に当てられているので、詳細はそちらを参照されたい。

それに車社会の進行と新しいハイウエイの建設も加わり、ありとあらゆる大都市の周辺に二万五千人から五万人の小さな街、すなわち郊外が生まれ、それは三十年間にわたって続き、六千万人が郊外生活者となったのである。

この郊外への移住を身をもって体験してきたビル・オウエンズは、一九六八年にカリフォルニアの地方紙でカメラマンとして出発し、移住者たちが新たに出現した郊外において、家族のためのよりよき生活をめざすという最善のアメリカ的生き方を志向していることをよく理解していたのである。

そして Suburbia は出版されるとすぐにそれなりの古典に位置づけられ、年月を経るに従って、カルト的地位を獲得することにもなった。それはオウエンズが郊外への移住に関して、まさに大きな社会的変動だと直感的につかみ、あるがままに捉えたことによっている。彼のような視線と異なり、新しく出現した郊外はその画一性、均一性から社会的批判を浴びせられてきた。それに対しオウエンは前述したように、郊外が表象する自由の感覚に敬意を払い、共感しているのだ。それはこの郊外への大移住を通じて、確固たる新しいアメリカの中産階級が形成されることになったわけであり、郊外生活の経験は若いアメリカ人の生活を様々な分野で向上させたからでもある。Suburbia はささやかではあるが、そうした普通のアメリカ人の希望を映し出し、伝えてくれたともいえるのだ。

これらのハルバースタムの言には少しばかり注釈が必要で、レヴィットの郊外住宅に対し、著名な文明批評家ルイス・マンフォードが、画一的な家に住む画一的な人々が送る画一的な生活はアメリカの最悪の未来像だとして、非難を浴びせていたのだ。このマンフォードの都市と建築に対するビジョンは「郊外、そしてそれをのり越えて」の一章を含む『歴史の都市 明日の都市』（生田勉訳、新潮社）に集約されていよう。

そのマンフォードに対し、オウエンズの視線は郊外の家の内側にいる夫婦や家族、そこに表象されているアメリカ中産階級の新しい夢と希望を写し出すことによって、郊外の古典、もしくはカルト的一冊へと位置づけられることになったと判断していいだろう。それを五〇年代の落とし子であるハルバースタムも深く共感するゆえに、Suburbiaの復刊序文を引受けたのだろう。こちらに引きつけて考えると、レヴィットタウンとは、日本における戦後の団地のようなものだったのではないだろうか。五〇年代から六〇年代にかけて、団地も夢と希望の生活様式の空間として語られてきたのだから。

だがそれらはひとまずおき、ここまできて小林のりおの『ランドスケープ』に戻らなければならない。もちろん日本とアメリカのプライバシーの問題もあるのだが、外部と内部という方法論の問題も含め、郊外をめぐって風景写真と肖像写真の明らかな相違が生じてしまうのはどうしてなのだろうか。

八〇年代になってしまうと、夢や希望の表象ではなく、郊外そのものがあらかじめ失われてしまったような思いを内包する空間へと転位したゆえなのだろうか。それは同じタイトルのHOMMAの作品にもいえるからである。郊外における風景と家族の肖像の差異にこめられているもの、それをもう少し考え、次回へと続けてみたいと思う。

38 キッチュとしての郊外
——都築響一『ROADSIDE JAPAN 珍日本紀行』（アスペクト、一九九七年）

前回に続いて、もう一冊写真集を取り上げてみる。それは都築響一の『ROADSIDE JAPAN 珍日本紀行』（アスペクト）で、『〈郊外〉の誕生と死』を上梓した同年の一九九七年に刊行されていたけれども、その特異なテーマもあって、言及することができなかったからだ。

なおこの写真集は二〇〇〇年になって増補され、「東日本編」「西日本編」と再編集、二分冊化され、ちくま文庫で復刊の運びとなっている。しかし当然のことながらアスペクト版はA4変型の大きさであり、増補も含めた文庫版との編集の異同が生じている。したがってテキストは主として、前者に基づき、場合に応じて後者も参照することにしたい。

この一冊にまとめられた写真は『週刊SPA！』において、四年近くにわたって連載されたものであり、これは八〇年代以後のロードサイドビジネスの隆盛とともに形成され始めた、郊外消費社会の中での異物的風景の集成といえよう。

都築響一は「路傍の真実」と題するその「序文」で、氾濫するテレビ旅行番組のクリシェに対し、まずは一言かましている。

にやけたオッサンと派手な女が田舎道を歩いている。向こうのほうで草むらにかがみ込んでいる作務衣の男一名。女が突然手を振ったかと思うと叫ぶ。「こんにちわ〜 なにやってるんですかぁ」 男は驚きもせず振り返って「いやー 山菜を採って天ぷらにするんですよ。食べにきませんか」とか答えてカメラ目線で笑う。ふざけるんじゃねえよ。いきなり声かけられて、へらへら笑って家に招くほど田舎の人間はお人好しか。

これに温泉、郷土料理、地酒を加えれば、テレビや雑誌の旅行メニューは勢揃いしてしまうし、都築が「ふざけるんじゃねえよ」とかました、そのような旅行メディア状況は現在でもまったく変わっていないといっても過言ではないし、むしろさらにエスカレートしているようにも思える。

そして都築は次のように続けている。彼が語っているような「地方」がどのようにして出現してきたのかは本書で詳述してきたが、それは九〇年代に入って全国的なものになったことについてのレポートでもある。

旅行ライターの書き散らす「旅情」は、いま急速にリアリティを失いつつある。第一、各駅停車の駅で降りようにも、もう町の中心は駅のまわりにはないのだ。モータリゼーションが極端に発達した地方の現状では、新しい施設や生活圏はすべて国道沿いに発達している。人々は国道沿いのスーパーマーケットで買物したりファミレスで飲み食いし、昔からの駅前商店街はシャッターを降ろしたまま。これが地方の現実である。つまり、いま地方でなにが起こっているかを見たかったら、電車ではなくクルマで旅行しなければならないのだ。（……）

ここ（同書―引用者注）には日本らしい美しい風景もなければ、外国人観光客を黙らせるワビサビの空間もない。むしろ俗悪、軽薄と罵られてもやむを得ないような、ときには地元の人間でさえ存在を忘れてしまいたいスポットばかりが詰め込まれている。でもスッピンの乱れ顔こそが、いまの日本なのだ。そしてその素顔は、たしかに美人じゃないけれど、見ようによってはちょっと可愛いかったりする。（……）

かくして都築はそれらの「美しくない日本。品のない日本。」をポジティヴに受け入れることができれば、「人生はずっと楽しくなる」と結び、全国各地のロードサイドをめぐる「珍日本紀行」が始まっていくのである。それは四百二十余ページ、百五十余ヵ所に及び、「美しくない日本。品のない日本。」、でもひょっとすると「居心地のいい日本。」をひたすら追い求める紀行となる。

残念ながら写真を紹介できないので、それらの目次に示された分類明細を挙げておけば、神さま仏さま、モニュメント、廃墟、ローカルスポット、ミニ・ワールド、地獄・極楽、賽の河原と水子供養、エロ宇宙、動物王国、恐竜、剝製、自然科学、考古学、歴史の里、芸能、金と金塊、温泉、仏教テーマパーク、レトロ、メルヘン、アート、貝がらとなっている。前述したように、文庫版には地域別に再編集されたので、この分類による目次と編集は異なってしまい、これはアスペクト版ならではのオリジナルなものといえよう。ここに出現している日本的キッチュの風景は、無国籍風のロードサイドビジネス群に抗しているかのようだ。

このキッチュの帝国に他ならない写真集を繰っていると、様々なデジャビュに襲われる。知られた観光地にはそれらのひとつぐらいが必ずあるし、見たり入ったりしたことを思い出してしまう。そしてかつて石子順造が「日本的庶民の美意識」をテーマとする『俗悪の思想』（大平出版社、一九七一年）を著したことも思い出す。そこで石子はキッチュとしての銭湯のペンキ絵、大衆雑誌の表紙絵と挿絵、マンガと劇画、花や動物や制服、煙草やマッチのラベルなどに言及していた。『ROADSIDE JAPAN 珍日本紀行』に収録された写真もそれらと通底している印象がある。

　それに先日、私はこれもロードサイドのリサイクル店で、かなり大きいキッチュ的置物を買ったばかりなのだ。それは若草色の服をまとい、赤い帽子をかぶった太鼓腹の大黒が大きな袋と打ち出の小槌を持って俵に腰かけ、これも「開運」の字のある俵と「福」の字の見える大槌の上にそれぞれ乗った二匹の白い猪を左右に従え、慕われているものので、その色彩とシンメトリーの見事なキッチュぶりに魅せられ、つい購入してしまったのである。これだけでなく、それらのリサイクル店では『ROADSIDE JAPAN 珍日本紀行』の「神さま仏さま」に類するものが何と多く売られていることであろうか。

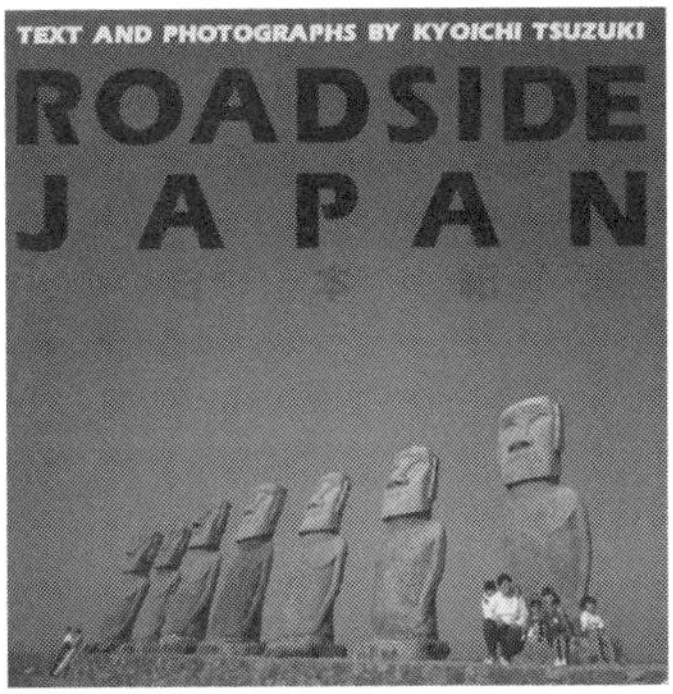

　現在では一巡し、すでに倒産したチェーンも出てきているが、九〇年代以後にロードサイドにリサイクル店が増殖した時期があった。ここに陳列されている商品は、まったく実用的な家電や家具などを除くと、かなり多くのもの、とりわけ美術品はキッチュに他ならず、それこそグローバリゼーション化したリサイクル市場の一端を示し、それらを見たり購入したりすることは実に楽しいのである。それにこのようなリサイクル店の客の半数が日系ブラジル人で占められ、まさに混住社会そのものだった時期がある。

　それはともかく、都築は「後記」で同書が「おそらく日本でいちばん役に立たない、一番高くて重いガイドブック」で、買う読者は「奇怪な人」であろうと述べているが、私を含め、読者層は確実に存在しているし、それは文庫化され、重版されていることが証明となろう。それに同書がきっかけとなって廃墟、工場、赤線跡、パワー・スポットなどの写真集が続くことにもなったのではないだろうか。またそれとは別に青空を背景にして、河原のようなところに大型バスが止まっている風景は、本書30の映画『ユリイカ』の場面とも重なってくる。

　この写真集を見ていると、その中にふたつほど加えたい風景も浮かんでくる。そのひとつは郊外の住宅地の風景で、その一画は和風住宅がひとつもなく、洋風住宅ばかりが並んでいて、そこは日本ではなく、まさしく異国のようなのだ。といってその洋風住宅も統一されておらず、ちぐはぐでさらなる無国籍性を浮かび上がらせている。もうひとつは近隣にある国道沿いのパチンコ店で、それはピラミッドを模したものであり、高い三角形の外壁は赤く塗られている。しかもこのパチンコ店は数年前に閉店し、そのまま放置されているので、打ち捨てられ老朽化したピラミッドのようだ。その前を通るたびに廃墟の面影が濃くなってきている。それはまた八〇年代に形成された郊外消費社会の姿を象徴しているようにも思える。

　さて私的事柄はともかく、『ROADSIDE JAPAN 珍日本紀行』に戻ると、先にはふれなかったが、「路傍の真実」のところで、都築が本書について、『TOKYO STYLE』（京都書院、九三年）の第二部だと断わっていることに留意すべきだろう。『TOKYO STYLE』は都市の個人の「狭く雑然とした東京の『かっこわるいけど気持ちいい』住まいかたを紹介しようとした」本である。つまり同書は都市の内側というべき個人の部屋の風景、『ROADSIDE JAPAN 珍日本紀行』は都市の外側のロードサイドの風景を映し出し、郊外のロードサイドビジネスも含めた画一性、均一性を異化する仕掛けを秘めていることになる。

　このふたつの風景はいずれも九〇年代のものに他ならず、地続きでつながっているのである。その意味において、都築の二冊の写真集は合わせ鏡のような関係にあり、前回取り上げた『ランドスケープ』の小林のりおとSuburbiaのビル・オウエンズの双方を兼ねた世界を映し出していたのかもしれない。

　それをさらに確認するためにも、文庫版しか持っていないので、一九九三年のオリジナル版『TOKYO STYLE』を入手しなければならないだろう。

　なお本稿を書いた後で、二〇〇一年にアスペクトからソフトカバー新装版が出されていることを知った。

39　アメリカの商店街の衰退と没落
――フィリップ・K・ディック『市に虎声あらん』〔平凡社、二〇一三年〕

たまたま新刊のフィリップ・K・ディック『市《まち》に虎声《こせい》あらん』（阿部重夫訳、平凡社）を読み、ひとつのミッシングリンクがつかめたように思われたので、これから数回書いておきたい。それはこの小説のみならず、そこに付された阿部の「ディックの『眼球譚』―訳者解説に代えて」にも大きな示唆を受けたからでもある。

しかも何と阿部は定期購読している『FACTA』の発行人兼編集主幹で、それを奥付の「訳者略歴」から知らされた。そして取次ルートの雑誌に見られない同誌の充実感と面白さは、このようなディックの翻訳に象徴される阿部のSF的想像力にも起因しているのではないかと推測した次第だ。

それらはともかく、私はディックのよき読者ではないし、SFに通じてもいないけれど、一九五二年から翌年にかけて、ディックが二十五歳の時に書かれたこの「事実上の長篇処女作」が、その後の彼のSFの揺籃の地だったという読後感を覚える。例えば、主人公のハドリーが今度戦争になったら、日本人がアメリカに原爆を落とし、占領したとしても、こちらが発明してすでに落とした以上、しょうがないじゃないかと語るシーンが出てくる。これこそ第二次世界大戦で枢軸国が勝利し、アメリカ西部を日本、東部をドイツが占領したという前提から始まる、六二年発表の『高い城の男』（浅倉久志訳、ハヤカワ文庫）の構想へと結びついていったのだろう。

このような後の作品と『市に虎声あらん』におけるアナロジーは他にも見出せるであろうが、私はここにハルバースタムが『ザ・フィフティーズ』の中で描いたアメリカの五〇年代とは異なる、もうひとつの風景と物語の表出を必然的に見てしまう。それは出現しつつある郊外と旧来の商店街のせめぎ合いの兆候で、原タイトルのVoice from the streetとはそうした「街路の声」とも判断できるように思われた。だが細部にわたって錯綜するこの物語の全体像を短文で紹介することは不可能なので、ここでは私のそのような視点から「街路の声」を抽出してみる。

その気配はエピグラフに引用されているライト・ミルズの『ホワイト・カラー』（杉政孝訳、東京創元社）の「知識階級」の章の一節にも表われている。ミルズの『ホワイト・カラー』は、H・ホワイト『組織の中の人間』（岡部慶三他訳、同前）や本書36のリースマンの『孤独な群衆』と並んで、いずれも五〇年代に出されたアメリカ社会学の古典と称すべき一冊であり、同時代におけるアメリカ人とその社会の変貌をテーマとしている。これらの社会学の古典の出現とアメリカの消費社会化の関係については拙稿「図書館長とアメリカ社会学」（『図書館逍遥』所収、編書房）を参照されたい。

それらにおいて、ホワイトは社会の組織の中に埋没し、画一化されていく「オーガニゼーション・マン」、リースマンは伝統や内部ではなく「他人指向型」に焦点を当てているが、ミルズの分析は次のようなものである。

十九世紀のアメリカ人は農民や実業家が主で、彼らは自分の生活を営むことを通じて成功者になれた。ところが二十世紀における新たな中流階級ともいうべきホワイト・カラーはサラリーマンとして雇われている存在で、独立や成功の可能性は少なくなり、それに伴い、アメリカ社会も変化せざるをえない状況にある。このような視点から、ミルズは旧中流階級を支えていた小企業や農業衰退とは逆に、新中流階級としてのホワイト・カラーの世界と生活様式、政治的意味や苦悩などを総合的に描いている。

ここでのホワイト・カラーは官僚から物販やサービス業の店員に至るまでの「つねに個人が、会社か、政府か、軍隊か、誰かにやとわれている」サラリーマンと解釈してかまわないのだろう。そして彼らの多くは大都市の郊外に住んでいる。またハルバースタムが『ザ・フィフティーズ』で、ミルズをこの時代の重要な知識人の一人だが、エキセントリックな新左翼的な社会学者として、かなり長いポートレートを提出していることも付け加えておこう。ただ残念なことに、ディックへの言及はない。

ディックがその『ホワイト・カラー』からエピグラフとして引用しているのは「知識階級」の章の一節で、自由な古典的知識人の敗北を伝えるものだと解釈していい。それは象徴的な一節でもあり、同様に引用しておくべきだろう。

> かれらは自己の内部の問題と戦うよりも、外部の敵がどこにいるのかを見つける方が困難であることを悟っている。かれらの敗北は一見個人的なものではないように見えるが、実はそれは、彼らの個人的な悲劇への道なのであり、かれらは自己の内部の虚偽に裏切られるのである。

いうまでもなく、「かれら」とは「知識階級」「知識人たち」をさしている。こちらに引き寄せて解釈すれば、生産

社会から消費社会への移行という産業構造の中において、かつての「知識階級」「知識人たち」はもはや存在意味を失ってしまっているのに、それに気がつかず、マスメディアなどで消費される対象と化していることを意味しているようにも思われる。それはどのようにディックの物語に反映されているのだろうか。

　まず『市に虎声あらん』の物語設定は一九五二年六月二十五日に設定され、そこから始まっている。その五二年のアメリカ状況とは、マッカーシーの赤狩りに続く朝鮮戦争の始まりでもあった。ある歴史家は五〇年代を三期に分け、第一期の五〇年—五二年を「恐れと疑いの時代」とよんでいるという。

　その日におけるダウンタウンの商店街にある電器販売店「モダンTV」の店主ファーガソンとその店員で、この物語の主人公ハドリーの店への、それぞれの車と徒歩での通勤シーンが描かれ、それらは「商店と街路」の風景をも含んでいる。そこにはローン会社、紳士服店、カフェ、健康食品店、八百屋、宝飾店、文具店、旅行代理店、ドラッグストアなどがあり、ファーガソンは教会と国を信じ、ラジオの修理業から初めて、テレビなどの電器販売店を構えるに至った人物とされる。ミルズの『ホワイト・カラー』にならえば、彼は十九世紀的な独立した自営企業家といえるし、商店街を形成する各店や会社にしても、ファーガソンと同様の軌跡をたどっているはずだ。

　しかしそのような商店街にも異物的な郊外の影響が忍び寄りつつある。本書で産業構造において、アメリカの五〇年代と日本の八〇年代がまったく重なるものであり、日本の八〇年代がアメリカの五〇年代の再現に他ならないことを既述しておいた。したがって日本の八〇年代に起きていた事柄は、同様にアメリカの五〇年代に生じていたことになる。その広範にして最大の社会的現象は郊外消費社会の誕生と隆盛、それに伴う商店街の衰退と没落だといっていい。

　したがって当然のことながら、ファーガソンが「モダンTV」を構えているシダー・グローヴス商店街にも押し寄せていると考えるべきだろう。彼の目にはライヴァルの郊外の家電量販店「オニール電器店」が眩いばかりの「理想郷《エリシウム》」に映るし、また郊外のロードサイドは「聖なる場所」のようだし、その買収を「神がかりの祭儀《スピリチュアル》」のように夢見ている。

> ベイショア・ハイウエイ沿いの道端、シダー・グローヴスの南に建つ、あの豪勢なケバケバしい電器店（……）。ベイショア沿いには新店舗が林立している。夏になると果物を売る屋台がずらっと並ぶようなものだ。オニールの店の右手、百ヤード先には、週七日、照明を終夜点滅させるピアノ販売店が建っていた。筋向かいには、映画館ほどもある広大な格安雑貨ストア。そしてその先にある酒場も、さながらスペインの城館とみえた。

新たな消費社会としての郊外のロードサイドの「新店舗」の林立が語られている。そして「オニール電器店」の卸が小売を兼ね、本場から直接仕入れる大型店チェーンによる買収も伝えられ、「大型店《ホットショット》」ではない「モダンＴＶ」は廃業に追いやられるかもしれないのだ。

主人公のハドリーはファーガソンの「モダンＴＶ」に勤めるテレビのセールスマンで、妊娠中の妻エレンがいるが、どこにも居場所がないというオブセッションに取りつかれている。それはインテリ、思想家、夢想家を自称する彼の性格、閉塞した商店街とニューディール体制の後退、東西冷戦構造などの問題の投影と考えられる。

ハドリーの分身のような存在として、高校、大学時代の友人で、労組や左翼刊行物に記事や論説を書き散らし、売文稼業で著名なデイヴがいる。かつてハドリーとデイヴは独立進歩党に属し、ニューディーラーの大統領候補ウォーレスを支援し、エレンはウォーレス学生連盟でガリ版を切っていたが、ウォーレス大敗後、ハドリーは党を離れ、デイヴも公民権運動に向かい、進歩党の魔女ともいうべきローラと結婚していた。

これには若干の補足が必要だろう。進歩党は一九四八年大統領選挙に際して結成された、共和党、民主党とは異なる第三の政党である。トルーマン政権の商務長官だったウォーレスが組織した「アメリカの進歩的な市民」を中心として、ニューディール左派、全国農民連盟、産業別労働組合会議、全米黒人地位向上協会などが加わり、基幹産業の段階的公有化、人種差別の廃止、米ソ平和外交を主張し、ウォーレスを大統領候補に指名した。だが進歩党は共産主義者の影響下にあると非難され、惨敗した。

ハドリーは医者の父を交通事故で失い、デイヴの父は労働者階級の職工で、元ＩＷＷに属していたこともあって、高校時代は二人とも民主党を支持し、山の手の裕福な共和党シンパたちと対立し、青年社会主義同盟を経て、進歩党に加わっていたのである。なおＩＷＷに関しては拙ブログ「出版・読書メモランダム」の「ゾラからハードボイルドへ」5の「ＩＷＷについて」で既述している。

　つまりこの二組の夫婦は左翼くずれ、もしくは挫折した進歩党員のその後の姿ということになる。デイヴはハドリーにいう。「きみらプチブルのホワイト・カラー労働者を、ぜひとも組合化したいもんだな。数百万人はいるはずだぜ。きみらは目立たない……巨大な金太郎飴の集団なんだ」と。

　そのような構図の中に、セオドア・ベックハイムという黒人が主宰するイエスの番人協会なる宗教団体が太古の伝説にも似て、大きく浮かび上がってくる。聖書をお筆先のようにしてハルマゲドンを唱え、ベッグハイムの愛人マーシャはデイヴを取り巻く「天国の幼童たち」の一人で、「退化したディレッタント」とされ、彼女が発行する雑誌は人種差別主義者《レイシスト》、ネオファシストの冊子に他ならないのだ。

　これらの登場人物の入り乱れるかたわらで、豊かなニュータウン、衰退し始めスラムのような商店街の様相、サンフランシスコ郊外の住宅開発地や分譲地の風景が描かれていく。朝鮮戦争の始まり、ダウンタウンの商店街の衰退、郊外の誕生と成長の中で、ハドリーは本書11で示した、日本における八〇年代の「テニスボーイの憂鬱」と通底する「セールスマンの憂鬱」を抱えている。

　そして自らのバニシングポイントを求めるかのように、「モダンＴＶ」の正面ガラスの穴に跳びこみ、片目を失ってしまう。それはもはや正常な身体ではこれから生きていくことができないと告げているような行為でもあった。つまりアンドロイドのような存在として生き延びることのメタファーともなる。それゆえに『市に虎声あらん』に詰め込まれているのは階級、人種闘争を伴った「セールスマンの憂鬱」がもたらした悪夢的妄想であり、それがこの小説をスプリングボードとして、ディックならではのＳＦへと結実していったのであろう。

　そのようにして『アンドロイドは電気羊の夢を見るか？』（浅倉久志訳、ハヤカワ文庫）も書かれ、それがリドリー・スコットによって映画化され、『ブレードランナー』の世界となって再現されたようにも思える。

40 郊外のカルト
――エド・サンダース『ファミリー』（草思社、一九七四年）

郊外をめぐる問題として、カルトや宗教のことにも言及しなければと考えていた。日本と同様にアメリカにおいても、前回のディックの『市に虎声あらん』にみたように、カルトや宗教は必然的に寄り添うようなかたちで出現していた。ここで言及したいのはシャロン・テート殺人事件を扱ったエド・サンダースの『ファミリー』（小鷹信光訳）に関してである。

この事件を起こしたマンソン・ファミリーの背後にはカリフォルニア特有のカルト、ケネス・アンガーのアンダーグラウンド映画、ビート詩人たちとヒッピームーブメント、ロックニュージックなども密接に絡んでいるし、実際に『ファミリー』の著者サンダースはファッグスというロックグループのリーダーでもあった。

しかしこれまで何度も言及を避けてきたのは、カリフォルニアのカルトの源流が、十九世紀末の英国の心霊研究協会の設立、マックス・ミューラーによる東洋諸宗教の経典英訳『東方聖書』に基づく神智学やオカルティスムの発生、及びブラバァツキー夫人の登場にあるというアウトラインは引けるにしても、戦後の明確な見取図が描けなかったことにある。すべてがあまりに錯綜しているし、地下水脈におけるつながりの全貌がつかめないからだ。

なお心霊研究協会に関しては、拙稿「水野葉舟と『心霊問題叢書』」（『古本探究Ⅲ』所収、論創社）、『東方聖書』については拙ブログ「出版・読書メモランダム」の「古本夜話」１０４の「『世界聖典全集』と世界文庫刊行会」、ブラバァツキー夫人もやはり同じく「ゾラからハードボイルドへ」11の「『デイン家の呪い』新訳」などで既述しているので、興味があれば参照されたい。

またケネス・アンガーのことも、「ゾラからハードボイルドへ」12「ケネス・アンガー『ハリウッド・バビロン』」として書いているが、アンガーの『スコーピオウ・ライジング』を始めとするアンダーグラウンド映画を見るに至っていないので、それらがビート詩人やヒッピームーブメント、ロックミュージックに与えた具体的な影響を確認できずにいたことも、『ファミリー』にふれてこなかった一因である。数年前アンガーの DVDBOX 盤が出されたのだが、限定盤ですぐに売り切れ、購入できなかったことも付け加えておこう。

ただアンガーのフィルモグラフィといっていいAlice L. Hutchison, Kenneth Anger (Black Dog Publishing, 2004) を読み、そこに引用されている映像を観ると、デニス・ホッパーとピーター・フォンダの『イージーライダー』や本書32のデイヴィッド・リンチ『ブルーベルベット』も、紛れもなくアンガーの映像と作品にその淵源が求められているとわかる。

そして彼の『スコーピオウ・ライジング』がエイゼンシュタインの『戦艦ポチョムキン』に匹敵する影響を与えた作品で、アンガーの影響はロックミュージックにも及び、ビートルズのアルバム『サージャイント・ペパーズ・ロンリー・ハーツ・クラブ・バンド』の表紙ジャケットにも、ビートルズを取り巻く多くの著名人たちの肖像の間にあって、二十世紀最大のオカルティストと称されるアレスター・クローリーの隣にいるのはアンガーだと思われる。

アンガーはクローリーの直系の魔術師として映画を撮ったとされるし、そのようなオカルティスム的環境からビートルズのアルバムが生まれたことを、この表紙ジャケットは物語っている。そこに日本からは何と福助が加わっているのだ。またアンガーの人脈には「沈黙の領域」とされるホモセクシャルの世界へと広く通じていることも書き添えておこう。

このような錯綜したカリフォルニア文化、文学、映画、音楽にまつわるカルト的状況を背景にして、一九六九年のマンソン・ファミリーによるシャロン・テート殺人事件が起きたことは疑いを得ない。サンダースの『ファミリー』はそのカルトの深くて暗い森を彷徨い、精神を病んでいる人々やその犠牲者たちに出会い、またいくつもの殺人事件にも遭遇する。そしてマンソン・ファミリーにおける向精神薬を用いた洗脳法、複合的暗示催眠による犯罪行為、導師《グル》が信者を絶対服従させるテクニックを浮かび上がらせ、それらを通じてファミリーがどのようにして殺人コミューンになっていったかを解明しようとする。

『ファミリー』のマンソンの物語も一九五五年、彼が二十

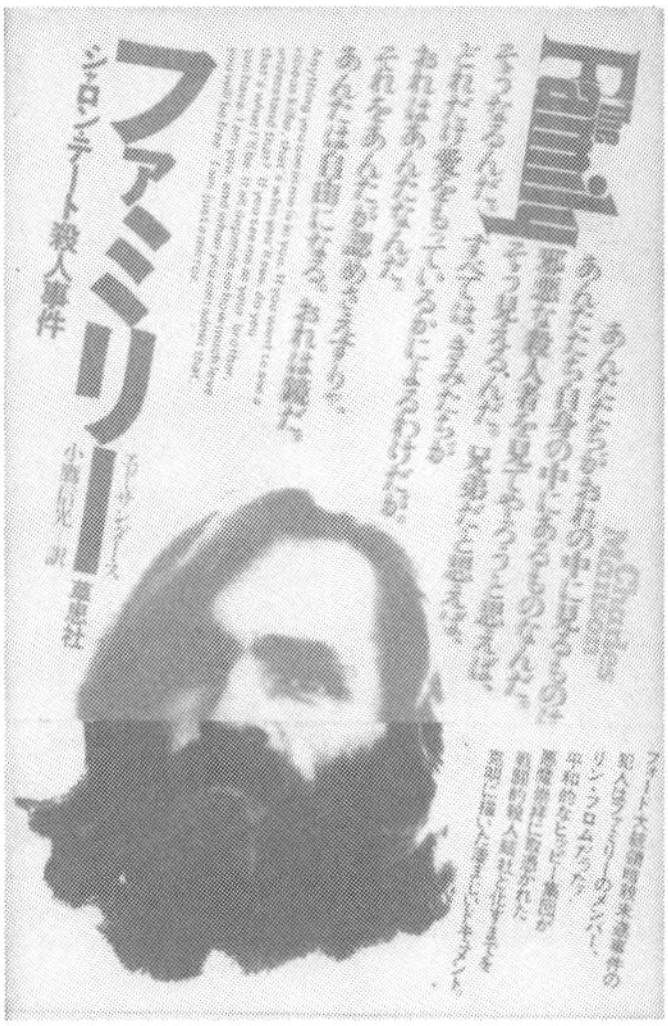

一歳の時から始まっている。彼は自動車窃盗、小切手偽造、売春目的で女性を使役するマン法違反などで、五〇年代後半から六七年にかけて刑務所で過ごし、そこで聖書、オカルティスム、サイエントロジー、催眠術、精神分析学、音楽などを学び、後のマンソン・ファミリー形成の理論の基礎を固めた。

そこで留意すべきはマンソンとSFの出会いで、ロバート・ハインラインの『異星の客』(井上一夫訳、創元推理文庫)から多くの用語やアイディアを借用したという。これはテレパシー能力と権力願望を秘め、火星植民地からただ一人の生き残りとして地球に戻ってきた男の物語である。それればかりか、『ファミリー』でサイエントロジーは「一種の霊魂再来の宗教」と説明されているが、荒俣宏編『世界神秘学事典』(平河出版社)などによれば、サイエントロジーはSF作家のロン・ハバートが創始した新興カルトである。その主張は人間の細胞には過去の恐ろしい衝撃の残存イメージが記憶されているので、それをすべて消滅させ、肉体的にも精神的にも幼児の頃のハイな気分を取り戻す「心理療法」をコアとしているが、それはハバートに莫大な財産を築かせた「頭のよいネズミ講」ともされている。

そのような刑務所生活を経て、一九六七年にマンソンは釈放された。そこで身につけた様々な知識、アイディア、テクニック、あるいは開花した音楽的才能、それらはベトナム戦争時のアメリカのカリフォルニアにおいて、まさに受け入れられるスキルに他ならなかった。そこはヒッピーたちであふれ、あらゆる分野においてアングラ文化の流れが生じていたし、それにLSDといったドラッグなども絡み、時代は激変しつつあった。その中で聖書引用狂で、キリストの再来を思わせるマンソンはファミリーを形成し始め、「マンソンと彼のファミリーにとって、ロサンジェルス中いたるところにドアは開いていたのだ」。

それに加え、様々な人物たちがマンソンに近づいてくる。ケネス・アンガーと親しく、その映画『ルシファー・ライジング』で悪魔の役を演じたボーソレイユ、ビーチ・ボーイズのデニス・ウィルソン、ドリス・デイの息子で、資産家のレコードプロデューサーのテリー、かつての囚人仲間や百人以上いたとされる若い娘たち。

サンダースは書いている。

サンセット大通りで、マンソンは成功したロック・ミュージシャンたちの落ち着きのない世界に深く潜入し、映画や音楽産業の大物たちの子女の、錯綜したサークルのなかで冒険をつづけた。それは、社会病質者の楽園だった。地下の水脈を見つける魔法の占い棒のように、小

柄な催眠術中毒患者チャーリーは二つのアメリカ的シンボルにくいついていった。

「二つのアメリカ的シンボル」とは一連のヒットを生み出すビーチ・ボーイズとドリス・ディのことで、その表象代行たるウィルソンとテリーであり、マンソンのセレブティ志向を物語っている。シャロン・テートとその夫のポランスキーもハリウッドに象徴される「二つのアメリカ的シンボル」ということになろう。

その一方で、マンソンの周囲には暴力志向の悪魔崇拝教のバイカーたちも集まるようになり、セックスやドラッグコミューンの色彩の強いファミリーに影響を与えた。だがそれ以上に連続殺人を引き起こす「あの暴力的な狂気の体験《フリーク・アウト》」を培養したのは、ロサンジェルス一帯に存在する「ゾンビのような信奉者をつくりだすことを専門とするグループ」だとサンダースは次のように指摘している。

> それぞれの結社の秘伝や門弟の地位には段階がある。あるときは催眠術に非常に似通った教化の方法を用いる。大聖《アデプト》の心の中にある秘教偏執狂《オカルト・パラノイア》がさらに拡大され、それによって秘教の信者の心をとらえる妖しげな信仰の網をはりめぐらすために、教化のひとつとしてある種の薬物が用いられることもある。
>
> これらの秘密結社の構造はファッショ的であり、集団の指導者クラスがすべての権力を吸いあげるようになっている。たいていの場合、指導者は、命令と服従の社会体制からとりのこされた、権力崇拝狂の、屑のような独裁者タイプの人間であることが多い。

そしてマンソンは「ヘルター・スケルター」という白人と黒人間の一大人種戦争の勃発を唱えるようになっていく。同じような人種戦争の起きることを信じていた秘密結社のひとつとして、サンダースは一章を割き、OTOのソラー・ロッジを挙げている。これは『ファミリー』の訳語に従えば、「東方の聖堂騎士結社《オルド・テンプリ・オリエンテイスト》」の「太陽神の結社支部」で、一九一一年にクローリーが英国支部を創設しているが、こちらはジョージナ・ブレイトンという女性が率いた教団で、その夫は南カリフォルニア大学の哲学科教授だった。彼女は大学校門近くに、魔術用品店と書店を開き、その勢力を広げていた。

『イージーライダー』のアートディレクターもそれに属していたようであるし、ここにもクローリーとアンガーの影響は明らかだが、ドラッグの乱用によって教団を支配していたという。それはともかく、この書店の外側にはエジプトの太陽神の目が描かれていたことから、「ホーラスの目書店」と呼ばれていたとされる。

私は前回のディックの『市に虎声あらん』を読んで、主人公のハドリーが勤める電器販売店「モダンＴＶ」の窓ガラスに大きな穴を開け、頭から突っこんで片目を失う場面のところで、この「ホーラスの目」を思い出した。これも片目の絵であったはずで、ディックもそれをどこかで見ていたかもしれないのだ。

またさらに訳者の阿部の「ディックの『眼球譚』―訳者解説に代えて」において、この小説の登場人物たちにモデルがあり、実際にディックもバークレーの電器販売店でアルバイトし、そこが大学生たちのたまり場だったことを教えられた。その中には左翼やモダニスト、神智学やシュルレアリスムの近傍にいた詩人たち、それからゲーリー・スナイダーやギンズバークのようなビート派詩人、後に『路上』（福田実訳、河出文庫）を書くことになるジャン・ケロアックなどがいた。

彼らへの言及や前述のアンガーやボーソレイユの映画写真の掲載もある海野弘の『癒しとカルトの大地 神秘のカリフォルニア』（「カリフォルニア・オデッセイ」4、グリーンアロー出版社）にはソラー・ロッジに先行するＯＴＯのカリフォルニア支部のことがレポートされているので、ディック周辺の人々も関係していたにちがいない。それゆえにディックの六〇年代のＳＦとマンソン・ファミリーによる連続殺人、「あの暴力的な狂気の体験」は、共通するカリフォルニアのカルトの光と闇の交錯する磁場を背景にして生じたといっていいように思われる。

シャロン・テート殺人事件にまでは至らなかったけれど、ファミリーによるその後の光景が描かれているので、それを引用し、閉じることにしよう。

> ナイフと衣服を手にして、一同が引きあげてきた。「まるでたましいのない生ける死者《ゾンビ》のようだった」と、のちに彼女は書いている。死人のような目をした生きる死者の群れ。

これは殺人者の供述で、それはこのような事件を通じて、本書34の『ゾンビ』が出現してきたことを告げているかのようだ。

なおこの一文を書いてから、アンガーの映画集成として『マジック・ランタン・サイクル』（アップリンク）が出されたことを知った。早速購入し、そのカルト的映像をようやく見ることができたので付記しておく。

41　ユートピアとしての映画産業立国
——筒井康隆『美藝公』〔文藝春秋、一九八一年〕

前々回ふれたディックの『高い城の男』ではないけれど、もうひとつの日本の戦後を想定したSFがある。しかもそれは本書36のリースマン『孤独な群衆』や『何のための豊かさ』（後者も加藤秀俊訳、みすず書房）、及びリースマンなどのアメリカ社会学の成果をベースとする記号論的フランス版に他ならない、ボードリヤールの『消費社会の神話と構造』（今村仁司、塚原史訳、紀伊國屋書店）を参考文献として書かれている。その作品は本書31でもふれた筒井康隆の『美藝公』である。これは『GORO』に連載され、翌年に横尾忠則装丁の、内容にふさわしい大型本として、文藝春秋から刊行された。

といってそれらの著作とダイレクトにつながるSF小説化ではないのだが、リースマンやボードリヤールが批判的に分析している消費社会論をそのまま隠し味とすることで、この『美藝公』は成立している。それに加えて、この作品が八〇年代に書かれたという事実に注目すべきだろう。アメリカやフランスの消費社会化がリースマンやボードリヤールの著作を生み出したように、筒井の作品も日本の消費社会化、及び八〇年代以後の行方への注視と思考がもたらしたものだと見ることもできる。

本書でも既述してきたように、戦後の日本社会は一九七三年のオイルショックによって高度成長期に終止符が打たれ、工業社会から消費社会へと移行し始めた。それは第三次産業就業人口が50％を超えたことにも示され、現代の消費社会の主要インフラにして、象徴的存在であるコンビニ、ファミレス、ファストフードの出現もすべてが七〇年代前半だったし、それらは八〇年代のロードサイドビジネスの中核を形成し、郊外消費社会の成長と隆盛をリードすることになったのである。

しかしこれらの出現は産業構造の転換を意味するだけでなく、日本全国各地の田や畑だった幹線道路沿いの風景を消費社会のそれへと変容させてしまうものだった。そのことは農耕社会がたちまちのうちに消費社会へと移行してしまった事実を物語っていた。長い日本の歴史にあって、それが占領に伴う戦後社会のプログラムとして織りこまれていたにしても、私たちは初めての産業構造の転換と、そのことによる風景の変容を目撃していたのだ。

したがって一九七〇年代から八〇年代にかけての日本のドラスティックな消費社会化を前提として、筒井の『美藝公』も書かれている。しかもそれは立ち上がりつつある郊外消費社会を視野に収めているかのように、「郊外へ出ると鮮烈な黄緑色が車の両側に迫ってきた」との一文から始まり、「人生は活動写真／かげろうのように／ゆらめいて消えていく……」という歌が流れる。それは映画とスタアへのオマージュとしての歌ではあるけれど、うたかたかもしれない郊外のメタファーのようにも聞こえてくる。

脚本家の「おれ」＝里井勝夫の乗る車は美藝公の邸宅に向かっていた。その邸の前庭は二千三百坪の広さで、大噴水、プール、テニスコート、クレー射撃場を備え、邸宅はドイツロココ調建築の二階建て、正面玄関を中央にして左右対象形で、東西に延びている。そこには新聞各紙の美藝公詰記者室があり、広いサロンには美藝公の穂高小四郎、監督の綱井秋星、美術監督の岡島一鬼、音楽監督の山川俊三郎が待っていた。里井が次回の美藝公の主演作品として提出した『炭坑』に関して検討するためだった。

それは炭鉱町生まれの新人作家のサスペンス社会劇で、炭坑事故が相次いで起きていた時代を舞台としていた。その映画化には美藝公と里井が労働者階級出身であること、また石油や原子力がエネルギー源へと移行したので、炭坑がほとんど閉鎖されてしまったけれど、まだ良質で豊富な石炭が埋蔵されているし、石油ばかりに頼ることを見直そうという含みもあった。つまり先述したオイルショックがモチーフになっているとわかる。

そして綱井監督がいう。「もしこの映画を製作するのであれば、もういちど石炭鉱業を国家的にするか、国管もしくは国営にするかして炭鉱町に繁栄をもたらし、あのさびれ果てて無人になった炭鉱町にふたたび灯をともすことが必要です」と。その言に加え、さらに大臣連中に連絡をとり、官僚会議を開いてほしいとも、監督は美藝公に進言する。

ここまできて、人を悪くいうことなく、男でさえ見惚れるような映画俳優の美藝公が国家にとっても重要人物だと判明してくる。その邸宅は総理大臣官邸のようなもので、そこには記者も詰めていることからすれば、美藝公のニュースはメディアにとっても必要不可欠であり、『炭坑』映画化はただちに記者会見で発表された。『美藝公』の世界は何よりも映画が中心となっている社会で、銀座らしきところは映画通りと呼ばれ、映画会社、洋画配給会社、その関係企業のビル、及びそれらの人々が集うカフェやクラブが並び、その百万ドルの夜景が見られる屋上の、しかもコック付きのペントハウスに脚本家の里井は住んでいた。脚本家のみならず、映画関係者の地位は作家よりも高く、彼らは日本一狭き門の芸大の講義も受け持っていて、映画の世界に入ろうとする学生たちが詰めかけていた。

それもそのはずで、『炭坑』の映画化に合わせ、失業者も映画によって炭坑労働の尊さに目ざめ、労働力も集まり、失業者の吸収もできるとの観測から、炭坑を国家的事業として再開させ、石炭鉱業の国営化もほぼ決まっていたのである。感謝の言葉をもらす美藝公に総理大臣はいう。

「当然のことです。わたしどもは常に美藝公の一挙手、一投足に注意を向けています。映画産業立国である日本の政府は、政治、経済、さらに大きく文化、それらすべての面にわたり映画と歩調をあわせ、時に応じて最も効果的な政策をとらねばなりません。むしろわたしどもこそ、このように事前にご相談願えたことを感謝しているのですよ」

法務大臣もいつもの繰り言を話し始めた。「わたしは映画の監督になり、そういう映画を作りたかったのです。（……）あいにく才能がなく、芸術大学を落第しましてな。しかたなく国立大学の法学部に入った」と。

このような場の中心にいる美藝公とその映画の魅力とは何なのか。それは美藝公とて工場労働者の家に生まれ、工業専門学校しか出ていないのだから、「生まれ」も「育ち」も「教養」も関係がなく、その個性的魅力の本質は「思いやり」に他ならない。それは人生論や道徳本でいわれる安易なものとはちがう大変な技術と努力を要するもので、才能、素質、努力を三位一体とする無意識化によって生まれるに至ったとされる。それが「スタア・システム」によっている映画にも反映され、映画の魅力へとつながっているのである。「スタア・システム」とは時代とともに美藝公も引き継がれていくことを意味し、映画『炭坑』には前美藝公も出演し、華を添えることになる。

かくして『炭坑』は傑作に仕上がり、全国一斉に封切られ、国営化によって炭坑自体も一年後には以前の十倍の石炭生産が見こまれ、日本には世界各国の石油不足による不況などどこ吹く風というエネルギー状況がもたらされていた。

そうした美藝公の存在と映画の成功の中で、有名女優の恋人も得て、里井は順風満帆だったにもかかわらず、「幸福すぎる」という「奇妙な考え」に取りつかれ始めていた。

もしこの国が今のように、アジアのハリウッドと呼ばれる映画産業立国ではなく、したがって映画を中国や東南アジア各国をはじめ、世界各国へ輸出していなかったとすればどうだろう。おれは今のように幸福でいられただろうか。その場合、おれは何を職業とし、今ごろどうしているだろう。またこの国はその経済と文化の基盤をどこに置いていただろう。（……）映画輸出国でない日本など、おれにはとても考えられなかった。戦前の、高い技術を欧米の映画から学んで繁栄した映画文化、そして敗戦後、娯楽に飢えた国民に夢をあたえる唯一の産業としてさらに発展し、次第に巨大化した映画産業。まったく観光以外他になんの資源もないわが国が繁栄できそうな産業としては、映画しかないではないか。

だがそうであるにしても、「この世界は本当ではないのではないか。本当の世界はどこか別の宇宙にあり、この世界はその別の世界に住む本当のおれの夢と願望だけで作りあげた世界ではないだろうか」という疑念がつきまとい、絶えず不安に駆られるようになった。それは「おれ」の考えた「本当の世界」のほうが整合性とリアリティがあるからだ。それゆえに『美藝公』は小説の中の登場人物がその世界を疑い始めるというメタフィクション的隘路へと差しかかっていく。ただそのような疑念を聞いてくれるのも美藝公しかいなかった。

そして彼らを前にして、里井は「奇妙な考え」を話し始め、「敗戦後、もしこの国が映画産業立国ではなく、経済立国として繁栄していたら、現在どういう有様になっているだろうか」と問題を提起する。すると美藝公を含む先に挙げたメンバーたちが百花斉放のようにしゃべり出す。それらを要約してみる。

＊資源がない国が経済立国となるために、政府が石炭産業などに設備投資金融を行なったように、貿易金融や輸出向け産業への金融を実施していれば、もっと輸出入が活発になっていた。日本には労働力があり、日本人は勤勉だし、教育水準も高いので、自動車や電器製品を始めとして、原料を輸入し、それを加工して輸出するそれら

の会社は大企業となっている。
＊でもそれだと日本は単に利益と富の追求だけが国家目的になってしまうどころか、国民すべての個人的目的となる社会が形成される。日本人全体の指向が利益追求で一致すれば、とても陰惨な社会、一種の全体主義的な社会と化してしまう。
＊それでも個人の消費生活は盛んになるから、必ずしも陰惨とはいえない。だが新聞の第一、二面に映画の記事は載らなくなり、政治家、実業家の老人たちと政治、経済の情勢ばかりになり、外国の新聞と同じになってしまう。
＊経済優先の社会になると、映画はなくなってしまうかもしれないし、残ったとしてもろくな映画ではなく、ポルノばかりという状況が生じる可能性もある。
＊経済優先の社会では情報の急速で、大量の伝達が重要視されるようになり、国民に文化的作品をじっくり鑑賞させる精神的余裕がなくなり、精神が荒廃してしまう。
＊そうした社会では宣伝に金がかかるから、国民も宣伝に金のかかった映画しか見にいかないし、金を持つプロデューサーの発言権が大きくなり、スタアの地位は下になってしまう。それは現在の社会の完全な衰退の社会となる。
＊スタアの代わりに台頭してくるのはアイドルで、いくらでもいる可愛くて、歌も演技も人並にこなせる若い男女ということになり、いくらでも代替のきく商品と同じになってしまう。
＊そうなると、映画は芸術ではなく、プロはいなくなり、半分は宣伝の手段で、映画俳優を真面目に志す人はいなくなる。その社会の青年の理想像は大企業の社員、つまりサラリーマンということになる。それが大衆消費社会、大衆情報社会に他ならない。

まだまだ美藝公たちの現在とは異なる「架空の設定」としての「虚構の社会」に関する議論は続いていくのだが、きりがないので、ここら辺で止めることにする。彼らもこれは現実ではなく、フィクションで「すばらしい悪夢」だといっているのだから。

いってみれば、筒井は自らの『不良少年の映画史』（文春文庫）の面目を発揮し、この作品の前半を美藝公たちが中心となるユートピアとしての映画産業立国を描き、後半においてリースマンやボードリヤールの著作を参照し、ディストピアである大衆消費社会を提出していることになる。

だがやはり留意すべきはこれが一九八〇年に書かれていたことであろう。この三十数年前に書かれた『美藝公』における筒井の、その後の日本社会と映画についての予測は外れていることもあるが、多くはそのように進行したといえるだろう。

それらの中で最も笑ってしまうのは、経産省が「クール・ジャパン」なるキャッチフレーズで映画、アニメ、コミックなどの外国への進出を唱えたことだろう。これこそは『美藝公』における映画産業立国のやき直しということになる。これはマルクスが『ルイ・ボナパルトのブリュメール十八日』(伊藤新一、北条元一訳、岩波文庫)で、ヘーゲルの言葉として引いているものを当てはめたくなる。それは世界史上の大事件と大人物は二度現われるが、ただし「一度は悲劇として、二度目は茶番として」という言葉である。『美藝公』はそのまま悲劇ではないけれど、「茶番」という言葉はまさに経産省と「クール・ジャパン」構想に当てはまるもののように思える。

42 コピー、増殖、ホラー
——鈴木光司『リング』〔角川書店、一九九一年〕

横浜郊外の新築高層マンションと工場と新興住宅地の風景から始まる、鈴木光司の『リング』をあらためて読むと、一九七〇年代半ばに角川書店の角川春樹が仕掛けたメディアミックス化による横溝正史ブームから、すでに十五年ほど過ぎていたことを実感してしまう。それは『〈郊外〉の誕生と死』の「序」のタイトルの「村から郊外へ」ではないけれど、ミステリやホラーの世界が『犬神家の一族』や『八つ墓村』といった「村」から「郊外」へと、必然的に舞台が移行していたことを示唆し、横溝の場合と異なり、まさに同時代の日本社会を映し出していたからだ。

しかもそれは同じ角川レーベルの中での変容であり、本書17のスティーブン・キングに代表されるアメリカのホラーブームを範とし、それを日本において横溝正史に表象代行させた角川商法が、ようやく本来の同時代ホラーの発見に至ったことを意味していよう。

それに加えて、『リング』のテーマのひとつは「ダビング」、つまり「コピー」と「増殖」であり、この言葉はまさに八〇年代における郊外消費社会の成長と隆盛に直結している。郊外のロードサイドビジネスの多くはコンビニに象徴されるように、フランチャイズシステムによって「コピー」されて「増殖」し、それは現在になって五万店を超える消費社会の中枢インフラを形成することになったのである。

これらのことは後にもう一度言及することにして、この『リング』もまたメディアミックス化され、さらに今世紀になってアメリカでも正続編と二度映画化され、かなり長きにわたって「増殖」化の道をたどったこともあり、よく知られた物語として流通したと思われる。だが小説刊行からもはや四半世紀経ってもいるので、ここでそのストーリーを示しておこう。

『リング』の始まりの年代の記載はないが、九月五日の同時刻の午後十一時前後に四人の若い男女が同じように苦しみと恐怖の表情を残し、急性心不全などで死亡したことから、物語が作動していく。その中の一人は雑誌記者の浅川の姪であったことから、彼は姪の死に不審を抱き、調査していくと、女子高生と予備校生の四人が親しい関係にあったことが判明してくる。しかも四人は死の一週間前に、箱根のリゾートクラブの貸し別荘に泊まっていた。そこに一泊したことで、姪たちは何らかのウィルスに感染し、それが謎の死に結びついたのではないかと浅川は疑い、リゾートクラブの同じ貸し別荘であるビラ・ロッグキャビンに宿泊する。

ここで描かれているホテル、滞在型別荘、テニスコートなどを備えた「リゾート」は八〇年代のバブル経済の只中で、アミューズメント的なさらなる郊外として開発されたものの象徴であろう。その空前のリゾートブームは佐藤誠の『リゾート列島』（岩波新書、一九九〇年）などで、同時代の日本社会の構造的歪みと根本的矛盾を反映したものとして、批判されていたことも書き添えておこう。

浅川も本能的にそのことに気づき、ホラー映画『十三日の金曜日』の舞台のような丸木小屋だと想像していたが、ホテルは都市型の近代ビルで、そういう雰囲気はなく、ほっとしたけれど、「ここにいる人々は、生きているというニュアンスが感じられない」と思うのだった。それは浅川と物語の行方を暗示しているようだ。だがそこで彼は四人が観たと思しき一本のビデオテープを見つける。ここからが『リング』の真の始まりと考えてもいいので、その場面を引用してみる。

　ビデオテープは巻き戻してあった。どこでも手に入るごく普通の百二十分テープで、管理人が言った通り、録画防止用の爪が折られている。浅川はビデオのスイッチを入れ、テープを押し込んだ。テレビ画面のすぐ前であぐらをかいて、プレイを押す。テープが回転する音。浅川は、この中に四人の死の謎を解く鍵が隠されているかもしれないと期待した。ほんのちょっとした手がかりでも発見できれば、それで満足というつもりで、プレイボタンを押したのだ。まさか、危険はないだろうと。雑音とともに画像は一旦激しく揺れたが、チャンネルを操作するとすぐに収まり、ブラウン管は墨をこぼしたように黒色に塗り替えられていった。それが、このビデオのファーストシーンである。……

　それらの映像を要約すれば、次のようになる。まず「終りまで見よ」という文字が浮かび、真っ赤な流体が弾け、活火山の景色が現れる。それから火山が爆発し、「山」という漢字が読め、二個のサイコロが鉛のボールの中を転がっている。次に老婆が登場し、意味不明の方言で語りかけ、消えてしまう。すると生まれたばかりの赤ん坊が画面いっぱいに広がり、それも消えると、百個ばかりの人間の顔が現われ、憎しみと敵意のこもった「詐欺師」「嘘つき」というざわめきが聞こえ、それらの顔は数百個に分裂増殖していく。その画面が変わると、古いテレビが映り、そこには「貞」という文字が浮かんだ。続いて急に男の殺意のこもった顔が現われ、その肩は肉がえぐられ、血が流れ、どこからか赤ん坊の泣き声が聞こえ、画面の中央に浮かぶ満月から拳大の石が降り、あちこちに鈍い音を立ててぶつかってくる。そして最後に白い文字が浮かんでは消える。「この映像を見た者は、一週間後のこの時間に死ぬ運命にある。死にたくなければ、今から言うことを実行せよ。すなわち……」と。

　そこで画面はがらりと変わってしまう。見慣れたテレビのコマーシャルで、最初に見た四人、もしくはそのうちの誰かが悪戯心をおこし、重要な部分にテレビCMをダビングすることで、消してしまったのだ。浅川はパニックに襲われる。実際にこのビデオを観た四人が謎の死を遂げていたからだし、自分もそれから逃れられないと直感したからでもある。しかも逃れる術は消されてしまっていた。唯一助かる方法はこのテープの謎を解くことではないか。彼は別荘からテープを持ち出し、友人の高山に助けを求める。高山は医学部を経て、哲学科の博士課程を終えた、大学の論理学講師で、世界の仕組みを解き明かす超心理学、すなわち超能力やオカルトに通じ、「世界の終わりを見たいと思っている人間」と自称している男である。

浅川と高山のビデオテープ調査によって、次のようなことがわかる。それらを箇条書きにしてみる。


*このテープは四人が泊まるすぐ前に、別荘を予約した家族のうちの男の子がテレビ番組を裏録画したもので、そのままデッキに入れ、忘れてしまったものだが、その番組は浅川たちが見た映像とまったく関係がなく、それは勝手に映像が侵入してしまう電波ジャックによるものだとしか考えられない。

*火山は三原山で、戦後四回噴火している。

*老婆の方言は大島の南端のもので、標準語に直すと、身体の具合はどうだ。よそ者には気をつけろ、来年子供を産むのだから、おばあちゃんのいうこともよく聞いておけという意味。

*この映像には黒い幕が頻出することから、これはテレビカメラや機械のレンズによって撮影されたものではなく、人間の網膜に映ったもので、黒い幕は目を閉じた瞬間を意味する。つまりある人間の五感が録画した映像に他ならない。

*超能力実験者リストから大島出身の女性を探し出すと、その名前は山村貞子といい、「山」という念写写真が見つかった。

*大島での調査によれば、二十五年前貞子は島を出て、東京の劇団に入り、その後行方不明。母の志津子はT大精神科助教授伊熊と不倫関係になり、貞子を産み、祖母に預ける。その後島に戻り、貞子と一緒に暮らしたり、また島を出たりしていたが、三原山の火口に身を投げ、自殺。

*貞子は小学生の時から予知能力を発揮し、三原山噴火を予言。


これ以上の言及は長くなってしまうし、肝心な事柄はすでに示したので、ここで止める。これらがあの謎のビデオテープに秘められた事実と背景ということになる。しかしここに提出された謎はまさに「増殖」し、『らせん』『ループ』とさらに展開されていくので、これらも『リング』のみならず、三部作の謎の一端でしかない。

だがこうしたストーリーやさり気なく書きこまれた事柄から判断すると、これがカルトとビデオの時代における郊外伝説的ホラーを意図した作品と見なしていいように思う。しかもそれは同時代的状況や日本近代史に記録されている、所謂「千里眼事件」をもふまえている。

まず同時代的状況であるが、浅川が編集に携わる新聞社の週刊誌とは『サンデー毎日』をモデルにしている。二年前に空前のオカルトブームが招来する一方で、浅川が手がけた「現代の新しい神々」の教祖影山照高の一件で、深刻なトラブルが起きたとされているが、これは一九八九年に『サンデー毎日』が繰り広げた「オウム真理教の狂気」と題した連続告発キャンペーンに対して、オウム側が嫌がらせと告訴に及んだ事件を想定しているのだろう。こちらは『神々のプロムナード』（講談社）として提出されることになる。

謎のテープのヒロインともいえる貞子のキャラクターとその来歴、及び周辺関係者は、明らかに先述の「千里眼事件」から召喚されている。これはかつて私も「心霊研究と出版社」（『古本探究Ⅲ』）で書いているが、明治四十三（一九一〇）年に東京帝大助教授福来友吉などによって行なわれた、千里眼女性とされる御船千鶴子の透視実験のことである。彼女は不知火の予知、海に沈んだダイヤの指輪の発見、有明海の炭層の透視といった千里眼を発揮し、その能力が知られるようになり、福来による実験へと至るのだが、成功と詐術の評価の狭間で苦悩し、自殺へと追いやられている。彼女の短かった生涯、及び福来との関係は光岡明の『千里眼千鶴子』（文藝春秋）に詳しい。これは忘れていたのだが、拙稿において、「鈴木光司の『リング』を始めとする現代の『怪談』も、明らかに『千里眼事件』にその源を仰いでいる」との既述を見出したのであるけれど、この見解は今でも変わっていない。

それから忘れてはならないのは『リング』に挙げられている『十三日の金曜日』を始めとする多くのホラー映画で、これらがビデオレンタルの隆盛の時代を背景に、広範かつ多種多様に観られ、受容されていた事実を告げていよう。一九八〇年代に立ち上がったビデオレンタルは数万店に及んだとされるが、徐々に淘汰され、九〇年代はCCC＝TSUTAYAとゲオの制覇へと向かい始めようとする時代であった。つまりこの二社の店舗が同じように「増殖」を繰り返していた。

それは他の業種のロードサイドビジネスも同じで、日本全国各地の風景を均一化、画一化させる装置となっていったのである。『リング』に示された、ダビングしてそのコピーを誰かに見せなければ、テープを観た人間は死んでしまうというメカニズムと同様なことを物語っているようであり、それは郊外消費社会の成長のメカニズムといっていい。それゆえにビデオは終焉し、現在ではＤＶＤになっているが、『リング』は現在のメタファーのようでもあり、今でも「怪談」たりえているように思われる。

43 「郊外のキリスト」——花村萬月『鬱』（双葉社、一九九七年）

『〈郊外〉の誕生と死』の脱稿後に出されたり、読んだりしたこともあって、拙著ではいずれも取り上げることができなかったけれど、本書でふれてきた桐野夏生『ＯＵＴ』、篠田節子『ゴサイタン・神の座』に加え、今回の花村萬月『鬱』は新たに出現した、ほぼ同時期の郊外文学三部作ではないかと思われた。

篠田の『ゴサイタン・神の座』はさておき、桐野の『ＯＵＴ』と花村の『鬱』にはいくつもの共通点がある。まずそれはともに舞台を新青梅街道沿いに設定していることで、既述しておいたように、この街道は都心と武蔵村山市、小平市などの郊外住宅地を結ぶ重要な道路ゆえに、一九八〇年代にロードサイドビジネス有数の集積地となっていた。

しかも『ＯＵＴ』の女たちが武蔵村山市のコンビニの弁当工場で、夜間に働いているように、『鬱』の男たちも小平市の製パン工場で、夕方から深夜にかけてのアルバイトに従事している。その夜の工場の実態の描き方、日系ブラジル人たちとの混住労働、及び彼らの日本における位相と物語の中での位置づけも、ふたつの小説でもほぼ同様な構図で提出されている。それゆえに何よりも『ＯＵＴ』と『鬱』は時代と地域と環境を共有する小説として仕上がっている。すなわち、それらの物語ファクターは八〇年代から九〇年代にかけて成長してきた郊外消費社会を背景にして浮かび上がってきたものと見なしてかまわないだろう。

しかしはっきりいって、『ＯＵＴ』に比べ、『鬱』は小説として成功しているとは言い難い。それは前者が否応なく犯罪へと向かうクライムノベルをめざして書かれていることに対し、後者はタイトルに示されているように、主人公も含め、物語全体に漂う「鬱」をめぐる観念的ドラマを形成し、しかも妄想的饒舌に満ちているからだ。そのことを喚起、強調する意味をこめて、エピグラフに『漢和中辞典』（角川書店）と『新明解国語辞典』（三省堂）からの「鬱／ウツ・しげる」の意味が引かれている。それらによれば、「鬱」とは「むんむんするほど木が茂ることを意味し、悶々とする意となった」とある。

このタイトル、及び主人公の舞浜響《ひびき》が作家修業中の青年との設定になっていることから、本書85の同じく作家志望の青年を主人公とする佐藤春夫の『田園の憂鬱』や『都会の憂鬱』を思わず連想してしまう。もちろん花村はこれらの佐藤の二作もふまえ、この作品を構想したと思われるが、ここでは「田園」や「都会」ではなく、本書11の村上龍『テニスボーイの憂鬱』、同35の大場正明の『サバービアの憂鬱』の系譜に連なる「郊外の憂鬱」をテーマとした小説と解釈しておきたい。このあまりにも饒舌で、多くの文学、哲学からの引用とその断片が散種された長編小説をそうした視点から紹介してみる。

実際に『鬱』は響が深夜の新青梅街道を小平市に向けて車で走っている場面から始まっている。車は改造が施されているので、スピートは出るにしても、粗大ゴミに他ならないような代物である。彼は車を走らせながら、様々なモノローグを発していく。天才を自覚する自分はなしくずしの精神病者だとか、京都の貴族を自負する自分は舞浜響というペンネームを全国区にしなければならないとかいったモノローグに混じって、バイト先において暴力で君臨している青田という男への言及、大手製パン工場からの匂いによる嘔吐感などが描かれていく。

そして響は小平霊園の中に車を乗り入れ、かつて雨の日のそこでの記憶を蘇らせる。それらは老松の幹に寄生した瘡蓋のような苔を見て、武田泰淳の『ひかりごけ』（新潮文庫）を連想し、人肉の味に関する様々な妄想を抱いた

こと、雨の降る夜の墓地を文学者の墓を探し、吸血鬼のように彷徨ったこと、カーセックスを目撃したこと、段ボールに捨てられていた四匹の仔猫を次々に殺したことなどだった。夜の墓地を彷徨う吸血鬼とはまさに本書34の『ゾンビ』のようではないか。

そうした追憶から醒めると、響は近頃小平市に出没している「尻切り魔」のことを思った。「尻切り魔」事件は深夜に帰宅する若い女の背後から、剃刀状のものでそのスカートやスラックスを切断する犯行で、実際には臀部まで傷つけられた女性もいて、痴漢行為というよりも傷害事件に他ならなかった。心情的に響もまた「尻切り魔」に近い存在であるかのように、アパートから物干しハンガーを盗み、それに吊るされていた下着に向けて射精したりする。

これらの様々な事柄に及ぶモノローグ、車での彷徨、墓場での長い追想、「尻切り魔」と下着泥棒などを含んだイントロダクションは第一章の三十数ページに及び、自動記述というよりも支離滅裂なナラティブの印象が強く、標識のない道路をライトのつかない車で、あふれんばかりの妄想を抱き、彷徨っているようなイメージがある。先に佐藤春夫の作品を挙げたけれど、そのうちのいくつかは外国文学のもので、例えばパン工場の匂いでの吐き気を覚えるのはサルトルの『嘔吐』（白井浩司訳、人文書院）、猫殺しと後に出てくる幼児殺しはドストエフスキーの『悪霊』（江川卓訳、新潮社）といった作品にイメージが求められているように思える。

しかしそれでもこのような記述の続く第一章の最後の部分で、ようやくこの「鬱」という物語のイニシエーションの光景に出会うことになり、長かったカオス的イントロダクションがここに至るまでのプロセスだったとわかる。それは花村の他の物語もそうであったように、この『鬱』もboy meets girl の倒錯的物語であることを示唆している。またこれらのカオスといっていい始まりは、物語の背景が一定の秩序を備えたストリートをメインとする街ではなく、ロードが主要な役割を占めるノマド的郊外であることをも告げている。「郊外の憂鬱」の中で、郊外の哲学と論理や自己批評にまみれ、カオスの中を走っていた車はようやく居場所を見つけたのだ。

しばらく無目的に車を走らせて、思案した。深夜営業のファミリーレストランに車を向けた。小平駅前で右折してあかしあ通りを国分寺方面に走る。仲町の交差点で青梅街道だ。街道沿いには点々とコンビニエンスストアやファミリーレストランがある。響はその中の一軒のファミリーレストランに目星をつけた。駐車場に車を乗りいれ、(……)店内を物色する。案の定、中学生か高校生くらいの少女のグループが盛りあがっている。もっとも響に彼女たちの声が聞こえるわけではなく、水槽の金魚を観察しているようなものだ。

響は待った。(……)少女たちが(……)店から出てきた。響はいちばん大人っぽい少女に決めた。なかなかきれいな少女だ。

ここで私はまたしても他の作品のイメージ、本書9の『ロリータ』というよりも、次回のジョン・ファウルズの『コレクター』(小笠原豊樹訳、白水社)における主人公の眼差しを連想してしまう。響は自転車で帰る少女を車と徒歩で追う。少女は予想通り団地の十三棟に向かった。響はその階段でカッターナイフを示し、彼女を襲い、「尻切り魔だよ」と囁いたのだ。こうして花村特有の boy meets girl の物語が始まっていく。

このファミレスから団地へと至るトポグラフィを『OUT』のところでも使用した『首都圏ロードサイド郊外店便利ガイド』(昭文社)、及び『日本住宅公団20年史』などによって確認してみると、叙述はそれらにかなり忠実で、ファミレスはロイヤルホストのように思われるけれど、断定はできない。だが団地のほうは小平団地に間違いない。『OUT』でもそうであったが、これらの事実から、『鬱』もまた同時代の郊外と消費社会を等身大に描くことを試みているとわかる。

なぜ響の「尻切り魔」が単なる性犯罪ではなく、物語の導火線のようになっているのだろうか。それはこの女子高生由美枝にとっても、「尻切り魔」との出会いが girl meets boy の発端であるからだ。彼女は長崎県五島の生まれで、物心ついた時にはこの団地にいた。両親は信仰で結ばれたカトリック信者であるが、その偽善性は由美枝を苛立たせる。彼女もカトリック信者に他ならず、読書によってもたらされる疑似体験、仮想現実的妄想に捉われ、断片的で無数の知識を有していたが、読書や知識のことは周囲に悟られないように過ごしてきたのだ。

また二人は京都の貴族と長崎の五島を出自としていて、もちろん響は自称であるにしても、郊外の貴種流離譚的出会いをしたともいえる。それに響の「鬱」は次のように語られるのだ。「鬱が響を呑みこんでいく。鬱は繭のように曖昧でつかみどころがないが、その触手は鋭く尖っていて、キリストの頭にかぶせられた荊冠そっくりだった」と。

つまり由美枝は響の分身のような存在であり、団地内で視線を合わせた「芸術家肌」に見える「尻切り魔」は「理想の男」であるとの直感すらも抱いたのだ。いわば性犯罪の加害者と被害者という立場にもかかわらず、二人の関係は周囲の人間たちも巻きこみ、沸騰していく。しかも響の勧めによって、由美枝は「鬱」という小説を書き始めるのだ。それは響が書きつつある小説のタイトルでもあり、まさにこの物語の謂と見なせるし、こちらは共犯ともいえる関係に置かれることになる。

それらの関係はイントロダクションと同様に、カオスと妄想の記述、述懐の中を進んでいく。だがそれでも二人はキリストの像と聖母マリアの聖画を前にして祈るのだ。そして由美枝はユダに扮し、『聖書』の一節を脚色して語り始める。これは全文を引用したいが、長くなってしまうので、省略を施して示す。

（……）ユダはキリストを売って得た銀貨を握りしめ、呟きました。（……）なぜ私があなたを売ると予言したのですか。そればかりか、あなたは私を呪われた者だと言い放った。さらに、生まれてこなかったほうがよかったものを、とまで言った。あなたは神の子のくせに私に裏切り者の役を押しつけた。すべては、いにしえの予言が成就されるためではないか。私は銀貨など欲しくなかった。欲しかったのは、あなたの愛です。だが、あなたは私が嫌いだった。大嫌いだった。

おそらく『鬱』の登場人物たちのすべてはキリストとユダとマリアのメタファーであるようにも思われる。そして製パン工場と高校生活、それらを包囲している郊外もまた、『聖書』の世界のメタファーであるのかもしれないのだ。そのように考えてみると、ひとつの絵が浮かんでくる。それはルオーの「郊外のキリスト」(Le Christ dans la banlieue)である。夜の郊外の道にキリストが二人の人影とともに佇んでいる。満月=萬月が照らす道には他に誰も見えず、淋しげな家々と煙の出ていない煙突が並んでいる。淋しい風景だが、その三人の佇まいにはささやかな慰安とほのかな温もりが感じられる。カオスとセックスと暴力を通じて、『鬱』の世界が垣間見せようとしているのは、このような逆説的世界への到達ではないだろうか。

44 郊外のストーカー
――ジョン・ファウルズ『コレクター』
〔白水社、一九六六年〕

前回ジョン・ファウルズの『コレクター』(小笠原豊樹訳)にふれたが、一九六三年に発表されたこの小説も、その背景にイギリスの郊外の問題が秘められている。ただそれは邦訳を読んだだけではわからない。といって小笠原訳が悪いわけでなく、これは名訳だといっていい。それでもやはり時代の制約は生じてしまうのである。

『コレクター』において、「郊外」という言葉が出てくるのは最後のところで、「ルイースの町の郊外はとてもきれいだ」との一ヵ所しかない。この原文はThe country round Lewes is very prettyでThe country が「郊外」と訳されているとわかる。これは私が言及しようとする「郊外」とは異なるもので、Lewesを「ルイースの町」としたために、「田舎」が「郊外」に当てられたのだろう。

このThe countryから連想されるのは、原タイトルをThe Country and the Cityとするイギリスの批評家レイモンド・ウィリアムズの著書『田舎と都会』(山本和平他訳、晶文社)である。これは十六世紀から現代に至る「田舎」と「都会」のイメージの成立と歴史を、文学や社会思想をテキストとし、また「田舎」を出自とするウィリアムズの

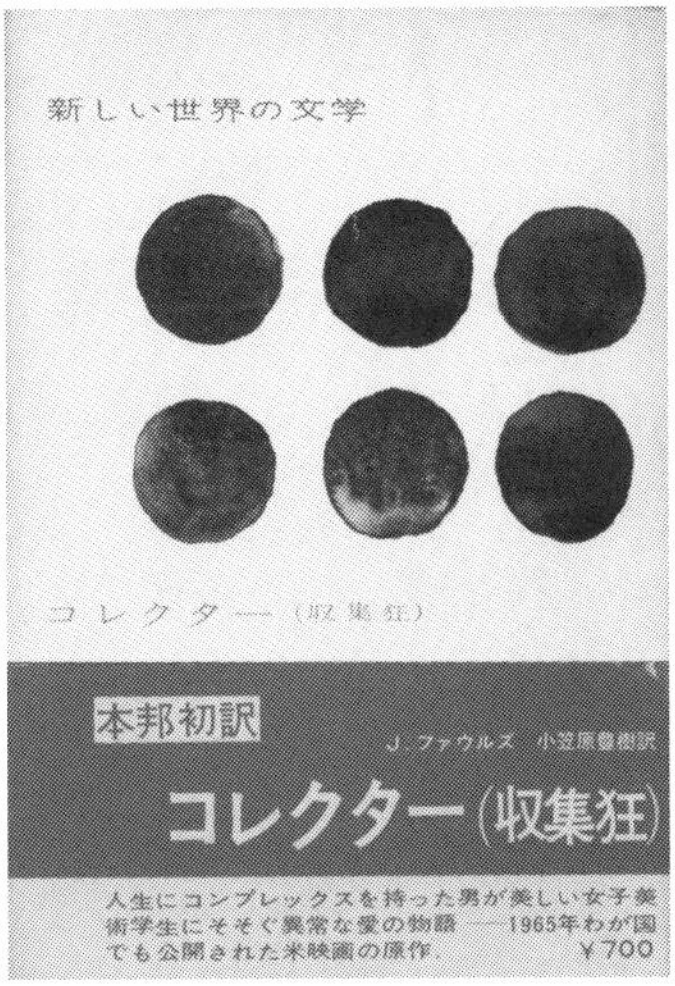

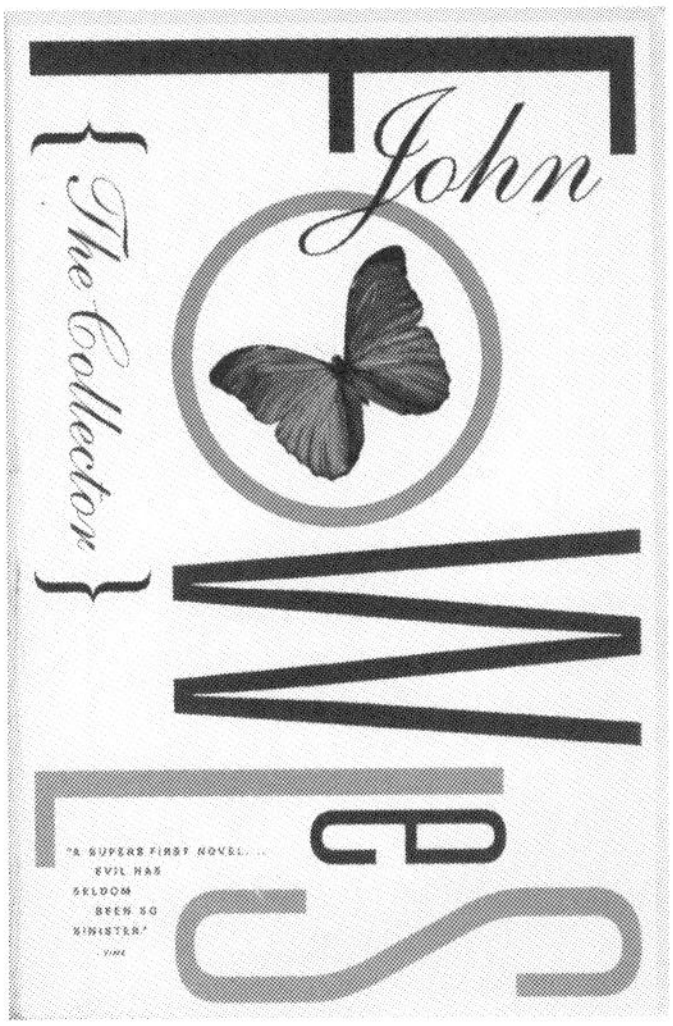

体験と思考も深く投影され、イギリスの「田舎」と「都会」についての、多彩なパースペクティブを備えた一冊を形成している。

この一九七三年に刊行されたウィリアムズの『田舎と都会』において、ファウルズとほぼ同世代のSF作家J・G・バラードの『時間都市』(宇野利泰訳、創元推理文庫)まで挙がっているのだが、ファウルズと『コレクター』は見出すことができない。『コレクター』は『田舎と都会』の参照テキストとしての応用も可能だったと思われるだけに、とても残念な気がする。だがそれが回避されたのは、「田舎」や「都会」と異なる第三のトポスのように「郊外」が揺曳していることに気づいたためかもしれない。

そのような回避は一九六八年に制作されたウィリアム・ワイラー監督、テレンス・スタンプ、サマンサ・エッガー共演の映画も同様で、原作における「郊外」は姿を見せておらず、The country をそのまま「田舎」として描いている。そのことはまた、映画が小説『コレクター』の半分を占めるミランダの日記を捨象して成立したことも関係しているのだろう。

また一九六〇年代のイギリスにあって、田園都市と異なる郊外は出現していたものの、それほど注視すべきトポス

ではなかったとも考えられる。それを示すように、商業や行政機関の発展や人口分布政策の一環として、「近郊住宅地、ニュータウン、工業団地などが農村地域、半農村地域に開発されるようになって、古い意味での都会からの離脱という重大な変化が見られる」にしても、「英国のような社会では田舎と都市の比率はこのところ安定している」とウィリアムズは述べているからだ。

さてこれからは私の仮説を述べてみよう。ウィリアムズが『田舎と都会』でたどってきた特有の歴史の中にあって、アメリカがそうだったように、戦後になってイギリスでも郊外が出現してきた。本書における日本の郊外化と同様に、それは人口増加、都市化、産業構造の転換によって、必然的に生ずる後期資本主義下の現象と見なすことができよう。

しかしそこで起きる物語は「田舎」や「都会」のものとは異なり、それを郊外のひとつの寓話として提出することが『コレクター』の秘められた意味であったかもしれないのだ。いってみれば、『コレクター』とは現代のストーカーを先駆的に描いてしまった作品と考えることもできるし、それは郊外化という社会状況とも無縁ではないのである。

そのことはファウルズがアフォリズム的哲学エッセイ『アリストス』(小笠原豊樹訳、パピルス)の冒頭に書き記した次のような問いとも通底していよう。その「私たちは今どこにいるのか。この状況は何なのか。この状況を司る者はいるのか」という問いをまず置き、『コレクター』の世界へと入っていこう。

『コレクター』の主人公フレッグは幼くして父を自動車事故で失い、母は家出してしまったゆえに、伯母に育てられ、市役所の税務課に勤めていた。趣味は蝶の収集で、これは本書9の『ロリータ』の著者のナボコフと同様である。これは偶然というよりも、フレッグはロリータに魅せられたハンバートの系譜に連なる存在として造型されていることを暗示しているのかもしれない。それはともかく、フレッグは学歴もなく、上流階級の人間でもないが、フットボール賭博で大穴を当て、大金を摑む。

彼には憧れの女性がいた。それはミランダという名前の医者の娘で、寄宿学校を出て、ロンドンの美術学校に通っていた。彼女の家は市役所の前にあったために、帰省していた時にはその姿が毎日のように見られた。彼は彼女と結婚することを夢想していたが、それがただの夢に過ぎないとわかっていた。しかし大金が入ったことで、それが変わっていく。「彼女をとらえて、ぼくの車で人里離れた家へ運び、そこに軟禁しておく。彼女はだんだんとぼくを知り、ぼくを好きになり、そのあたりから夢は二人の夢になる。モダンな家、結婚、子供たち、などなど」という夢を見始める。

そして新聞の不動産欄で、サセックス州ルイースの別荘の売り物件広告を見つける。それは「古い別荘、魅力的環境、広い庭、ロンドンより車で一時間、最寄りの村まで二マイル……」というものだった。その別荘は海軍の元提督が持主で、モダンな家にはほど遠く、古い家だったが、広い地下室が備わっていた。彼はその別荘を買い、改装し、とりわけ地下室にはカーペットを敷き、家具を入れ、ミランダのための服も買い、万全に整えた。

そうしてロンドンに戻り、彼女の住所を突き止め、車とクロロホルムを用意し、蝶を収集するかのように、彼女をつかまえ、クロロホルムのガーゼを口と鼻へ押しつけた。身体から力が抜けた彼女を車に引きずりこんだ。「彼女はぼくのものだった、ぼくはとつぜんひどく感激した、とうとうやったのだ」。車は別荘へと向かい、フレッグは「彼女をお客に呼ぶ」ことに成功したのだ。

ここに至る過程で、『コレクター』における物語の前提が様々に散種されている。フレッグの両親が不在で、伯母たちとの暮らし、及び学歴を有さない下積みの公務員という立場、ミランダの医者の娘で、美術学校の女子学生という身分は労働者と上流階級を示し、階級と性に関するコンプレックスを浮かび上がらせ、それこそこれからの、「お客と主人」という闘争と葛藤を予兆させていることになる。またフレッグの階級コンプレックスは新聞などで「階級の消滅」が記事になっているにもかかわらず、ロンドンという都会、そこのホテルや高級レストランが自分を見下していると思えてならなかったという記述から明らかだ。それに対し、「都会」ではない「田舎」の別荘はフレッグに幸福をもたらしてくれるのだろうか。

ウィリアムズの『田舎と都会』を単純に『コレクター』にあてはめてみれば、フレッグの階級と別荘は「田舎」、ミランダとその文化環境は「都会」を表象し、フレッグ＝「田舎」がミランダ＝「都会」に憧れ、誘拐して地下室に閉じこめ、それから起きていく「田舎」と「都会」の断絶とすれちがい、両者の文化や階級闘争を描いたものとして読むことができる。またそのように読まれてきた。

しかし『コレクター』の半分を占める、地下室でミランダが秘かに記した日記に注視してみると、ミランダとその文化環境はそのような単純な図式に当てはまるものではなく、さらに多様な解釈が浮かび上がってくる。これは挙げていけばきりがないほどなので、ここではひとつのことに限定する。それはいうまでもなく「郊外」をめぐってである。彼女は日記に、芸術家G・Pから学んだことを8項目にわたって箇条書きにしている。それらはミランダとロンドンにおける芸術、思想、政治的背景を伝えるものであるのだが、その7番目の項目は彼女とフレッグに共通するものだと見なせるので、それを引いてみる。

しかし自分の過去と妥協してはいけない。創り手としての自分の前に立ちふさがる過去の自分を切り捨てるべし、田舎者《いなか》ならば、（私の父と母はそうだった—田舎を馬鹿にしていたのはただの照れ隠しだ）田舎を投げ捨てること（焼き捨てること）。労働者階級の出身ならば、自分のなかの労働者階級を焼き捨てること。そのほかどんな階級に属する場合でも同様。なぜなら階級とは原始的で愚かなものだからだ。

この中の「田舎者ならば」から始まる一節の原文は次のようなものである。

If you're suburban (as I realize D and M are—their laughing at suburbia is just a blind), You throw away (cauterize) the suburbs.

つまり邦訳で「田舎者《いなか》」「田舎」とされているのは the country, the countryman ではなく、suburban, suburbia, suburbs であり、それはまさに「郊外」「郊外居住者」を意味していることになる。これはミランダとその両親が上流階級ではなく、単なる「郊外生活者」だという告白に他ならない。

それはまたフレッグも同様なのだ。ミランダは彼を「惨めったらしい田舎の非国教派の世界、哀れな中産階級、やたらに上流階級を模倣する醜悪で臆病な連中」の「犠牲者」だと見なす。ここでも原文を参照すると、「田舎の」は suburban となっている。ここまできて、これまで明らかでなかったフレッグとミランダの出自が、「郊外」であることに気づかされる。フレッグばかりか、ミランダも彼のことを知っていたのは同じ「郊外」で成長し、暮らしていたからだとわかる。そしてフレッグは「郊外」の「新興階級」＝ the New People の一員であり、彼女は自由と創造の芸術の側に立ち、偽善と無知の表象たる彼らを憎むのだ。

「《新興階級》が憎い、その自家用車、その金、そのテレビ、その馬鹿げた俗悪さ、ブルジョア階級の愚かな模倣」というすべてに対して。それに「新興階級」とは魂がなく、「新しい貧困のかたち」で、「何もかも大量生産。何もかもマッス」（Everything mass-produced. Mass-everything）にして、「田園を強姦するように」（Raping the countryside）、

「すべてを腐らせ、すべてを俗悪なものに代えてしまう」(Corrupting everything. Vulgarizing everything) からだ。原文を補ったのは八〇年代の日本の郊外化も同様なイメージを否応なく伴って進行したからだ。

ミランダは自らも「郊外」の「新興階級」出身であるにもかかわらず、芸術の世界に入ったことで、少数者に属していると考えるが、フレッグは本質的に「新興階級」の一人でしかないと見なす。このような二人の出自と関係から『コレクター』を再読してみると、「田舎」と「都会」、上流階級と労働者階級といったシンプルな図式ではなく、それこそイギリスの戦後においても出現していきた「郊外」と、台頭してきた「新興階級」の問題が浮上してくることになる。

イギリスの郊外化についての文献やデータは片木篤の『イギリスの郊外住宅』(住まいの図書館出版局)しか見ていないのだが、ファウルズはアラン・シリトーなどの「怒れる若者たち」の後にデビューしたこともあり、そのようなイギリス社会の現実を注視し、「田舎」や「都会」とは異なる「郊外」を背景とする物語『コレクター』も構想されたと思われる。したがってミランダの死とフレッグの続いていく犯行にこめられたメタファーは、さらに多様な読解へと誘っているかのようだ。

なお原文テキストはJohn Fowles, The Collector (Back Bay Books, 1997) を使用した。

45　ニュータウンの土地と住民の黄昏
——重松清『定年ゴジラ』〔講談社、一九九八年〕

重松清の『定年ゴジラ』も一九九八年に出されているので、『〈郊外〉の誕生と死』を刊行してから読んだ作品であった。この一文を書くために再読してみると、初版が出された時からすでに十五年の歳月が流れていることにあらためて驚いてしまう。最初に読んだ時、私はまだ四十代後半で、登場人物たちは六十代だったから、彼らの歳になるのは十年以上先のことだなと思った。ところが小説の中の登場人物たちはそのままで年を取らないけれど、今になってみれば、読者の私はすでに還暦を過ぎてしまい、彼らと同年代になっていることに気づかされる。なおこれはコミック化もされている。

それと同時に『定年ゴジラ』は重松が三十代半ばで書いた連作長編であるけれど、これは揶揄しているのではなく、年齢の割に達者な作品だと実感する。周囲に多くの同世代の定年退職者たちがいる現在を迎え、『定年ゴジラ』におけるそれらの人々のイメージと造型が実にリアルに提出され、巧みに戦後史を散りばめながら物語が進められているとわかる。重松が父親の世代に当る六十代の姿を描き、彼らがどのようにしてニュータウンへとたどりつき、定年を迎えるに至ったかを温かく見守っていることも。

いってみれば、作者の優しい視線でニュータウンとそこに暮らす生活者たちがくるまれ、それぞれの人生が浮かび上がるような仕掛けによって物語も成立している。そのことを象徴するかのように、登場人物たちは「さん」づけで呼ばれている。だからよくできたテレビのホームドラマのような印象も、否応なくつきまとってしまうのであるが。

重松が記した「文庫版のためのあとがき」によれば、「父親の世代を主人公にした物語を、三十代前半の息子が、しかも三人称で書く（……）無謀な試み」、「父親の世代がマイホームに託した夢のかたちを探る（……）ある種の不遜な行為」を可能にしたのは、彼が『定年ゴジラ』の舞台である東京郊外のニュータウンくぬぎ台と重なり合う「少々トウのたった住宅地に、二十九歳の頃から暮らしている」たからだ。しかもそこは移ってきた頃、「オンナコドモの街」だったのが、数年すると定年族の「オッサン」の姿がよく見かけられるようになってきたという。

それゆえに、まず『定年ゴジラ』に描かれたニュータウンの姿を提出しておかなければならないだろう。そのプロフィルは一九七〇年以後の郊外史と住民の生活史の一端を巧みに切り取り、映し出し、この物語の確固たる背景を形成している。

　この町の名前は、くぬぎ台という。宅地造成が始まる以前は付近一帯が雑木林だったことに由来する。いまも住宅地を少し離れれば昔ながらの自然が残っている。二十数年かけても、街の規模はほとんど広がらなかった。バブル景気の頃にはくぬぎ台の地価もそれなりに上がり、(……)もう少し好況がつづいていれば周辺にマンションが建ち並ぶ風景を目にすることができたのだろう(……)。

　くぬぎ台は大手私鉄の沿線開発の一環として造成されたニュータウンである。足掛け二十年近い分譲時期に従って一丁目から五丁目までに分かれている。それぞれ四百戸ずつの分譲で、合計二千戸。

　綿密なマーケティングリサーチによる坪単価設定ゆえか、くぬぎ台の住民の暮らしぶりはみごとなほど似通っている。

　まず、一家の主《あるじ》の勤務先は、「大」付きかどうかはともかくとしても、それなりに名の通った企業。郊外とはいえ一区画が最低でも六十坪ある土地や建売住宅を買うのだ、やはりある程度の収入は必要である。当然、勤務先は都心になるだろうし、平社員というわけにもいくまい。

家族持ちであることも共通している。同じ金額を出せばもっと便利な場所にマンションが買えるのに、あくまで一戸建にこだわるあたり、子供を緑豊かな街で伸び伸びと育てたいという信条が感じられるし、仕事も大事だが家庭も忘れないマイホーム・パパの姿も想像できるはずだ。(……)

かくして、くぬぎ台ニュータウンは分譲のたびに、三十代後半から四十代初めのサラリーマンの一家を迎えることになった。いわば小市民の街である。優しいパパの街である。ローンを背負い、終電の時刻にせきたてられながらがんばる夫の街である。

引用にあたって、かなり省略を施すつもりでいたのだが、ニュータウンの様々なファクター、つまりその誕生、歴史、土地と家、住民と家族、サラリーマンとローンなどにわたって間然するところなく取りこみ、実に見事に描き出しているので、省略に至らず、つい長くなってしまった。なかなかこれだけ簡略明解にして手際のいいニュータウンの紹介にはお目にかからないからだ。

そしてさらに九〇年代後半における土地バブルの終焉、及びここに移ってきた「三十代後半から四十代初めのサラリーマン」=「優しいパパ」「がんばる夫」が定年を迎えていること、すなわちニュータウンの土地と住民の黄昏までもが書きこまれ、それがまさに『定年ゴジラ』の物語であることも伝えようとしている。

主人公の「山崎さん」にしたがって、このくぬぎ台ニュータウンを歩いてみよう。その前に彼を紹介しておけば、高校卒業後四十二年にわたって大手都銀に勤め、六十歳で定年退職を迎え、片道二時間の通勤から解放され、娘たちは家を出ているので、妻と二人の厚生年金での「自由で気ままな人生」を始めたばかりである。そしてあらためてくぬぎ台ニュータウンの現実と向かい合うことになった。二十五年前にビジネスの最前線にいた「山崎さん」にとって、「庭付きの一戸建、澄み切った空気、二階のベランダから眺める富士山、春にはヒバリがさえずり夏には蟬時雨が聞こえる緑豊かな自然」は素晴らしい環境だと思われた。それに街は静かで、都心に比べ、時間の流れもゆるやかで仕事の疲れを癒し、英気を養うには最適のようだった。

だがこの街には何もないことに気づく。スーパーを中心とした駅前商店街はあるにしても、飲み屋もパチンコ屋も映画館もレストランも喫茶店もなく、また図書館もCDショップもない。ささやかな潤いや遊び心、スリルや文化の香りは一切ないのだ。静かな街で老後を過ごしたいと考えたのは若気の至りで、この街がこんなに退屈だとは思いもよらなかったのだ。そしてくぬぎ台の「開発担当者」を恨んだりするようになる。

ここで付け加えておけば、『〈郊外〉の誕生と死』で既述しておいたように、一九五五年に設立された日本住宅公団の大型団地建設とパラレルに始まった郊外化は、東京都市五十キロ圏で見ると、五年毎に人口増加のピークが十キロずつ郊外化していき、七五年から八〇年代にかけてはそれが四十から五十キロ圏にあたっていた。したがって都心まで二時間かかるというくぬぎ台ニュータウンも同じ圏内にあると想定してかまわないだろう。

その間に土地価格は上がり続けるという現象は続き、早い時期に東京都市圏の都心に近い郊外にマイホームをローンで取得した家族は、等しく短期間における資産形成を体験していたのである。上がり続けていく不動産の価値、それは八〇年代まで継続していたし、そのようなマイホームの取得は戦後家族の郊外におけるサクセスストーリーを形成し、この現象をベースにして、一億総中流という意識も生じたと考えられる。しかし九〇年代初頭のバブル経済の崩壊はそうした土地神話をも解体させてしまった。それゆえに『定年ゴジラ』のくぬぎ台ニュータウンに表出しているのは、あからさまではないにしても、バブル経済の崩壊と土地神話の解体過程のニュアンスであり、それが定年後の生活と重ねられているようにも思われる。「開発担当者め、出てきやがれ」との言葉にはそれらのすべてがこめられているとも判断できよう。

ところが「山崎さん」は実際にその「開発担当者」に出会ってしまう。それは「藤田さん」で、その開発は「三十前にスタートして四十過ぎまでかかった大仕事」だったのである。だが「山崎さん」も若気の至りでこの街に移ってきたように、「藤田さん」の開発の仕事もやはり若気の失敗だったと今になって実感される。その上、彼もこの街に住む定年退職者に他ならない。

「山崎さん」と「藤田さん」の二人は散歩仲間となり、この街で唯一の公共施設であるくぬぎ台会館に、後者がつくった街の模型を見にいくことになる。すると会館の玄関前には定年組の先輩三人衆が待っていて、総勢五人でくぬぎ台の模型を見る。それは発泡スチロールを土台とするプラスチックの街並みで、縦横二メートルの幅があり、その上にゲームの駒のようなサイズの家が重なっていた。この模型はかつて開発した武蔵電鉄本社ビルのロビーに飾られていたもので、五人は申し込みの時も抽選の時も、この模型を目にしていたのだ。「あの頃はガラスケースに入れられて、照明もあって、光り輝いていたんですけどね、いまじゃほらこんなに汚れちゃって……」。いうまでもなくその

「みすぼらしくなった」模型とは五人の定年退職者と重なり合うのである。

それを前にして彼らは酒盛りを始めるが、模型が肴になるどころか、その「在りし日を偲ぶお通夜のような雰囲気」になり、次から次へとくぬぎ台に対する愚痴や不満が出され始めた。それらは自らの定年退職後の生活に対するものでもあった。しかしサラリーマン時代と異なる昼酒の効き目は覿面《てきめん》で、しかもビール、日本酒、ウィスキーのちゃんぽんだったから、とりわけ「藤田さん」は酔っ払ってしまい、ゴジラの真似をして、ホールの中を動き回る。そして告白する。

ニュータウンプロジェクトがおわると、つくった模型が残るが、打ち上げの時に更地にするように壊してしまう。でもくぬぎ台の模型は自分が住む街、こんな街に住みたいと思い、必死になって手がけた仕事だったので、壊さないで会館に保存しておいた。でも今になって「模型が理想」に過ぎなかったことがわかると。「模型」と「理想」があってくぬぎ台ニュータウンも始まっていた。戦後史において、団地やニュータウンが「理想」のトポスだった時代もあったのだ。しかし目の前にある模型は「二十数年前にはまっさらで、真っ白く、いまはこんなにもくすみ煤けてしまった夢や理想」の残骸ともいうべきものだ。

「藤田さん」ゴジラは足を止め、他の四人を見る。「山崎さん」はいう。「更地に戻しちゃいましょう」。そうして五人はそれぞれゴジラとなる。「山崎さんも街を壊した。四丁目を踏み潰し、雑木林をなぎ倒した。みんなゴジラだ、と思った。俺たちは定年ゴジラだ。ひたすらなにかを築き上げてきた俺たちが、いま初めて、それを壊している」のだ。そして走馬灯のように彼らが生きてきた戦後史が想起されていく。「ゴジラが哭く。街が消えていく。山が崩れた。どこかの家の屋根が踏まれた勢いで弾け飛び、遠くの床に転がっていた」。それを見て五人は涙を流しながら「バンザイ」を叫ぶのだ。『定年ゴジラ』のタイトルの由来と定年退職者たちのカタルシスがここで突出し、この物語の思いがけない山場を現出せしめるのである。

それは最初に読んだ時の印象だったが、「3・11」を経てきた現在、この場面はさらなる連想を強いる。彼らがリアルタイムで見たとされる五四年の本多猪四郎監督の『ゴジラ』は水爆実験に生活環境を破壊され、しかもその放射能を全身に蓄積し、狂暴化し、東京を襲うに至るのだ。つまりゴジラによる東京の破壊は、水爆と放射能に起因し、それは「3・11」の原発事故による福島の被災をも想起させ、この『定年ゴジラ』の場面もまたそれらに重なってしまう。そして郊外の周辺に原発が必ず配置されていたことも。その光景の中から、郊外の終わり、戦後史と原発をめぐるメタファーが浮かび上がってくるような気にもさせられるのだ。そしてこれはイロニカルな悲しきゴジラの物語のようにも読めてしまうのである。

46 「家庭とはなんでありましょうか？」——山本直樹『ありがとう』〔小学館、一九九五年〕

「わかるかい？　世の中には君たちよりも悲劇の家庭が、とてもありふれて、あふれている」

（「ムシ君」のセリフより）

山本直樹に関しては拙ブログ「出版・読書メモランダム」の「ブルーコミックス論」9で、『BLUE』（弓立社）をすでに取り上げている。だがここでは前回の重松清が描いた「優しいパパの街」である郊外ではなく、同じくニュータウンを舞台としていても、あからさまに性と暴力を表出させている家族の物語『ありがとう』を論じてみたい。

『ありがとう』は小津安二郎の『晩春』の映像や『父ありき』のセリフの引用からうかがわれるように、小津的な近代家族の物語をふまえながら、それが郊外やニュータウンにあってはもはや成立しないどころか、まったく解体されてしまった中での現代家族の行方を問うている作品と見なせよう。そこにはまた九〇年代前半に起きていた女子高生コンクリート詰め殺人事件、アメリカにおける日本人留学生射殺事件、家庭内暴力の息子による父親殺し、学校での自殺も生じた様々ないじめ、オウム真理教事件などが投影され、『ありがとう』の物語展開の発条となっている。また阪神大震災への直接的言及はないが、物語に大きな影を落としているようにも思える。

　さらに付け加えれば、山本のコミック群はこの『ありがとう』における家族のみならず、近代社会の共同幻想的コアとしての学校、宗教、学生運動などにも及び、それらは『学校』（太田出版）、『ビリーバーズ』（小学館）、『レッド』（講談社）などの作品であり、常に性と暴力を伴って異化されていく。その意味において、『ありがとう』の物語構造も他の山本作品と通底しているといっていい。

　『ありがとう』の1「寒い国から来た男」の章の扉にはアメリカンコミック仕立ての侵入者を射殺する場面が描かれ、そこには出典を「ロドニー・ピアーズ裁判弁護側最終弁論より」として、次のような言葉が置かれている。これは『ありがとう』の物語のテーマに他ならないので、全文を引用してみる。

　――家庭とはなんでありましょうか？
　それは暴力に満ちあふれたこの世界から逃れ、私たちが平和と安全を得られる最期の場所ではないでしょうか？

　だがその扉にはアメリカンコミックを模した射殺場面、引用した文章と出典の記載しかないので、若干の説明が必要だろう。この場面は先述したアメリカにおける日本人留学生射殺事件、引用文はその裁判記録によっている。これは一九九二年にルイジアナ州で、留学していた日本人高校生がハロウィンパーティに出かけたのだが、家を間違え、他の家を訪問したために、その家のロドニー・ピアーズから侵入者と判断され、射殺されてしまった事件である。この事件の詳細な経緯と裁判についてはティム・タリー『フリーズ！　ピアーズはなぜ服部君を撃ったのか』（平義克己訳、集英社）が刊行されている。

　次にその扉をめくると、唐突といっていいほどに郊外ニュータウンの光景が一ページで示される。つまり先のページで象徴的に示されている家庭、侵入者、事件という三つの事柄に、トポスとしての郊外ニュータウンが存在しているとわかる。一面の広い空の下にロードを挟んで均一的なマイホームが並んでいる風景が、物語のありかを告げるかのように繰り返し挿入されていくし、そのロードを「寒い国から来た男」が歩いていく場面から『ありがとう』も始まっている。この1のタイトル、2の「父帰る」のタイトルがそれぞれ、ル・カレのスパイ小説や菊池寛の戯曲をもじっていることはいうまでもないだろう。

　そのニュータウンの一軒の鈴木家は母と二人の娘の暮らしだが、そこでは性的オージーが繰り拡げられていた。三、四日前から家は暴走族の三人の男によって占拠され、高校生の姉昌子はクスリづけで輪姦され、中学生の妹貴子も性的慰み物となり、アル中の母は荒廃を極める家の中で、なすすべもなく傍観するしかなかった。昌子が男たちの奸計にはまり、「このすさんだ家庭の状況」がもたらされたのである。このイントロダクションも先述した女子高生コンクリート詰め殺人事件のディテールにヒントを得ていることは明らかだ。

　そこにニュータウンのロードを歩いていた男＝「寒い国から来た男」が姿を現わす。それは2の「父帰る」へとつながっていく。その鈴木一郎は北海道に五年間単身赴任し、ようやく本社勤務となり、家に戻ってきたのだ。「このすさんだ家庭の状況」を見て、彼はいう。「どういうことなんだ？　これは」と。そして一郎は男たちのボスのカクマと戦い、彼を家から追い払うことに成功する。しかももう一人は人質としたままで。だがそれもつかの間で、家の前は暴走族が大挙して押し寄せてきた。防戦を強いられる一方で、一郎は「のんびりケーキなんか作っている場合じゃない」のに、貴子の誕生日のために、深夜にケーキを作ろうとする。「こんな時代だからこそ誕生日を祝い、家族の結束を確認することに意味があるのだ」。かくして一郎は暗闇の台所に妻と娘たちを集め、ケーキを前にして、「ハッピーバースデー」を歌うのだ。だがそこに犬のチロの首が届けられてきて、ケーキは食べられないままで終わってしまう。
　これが「すさんだ家庭の状況」の中での「父帰る」によって招来された一族再会に他ならない。隣人の言葉を借りれば、「こんな平和で文化的なこのご町内」の「平凡な家庭に、そんなドラマのような大げさな事件が起きるはずもない」のに。父とアル中の母、急性薬物中毒の姉と反抗的な妹の籠城的な生活は人質にとっても、「異常な家」の様相を呈していき、暴走族たちによる再びの占拠、警察の介入、一郎の傷害罪による検挙の事態も招いていく。「俺がいないと家庭はおしまいなんだ」と叫びながらも。そして彼は留置所で、また同じ夢を見る。

それはこの何年か繰り返し見ているもので、コンビニの前に泣き叫ぶ子供を置き去りにしたまま、車で去っていく夢だ。それは『ありがとう』の中で三回フラッシュバックされ、家族を解体へと追いやった不本意な単身赴任のメタファーとも考えられる。貴子は留置場にいる父を迎えにいき、家へと連れて帰る。とりあえず母は家を掃除し、昌子も正気に戻ったようで、「おかえりなさい」「ただいま」というやりとりの後で、冒頭におけるピアーズの言葉の反復はなされていないが、何もなかったかのようにあのニュータウンの光景が挿入される。

そして貴子の述懐が続いていく。

> 近況はこうです。
> 父さんは単身赴任を終えて、家に帰ってきました。
> 姉はクスリからさめたけど、時々、夜などうなされて叫びます、本人は朝起きても、おぼえていないそうです
> 母さんはまだ時々、お父さんのいないところでお酒を飲んでいます。（……）
> あの騒ぎも、ついこの前のことなのに何か遠いむかしの出来事だったような、怖い映画か夢でも見ていたようで、不思議なかんじです。

しかし事件はまだ終焉しておらず、新たな問題が待ちかまえていた。それは家族の内部ではなく、学校といった外部へと攪拌されていったことで、輪姦され慰み物にされた昌子と貴子の写真が流出し、昌子はトラウマから自殺未遂と登校拒否に至る。その一方で、一郎は家族を守るために仕事を休み、家事、娘たちの送り迎え、弁当作り、学校との面談などに励んでいたのだが、会社からリストラされ、希望退職宣告を受ける。貴子は父にいう。「あしたからお金どーするのよ。『家族を守る』とかえらそうなことをいって、お金なきゃ食べていけないじゃない。住宅ローン全部払いきれるほど、退職金もらえるわけじゃないんでしょ。ローン払えなきゃこの家も住めなくなるんでしょ」。

一郎は会社に再就職の条件を出し、「つねに家族がいっしょにいれる仕事」を選び、ステーキハウス「DEADCOW」（死んだ牛）の店長となり、妻と娘たちもそこで働くことになる。これはステーキハウスといっても、

郊外のファミレスに他ならず、それを世話した一郎の部下が冗談混じりにいう「これがホントの『ファミリーレストラン』」ということになる。ここまでくるとファミレスの名前が象徴しているように、父の一郎がめざす家族再生は「ホームドラマごっこ」といったパロディの色彩を帯びていく。だが事件は「災害」として処理できず、家族全員のトラウマとして絶えずフラッシュバックされ続けている。

貴子は家出し、一郎はステーキハウスを欠勤し、彼女を必死で探し出し、家に連れ戻すが、勤めを辞めるしかなかった。そのような中で、妻のさくらは外出を重ね、身嗜みが変わり、定期預金を解約し、「シンコーシューキョー」といっていい「ニコニコ人生センター」に入会してしまう。しかしこのセンターは多くの容疑で警視庁の強制捜査を受け、その名義上の主宰者となっていたさくらは全国に指名手配され、家へと戻ってくるしかなかった。すると家の前はマスコミと噂を聞きつけた近所の人々でごったがえし、またしても家族は籠城へと追いやられた。そこにいじめに抗して殺人を犯してしまった貴子の友人の「ムシ君」も加わってくる。だが家に立てこもって一週間後、一郎はストレスからくる急性胃炎で倒れてしまう。彼が単身赴任中にガンの手術をしたことも初めて明らかになる。

退院した一郎に会社から復帰とロシアでのプロジェクトのオファーが出され、彼は家族を台所に集め、次のようにいうのだ。

「（……）家に帰って一年近く、いろいろなことがあった。その中で私はずっと考えていた。そして……ついにひとつの結論に達せざるをえなくなった。つまり……それは……本日をもって、我が鈴木家は解散する。

この一年、いろいろな苦難を乗り越え、私たち家族はキズナを強めたか？　否、逆に私は今、家庭に吹く寒々とした風を感じざるをえないのだ。家を離れると言いはじめる昌子。母さんはなんの反省もなく、また怪しげな宗教にかぶれ、貴子はさらに反抗的だ。このままでは鈴木家はダメになってしまう。砂をかむような味気ない生活の中で、みんなすさんだ人間になってしまうだろう。

なぜこんなことになってしまったのか？（……）ここで一度一人一人になって、外の世界へ踏み出すべきなのではないか？　一度バラバラになって、一人一人になって考えてみようじゃないか。」

そして一年後に再会し、その時お互いに必要であれば、もう一度一緒にやっていくかどうかを決めようと。「家族というものはいずれバラバラになる運命」だし、その「バ

ラバラになったそれぞれが、またそれぞれの家庭を作る。そういうものなのだ」。一郎の提案に初めて家族全員が賛同する。その「翌日、鈴木家は解散した」。家の前で家族写真を撮る。そしてまたしてもあのニュータウンの風景が挿入され、空のところに「それからみんなそれぞれのほうに去っていきました」との一文が置かれたのである。

一年が経ったが、あの風景は変わらず、家族は家の前に集まった。家は貸しているので、近くのファミレスで食事をした。そして昌子の「どうする？　これから」という一言を受け、「やっぱり……このまま、みんなそれぞれやっていくのが一番いいんじゃないか」という結論に落ち着いた。

それから五年後、一郎はガンを再発し、家族に看取られ、小津の『父ありき』の中のセリフを含めた「なんにも悲しいことはない。お父さんはできるだけのことはやった。私は幸せだ。ありがとう」という言葉を残し、死んでいく。この最後の言葉からタイトルがとられ、ここに至ってようやく『ありがとう』が裏返された究極のファミリーロマンスであったことを知らされるのである。

47　「終の住処」における殺人
——佐瀬稔『金属バット殺人事件』（草思社、一九八四年）と藤原新也『東京漂流』（情報センター出版局、一九八三年）

前回の山本直樹『ありがとう』の物語形成に大きな影響を与えたのは、一九八九年の女子高生コンクリート詰め殺人事件だと既述しておいた。この事件については佐瀬稔のノンフィクション『うちの子がなぜ！　女子高生コンクリート詰め殺人事件』（草思社）が出されているので、山本も『ありがとう』の構想にあたって参照したと思われる。

その佐瀬の一九八四年の著作に『金属バット殺人事件』（草思社）という一冊がある。これは八〇年に起きた事件で、川崎市高津区の新興住宅地において、浪人中の次男が就寝中の両親をバットで殴り殺すという惨劇だった。父は東大卒の一流企業勤務、母も素封家出身で短大卒、兄も早大出のエリートサラリーマンで、次男は二浪中といっても、高級住宅地に住む恵まれた家庭であり、どうしてそのような親殺しの事件が起きたのか、裁判も含めて、社会的にも広範な波紋を生じさせた。それゆえに『明治・大正・昭和事件・犯罪大事典』（東京法経学院出版）にも立項され、佐瀬の作品も刊行されたことになる。

その裁判を通じて、一応は父母殺しの動機が明らかにされている。次男は受験の失敗のプレッシャーと予備校の成

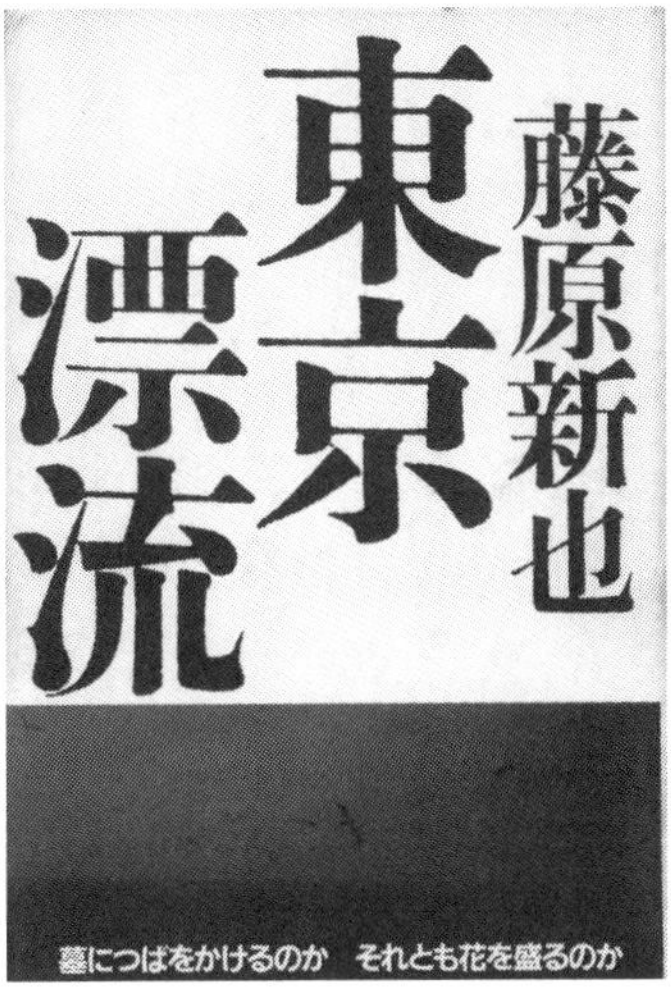

績も落ちこむ中で、父親のキャッシュカードを盗み、ウイスキーを買って飲み、自室に引きこもりがちだった。犯行当夜も同様だったところに、父親からカードで金を引き出したことを叱責され、出ていけと足蹴にされ、いつも自分の味方だった母親からもなじられ、動揺し、ウイスキーをあおった勢いで、両親殺しを決意し、犯行に及んだとされる。これらの詳しい経緯と事情は、佐瀬の『金属バット殺人事件』を参照してほしいが、この事件は前述したように社会的にも大きな反響を呼んだこともあって、このノンフィクションは八五年の日本推理作家協会賞評論その他部門の受賞作となっている。

この事件は郊外における家族と犯罪の転回点、もしくは『ありがとう』などのファミリーロマンスへとつながっていく、ひとつの予兆だったと思われる。だが八〇年代に入ったばかりで、まだ郊外住宅地という言葉が定着していなかったことに加え、東大卒の一流企業のサラリーマンのイメージもあってか、新聞の社会面トップでは「新興住宅街」「高級住宅地」における「惨劇」として報道された。しかしこれが紛れもなく、郊外の事件であったことは次のような佐瀬の記述からも確認できる。

―その住宅街は、昭和四十年代末に、私鉄関連の不動産

会社が高級分譲地として開発したところで、ほとんどの区画が二百平方メートル以上。郊外によくある、小さな家が軒を接して密集する住宅地ではない。その上に建つ建物も、一軒ごとに新しいデザインをこらし、家々の間には広くて清潔な道路がのびている。（……）右側の丘陵地帯が静かな住宅地になっている。（……）豪華ではないが、それなりに豊かな家が並んでいて、狭いマンションや公団住宅に住む人なら、思わず羨望の思いにかられそうな町の風景が広がる。

惨劇のあった家は、この町並みのなかでは比較的平凡な和風の構えで、道路から一段高い敷地に木造モルタルの二階建。庭にはツゲの植え込みがある。道を通りかかる人はよく、楽しげに庭の手入れをする主婦の姿を見た。一階が六畳、八畳の和室に洋風の居間、キッチン、風呂場、納戸。二階に二人の息子のための六畳が二つ、という間取りだ。夫婦はともに四十六歳。兄弟が結婚するまではまだ間があるが、ようやく収穫期を迎えようとしている一家には過不足のない住まいだ。サラリーマンが営々として働いた末に、りっぱに自力で手に入れた「終の住処」である。

前半の部分は本書32で示した映画『ブルーベルベット』の冒頭のシーンを想起させ、また後半は同45の『定年ゴジラ』のくぬぎ台のマイホームの佇まいを彷彿させる。それこそ大都市の周辺であれば、至るところの郊外に見出される風景であろう。

これもやはり『定年ゴジラ』のところでも記しておいたが、佐瀬もこの「終の住処」の地価上昇を忘れることなく、付け加えている。一九七六年に坪三十万足らずで手に入れた二百平方メートルの土地は、七九年に全国一の地価上昇率を記録し、三千万円ほどだった不動産は時価一億円以上となり、サラリーマンにしてみれば、「終の住処」入手の「実現の可能性のある夢の上限」を短時間で成就したともいえる。

その家の主人は瀬戸内海の島に生まれ、五六年に大学を卒業し、就職とほぼ同時に同じ島の娘と見合い結婚し、東京都内の社宅に住み、二人の息子にも恵まれた。彼の個人史をたどれば、昭和ひとケタ生まれの地方出身で、上京して大学に入り、そのまま東京で就職し、高度成長期と併走する一流企業のサラリーマンとなる。住居史は都内の社宅から始まり、その二十年後には新興住宅地における「夢の上限」に近い「終の住処」を手に入れたのである。

もちろん佐瀬もふれているように、サラリーマン史としては様々な屈折があったにしても、家庭と住居に象徴される生活は平和で、人もうらやむようなものに見えていた。それがどうして次男による両親殺しという惨劇へと至ってしまったのか、『金属バット殺人事件』はその謎に複合的視点から迫っているが、時代や社会の問題を必然的に孕んでしまう事件の多くがそうであるように、すべてが解明されたとはいえない。

しかしこの事件に対して、佐瀬の著作が刊行される前から、ひとりの写真家がアングルの異なる眼差しを注いでいた。それは藤原新也で、長きにわたってアジアを彷徨い、この事件の起きた一九八〇年から八一年にかけて、カメラとペンの複合からなる『全東洋街道』（集英社）を上梓し、八三年には金属バット殺人事件への言及も含んだ『東京漂流』（情報センター出版局）を刊行するに至る。

後者の『東京漂流』はアジアから日本へと帰還してきた藤原による戦後住宅、建築、風景論ともいうべきものである。藤原は『全東洋街道』に表出しているイスタンブールから高野山にかけての、いわば東洋のカオスと闇の中から戻り、そのままの視線を日本の同時代の社会にも向け、異化せしめようとしている。彼が記述している戦後史はあの「終の住処」の主人公がたどった裏面史、すなわち高度成長期のもうひとつの歴史でもある。

藤原はそれを一九六〇年における福岡県門司港の旅館だった生家の崩壊、三里塚とその闘争に加え、「川崎市高津区宮前平」の家と土地を取り上げる。そう、まさに両親殺しが起きたトポスに他ならない。またそれは藤原によれば、高度成長期によって育成された「八〇年代家族像を象徴的に顕在せしめた土地と家」であり、そこはかつて神奈川県橘樹《たちばな》郡宮前村大字土橋と呼ばれる農村だった。戸数五六戸、人口三二八人のこの農村は、六〇年に始まる東急建設の開発プロジェクトによって、坪当たり五一七円で買収、区画整理されていた。それが錬金術にも似て、七九年にいくらになったかは既述したばかりだ。

そして藤原は東急がそこを開発する前の農村風景、家や人々が写った記録フィルムを見たと述べ、その内容を記している。

そこには唖然とするような光景が写し出された。藁葺の農家が鬱蒼とした茅や竹林や杉林の中に陽ざしを受けていた。石垣の上に人が座って何するでもなく景色を眺めており、子供を背負った野良着姿の女が井戸のわきで洗濯をしている。またあるカットでは、家の中で十数人の老人が何かさかんに手を動かしていた。十数人の老人は輪になり、一つの玉がピンポン玉くらいの大きさのある巨大な数珠の輪を一心にまわしているのであった。

私がそれを見て、あるショックを受けたのは、その宮前平の現在の風景や人々と、そのかつての風景や人々に見られる想像を絶するほどの距離（二〇年ではなく二〇〇年の距離を私はその間に見た）のみではなく、そのフィルムに映った人々や風景が、私の中に記憶化された、ある風景を呼び起こしたからだ。

そのフィルムの風景の中に私は「アジア」を見たのだ。

そして藤原は六〇年代以降の日本において、農村や田畑が失われていったことは、「日本と日本人が最後に保有していた『アジア』が崩壊した」ことだとも述べている。そして最後にフィルムの中に、開発プロジェクトに対し、組織的な反対運動があったことを物語る「反対」という「たどたどしい大きな文字で描かれた看板」が藁葺農家にかかっていたことをも報告している。

日本と日本人が「アジア」を崩壊させたことは、時代が人間と土地と家に基づくアイデンティティを失い、人間と人間との確執に向かい、それが金属バット殺人に表出したと見なし、藤原はその事件が起きた家と土地へ向かうのである。それは『フォーカス』連載「東京漂流」2として、「81年10月2日」の日付で、写真に撮られ、「金属バット両親撲殺事件の家」と題し、「血飛沫《ちしぶき》をあつめて早し最上川」を添えて発表された。この「盗作まがいの一句」も藤原によるもので、「最上川」とは「日本」の比喩だという。その家は秋の光を浴び、雨戸も閉められ、何事もなかったかのようにしんとした感じで映っている。

彼は意図的に日本晴れの日を選び、「一点の曇りも、死の翳りもなく、健康で清潔で、豊かな進歩と平穏な調和に満ちた、ニッポンの家庭と人々の笑顔によく似合う」写真、それも不動産屋写真のようなものを撮ろうとしたのだ。あたかもそれが「アジア」を失ってしまった「ニッポン」の象徴であるように。

しかしこの一枚で終わっているわけではなく、写真は続いている。次の「82年5月23日　家屋取り壊し　さら地になる」とのキャプションが付された写真はもはや家がなくなり、茶色い地面と早くも生え始めた雑草、その裏の家とブロック塀が映っている。その次には「82年9月26日　夏草　生い茂る」とあり、わずかひと夏で見えていた茶色の地面は草で覆われてしまい、そこに家があった痕跡すらも失われてしまっている。そして最後に藤原はその庭の片隅に咲いていた小さな紫色のほととぎすの花の押し花写真を掲載している。それが夫人の「魂の残り火」のように見えたからで、ささやかな彼女の野辺送りの花にふさわしいといえるのかもしれない。だがこれらの写真が撮られたのはすでに三十年前のことであり、現在はどうなっているのだろうか。何事もなかったように新たなマイホームが建っているのだろうか。

またあらためて『全東洋街道』の写真を見ると、これも同じく三十年前の「東洋」であり、アジアであることを実感する。そして日本の六〇年代までの、郊外消費社会が出現する前の夜の闇の深さをも思い出す。だがここに収録された風景や土地や家も八〇年代の日本と同様に、いやそれ以上にグローバリゼーションとIT革命の時代を迎え、急速に「アジア」が崩壊し、失われていったと考えるべきだろう。

48 「げんざ」と「よびしろ」——いがらしみきお『Sink』〔竹書房、二〇〇二年〕

この娘、ただ栗をのみ食ひて、さらに米の類を食はざりければ、「かかる異様の者、人に見ゆべきにあらず」とて、親、ゆるさざりけり。

『徒然草』第四十段より

前々回に続いて、もう一編コミックを取り上げてみる。それはいがらしみきおが二〇〇一年から〇五年にかけて、Ｗｅｂ上に連載した『Sink』で、この作品を読んでいると、コミックではなく、フランシス・ベーコンの絵を見ているような思いに捉われる。その画集についてはやはり「ブルーコミックス論」40、42でもふれているが、タイトルも記しておく。それはMichel Leiris, Francis Bacon (Rizzoli, 1988) である。

『Sink』の舞台となっているのも明らかに郊外のニュータウンに他ならない。しかし主人公といえる山下一家の住むサンタウンの一画は、表紙などに描かれているように、住宅化が進んでおらず、造成地は雑草が生い繁り、まだわずかしか住宅は建っていなかった。それはバブル崩壊後の郊外の開発地のありふれた風景といっていいのかもしれない。

山下家は大学教師の夫、専業主婦の妻、高校生の駿の三人暮らしで、ニュータウン特有の新しい住民である。テレビのニュースで、未成年による殺人事件や火山のことが伝えられていることから推測すれば、同様の事件の頻発と有珠山噴火などは二〇〇〇年の出来事であるので、時代背景は今世紀初頭と見なせるだろう。

『Sink』はまず「台所の流し」が描かれ、始まっていくのだが、名詞の場合はまさにそれを意味しているし、動詞の「沈む」と両義的な含みを持って、タイトルとして選択されたように思われる。その中に入ってしまえば、必然的に「流れて沈む」ことを運命づけられてしまったようなニュアンスがこめられているのではないだろうか。

山下は駅前で異常に首の長い女を見かけ、また続けて校内でも同じように腕が長い男とぶつかってしまった。「異様な体形のヤツ」を目撃したことを同僚の林教授に話すと、彼は山下にいう。「異様なものほどバランスを崩す（……）。だから人は不幸に巻きこまれる」と。山下は帰宅途中で、バス停に捨てられた煙草の吸い殻や造成地から出た石が増えてきたことに気づく。その翌日、今度は家の前の電柱に自転車がぶら下がっているのを目にする。これも異様な出来事で、明らかに見慣れた風景が変わり始めていた。

その一方で、駿の同級生弓のストーカーで、シンナー中毒の三浦によって、駿はナイフで刺される。駿が彼女を助けるために彼を殴ったことから恨まれていたのである。だがその傷もよくなり、退院してきた駿は太ったのか、異様に手が大きくなっていて、「なんでオレが刺されたの？」と両親に問うのだ。その駿が服を着ることができなくなっていた。それらとパラレルに、外灯やテレビが自然に消えてしまう現象も起き、玄関に見知らぬ大量の靴が置かれたりもしていた。

山下が林にそれらのことを相談すると、林は自らの少年時の体験や、以前はマンションに住んでいた時の経験から、「家の中に誰もいないはずなのに誰かいるような気がすることはないか」と問い掛ける。確かに帰宅した山下を見ている何者かが本棚の上に潜んでいるのだ。その何者かは駿の部屋にも忍びこみ、何事かを吹きこんでいる。だが誰かがいることに夫婦が気づき、警備会社による警報装置を設置するが、駿はもはや駿ではないような食べ方をするようになっていた。後には壁板まで食べるようになってしまう。

そこに山下の母親が訪ねてくる。彼女もあれは駿ではないといい、彼を女性霊媒師の東山のところへ連れていくが、功を奏せず、東山が山下家にきて、お清めをする。しかしその後、母親も東山も何者かに殺されてしまうのだ。

林のほうにも異変がおきていた。タイヤが乱雑に埋めこまれた塀の出現、長い首の女の目撃と教授室への憑依めいた侵入、その女が絡んでいるらしい学生の信号機での首吊り自殺などである。さらに山小屋の自宅には自殺したと考えていた母親が現われ、「知りてが？　全部知りてが？」と問う。林が「ああ」と答えると、彼女は彼に何事かを吹きこむ。しばらくして山下が見た林は別人のように太り始めていた。

「異様な体形」の男女の目撃からはじまった様々な異様な光景や出来事、周辺の自殺や殺人、家を襲う不気味な兆候、自らの手首の喪失、それらの「不幸に巻きこまれること」になって山下は、林に「おまえがまだオレの知っている林なら教えてくれ、ヤツらは何者なんだ」と詰問するに至る。林はモノローグのようにいう。

「彼らはげんざと言う。人間が社会というものを作りはじめた大昔からそれに異を唱えつづけた血族だ。

この世界は必ず人を不幸にする。この世界を潰せとね。

かつて彼らは山の中で暮らしていたが、血を広めるために山を降り我々の社会の中に入って来た。そして今ではその血は我々の中にも混じってしまっている。

血を受け継いだ者は自分が不幸に会う時、覚醒するんだよ。自分はげんざだとね」

これは自分にしても、山下と息子の駿にしても、「げんざ」の血を引き、それが覚醒し始めていることを伝えようとしているのだろう。山下にすぐ家を出ていくようにともいう。郊外ニュータウンの家こそ「げんざ」が異を唱える「社会」の象徴であるからだ。

帰宅した山下は息子の駿と同様に精神のバランスが狂い出し、家の壁を壊し始める。山下の妻の知らせを受け、訪れてきた林は山下にまたしてもいう。

「捨てるしかないんだよ。すでにこの家のありさまを見てみたまえ。守るって何を守ると言うんだね。

ここにあるのは物だけじゃないのかね。物を作って物を買って物を捨てて、我々は物を増やすために生きてきたようなものだ。我々ね、ぐるぐる廻るコマの上で生きているのさ。いつかそのコマが止まると知っていながらね。なのに必死にそのコマにしがみついて生きている。（……）コマはいつか必ず止まってしまうのさ」

異様な出来事に見舞われたのは山下家ばかりでなく、それは死体を引きずる車、連続自殺、一家心中と広範な社会現象となっていく。林は山下に説明する。山下や林が二度同じことが起きるのを見たのは「わげじいり」という分岐点のようなもので、そこから今までとはちがう不幸な時間が始まり、元に戻れなくなってしまったのだ。「わげじいり」は不幸の装置とでもいうべき「よびしろ」によって作り出され、「げんざ」を覚醒させるのだ。

『Sink』の中で説明もなく描かれ、挿入されていたバス停の大量の煙草の吸い殻、石の山、電柱にぶら下がった自転車、林の中の結界にも似た様々なガラクタの陳列、一面に広がる均一的なニュータウンの家に降りかかる雪の風景、塀に埋めこまれたタイヤなどのすべてが「よびしろ」だったことになる。

さらに林はいう。

「山下君、この世界で我々が幸せになれると思うかね。国家だの社会だの家庭だの、ありもしないレールを敷いて、そのレールの上を行くしかないようなウソをつき合って。そうさ、我々はみんなお互いにだまし合っているんだ。（……）

山下君、教えてあげよう。この世界のほんとうの姿を。げんざは時に人を殺し、この世界を混乱させてきた。げんざが起こした事件もたくさんある。誰もげんざの仕業とは知らないままだがね」

この言葉は林の母親が彼に、何者かが駿に吹きこんだものと同じであろう。そして異様な事件や事故はニュータウン周辺ばかりでなく、全国各地へと広がっていく。異様に肥満した駿は部屋に死者たちを集めた「よびしろ」を作り、まさに「げんざ」と化してしまう。山下は「駿がげんざなら、オレもげんざかもしれない。駿を殺して俺も死のう」と考え、それを実行しようとするが、逆に駿によって殺さ

れてしまう。しかしその骸も廃墟と化してしまったような家の中で、自らの肉体を切断し、母親にいう。「おかあさん、この世に生まれてきたけれど、この世に生きて行けない人間はどうすればいいんだろう。こんな世界で生きられない人間はどうすればいいの？　そこから出て行くしかないじゃないか。だからオレは出て行くよ」と。そして骸は母親に抱かれ、死んでいく。

そこで山下一家の物語は終焉を見るのだが、新たな「げんざ」が目覚め、「新すい世界」が始まり、都市における異様な出来事が頻発していく。そしてクロージングの場面としてまたしても描き出される郊外ニュータウンの風景は、そこが「げんざ」の誕生の地、もしくは「よびしろ」であることを告げているかのようだし、作者もそのように描いているのだろう。

この『Sink』の物語をたどりながら想起されたのは、藤本泉の『呪いの聖域』（祥伝社）から始まる「えぞ共和国」の五部作である。『Sink』が舞台として東北地方を想定しているように、藤本の作品群も同様で、しかも村や島などを物語のトポスとしている。そしてそれらの住民は古代から続く村落共同体を形成し、近世幕府や近代国家などの中央集権を担う人々とは異なる日本先住民族とされている。藤本の作品群にあって、中央資本や外部による土地の開発や買収に端を発し、共同体の聖域を侵犯する時、共同体の意志としての犯罪が実行され、その犯罪が勝利するまでをアンチ・ミステリーのように描き出している。「えぞ共和国」五部作についてのさらなる言及は拙稿「消えた乱歩賞作家」（『文庫、新書の海を泳ぐ』所収、編書房）を参照されたい。

『Sink』における東北、昔から影のようにいた「げんざ」の存在、「わげじいり」というイニシエーション的プロセス、「よびしろ」が示す呪術的効力は、藤本の作品群の様々なファクターと通底している。『Sink』に描かれた広大なニュータウンの風景、しかもそれらの一画はバブル崩壊によって開発も進んでおらず、雑草が生い繁っている光景の以前の姿はどのようなものだったのであろうか。ここで柳田国男の『遠野物語』（岩波文庫）や山人幻想をも思い浮かべてしまう。

おそらく山や林や畑などがあり、それらがことごとく根こそぎめくりとられ、出現した裸形の広大な土地だったにちがいない。そのかつての土地の姿は何百年にわたって存在していたもので、そこには土地の聖霊のような存在すらも伝えられていたのかもしれないのだ。ただちに土地にまつわる神の名を挙げることもできるほどに。いがらしが『Sink』において召喚した「懺悔」の逆さ読みに他ならない「げんざ」とはそのようなものであり、「わげじいり」や「よびしろ」もそれらにまつわる儀式様式とみなしても間違っていないだろう。

かくして『Sink』の物語は郊外ニュータウンのどの家にも「げんざ」が影のように潜んでいること、それは信じていいことなのだと告げているのではないだろうか。そしていがらしによる『Sink』のような作品を前提として、後に取り上げるカネコアツシの『ソイル』も出現してきたようにも思える。

49 「コンビニにはユーレーがいるって誰かがいってた」
――渡辺玄英『海の上のコンビニ』〔思潮社、二〇〇〇年〕

コンビニがアメリカで発見され、日本へと導入されたのはいずれも一九七〇年代前半で、ファミリーマートは七二年、セブン-イレブンは七四年、ローソンは七五年に第一号店を出している。最初は都心部から始まり、後に郊外へとシフトし、ロードサイドビジネス化していくのだが、それらの誕生と成長はファストフードやファミレスと軌を一にしていた。しかし後者などとの相違はそのトータルな店舗数の増加で、八〇年代後半に一万店、九〇年代後半に五万店を数え、その後は減少したが、現在は大手のシェアが高まり、再び五万店を超える状況を迎えている。

以前に一九七〇年代の二万三千店の書店数が、小学校と郵便局の数とほぼ一致することに気づき、日本の教育や通信網と、雑誌や書籍の流通販売インフラの数としての等価な配置図を見たように思った。そのようなリテラシーの装置が全国に張り巡らされることによって、戦後の日本社会の高度成長期とともにあった開発や産業構造の転換といった、ハードと異なるソフトな営みとベースが支えられていたのである。

　それらの数に比べて、現在のコンビニ数は倍以上になっていて、まさにコンビニは全国至るところに出現し、外出すれば入らないにしても、必ずコンビニを目にしたり、その前を通ったりしてしまう。誕生から四十年を経て、その総数と総面積、商品量の集積はもはや単なるソフト的商店というよりも、日々膨大な消費者層を召喚するハードな巨大産業、消費社会のコアともいうべき一大インフラへと至ったのである。

　そのコンビニのひとつの社史といっていい『セブン-イレブン・ジャパン　終わりなきイノベーション1973-1991』において、コンビニは「一言でいえば、便利性を売る」と定義されている。「そのためにお客の便利性のニーズを満たす品物と、あらゆる分野にわたってそろえる」ことが主眼され、そのコンセプトは「お客の立場に立って発想し、そのニーズにこたえて便宜性（時間、場所、品ぞろえ等）を提供する」ことにある。つまりここにはモノを売るだけでなく、「便宜性」を売るという消費社会の進化のかたちがいち早く表出している。

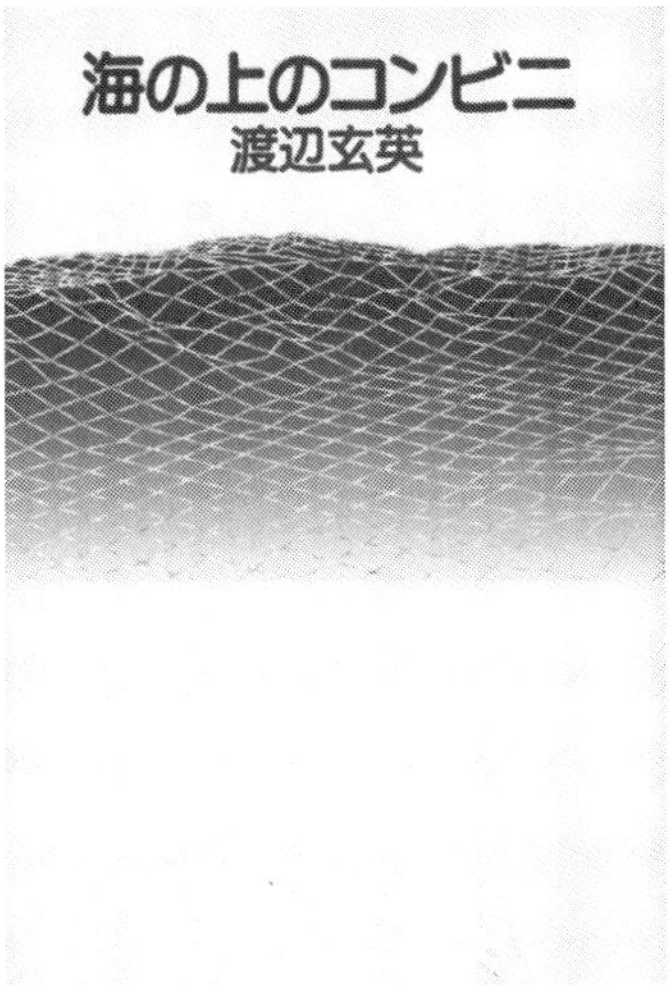

　そのようなコンビニが出現してほぼ四半世紀後に『海の上のコンビニ』と題された渡辺玄英の詩集が出された。私も『〈郊外〉の誕生と死』において、八〇年代にコンビニを同時代の象徴的トポス、あるいはメタファーとする引間徹の「閉店まぎわのセブン-イレブン」を示しておいたが、渡辺の詩集はそれからさらに十年以上が経過している。コンビニを主要なインフラとする社会は「便利性のニーズを満たす品物」と「便宜性」の提供によって、快適なものへと移行したのだろうか。どうもそうではない。逆に多くのものが失われてしまったようなのだ。
　ただ渡辺の詩は難解な言葉が使われているわけではなく、ありふれた日常言語と口語によっているのだが、イメージの飛躍と抽象性の奥行は深く、新しい詩語の世界に向かっているのは明白なので、コンビニを現実のものに還元していいのかためらわれる。しかしここではあえてそのように読んでみる。

『海の上のコンビニ』の冒頭の「う／み」（注―このスラッシュはタイトルに含まれているもので、以下のスラッシュは改行を示す）は、「うみ」がスラッシュで分断されているように、「くずれてしまった　たくさんのもの」という言葉から始まっている。それらは「空っぽのマヨネーズチューブ」「鳴らないラジオ」「アタマのとれたオモチャ」とか、「いつかやってくる三日月ウサギ」の「すでに散らばっている「ハナや　口や　手足など」で、その他にも「そら」や「うみ」が挙げられ、再び「くずれてしまった／たくさんのもの」で閉じられている。この詩集のオープニングにおいて、日常のかたわらにあるものから「そら」や「うみ」に至るまでが散乱し、解体され、行方も定かでない世界になってしまっていることが告げられている。

そして次にタイトルとなっている「海のうえのコンビニ」が置かれ、それから二十二編の詩が続いていく。「う／み」と同じように、最初の部分を引いてみる。

海には　いかない
コンビニにいく
海のうえのコンビニには
影がない
だから夜には　ちょっとうれしい

ここに出現している「コンビニ」とは私たちが日常的に見慣れている社会の風景の中にあるものではなく、異界に迷いこみ、見出された、まさに「海のうえのコンビニ」ということになろう。だがここにも「う／み」にみられた何らかの散乱や解体がすでに起きてしまったようで、キーワードたる「海」「コンビニ」「影」「夜」もまだ浮遊している感じで、すぐには結びついていかない。しかしそれらの後に「ちょっとうれしい」との言葉が置かれていることで、ようやくドアが開かれ、「海の上のコンビニ」に入っていくことができる。その「凪ぎ」を感じる「しずかな棚」を点検してみる。
「たくさんのカケラ」を手にとり、「1袋100円の完成しないジグゾー」を「とってもきれいだから／買ってしまう／みます／買ってみました」。そして次に秋の日の学校の教室の風景がいきなり召喚され、重ねられていく。「海のうえのコンビニ」には「影がない」ので、棚や海にはそのような景色が浮かんでくるのだろうか。でも「レジには／知らない人がいて」、「わたしはからっぽ」で、「みずいろのなかの／ユーレーになって」いるのだ。

この詩に表出しているのはかつての近代詩特有の都市における孤独でもないし、イメージと言葉のコレスポンダンスでもない。日常そのものが異界であるような感覚、それが象徴的言語ではなく、コンビニ的とでもいっていい、ありふれた言葉、それでいて新しい詩の言葉によって構成され、蜃気楼のように「海のうえのコンビニ」が描かれていくのである。いやそれは現在の世界といってもいいのかもしれない。

「う／み」から「海のうえのコンビニ」はあらかじめ「くずれてしまった」異界としてつながり、「わたしはからっぽ」の「ユーレー」として、その「景色」の中に佇んでいる。そのコアのイメージが絶えず「コンビニ」として立ち上がらり、存在し、他の詩にも揺曳することを止めない。それらを抽出してみる。

「いくところがないから／コンビニに行ってきました」（「クジャクな夜」）、「コンビニにはユーレーがいるって誰かがいってた」（「なた」）、「生野菜はすくないコンビニに／かわりに援助交際を申し込みます」（「ハロー　ドリー！」）、「コンビニの中には／くるった／ひまわりが咲きみだれて」（「コピー・プラント」）、「行ったことないけど／べつれのコンビニあたりにも／おちている」（「聖誕劇」）、まだまだあるけれど、フレーズはこのくらいにしておこう。

そして次には、この詩集『海の上のコンビニ』にふさわしいイメージがコンクリートで、少しばかり長い一連の詩の部分を紹介してみる。それらは抽象化された日常言語が織りなす新たな現代詩の世界にあって、コンビニのメタファーがわかりやすく伝えられていると見なせるからだ。最初は「なた」からである。

あそこには何もない何もないから吸い寄せられてしまう
ぼくらわたしら
みずのなかのうすい空気をすいこむのはかなしい手も足も顔もだれにも
しられないだれのものでもないぼくらわたしらハいないやすらぎ消えて
しまうからだ叩いてもつねってもそんなものうすれちゃってなにもない
ねえあやなみここからはじめよう
コンビニにはユーレーがいるって誰かがいってた
マガジンラックのまえで立ち読みしていると
すこし離れてだれかがいる気配がする
さびしい　と　うれしい
のまざりあうあたりに
あなたがいるように

いる　と　いない
のさかいめの
かすかなふるえ
コンビニのユーレーには匂いがないって
声紋がないって
4組のアスカとヒカリがなーんて話してたんだって

でもいくよね　毎日
夢のようでも　いくよね
知らない街で迷子になっても
あそこに行けばほっとするよね
(にせのわたしでもうれしいもん
ガラスのむこうは蜃気楼の街は彼方
セミがうるさく空はたかく
でも何もかもがのっぺりとして
記憶があたまから流れ出してしまった街に
空っぽのコーラ缶が
記憶のカケラみたいに立っているね

次は「コンビニ少女」の最後の部分である。

学校から「どこか」への帰りみち

見あげたビルのガラスにかいじゅう雲ながれ
そりゃあ　ボクだって
けして　ふかまらないからね
いくらでもコピーできるわたしたち
きょうも　コンビニ寄って
元気にコピーして帰るもん

蜃気楼のようであった「海のうえのコンビニ」にいくつもの詩が重ねられ、進んで行くにつれて、内部の風景も描かれていくようになる。そして「あそこには何もない何もないから吸い寄せられてしまう」し、「でもいくよね　毎日／夢のようでも　いくよね」という存在へと化していく。
七〇年代前半に出現し始めたコンビニは最初は異界のようだったが、次第に増殖し、全国の至るところに存在するようになる。しかしそこでは日常生活の「便利性のニーズを満たす品物」しか売っていないわけだから、商品が秘めているアウラやファンタジー性は最初から捨象されている。だから「あそこには何もない」。けれども「吸い寄せられ」、「いくよね　毎日」ということになる。「あそこに行けばほっとする」し、「ここからはじめよう」と宣言するしかない、日常に不可欠なインフラやベースとなってしまったからである。

コンビニのそれぞれの店にオリジナリティはないし、フランチャイズシステムによって店舗や商品も統一され、すべてはマニュアル化され、それが二十四時間、一年を通じて同じように稼働している。いってみれば、絶え間なく反復コピー化され続けるコンビニ空間において、客たちも「けして　ふかまらない」存在でしかない。かつての個人商店であれば、必ず成立した客たちとの個別な関係ももはやありえず、コンビニの客とはコピーのような存在でしかない。客だけでなく、コンビニとは経営者、従業員、商品も含め、究極のシミュラークル、パスティーシュの空間であるかもしれないのだ。「コンビニ少女」はそれを承知し、しかも軽やかに宣言するに至るのだ。「いくらでもコピーできるわたしたち／きょうも　コンビニ寄って／元気にコピーして帰るもん」と。

これが渡辺玄英の詩集『海の上のコンビニ』の中に描かれた二〇世紀末から二一世紀初頭にかけてのコンビニのイメージと位相ということになろう。

50 ファンタジーとしてのコンビニ
——吉本由美『コンビニエンス・ストア』〔新潮社、一九九一年〕と池永陽『コンビニ・ララバイ』〔集英社、二〇〇二年〕

前回は現代詩の中に表出するコンビニ、それも日常の言葉によって織りなされているけれど、実質的には多彩なイメージと抽象性、あるいは深いメタファーを伴う詩的言語の世界に姿を見せているコンビニだった。そこで今回はより散文的なコンビニ、すなわち小説の中に描かれたコンビニを見てみよう。テキストは吉本由美の『コンビニエンス・ストア』、池永陽の『コンビニ・ララバイ』である。

吉本の『コンビニエンス・ストア』は一九九一年に刊行されていて、省略を施さず、中黒も付したタイトルそのものが時代を彷彿させる。これも前回記しておいたように、一九七〇年代前半に誕生したコンビニは、八〇年代後半に至って一万店を超えてはいたが、現在の五万店と比べればまだ少なく、社会インフラとしての機能と位置づけも同様だったし、それがタイトルや物語にも反映されていると考えていいだろう。さらにこれは蛇足を承知で付け加えておくと、この表題作の初出は八九年六月刊行のリトルマガジン『par Avion』終刊号で、その際には「コンビニエンス・ストアー」と音引きも付されていた。

　前置きが長くなってしまったけれど、まずはこの短編を紹介しよう。主人公の「僕」＝マコトは十六歳で、バイクの事故がきっかけとなり、二ヵ月前に高校を中退していた。それに加え、本書46の『ありがとう』ではないが、家族は別々に暮らしていて、父と息子、母と娘という「子供が二人いる離婚家族の典型的パターン」を踏襲していた。その原因は親父の浮気に端を発するおふくろの家出であり、「僕と姉は、バーカみたいとかカッコ悪いとか嘲った」けれど、本当のところ「僕は仰天していた」のである。

　そのような「僕」の高校中退事情や家庭状況を背景とし、コンビニとそのバイトが対置される。そのコントラストは八〇年代に急速に変容していく近代家族と社会の関係のようでもあり、「僕」にとってコンビニは社会へのイニシエーションのためのトポスであると同時に、他の人々にしても現在への入り口機能を果たしているように映る。

　しかしそのコンビニ像は「ドサッ、と音がしたので僕はバイク・マガジンから目をあげた」と始まっていることからすれば、バイトが雑誌コーナーで立ち読みしても構わない事実を告げている。訪れてきた姉の可奈子が「雑誌なんか読んでいていいのかネ、仕事中だろーが」というが、「僕」は「客いないときはかまわねえんだよ」と答えるのだ。

　このようなマニュアル対応とは異なるコンビニのニュアンス、あるいはサリンジャーの『ライ麦畑でつかまえて』（野崎孝訳、白水社）を想起させる語り口などから、日本のコンビニというよりもアメリカのドラッグストアで起きている物語のようなイメージで始まっている。「僕」と姉の会話はそうした典型でもあり、二人のそれはコンビニの前の「ファミリー・レストラン」に移され、続いていく。ファミレスも省略されず、きちんと中黒も付されている。

　そして姉と弟の会話から、離婚後の一年間の家族のそれぞれの状況が浮かび上がり、親父は「笠智衆みたいな親」とされるので、小津安二郎の『東京物語』などが想起され、これもまた本書46の『ありがとう』と共通する、裏返されたファミリーロマンスではないかと想像してしまうのである。これに続く連作を読んでいくと、その予感が当たっていたことに気づかされる。しかしそれはまだ先の展開で、タイトルが「コンビニエンス・ストア」であるゆえに、物語はもう一度そこに戻り、そのコンビニの責任者、バイト、パートタイマーからなる人員構成が語られたりもしている。でもそれはお座なりで、金を返しにきた友人、店の前を帰っていく親父が描かれたりして、友人が「マコト、今日は千客万来だなオマエ」というように、コンビニそのものよりもそこで働く「僕」を訪ねてきた姉や友人と織りなす会話がこの短編のコアとなっている。

吉本の「あとがき」によれば、これは一回限りの「マコト君の話」として書かれたとあるので、タイトルは副次的につけられたと推測できる。そのようなかたちで、「マコト君の話」は始まったわけではあるが、以下「ホーム」「コーヒーショップ」「クラブ」「病院」「カフェテリア」「路地」「水族館」と続き、連作集として上梓されたことになる。

本書の「混住社会論」のテーマからすれば、より興味深いのは次の「ホーム」である。「僕」はコンビニの他に建設会社で土木作業員のバイト、つまり日雇労働者もしていて、その同僚に「ガイジンさん」のチャイがいたが、姿を見せなくなって二週間が経っていた。そこにタイで同郷の娘リンがマコトを訪ねてきて、行方を探るように頼まれた。彼女は医療看護学生、チャイは電子工学の学校に通う学生で、同じ時期に日本にやってきていたのである。マコトはチャイと一緒に仕事にいったことを思い出した。

僕たちのワゴン車は、大きな橋を二つ渡り、レンガやコンクリートの塀の工場地を抜けた。次に建て売り住宅の同じような家並が延々と続いた。その景色は上野駅のコインロッカー・ルームを思わせた。そっくりの家なんだ。子供たちが自分の帰るべき場所を間違ったりはしないかと、僕は考えた。

「とてもきれいですね」

チャイはぽつんと言った。僕はどう答えて良いやら判らなかった。こういう景色をきれいという人間は初めてだったから。

「ここはとても整然としてきれいです」とチャイは続けた。「僕の国にはこういう整然とした住宅地はないですから」


このチャイの発言が何らかの事実に基づいているのか、まったくのフィクションであるのかはわからないが、この「ホーム」もまた一九九〇年に発表されていたことに留意すべきだろう。『コンビニエンス・ストア』のコンビニがまだ現在のイメージを伴っていなかったように、アジアにしてもタイにしても、まだグローバリゼーションに伴う郊外化が進んでおらず、「建て売り住宅の同じような家並」はまだ出現していなかったことを告げているのではないだろうか。

それゆえに「ガイジンさん」が建築現場にいた「ホーム」の時代もまた、ほぼ四半世紀前だったのをあらためて思い出させるのである。まだ日本はバブルの時代であり、九〇年代になってからは日系ブラジル人を始めとする「ガイジンさん」が労働者として出稼ぎにやってくる事態を迎えつつあった。

そのようなかつての時代に対する思いは池永陽『コンビニ・ララバイ』を読んでも喚起される。これは『コンビニエンス・ストア』よりも十年以上後、つまり今世紀に入って書かれているが、タイトルの「ララバイ」＝子守歌からもうかがえるように、コンビニがことさら現代のファンタジー的なトポスとして描かれていることによっている。もちろんフィクションであるから、ファンタジーでも悲劇でも喜劇でもかまわないにしても、このコンビニを舞台とする物語の前提は現実離れしすぎているのではないだろうか。

だがおそらくそれは池永があえて意図したことであり、現代において最もポピュラーな店と化しているコンビニをそのように設定することによって、物語が発生するトポスならしめるように造型したと見なすべきかもしれない。

単行本でも文庫でも同じよう表紙に描かれているそのMiyukiMart＝「ミユキマート」は、「青梅街道沿いにある、小さな町の小さなコンビニエンス・ストアだった」とされている。新青梅街道については本書の『ＯＵＴ』や『鬱』の重要な物語背景だったことを既述してきた。だから「青梅街道沿いにある、小さな町の小さなコンビニエンス・ストア」という設定はいいにしても、その立地は本通りから外れた住宅街で、繁華街まで歩いて十分かかると説明されている。このような無理のある立地の設定こそが、このコンビニをめぐる物語をまずメルヘン的にしている。

　経営者の幹郎は食品卸の会社に勤めていたが、一人息子を交通事故で失い、精神的に参っていた妻の有紀美と夫婦でできる仕事をと考え、妻の「賑やかだけど乾いているから……」という希望に応じ、コンビニを選択したのである。後に妻の言葉は、混んではいるけれど、それほど騒がしくなく、沈んだ喧噪とでもいうように、客は黙々と買物をし、雑誌を読み、こちらも黙々と商品をカウンターに並べることを意味しているとわかる。その立地は生家が戦前から酒屋を営んでいたところで、それを壊し、銀行融資を受け、新たな建物を造った。ここまではまだリアルだとしても、次のくだりはファンタジーと考えるしかないのである。


　どうせやるなら自分流の個性的な店を作ろうと、大手のチェーン店には入らなかった。両親はもういないが、酒店を開いていたときの伝手《つて》を頼って仕入れから接客まで様々な相談にものってもらい、酒類を販売する許可も取った。名前は幹郎と有紀美からとって「ミユキマート」とつけた。


だが実際にコンビニはチェーンでなくしては成立しないし、「自分流の個性的な店」というコンセプトはコンビニにおいてはありえない。コンビニはそういう業態として存在しているし、引用文はその前提と事実に抵触していることになる。それはともかく開店二ヵ月後、妻の有紀美も息子と同じように交通事故で呆気なく世を去ってしまい、ただ「……しあわせでした」という遺書めいた走り書きが夫に残されていた。

　これらのいくつもの事柄をふまえ、「ミユキマート」の物語として『コンビニ・ララバイ』の連作七話が展開されていくことになる。それらは当然のことながら、コンビニと様々なトラウマをめぐる物語を形成していくことになるのだが、それは店主の幹郎だけでなく、客や店員にも及んでいくので、それらの物語を列挙してみよう。

　客のヤクザ八坂が店員の治子に惚れたことから起きる事件と治子をめぐる人生事情、離婚して会社も辞め、ミユキマートに勤めた照代の、シナリオライターをめざす夫との結婚と離婚に至る物語、バイト暮らしの劇団員香の物語とコンビニの関係、商品代金を踏み倒して逃げたバーのホステス克子、常連の万引き女高生加奈子の援助交際、店の客の老人同士の店のベンチでの恋などである。

　これらの物語は、すべてファンタジーのようなコンビニを舞台として繰り広げられていく現代の人情噺とでもいっていいだろう。中原中也の「汚れちまった悲しみに」の使用などはあまり感心しないけれど、コンビニを発祥とする現代のメルヘンとして読むことができよう。そしてあらためて、吉本の『コンビニエンス・ストア』と池永の『コンビニ・ララバイ』の間にある時代の相違と、コンビニのイメージの変容に想いをはせることになるのだ。

51 郊外のオフィーリア
——宮沢章夫『不在』〔文藝春秋、二〇〇五年〕

前回は小説におけるファンタジーのようなコンビニ、前々回は現代詩に描かれたイメージとしてのコンビニを見てきたが、そうした色彩ゆえに現実のコンビニの名称は使われていなかった。そこで今回は同じフィクションながら具体的にコンビニ名を散りばめ、そこを物語のひとつの起点とするような印象を与える作品を取り上げてみる。それは劇作家でもある宮沢章夫の小説『不在』で、主要なコードのようにローソンの名前が挙げられている。

『不在』は二〇〇四年七月十一日早朝、埼玉県北葛飾郡栗橋町の利根川沿いの河原敷で、若い女の水死体が発見される場面から始まっている。それは十七歳の少女で、上流の北川辺町本郷の利根川に合流する渡良瀬川に身を投げ、半日かけて栗橋まで流されてきたのではないかと見られた。渡良瀬川の川岸で、彼女の遺留品を見つけたのは、異形の乞食女だった。年齢不詳で襤褸をまとい、聞いたこともないような言葉をぶつぶつ呟いているので、「詩人」と揶揄され、コンビニで食べ物をあさっている姿も見られていた。その遺留品のバッグに残されていたノートには「あんめいぞうすまれや」で終わる意味不明の言葉がつづられ、読解できず、遺書なのかも確認できなかった。

少女の名前は松田杜季子で、北埼玉郡北川辺町で土建業を営み、町会議員でもある松田貞治の娘だった。彼女の自死は町の住民にすべてが終結したのではないかという安堵感を与えた。それには次のような背景があった。「北川辺ではこの百日あまりのあいだに死の匂いが町を覆い、殺人が連続して発生しており、杜季子の死がこれらの忌まわしい出来事の終わりを告げる象徴だと人々が理解した」からだ。

それらの事件を追う前に、『不在』の舞台である北川辺町というトポスを紹介しておくべきだろう。この町は埼玉県の中で利根川の北に位置する唯一の地域であり、また関東地方のほぼ中央に位置していて、群馬、栃木、茨城、埼玉の四県が接するという、ロケーション的にいくつもの奇妙な様相を帯びていた。しかし町となっていても、そこがかつては農村に他ならなかったことは明らかで、そのような描写が繰り返し挿入されている。そのひとつを抽出してみる。

なにもない土地だ。田だけがどこまでも広がり、ときおりこじんまりとした宅地があって、小さな家が並び、家の格が高いとされる古くからこの土地の続く一族らの屋敷は、かつて洪水が頻繁に襲った時代を物語るように敷地自体が少し高い位置にあった。どこにいても誰かが見ているような町は、広々とした田だけが目立ち、夏になれば太陽を遮る日陰などどこにもなく、強い光線が容赦なく地に落ちてくる。隠れているにしろ、トーキョーから車で来るにしろ誰かがきっと見ている。

田の中にある「こじんまりとした宅地」とは、町にいくつかある開発された住宅地帯を意味し、「トーキョー」から移ってきた住民もいるし、『不在』の主要な登場人物と家がそうである。
またそのような風景の中にあって、ローソンが広い駐車場を備え、登場人物たちの集合場所となっていて、他にもヤマザキデイリーストアが出てくる。とにかく『不在』にあって、コンビニは車と携帯電話と三位一体といっていいほどの物語機能を有している。それは国道沿いのファミレスのCoco'sにも共通し、ラブホテルも同様である。その他にもパチンコ店やカラオケボックスも挙げられる。要するに北川辺町もまた郊外特有のロードサイドビジネスに包囲されているのだ。そのような北関東におけるロードサイドビジネス状況について、『〈郊外〉の誕生と死』で立松和平の『遠雷』（河出文庫）を例に挙げ、既述しておいたが、特異なロケーションを占める北川辺町もまた、「トーキョー」の郊外の農村とロードサイドビジネスが混住する典型と見なしてかまわないだろう。
少しばかり飛んでしまったが、その北川辺町で起きていた「忌まわしい出来事」とは何であったのか、それらを確認してみる。この地域の公共事業は土建会社の北利根組が多くを請け負い、悪い噂も含めながらも会社が大きくなるにつれて、それに関わる者も必然的に増え、何か事件が生じると関係者が絡んでいる確率も高くなっていた。

様々に事件が続いていく発端は、二〇〇三年五月に北利根組の役員牟礼冬一郎が、工事中のビル現場で落下事故のために死んだことで、そのわからないことが多い事故はいくつもの噂を発生させた。それは息子の秋人の存在にもかかわらず、半年後に冬一郎の弟の夏郎治が兄嫁真由美と入籍したこともひとつの原因だった。牟礼家は豊臣時代からの古河足利の血を引く名家とされていた。
父の死と母の再婚があってなのか、〇四年三月に秋人は失踪してしまう。秋人と死んだ杜季子は恋仲だったが、彼女にも何も言い残さず、姿を消していた。『不在』のタイトルはこの秋人の失踪に基づき、『文学界』〇四年八月号初出の際には『秋人の不在』とされていたのである。それは次のような一文にも表われている。

牟礼秋人という「不在」は、一人の男が姿を消したという以上のものを仲間たちに印象づけ、だからこそ、呼びかけても手応えのない声のように模糊とした不安を暗示させ、なにか忌まわしいことを生み出す兆しなのだと思わせもした。

その予兆のように二月頃から、利根川河川敷に戦国時代の甲冑をまとった男が夜中に出現するという幽霊譚が郊外伝説もどきに伝えられ始めていた。秋人が行方不明になってから二週間後、彼の遊び仲間だった贄田、倉津、小西たちは肝試しをしようとローソンの駐車場に集まったりしていたが、そのうちに次々に事件が起きていった。

まず二十代半ばの主婦が殺された。彼女は田の中の造成地の一軒家に住み、夫は北利根組の営業マンだった。続いて三十代前半の男が神社の裏手で頭部を強打され、殺された。彼も北利根組の臨時作業員として働いていた。それから杜季子の父で町会議員の松田貞治が、これも田の中にあるスナック銀世界で謎の大爆発が起き、殺されてしまった。彼も北利根組の土建仕事を請け負う会社を経営していた。つまり三人はいずれも北利根組と関係していたことになる。

そのような事件のかたわらで、濃紺の車に乗った男やスバルのレガシーを運転する秋人に似た男などがコンビニや路上に出没し、贄田たちは秋人の行方を求めて新宿へと出かけたりするが、そこでも交通事故によって倉津が死に至ってしまう。

そうした事件の中で、杜季子はいう。「人が聞いたらおかしいと思われるかもしれないけど、なにかが人を動かすの。人にはわからない大きな力。だから、あんめいぞうすまれやって、やっぱりあのときも唱えるしかなかったの」。そして彼女を含めた町の多くの者たちがスナック銀世界の燃え上がる炎を見つめる光景は、太古の人々が火を囲み、何らかの祭祀としてあがめているようでもあった。

『不在』の物語はそれらの帰結であるかのように杜季子の自死に至るストーリーとして説明されているのだが、事件は終わったわけではなく、その半年後に「新たな事件」、しかも「さらに凄惨きわまる血なまぐさいもの」が発生したとされる。しかしそれは冒頭の杜季子の死に添えられた予告編のようなコメントで、実際に何が起きたのかについての具体的言及はなされず、物語は閉じられている。

それゆえに『不在』という物語は「トーキョー」の郊外たる北川辺町において、その重要な位置を占める土建会社役員の死をきっかけにして起きた息子の失踪、彼らの死と失踪に関係しているかのように続いていく、様々な殺人事件などが描かれていくのだが、それらの謎はほとんど解明されるに至っていない。つまり町で起きた事件の波紋とその拡散が主眼となっている。それゆえに連鎖して起きていく事件と、町の人々の行動や心的現象がパラレルに書きこまれ、謎が重層化し、さらに近親相姦なども含んで謎をよぶかのように進んでいく。

また北川辺町は関東における隠れキリシタンの地でもあり、「あんめいぞうすまれや」とは「アーメン、ゼウスマリア」と解釈してもいいように思われる。それに加え、北川辺町は田中正造の谷中村における抵抗、戦後の大水害と沼の埋立てといった英雄伝説や洪水伝説も残存している。それらは「トーキョー」の郊外に根づく様々な伝説を暗示している。

このような『不在』の物語を読んでいくと、デジャヴュに捉われ、必然的に中上健次の『枯木灘』（河出文庫）などにおける神話的世界を想起してしまう。そういえば、殺された臨時作業員は「紀州」出身の頑強な男とされていたし、ここに中上の作品の影響をうかがうことができる。それもさることながら、『不在』の巻末に「主な引用、ならびに参照」資料が掲載されている。

その中にシェイクスピアの『ハムレット』（福田恆存訳、新潮文庫）とフォークナーの『アブサロム、アブサロム！』（大橋吉之輔訳、冨山房）を見出すと、『不在』が「トーキョー」の郊外の北川辺町を舞台としながらも、この物語が『ハムレット』と『アブサロム、アブサロム！』の変奏であり、また宮沢が劇作家だったことにあらためて気づかされる。

『不在』の表紙写真と始まりにあって流れてくる少女の水死体は、ミレイが描いた『ハムレット』のオフィーリアのようだったが、紛れもなく杜季子はオフィーリアなのだ。そして「詩人」は彼女を埋葬する「道化」にあたる。さらにハムレットは秋人、ホレイショーは贄口、急死した父王は冬一郎、母のガートルードと再婚する叔父クローディアスは真由美と夏郎治ということになる。

また『アブサロム、アブサロム！』と『不在』を照らし合わせるならば、前者の舞台のヨクナアパトファが北川辺町、サトペン家が北利根組、牟礼と松田一家、フォークナーのタイトルは『不在』の「あんめいぞうすまれや」に相当するのではないだろうか。アメリカ南部の物語のパラダイムが日本の北関東の物語へと移植されていたのである。フォークナーに関しては、拙ブログ「出版・読書メモランダム」の「ゾラからハードボイルドへ」14で「フォークナーと『ヨクナパトファ・サーガ』」を書いているので、よろしければ参照されたい。

そのように『不在』を読んでみれば、杜季子の死後に予告されていた物語がまさに水中のオフィーリアのように浮かび上がってくる。ハムレットの父王は叔父に殺され、ハムレットはその復讐を果たすが、自らも毒剣で刺されたことで死んでしまう。おそらくそれが『不在』にあっては、主人公がいない世界で起きる物語を描くことを目的としていたと解釈することも可能である。なぜならば、郊外とはコンビニを始めとする画一化、均一化の象徴的空間であり、そこには突出した主人公、すなわちヒーローは必要とされていない世界なのである。だがそれでも事件は起きていく。そのような世界のメタファーとして『不在』は提出されたのではないかとも思える。

52 「ダンチ」と郊外ショッピングセンター――角田光代『空中庭園』〔文藝春秋、二〇〇二年〕

角田光代の六編の連作からなる『空中庭園』は、「ラブリー・ホーム」という、十六歳を前にした女子高生「あたし」＝マナの語りと視点に基づく作品から始まっている。「あたし」はクラスメートの「森崎くん」とラブホテル野猿に制服姿のままできているのだ。それは「あたし」がそこで「仕込まれた子ども」であるとママから聞かされ、「自分が形成された場所というものを見てみたい」と思ったからだ。なぜママがそれを教えてくれたかというと、「何ごともつつみかくさず、タブーをつくらず、できるだけすべてのことを分かち合おう、というモットーのもとにあたしたちは家族をいとなんでいる」ことによっている。

野猿はインター付近に林立するラブホテルの一軒で、ひとりではいけないから「森崎くん」を誘ったのである。だが入ってみると予想と異なり、「その空間が、ひどくまっとうな部屋」で、清潔で健康的な雰囲気に包まれ、ベッドの他にテレビ、ソファ、マチスの絵、ガラス張りの風呂があり、ここで生活することも可能だと、「あたしはある衝撃をもって思った」のだ。よく見れば部屋としては珍妙だったが、「あたしたちの家――ダンチの五階角部屋の清潔で、あたたかく、不自由のないあの家を、ひょっとしたらママはここをお手本につくったのではないか」と考えたからだ。ちょうどここで「あたし」が「仕込まれた」場所であるように。

　ママとパパが「野猿」というひどいネーミングのホテルを選んだ理由は、ホテルサンフランシスコもバンパイアもフローラもマリアージュもグランブルーも、どこも満室だったためだ。「あたし」と「森崎くん」も「小学校の学芸会」のようなセックスの真似事をしたが、成就には至らず、カラオケを歌い、それから帰った。

　「あたし」が住んでいるのは「書き割りみたい」な「集合住宅」で、次のように説明されている。

> 　今年で築十七年、もうすぐ十六年になるあたしよりひとつ年上の巨大マンションは、「ダンチ」と呼ばれている。ダンチはA棟からE棟まであって、敷地内には、しょぼいけれど商店も公園もある。パパとママは、あたしの存在を知ってすぐに結婚し、どちらか忘れたけれどどちらかの親の援助でこのダンチの一部屋を購入し、即新婚生活をはじめた。
>
> 　朝の空気のなかで、ダンチはのっぺりしていて、外壁がずいぶん汚れている。巨大なのに、どことなくみすぼらしい。このダンチの十七年の疲れと汚れは、あたしのなかにも蓄積されているものということになる。

その記述と『空中庭園』の発表年代から逆算すれば、この分譲と考えていい「ダンチ」は一九八〇年代前半に開発、建設され、「あたし」の成長とともに経年変化し、現在に至ったのである。それが郊外に位置していることは周囲が田畑だとの説明、及び「森崎くんち」が農家という事実からわかる。そして彼の広い庭のある古い一軒家にあって「あたし」の「ホーム」にないものは、「日向と日陰と、埃と醤油のしみと、テリトリーと無関心」だとされる。これはこの地域における混住を物語ると同時に、近代と現代の家族のあり方のコントラストを浮かび上がらせ、「野猿」というホテルのネーミングの由来をほのめかせているともいえる。

　それでいて、「森崎くん」と「あたし」を取り囲んでいるのは郊外消費社会に他ならず、ロードサイドにはファミレスやコンビニや飲食店が軒を連ね、ママも全国チェーンのうどん屋のパートに出ている。それらの他にも「典型的郊外型ショッピング・モール」があるのだ。しかも林立するラブホテルの向こう側に。その名称はディスカバリー・センターで、スーパー・マーケット、ファッションビル、レッドロブスターや牛角などのレストラン、ディスカウント系日用雑貨店、カー用品店、美容院や本屋、カラオケボックスが入っている。オープンしたのは「あたし」が九歳、弟のコウが七歳の春だった。

> 開店の日、ほかの家族たちと同様に、あたしたちも四人でそこへ向かった。（……）人に揉まれながら特売のティッシュやコーヒー豆を買い、行列にくわわって格安イタリアンレストランで食事をし、体力倍増合宿を終えたような疲労とともに、しかし不思議なほど満ち足りた気分で帰宅した。
>
> ディスカバリー・センターの出現は、ダンチに住むおびただしい家族と、この町に住む多くの人間を救ったと、あたしは信じている。便利になったことはもちろんだが、もっと精神的な意味合いにおいて、だ。ディスカバリー・センターがもし存在していなかったら、この町、とくにダンチではもっと事件事故率が高かったと思う。自殺、離婚、家庭内暴力、殺人、等々が、ひっきりなしに起きていたかもしれない。
>
> 毎週末、ほとんどの家族はディスカバリー・センターにいく。（……）中高生の半分は放課後ディスカバリー・センターにいくことを日課にしている。（……）
>
> ディスカバリー・センターは、この町のトウキョウであり、この町のディズニーランドであり、この町の飛行場であり外国であり、更生施設であり職業安定所である。

これは「あたし」の郊外ショッピングセンター論で、それがオープンする以前の生活や行動をうまく思い出せないほどだ。だが「森崎くん」はこれで救われたのではなく、逆に閉じこめられてしまったのではないかと考え、爆弾をつくりたくなるとの意見をもらしている。二人の異なる見解は女と男というよりも、郊外消費社会の典型的ショッピングセンターへと向けられた「ダンチ」住民と、農家の差異を表出させていよう。それに思わず連想してしまったのは「森崎くん」の口癖の「あー、逃げてえ」で、これは浅田彰と『逃走論』（ちくま文庫）のパロディのように聞こえる。しかしそれは『空中庭園』の主たるテーマではないので、ふれるだけにとどめよう。

さて長い「ラブリー・ホーム」の前半の物語と舞台背景の説明になってしまったけれど、その後半において、「あたし」は十六回目の誕生日に学校をさぼり、近頃挙動が不審なママのあとをつけようとする。ママはディスカバリー・センターへ向かい、ヒステリック・グラマーで何か買い、花屋でブーケをつくってもらい、イタリアントマトに入る。「あたし」がメインモールの通路の円柱に隠れ、見張っていると、パート先の辞めることになっている女の子がやってきて、ママはその別れの記念品としてブーケとヒスグラの包みを渡していた。「あたし」の想像していた浮気相手の「マッチョな男」ではなかったのだ。その後ママはグランマルシェでケーキを買った。それは「あたし」のリクエストした誕生日のためのケーキであることは明らかで、ママはその箱を大事そうに抱え、バスに乗ったのである。

その一方で、「あたし」はチワワに似た男に声をかけられ、マクドナルドに入り、「今日あたしの誕生日なの」と告げると、男は「何かほしいもの、あ、あるの」と聞く。「ほしいものはないけどいきたいところならある」と「あたし」は答え、ホテル野猿へと向かったのである。「ここがあたしの、在るとないとの境界線」で、「ここで在ることを決定づけられ、そして今日、十六歳になる」のだ。だが「森崎くん」と同様にチワワ男もインポだった。「ダンチ」ではママが「あたし」のための誕生パーティの準備に取りかかっている頃で、パーティにパパや弟のいる光景が「異国のおとぎ話みたいに」思い浮かんでくる。窓を開けると、「ダンチ」の風呂場から見える景色とよく似た風景、「枯れた色の田んぼ」と「窓と地面のあいだに線路がある」。そこには電車が走り、見慣れた景色があるだけだった。

これらが「あたし」の家庭と社会をめぐる環境とインフラということになり、それは「ラブリー・ホーム」のみならず、『空中庭園』の物語世界の背景とベースになっている。それらを簡略に記しておこう。「チョロQ」はパパ＝貴史が語るママ＝絵里子の妊娠、大学を中退しての結婚、それはマナに聞かせた話とは異なるものだったし、またパパの愛人ミーナが息子のコウの家庭教師として乗りこんでくる。「空中庭園」は絵里子が語る結婚と生活、母親との関係。「キルト」は絵里子の母親が語る戦後の個人史と家庭史。「鍵つきドア」は貴史の愛人ミーナが語るコウの家庭教師になるまでの経緯と彼女の個人史。「光の、闇の」は中三のコウの語る、ひとつ年上のミソノとの関係と祖母の病院生活がそれぞれに描かれていく。

つまり『空中庭園』は八〇年代を起源とする結婚と家庭生活、夫婦と子供たち、それらをめぐる肉親や愛人を含んだ人間関係が、それぞれ六人の視点から語られ、ミーナの言葉を借りれば、「なんなのこいつらは。全員珍妙で、へんで、おかしなくせに、なんでこうして集まるとふつうの顔をするの、これがごくごくふつうの日常で、ぼくらはごくごくふつうの家族ですって顔を」見せつけているのである。

しかしそれは家族内部だけに起因するものなのであろうか。『空中庭園』の家族たちが八〇年代を起源としているように、その居住空間である「ダンチ」、その社会インフラとしてのコンビニ、ロードサイドビジネス群、ラブホテル、郊外ショッピングセンターなども、八〇年代から九〇年代にかけて出現したと判断していい。したがって『空中庭園』は、そのような社会環境とインフラの中で生活せざるをえなくなった現代家族の物語として読むことができるし、おそらく角田光代はそれをきわめてまっとうに描いているのである。

それにつけても否応なく想起されてしまうのは、八〇年代に出現したロードサイドビジネスによる郊外消費社会の成立、それによって急速に衰退していく町の商店街という社会環境と生活インフラの変容が、家族の物語に及ぼす影響である。その例をひとつだけ挙げてみる。島尾敏雄の『死の棘』（新潮文庫）はいうまでもなく、夫の愛人と情事の発覚から狂気に陥った妻との凄絶な生活を描いているのだが、その中にあって商店街が慰安の場所として現れる。それは五〇年代半ばの江戸川区小岩町の商店街である。

そこには道の両側にすきまなくそれぞれの店舗が並び、（……）米屋に、八百屋に魚屋、それに、果物屋、お菓子屋、理髪屋、そば屋、すし屋、大衆食堂、みそ屋、肉屋、本屋、葬儀屋、一ぱい飲み屋、時計屋、仕立屋、日用雑貨店、金物屋、荒物屋、洋品店、靴下屋などいずれもみな店舗は小さくふだん着の主婦か勤め帰りのサラリーマンがあわただしく用を足して行くような通りだ。

このにぎやかで明るく人通りの多い商店街にいると、夫はそこに失われてしまった平穏な日常生活に対する「なつかしさ」と「孤独であることのたのしさ」を感じるし、ま

た妻も正気に戻り、「家のなかではもう見られなくなった屈託のない明るい表情」を示すのだった。『死の棘』の中にあって、狂気という非日常のかたわらに、確固として存在している商店街が、慰安の場所になっていたのである。

マナもディスカバリー・センターの出現が精神的な意味において、「ダンチ」に住む多くの家族と町の住民を救ったと述べているが、郊外ショッピングセンターと町の商店街は、歴史と生活の意味からして、まったく別のものだと指摘しておくべきだろう。

53 郊外の団地の母
――長嶋有『猛スピードで母は』〔文藝春秋、二〇〇二年〕

長嶋有の『猛スピードで母は』は団地で暮らす母と息子の生活をテーマとしている。この小説を読みながら、私が思い浮かべたのは江藤淳の『成熟と喪失』（講談社文芸文庫）における、安岡章太郎の『海辺の光景』（新潮文庫）への言及の一節である。そこで江藤は次のようなことを記していた。家族というものは「天皇制」とか「民主主義」とかいった公式の価値によって生きるのではなく、「母親のエプロンのすえたような洗濯くさい匂い、父がとにかく父としてどこかにいるという安心感」といったもの、すなわちそのようなイメージによって生きるのだと。

安岡の『海辺の光景』が発表されたのは一九五九年、江藤の『成熟と喪失』は六七年で、すでにほぼ半世紀前のことになる。それらに対し、長嶋の『猛スピードで母は』は〇二年であり、安岡の作品とは時代背景も家族状況も異なり、しかもこちらは母子家庭小説に他ならないし、江藤の一節に類する言葉も見当たらないけれど、そのような母に対する息子のイメージによって成立している。

そしてまた江藤は『成熟と喪失』に「〝母〟の崩壊」というサブタイトルを付し、高度成長期という農耕社会から工業社会へと向かう過程における、所謂日本の「母」の喪失を見ていたが、『猛スピードで母は』は八〇年代以後の郊外と消費社会で生きざるを得ない、現代の「母」のイメージをくっきりと浮かび上がらせているのではないだろうか。

それゆえにもはや「母」は「エプロンのすえたような洗濯くさい匂い」を発したりはしない。『猛スピードで母は』の始まりにあって、「母」は雪の季節を迎え、小学五年生の息子慎《まこと》に手伝わせ、自分の車のシビックのタイヤ交換をする場面が描かれている。「母」はジャッキとレンチを器用に使い、スパイクタイヤをはめこみ、タイヤの空気圧やナットのゆるみなどを点検している。そこは団地の駐車場で、その団地は小学校にあがる前に慎が強運に恵まれ、抽選のくじで当てた公団住宅であり、次のように説明されている。

団地はM市の海岸沿いの埋め立て地に建てられた五階建てでＡＢＣ三棟、少しずれながら並んでいる。当てたのはＣ棟の四階の四号室だ。外壁は淡いクリーム色で屋根の色だけ赤青緑と色分けされている。

団地の側面の最上部にはそれぞれＡＢＣのアルファベットが黒ペンキで大きく描かれていた。その真下から地上二メートルぐらいのところまで梯子が取り付けられていた。

後半の部分が『猛スピードで母は』の物語展開に大きな役割を占めるので、省略せずに引用してみた。

このM市は北海道の南岸沿いの靴屋も書店も美容院もコーヒー店も「なんでも一つだけ」という小都市である。それでも郊外がロードサイドビジネス化していることがうかがわれる。母は東京で結婚に失敗し、幼い慎を連れ、M市から四十キロ離れたS市にある祖父母の家に転がりこんだ。二人は家の二階で、二段ベッドを使って暮らし、祖父はまだ現役で働いていたし、祖母が慎の面倒をみた。それで母のほうは、昼は保母の資格をとるために学校に通い、夜はガソリンスタンドで働いた。それからM市の団地に引越したのだが、保母の仕事は長続きせず、いくつかの職を経た後、市役所の社会福祉課で非常勤待遇で勤め、生活一時金の返済を促す仕事、「つまり借金取り」をしている。

タイヤを取り替えてから、二人は車で映画を見に出かけるが、その途中で母はアクセルを深く踏みこみ、前の軽自動車を抜き去りながら、「私、結婚するかもしれないから」といった。慎はいってみて変な感じだったけれど、やや遅れて「すごいね」と返事をした。

この母子の会話に象徴されるように、『猛スピードで母は』の物語は慎の眼差し、いわば小学生のローアングルな視点から捉えられ、進行していく。しかしそうでありながらも、その視線は母の行動のみならず、祖父母と母の関係、母の恋人、小学校やいじめ、団地の生活などが包括的に描かれ、それらはひとつとして無駄がない周到な配置となっている。それは慎と同学年で、同じ団地に住む「須藤君」との会話に凝縮されて表出しているように思われる。

はじめての下校時、団地がみえてきたところでついに「なんで話さないの」と尋ねられた。
「考えてるの」
「なにを考えてるの」
「いろいろなこと」少し迷って慎はいった。
「ふうん」ふうんと納得したので慎の方が少し驚いた。

ここにこの中編が常に「考えてる」子と「猛スピードで」車を運転するだけでなく、行動する母の物語であることが暗示されている。そして母にとって自分の存在が何であるのかを問う子の物語に他ならないことも。そのようにして、これまでの母の再婚に関する祖父母との経緯と事情、祖父母とかつての生活、外国にいる慎一という母の結婚相手とその出現、彼と慎の水族館行きと観覧車体験、母と慎一の旅行と事故、それに続く二人の破綻、祖母の交通事故による死と葬式、学校でのいじめなどが物語の流れに添って、過不足なく挿入され、特有の「母」のイメージが力強く立ち上がってくる。それは唐突ながら、映画『エイリアン』や『ターミネーター』に登場する、戦うヒロインをも想起させる。

そのいくつもを挙げることは避け、ひとつだけに集約してみる。そうしたほうが彼女のキャラクターをよく伝えられるように思われるからだ。その圧巻は団地の駐車場で迎える、ほぼ最後のシーンであろう。二人は夜更けにS市を出て、まだ暗い早朝に団地に着いたのだが、母はキーを差したまま車のドアを閉めてしまった。団地のカギも助手席においたままで、部屋に入れないのだ。しかしその日、慎はかつて慎一がくれた手塚治虫のサイン本を学校へ持っていかないといじめられるので、それも手提げに入れ、団地の玄関のところに置いてあったのである。霧が出てきて団地全体を包み始めていた。そのような霧の中で、母はブーツとストッキングを脱いで裸足になり、コートのボタンも外し、先に引用した団地の壁に取りつけられた梯子を、四階の部屋のところまで登っていくのだ。そうして母は軽業のようにベランダへ移り、自分の部屋にたどりつこうとしていたが、「慎は母がどこかに消え去ってしまう」のではないかという気がした。

しかし母が自分の名前を呼び、突然目の前に現われた時、その手には手提げ袋とキーホルダーを持っていた。ここに母はヒロインとして、失われたモノと救いの品物を発見し、手に携えて帰還したことになる。そしてクロージングにおいて、二人はM市の団地から一人暮らしの祖父の家に引越しすることが決まり、それは慎の転校をも意味していたが、母の冒険と帰還を通じて、彼が成長したことを暗示させている。国道を走っていると、母が好きなワーゲンが十台も現われ、彼女はそれをすべて追い抜いた。その行為は母と子の新たな生活へのイニシエーションであるように思える。

長嶋有はブルボン小林名で、マンガ評論『マンガホニャララ』(文春文庫)などを刊行していることもあってか、異例なことに自らの小説を原作とした、各漫画家によるコミカライズ作品集『長嶋有漫画化計画』(光文社)が編まれている。それに参画しているのは萩尾望都を始めとする十四人の漫画家たちである。長嶋の小説を多く読んでいるわけではないので、判断は保留するしかないが、それこそ彼の物語は「コミカライズ」に向いているのだろうか。

そこでは島田虎之介によって『猛スピードで母は』が漫画化されている。島田は『ダニー・ボーイ』や『トロイメライ』(いずれも青林工芸舎)などに見られるように、映画とコミックを合体させた手法を駆使する漫画家で、『長嶋有漫画化計画』の中にあって、私見では最も「コミカライズ」に成功した作品となっている。それは四十一ページ、3回立てで、第3回は私が言及し記述した、ほぼ最後の団地の壁を登るシーンに大半が当てられているといっていい。そのシーンがコミックとして描かれ、提出されることで、当然のことながら、ビジュアルにして臨場感をもって、団地そのものの姿と母の行為がリアルに迫ってくるといえよう。

小説にしてもコミックにしても、『猛スピードで母は』において、郊外や消費社会が直接的に描かれているわけではないが、この作品の主要な舞台が郊外に位置する団地なのは明白であり、現代の「母」のみならず、新しい母子家庭小説を表象していると考え、ここで取り上げてみた。

54 サードプレイスとしての山と団地
――佐伯一麦『鉄塔家族』〔日本経済新聞社、二〇〇四年〕

佐伯一麦の『鉄塔家族』は三本のテレビアンテナ用の鉄塔が建っている山に関する言及から始まっている。いや、山というより、山の頂に至る四通りの道についての説明といったほうがいいかもしれない。それらを列挙すれば、ひとつはバスの通る道で、民放の放送局、工業大学、冬期休業中の植物園、バスターミナル、デジタル放送用の新しい鉄塔の建つ場所、二つの五階建てマンションへと至る道でもある。二つ目は北斜面を一気に登る車一台がやっと通れる一方通行の道、第三の道は壮麗な仏殿を始めとする二十余の堂塔を数えた大寺院の名残りを惣門とともに示す石段で、それは山の東斜面に当たっている。

そして四つ目の道は次のようなものである。

――昭和三十年代後半から昭和四十年代にかけて、「山」の南東の斜面がわずかだけ、分譲地として造成された、

その段々に建つ家々をつなぐ九十九折りの道である。
　正確にはバイパスからの上り口から、小刻みに何回も折れ曲がった道は、頂上まで車なら十三回ハンドルを切らなければならない。
　この地方では、団地というと、共同住宅が並び立ったところを指すのではなく、分譲地のひとまとまりをいうことが多い。ここも「山」の名にちなんだ団地名が付いている。
　この団地の特徴といえば、坂道なので車を利用する人が多いのか、人通りがあまりない点だろう。そして、これは四つの道ともに共通することだが、道の途中に、いまどきの日本には珍しく、コンビニエンスストアの一軒も持たない。

　買い物は、坂を下りてだいぶ行ったところにある商店街に行くか、休日に車で郊外スーパーにまとめ買いに行くか、それとも、坂を上って、頂上にあるバスターミナルから出ているバスで、市街地に行って買い物を済ませるか、するしかない（……）

　これだけの傾斜地であるので、ほんらいこの土地は地すべり地域に指定されている。（……）

　そういう危険を伴った土地であることと、買い物に不便なところなので、家を継ぐ若い者たちからは敬遠されるためだろう、空家が目立つ。廃屋となっても建て替えられることもなく、ずっとそのままになっている家、更地になった後、ずっと売り地になってせいたかあわだち草が伸び放題となっている空き地、駐車場に、フロントガラスが割れて全体に錆びが出始めている廃車がずっと止められたままになっている家……。

　二世帯住宅用に建て替えたものの、老夫婦の姿しか見受けられない家も多い。この団地内では、ほとんど世代交代は行われていないような印象を受ける。


　長い引用になってしまったが、実はこのような「団地」を一年ほど前に仕事で訪れ、同じ印象を受けている。それは富士山の裾野にあり、ローカル線の駅からかなり離れた高台に位置し、一九八〇年代に東京の不動産会社が住宅兼別荘地として開発したところだった。そこに至る直通のバスはないので、タクシーを使うしかなく、二千円を超える距離で、タクシーは曲がりくねった坂道を登っていく。その両側には大きな桜の木が植えられ、桜の時期になると見事に咲き、その後花が散ると道は花びらで埋まってしまうという。その春の景色に魅せられ、移り住んだ人たちもいるらしい。その開発を担ったのはおそらく本書45の『定年ゴジラ』のくぬぎ台や同47の「新興住宅地」がそうだったように、後に同84で言及する東急の関連会社であった。

高台に位置する住宅はいずれも山を崩して造成されたためか、階段で登るかたちの、土台が高い敷地に建てられていた。富士山、桜、高台と確かにロケーションと見晴らしはいいので、別荘地にはふさわしいかもしれないが、住宅地としては不便であるし、向いていないことは明らかだった。それは現実となって表われ、住民たちの世代交代は行なわれず、児童や学生もいなくなり、高齢化する一方であり、かつては地域の代表として市会議員も出していたが、それも住民の減少に伴って不可能になり、バス路線も打ち切られてしまったとされる。そのために買い物は車で郊外のスーパーに出かけ、まとめ買いするしかない。しかも地層は富士山の水脈が通っているために、家の湿気がひどく、しばらく閉め切っておくと、カビが生えてしまうので、売りに出されている物件が多いにもかかわらず、買い手はまったく現れないということだった。

このような私が訪れた山の高台の住宅地ばかりでなく、『鉄塔家族』の中においても、舞台となる「山」とは異なる西方に連なる山が「宅地造成されて大住宅地となり、ほとんど禿げ山の体をなしている」という記述もなされていた。それらの事実からすれば、全国各地に同じようなロケーションと環境の住宅地が一九六〇年代から九〇年代にかけて開発されたと考えられる。それらは、これも『鉄塔家族』にあったが、コンビニの一軒もないというように、山や高台ゆえに平地の郊外のように消費社会化されず、等しく高齢化し、生活環境ゆえに次代に引き継がれず、まさに老いていく郊外住宅地と化しているのであろう。それは高度成長期に建てられた公団住宅のほうの「団地」の姿とも重なってくる。

しかしそれでも『鉄塔家族』の団地はおよそ百戸あり、それぞれに庭があり、住人が様々な趣味や嗜好によって手を入れ、花壇、花棚、鉢植えなどに加え、家庭菜園や雑木林風もあったりしている。それらの光景と海を一望できる眺めは楽しくて気持ちがいい。

このような鉄塔と四つの道がある山の集合住宅に、物書きの斎木と染色に従事する奈穂の夫婦が住んでいる。それは築八年の五階建て、四十四戸の分譲住宅で、その一階の一戸を賃貸で借りて、すでに四年になる。物語が進むにつれ、集合住宅はマンションと呼ばれるようになる。

斎木の名前を知ったのは一九九一年に出された『ア・ルース・ボーイ』（新潮文庫）においてだった。そこでは彼は十八歳で、高校を中退して結婚し、妻子を養うために電気工の職についていた。時代設定は八〇年代だったはずで、あれから二十年以上が過ぎたのだ。斎木はもはや電気工ではなく、物書きとなり、東京から離れ、かつての妻子とも別れ、故郷の仙台に戻り、新たな妻と暮らしていることになる。

『鉄塔家族』は啓蟄の言葉に示されているように春から始まり、翌年の春に至って閉じられているので、A5判五四八ページに及ぶこの長編小説は、一年間の時間がゆったりと組みこまれている。その時間の主たる流れはデジタル放送用の新しい鉄塔の工事とそれに続く老いた鉄塔の撤去工事の進行に投影され、物語もそれらとともに進んでいく。斎木夫婦の日常生活を中心として、二人にとって重要な「山」の場所である野草園、喫茶店、料理屋が紹介され、それらでは探鳥会や祭りや句会が催され、工事現場やマンションや「山」の住民たちが様々に召喚され、物語の中に登場してくる。それらの人々に斎木の両親や奈緒の草木染教室のメンバー、斎木の前妻や息子なども加わり、タイトルのように鉄塔の下で集まってくる家族的群像を描いているといっていいし、それは登場人物のひとりがもらす「他人同士なのに、こうやって家族のように集っている」という感慨に象徴されている。

この長い物語の中にあって、斎木の中学生の息子の家出以外に事件らしきものは起きておらず、ただひたすらに小さな物語というべき「山」の日常的生活が描かれ、それらの物語全体がひとつの不可視の共同体となって浮かび上がってくるような読後感を残すのである。近代文学の伝統に連なる私小説家としての佐伯は想像力によって物語を紡ぐのではなく、自分の見聞や体験をベースにして作品を形成していくライティングによっているので、その手法が最大限に発揮された作品と見なすこともできる。そうしたプロセスを経て、無機質で均一、画一的に描かれていた郊外や混住社会が、かつてない奥行とゆるやかな膨らみを備えて立ち上がってきているように思われる。

それは「山」の混住社会に住んでいるといっても、斎木は元々仙台出身で、「山」や一九五四年に開園した野草園の記憶を人々とも共有する存在であり、決してノマド的外来者ではないことにも起因している。それゆえに彼は「とびきり居心地よい場所」を見出すことに通じているのだ。その「場所」が野草園、喫茶店、料理店などであることは既述したとおりだ。しかもそれらはその地域に根づいたトポスであり、人々が交流を可能とする場所でもある。

「とびきり居心地よい場所」とはThe Great Good Placeの訳で、近年刊行されたレイ・オルデンバーグの『サードプレイス』（忠平御幸訳、みすず書房）の原タイトルに当たる。その邦訳タイトルはオルデンバーグが家庭でもなく、職場でもなく、コミュニティに必要な「とびきり居心地よい場所」を「サードプレイス」と呼んでいることからきている。それを『鉄塔家族』に求めるならば、ここには家庭と職場とサードプレイスの絶妙な三位一体の配置と提出がなされ、それが功を奏していることによって、かつてない郊外混住社会のコミュニティとしてのニュアンスと色彩を浮かび上がらせているといえるであろう。

そうでありながらも、私は『鉄塔家族』を読みながら、後に言及することになる庄野潤三の『夕べの雲』、小島信夫の『抱擁家族』、本書18の黒井千次の『群棲』などを連想してしまった。そうした意味において、この佐伯の『鉄塔家族』は平成時代に結実に至った、それらの先行作品の集大成、あるいは二一世紀初頭に提出された新たな家族とコミュニティのイメージであるのかもしれない。

なお佐伯は『鉄塔家族』の後日譚として、東日本大震災を含んだ『還れぬ家』（新潮社）も書いていることを忘れないで記しておこう。

55 「ロリータ」と「ヤンキー」の混住
——嶽本野ばら『下妻物語』（小学館、二〇〇二年）

嶽本野ばらの『下妻物語』はタイトルに示されているように、「行けども行けども、田んぼ」の茨城県の「卒倒してしまいたくなる程の田舎町」下妻を舞台としている。そこでの「ロリータ」＝桃子と「ヤンキー」＝イチコの出会いは、意図的な物語の異化効果をもたらすものとして仕組まれていて、それはロートレアモンの『マルドロールの歌』（栗田勇訳、現代思潮社）の中のよく知られた「ミシンと洋傘との手術台のうえの不意の出逢いのように美しい！」という一節を想起させる。また後半になって、二人の組み合わせは「殆どシュルレアリスムなの」だとの言葉も見つかる。すなわちこれはシュルレアリスム的に「ロリータ」と「ヤンキー」が混住する物語なのだ。

このように始めたからといって、『下妻物語』自体の冒頭の一文が「真のロリータはロココな精神を宿し、ロココな生活をしなければなりません」とあり、それに続いてロココの定義もなされているわけだから、あながち不都合でもないだろう。まずは提出されている「ロココ」、それに「ロリータ」の定義を抽出しておく。

> 他人の評価や労力を査定の対象とはせず、自分自身の感覚で、これは嫌い、これは好きと選別していく究極の個人主義こそが、ロココの根底を支えているのです。ロココはどんな思想よりもパンクでアナーキーなのです。私はエレガントなのに悪趣味で、ゴージャスなのにパンクでアナーキーであるロココという主義にだけ、生きる意味を見出すことができるのです。
>
> ロリータ―それは日本独自のストリート・ファッションとして定義されます。が、私にとってロリータは、ファッションでありながらもそれに留まることなく、揺るぎなき自分自身の絶対的価値観として存在するのです。フリル全開のブラウスを着て、コルセットでウエストを締め付け、パニエをどっさり仕込んだ上にスカートを穿き、頭には思い切り浮世離れしたヘッドドレスを装着することが、ロココに身を捧げた自らの宣誓なのです。

これらが『下妻物語』における「ロココ」と「ロリータ」の定義であり、両者を主義兼ファッションとして生きるのが桃子ということになる。それは他人から悪趣味だといわれようとも、自分の信念と審美眼に基づき、自由に生きるという桃子の決意の表明である。彼女は兵庫県の「ジャンクなシティ」にして、「ジャージの国」尼崎出身で、妻に逃げられたバッタ屋の「駄目親父」とともに、その母親、つまり祖母の住む下妻へと引越してきた。田舎ゆえに尼崎の小さなマンションと異なり、古い日本家屋は広く、部屋も多くあり、桃子は下妻駅近くの、歩いて三十分かかる高校へ転入することになったのである。そして彼女は「ロリータ」ゆえに、自転車はふさわしくないとして乗らず、「悲しい田舎、否、田んぼに両サイドを挟まれた県道」を歩いていく。そこにはコンテナ型のカラオケボックスと公民館のようなビリヤード場があるだけで、周辺にコンビニはあっても、まだロードサイドビジネス地帯とはなっていない。そうであっても、彼女がエイリアンのように突如として郊外に出現した「ロリータ」であることに変わりはない。

さてここで少し注釈を加えておくべきだろう。一般的な美術史によれば、「ロココ」とは十八世紀初頭からフランス革命頃までのフランスを中心とするヨーロッパ美術の総称で、それ以前のヴェルサイユに代表される絢爛豪華な国家芸術とは異なり、優美、洗練、装飾性をきわめた王朝最後の美術様式とされる。そのロココ時代は王権と教会の力が後退し、絶対王政の崩壊とブルジョワ階級の台頭が始まり、個人の趣味と感性をベースとする貴族とブルジョワのサロン文化の隆盛とパラレルであった。

また「ロリータ」とは既述しているように本書9のナボコフの『ロリータ』に端を発するもので、そこからふたつの和製英語が派生している。それらはロリータコンプレックスとロリータファッションで、前者は少女にしか性欲を感じないアブノーマル性愛、後者は少女趣味的な装いを意味し、『下妻物語』における「ロリータ」とはもちろん後者のことをさしている。

したがって、「ロココ」にしても「ロリータファッション」にしても、それらは一九八〇年代以後の消費社会と郊外の出現によって造型された和製仏語、和製英語と見なすべきであろう。消費社会と郊外はかつての「世間」に象徴される共通モラルを解体してしまったゆえに、自分自身の感覚に基づく「究極の個人主義」、及びそれに見合った自由なファッションによって生きることを可能にさせたのである。

実際にそれが『下妻物語』を決定づける桃子の生き方であるといっていい。だが郊外消費社会が成熟していない下妻には桃子以外に「ロリータ」はおらず、「変な格好」だ

と迫害されるし、それらの洋服を入手するために、休日には必ず東京へと「お出掛け」しなければならならない。常総線から常磐線に乗り継ぎ、上野から山手線で渋谷に出て、東横線に乗り変えるという代官山への長い道のりをたどるしかなかった。そこにはロリータ系の洋服を売るブランドの本店や直営店があったからだ。ブランド名や店名がカタカナ、アルファベット表記されているが、これらについての知識がまったくないので、記載と言及は省略する。

それらの洋服を買う金を捻出するために、桃子は個人情報誌を通じての「バッタもの」販売を始める。すると改造を施した原付バイクでやってきたのは「ヤンキー」のイチコだった。そのスタイルは次のように描写されている。

肩までのストレートの金髪、ブルーのアイシャドー、真っ赤なルージュのその人は、紺の短ランのブレザーに、やたらに長い、そしてプリーツが異常に沢山入ったスカートを引き摺っていました。足にはミュール（……）うわー、スケバンだ。それもスゴいオールドタイプの……。

「ヤンキー」に関しての詳細は五十嵐太郎編著『ヤンキー文化論序説』（河出書房新社）や難波功士『ヤンキー進化論』（光文社新書）を参照してほしいが、ここでは簡略にアメリカ人の俗称に起源を発し、不良少年、少女とそのファッションスタイルなどをさすと記しておこう。

そしてこの「ヤンキー」と「ロリータ」＝桃子との間には特別な意味があることも明らかにされる。それはこれも一九八〇年代に「ヤンキー」のバイブルとして読み継がれた牧野和子のコミック『ハイティーン・ブギ』（小学館）で、主人公の暴走族のリーダーが十六歳の少女と出会い、二人は学校を中退し、子供が生まれ、結婚するという早期恋愛、早期出産、早期結婚、つまり「ヤンキー」の「基本と憧れ」を描いたものである。主人公の男女の名前は翔と桃子であり、この二つの名前はヤンキーたちにとって今でも一種のアイコンとして機能しているとされる。またイチコの属する族のレディースのチーム名も『ハイティーン・

ブギ』からとられたポニーテールなのだ。

とすれば、『下妻物語』は『ハイティーン・ブギ』のパロディといった一面も備えていることになる。しかもそれは主人公の男を不在とするもので、最初からこれが「ヤンキー」を止揚する「ロリータ」の物語として仕組まれているのではないだろうか。

かくして桃子はイチコにいう。「人は見かけだもん。(……)ヤンキーとして見て欲しいからヤンキーな格好をしているんだろうし、ロリータの格好をしている私は、それゆえにロリータなんです」。両者が交換可能であることを暗示させているかのようだ。問題なのは「見かけ」であり、表層をめぐるものなのだ。それは下妻とイチコにあってはさらにブランドもまたオリジナルとコピー＝「バッタもの」の差異は問われないし、それがこの物語をスラップスティックコメディたらしめている。それゆえに『下妻物語』とはシミュラークル、パスティーシュ、クリシェの王国でもある。

それは二人の会話に象徴的に表われる。そのひとつを挙げてみよう。イチコの最も好むブランドはGALFYで、それはところどころに豹柄が入り、胸と背中に骨を口にくわえた犬の顔が大きく描かれているジャージのようなトップスである。


「そのGALFYって、何処に売っているの？」

「うーん、露店とか、ヤン服が揃っている洋品店とか」

「専門の直営店とかはないの？」

「どうなのかな？　よく解らない。名古屋のメーカーらしいんだけどな」

「じゃ、何処でイチコはGALFYを買うの？」

「ジャスコだよ」

イチコがドスをきかせてそうコメントしたので、私は思わず爆笑してしまいました。

「何で笑うんだよ」

「だって、ジャスコってスーパーじゃん」

「ばかだなー、おまえ。下妻のジャスコはスゴいんだぞ。GALFYも売っているし、ヤンキーOB御用達のINFINITYもSanta feも取り扱っているんだぞ。下妻のジャスコはあたいらにとって、最もシブイ場所なんだよ。常にディスカウントしてくれているしな。ジャスコを嗤う者はジャスコに泣くぞ。何でも揃うし、食料品街は十一時まで営業しているんだぞ。お前もこれから下妻で生きていくにはジャスコのお世話になるに決まっている」

前述したように、こうした会話が『下妻物語』のスラップスティックのコア、『ハイティーン・ブギ』などのパロディ、あるいはメタフィクション的ファクターだと承知していても、今世紀になってからの郊外の開発の事実を知る者にとって、この会話の部分はとても生々しいのだ。

一九九〇年の日米構造協議をきっかけにして、大規模小売店舗法（大店法）が規制緩和され、二〇〇〇年に廃止となり、新たに大規模小売店舗立地法（大店立地法）が成立する。それを背景にして、ジャスコはイオンと名称を変え、郊外ショッピングセンターの開発に突き進んでいく。それは今世紀に入って全国的に展開され、そのような現象をさして、「イオン化する日本」とも称されることになった。そうした予兆をこの会話の中に読みとることができるように思われるのだ。中島哲也による映画『下妻物語』もそのことに気づいているように思われる。

それだけでなく、この会話の部分あたりから、物語は急速に動き出し、もちろん様々なシミュラークル、パスティーシュであるにしても、新たに展開されていくことになる。しかしそこまで言及してしまうと種明かしのようになってしまうので、ここで止めることにしよう。

さてこれは余談になるのだが、『美術手帖』（二〇〇九年九月号）が「現代の武闘派絵師」天明屋尚を案内人とする「特集アウトローの美学」を組み、「ヤンキー」文化に新たな照明を当てている。そこに収録された「アウトロー・カルチャー・ガイド」には映画の『下妻物語』も見え、小説においても「ロリータ」が「男伊達」ならぬ、パロディとしての「女伊達」の世界を描いていたのではないかという示唆を与えてくれる。そのように考えてみると、「ロリータ」＝桃子も、「ヤンキー」＝イチコも日本のアウトローたる婆娑羅、傾寄者《かぶきもの》の系譜上に出現したキャラクターということになるのだ。

56 アメリカのショッピングセンターと都市
――ビクター・グルーエン『ショッピングセンター計画』『都市の生と死』(いずれも商業界、一九六九、七一年)

ここで現代の郊外消費社会において、注視すべき存在と化しているショッピングセンターに関する言及を二編ほど挿入しておきたい。

本書52の角田光代『空中庭園』の中で、ショッピングセンターが郊外の人間にとっては精神的なよりどころ、救いのトポスであり、また「トウキョウ」や「ディズニーランド」にあたり、それゆえに物語の主要な舞台ともなっていた。また前回の嶽本野ばら『下妻物語』にあっても、スーパーのジャスコが『空中庭園』のショッピングセンターのような役割を占めていた。ジャスコは今世紀に入ってからイオンと名称を変え、ショッピングセンターやショッピングモールの開発へと突き進んでいくわけだから、『下妻物語』のジャスコもすでにモールの業態へと転換していたと考えていいし、それはジャスコをめぐる会話にも表出していた。

それならば、日本において郊外ショッピングセンターが出現したのはいつのことだったのだろうか。その嚆矢は一九六九年の二子玉川高島屋ショッピングセンターで、七〇年代前半に誕生するコンビニやファストフード、ファミレスなどのロードサイドビジネスよりも先行していたことになる。それはロードサイドビジネスが新興企業によってベンチャー的に立ち上げられていったことに対して、ショッピングセンター研究は、五〇年代のアメリカにおけるその出現と隆盛を受け、六〇年代の早くから進められていたからだ。その前史として、日本的ショッピングセンターである地下街型、駅ビル型、商店ビル型を経て、二子玉川高島屋のようなアメリカ的郊外ショッピングセンターが出現するに至ったのである。

またその出現、及び郊外人口の増加とモータリーゼーションの発達を背景に、ジャスコ、西友ストア、東急などを始めとするスーパー、百貨店、私鉄がデベロッパーとしての進出をねらい、通産省もショッピングセンターへの助成案を検討しつつあった。そして実際に不二屋、鈴屋、ワシントン靴店、キディランド、カメラのきむら、やまと、星電社、紀ノ国屋、イワキ、イトーヨーカ堂などの革新的経営者たちによってA・S・C・C(Advanced Shopping Center Conference)が結成され、さらなるショッピングセンター研究が進められていた。これが七三年の日本ショッピングセンター協会設立へとつながっているのだろう。

　このような状況の中で、六九年にビクター・グルーエンとラリー・スミスの共著『ショッピングセンター計画』が翻訳刊行されている。サブタイトルには「ショッピングタウンU・S・A」が付され、訳者の奥住正道はNCR（日本ナショナル金銭登録機株式会社）のマネジメント・システム室長だった。NCRはレジの販売だけでなく、欧米の流通販売に関するコンサルタントを兼ねていたと見なしていいし、版元の商業界は商業イデオローグ倉本長治を主幹とする『商業界』を発行していた。

　『ショッピングセンター計画』は一九六〇年にSHOPPING TOWNU.S.A / THE PLANNING OF CENTERSを原文タイトルとしての刊行で、邦訳版は五千円の高定価に見合うA4判三百三十ページ、多くの図版、写真、パース、チャートなどが収録されている。さらに一九七一年にはやはり商業界から同じくグルーエンの、サブタイトルを「商業機能の復活」とする『都市の生と死』（神谷隆夫訳）が出され、この原著THE HEART OF OUR CITIESは六四年の刊行である。

　前書の共著者スミスは経済学者とあるので、『ショッピングセンター計画』の開発資金、テナント料、リースや予算といった財務関係を担当していると推測されるが、グルーエンは建築兼都市開発家の立場で、二冊の著者となっていて、便宜的に『都市の生と死』が理論編、『ショッピングセンター計画』が実践編と分けることができる。

グルーエンの詳細なプロフィルは明らかではないが、ウィーン生まれで、一九三八年にアメリカへ移住し、戦後のショッピングセンターの時代を迎え、その専門建築家の道を歩んでいった。彼はバウハウスの影響を受けているとされるので、私の推測では、それがアメリカにおけるフーリエやオーエンのユートピアプランとイメージ的につながり、郊外ショッピングセンター計画へと結実していったとも考えられる。

原著も翻訳も刊行年は後になるけれど、まずは『都市の生と死』を読んでみると、そこに明らかに見てとれるのは、グルーエンが建築家として提出した都市論であることだ。戦後のアメリカはそれこそ本書7のハルバースタムが描いた『ザ・フィフティーズ』の後の六〇年代を迎え、郊外のスプロール開発を含んだ都市計画への批判や再検討の視座から多くの都市論が出されるに至った。

それは『都市の生と死』の巻末に掲載されたビブリオグラフィにも表われているし、グルーエンが同書において、ル・コルビュジェの近代都市論の古典『ユルバニスム』（樋口清訳、鹿島出版会）からルイス・マンフォードの六一年刊行の『歴史の都市 明日の都市』（生田勉訳、新潮社）にまで言及し、とりわけ後書に関して、自らの著作はそれが終わっているところから始まっているとの自負にも明らかである。

『歴史の都市 明日の都市』の刊行の同年には、ジェイン・ジェイコブズの都市計画に対する批判的バイブルとされる『アメリカ大都市の死と生』（山形浩生訳、鹿島出版会）も出され、もちろんグルーエンも言及しているし、邦訳タイトルもそれを模倣していることは言うまでもないだろう。ジェイコブズは同書でグルーエンのフォートワース市のダウンタウン再開発計画を批判的に論じているのだが、ここではマンフォードの『歴史の都市 明日の都市』のほうを取り上げてみる。

これは世界史における古代から現代にかけての都市の変容をたどった啓蒙的大著であり、それは郊外と巨大都市＝メガポリスのアポリアと閉塞感で閉じられているような読後感を否定できない。その印象から考えると、グルーエンが『都市の生と死』を、『歴史の都市 明日の都市』が終わっているところから始まると述べている意味もわかるような気がする。グルーエンはマンフォードのような建築批評家ではなく、あくまで実践的な建築兼都市計画家なのだ。

そのグルーエンの目に映った郊外の風景を『都市の生と死』から抽出してみよう。彼は「郊外風景」のテキサス州ヒューストン市の航空写真、「準都市風景」としての主要郊外ハイウエイのカリフォルニア州ロスアンゼルスのベンチュラ大通りのロードサイドビジネスの林立する風景、同じ地域にある「自動車捨て場」の写真を示し、次のように書いている。これがアメリカの五〇年代を通じて出現した郊外の景観と判断していいだろう。少し長くなってしまうが、『都市の生と死』は入手困難で、重版もされないであろうから、省略を施さずに引用してみる。

まがいものの時代的大邸宅からなる高級住宅街から、検査の必要なディングバット住宅（ウエストコートで広く使われている投機的建築屋が低コスト短期間で建てた住宅―引用者注）が並んでいる。名も知らぬたくさんの住宅でごみごみした一帯まで、さまざまな様相を呈している郊外風景がある。郊外（サバービーア）とは安い土地と、人種的隔絶の地であり、そこには偽りの尊敬と真の退屈がある。

さらに準都市風景がある。その範疇はその他すべてのものを合わせたものよりたぶん広い地域を包括していて、都市風景や工業風景や郊外風景、そして輸送風景の一番悪い要素を合わせもった不協和音である。つまり主要な広域都市地域における「赤い灯青い灯の地区」で、蛭のように道路やハイウエイに吸いつき、わずかに残されている田園風景をもすべてさえぎってしまっている。つまりそれはわれわれの都市や町への恥ずべき野暮な進入口であり、都市の受けた天罰である。準都市風景はガソリンスタンドや修理屋、それにほったて小屋やバラック建築、そして中古車置場に看板、ごみの山と道路わきの売店、ハイウエイストアとくずやほこりやがらくたをその特徴とする。それは四方八方に雑草のようにのび、都市の景観のところまで達しており郊外（Suburbia）を侵害して都市と町の間や異なった広域都市地域間において分散して存在する。

準都市風景はその触覚をあらゆる方角にのばして、地域や州そして国をおおいつくしていく。それは他のあらゆる都市の構成要素をいちばん低いレベルにまでひきずり下ろし、それらの機能するところを妨げ、それらの間のコミュニケーションを断ち、都市景観や郊外風景を田園風景または自然に近づけようとするあらゆる試みを悪夢に転じてしまう。その存在は無干渉主義的プランニング、もしくはプランニング不在のもっている最も顕著な罪状である。

ここに示された「郊外風景」は都市計画の失敗と郊外のスプロール開発の結果を告げるものであり、グルーエンはそれを称して、「無干渉主義的プランニング、もしくはプランニング不在のもっている最も顕著な罪状である」と断罪している。彼の定義を私なりに言い換えれば、健全な都市の特徴と性格は個人と公共のバランスが保たれ、コンパクトであること、住民の日常活動に中心性が求められること、あらゆるタイプの人間活動が多様でありながらも混じり合い、細部にわたってパターン化されていることにあるとされる。それゆえに引用されている「郊外風景」は健全な都市とはいえず、「プランニング不在」の「悪夢」のようなものとして映っている。

その無残な現状に対して、提出されるのがサブタイトルに示された「商業機能の復活」であり、健全な都市の三つの条件を兼ね備える「商業機能」としてのショッピングセンターが提案されることになる。その具体的提案と実現が『ショッピングセンター計画』ということになろう。

グルーエンはショッピングセンターを単なる「商業機能」としてではなく、そのトポスモデルを古代ギリシャや中世の市場、あるいは近代の広場に求め、さらにショッピングセンターは現代になってから創造された数少ない建築様式のひとつだと述べている。またショッピングセンターは多数の人々の要求と活動に奉仕する都市機能体だと見なし、そこからショッピングタウンという名称も引き出している。かくしてグルーエンは「ショッピングセンターが、ただ物質的生活の必要条件だけを郊外居住者に与えるのではなく、同時にその市民的、文化的地域社会の必要に役立つならば、それは、われわれの生活を豊かにすることに大きく寄与することになる」と結論づけている。

その提案、実践、検査編としての『ショッピングセンター計画』は開発、経済面、法律、資金調達、工事、社会学、キイテナントの組合せとその問題、マーチャンダイジング、開業販売促進と多岐にわたって展開され、そのケーススタディとして二十三のショッピングセンターの例がそれぞれ写真入りで示され、アメリカの五〇年代が紛れもないショッピングセンターの時代であったことを伝えてくれる。そしてこの一冊がショッピングセンターに関するバイブルとされたことにも納得できるし、日本の七〇年代においてもそのように読まれ、位置づけられたと思われる。

しかしもはや現在にあって、グルーエンとその著作の痕跡をたどることは難しい。確かにジェイコブズの著書にあったフォートワース計画に関しては、リースマンの『何のための豊かさ』（加藤秀俊訳、みすず書房）所収の「郊外の混乱」や「豊かさのゆくえ」にも見出され、グルーエン、もしくはグルーウェンのフォートワース計画が挙げられているが、深い言及はなされていない。

『ショッピングセンター計画』には写真とパース入りで、

フォートワース計画が紹介され、これがテキサス州フォートワース市におけるショッピングセンターをメインとする下町地域復興プロジェクトだとわかる。これらの事実はグルーエンのショッピングセンターにまつわる仕事が社会学、都市論、建築史において、もはや忘れさられてしまったのか、あるいは等閑視されていることによっているのだろうか。

それは日本でもほぼ同様であり、『建築大辞典』(彰国社)にショッピングセンターの立項はあるけれども、グルーエンの名前はない。それはひとえにグルーエンの著作が商業界という商業出版社から出されたので、流通業界に属する出版物と見なされたこと、ショッピングセンター建設が建築というよりも、デベロッパーの色彩の強い開発行為のイメージに覆われていたことに求められるのではないだろうか。

しかしグルーエンのこの二冊は、今まさにショッピングセンターの時代を迎えている日本において、もう一度読まれてしかるべき著作と思われる。

57 「イオン化する日本」——『日本ショッピングセンターハンドブック』と『イオンスタディ』〔いずれも商業界、二〇〇八、〇九年〕

一九六九年の二子玉川の高島屋を起源とする郊外ショッピングセンターは、九〇年代における大店法(大規模小売店舗法)の改正と規制緩和、それに続く二〇〇〇年の大店法廃止と大店立地法(大規模小売店舗立地法)の施行によって、大型ショッピングセンターの開発が推進され、九〇年代以後、全国各地で急激に増殖していった。

このような郊外ショッピングセンターの急激な増殖の背後にあるのは、九〇年の日米構造協議に基づくアメリカの要求で、まずそれは都市部の農地の住宅や商業用地への転用の推進、土地の有効利用を制限している借家借地法の改正や大店法の撤廃などが含まれ、第二の農地改革を想起させる内容でもあった。

これは『ドキュメント構造協議日米の衝突』(日本放送出版会)や拙著『出版業界の危機と社会構造』を参照されたいが、私見によれば、農村に続いて商店街をも壊滅させ、アメリカ的郊外消費社会をさらに拡大させようとするものだった。五〇年代から六〇年代にかけての日本社会は商店数が多く、人口千人当たり16店あり、それはアメリカの8店に比べて二倍に及び、しかも零細な店が多く、朝は早くから夜遅くまで労働時間は長く、生産性は低いのだが、勤勉な家族労働に支えられ、農村と類似するものと見なされていた。

しかし八〇年代の郊外消費社会の成立によって、幹線道路沿いの田や畑はロードサイドビジネスが林立する風景となり、それは農村を消滅させ、さらに商店街をも衰退させていく。六〇年代まで日本の社会を支えていた農村や商店街という共同体が消えていくことは第二の敗戦であり、アメリカ的郊外消費社会による占領のように思えるし、東京ディズニーランドの開園もまた八〇年代であった。

それに続いて一九九八年からあらゆる分野の消費者のための「日本における規制撤廃、競争政策、透明性及びその他の政府慣行に関する日本政府への米国政府要望書」(以下「要望書」)が出され始めた。これについては関岡英之の『拒否できない日本』(文春新書)に詳しいが、それは大店法の規制緩和と廃止、大店立地法の施行とパラレルな関係にあるといっていい。

しかしここで留意しなければならないのは、八〇年代に形成されたロードサイドビジネスを中心とする郊外消費社会は、生活者の視点から考えるならば、すでに飽和状態となっていて、さらなる超郊外にショッピングセンターを出店する必然性はなかったのである。だがこの大店立地法の施行によって、市街化調整区域内の広大な農地にも出店できるようになり、全国各地で大型ショッピングセンターの開発が始まった。それはバブルとよべるほどの出店ラッシュと店舗の大型化を伴い、面積に至っては5万平方メートルから9万平方メートルへと、年を追うごとに、まさに巨大なものへと変容していった。いってみれば、それらのショッピングセンター、もしくはショッピングモールとは、超郊外に急速に出現した商店街で、これによってかつての駅前商店街や地域の中心にあった商店街は息の根を止められてしまった。

そうしたショッピングセンター出店状況の中で、その隆盛と繁栄を謳い上げるかのように、二〇〇八年に『日本ショッピングセンターハンドブック』(『商業界』編集部編、八月号別冊)、〇九年に『イオンスタディ』(『販売革新』編集部編、『商業界』一月号臨時増刊)が刊行されたことになる。この二冊は、グルーエンの『ショッピングセンター計画』の四十年後に刊行された日本版に相当するもので、それに出版社も同じ商業界であることは偶然ではないし、流通業界とそのイデオロギー的出版社であり続けた商業界と、ショッピングセンターの深い関係を伝えていよう。

具体的に指摘すれば、『日本ショッピングセンターハンドブック』が本論、『イオンスタディ』がイオンのショッ

ピングセンターやモールに焦点を当てたケーススタディであり、その組み合わせによって、二一世紀を迎えてのショッピングセンター計画の現在とその位相が浮かび上がる構成になっている。それは『日本ショッピングセンターハンドブック』のサブタイトルに示された「ＳＣを理解せずして今日の流通を語れず」との言葉にも示され、また編集協力は日本ショッピングセンター協会とある。これは前回既述しているが、七三年に設立されているので、六〇年代に革新的な経営者たちが立ち上げたＡ・Ｓ・Ｃ・Ｃ（Advanced Shopping Center Conference）の後身だと考えられる。

『日本ショッピングセンターハンドブック』は次のような章立てと内容になっている。

第Ｉ章　ＳＣの特性とＳＣ業界
　１　ＳＣの機能
　２　ＳＣの俯瞰、相関図
　３　ＳＣの変遷
第Ⅱ章　ＳＣビジネスの主役たち
　１　ディベロッパー
　２　テナント
第Ⅲ章　ＳＣ最前線

1　都市再開発・まちづくりとSC
2　SCの新たな創造・開発
3　変貌するSCの運営・マネジメント

これらのそれぞれに写真、図表、様々なデータ資料が添えられ、「白書」的な役割も加わり、二〇〇八年におけるもっと包括的なショッピングセンターに関するレポートといえよう。その資料的な意味は現在でも後退しておらず、数字を含んだデータ資料にしても、最新のものは日本ショッピングセンター協会のホームページなどで補足すればいいので、ショッピングセンターについての基本的文献としての価値を失っていない。

以前に広瀬勲の『実践ショッピングセンター開発』（誠文堂新光社、一九八四年、新版九四年）に目を通したことがあったが、それに比べて『同ハンドブック』は記述にしても内容にしても、その後のショッピングセンターのあり方と進化を誇示するかのようなトーンに包まれている。

まずショッピングセンターは「一つの単位として計画、開発、所有、管理運営される商業・サービス施設の集合体で、駐車場を備えるものをいう。その立地、規模、構成に応じて、選択の多様性、利便性、快適性、娯楽性等を提供するなど、生活者ニーズに応えるコミュニティ施設として都市機能の一翼を担うもの」とされる。アメリカの「要望書」はあからさまに「消費者ニーズ」を主張しているが、ここではまだ「生活者ニーズ」となっていて、それは日本のショッピングセンターが「コミュニティ施設」であるとの定義に接触しない配慮だと考えられる。

そしてアメリカにおけるネイバーフッド型ショッピングセンターの誕生から、グルーエンによる郊外ショッピングセンターへと至る歴史、それを継承しての二子玉川高島屋ショッピングセンターの出現が語られ、現在の到達点と概括的状況が示される。それによれば、ショッピングセンターは約３０００、市場規模は約30兆円、平均面積、テナント数は５０００坪で50、年間売上高は１００億円で、小売業売上高の20％、総売場面積の30％を超えている。一九八五年のショッピングセンターの売上高は10兆円だったので、この二十年間で三倍に至ったことになる、九〇年代以後のショッピングセンターの成長が、八〇年代の郊外消費社会の主役だった、単店からなるロードサイドビジネスと同様のものだったとわかる。

この流れはまさに消費者が九〇年代になって、郊外のロードサイドビジネスから、超郊外の大型ショッピングセンターへと移行していった事実を物語っている。九〇年代はバブル崩壊とともに始まったにもかかわらず、大店法の規制緩和と改正によって、千を超えるショッピングセンターが開業し、様々なバリエーションが開発されていったからでもある。そして二〇〇〇年以後は大店立地法の下で、さらに大型化、多様化したショッピングセンター時代を迎え、それが現在まで続いていると考えていいだろう。

その一方で、この間に何が起きていたかをも、『日本ショッピングセンターハンドブック』はレポートしている。それはいうまでもなく、従来の商店街の衰退と商店数の減少であり、二〇〇七年の「商業統計」は113・7万店とあり、過去最大の落ち込みを示している。

> 日本の商店数は、ピークの82年で172万店。従ってこの25年間で、58・4万店もの商店が全国から消滅したことになる。これを年間に直すと2・3万店で、（……）わが国の小売業商店数が恐るべきスピードで減少していることがお分かりいただけよう。
>
> 言うまでもなく、それら減り続ける商店の主体は「零細小売業」である。実際、従業員4人以下の「小規模店」は、ピーク時の145万店（82年）から75万店（04年）へと、何と5割近い大激減だ。
>
> そしてこれら「消え行く零細店」のほとんどが単独店か、あるいは商店街や市場など「非SC立地」の商店と一見なされる。
>
> それに対して、ショッピングセンターに入居するテナント総数は一九八二年の5・3万店から二〇〇七年には13・7万店と2・6倍になり、『SCに出店する小売店』は、淘汰されないどころか増加の一途をたどっていて、集合商業施設としてのショッピングセンターでなければ生き残りが難しく」、また百貨店などにとっても郊外モールが「都市型商業最大の〝天敵〟になっている」状況を招いているとされる。

ここに簡略に示した見取図だけでも、一九八〇年代から二〇〇〇年代にかけて起きた消費社会の変貌をうかがうことができるだろう。それは駅前や中心地の百貨店や商店→郊外のロードサイドビジネス→超郊外のショッピングセンターへと、消費者の移行していく流れに他ならないし、フリースタンディングの個人・零細商店は生き残れず、退場するしかない。そうでなければ、コンビニに代表されるようなフランチャイズシステムに組み込まれるかの選択しかない。その事実はコンビニか、ショッピングセンターに入居するナショナルチェーンだけが現在において存続を許されていることを告げている。

とりわけそれは出店をめぐるメカニズムにも表われてい

る。八〇年代におけるロードサイドビジネスによる単独出店は、シンプルなオーダーリースシステム＝借地借家方式を主としていたが、ショッピングセンターに至っては、デベロッパーによる大型商業施設の開発、いわばひとつの消費社会の創出プロジェクトと化し、その資金調達と運用は複雑な金融工学が駆使され、テナントとの関係は定期借家契約によって管理され、超郊外の管理された消費国家の運営のような業態となっていく。

マイク・ディヴィスは郊外とショッピングセンターに包囲されたロサンゼルスをCity of Quartz（Verso, 1990,『要塞都市ＬＡ』村上敏勝、日比野啓訳、青土社、二〇〇一年）として描き出した。「水晶都市」とはロサンゼルスのメタファーで、ダイヤモンドのように見えるが安物で、透明のようだが何も見えない都市を意味している。ディヴィスはグルーエンやジェイコブスのCitiesとはまったく異なる、都市における土地開発と経済の再構成によって生まれる権力構造、アメリカの土地投機の系譜学とそれに連なるショッピングセンター問題、郊外デベロッパーとケインズ的郊外化、さらには一望監視施設的ショッピングモールと都市のセキュリティティ化にまで言及している。

それゆえにディヴィスは自著を次のように称している。ベンヤミンがロサンゼルスにやってきてバーに入り、ブローデルとエンゲルスと会い、ベンヤミンはロサンゼルスの権力と記憶、ブローデルは世界史に連なるファクター、エンゲルスは労働者階級を分担して書いたプロジェクトだと。そしてまたディヴィスの著作はジェイムズ・エルロイの『ブラック・ダリア』（吉野美恵子訳、文春文庫）に始まる「暗黒のＬＡ四部作」と併走しているといっていい。なおエルロイに関しては拙ブログ「ゾラからハードボイルドへ」26の「ジェイムズ・エルロイと『ブラック・ダリア』」を参照されたい。

別のところでと考えていたが、思わず『要塞都市ＬＡ』にふれてしまい、『イオンスタディ』への言及がおろそかになってしまったけれど、九〇年代以後の急激なショッピングセンター開発もディヴィスが指摘するような様々な問題がつきまとっているはずだ。そのようなショッピングセンターに包囲され、現在の日本の消費社会は稼働しているのである。しかしそれは少子高齢化が進行する中での出来事であることに留意すべきだろうし、このような現実の行方に対する注視を続けなければならない。やがて本書34の『ゾンビ』におけるショッピングセンターの風景が出現するかもしれないからだ。

なお近年になって、若林幹夫編『モール化する都市と社会―巨大商業施設論』（ＮＴＴ出版、二〇一三年）が刊行されているが、矢作弘の「各地に広がる大型店の郊外開発包囲網」（『世界』二〇〇七年七月号）や、亀井洋志のルポ「イオンは地方の救世主なのか」（『文藝春秋』二〇一四年四月号）といった「イオン化する日本」批判も参照すべきであることも付記しておく。

58 田園都市のグランドデザイン
――エベネザー・ハワード『明日の田園都市』
〔原書一九〇二年、鹿島出版会一九六八年〕

本書や『〈郊外〉の誕生と死』において既述してきたように、戦後の郊外や混住社会は高度成長期を通じての産業構造の転換、人口増加、それらに伴う都市への人口移動と集中、モータリゼーションの進行と消費社会化といったプロセスを経て出現してきた。これは日本だけでなく、アメリカやヨーロッパでも共通するその歴史構造的ファクターで、現在ではグローバリゼーションとともに同じくアジア全域に起きている社会変容の風景だと思われる。

ただ断るまでもないが、これらは工業社会から消費社会へと向かう過程で、しかもそれはW・W・ロストウが『経済成長の諸段階』（木村健康他訳、ダイヤモンド社）の中で述べていた、経済的次元における「高度大衆消費社会」とパラレルに造型されてきた現代の郊外や混住社会である。それゆえにここではそれらの起源を探るために時間を巻き戻し、近代の郊外や混住社会の誕生について考えてみたい。

前々回、グルーエンの『ショッピングセンター計画』にふれ、彼がバウハウスの影響を受けていることから、それがアメリカでのサン・シモンやオーエンやフーリエのユートピアプランとイメージ的につながり、郊外ショッピングセンターへと結実していったのではないかという推測を記しておいた。しかしそれらは仮説にとどまってしまうけれど、グルーエンとショッピングセンタービジョンの成立に多大な影響を与えたのはハワードの『明日の田園都市』（長素連訳）だと断言していいように思われる。

例えば、ハワードが唱える田園都市において、「公設市場」が存在する。それは占用する建物部分に使用料を支払い、大半が私的個人によって経営されるもので、それゆえに「半公営企業」と呼ばれることになる。その後に次のような一文が続いている。

これは〈水晶宮〉に見いだされる。これは記憶されているとおり、〈中央公園〉を取り囲む広いアーケードであり、そのなかには〈田園都市〉で最も魅力のある商品が展示され、これは大きなショッピングセンターでもあり、冬期庭園ともなるが、町の人たちの愛好する遊楽地の一つである。

郊外の田園都市には大ショッピングセンターが当然のように存在しているのだ。このようなハワードの構想にグルーエンが感化され、ビジョンを共有するに至り、『ショッピングセンター計画』へと昇華させていったと考えられる。

またこのハワードの一文はベンヤミンすらも想起させる。「水晶宮」とは一八五一年のロンドン万国博覧会のためにハイドパークに建設された鉄とガラスの建造物であり、それについては松村昌家の『水晶宮物語』（リブロポート、ちくま文庫）が多くの写真と図版を含んで詳細な一冊となっている。ベンヤミンも『パサージュ論』（今村仁司他訳、岩波現代文庫）の中で「水晶宮」に言及しているし、「万国博覧会は消費に手の届かない大衆が交換価値への感情移入を学習する絶好の学校であった」と書いている。

ここで水晶宮、パサージュ、ショッピングセンターは消費社会の装置としてつながっていく。それにハワードは「水晶宮」が「アーケード」だと記しているが、本書34で既述しているように、ベンヤミンの『パサージュ論』の英訳タイトルは『アーケード論』なのだ。だが『パサージュ論』にはハワードも『明日の田園都市』も出てこないのだから、これ以上ベンヤミンに深入りするわけにはいかない。

『明日の田園都市』に戻ると、これはグルーエンやショッピングセンターのみならず、二〇世紀に入ってからのすべての都市計画、ニュータウンや団地などの郊外の開発の起源にすえるべき著作ではないだろうか。それらと並走した二〇世紀の建築に関してはル・コルビュジエとフランク・ロイド・ライトの名前がただちに挙げられるが、この二人に比べ、ハワードへの言及は少ないどころか、現在ではほとんど語られていないように思える。

しかしハワードは郊外や混住社会に関する理想の共同体を幻視した先駆者であり、『明日の田園都市』はそのカノンたるグランドデザインに他ならないとのオマージュを捧げるべき存在なのではないだろうか。なぜならば、そのハワードの構想が十全に開花し得たわけではないにしても、欧米や日本の多くの人々が彼の描いたグランドデザインの中で暮してきたとも考えられるからだ。

ハワードの『明日の田園都市』は一八九八年にTomorrowのタイトルで最初に刊行され、一九〇二年わずかの改訂が施され、Garden Cities of Tomorrow が出された。だが後者を原書として、タイトルを同じくする邦訳が出されたのはそれから六十有余年を経た一九六八年のことで、建築専門書の鹿島出版会の「SD選書」の一冊としてだった。

その邦訳『明日の田園都市』には一九四五年九月付のルイス・マンスフォードによる「田園都市理念と現代の計画」と題された序文が置かれている。そこでマンフォードは「二〇世紀の初めに、二つの偉大な発明がわれわれの眼の前に現われた。飛行機と〈田園都市〉である」とまず宣言し、「〈田園都市〉におけるハワードの独創力はライト兄弟の独創力に対応する」とまで言い切っている。この宣言ともいうべき言葉が発せられたのは第二次世界大戦後であり、この大戦の帰趨を決したのが飛行機戦力の保有差だったように、戦後の世界的問題はハワードが提唱した〈田園都市〉に集約されるのではないかと、建築、文明批評家としてのマンフォードがあえて挑発的に述べているようにも思える。

ただこれはマンフォードだけの見解ではなく、カナダの建築史家と思われるH・カーヴァーも『郊外都市論』（志水英樹訳、鹿島出版会）において「都市計画に関するいかなる研究もハワードをあたかも予言者であるかのような畏敬とともに取り扱わざるを得ない」と断言している。

その問題に入る前に、ハワードのプロフィルと彼が提唱した田園都市とは何かを先に示しておかなければならない。彼の生涯についてはその後継者F・J・オズボーンの「序言」に記されたものを要約しておく。オズボーンの著書として、New Town after the war（1918）があるようだが、これは入手していない。

ハワードは一八五〇年ロンドンに小売商の息子として生まれ、上流階級にも属しておらず、特別な教育も受けなかった。十五歳で店員となったが、二十一歳の時に農民だった伯父の影響を受け、定住するつもりで、二人の友人とともにアメリカへ渡った。そしてネブラスカ州に一六〇エーカーの国有地を取得し、掘立小屋を建て、トウモロコシやジャガイモなどを栽培したが、農民としての経験不足もあり、大失敗に終わった。そのためにシカゴに出て、ロンドンで習っていた速記を生かし、速記事務所に勤め、裁判所と新聞専門の記録係となった。それから七六年にイギリスに帰り、自分の「機械的発明」とその「有名になった運動」、及びアメリカからのタイプライターの初めての輸入の仕事に携わった。この「発明」と「運動」は具体的に述べられていないけれど、これらの仕事と七九年における田舎の宿屋の娘エリザベスとの結婚を通じて、田園都市プランと理念を発展させていったと考えられる。

それらに加え、一冊の読書体験がハワードに大きな影響をもたらした。その書物は一九八八年にアメリカで出されたエドワード・ベラミーの『顧みれば』（山本政喜訳、岩波文庫／中里明彦訳、研究社）であり、ハワードはこの小説のイギリスでの出版にも尽力するに至る。ベラミーはアメリカの作家で、『顧みれば』はほぼ一世紀後の二〇〇〇年にアメリカが高度に文明化され、機械と技術の進歩によって労働の苦役から解放され、階級のない社会主義国家になっていることを描いた、所謂ユートピア小説である。この小説からハワードは理想の町の構想を得て、ネブラスカでの農業経験をふまえ、村と町が共存し、農業、工業、商業の混住する都市、すなわち田園都市のプランへと至り、『明日の田園都市』を出版したとされる。

それに基づき、一八九九年には多くの賛同者を集めて田園都市協会が創立され、一九〇三年にロンドンから三十五マイル離れた地域に最初の田園都市レッチワースの創設が始まり、それに続き、一九年には第二の田園都市ウェルウィンが誕生していく。それらの成功によって、多くの国に田園都市協会が設立され、国際田園都市協会（後の国際住宅・都市計画協会）が設立の運びとなり、ハワードはその総裁にすえられたのである。

このように日本も含めた世界各国でハワードと田園都市構想がすみやかに受容されたのは、産業革命による工業社会の成立、都市への人口集中とスラム化、公害、農村の人口減少などといった多くの問題が共通するものとして、農耕社会から工業社会への移行の過程で、大きくせり上がってきたことに求められる。

当時の産業構造を確認してみると、とりわけ一八八〇年から一九二〇年代にかけて、イギリスは第二次産業就業者比率がほぼ50%を占めるという突出した工業社会があるゆえに、田園都市計画がいち早く実現したと推測される。一九四六年版原書による『明日の田園都市』の邦訳版にも、成功した田園都市としてのレッチワースやウェルウィンの整然とした景観写真が収録され、ユートピアめいたニュアンスすらも伝わってくるかのようだ。

それらはハワードが都市、農村、都市・農村からなる「三つの磁石」というダイアグラムで示しているように、都市生活と農村生活の二者択一ではなく、実際には活動的な都市生活の全利点と農村の美しさと楽しさが融合した第三の選択をめざしている。すなわちハワードの言葉を借りれば、「都市と農村は結婚しなければならない」のだ。そして男と女が異なる資性と能力によって互いに補っているように、都市と農村も相互に補い合い、相互扶助によって、自由にして共同な生活を営むことを目的とするのである。

ハワードの後継者たるオズボーンが田園都市の本質的要素を集約して挙げ、これらによる新しい多数のコミュニティの創造を提唱しているので、その部分を引用してみる。


周りの農業的いなかと密接な接触をもつ頃合いの規模の工業と商業の町々、いずれも健康的で施設の整ったコミュニティ、住宅・職場・店舗と教養施設との間の迅速な接近のための用途地域性、陽光と庭園とレクリエーション空地を保障する密度の制限——それは都市的拡散傾斜を過度に陥らせない——都市の設計は標準化よりはむしろ調和を目指すこと、計画された都市内部および都市外部の交通、選択の自由と企業の自由と交易を一致させること、借地の結合した単一の土地所有。

そしてこの田園都市というタームから都市・農村計画が立ち上がり、田園郊外、衛星都市、農村地帯、緑化帯などの言葉が生まれたのである。しかし戦後のニュータウン提唱者オズボーンはそれらをめぐる議論が混乱し、次第に田園都市にまつわる諸要素が立法と規則制定の目的になり、それらの標準化が進められていく傾向にあることを危惧している。ハワードの提唱からほぼ半世紀たった一九四〇年代において、田園都市構想は彼の理念から離反し始め、法と官僚に支配され始めていることを告げているかのようだ。現在のイギリスにおける田園都市の位相はどのようなものになっているのだろうか。

ハワードの『明日の田園都市』を読んでいると、ベラミーの『顧みれば』の影響を既述しておいたが、それに加え、同時代のユートピア思想、フェビアン協会によった社会主義、クロポトキンの『田園・工場・仕事場』（磯谷武郎訳、三一書房）や『相互扶助論』（大杉栄訳、現代思潮社）などからの照り返しを感じてしまう。

そしてまた第二次世界大戦後に、これも世界各国で起きた郊外の誕生、団地やニュータウンの出現、都市計画と土地規制、ショッピングセンターの開発といった流れも、すべてハワードの『明日の田園都市』を起源とし、そこから始まっているように思えてならないのだ。マンフォードはこれらのすべてを予測して、「〈田園都市〉におけるハワードの独創力はライト兄弟の独創力に対応する」とまで称揚したのではないだろうか。

最後に訳者の長素連についてもふれておく。長素は建設省住宅局、東京都建築局、日本住宅公団などを経ていて、「訳者あとがき」の中で、数年前に福岡で三つの宅地開発を計画実施し、田園都市との関連でそれらに言及していることを書きとめておこう。

59　イギリスの「幻想的な郊外」
――G・K・チェスタトン『木曜の男』
（原書一九〇八年、東京創元社一九六〇年）

前回、E・ハワードがベラミーのユートピア小説『顧みれば』の影響を受け、『明日の田園都市』を著し、最初の田園都市レッチワースの開発に取り組んでいったことを既述しておいた。そしてベラミーの影響もさることながら、フェビアン協会の社会主義やクロポトキンのアナキズム思想も同様ではないかという推測も記しておいた。エンゲルスの『住宅問題』（村田陽一訳、国民文庫）に関してはいうまでもないだろう。

また私は二〇世紀前半のアメリカのスーパーヒロインにしてアナキストの『エマ・ゴールドマン自伝』（ぱる出版）の訳者であるので、エマが一八九五年と九九年にイギリスを訪れ、クロポトキンを始めとする多くの人々に会っていることを知っている。それはいうまでもなくハワードの著作が出版された同時代でもあり、それらの人々の中に『明日の田園都市』に出てきたり、あるいは関係が深いと考えられる人物を見出すことができる。

これらのいくつもの事実から考えると、ハワードの田園都市計画はトマス・モアを起源とするユートピアビジョン、それに連なるフーリエ、サン・シモン、オーエンの系譜、同時代の社会主義やアナキズム思想などをベースにして成立したと見なしても間違っていないだろう。

しかし当然のことながら、このような同時代の革新思想に基づくコミュニティ運動としての田園都市計画に疑念を抱く伝統的保守主義者たちも確実に存在していたはずだ。その一人は後に『ブラウン神父の童心』（中村保男訳、創元推理文庫）に始まるブラウン神父シリーズを書き継いでいくG・K・チェスタトンであり、彼は国教派からカトリックへ改宗しているけれど、一貫してキリスト教の伝統主義によっていたとされる。

チェスタトンは『自叙伝』（吉田健一訳、春秋社）の第六章「幻想的な郊外」において、新しい郊外住宅地ベッドフォード・パークに言及している。

ちょうど日が暮れかかっていて、その時だったと思うのであるが私は灰色をした景色の向うに夕焼け雲の一片とでもいうようにベッドフォード・パークの奇妙に人工的な感じがする村を見た。

（……）今日極めて当り前になっているものがその当時は何か奇抜に見えたのを説明するのは難しい。そういう人工的に変わった感じがするものは今日では変わっているとさえもいい難いのだが、その当時はどこか変でさえあった。ベッドフォード・パークは確かにそこに住む人たちが目標の一部に掲げていたものに見えた。それは外国人に近いものにみられている芸術家たちの部落であり、世間から迫害された詩人や画家の隠れ家であり、彼らはそこの赤煉瓦の迷路に潜み、世界がベッドフォード・パークを征服する時にはその赤煉瓦を盾に死ぬはずだった。しかしそういう無意味にも思える意味では今日では世界のほうがベッドフォード・パークに征服されている。（……）ベッドフォード・パークでのこの美学の実験は当時まだ始められて間もなかった。そこの生活には確かににそれだけで独立して行ける生活共同体的なところがあってそこに専属する店や郵便局や教会や宿屋が出来ていた。

このベッドフォード・パークの芸術家たち以外の住民は名高い歴史家ヨーク・パウエル教授、世に知られたケルト学者トッド・ハンター博士、最大の詩人イェイツ、ジヨン・ハンキンのような正統的無神論者などで、「偉い人たちが偉そうにでなく静かに暮らしていた」。それゆえに「この共和国については何か芝居がかっていて夢と現実がごっちゃになっているような、一部は空想で一部は冗談なのだという気がしていたが、それでもそれは単なるまやかしではなかった」。

ここで補足しておけば、チェスタトンのいう「幻想的な郊外」とは、宮台真司の『まぼろしの郊外』（朝日文庫）や越智道雄の『幻想の郊外』（青土社）で示されている現代の郊外とニュアンスが異なっている。それはチェスタトンもふれているように、ベッドフォード・パークの象徴ともいえるイェイツが神秘主義に傾倒し、神智学とブラヴァツキー夫人に魅せられ、『幻想録』（島津彬郎訳、ちくま文庫）を刊行し、また英国心霊研究協会や「黄金の夜明け」教団に加わったりしていることを示唆している。それらについての詳細は、ジャネット・オッペンハイムの『英国心霊主義の抬頭』（和田芳久訳、工作舎）などを参照されたい。

またチェスタトンは自分も参加したベッドフォード・パークの討論クラブI・D・Kを取り上げ、この頭文字の意味について、神智学者たちは「インドの神秘的な輪廻」(India's Divine Karma)、社会主義者たちは「個人主義者を蹴飛ばせ」(Individualists Deserve Kicking) と見なし、外部に対しては「知らないんです」(I don't know) と答えていたエピソードをも披露している。これらはベッドフォード・パークの「何か芝居がかっていて夢と現実がごっちゃになっている」事実を告げている。

　このベッドフォード・パークは「中流階級のユートピア」のサブタイトルが付された片木篤の『イギリスの郊外住宅』（すまいの図書館出版局）にも紹介されている。片木はこれがハワードの田園都市提唱以前の「中流階級と住宅復興運動」の一環として、一八七五年に建売業者によってロンドン近郊の鉄道路線沿いに開発されたイギリスで最初の郊外住宅地だと述べ、十ページ以上にわたって写真や設計図などを示し、ピクチャレスクな言及となっているので、チェスタトンの「幻想的な郊外」としてのベッドフォード・パークの一端をリアルに浮かび上がらせている。

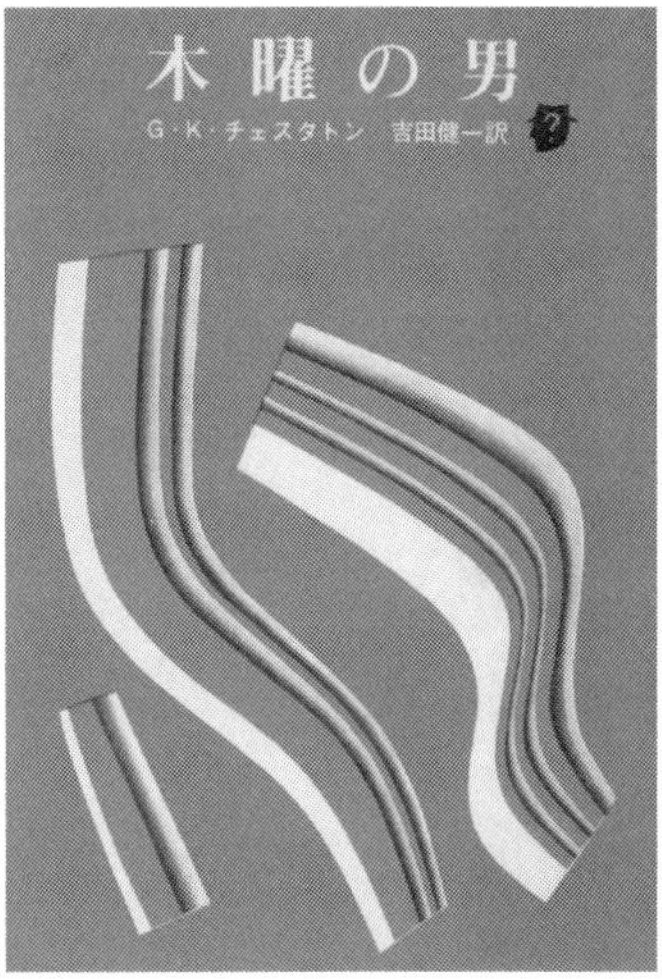

　しかしここで重要なのは片木も指摘しているように、このベッドフォード・パークこそがチェスタトンの特異な長編ミステリー『木曜の男』の舞台と背景に他ならないことだ。これまでほとんど注視されていないが、この小説には「A Nightmare」＝「ある悪夢」というサブタイトルがあり、南條竹則の新訳『木曜日だった男』（光文社古典新訳文庫）はその「一つの悪夢」を表紙タイトルに適切に添えている。

　ただこの南條訳は書き出しの The suburb of Saffron Park lay on the sunset side of London, as red and ragged as a cloud of sunset の「suburb」が「一画」となっているので、本書のテーマと目的からすれば、残念ながら吉田健一による旧訳で、郊外の物語として翻訳されている『木曜の男』を採用するしかない。吉田訳は次のように始まっている。

　ロンドンのサフロン・パークという郊外は、ロンドンで日が没する方に、夕日の光を受けた雲と同様に赤く、きれぎれになって広がっていた。そこの建物はみなまっ赤な煉瓦でできていて、建物が空に描く輪郭はおよそ奇妙なものであり、この郊外の平面図も決してまともなものではなかった。（……）それでこの郊外が芸術的な感じがする住宅地（……）、それがいかにも居心地のいい場所であることは疑いの余地がなかった。ここに並んでいる風変わりな赤煉瓦の家を初めて見たものは、そんな家に住んでいる人間はずいぶん妙なかっこうをしているのではないだろうかと思った。そして実際に会ってみて、この期待は裏切られなかった。この郊外は居心地がいいばかりでなく、そこを一種のごまかしと考えずに、一つの夢と見るならば、まったく申し分がなかった。そこに住んでいる人たちが芸術家ではなくても、その辺全体が芸術的だった。

このように描かれたサフロン・パークはまさにチェスタトンが「幻想的な郊外」で取り上げたベッドフォード・パークに重なり合うもので、サフロン・パークとはベッドフォード・パークだと断言してもかまわないだろう。

このサフロン・パークに二人の詩人が現われる。一人はアナキズムを唱えるルシアン・グレゴリー、もう一人は法律と秩序に味方するどころか、世間体をも尊重するガブリエル・サイムである。二人は秩序と無秩序、及びその立場をめぐる論争の果てに居酒屋に出かけ、個室に入って飲んでいると、テーブルが回り始め、二人もろとも昇降機のように地下へと落ちていった。そして明かされる二人の実際の姿、アナキズム秘密結社を支配する議長の「日曜」から「土曜」までのメンバーたち、「木曜」となるサイム、それに続いて次々に暴露されていくメンバーたちの正体と相まって、物語はサフロン・パークでの予想もしなかった結末へと進んでいく。

その言い回しと逆説の使用はチェスタトン特有のプロット展開と不可分で、「幻想的な郊外」に垣間見られていたさまざまな近代思想と歴史的事柄、それらに対する疑念や共感が散りばめられ、討論クラブの頭文字の多様な意味に象徴されるように、チェスタトンならではの幻想的冒険的なミステリーに仕上がっているといえよう。

この『木曜の男』に対してはチェスタトン自らが「探偵小説弁護」(別宮貞徳訳、『棒大なる針小』所収、春秋社)に記している言葉を引用しておくべきであろう。それは次のようなものだ。「探偵小説の主人公がロンドンの街をさまよう時、さながら妖精の国をさすらう王子の孤独と自由がそこはかとなく感じられるではないか。一瞬先には何が起こるのか、予測もつかぬこの放浪……」、「探偵だけがただひとり独創的にして詩的なる人物なのだ」。

したがって『木曜の男』はチェスタトン＝「探偵」がベッドフォード・パークのような「風変わりな郊外」と出会ったことで生まれた「探偵小説」だと見なすこともできるであろう。

60 デトロイトとラストベルト
——カーティス・ハンソン『8Mile』〔ユニバーサル、二〇〇二年〕と「デトロイトから見える日本の未来」〔『WEDGE』二〇一三年一二月号〕

ロンドン郊外で最初の田園都市レッチワースの開発が始まったのは一九〇三年であり、それからすでに一世紀以上を経ていることになる。イギリスを起源として欧米へも伝播していった田園都市計画はその後どのような行方をたどったのだろうか。

日本の戦後の団地開発も田園都市計画のヴァージョンのひとつだったと見なせるが、建物の老朽化と住民の高齢化に見舞われ、高度成長期にあっては憧れの住居であった団地にも黄昏が訪れていることは明瞭である。

しかし黄昏どころか、アメリカにおいて現実的に破綻を迎えてしまった田園都市もあり、それはデトロイト問題として顕在化したといえよう。その予兆と気配は二〇〇二年のデトロイトを舞台とする映画、カーティス・ハンソン監督、白人ラッパーのエミネム主演『8 Mile』にすでに表出していた。これはカリスマ的ラップアーティストであるエミネムの半自伝ともいえるサクセス・ストーリーを映画化したとされている。DVDの裏ジャケットに寄せられたこの映画の簡略なストーリーは次のようなものである。

1995年——ミシガン州デトロイト。そこに境界線となる〝8マイル・ロード〟は都市と郊外、さらに白人と黒人を分ける分割ラインにもなっている。没落した貧民街に暮らすジミー（エミネム）は、貧しい母子家庭で母親は若い男と自堕落な暮らしを送り、幼い妹の面倒を見なければならない。その鬱屈した心の思いつくままにリリック（歌詞）を書き綴る。いつかラッパーとして認められ大きな契約にサインすることを夢に、ヒップホップクラブ〝シェルター〟でドープ・ラッパーを競うラップ・バトルへ立ち上がる！　黒人が圧倒的に有利なフリー・ラップ・バトルで、ただ一人白人のジミーに果たして勝機はあるのか——!?

『8 Mile』はジミーがクラブのトイレでラップの練習をしているシーンから始まっている。ラップもクラブでも黒人が主流で、白人のジミーは黒人から差別される存在だが、両者に共通するのはDVDの紹介の言葉を借りれば、「没落した貧民街に暮ら」していることだ。彼は廃車処理を主

とするプレス工場で働いているが、そこは「クズばかり」で「負け犬ども」の職場に他ならない。ジミーは愛人と別れ、車も渡してしまったので、宿無しになっていた。そのために母親が小さな妹と住むトレーラーハウスへと向かうのだが、彼女は新たな若い男と同棲中だった。どうも後の会話からすると、この男はジミーの高校のそれほど歳が離れていない上級生だったようなのだ。

これらの事実からすると、白人黒人、男女を問わず、クラブのメンバーやプレス工場の労働者たちの多くがデトロイト市内の同じ高校の出身者であり、誰もがこの街から脱出することを夢想している。街の衰退ぶりを浮かび上がらせるように、さびれた商店街やスラム化したような商店が映し出される。それに住宅もまた空家になっている。登場人物の一人はいう。「デトロイトはどこも廃屋ばっかりだ。こんな街サイテーだぜ」と。さらに廃屋が放火され、燃え上がるシーンも挿入されている。それなのに市は街の再建のためにカジノ誘致に勤しんでいるだけらしい。シャッター通りといいカジノ誘致といい、それらは日本の商店街やその復興計画と共通していることになる。

ジミーはそのようなデトロイトの悲惨な街の状態と自らがおかれた状況をアグレッシブなリリックからなるラップに託して表現し、競うのだ。「白人は8マイルの向こうにいけ」と罵声を浴びながらも、ラッパーに「色は関係ない」と確信して。『8 Mile』の映画文法は明らかで、サブタイトルに「Every moment is another chance」が付されているように、逆境の中にあって得意とするもの、信じているもの、打ちこんでいるものを脱出の手段とし、困難を排してそれに挑み、成功するというビルドゥングスムービーを踏襲している。かつてであれば、それは芸能やスポーツなどであったが、この映画にあってはラップなのだ。

しかし物語のコアであるラップとラッパーのことはともかく、タイトルに示された『8 Mile』そのものに関しては具体的な描写や露出を伴っていないように思われ、それが映画を観た後も曖昧なイメージのままで残っていた。それは私ばかりでなく、引用した内容紹介を書いたライターも同様で、そのまま読むと都市に白人、郊外に黒人が住んでいるような構図となる。ところが二〇一三年七月のデトロイト破綻を受け、『WEDGE』十二月号がスペシャルレポートとして、「現地ルポデトロイトから見える日本の未来」を掲載しデータと地図と写真を併用し、デトロイトと「8マイル・ロード」の実情を描きだすに至っている。

だがそれにふれる前に、清水博編『アメリカ史』(山川出版社)や『アメリカを知る事典』(平凡社)、及びG.S.Thomas, The United States of suburbia (Prometheus

Books, 1998）などを参照し、デトロイトの歴史とその成立をラフスケッチしておく。デトロイトはミシガン州の南東部に位置する商工業都市で、市名はフランス語のdétroit＝海峡に由来し、世界有数の自動車工業都市＝

Motor City とも呼ばれていた。田園都市としての発祥は定かでないが、モーター・シティとしての発展は十九世紀末に始まり、一九〇三年にフォードが設立され、T型フォードの生産が始まり、アメリカは車の時代を迎え、デトロイトはその中心となった。おそらくその一方で、田園都市計画も進行したのではないだろうか。第二次世界大戦中は軍事産業都市でもあり、戦後もゼネラル・モーターズ、フォード、クライスラーがデトロイトや隣接衛星都市に本社を置き、自動車工業都市圏を形成していた。

それに伴い、多くの労働者が集まり、一九一〇年人口四六万人が五〇年には一八四万人に達したが、それ以後は減少に向かった。ただ黒人人口は両大戦間期に急増し、六〇年代はそれが公民権運動に結びつき、七〇年代以降は人種問題と車産業不況による失業問題が重なり、八〇年代時点での市人口の63％が黒人とされる。これが『8 Mile』におけるデトロイト社会の歴史とその舞台背景ということになろう。

さて次に『WEDGE』レポートだが、『8 Mile』は一九九五年の設定だったけれど、これはその十八年後のデトロイトの現在を生々しく伝えている。冒頭からデトロイト状況を象徴せんばかりの、八八年に廃駅となったミシガンセントラルステーションの異形で薄気味悪い巨大建築物への

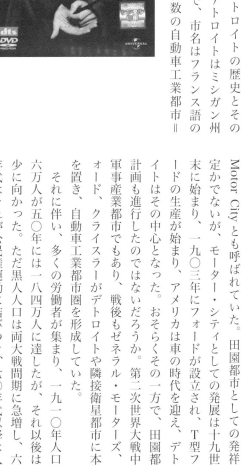

言及がある。それは一三年に建てられ、世界一の高さを誇る駅として有名だったが、窓ガラスはなく、有刺鉄線を巻きつけたフェンスで囲まれ、もはや立ち入ることはできない。周辺はスラム化し、人の気配はなく、駅前の一軒家は放火されたためか、黒く焦げ、屋根は朽ちていたとレポートされ、その無残な駅とゴーストタウンのような市内の路地の写真が添えられている。

そして六四年のオリンピック招致をめぐって、デトロイトと東京が激しいライバルとして争っていたというエピソードも記されている。その当時、デトロイトはモーター・シティとして栄華をきわめ、目抜き通り商店街はニューヨーク五番街に匹敵し、アメリカを代表する都市でもあった。それがセントラルステーション建設の百年後にアメリカ地方自治体として最大規模の一八〇億ドルの負債を抱えて破綻したのである。

デトロイトの衰退と破綻に至るプロセスもたどられていく。それは第二次世界大戦後に郊外の住宅ローンプログラムがスタートし、郊外が徐々にではあるが、大きく発展していったことによって、デトロイトはタイタニック号のように沈んでいった事実が語られる。華やかなモーター・シティに職を求め、多くの労働者が国内外からデトロイトにやってきたが、その圧倒的多数はアメリカ南部の黒人で、彼らは市内に住みついた。だが白人優位差別政策に反発し、六七年に黒人暴動が起き、白人は「ホワイトフライト」と称される郊外移住を加速させた。

六〇年代から始まった白人の郊外化に所得ある黒人も続き、デトロイトは富裕層や企業の郊外化によって税収減に陥り、その一方で黒人貧困層をコアとして抱えることになった。また自動車産業の凋落も加わり、市は財源が不足し、それは行政サービスにも及び、警察官や消防士の減少にもつながり、治安も悪化し、それはさらなる郊外化に向かうことになった。

それを象徴するのがデトロイト市の中心部から8マイルの距離に位置する「8マイルロード」で、「天国と地獄の境目」とも称される道路である。『WEDGE』レポートはデトロイト市と周辺の郊外を形成オークランド郡、マコーム郡などの地図を示し、「8マイルロード」がデトロイト市の北側にあり、オークランド郡とマコーム郡との境界となっていて、その内側に黒人が暮らし、その外側が主として白人のエリアであることを伝えている。

その具体的例として、『8 Mile』における「白人は八マイルの向こうにいけ」というセリフも引用されている。だがそれに至るまでもなく、デトロイト市と郊外の地図は『8 Mile』の定かでなかった地政学と環境をすでに明示していたことになる。映画は「8マイルロード」の外側にある郊外の全米屈指の豊かなエリアをまったく描いていなかったし、あくまで内側の物語として描かれ、またそれゆえに成立したのだということを教えてくれる。

ふれられなかったが、デトロイトも含めた「ラストベルト（錆びついた工業地帯）」エリアにおける再生の試みもレポートされているので、興味ある読者はぜひ参照してほしいし、ウエッジに対してはこのレポートの新書版での刊行を期待したい。

61 フランスの移民、難民、団地
——林瑞枝『フランスの異邦人』（中公新書、一九八四年）とマチュー・カソヴィッツ『憎しみ』（コロンビア、一九九五年）

現代の郊外の起源と見なすことができる田園都市の系譜をイギリス、アメリカとたどってきたので、続けてフランスへと飛んでみたい。フランスの現代の都市計画見取図といっていいル・コルビュジエの『ユルバニスム』（樋口清訳、鹿島出版会）にもその痕跡は明らかであるからだ。

前回のアメリカ映画『8 Mile』の時代背景となっている一九九五年に公開されたフランス映画がある。それはマチュー・カソヴィッツ脚本、監督『憎しみ』で、この映画は『8 Mile』とまったく逆立する都市と郊外の構造をテーマとしていて、弱冠二十七歳のカソヴィッツはこの作品で、同年のカンヌ映画祭最優秀監督賞を受賞している。しかし『憎しみ』にふれる前に、その前提となる「小さな本」だが、先駆的に重い本に言及しておくべきだろう。

フランスにおける郊外と移民、難民などの問題に関して、それらをいち早く提起し、教示してくれたのは一九八四年に中公新書の一冊として出された林瑞枝の『フランスの異邦人』であった。しかもそれは「自由・平等・博愛」の国での「移民・難民・少数者の苦悩」に焦点を当てたもので、八〇年代以降、フランスばかりでなく、世界的な問題と化していく移民、難民、マイノリティに対する注視であり、グローバリゼーションに伴う異民族の混住化、多民族社会のアポリアを正面から捉えていた。

　その最初の章「街はずれの住人――仮住い団地」は小見出し「トンネルのある団地」に続いて、次のように書き出されていた。

> 　フランスにはつい最近まで、「地獄の三角地帯」と事情を知る人たちの間で呼びならされた居住地があった。パリ市の北の郊外、鉄道線路と、高速道路と、セーヌ川にのぞむ港とにはさまれた土地に、その団地はたっていた。移民労働者の家族が通常の住いに移るまでの間、一時的に収容する目的で建てられた簡易住宅群である。公式には「仮住い団地」という（……）。
>
> 　一九六六年、沼地を埋めたてた土地に拙速に建てられたこの仮住い団地、ジュヌヴィリエの市街地からも遠く、公共の交通機関の便もなく、団地内には日常品を商う店もなかった。はじめのころは二〇〇家族五〇〇人の子供たちが、町の住民からは隔てられた形で生活していた。

　この「仮住い団地」は幸いにして居住者の移転が実現し、姿を消したが、他の三角地帯にはまだ「仮住い団地」が残されていた。高速道路の下に穿たれたトンネルのある団地で、その穴によって三角地帯に閉じこめられた団地はかろうじて呼吸をしている。

　林はその他の団地も訪ねていく。ベゾン団地、ここにはマグレブ諸国出身の人々、アルジェリア人、モロッコ人、チュニジア人が住んでいて、その途中にはギュタンベール団地があった。八二年にそこで発砲事件が起きていた。団地の前の家に住むフランス人が団地の子供たちに向かってカービン銃を撃ち、それは子供ではなく、同じ団地の青年の腹部に当たり、彼はそれが元で死亡してしまう。団地は怒りに燃えたが、団地の青年たちの冷静な行動によって大事には至らなかった。

　だがこのような事件はその後も続発していくし、彼らにとって「仮住い団地」はまさにアパルトヘイト体制にあるように思われた。それはサルトルの言を借りれば、フランスにおける内なる「第三世界は郊外に始まる」（『シチュアシオンⅧ』所収、鈴木道彦訳、人文書院）と呼応している。

　林を案内してくれた小学校の先生が書いたトンネルのあ

る団地の地図が掲載されているが、それらの一帯と周辺は工業、住宅zone＝「ゾーン」と記されている。ここで留意すべき「ゾーン」とは城壁の外側を意味し、十九世紀後半のオスマン計画によるパリ改造から閉め出された貧民や犯罪者たちが集う無法地帯とされ、la zoneと冠詞をつければ、貧民街、スラム、場末をさすことになることだ。

「仮住い団地」の移民はかつてビドンヴィル、つまりトタン板の町である掘立小屋のバラック集落に住んでいた。それは高度成長期における移民労働者の増加に伴い、大都市の周辺に雨後の筍のように現われたが、六〇年代からビドンヴィルが撤去され始めたために、「仮住い団地」へと移り住んでいったのである。これらも都市計画の一環だと見なせよう。

『フランスの異邦人』において、「仮住い団地」のマグレブ系移民の生活に加え、自動車工場を始めとする下積みの労働、難民受け入れの理念と現実、アルジェリア独立戦争に際して、フランス軍についたアルジェリア人である「アルキ」の存在、海外県・海外領土出身者たち、旅に暮らし、定まった住所を持たないジプシー、イスラエルというもうひとつの祖国を持つユダヤ系フランス人の姿が描かれていく。そして林の言及はこれらの人々に向けられている人種差別の現状、また移民との混住状況、フランス生まれ、フランス育ちの移民第二世代の出現にまで至っている。

そうした意味において、林が自らいうところのこの「小さい本」は「自由・平等・博愛」の国フランスの二重構造を浮かび上がらせ、その問題が郊外に象徴的に露出していることを教示してくれたのである。その例として、林は独学で歌手となった第二世代のカリム・カセルの次のような歌を引用している。「人生を見つめる／もろく、くるしい人生なんだ／みんな郊外そだちさ／（……）／それでも生きる権利がある／郊外　郊外　郊外　郊外」。

ただ林が挙げているデータは八〇年代前半にとどまっているので、ここではそれを補足するために、原輝史・宮島喬編『フランスの社会』（早稲田大学出版部）所収の「外国人人口の推移」により、その動向を示しておく。フランスは十九世紀末に一一〇万人を数え、移民国の色彩が強かった。しかし戦後の七〇年代を迎え、五四年には一七六万人だったのが、七五年に三四四万人、八二年三六八万人、九〇年三六〇万人と倍増し、その出身国も変わっていったのである。戦前から六〇年代まではヨーロッパ人だったが、イスラム系を含んだマグレブ出身の第三世界型移民が増加し、それにアジア系難民も加わり、九〇年代を迎えたことになる。

これらのフランスにおける移民、難民、マイノリティ状況を前提として、『憎しみ』（La Haine）という映画は成立している。まずはビデオ用に記されたこの映画のシノプシスを示そう。『8 Mile』のものと同様に、作品理解と紹介に関して、適切かどうかは割り引いて考えるにしても、これも映画に対するひとつの見方でもあるので、全文を引用してみる。

バンリュー。それは華やかなパリからは想像もつかぬ、疎外された人々の集まる都市郊外。社会への憎しみと軽蔑の悪循環で、やりきれない鬱憤に包まれたスラム街。

そのバンリューで深夜、怒りの頂点に達した若者たちが暴動を起こした。一夜が明けて、警官の厳重な監視下、サイード、ヴィンス、ユベールの三人の手持ちぶさたな朝が始まる。

しかしヴィンスが暴動の際に警官の拳銃を偶然拾っていたことから、彼らの憎悪は勃発の危機を孕むようになる。再発しそうになる暴動で、友人の死を知った駅ビルで、スキンヘッドにからまれたパリの街角で…。あらゆるところで拳銃は銃口を光らせ、彼らの憎しみを背負う。

それは落ちた社会の話。落ちていきながら何度も確かめた。ここまでは大丈夫、ここまでは大丈夫…。大切なのは落下ではなく、着地だ。暴動が明けて24時間後。社会が生んだ偏見と矛盾は、三人にどんな運命をもたらすのか。

ここでの「バンリュー」とはフランス語の郊外である。

この映画は暴動の場面から始まっている。警察と対峙する男が叫んでいる「人殺し　丸ごしの俺たちを撃つのか」と。郊外の「シテ」、ミュゲットで暴動が起きたのだ。それは刑事が郊外の青年に尋問し、怪我をさせたことが発端だった。映画で「公団都市」と訳されている「シテ」＝citéとはフランスの高度成長期である六〇年代から八〇年代にかけて、都市郊外に建設された広大な公営団地をさしている。それはＨＬＭ（habitation à loyer modéré）＝低家賃住宅とも呼ばれ、その住民は主として移民労働者で占められている。つまり移民たちはビドンヴィル↓仮住い団地↓ＨＬＭという住居形態をたどってきたのだ。

しかし八〇年代以後の新自由主義とグローバリゼーションの流れにそった海外への工場移転や雇用の不安定性によって失業率が高まり、それに貧困と人種差別なども加わり、郊外の「シテ」は八〇年代から暴動のトポスとして繰り返し語られ、「郊外の危機」を浮かび上がらせてきた。

それらを通じて、郊外と警察は対立するようになり、住民に対する警察の人種差別、監視と暴力はエスカレートし、住民の絶えざる暴動や反乱を引き起こしてきたといえる。そのようなドラマのひとつが『憎しみ』であり、九〇年代以後のフランスにおいては、同じように郊外をテーマとする映画が多く撮られているようだ。

『憎しみ』の主人公の三人の若者はアラブ系のサイード、ユダヤ系のヴィンス、アフリカ系黒人のユベールである。三人は翌朝になって、テレビで映し出されている昨夜の暴動を見ていう。「あれはサツとの戦争だったんだぞ」、「こんな所で腐った生活はうんざりだ」と。さらに警察にとって守るべき市民は都市の住民で、俺たち郊外の人間は市民とみなされていないし、マスコミもまたサファリパークや動物園を車で回ったような報道をしていると不信感が表明される。そうして繰り返しテレビのその場面が挿入される。

それらのセリフは物語の基調底音に他ならず、反復される暴動の場面はそれが「サツとの戦争」だったと同時に、まさに一夜の祝祭であったかのようで、ヴィンスが入手した拳銃とは戦利品を意味していると考えていい。それは前夜の暴動の象徴でもあり、その余韻の世界をこれから再生しようとしているように見える。そしてサイードという命名は『オリエンタリズム』の著者がパリ郊外の「シテ」へとやってきたのではないかと思わせるのだ。

郊外のＨＬＭの日常も映し出され、アジア系の営むコンビニＨＬＭでの露店販売や薬物取引、ダンスに興じるシーンなどと重なる警官の巡回も取りこまれている。それらを後にし、ヴィンスたちは拳銃を携え、パリへと出ていく。「世界はあなたたちのもの」という標語が目に入る。

しかし「シテ」を離れ、パリで彼らが発見するのは、都市と郊外の絶望的なまでの差異と断絶で、そのことで暴動の余韻は溶解してしまう。そして「憎しみ」はそのまま残りながらも、再び郊外の日常の物語へと収斂していくことを予感させ、映画は終わる。ただそこからは林が引いていた郊外第二世代の歌手の「もろく、くるしい人生なんだ／みんな郊外そだちさ」というルフランがきこえてくるようだ。

なお堀江敏幸の『子午線を求めて』（思潮社）によれば、この映画の当初のタイトルは『市民権』(Le droit de cité)で、これは「団地の権利」とも訳せる意味深長なものであり、そこに彼はこの映画における団地の現実的共生と複合的な郊外の声の表出を指摘している。

62 パリの「壁の外」
――堀江敏幸『郊外へ』（白水社、一九九五年）

前回ふれたマチュー・カソヴィッツ監督の『憎しみ』が公開された一九九五年に、日本でもフランスの郊外をテーマとする一冊の書物が出現した。それは堀江敏幸の『郊外へ』であり、同書に収録された十三編はフィクション的散文でつづられていて、フランス郊外をめぐるエッセイ集というよりも、短編小説集のように読める一冊に仕上がっていた。

その第一編「レミントン・ポータブル」は次のように書き出されている。「四五〇フラン、それより安くはできないな、だってまだ十分現役として使えるからね」。毎年秋になると、パリ第三区の区役所前の辻公園と右隣のタンプル市場に古物市が立つ。そこで東洋人の「私」は半世紀以上前に作られた米国製レミントンのポータブル・タイプライターを見つけ、店番の少年に現金で払うから四〇〇フランに負けてくれないかと交渉したところ、返ってきた応えが先に挙げた言葉なのである。

それで章タイトルの由来はわかったのだが、これが『郊外へ』の表題とどのようにつながっていくのだろうか。「私」が最初にレミントン・ポータブルを知ったのはブレーズ・サンドラールの詩を通じてで、彼は第一次世界大戦にスイス国籍のためにフランス外人兵として従軍し、ドイツ軍の砲弾によって右腕を失い、左腕で文字を綴らざるをえなくなった。その彼が必然のようにレミントン・ポータブルに出会い、それを携えて放浪し、詩や小説を書いていたのである。その実物がサンドラールの写真に写っていて、「私」が値段交渉しているものとまったく同じ型だったのである。

少年の父親が戻ってきて、五〇フラン値引きしてくれたことで、「私」は首尾よくレミントン・ポータブルを入手に至るが、息子のほうは骨董品を生き返らせるために、昔の部品を揃えた修理屋にいくべきだと進言する。そこで父親は「私」にその修理屋を紹介する。それはパリ郊外のジャンティイにあった。ここまできて、ようやく「レミントン・ポータブル」の章が『郊外へ』の入り口とでもいうべき一編として構想されていたことが明らかになる。次にジャンティイ出身の写真家が登場するからだ。

それはまだ無名に近いロベール・ドワノーで、レミントン・ポータブルも写っているサンドラールのポートレートを撮ったのもこのドワノーだったのである。後にその写真の一枚を、堀江が訳したドワノーの『不完全なレンズで』(月曜社)の中に見ることができる。
第二次世界大戦後、南仏でサンドラールは自伝『雷に打たれた男』を書き上げ、その出版の宣伝用写真を撮るために、若きドワノーが派遣される。二人は意気投合し、サンドラールはドワノーがたまたま携えてきた未発表の写真を目にし、ただちにその才能を見抜き、写真集としてまとめるべきだし、その時には自分が文章を書くと断言したのだった。そしてサンドラールは自ら出版社を見つけ、ドワノーの膨大な写真の中から百枚ほどを選び、サンドラールのすばらしい散文を添え、一九四九年にセゲルス社からドワ

ノーの名前を世に知らしめた写真集『パリ郊外』を刊行するに至る。堀江がドワノーによるサンドラールの写真にアウラを認めたように、サンドラールもまたその写真集の中にドワノーが抽出した郊外の詩を封じこめたといっていいだろう。

　古物市のレミントン・ポータブルはブレーズ・サンドラールへと結びつけられ、それを教えてくれた写真を通じてロベール・ドワノーが登場し、二人の出会いによって『パリ郊外』が出版されることになった経緯と事情が語られていく。それは東洋人の「私」が見つけたレミントン・ポータブルが発端で、ここからパリ郊外への道筋とそれにまつわる多様な物語が開かれていくのである。すなわちこの「レミントン・ポータブル」はパリの「壁の中」から「壁の外」へと向かうイニシエーション的一編として用意周到に提出されていたことに気づかされる。また『郊外へ』の全編を貫く視点と体感も同様であることも。

　堀江は書いている。断ってはいないが、最初の「郊外（バンリュー）」の定義はラルースの『十九世紀百科辞典』によるもので、郊外にまつわる事象と問題が現代のみならず、近代に起源を発していることを、あらかじめ示唆している。

一　現在では主としてパリ周辺の区域を指す、「郊外（バンリュー）」という「フランス語は、もともとは領主の「布告（バン）」が届く城壁の外「一里（リュー）」ほどの範囲を意味する言葉だった。極端な話、パリの城壁を一歩出れば、遠い近いの差こそあれ、郊外と呼ばれる領域に入ってしまうのである。（……）じじつ、パリを取り囲む城壁の外へ開かれた門の多くには、郊外へむかうバスの発着所があって、そこから三桁の番号をもつ路線に乗ってしばらく走ると、もうパリ市内とは異質の空間がひろがっている。空の見え方、建物の外観、人々の歩き方、表情などが、微妙に、そして確実に変化する。もちろん立地条件にしたがってそれぞれ特有の世界を形成し、また時代の流れとともに大きくその相貌を変えているのだが、「郊外」という漠然としたことばの、最も簡便で、最も明確な定義となると、やはり「壁の外」といえるのではないだろうか。ときどきふっと魔がさしたようにパリの外へと足がむいて、なんの目的もなくバスに乗ったり、ほどよい疲れが身体を浸しはじめるまで歩きつづけることのあったじぶんの経験を照らしあわせてみると、郊外ということばの距離感は、歩く人の呼吸に見あった日本の単位である「里」にこめられたそれと、すんなり結びつくような気がしてくる。

ここに『郊外へ』全体に浸透している堀江の静かな基調音がこめられている。そして郊外の風景の中に歴史や生活や事件の痕跡をたどり、そうしたものの集積から立ち上がる郊外のイメージを紡ぎ出すために、堀江の散文は選ばれたのではないかと思えてくる。しかも「レミントン・ポータブル」がそうだったのように、それらの触媒として必ず写真集、詩や小説、映画などが寄り添い、様々な郊外のシーン、多彩な郊外の姿を浮かび上がらせようとしている。『郊外へ』を形成する十三編に見られるそれらの組み合わせを挙げてみる。斜線上が章タイトル、その下が写真集、詩集、小説、映画などである。

①「レミントン・ポータブル」／ブレーズ・サンドラール、ロベール・ドワノー『パリ郊外』
②「空のゆるやかな接近」／ジャック・レダ『壁の外』『パリの廃墟』
③「夜の鳥」／スーザン・ヒル『夜の鳥』(邦訳『奇妙な出会い』)
④「動物園を愛した男」／マルカム・ボース『動物園を愛した男』(映画『アジャン・トゥルブル』)
⑤「霧の係船ドック」／リュック＝アルベール・モロー画集』
⑥「ロワシー・エクスプレス」／フランソワ・マスペロ『ロワシー・エクスプレスの乗客』
⑦「灰色の血」／カフカ『日記』、フランソワ・ボン『灰色の血』。ジョルジュ・ペレック『ぼくは覚えている』
⑧「給水塔へ」／ヴァージニア・リー・バートン『ちいさいおうち』、ミシェル・ヴォルコヴィッチ『ヌイイ＝プレザンスの世界の果て／パリ郊外の旅』
⑨「記憶の場所」／パトリック・モディアノ『特赦』
⑩「首のない木馬」／ポール・ベルナ『首のない木馬』
⑪「坂道の夢想」／ウィリー・ロニ『ベルヴィル＝メニルモンタン』・ジャック・ドレー『フリック・ストーリー』
⑫「垂直の詩」／DATAR（国土整備地方振興庁）プロジェクト『八〇年代フランスの風景写真』、マルク・リブヴゥ、パトリック・ザックマン、ロラン・ラボワ『郊外』
⑬「タンジールからタンジェへ」／エマニュエル・オカール＆ジュリエット・ヴァレリー『出資者』、オカール『タンジールの私立探偵』

残念なことに、これらは日本で刊行されたり、翻訳されているものは少ないが、フランスにおいて、かなり多くの郊外をめぐる作品が出現していることを教えてくれる。

それらが伝える郊外のイメージや匂いや秘密などを抽出してみる。新しいコンクリート廃墟、人間を生き生きと見せる背景がきれいに拭い去られた空間、都市になろうとしてなれずにいる郊外、どっちつかずの状態にしか安堵できない空間としての郊外、殺伐とした郊外、剝き出しの土地の空気と誰も関心を持ってくれない郊外の匂い、パリ郊外のすさんだ風景の中にあるコンクリートの街並み、退屈な日々、移民と失業者、荒廃する若者たちの現在と過去、郊外の至るところに存在する不条理と小さなひずみ、「苦役」と形容される実態、忘却の場にして忘れられた場所としての郊外、パリのゴミ箱として巨大な郊外団地。

「壁の中」のパリはいつも華やかに語られてきたのに、「壁の外」の郊外は常に苦く、まだ新しいドワノーは出現していないようなのだ。現在において、ドワノーの『パリ郊外』にあったささやかないくつもの慰安の背景はどこに見つかるのだろうか。

『郊外へ』が二〇〇〇年に白水社の新書版「Uブックス」の一冊に収録されるにあたって、堀江はその「あとがき」で、それぞれの物語に登場する「私」とその出来事が「完全な虚構」であることを断っている。だがそうであったとしても、そこで提出された多様な郊外の物語は静かな波紋となって広がっていったように思われる。だがそれもすでに二十年近く前の物語になってしまった。現在のフランスの郊外の物語はどのような変容をたどることになったのであろうか。それをもう少し追跡しなければならない。

63 原風景としての「ゾーン」
――ロベール・ドアノー『パリ郊外』
〔原書一九四九年、リブロポート、一九九二年〕

前回、堀江敏幸のフランスの『郊外へ』の水先案内人とでもいうべき一冊が、ドアノーの『パリ郊外』だったことにふれたので、今回はこの写真集に言及してみたい。なお日本版としてリブロポートの『パリ郊外』（堀内花子訳）を挙げておいたが、これは写真構成も異なり、また堀江がいうところのブレーズ・サンドラールの「彼自身の精髄ともいうべきすばらしい散文」も抄訳なので、ここでは主としてCendrars / Doisneau, La Banlieue de Paris (Denoël, 1995) を使用する。これは一九四九年のセゲルス社の初版に基づき、八三年にドノエル社から新版が出され、それが版を重ねているとみなせよう。

『パリ郊外』がドアノーとサンドラールの出会いによって刊行に至ったことは、堀江の『郊外へ』にもふれられているし、私も前回既述しておいたので、今回はまず写真家ドアノーのプロフィルを提出しておきたい。ドアノーに関しては今橋映子の『〈パリ写真〉の世紀』（白水社）の中において、他ならぬ『パリ郊外』が論じられ、その第六章が「神話の縁に――ドアノー／サンドラール『パリ郊外』」に当てられてもいる。

ここで今橋はセゲルス社初版本の表紙を掲載し、八三年の新版本と異なっていることを示し、前者の収録写真が百三十枚であるのに、なぜか後者は百六枚に削られ、判型、順番、レイアウトが変更され、グラビア印刷の香りが失われているので、「作品」として参照すべきは初版本であると述べている。しかし今橋が転載している表紙のエッフェル塔と団地や住民とのコラージュ写真以外は、新版本にも収録されている。それゆえに削られた写真が何であったのかは不明だし、ここでは新版本によるしかない。

今橋はドアノーをパリ南郊の町ジャンティイに生まれた「郊外の人」と位置づけ、その郊外について、次のように述べている。

二十世紀初頭のパリの「南」郊外は、大工場のひしめき合う北部とは異なって、工場、野菜畑、低所得者層の住宅が散在する街であった。（……）

当時ジャンティイを含むセーヌ県の人口は八十万人を超え、第一次大戦後に深刻化した住宅問題の解消のために、城壁取り壊し後、郊外には次々とＨＢＭ（＝Habitations à bon marché　低所得者用団地）建設されている。小さなめし革工場からの汚水が流れ込むジャンティイのピエーヴル川や町とパリの境界に、虫食い状態のように広がる「ゾーン」こそが幼いドアノーの遊び場だったという。

「城壁」とは十九世紀半ばの七月王政期に建設された、パリを囲むティエールの城壁、「ＨＢＭ」とは前々回の『憎しみ』の舞台となるＨＬＭ（低家賃住宅）の前身、「ゾーン」も同じく説明しておいたように、城壁外の空堀から二百メートル以内の空地で、十九世紀後半のオスマンのパリ改造計画から締め出された貧民や犯罪者たちがバラックを建てて住み着く無法地帯をさしていた。

　ちなみにこれはドアノーではなく、ロジェ＝ヴィオレットという写真家のものだが、その「ゾーン」の住民とバラックの写真が「ゾーンの住民たち」（Les habitant de la zone）として、やはりパリ郊外の写真集 Archives de la banlieue parisienne（Editions Michèle Trinckvel, 1994）に収録されている。またピエーヴル川のことはドアノーのエッセイ集の邦訳版『不完全なレンズ』（堀江敏幸訳、月曜社）にその写真を見出すことができる。

　これらの城壁やゾーンなどがドアノーの原風景であり、今橋は彼が十一歳の時に城壁の堀で遊ぶ子どもたちを描いた水彩画を示すと同時に、「そこは遊ぶか、セックスするか、さもなければ自殺する場所だった」というドアノーの言葉を引用している。それでいて、彼はずっとパリ郊外に住み続けた。一九一二年にジャンティイに生まれ、三四年に結婚して、その西隣の町モンルージュに家庭を設け、そこで九四年に亡くなるまで過ごした。まさに人生を郊外で全うしたのであり、『パリ郊外』の写真家にふさわしい一生だったといえる。だがそこにこそドアノーならではの郊外に対する愛憎の思いが潜んでいるのであろう。

　そうしたドアノーの思いのこもった一文が日本版『パリ郊外』に収録されている。これはフランスの初版や新版にもなかったもので、「私はパリの近郊で生まれた。そして今でも生まれた場所から数キロのところに住んでいる」と始まる一文である。それを抽出してみる。

　子供たちの遊び場でもあり、おとなたちにとっても戦後の一時期な混乱状態の中でその場しのぎの生活をする、空地と呼ばれる空間が、わが郊外に散りばめられていたのも、そう遠い昔の話ではない。

草むらで拾う粗末な材料はすぐとなりの都市の廃棄物

だ。軽蔑をこめて「郊外居住者」と呼ばれる、都市の内側に受け入れてもらえなかった人々とよく似ていた。

私はそんな彼らとの連帯感があり、今でも自分がパリの中心に住むことなど不可能だと信じている。私の居場所などないのだ。（……）

若い頃、どんなに私は郊外のことを醜く思っていたことだろう。そして、不潔だと。ばかげた背景の中で人々は愛すべくも不憫な存在に思えた。その実、私はわが身を自分に似た人々に投影していたにすぎなかったのだ。

原文を参照できないのが残念だが、ドアノーの口から直接にゾーンや郊外居住者のことが語られ、彼の郊外に対する愛憎の思いが伝わってくる。それから「すべてが絶望的なまでに月並みで、凡庸な生涯を収用するにはまさにうってつけ」の「灰色のアパート」や「小住宅」の消滅を願っていたことも記されている。そしてそれらがブルドーザーの一隊によって押し倒され、破壊され、大砂塵とともに消えてしまったことも。

その後に「新しい建築物」である「巣穴のたくさん掘られた切り立った崖のような、労働者が買えるための石の砦」が築かれ、四十年後にはその「労働者を整理する巨大なキャビネット」も爆薬によってなぎ倒されるに至った。それにつれて団地では、歩行者の姿を鼠色の色彩が消え、甘美な色彩で化粧された建物を多様な色の車が取り巻くようになってきている。

このようなドアノーの郊外に関する述懐は一九七〇以後

のもので、ここで彼は戦前におけるバラック的なアパートや小住宅が解体され、ＨＢＭが建設され、次にそれも破壊され、カラフルなＨＬＭへと建て替えられ、団地もまたモータリゼーションに組みこまれていった郊外の変容を物語っているのであろう。

　それはまた前々回に既述しておいたように、ＨＢＭやＨＬＭは田園都市プランに端を発するル・コルビュジエの都市計画の郊外での実現でもあった。その事実は今橋も明確に指摘しているが、オスマンのパリ改造計画は市内の主要街路に多くの高級アパルトマンを建築するもので、それはブルジョワたちにかつてに貴族的生活様式を提供することになり、階級の混住は追放され、労働者や貧民層は郊外へと移転せざるをえなかった。それゆえに、「〈パリ〉は〈パリ郊外〉無しには成立しない。言い換えるなら、集団想像力の場《トポス》としてあらわれる〈パリ〉は、現代都市問題や夾雑物を郊外に排除することによって、その歴史や記憶を温存し得た」ことになるのだ。

　そのような視座からドアノーの『パリ郊外』を見ていると、写真は「子供たち」「愛」「景観」「日曜日と祝日」「余暇」「仕事」「ターミナル」「住居」という八つのセクションに分かれているのだが、これらの三分の一近い三十枚ほどにＨＢＭの姿をうかがうことができる。初版の表紙写真もそうだったが、『パリ郊外』はＨＢＭによって包囲されているとわかる。

　例えば、「景観」の中に「モン＝ヴァレリアンの丘」と「夏、ビストロ」があり、前者は『〈パリ写真〉の世紀』では「雨の中の噂話」と呼ばれているが、住宅街の雨の坂道でそれぞれ子供を連れた二人の女性が立ち話をしている姿、後者は街角のカフェの風景を写している。それらの「景観」は異なるけれど、いずれも奥のほうにＨＢＭが建てられていて、ドアノーは意識してそれらを取りこんでいるとわかる。

　前述した『パリ郊外』におけるブレーズ・サンドラールの序文は写真とは別仕立てで、「南」「西」「東」「北」に分けられ、そのうちの「南」において、この「夏、ビストロ」に言及し、その少し先にあった瓜二つのビストロの話を書いている。私訳してみる。

　そこは城壁のブラシオン門の税関吏だった頃の画家アンリ・ルソーが食事にきていた店で、大雨の日にはエスカルゴを食べにきた。女将のはしこい娘たちが城壁の堀の中から拾い集めてきたからだ。ついでに彼女たちはそこらの菜園に勝手に入り、パセリやバジルなどの香辛野菜をくすねたりして、「ナメクジ」の桶と一緒に持ち帰ってきたのである。娘たちのむき出しの足はすり傷だらけで、薔薇色の血が滲んでいたが、たくし上げられた上っ張りの中にはタマネギやニンニクや人参などが詰まっていた。これもくすねてきた野菜だけれど、何とも優しい娘たちではないか。それを見て税関吏は大いに喜び、店主がルソーさんのような常連客にしか出さないという地酒を飲みながら、一山のエスカルゴを食べるのだ。その後で税関吏はメキシコ戦役で負ったふくらはぎとくるぶしの深い傷を客たちに見せて驚かせ、おもむろにいうのだった。「このおかげで、私はもうすぐ退職できるし、残りの人生を絵に捧げるつもりです……」と。

城壁と堀、ビストロとエスカルゴ、「ゾーン」の名残りを示すような娘たちのハビトゥス、そこでエスカルゴを食すアンリ・ルソーの姿が、サンドラールならでは一筆書きのような散文から浮かび上がってくる。そしてドアノーの「夏、ビストロ」という一枚の写真の中にも、それらに類する様々な郊外の物語が秘められていることを暗示させている。

　そういえば、ルソーの作品に「田舎の結婚式」（Une Noce à champagne, 1905）がある。ドアノーも『田舎の結婚式』（Un Mariage à la champagne）として、二〇一三年に河出書房新社からオリジナル刊行されることになる一連の写真を撮っていた。それは一九五一年のことで、パリから南西三四〇キロのところにあるポワトゥーのサン・ソヴァン村での結婚式を記録したものだった。これを撮りながら、ドアノーは、サンドラールが『パリ郊外』で言及したルソーにも「田舎の結婚式」という絵があることを思い出していたのではないだろうか。

　なお今橋映子はその後『都市と郊外』（ＮＴＴ出版）を編んでいる。

64

「死ぬほど病んでいるくせに、死ぬことだけはないのが郊外だ」

——セリーヌ『夜の果てへの旅』〔原書一九三二年、中央公論社、一九六四年〕

前々回の堀江敏幸の『郊外へ』第七章において、既述しておいたように、フランソワ・ボンの『灰色の血』とパリ北郊のラ・クルヌーヴ市への言及がなされている。堀江によれば、ボンは著名ではないが、ミニュイ社から郊外の匂いを漂わせた癖のある作品を三冊ほど刊行し、少数の固定読者を確保していて、『灰色の血』はその市にあるジャック・ブレル高校の自発的な生徒たちを対象にした文章教室の成果をまとめたものとされる。だがまだ入手しておらず、未読である。

またこちらは堀江が引いているボンによれば、ラ・クルヌーヴ市は郊外を代表する地域のひとつで、とりわけ都市計画の惨状を露呈し、他の郊外と同様に建物の廃墟化、崩壊しつつある工業用開発地域、新たな高速道路の貫通工事などによって悪化の一途をたどっている。それでもラ・クルヌーヴ市の惨状は他よりもいくらか深刻なだけで、ありふれた社会問題のひとつにすぎず、「土曜の夜に、スーパーマーケットの駐車場で投石や銃撃が行なわれなければ、テレビもこの問題に首をつっこんだりしない」のだ。

ラ・クルヌーヴ市の南半分は二つの大工場で占められ、全体からすると市街地はわずかなもので、北と南には「四〇〇〇《レ・キャトル・ミル》」と呼ばれる巨大なＨＬＭ＝低家賃高層住宅がそびえ立ち、ジャック・ブレル高校に通っている大半の生徒がこの団地の住人で、このような状況の中で成長したか、もしくは北アフリカから移民の親とともにやってきた異国籍の子どもたちだった。

当然のことながら、カソヴィッツの映画『憎しみ』ではないけれど、彼らはこのようなラ・クルヌーヴを憎み、そこに閉じ込められている自分たちの日々を呪っていた。そうした三十二人の十七歳の高校生たちがボンの文章教室を受講したのである。そのためにボンは何人かの作家の文章を選択し、生徒たちに配布することで、彼らを刺激し、自己表現への道を開こうとした。それらのひとつにセリーヌの文章があった。それを堀江訳で再引用してみる。

哀れな郊外、みなが靴底をぬぐい、唾をはき、通りすぎていくだけの、都市の前に置かれた靴ぬぐい、いったい誰がこの哀れな郊外を思ってくれるのか。誰もいやし

ない。工場で頭をにぶらされ、肥料をつめこまれ、ずたずたに引き裂かれた郊外は、もはや魂の抜けた土地、呪われた強制収容所でしかなく、そこでは微笑みも用なしで、苦労は報われず、ただあじけない苦しみが残るだけだ……いつまでも疲れ果てたカルヴァリオの丘、そんなものを誰が気にかけてくれるのか。もちろん、誰もいやしない。粗野な郊外、ただそれだけの話なのだ……いつも漠然と不穏な考えを温めている喧嘩腰の郊外、しかしそんな計画を推し進め、やりおおす者などひとりもいやしない、死ぬほど病んでいるくせに、死ぬことだけはないのが郊外だ。

このセリーヌの文章は高校生たちを魅了したという。堀江はそのことについて書いている。「傍目にはどう映ろうと、たぶんいまもセリーヌの一節に時代を超えて寸分たがわず当てはまる状況を、彼らは生きているのだ」。数字に示されているように、まさにクルヌーヴ市の四千世帯をストックする「呪われた巨大な郊外団地」は社会福祉対象者や移民たちといったパリ市にあまり好ましくない人々をぶちこむ「パリのゴミ箱」として機能してきた。一九六〇年に地域開発計画によって建設された高層住宅は八〇年代に入り、老朽化し、住環境の悪化に伴い、改築プランも提出されたが、コストの問題もあって、棚上げされたままだった。

そのような状況下で、林瑞枝が『フランスの異邦人』でレポートしたものと同様の事件が起きた。一九八三年に九歳になる移民の子どもが空気銃で撃たれ、殺されたのだ。犯人はフランス人で、子供の爆竹遊びに苛立ち、犯行に及んだのである。この事件は「ブール」と呼ばれるマグレブ系移民二世に対して衝撃を与えた。その事件の記憶を消し去るかのように、宙に浮いていた改革案が政府に承認され、八六年に四一七戸を抱えたひとつの棟の取り壊しが決定され、ダイナマイトによって爆破された。それは一大スペクタルとして全国テレビ中継され、前回既述したようにドアノーがリブロポート版『パリ郊外』で言及していたのはこのことをさしているのだろう。

さてそれらのことはともかく、ここで問題にしたいのはセリーヌの文章の出典であるのだが、それは記されていなかった。そこでこれは『夜の果てへの旅』（生田耕作訳、中公文庫）といった小説ではなく、ドキュメントエッセイ的な作品に収録されているのではないかと考え、国書刊行会の『城から城』『北』（いずれも高坂和彦訳）『死体派』（長田俊雄訳）などに目を通したのだが、見出せなかった。

それが判明したのはしばらく経ってからで、二〇〇〇年に刊行された堀江の『子午線を求めて』（思潮社）所収の「ブゾンとラ・クルヌーヴのはざまで」を読むに至ってだった。同書にはこれに加えて、同様にセリーヌの『夜の果てへの旅』と郊外を論じた「セリーヌとロマン・ノワールのための序章」を収録され、巻末の「初出一覧」を確認すると、これらの二編も『郊外へ』とほぼ同時代に書かれていたことがわかる。

前者において、堀江はまずエリック・ロメールの『春のソナタ』の冒頭に映し出されているのが、ジャック・ブレル高校であり、それの文化会館のような建物とイメージはラ・クルヌーヴ市の惨状を隠蔽する役割を果たしているのではないかとの疑念を遠まわしに提出している。そしてボンの転向などにもふれているのだが、これらの問題に関しては別の機会に譲り、ここでは立ち入らない。

そして再びセリーヌのあの郊外に関する文章が、訳文も一部手直しされ、さらに倍近く長く引用され、それがボンの『灰色の血』の扉に適宜抄出されたうえでエピグラフとして掲げられた」もので、セリーヌのエッセイ「プゾンを唄うこと、これこそが試練だ！」が出典だと明かされている。プゾンもパリ郊外に他ならず、セリーヌはその隣のクルブヴォワ生まれであり、これはプゾンの図書館司書アルベールセルーユの『プゾン年代記』に寄せられた序文である。

また後者の「セリーヌとロマン・ノワールのための序章」は、『夜の果てへの旅』が郊外の物語でもあることを教示し、その再読を促すことになった。それはかつて読んだ生田耕作訳が一九六〇年代半ばのものであり、郊外というトポス、もしくはパリと郊外をめぐる関係が訳者にも読者にもよく見えていなかったことも起因している。しかもゾラの『ボヌール・デ・ダム百貨店』(伊藤桂子訳、論創社)の編集に携わっていた時、このモデルであるボン・マルシェ百貨店の近くのショワズール・パサージュでセリーヌが育ったことを確認するために、フレデリック・ヴィトゥーの浩瀚な『セリーヌ伝』(権 寧訳、水声社)を読んでいたにもかかわらず、セリーヌと郊外の関係に目を向けていなかったことも反省させられた。むしろパリの内側のパサージュではなく、郊外を注視すべきだったのだ。

あらためて『夜の果てへの旅』を読んでいくと、主人公のバルダミュはサンドラールのように第一次世界大戦に志願し、その後アフリカ、アメリカと遍歴し、フランスに戻り、医師の免許を取得し、パリ郊外に医院を構え、そこが物語の重要なトポスだとわかる。彼がフランスに帰国する前にいたのは何と本書60の『8 Mile』の舞台のデトロイトで、成長の只中にあったモーターシティにして田園都市から帰還し、フランス郊外へと身を落ち着けたことになる。それは架空の郊外ガレンヌ=ランシイで、堀江の指摘によれば、ランシイの音は「酸化してすえた臭いを発する状態をいう形容詞《ranci》と重なって、人間の本能が噴出する腐りかけた場所、異臭の漂う郊外を、それだけで体現している」し、それはまた「ダシール・ハメットのポイズンヴィルと同様、住民の腐敗と毒を内包しながら存在する架空の世界」に他ならない。

これは本書27の『不夜城』のところでもふれているが、「ポイズンヴィル(毒の町)」はハメットの『赤い収穫』(小鷹信光訳、ハヤカワ文庫)の舞台で、「パーソンヴィル(人間の町)」の別称であることはいうまでもないだろう。それゆえにランシイも「ポイズンヴィル」に他ならず、デトロイトと二重映しになる。

ランシイの空の光は、デトロイトそっくりだ。ルバロアからこっち平野一面に氾濫した煤煙の濁水。廃物のような建物が黒いごみで地面にしばりつけられている。長短とりどりの煙突は、遠くからは、海辺の泥土の中に突き立った太い杭みたいだ。その中に、僕らがいるのだ。

パリの内側に金持ち連中は住んでいて、郊外は貧困の掃き溜めのようであり、よほどの勇気と若さがないとここからは抜けられないのだ。だが飢え死しないためには絶えず雇主を見つけにパリに出ていくしかない。

ごみくずみたいに鉄箱の中に圧しこめられ、ランシイを通り抜ける、おまけにおそろしい臭気だ、ことに夏場は。パリの城壁のあたりでいがみ合い、はてはどなりちらす、やがて互いに姿を見失う、地下道がみんなを、すべてを、飲みくだすのだ、洗いざらしの背広、くたびれた婦人服、絹靴下、子宮炎、靴下同様きたない足、支払日みたいに頑固なこちこちのカラー、進行中の流産、名誉の軍人、なにもかもが真っ暗なつき当たり目ざしてコールタールと石炭酸くさい階段をころがり落ちる。それだけあればプチパンが二つは買える帰りの切符を懐中に。

就職難、雇用の不安定性、首切りの不安などが一九二〇年代から郊外の特有の状況として顕在化していたのである。『夜の果てへの旅』の主人公バルダミュは最初に出てくるノワルスールからデトロイト、ガレンヌ＝ランシイを経て、ヴィニイ＝シュル＝セーヌと郊外をたどっていく。もちろんそうした軌跡はセリーヌがたどったものでもある。最後に現われたヴィニイ＝シュル＝セーヌも「郊外に変わりつつある村落」であることに変わりがない。だから郊外とは「真っ暗なつき当たり」であり、「夜の果てへの旅」＝Voyage au bout la nuit とは「郊外の果てへの旅」＝Voyage au bout la banlieue と考えることもできるだろう。

65 「郊外型ロマン・ノワール」
――ジャン・ヴォートラン『グルーム』

〔文春文庫、二〇〇二年〕

堀江敏幸も『子午線を求めて』（思潮社）のセリーヌと郊外とロマン・ノワールに関する論考で指摘しているように、セリーヌの『夜の果てへの旅』を始めとする作品の影響は、ロマン・ノワールの分野に大いなる陰影を落としていく。一九七〇年代末から新しい推理小説としての「ネオ・ポラール」ブームが招来するのだが、それは六八年の五月革命を起点としていて、その中心人物J・P・マンシェットやA・D・Gの作品にも明らかで、またジャン・ヴォートランなどの「郊外型ロマン・ノワール」にも継承されていった。

「ネオ・ポラール」という言葉を教えられたのは御多分にもれず、一九九一年に「文庫クセジュ」の一冊として刊行されたジャン＝ポール＝シュヴェイアウゼールの『ロマン・ノワール』（平岡敦訳、白水社）においてだった。同書には「フランスのハードボイルド」というサブタイトルが

付され、それに触発されたこと、また九七年に学習研究社からマンシェットの『殺戮の天使』（野崎歓訳）、『殺しの挽歌』（平岡敦訳）、『眠りなき狙撃者』（中条省平訳）が立て続けに翻訳出版されたこともあって、私も『地下組織ナーダ』（岡村孝一訳、ハヤカワ・ミステリ）に関する二編のマンシェット論「五月革命とロマン・ノワール」「ナーダをめぐって」（『文庫・新書の海を泳ぐ』所収）を書いている。
　同様にあらためてジャン・ヴォートランの名前を知ったのも『ロマン・ノワール』で、映画『さらば友よ』の監督や脚本のジャン・エルマンのペンネームであり、ヴォートランはバルザックの『ゴリオ爺さん』（平岡篤頼訳、新潮文庫）などに出てくる「人間喜劇」の登場人物の一人からとられているとわかった。ヴォートランの「必読」作品として、『ビリー・ズ・キック』（一九七四年）、『ブラッディー・メアリー』（七九年）、『グルーム』（八〇年）が挙げられていたが、それらは九五年に草思社「ロマン・ノワール」シリーズ『パパはビリー・ズ・キックを捕まえられない』『鏡の中のブラッディ・マリー』、二〇〇二年に『グルーム』（文春文庫）として、すべて高野優訳で出された。そのことによって、「ネオ・ポラール」としての「郊外型ロマン・ノワール」の一端が明らかになったといえよう。
　これらのヴォートランの三作はパリ郊外の団地を背景とし、作家名がバルザックに起因することもあってか、何人もの登場人物再現法も踏襲されている。また『パパはビリー・ズ・キックを捕まえられない』や『鏡の中のブラッディ・マリー』は一九七二年に刊行されたドゥルーズ／ガタリの『アンチ・オイディプス』（市倉宏祐訳、河出書房新社）の影響も感じられる。だがここではそれらの総集編ともみなせる『グルーム』も取り上げてみる。というのは、『グルーム』のエピグラフにブレヒトの一文が置かれ、そこに世界の「すべては夜の闇が降りたということを示しているのではないか」との一節がある。それはまさにセリーヌの『夜の果てへの旅』をも想起させる。
　また前回、郊外のニュアンスを内包する作家フランソワ・ボンが、高校で文章教室の講座を開いたことに関する堀江の『郊外へ』における言及を紹介したが、『グルーム』の主人公ハイムも郊外の中学の美術教師として設定され、今回の赴任先は三校目で、前任校はシャンティイの中学となっている。これは原文を確かめていないのだが、「シャンティイ」がジャンティイの誤植であれば、さらにリアリティが高まる。ジャンティイとはあの『パリ郊外』の写真家ドアノーが生まれたところであり、象徴的な郊外とも考えられるからだ。今度の中学もまた団地の街に存在し、「コンクリートの団地でできたその町は、あらゆることに無関心で、ただ暴力と、暗く愚かな出来事に支配されている」。ハイムの家はその数キロ先の村の頂上にあった。


（……）丘の上にあって、その村は平野を見おろしていた。一面の麦畑。ビート畑。また麦畑。ビート畑。それがはるか向こうの団地の町まで続いている。

　だが、ビートや小麦の収穫量はすでに減ってきている。肥料はたっぷりまかれているのに土地を耕す者はおらず、休耕地にはキクイモが密生している状態だからだ。畑は年々減ってきているのだ。

　そうして、その向こうには、年度と石灰質の土地に四角い建物がはえてきている。根こそぎ抜かれた果樹園のあとに……。まるでひとつの病気のように……。建物にあけられた幾千もの目が貪欲な眼差しで平野を見つめているかのように見える。もうじき、そちらにも進出しようと……。四角い建物で平野を埋めつくそうと……。

　車が丘の頂上に止まったあと、ハイムはその光景から目を離すことができなかった。

「この淫乱の大女め」町が人であるかのように罵る。


団地に象徴される郊外の町の出現のプロセスが語られている。それは本書で見てきたようにどの国でも共通していて、産業構造の転換、都市への人口集中、都市周辺の農村のスプロール開発、郊外の誕生という流れをたどっている。とりわけフランスの場合は移民の問題が大きな要因だったことも。その新しいトポスとしての郊外や団地に関する多くの物語が提出されてきたが、それは移り住んできた側の視点から組み立てられたものが大半を占めていた。それは「郊外型ロマン・ノワール」も例外ではなかったし、ヴォートランの『パパはビリー・ズ・キックを捕まえられない』や『鏡の中のブラッディ・マリー』も同様だった。

　ところがこの『グルーム』に至って、主人公は先住者たるハイムにすえられ、主要な舞台は彼が住む丘の上の家と妄想のパラレルワールドに他ならない「アルゴンキン・ホテル」であり、団地のある町はハイムや家や農耕の大地を侵蝕する「淫乱の大女」のように見なされている。前二作も登場人物たちの妄想に基づく反抗と暴力が物語のコードとなっていたが、『グルーム』はあくまで郊外と団地化によってもたらされた先住者固有の倒錯的イメージによって成立しているのだ。この作品の始まりにあって、ハイムが身体障害者で、三校目の中学でも受け入れられないという設定は、先住者と新しい街の関係を象徴していよう。

いずれにしても、ヴォートランが前提としているのは、パリ郊外のＨＬＭが政治家たちによって意図的に建設された「一種のゲットー」で、閉塞されたシステムそのものに他ならないという認識である。それゆえに『パパはビリー・ズ・キックを捕まえられない』の中で、立退きを拒否する老人に「最後まで抵抗するつもりだ。土を守る最後の男になるのだ。放っておくと団地はどこまでも上に伸び、太陽を食らう」と叫ばせ、実際のレジスタンスへと向かわせていたが、『グルーム』のハイムの場合、もはやそのような抵抗ではなく、ひたすら妄想の世界へと引きこもることによって、現実が狂気の世界に侵蝕されていく様相を描いている。

その触媒となるのはエコール・ド・パリの一人に挙げられるシャイム・スーチンとその作品である。『グルーム』の主人公ハイム Chaïm のフランス語読みによっていることは明らかだし、ヴォートランは郊外にモンパルナスの画家を召喚し、『グルーム』を紡ぎ出したと考えていいだろう。

『フォーヴィズムとエコール・ド・パリ』（『世界美術大全集』25、小学館）などによってスーチンをラフスケッチしてみる。彼はユダヤ人として、一八九四年にリトアニアのユダヤ人ゲットーの村に生まれ、差別と貧困の中で育ち、美術学校を経て、一九一三年にパリに出てきた。そしてモディリアニやシャガールたちと知り合い、エコール・ド・パリの聖地モンパルナスの共同アパート兼アトリエの「ラ・リューシュ（蜂の巣）」に住み、激しい赤に象徴される鮮烈な色彩とデフォルメによる作風で死んだ動物、風景、人物を描いた。そうした中で、アメリカのコレクターとして著名なバーンズが百点を購入し、スーチンは一躍名を知られることになるが、第二次世界大戦のドイツ占領下のパリで胃潰瘍を悪化させ、四三年八月に死んだ。

『グルーム』においては、このタイトルそのものが英語に基づくホテルなどの若い「ボーイ」を意味するように、スーチンの一連の「ボーイ」シリーズの「フロア・ボーイ」「ボーイの肖像」「マキシムのボーイ」の他に、「ケーキつくりの職人」「聖歌隊の少年」が挙げられている。また「アルゴンキン・ホテル」の宿泊客だったアメリカ人の元画商ピングは、スーチンの最初の個展を開いた人物とされ、ホテルの十二歳の客室係である「ぼく」が「フロア・ボーイ」にそっくりだという。これはパリのオランジュリー美術館が所蔵している Le garçon d'étage で、前出の『全集』でも見ることができる。確かに赤が鮮烈だ。

さらにピングは「グルーム」の「ぼくが時代のシンボル」で、スーチンの運命と重なるといい、次のように語るのだ。「……スーチンはあののんびりした時代のなかで〈不安〉と〈絶望〉と体現していた。ヨーロッパはやがて、戦争と混乱の時代に突入していく。弱者が虐げられる時代に……。そのなかでスーチンは〈恐怖〉の観念を代表していたのだ」と。

これは繰り返しになってしまうけど、「ぼく」＝十二歳のハイムとピングは「アルゴンキン・ホテル」と同じく、現実世界に住むハイムの妄想の産物で、それはスーチンが死んだドイツ占領下のパリとも重なり合う。戦時下でもないのに、どうしてそのような「不安」や「絶望」や「恐怖」がもたらされたのか。核や癌の恐怖、消費社会に乗り遅れることに対する恐怖の中で、郊外の生活者は自分たちの世界を守り、それにしがみつこうとし、他人のことには無関心で、ただ生き延びることに夢中になっている。

その一方で、拒絶され、排斥され、貶められ、虐殺された人々が絶えず生まれている。ピングはもうその世界で、「ハイム坊主。おまえは殺せ！　ショックを与えろ！　真実の側にいるのはおまえなんだ。（……）横並びはいらない。みんなと同じであればいいというくそったれた精神に否《ノン》を突きつけるんだ」という。

その妄想の世界の言説にあおられ、現実の世界の輪郭も歪みはじめ、ハイムも犯罪へと向かい始め、それに向かって新たな登場人物が出現し、事件が引き起こされていく。そうした意味において、またしても船戸与一のハードボイルド小説定義をもじれば、優れたロマン・ノワールとは郊外と混住社会の断層を完膚なきまでに切り裂いて見せた作品ということになるだろう。なおこれはまったくの私見だが、ヴォートランの『グルーム』はホセ・ドノソの『夜のみだらな鳥』（内田吉彦訳、集英社）の影響下に書かれたようにも思える。

66　占領、郊外、ドランシー収容所
――パトリック・モディアノ『１９４１年。パリの尋ね人』（作品社、一九九八年）

もはや名前もわからなくなった人々を死者の世界に探しに行くこと、文学とはこれにつきるのかもしれない。
（モディアノが「日本の読者の皆さんに」で引いている心を打たれた書評の一節）

パトリック・モディアノの小説は一九七〇年代から翻訳され、『パリの環状通り』（野村圭介訳）、『暗いブティック通り』（平岡篤頼訳、いずれも講談社）を始めとして、『ある青春』（野村圭介訳、白水社）、『イヴォンヌの香り』（柴田都志子訳）『サーカスが通る』（石川美子訳、いずれも集英社）などが刊行され、原タイトルをVilla triste（悲しき別荘）とする『イヴォンヌの香り』はパトリス・ルコントによって映画化もされている。またモディアノはパリ郊外を出自とする作家であることから、堀江敏幸の『郊外へ』でも未訳の『特赫』が紹介され、この小説もモディアノ特有の失われた過去、それも弟との郊外での生活を描いていることを教示してくれた。

しかしここで取り上げる一九九八年の邦訳『１９４１年。パリの尋ね人』（白井成雄訳、作品社）は原タイトルDora Bruder（ドラ・ブリュデール）からわかるように、これは女性の名前であり、実際にドラを追うことが自らの過去を探ることに重なり、彼の小説とテーマは共通するにしても、紛れもないノンフィクションとなっている。それに加え、この著作はパリ郊外のドランシーというトポスの過去をも否応なく浮かび上がらせてしまうのだ。

その事実にふれる前に、『１９４１年。パリの尋ね人』を簡略にたどってみる。一九八八年にモディアノはドイツ占領下にあった四一年十二月三十一日付の新聞『パリ・ソワール』をめくっていたところ、ドラ・ブリュデールという十五歳の少女の「尋ね人広告」を発見する。それを出したのは彼女の両親で、その住所はモディアノも昔からよく知っているパリ18区ポルト・ド・クーニャンクールのオルナノ通りだった。それをきっかけとして、彼は八年間にわたり、少女ドラの行方を探し求めることになる。まず両親とドラがこの地区の安ホテルに住んでいたことをつきとめ、その地区のいくつかの小学校の記録を調べたが、ドラの名前は学籍簿には残っていなかった。それでもモディアノは

忍耐強く彼女の痕跡を求め、その誕生日が一九二六年二月二十五日、出生地がパリ12区だと判明する。そこで彼女の出生証書抄本をとると、父エルネストは一八九九年ウィーン生まれの工員、住所はパリ郊外のセヴラン市リエジャール通りと記されていた。その地域は二十世紀初頭に進出してきた大会社である「ウェルスティングハウス・ブレーキ工場」を中心に成立した労働者の町で、ドラの父は当時その工員だったと推測される。

ドラの父エルネストはオーストリア帝国東部諸地方出身のユダヤ人だったが、一九一九年のオーストリア帝国の崩壊によって避難民となり、フランス外人部隊に入り、モロッコなどでの戦いに駆り出されている。そして二十五歳で五年間の雇用契約から解放され、傷痍軍人としてパリに戻ったもののフランス国籍は与えられず、年金ももらえなかった。二四年にロシア出身のユダヤ系で、家族とともにブタペストからパリにやってきた十七歳のセシルと結婚し、ドラが生まれたのである。

モディアノはこのような「この世に生きた証拠などろくに残していない人たち」、そして「パリのいくつかの通りや、二、三の郊外の風景から切り離して浮かび上がらせることができない人たち」を探し求め、根気強くそれらの痕跡を追っていく。したがってそれはパリ郊外をめぐる探索でもあり、モディアノ提供の写真の他に、訳者による風景と建物写真の挿入がモディアノの探索と視線を具体的に表わしているような効果を上げている。

時代は飛んで、一九四〇年五月九日、十四歳のドラはキリスト教系寄宿学校「聖マリア学院」に登録されているのだが、その寄宿生名簿には「退寮日時・理由：一九四一年十二月十四日、脱走による」との記載がある。両親がドラを寄宿学校に入れた理由について、モディアノはホテルの一室に三人で住むことの難しさ、及び夫妻が「ドイツ帝国国民」で「旧オーストリア国民」という資格だったことによる収容の危険性ゆえではないかと述べている。

ドラはこの規則が厳しい寄宿学校でほぼ一年半を過ごした。その住所がユゴーの『レ・ミゼラブル』（豊島与志雄訳、岩波文庫）において、コゼットとジャン・ヴァルジャンが逃げこんだ修道院と同じ番地であったという偶然の一致にモディアノは驚きを覚え、さらにドラに執着する要因ともなったのだが、もはや学院を偲ばせるものは何も残っていなかった。おそらく十二月十四日は日曜日で、ドラは両親に会いにいき、戻ってこなかったことから、「脱走」と記されたのではないかと彼は推測する。四一年の師走はパリにとって最も陰鬱で息苦しい時期で、ドイツ軍によるユダヤ人の監視が厳しくなり、寄宿学校においてもドラに「脱

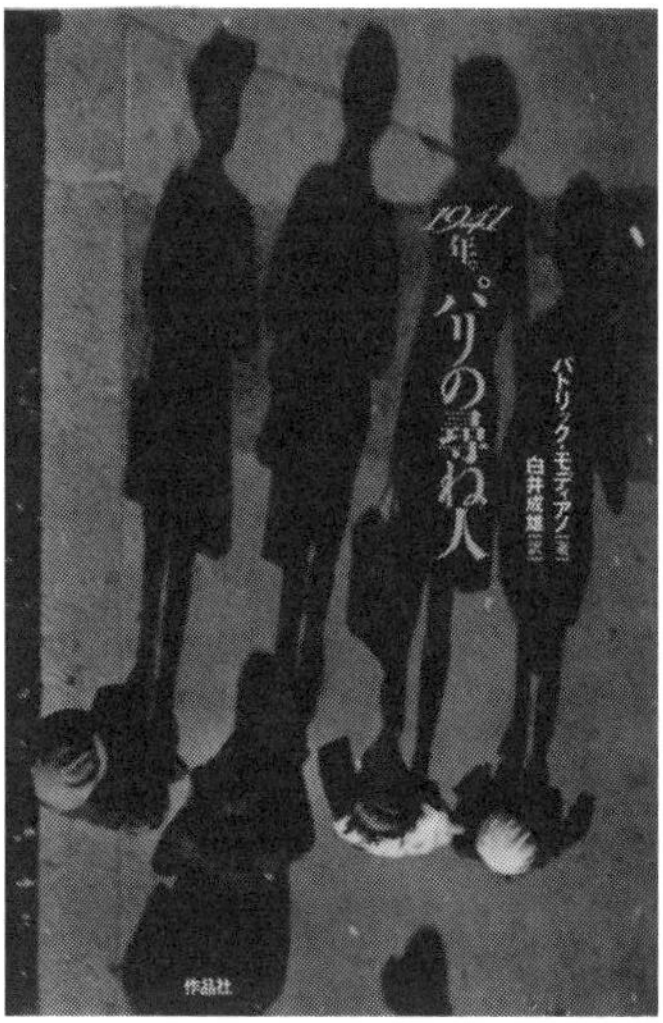

走」を促す何かが起きていたのかもしれない。父親はドラの「脱走」を心配し、クリニャンクール地区警察署に失踪の届け出を出し、新聞に尋ね人広告を出すに至っている。状況からしても心配と苦しみの果ての決断だったと想像される。

長い間、モディアノはドラの十二月十四日の脱走と尋ね人広告以外のことしか知らなかった。それからかなり経って、脱走の八ヵ月後の四二年八月に彼女が「レ・トゥーレル収容所」から「ドランシー収容所」に送られていたとわかった。前者はユダヤ人女性の「拘禁センター」であり、ドラはフランスのユダヤ人問題担当警察によって町中で捕えられ、レ・トゥーレル送りとなったのだ。

父のエルネストも四二年三月に逮捕され、ドランシー収容所に強制収容された。その翌月にドラが母親宅に戻ったとクリニャンクール警察署記録簿に見えるが、四ヵ月の失踪が何であったかはわからない。モディアノはドラのことを書き続けながら、かつて読んだフリード・ランペというドイツの作家の仏訳された小説『夜の果てに』を想い浮かべる。同じくユダヤ系でもあるモディアノは、同じようなタイトルのセリーヌの書名を挙げることを拒んでいるのだろう。ランペは四五年五月にドイツ郊外でソ連軍によって殺されていた。その小説のタイトルと死はドラの失踪に連なるものがあったからだ。そしてさらにアメリカのユダヤ人関係の六月付資料から、ドラが母親のところからまた脱走して捕まり、送り返されたこと、度重なる脱走により、少年少女更生院送りが指示されているとわかる。六月以降、ユダヤ人は「黄色い星」の着用を強制され、ドラはそれを着けていなかったので、街で捕まったのではないか。そしてレ・トゥーレルに送られ、そこに収監され、彼女を含めた三百人のユダヤ女性が八月にドランシー収容所へと移送されていったのである。

そこでドラは三月から収容されていた父と再会し、九月にアウシュヴィッツに送られ、母もまた翌年一月に同じ道をたどることになる。モディアノはそこまで突き止めたが、ドラの「脱走」の真実と冬の数ヵ月の日々の生活は永久にわからないと思う。そして彼はこのノンフィクションを次のような一文で結んでいる。

それは彼女の秘密なのだ。哀れな、しかし貴重な秘密であり、死刑執行人も、いわゆる占領軍当局も、警視庁留置所も、獄舎も、収容所も、歴史も、時間も（私たちを汚し、打ち砕くもろもろのすべてのものも）、彼女から奪い去ることができなかった秘密であろう。

さてここでようやくパリ郊外のドランシーにふれることができる。ゲルハルト・シェーンベルナーの『黄色い星』（池田芳一他訳、自由都市社、新版松柏社）は一九三三年から四五年にかけてのユダヤ人虐殺写真ドキュメントであり、帯文に見えるように、紛うかたなき「死者の書」だといっていい。なおモディアノの処女作『エトワール広場』の原タイトルは La Place de l'étoile でこれには「星をつける場所」、すなわち「黄色い星」の意味も含まれている。『黄色い星』の「追放」と題された章の中に「ドゥランシィの子ら」という一ページがあり、バリ在住の無国籍ユダヤ人がフランス警察当局によって七月に逮捕され、八月に多くの子供たちも含め、輸送列車で、最寄りのル・ブルジェ・ドゥランシィ駅からアウシュヴィッツ強制収容所に向けて送られていった報告と記録が掲載されている。ドラと父もこの中にいたのだ。

このドゥランシィ＝ドランシーにモディアノも当然のことながら赴いているはずだが、なぜか彼はその郊外の町を描いていない。『1941年。パリの尋ね人』の小説化とされる『新婚旅行』は未読なために、まだそのことに関して確かめていない。ただその代わりのように、訳者の白井がドランシーに関する長い訳注をつけ、その収容所跡にある鎮魂碑と、現在は住宅として使われている旧収容所建物、及び鎮魂碑の後ろに置かれたユダヤ人をアウシュヴィッツに移送するために使われた家畜輸送用貨車の写真を掲載している。そのようなドランシーへの言及は堀江の『郊外へ』にも見出すことができ、シテ・ドゥ・ラ・ミュエットという戦前の郊外団地、及びその収容所で詩人のマックス・ジャコブが死んだことなどにふれている。
それらを参照しながら、ドランシーについて書いておく。ドランシーはパリから北東十二キロほど郊外にある町で、第二次世界大戦前には田園都市とニュータウン構想の地とされ、一九三五年に団地が建設された。これは両大戦間におけるフランス最大級の規模の住宅開発計画だったが、三九年にコミュニストたちの収容所となり、四一年以降はユダヤ人収容所と化したのである。ここに収容されたユダヤ人は十万人に及び、そのうちの八万人がアウシュヴィッツなどの強制収容所へと送られた。白井が先述の鎮魂碑に刻まれた文章を引用しているので、それを抽出してみる。

一九四一年八月二十日、五千人のユダヤ人がパリで逮捕され、この場所に集められた。〝死の収容所の待合室〟ドランシー収容所のはじまりである／十万人近い老若男女がここに強制収容され、大部分はアウシュヴィッツに送られた／一千五百十八人だけが生きて帰ることができた（……）

そしてこれに『旧約聖書』の「エレミヤ書」の次のような一節が添えられている。「すべての道行く人よ、わたしに下された苦しみのような苦しみがあるだろうか、尋ねてみよ」という一節が。堀江も『郊外へ』で、白田の訳文と同様の一文を引用しているけれど、同じ鎮魂碑によるものなのかは判断できない。
いってみれば、パリ郊外のドランシーは田園都市プランから始まり、それがニュータウンの団地開発へと向かったが、その後はコミュニスト、続いてユダヤ人たちの強制収容所と化したことで、二十世紀前半における郊外の明暗、ポジとネガをともに体現してしまったことになろう。定かではないけれど、白井や堀江が記しているドランシーの現在の姿もそれをずっと引きずっているように思える。

67　フランス現代史とユダヤ人強制収容所
――ディディエ・デナンクス『記憶のための殺人』（草思社、一九九五年）

パリの中心部とそれを取り巻く区域、それがパリっ子たちにとっては世界のすべてである。彼らはけっしてその外に出ない。イヴリー、ジャンティイ、オーヴェルヴィリエ、ドゥランシーなどは、いずれも地の果てなのである。

ユゴー『レ・ミゼラブル』

もう一編ロマン・ノワールを取り上げたい。それはデナンクスの『記憶のための殺人』（堀茂樹訳）で、やはり九五年に草思社の「ロマン・ノワール」シリーズの一冊として刊行されている。しかもこの作品はこれまで言及してきたフランスの郊外を覆うファクターである移民、ゾーン、HLMなどに加え、前回のモディアノの『1941年。パリの尋ね人』におけるドランシー収容所までが揃い、フランス現代史を背景とする「郊外型ロマン・ノワール」の象徴的な一編に仕立てられている。

それはデナンクス自身がパリ郊外のサン＝ドニ生まれで、HLMに育ち、同書や続けて出された『死は誰も忘れない』（高橋啓訳）の巻末に表記されているように、ずっとその地域のオーヴェルヴィリエに住んでいることも大きく作用しているのだろう。なおここでは『記憶のための殺人』の表記に従い、以後ドランシーはドゥランシーとする。

『記憶のための殺人』は一九六一年十月十七日の事件から始まっている。アルジェリア独立戦争は終結に向かいつつあったが、十月五日、パリ警視庁はパリとその郊外に住む十五万人のアルジェリア系住民に夜間外出禁止を実施するに至った。当時彼らが住んでいたのは、本書61で林瑞枝の『フランスの異邦人』のレポートを引き、既述しておいたように、ビドンヴィルと呼ばれる掘立小屋のバラック集落であり、その生活は『記憶のための殺人』にも見えている。

アルジェリア民族解放戦線（FLN）はこの夜間外出禁止令をボイコットするように指示し、十月十七日夜八時半から広範なデモを計画した。その行動は『記憶のための殺人』において、次のように描かれている。「ほんの数分でデモ隊が組織された。急拵えのプラカードがコートの下から現われた。もっと先の方では横断幕が広げられている。『夜間外出禁止反対！』民族衣装を身に纏ったアルジェリア人女性の一グループが先頭に立ち、（……）地下鉄の通路で待機していたデモ参加者たちも続々、最初に車道に出た一団に合流していく」。

このデモに対して、絶対に阻止せよとのパポン警視総監の命を受けた警察機動隊が襲いにかかり、激しい暴力や拳銃による弾圧を加え、警察の公式発表による死者はアルジエリア人二名、ヨーロッパ人一名だが、実際にはその犠牲となって少なくとも二百人以上の死者が出たことが判明している。

『記憶のための殺人』はアルジェリア人デモにおける、このうちの死者であるヨーロッパ人一名に焦点を当て、始まっていく。それは高校教師のロジェ・ティロで、帰宅途中でデモに遭遇し、アルジェリア人の無残な負傷者や死体を

目撃し、その光景を茫然と見つめていた。するとその背後に機動隊の制服を着た一人の男が近づき、ロジェの頭を拘束し、ブローニング自動拳銃で顳顬を撃ち抜いた。ロジェの自宅では身重の妻ミュリエルが彼の帰りを待っていたというのに。

それから二十年後、ロジェの息子ベルナール・ティロは祖父母に育てられ、中世史を研究する学生となり、恋人のクロディーヌ・シュネも同じく「一九三〇年代のパリ市の貧民街」に関する学位論文を準備していた。原文を参照していないが、後半における彼女の説明からすると、これは「ゾーン」研究だと考えていい。二人はヴァカンスでモロッコに向かう途中で、フランス南西部のトゥールーズに立ち寄った。それはベルナールが県庁の公文書室で資料を調べることにしていたからだ。だがベルナールもまた父と同様に、ホテルに戻る道で射殺されてしまう。どうして父子が撃ち殺されることになったのか。

トゥールーズ警察署のカダン刑事はクロディーヌからベルナール父子のことなどを事情聴取し、その一方で殺人犯がパリナンバーの黒いルノーに乗っている六十歳ほどの男だという目撃証言を得る。おそらく犯人はパリからベルナールをつけ、自ら手を下したのだ。ベルナールが公文書室で調べていたのは専門の中世史に関するものではなく、一

九四二、三年の行政文書で、その中には当時のフランス政府による要請文書があった。それはユダヤ人家族と子供たちを引き離すことなく、アウシュヴィッツなどの強制収容所へ送るように指示しているもので、A・Vの略署のある一連の通達によって実行に移されていた。つまりその文書は、フランス政府がナチスによるユダヤ人ジェノサイドに協力していた事実を浮かび上がらせていた。

カダンは捜査のためにパリに戻るクロディーヌの車に同乗し、パリ出張を決意する。まずロジェの死の実態を探っていくと、その現場を撮った写真とフィルムの存在に突き当たる。後者のフィルムはベルギーのテレビ局による一時間を超えるもので、それはまったく放映されていなかったが、カダンはベルギーのブリュッセルを訪ね、見ることができた。そのフィルムには機動隊によるデモの生々しい弾圧だけでなく、ロジェの最期の場面と殺人者の顔の半分が映っていた。カダンはその写真をロジェの妻に見せ、ロジェの生まれ故郷がセーヌ＝サン＝ドニ県のドゥランシーで、それに関する論文を書き、ベルナールが保存していたという話を聞き出す。両親はまだドゥランシーで暮らしていて、ベルナールもそこで育てられたのだ。殺された父子を結びつける共通のトポスがドゥランシーだったことになる。

その一方で、クロディーヌもカダンに、郊外のドゥランシーの古い家で祖父母によって息子とまったく同様に育てられたベルナールについて語り、また自分がテーマとする、かつての「ゾーン」があった郊外へと案内する。一群のHLM、高速道路とパリ環状道路、ジャンティイの墓地が見える。彼女はそれらを見ながら、かつてここは「パリでいちばんゴミゴミした貧しい地区」で、「いわば屑屋の王国」だったという。そして続けるのだ。

「(……)数十年前には、世間は犯罪が起これば何でも貧しい界隈の住民のせいにしていたのよ。手近の新聞を取って三面記事の頁を開いてみればいいわ。今だって何ひとつ本当は変わっていないって気づくわよ。今の社会の嫌われ者といえば、都市の中心部からかなり離れた郊外の団地に住んでいる人たち、〈マンゲット〉や〈キャトルミル〉の住民よね。移民が以前のジプシーのように扱われ、若い失業者が昔の屑屋の立場に立たされているんだわ」

そして彼女はこれがフランスの社会システムだとも語る。ここには前々回のヴォートランのロマン・ノワールと共通する基調音が響いている。いってみれば、これが「郊外型ロマン・ノワール」を特徴づける木霊に他ならない。クロディーヌの述懐は『記憶のための殺人』のサブエピソードに位置づけられるにしても、メインストーリーを補完していることはいうまでもないだろう。付け加えておけば、〈マンゲット〉とはリヨン郊外の犯罪の巣窟とされる団地、〈キャトルミル〉は本書64でふれた「四〇〇〇」のことで、パリ郊外の巨大団地をさしている。

そうした展開のかたわらで、写真からロジェを射殺した男の名前が判明する。彼はアルジェリア戦争でFLN責任者を始末する特殊部隊に属していたが、現在は引退し、トゥールーズ近郊に住んでいた。彼の証言によれば、特殊部隊上層部からの命令で、ロジェは始末されたのである。またカダンはクロディーヌが貸してくれたロジェの『ドゥランシー』と題する未刊論文を読む。それはこれも既述したドゥランシー収容所で病死した詩人マックス・ジャコブに捧げられていた。『ドゥランシー』の第一部は古代から十九世紀、第二部が現代史を形成し、前回も言及した田園都市とニュータウン計画に関する既述も見つかるので、カダンの要約から収容所に至る時代の部分を引用してみる。

（……）戦前の市長たちの先駆的精神と、彼らの都市計画に光を当てていた。その計画とは、独立住宅と集合住宅合わせて数千戸に及ぶ住宅を含む広大な公園都市（Cité-jardin＝田園都市であろう―引用者注）の建設を目指すものだった。それは一種の理想都市、二十世紀にふさわしい生活共同体であって、住民たちはそこに設けられる学校、競技場、病院、託児所、ショッピングセンターなど、ひとまとまりのサービス機関と公共設備を利用できるはずだった。

一戸建て住宅工事が始まったのは一九三二年だった。市の人口が倍増し、四万人弱に達した。

一九三四年には、さらに大胆なプログラムが発表された。ドゥランシーはフランス初の高層ビルを擁することになるのだ！　十五階建てのタワー五棟、タワーよりずっと低い横長のビル数棟、どっしりとした馬蹄型四階立てのビル一棟。それらの中に数百個の住居が造られ、三十ばかりの区画に分けられて、それぞれ一つの出入り口階段を共有する。団地全体は、近郊の街の通称を通じて〈ラ・ミュエット〉と名付けられる。

これは堀江敏幸の『郊外へ』で紹介されている「シテ・ドゥ・ミュエット」である。だがここではロジェ論文に沿ってもう少し進めてみる。ところが一戸建て住宅は売れたけれど、フランス初の高層住宅は家賃が安いにもかかわらず、入居者が集まらず、団地全体が国防省に安く払い下げ

られ、機動憲兵隊の駐屯地になった。前回の『1941年。パリの尋ね人』でふれたコミュニストたちの収容所とはこの時期をさしていると思われている。そして一九四〇年頃はドイツ兵捕虜収容所となっていたが、それ以後は立場が逆転し、ドイツ占領下におけるフランス国内のユダヤ人の強制収容所となり、ここからユダヤ人がアウシュヴィッツへと移送されていったことは、これまで繰り返し既述してきた。また知られていなかった事実として、四四年に解放されたドゥランシー収容所が、今度は対独協力で起訴された数千人のフランス人の拘留所になったという。

それらのドゥランシー収容所の歴史において、突出しているのはドイツ占領下で、ここからアウシュヴィッツなどへと送られた子供たちの数の多さである。ロジェはその資料を論文に収録していた。ベルナールもそれを調べていたのではないかとカダンは推測する。そして公文書室での閲覧カードをたどっていくと、一九六一年十月にロジェが〈DE〉文書、すなわちベルナールが閲覧していた〈強制収容所送り〉文書を読んでいたとわかった。これは先述したように、ユダヤ人家族と子供たちを引き離すことなくアウシュヴィッツなどへ送るように要請した文書で、A・Vの略署による通達だった。つまりティロ父子は、このフランス政府自らがナチスによるユダヤ人ジェノサイドに協力した事実にふれ、実際にA・Vというイニシャルの人物を突き止めたことによって、二人とも殺されたという真相に至り着く。そしてこのA・Vとはアルジェリア人デモの弾圧を命令したパポン警視総監をモデルとしているのだ。

そしてようやく『記憶のための殺人』のタイトル、及びそのエピグラフ「過去を忘れると、人は過去と同じ事態を生きる羽目に陥る」にこめられた様々な意味が了解されることになる。

なお最初に挙げたユゴーの一文はロジェの論文に引用されていたものである。

68 郊外暴動と団地
――『フランス暴動　階級社会の行方』

〔『現代思想』二〇〇六年二月臨時増刊、青土社〕

本書61の映画『憎しみ』などで既述しているように、一九八〇年代以降フランス郊外において、繰り返し暴動が起きていた。最初の暴動は八一年に、前回ふれたリヨンの郊外のマンゲットで起きたとされている。それゆえに、デナンクスの『記憶のための殺人』の中で、マンゲットが郊外の悪しき表象例のひとつに挙げられていたことになる。マンゲットを始まりとして、郊外の暴動は続いていった。それは林瑞枝の『フランスの異邦人』や堀江敏幸の『郊外へ』にも記されているとおりだ。

一九八〇年代の暴動はこれも既述してきたように、郊外で混住することになったフランス人の移民に対する人種差別に基づく対立に始まり、それが移民の射殺やリンチ殺人へと至り、移民二世たちの反乱へと結びついていった。その一方で、これらの人種主義的「憎しみ」に端を発する犯罪に関して、司法や警察の取り締まりはきわめて緩く、フランス人の場合はしばしば寛大な処置がとられても、反乱に加わった移民二世たちは国外退去処分となるといったダブルスタンダードがまかり通っていた。おまけに移民に対する警察の暴力や弾圧もエスカレートしていった。

それらも作用し、九〇年代の郊外の暴動は警察とその暴力に対する抗議や抵抗という色彩を強く帯びるようになっていった。こうした動向と表出を『憎しみ』に見てきた。日本で『フランス暴動』が編まれ、送り出されることになったのも、二〇〇五年十月から十一月にかけて起きた暴動に触発されたからであり、この暴動もそのような流れの中に位置づけられるのだろう。

十月二十七日のパリ郊外、クリシー・スー・ボワで、サッカー帰りの三人の少年が警官に追いかけられ、逃げこんだ変電所で二人が感電死し、一人が重傷を負った。この事件をきっかけにして起きた反乱はフランス全土の郊外へと広がり、二十五日間にわたって続き、一万台以上の車が放火され、一時的には郊外の蜂起めいた状況を現出させたとも伝えられている。つまり単なる暴動でなかったことも相乗し、『現代思想』によるこのような特集が組まれたといえる。

『フランス暴動』は日本人研究者とアクティヴィスト四人による討議「フランス暴動をどう見るか」をコアとして、

日仏の論者だけでなく、E・グリッサンやP・シャモゾー、T・ネグリやS・ジジェクなども含み、それらは二十七の多くに及んでいる。それに炎上する車の表紙写真に始まる生々しい暴動のシーン、団地を包囲する機動隊の姿、差別主義と弾圧の表象たるサルコジ内相のポートレートまでも添えている。この特集がフランスの暴動に触発されたものだったにしても、また当然のことながら寄せられた論考が玉石混淆であるにしても、雑誌の特集形式で、郊外問題が広く問われたのは初めてだったのではないだろうか。そしてそれはフランスの郊外暴動が世界の郊外問題と連鎖していること、またサブタイトルに示されているように、グローバリゼーションを伴い、さらにあからさまに露出し始めた階級社会問題も重なっていることを示唆していよう。

　多岐にわたる論考をすべて紹介することはできないので、ここでは最初にコリン・コバヤシの「フランス郊外」を取り上げたい。これは今回のクリシー・スー・ボワの事件の発端、警察や政府の不誠実な対応、そうして招来された反乱を簡潔にして詳細にたどり、さらにマンゲットから始まる郊外と反乱の歴史をも追跡しているからだ。これにもコバヤシ自らが撮ったと思われる六枚の写真が挿入されている。この「フランス郊外」とそれに先立つ彼の「フランス郊外叛乱の震源」(『世界』二〇〇六年一月号所収、岩波書店)を併読すると、フランス郊外の状況、それにまつわる政治と歴史と記憶の問題が重層的に浮かび上がってくる。

　まずコバヤシの証言からフランスの郊外とその構造を浮かび上がらせてみよう。アメリカの郊外ともちがうし、日本の団地とも異なっているのだ。

> 　郊外の大団地(〈シテ〉と呼ぶ)は、六〇年代後半から八〇年代にかけての産業活性化に伴って、都市周縁部に出来た大小の工場で必要な労働力となる多くの移民系労働者たちを受け入れるために、大都市周辺に建設された。とりわけ、パリ市、リヨン市郊外は顕著な街である。ルノー、シトローエン、プジョーなどの自動車工場、化学工場や中小企業の金属関係の工場が中心である。(……)とりわけ多くのマグレブ系労働者の入国が奨励された。アルジェリアは独立戦争後の不況に喘いでいた。またフランスは安い労働力を欲していた。(……)
>
> 　七〇年代後半以降の二度の石油危機と経済不況の中で、大工場では合理化による解雇、また多くの中小工場、炭坑が閉鎖した。農業は機械化が進んで雇用削減があった。だが、労働者たちはそのまま居残った。パリ周辺郊外には実に多くの工場が廃屋になったまま放置されている。八〇年代以降はまさに今日の新自由主義の潮流の中

で、一時雇用、不安定雇用が圧倒的に進行したのは、世界に共通している。その中で最も悪い境遇に立たされているのが移民系の人々だ。
（……）貧困、人種差別、失業、などで、再就職もままならず、うまく行ってもしばしば、低賃金の不安定雇用の職業に就き、いわゆる3K労働（きつい、きたない、危険）をする労働者が多い。団地には福祉支援や若者の文化育成を担う文化施設や図書館、学校教育の補習を担う機関はほとんど存在しない。九〇年代まで団地内にあった小売店は、大スーパーのせいで、ほとんど一掃された。

このようにして団地の生活は悪化する一方で、離婚率や失業率も高く、後者は全国失業率10％に対して三倍から四倍、学校中退率も全国平均18％に対して、30〜40％で、住民の鬱積は高まるばかりだった。それは郊外に仕掛けられた、いつ爆発するかわからない時限爆弾のようなものと化していたことになる。結局のところ、暴動と呼ばれようと、もしくは反乱と目されようと、長きにわたって郊外とHLMに封印されてきた移民たちの不満が臨界点に達したことを意味している。

サルコジ内相は彼らを「社会のクズ（ラカイユ）」と呼び、「カルシェール」＝ドイツ製のノズル付高水圧洗浄機で一掃すると表明した。これは機動隊が使用する各種の高性能の武器のメタファーともいえるであろう。この発言からわかるように、またコバヤシも指摘しているように、フランス政府は左派右派を問わず、現在の新自由主義と連動する新植民地主義の性格を激しく露呈し、それがそのまま郊外の反乱を弾圧する警察国家の論理として表出していることになろう。コバヤシはそれを、「抑圧型治安体制」とよび、郊外の反乱のみならず、郵便局員や民間の労組のスト、高校生のデモなどにも同様の対応で臨んでいるという。

討議「フランス暴動をどう見るか」の中で、実際にクリシー・スー・ボワのあるセーヌ＝サン＝ドニ県を実地調査してきた社会学者の森千香子が「郊外と警察」の関係について、暴動=蜂起のメカニズムは直接的にしろ間接的にしろ、若者が「警察に殺される」ことがきっかけとなっていると述べ、自らの経験も含めて、次のように発言している。

　郊外と若者と警察の関係は本当に根深い問題です。郊外の若者にとって警察の「存在」というのは、現実のレベルと象徴的なレベルの二つのおいて相当な重みがあります。郊外での警察によるアイデンティティ・コントロールは本当に強烈です。私もされたことがありますが、アジア系で女性だったからか、手荒いことはあまりされませんでしたが、本当に強烈です。そこで身体的な暴力を振るわれる云々という前に、まず言葉の暴力がすごい。それが日常に起きている。こうした日常的なコントロールを通した侮辱という暴力、日常的に肌の色の違いから警察にものすごい扱いをされるという暴力があるからこそ、仲間の死と警察の暴力が結びつくとこれほどの怒りを生む。

　この森の郊外におけるフィールドワーカーとしての告白は、きわめて重要なもののように思える。ベンヤミンが『パサージュ論』でいうところの「集団の夢」もしくは「幻像《ファンタスマゴリー》としてのパリ」の内側にあっては、ここまで強烈な「アイデンティティ・コントロール」にさらされていなかったはずだ。彼女は「アジア系で女性だった」けれども、ここで郊外の移民に向けられている警察の暴力に遭遇したことになる。それはフランスの「抑圧型治安体制」がマグレブ系二世だけでなく、アジア人移民や難民、日本人にも及んでいることの証左となろう。このことに関しては森が訳しているミシェル・ヴィヴィオルカの『レイシズムの変貌』(明石書店)を参照されたい。

　実際に映画『憎しみ』の中にアジア人が営んでいるコンビニのような店が出てきたことからすれば、郊外のＨＬＭにはアジア系の移民や難民も一定の割合で住んでいるのではないだろうか。郊外においては日本人を含むアジア系もまた警察による「アイデンティティ・コントロール」下に置かれ、二一世紀を迎えても、ルイ・シュヴァリエが十九世紀前半から二十世紀前半にかけての労働者階級の研究『労働者階級と危険な階級』(喜安朗他訳、みすず書房)で指摘した「危険な階級」の構図の中に、マグレブ系やアジア系が含まれていることを示していよう。そうした意味で、暴動や反乱を繰り返し出現させる郊外は所謂フランスやパリを異化するトポスとして在り続けているのだ。それをもう少し補足してみる。

　『フランスの暴動』の冒頭に置かれた「危ないぞ、共和国！」（鈴木康丈訳）は八〇年代からフランスの非植民地化、脱植民地化を唱えていたエチエンヌ・バリバール他四人の名前で出されている。それは次のようなものだ。「フランス政府がしようとしていることは、市民たちの間に相互的な憎悪を撒き散らし、『国民』とその内部の敵の間に境界を作り出し、郊外や恵まれない地域を民族的なゲットーの地位に陥れ、それらの場所ではいかなる経済的な自発性もいかなる社会的回復の試みも全て投げさせ、市民による行政管理の作業や公的サービスの実行も不可能にしてしまうことである」と。

すなわち郊外の弾圧とゲットー化こそが「共和国」を崩壊させることにつながる。したがって「共和国」を破壊しようとしているのは市民や移民たちではなく、「フランス政府」に他ならないといっているのだ。

これらのすべてが日本の社会の姿と重ならないにしても、3・11の東日本大震災と原発事故によって生じた国内移民と難民、新自由主義、新植民地化、ナショナリズム、抑圧型治安体制などは通底していると見なすこともできよう。そのように考えてみると、フランスの郊外問題こそは世界の郊外問題の鏡と言うことになろう。

なお本稿を書いてしばらく後で、西川長夫の『パリ五月革命私論』（平凡社新書）を読んだが、そこではこの二〇〇五年の郊外の暴動が一九六八年のパリ五月革命に重ねられていることを付記しておく。

69 新しい郊外文学の誕生

——マブルーク・ラシュディ『郊外少年マリク』〔集英社、二〇一二年〕

林瑞枝の『フランスの異邦人』が「第二世代―フランス生れ、フランス育ち」と一章を割いてレポートしているように、一九七〇年代後半になって、林が挙げている移民や難民たちの二世の時代を迎えている。八〇年代のデータによれば、フランスの「0歳から満26歳の外国人人口」は158万人で、外国人人口の三分の一を超え、フランスの同年齢層総人口の7・15%に当たる。

その中で最も多くを占めるのはマグレブ諸国出身の二世で、アルジェリア人だけでも28・5%に及び、彼らは「ブール」世代と呼ばれている。日本語に置き換えれば、異邦人「団塊の世代」ということになろう。ちなみに第二世代義務教育生徒数は94万人となっている。フランスの総人口が一九四六年に4100万人から七五年に5300万人となり、1200万人という驚くべき人口増加を示したことは、フランスが十九世紀から移民国であり、所謂「移民慣れ」した国だとしても、かつてと異なる混住社会化を体験していたことになる。そして本書で、その問題が郊外とHLM、繰り返される暴動に表出してきたことを様々に見てきた。

二〇〇九年にジャック・オーディアール監督によるフィルム・ノワール『預言者』が公開され、カンヌ映画祭グランプリとセザール賞を受賞しているようなので、フランスではそれなりに評価された映画と見なせよう。私はDVDで観た。

『預言者』は冒頭の数ヵ所に明らかにHLMとわかる団地の風景が挿入され、この物語の出自と発端がそこにあることを暗示させている。主人公のアラブ系青年のマリクは身寄りもなく、まともな教育も受けておらず、フランス語の読み書きも覚束ない。彼は傷害罪で禁固六年の判決を受け、中央刑務所に送られてくる。そこは移民社会の縮図であり、様々な民族や宗教が混住し、刑務所特有の勢力関係が張り巡らされる弱肉強食の世界に他ならなかった。マリクはその最大勢力のコルシカマフィアのボスに裏切者の囚人の殺しを依頼され、それを果たしたことで認められ、刑務所内での地位を確立し、それが出所後の彼の生活へとも連鎖していく。監督のことやマグレブ系の主演タハール・ラヒムについては何も知らないし、このタイトル『預言者（Un

Prophète)』には別の深い意味がこめられているのかもしれないが、このようなストーリーはフランスのフィルム・ノワールだけでなく、ハリウッドの刑務所映画の定番と見なすこともできるであろう。それはまた本書61で言及した『憎しみ』の系譜上にあるともいえよう。

先に『預言者』を挙げたのは、この映画がマグレブ系二世、HLM、犯罪といった郊外の物語を総集し、ひとつの逆ビルドゥングスロマンに仕上げられているからである。しかしこれまで多くの同様に郊外の物語をたどってきた後では、それらの過剰なまでの反復、シミュラクルのようにも思える。「ブール」世代が誕生してからすでに四半世紀過ぎているし、新しい彼らの物語が生まれているのではないかという気にもさせられるのだ。

それはほぼ同時期に『預言者』の主人公と名前を同じくする、マグルーク・ラシュディの『郊外少年マリク』（中島さおり訳）を読んだことによっている。この小説の「5歳」という最初の章は次のように書き出されていた。

> ブリュノ、あいつはちょっと変わっていた。三十代のずんぐりむっくりした野郎なのに、カストラートみたいにか細い声をしていた。目をつむっていたら、女の子だと思っただろうが、影絵だったらゴリラに近かった。要するに団地《シテ》にまたとない変なやつだったんだ。
>
> ブリュノはアイスクリーム売りだった。毎日、午後五時になると、「リンリンリン」っていうようなレトロな音楽が町をにぎわす。その鐘の音に呼ばれると、みんな熱に浮かされたように走り出すんだ。あいつは頭がぼんやりしていたから、俺たちは簡単に、アイスクリームとおつりを、繰り返し、好きなだけ、巻き上げることができた。

このような語り口とアイスクリーム売りと鐘の音は私たちの少年時代の光景を彷彿とさせる。それは一九五〇年代後半から六〇年代初めのもので、夏になると、自転車に乗ったアイスキャンディー屋が鐘を鳴らしながらやってきた。

その他にも飴売りを伴う紙芝居屋、ロバのパン屋なども同様で、それらが子供社会の本当に鳴り物入りの風物詩でもあった。しかしそうした子供相手の小さな商売は六〇年代の高度成長期において、次第に姿を消していった。

『郊外少年マリク』の冒頭に見られるこのような語りと自らの体験を重ね合わせて考えると、立場が移民の第二世代であろうと、住居が郊外のＨＬＭであろうと、子供たちの物語は固有なものとして確保され、それをかけがえのないものとして生きていることが伝わってくる。なぜならば、子供というものは国家や社会や人種といった大きな物語よりも、周辺の身近な小さな物語、すなわち父や母や兄妹といった家庭や友人、それからそうした狭い世界に訪れてくる様々な人たちの存在によって生きているからだ。

『郊外少年マリク』の書き出しはそのことを告げ、この作品がそのような視座から構築されていることを示唆している。ブリュノという「またとない変なやつ」のアイスクリーム売りはそうした物語の象徴的存在で、まさに団地にやってきた子供たちのトリックスターのようだ。そしてまたこの「５歳」の後半は他ならぬ『預言者』とまったく異なる刑務所の物語でもある。

ブリュノは「頭がぼんやりしてた」ので、子供にも大人にも「アイスクリームとおつりを、繰り返し、好きなだけ、巻き上げ」られてしまっていた。それでいて「おれたちの好きなフレーバーは忘れなかった」のに、「人が好過ぎてノーと言え」ず、結局のところ、母親の残した家も財産もなくなり、店も閉めることになってしまった。彼は本当に「幸せなおバカ」だった。そのために彼は以前にトラックを停めていた場所で「段ボールを敷いて座っている」姿をさらすに至る。みんなはあまりにも善良なブリュノを騙して悪かったと思い、惜しみなく施しをした。ところがブリュノそれが多めとなると受け取らなかった。また冬の厳しい寒さの折にはみんながかわりばんこに招こうとしたけれど、その申し出も受けなかった。とっくに「街も変わり、信頼なんてものはもう流行《はや》らない」時代になっていたのに、それは「みんなブリュノが好きだった」からで、「もし火星人が飛来したとしたら、やつらだってきっと好きになった。絶対に」。

ところが「ある日、ブリュノは切れちまった」。水鉄砲を持って、近くの自分を破産させたソシエテジェネラル銀行を襲い、現金を持ち逃げするという「すげえ芸当をやった」のだ。覆面はしていたようだが、銀行の誰もがブリュノだとわかっていたし、冗談ですますことができず、おまわりに逮捕させるしかなかった。裁判で彼の名字がル・ゲリックだとわかったが、誰もそれを知らなかった。

おれたちにとって、ブリュノはただのブリュノだった。福音書に出てくるマルコやルカやヨハネやマタイが、ただのマルコやルカやヨハネやマタイであるように。なぜってブリュノは聖人だったからさ。

　聖人は懲役五年を食らった。水鉄砲を凶器にした強盗罪で。新しいフランス共和国大統領は、犯罪は犯罪だときめちまったんだ。情状酌量なんてのは、知らないってんだ。


　新しい大統領とは前回もふれたサルコジをさしているのだろうか。

　そのためにブリュノは「灰色のでっかい監獄」に入り、千人もの面会者を迎えることになり、他の囚人たちを驚かせる。「5歳」のマリクもその一人で、彼は騙していたことを告白し、泣きながら詫びるが、ブリュノは「楽しかったじゃねえか、それが一番大事なことだろ、違うか？」と応じただけだった。マリクは思う。ブリュノは「世界一優しい男だった」と。

　そしてこの章はブリュノなき後のＨＬＭの町の状況を暗示する、次のような文章が箇条書きにされ、それで閉じられている。


それからしばらくして、本屋がセルフ・サービス状態になり、閉店した。

次いで食料品屋が閉まって、新たに麻薬のディーラーの巣窟になった。

カフェだけ残ったが、銃撃戦の犠牲になった。

いつしか、町から商店がみんななくなってしまった。


　ここに紹介した「5歳」は、前述したように最初の章で、それから「26歳」までが語られていて、マリクを主人公とする短編連作集といっていいが、まったく新しい風が吹き抜ける郊外文学の誕生に立ち会っている印象を与えてくれる。この他にもまだ二十一編の物語がつまっているわけで、一編しか紹介できなくて残念だが、拙文が『郊外少年マリク』の世界への誘いとなればと思う。

　また幸いなことに、著者のマブルーク・ラシュディが二〇一二年に来日し、〇九年にアイオワ大学の国際ライターズ・プログラムにともに招聘され、しかも同じように団地で育った作家中島京子との対談を行ない、それが「パリの郊外、東京の郊外」と題され、『文学界』二〇一三年二月号に掲載されている。あらためてラシュディについて記すと、彼は一九七六年パリ郊外にアルジェリア系移民二世として生まれ、経済アナリストとして働いた後、二〇〇六年に作家としてデビューしている。二人の対談も詳しく紹介できないけれども、ラシュディが『郊外少年マリク』に関して「郊外問題の悲惨さを理解するための教科書みたいなものだと思ってもらいたくない」し、そうではない生き方の可能性と希望と連帯のメッセージとして受け止めてほしいという旨を語っていることだけは記しておこう。

訳者の中島さおりは「あとがき」で、この『郊外少年マリク』の原タイトルがLe petit Malikで、これはルネ・ゴシニーの『プチ・ニコラ』を下敷きにしていて、その現代版だと述べているが、私は「14歳」の章にサン・テグジュペリの『夜間飛行』が出てくることから、『星の王子さま』Le Petit Princeを思い浮かべてしまったことを付記しておこう。

なお同号にはラシュディの短編「プリンスの鏡」も掲載されている。

70　パリの「壁の中」の学校

――ローラン・カンテ『パリ20区、僕たちのクラス』〔ミッドシップ、二〇〇八年〕とフランソワ・ベゴドー『教室へ』〔早川書房、二〇〇八年〕

ローラン・カンテの映画『パリ20区、僕たちのクラス』は郊外を背景としているわけではないが、パリの内なる郊外とでも称すべき20区の中学校を舞台とし、移民社会、すなわち混住社会を表象する物語となっているので、本稿でフランスを離れることもあり、ここで言及しておくべきだろう。

この映画は二〇〇八年のカンヌ国際映画祭パルムドールを受賞し、しかもそれはフランス映画としては二十一年ぶりのことで、国内では一五六万人、国外では三六八万人を動員するヒットとなったと伝えられている。ただ日本においては公開されたものの、テーマもあってか、それほど話題にならなかったと思う。〇八年の映画ベストテンなどが発表される『キネマ旬報』(二〇〇九年二月下旬号)を確認してみたが、その年の収穫として挙げられていなかった。私にしてもミニシアターでの上映を見逃してしまい、DVD

でしか観ていない。

　だがこの映画がパルムドールという映画祭最高賞を受賞し、その原作もフランスでベストセラーとなっていたので、日本でも同年に原作のフランソワ・ベゴドー『教室へ』

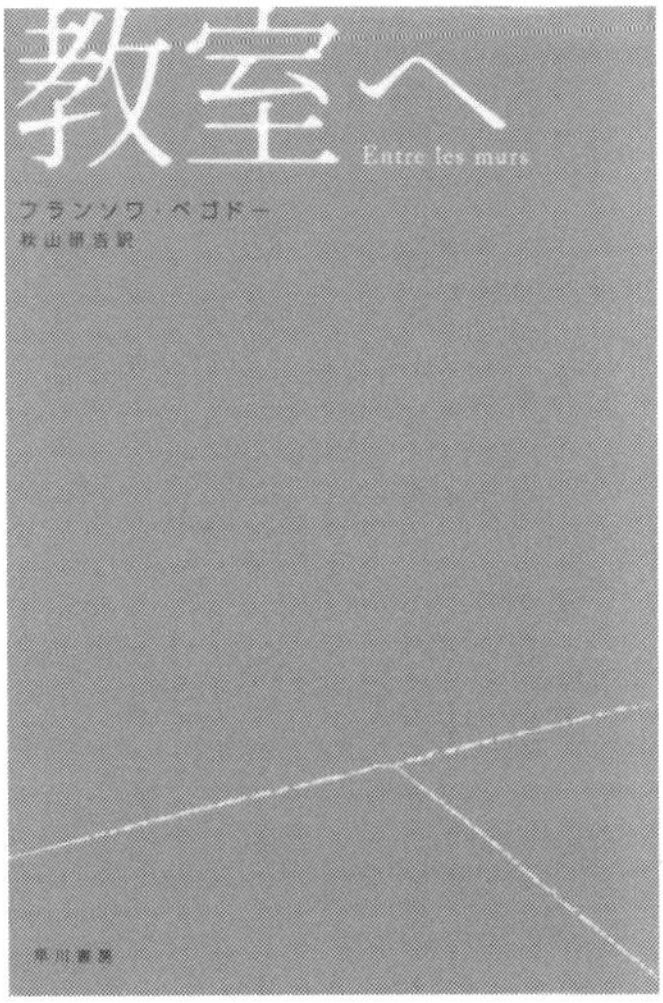

（秋山研吉訳、早川書房）が刊行されている。原タイトルは Entre les murs ＝『塀の中』で、これは具体的にコレージュ＝中学校のことをさすゆえに、邦訳としては『教室へ』が選ばれたのであろう。また本来の映画タイトルも原作と同様で、『パリ20区、僕たちのクラス』という題名は日本での公開にあたって、舞台とストーリーに合わせ、新たにつけられたと推測できる。それゆえに小説にしても映画にしても、タイトルは教室のメタファーと見なされているが、こちらに引きつけて解釈すれば、壁の外でなく、壁の中にあるパリの内なる郊外状況を浮かび上がらせているように思える。小説では19区、映画は20区の設定と相違はあるにしても、両区はパリのボーダーともいうべき東部に位置し、壁の外とダイレクトにつながっていることも認識すべきだろう。
　その内なる郊外状況は、『教室へ』の著者フランソワ・ベゴドーが脚本に参加し、自ら主演を務めていることも相乗し、その混住授業は生徒も含めてドキュメンタリーのようで、リアルこの上なく、私たちはあたかもその授業参観に立ち会っているような気になる。実際にベゴドーは19区のコレージュにおける国語教師の経験をベースにして、『教室へ』を書いたのである。そうした意味において、私たちもまた壁の外ではなく、壁の中に召喚されているのだ。

さて少しばかり前置きが長くなってしまったが、まずDVDジャケット裏に示された「移民が多く住む20区の中学校を舞台に、人種も生いたちも様々な10代の多感な生徒たちの1年間を映し出す」映画のストーリーを紹介してみる。もちろんそこには特有のバイアスがかかっていることを否定できないけれど、それもひとつの見方であるからだ。

パリ20区にある中学校の教室。始業ベルが鳴ってもおしゃべりは止まらず、注意すれば揚げ足をとる〝問題あり〟の生徒たちに囲まれて、国語教師のフランソワの新学期は始まった。移民が多く、母国語も出身地も異なる24人の生徒たちに、フランソワは正しく美しいフランスを教えようとしていた。しかし、スラングに慣れた生徒たちは反抗的な態度で教科書の朗読さえ拒否する始末。言葉の力を教えたいフランソワは、生徒たちとの何気ない対話の一つ一つが授業と考え、どの生徒にも真正面から向き合うあまり、彼らの未熟さに苛立ち、悩み、葛藤する…。

それにしても前回映画と小説におけるマリクの名前の反復を見たが、ここでも同様にフランソワが繰り返され、後述する『灰色の血』の著者もフランソワである。これらは生徒にしても教師にしても、誰もが遭遇してしまう問題を象徴しているのだろうか。本書65のヴォートランの『グルーム』の主人公は郊外の中学の美術教師だったし、その授業も描かれていた。また同64などで堀江敏幸の『郊外へ』に紹介されていたフランソワ・ボンの『灰色の血』という郊外の高校での文章教室のテーマとする作品の事も既述しているので、郊外をめぐる学校と授業の問題にはいささかの注視を与えてきた。

しかし『パリ20区、僕たちのクラス』＝『教室へ』においては、とりわけ前者は映画であるゆえに視覚的にも生々しく迫ってくる。したがってここでは主として映画に沿って論じ、それに小説を参照するようなかたちで進めてみよう。なお映画と小説の登場人物、ストーリーはほぼ同じであるが、区や学年の設定、事件当事者などに多少の異同が認められることを付記しておく。

『パリ20区、僕たちのクラス』は二時間を超える全編がすべて学校内のドラマとして展開され、外部の風景が挿入されることもない。それは中学校、教師、生徒たちのありのままの日常を提出し、そこで起きる現実こそがこの映画のテーマに他ならないということを告げているのだろう。厳密に計ったわけではないけれど、映画の時間は半分以上が授業風景で占められ、それ以外は職員会議、父兄や生徒を伴う成績認定兼懲罰会議、父兄との面接などで構成されている。昼休みや放課後の校庭でのサッカーシーンもあるにしても、それらはわずかな時間しかない。そうした配分から考えると、この映画は教室の授業における教師と生徒の関係を描くことに向けられていると見なせよう。それに対して、職員会議、成績認定兼懲罰会議、父兄との面接は、学校と社会の関係を表出させ、映画に占める時間と逆の社会、学校、教師、生徒というヒエラルキーの存在を露呈する。

だが当然のことながら、教師たちの世界も各人の社会とヒエラルキーがあり、校長や指導主事もいる。新学期の自己紹介と会話において、それらが否応なくもれてしまう。歴史地理の教師の前任校はパリ郊外だったので、ようやく市内に入れたと喜びをもらす。これらの微妙なニュアンスに関して、映画では伝わらないところもあるので、小説のほうを確かめてみると、新たに赴任してきた教師が半分を占め、この「壁のこっち側」の中学校が「楽なコレージュ」ではなく、映画で語られる「根性」の必要性と照応しているとわかる。著者と同名の主人公のフランソワは国語教師で、4年3組の担任である。

教師に対する生徒たちは一クラス24人で、14人から15人、すべての生徒たちの出自はわからないのだが、白人のフランス人は半分以下で、マグレブ、アフリカ、カリブ、中国系の移民の息子や娘たちからなっている。つまりフランス語を母国語としていない生徒たちが半数以上を占め、教師フランソワと生徒たちが織りなす国語授業は、言葉をめぐる闘争ならぬ紛争のような場と化していく。

例文の主語がどうして白人のフランス人の名前でなければならないのか。直説法半過去と接続法半過去の使い分けは必要なのか。先生はゲイなのか。教師の側からはそうした生徒たちに対し、クズでサイテー、不真面目で騒ぐしかない連中、発情した動物のように走り回り、何ひとつ覚えていない連中と動物のメタファーで悪罵が飛ぶ。

しかし国語の授業が進み、『アンネの日記』(皆藤幸蔵訳、文春文庫)を読むことをめぐって、フランソワと生徒たちは対立する。フランソワはそれを読ませることで、生徒たちの自己紹介文へと役立たせたいのだが、生徒たちはアンネとちがって人生が面白くなく語ることもないし、学校にきて食べて帰るだけなのだという。ここで露出しているのは、フランス語を読むことと書くことをめぐる教師と移民系の生徒たちとの対立である。その延長線上に「ペタス」という娼婦をさす言葉の使用をめぐる紛争も出来してくる。そしてさらに物語は個々の生徒たちにまつわる事件や懲罰、親子関係へと展開され、一人の生徒の母国への送還に及ぶかもしれない退学問題へともリンクしていく。

だがここでフィルムを止め、唐突ながらピエール・ブルデューの『ディスタンクシオン』（石井洋二郎訳、藤原書店）へと問題を転回させたい。ブルデューはカントをもじった「社会的判断力批判」というサブタイトルを有する『ディスタンクシオン』において、フランスの社会を庶民階級、中間階級、上流階級（支配階級）に分類し、それぞれの階級が日常生活も含む広義の文化の中で独自のハビトゥス＝規範と慣習行動を有し、それが各階級のディスタンクシオン＝区別と卓越化を決定し、多様な場が形成され、階級間外での象徴的闘争が繰り拡げられている実態を描き出した。

『ディスタンクシオン』は一九七九年に刊行されているので、『パリ20区、僕たちのクラス』よりも三十年前の社会学研究書といえるが、次のような中等教育システムに関する指摘は、庶民、中間階級に対してはともかく、移民階級についてはまったく変わっていないように思える。

> 現在の状態においては、庶民階級・中間階級の大量の子供たちを排除するということはもはや第六級進学時［コレージュ入学時］にはおこなわれていないが、しかしながら少しずつ目に見えないかたちで、中等学校の最初の何年かを通じてずっと、そんなことはしていないと否認されてはいながらも、いくつかの排除形式としての勉強の遅れ（あるいは遅らせること）であり、次に、二流ルートへの追放――これはその生徒に印をつけ、烙印を押すという効果をもっており、ある学歴上の、あるいは社会的な宿命というものを本人にあらかじめ否応なく認識させるものだ――であり、最後に、価値下落してしまった肩書の授与である。

『ディスタンクシオン』が現在の著作であるならば、そこに庶民、中間、上流階級に続く第四階級としての移民が加えられるかもしれない。

もう少しブルデューの用語を借りて進めてみよう。映画の中でフランソワと生徒たちが展開する国語の授業は、移民の生徒たちが学校教育を通じて、様々な知識である身体化された文化資本を得ることとができるかどうかというアポリアを問うているように思える。しかも『ディスタンクシオン』の訳者の石井洋二郎が、ブルデューの階級による職業分類を原語とともに一覧表として示しているが、それによれば、フランソワは上流階級（支配階級）に属する中等教育教授＝リセ、コレージュの教師ということになる。つまり映画に映し出されている国語授業は上流階級（支配階級）と移民（第四階級）との象徴闘争と見なすことができる。

おそらくブルデューが『ディスタンクシオン』を書いた時代よりも、移民や難民を伴ったフランス学校制度の中での混住社会の問題は多くのアポリアを抱えながら進行していったと思われる。そしてそれを直視しながら、フランソワ・ベゴドーは『教室へ』を書き、『パリ20区、僕たちのクラス』の主演を引き受けたのではないだろうか。

『教室へ』の原書は未見であるが、訳者の秋山によれば、裏カバーには次のようなフランソワの言葉が記されているという。「何も言わず、解説に飛躍せず、知と無知の交わる地点、ぎりぎりの地点にとどまること、それがいかなるものなのか、いかなる経過をたどり、いかなる働きをするのかを示すこと。言葉を事実で、概念を行為でばらばらにすること。労苦に満ちた日常をありのままに提示することと」と。そして唐突なシーンではあるのだが、『パリ20区、僕たちのクラス』の最後は教師も生徒も不在な午後の教室の中の机と椅子が音もなく映され、それで終わっている。その最後のシーンは小津安二郎の映画を彷彿とさせ、知られざるパリの風景を伝えようとしているかのようだ。

71 日本における最初の田園都市案内

――内務省地方局有志『田園都市と日本人』

〔博文館一九〇七年、講談社一九八〇年〕

ずっと続けて、フランスの郊外を歩いてきたので、ここで日本へと戻りたい。原書が出されてから六十有余年を経た一九六八年のハワードの『明日の田園都市』の初めての邦訳出版は、ほとんど知られていなかった一九〇七年に刊行された一冊の本の存在を知らしめ、日本もまたタイムラグなくハワードの田園都市計画に注目していた事実を明らかにしてくれた。

それは長素連の「訳者あとがき」によるもので、明治四十年に内務省地方局有志編纂の『田園都市』（博文館）という菊判三八〇ページの本が出され、同四十五年までに七版を重ねていること、そこに「田園都市」の他にも「花園農村」「新都市」「新農村」などの言葉が使われ、ベラミーやハワードも出てくることなどが指摘されていた。また長素は「ガーデン・シティ」がいつから日本で「田園都市」と訳されるようになったのかは詳らかでないとも述べているが、内務省編纂という明示による官製用語と考えられるので、やはり『田園都市』の刊行を機としているのではないだろうか。

この『田園都市』はハワードの『明日の田園都市』の翻訳刊行、及びロングセラー化とリンクし、一九八〇年に『田園都市と日本人』というタイトルで、講談社学術文庫に復刻収録されるに至った。しかし八〇年代に、田園都市とはまったく異なる郊外消費社会が隆盛を迎えつつあった事実からすれば、この復刻も偶然のようには思われない。本もまたそれぞれの時代の産物、もしくは表象でもあるからだ。

「幻の内務省文書」である『田園都市と日本人』の刊行に際しての香山健一の序文「田園都市国家への道」において、執筆編纂は内務省地方局府県課長井上友一博士、嘱託の生江孝之を中心とする地方局スタッフによると述べられている。そして井上、生江の著書として『自治要義』や『欧米視察・細民と救済』が挙げられ、前書には「田園都市の理想」が紹介され、後書にはレッチウォース（レッチワース）を実地踏査した「田園都市の経営」と題する一章があり、生江がハワードと面識があったとの証言も記されている。

だが『田園都市と日本人』がハワードの『明日の田園都市』の単なる紹介と見なすのは間違いで、日本的にアレンジされた田園都市論と考えるべきだろう。ハワードの著作に続いて、一九〇五年にはA.R.Sennett, Garden Cities in Theory and Practice (Bemrose and son LTD) なども刊行されているので、それらをトータルにふまえた田園都市計画と運動、その展開までも俯瞰した、日本における先駆的な一冊に位置づけられよう。その後セネットの原書を入手したことにより、渡辺俊一『「都市計画」の誕生』（柏書房）における、ハワードではなく、セネット本が種本であるとの指摘をあらためて確認した次第だ。それは「序論」の書き出しにも表われているので、冒頭の一文を引用してみる。

近ごろ欧米の諸国にありては、都市改良の問題、農村興新の問題等の年をおうてますますその驚きを加うるあり、都市と農村とにつき、おのおのその長を探りてその短をおぎない、さらに加うるに最新の設備をもってして、自然の美と人口の精とを調和し、健全醇美の楽郷を遣らんとして、ことにその意を用いざるなし。いわゆる「田園都市」、「花園農村」といい、もしくは「新都市」「新農村」というのは、すなわちこれが理想を代表するものたり。

その名は相異なれりといえども、これが最終の帰趣とするところや、実に同胞のたがい一致戮力して、ひとしく誠実勤労の美徳を積み、共同推譲の美風を成して、隣保相互の福利を進め、市邑全般の繁栄をいちじるしくして、ひろく人を済い世を益せんとするにあり。これ田園都市、花園の首唱者が、つとに世に声明したるところにして、わが邦にもまた著々としてこれが遂行の緒につきつつあるは、まことに邦家民人の至慶たらずんばあらず。

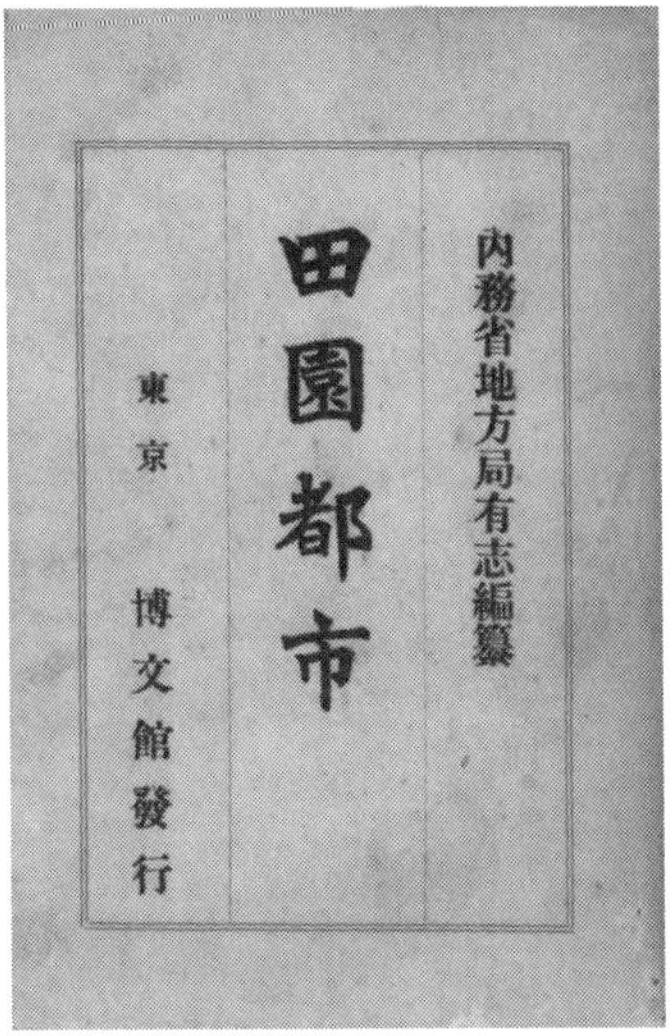

この書き出しを読んだだけでも、Garden City が「田園都市」、「花園農村」、New Town が「新都市」「新農村」として日本にも紹介され、それらの試みが「遂行の緒につきつつある」ことがわかる。

イギリスにおけるハワードの『明日の田園都市』の元版『明日』の刊行が一八九八年で、翌年には田園都市協会が設立され、一九〇三年には最初の田園都市レッチウォースの土地が買収され、田園都市計画が本格的に展開され始めていた。また〇五年には先述のセネットの『田園都市の理論と実際』も刊行の運びとなっている。それらの動向とパラレルにこの『田園都市と日本人』は出版されたことになる。これは日本だけでなく、欧米にあっても共時的にして共通する都市計画と農村開発をめぐる重要なテーマとなっていたと考えられる。そのことを示すかのように、『田園都市と日本人』の中でも、欧米の都市の工場とスラム化による病弊が語られ、現代の言葉でいえば、そのオルタナテイブとしての田園都市が「文明国に付帯して当然起こりきたるべき各種の諸病症を治療するにもっとも的確な新医術なり」というように姿を現わし、イギリスのみならず、ドイツやイタリアでの成功もレポートされている。

このように田園都市の「理想」が語られ、次にその「範例」としてハワードの『明日の田園都市』収録の設計図が転載され、レッチウォースが紹介されていく。だが『田園都市と日本人』の用意周到な知見の一端をうかがわせるものとして、ハワード以前のイギリスの実業家たちによる「新農村」の試みの紹介もなされている。これはロバート・フィッシュマンが、サブタイトル「郊外住宅地の盛衰」を付した『ブルジョワ・ユートピア』(小池和子訳、勁草書房)の中で、十八世紀後半にロンドンのブルジョワエリートの集団がウィークエンドヴィラを農村に求めたことに郊外住宅地の起源を見出しているが、それらも視野に入れている事実を物語るものだ。フィッシュマンはこれを「クラシック郊外」と呼び、十九世紀末にアメリカへと伝播したと書いている。ところが『田園都市と日本人』もまたアメリカのハワード以前に創設されたと思われるプルマン田園都市の写真を示し、まだそうよばれてなかったにしても、田園都市計画が産業革命の進行する過程で、各国において立ち上げられていたことをも伝えている。

そしてさらに具体的に田園都市と生活の問題が語られていく。田園生活における趣味と楽しみ方、農園や花卉栽培、工業生活と農業生活の調和、家庭や住居の改善、家屋建築組合とその設立、家屋制度の確立、衛生状態の向上、節酒問題、娯楽の多様性、協同精神の形成、協同組合の活用、民間教育の必要性と図書館、救貧防貧事業などが細部にわたってまで言及され、田園都市計画が具体的なディテールを伴ったユートピアプランのように検討されてもいる。だが現在に至ってこれらの問題が解決されたのかを考えると、百年後の今も多くがそのまま問題であり続けていることに気づく。それどころか、格差社会の露出、及び生活保護者が二百万を超えるという現在こそ、さらに「救貧防貧」のための事業に取り組まなければならないのだ。逆に百年経って、ユートピアがはるかに遠去かっていくような思いに駆られてしまう。

『田園都市と日本人』はこれらの田園都市と生活の問題を取り上げた後で、「わが邦田園生活の精神」が論じられているのだが、それに至って次のような感慨がもらされている。

「田園都市」「花園農村」の名は、絶えてわが邦に聞かざりしところなり。されどその実体につきてこれを言わば、なんぞかならずしもひとつの「田園都市」なしといわんや、あにまた一種の「花園農村」なるものなしとせんや。

これを当年平安の旧帝都に見ずや、山紫水明もっとも天然の風光に富み、（……）禁裏を中心にして、東西に開き南北に通いる街衢の井然たるは、泰西の識者が近ごろ理想の都市（……）にあらずしてなんぞや。

そして京都が「自然の風趣を帯びて、おのずからなる田園都市」として称揚され、さらに首都東京ですらも「天然の風物を配してその趣」があり、その他の多くの地方の都市も、「おのずから田園の趣味」を帯びている。これらの事実を裏づけるために、先に挙げた田園都市の問題が日本全国各地の田園生活の実情と照らし合わされていく。それゆえに京都こそは古今を隔て出現した「田園都市」、遠近至るところの農村は天然の美を集めた「花園農村」にほかならず、「さればわが邦の都市農村は、その形より言えば、つとに泰西人士の唱導する田園都市、花園農村に比してむしろ優れることとありとも、決して劣るところなきをみるべし」という結論へともちこまれていく。

ただこれをあまりに日本的な「田園都市」ナショナリズムと見なすだけで終わりにしてはならないだろう。一九〇〇年当時の各国の産業構造を佐貫利雄『成長する都市 衰退する都市』（時事通信社）によって見てみると、第一次産業就業者比率は日本が70％、イギリスは10％、アメリカは37％。第二次産業は日本が18％、イギリスは48％、アメリカは30％となっている。つまりイギリスやアメリカに比べ、日本はまだ農耕社会に他ならず、工業社会に至っていなかったと考えることができる。いってみれば、『田園都市と日本人』の最後の「わが邦田園生活の精神」で説かれているように、日本社会そのものが「田園都市」と「花園農村」の趣の中にあったことになる。それゆえに日本における田園都市計画の展開は理念と同様に、異なった道筋をたどることになったように思われる。

72　田園都市への批判と黙殺
――柳田国男『都市と農村』（朝日新聞社、一九二九年）

前回記しておいたように、内務省地方局有志編纂『田園都市』が刊行されたのは一九〇七年のことだった。その当時、柳田国男は農商務省の若手官僚として全国農事会幹事を務め、『柳田国男農政論集』（藤井隆至編、法政大学出版局）や『時代ト農政』（『柳田国男全集』29、ちくま文庫）などに収録される講演や講義を行なっていた。

これも一九〇九年に刊行された田山花袋の『妻』（今古堂）の中で、柳田をモデルとする大学生の西が歌に訣れを告げ、農政学に打ちこむと語っていたように、柳田は農政学に専念するつもりだったし、一〇年には『遠野物語』の出版に至っていたけれど、同じ版元の聚精堂から『時代ト農政』を上梓していた。そのような柳田の農政学に対する傾倒、及び内務省と農商務省といった省の違いはあったにしても、同じ官僚というポジションから考え、柳田が『田園都市』を読んでいなかったとは思われない。それどころか、献本されていた可能性が高い。だが『時代ト農政』などでもふれておらず、『定本柳田国男集』にも見出せないし、それはハワードの『明日の田園都市』についても同様である。

柳田が田園都市に言及するのは『田園都市』が出版された二十余年後であり、それは一九二九年に朝日新聞社から出された『都市と農村』（『同全集』29）においてだった。これは私見によれば、三一年に同じく朝日新聞社刊行の『明治大正史世相篇』（講談社学術文庫）と対で読まれるべきだと思われる。

柳田国男研究会編著『柳田国男伝』（三一書房）において、『時代ト農政』刊行時の柳田の立場は官僚にもかかわらず、現実的な農民の生活と経済の側にあり、中央集権的にして画一的な農政や地方改良、町村是正運動に対する批判者だったとされ、そこには「地方改良の本尊」としての井上友一の名前も挙げられている。前回既述したように、井上は『田園都市』の編纂者の一人に他ならない。ここでは柳田の官僚としての農政への異端的主張にはふれないが、内務省の井上が編んだ『田園都市』は当然のことながら柳田が認める地方改良運動ではなかったのである。そのような視点で『時代ト農政』を読んでみると、序文に当たる「開白」のところに「地方到る処にそれぞれ特殊なる経済上の条件があって流行や模倣では田舎の行政はできぬ」という言葉が見つかる。これこそ柳田からすれば、「流行や模倣」でしかない『田園都市』への批判であり、それゆえに柳田は意図して黙殺し、それが二十年余に及んだと考えていい。もう少し深読みすれば、『都市と農村』というタイトルは『田園都市』のキャッチコピー「田園都市」「花園農村」から「田園」と「花園」を外し、柳田が日本の現実の『都市と農村』の姿を提出したと見なすこともできる。

　それは第一章「都市成長と農民」の「一　日本と外国の差」の書き出しにも表われている。

　書物で学問をしようとする者は、よっぽど用心せぬとたちまち概念の虜になってしまう。ことに我々常民の先祖はずいぶんよく苦しみ、また痛切なるいろいろの実験をしたが自身ではそれを書き残しておいてくれなかった。今ある彼等の生活の記録は、たいていは外から観ていた人の推察に基いている。それが果して地方地方の真状と一致するや否や。それによって議論の価値に大いなる相違があるわけである。（……）都市と農村の将来の関係がいかにあるべきかは、大切な実際問題である。弘く個人の立場を見極めた上でないと、国の政策を決定することもできないだから新しい意見の当否を決する前に、まず事実を精確にする必要があるのである。

　続けて柳田は漢語の都市に当たる支那の商業地区や西洋の町場が高い障壁を有して郊外と遮断し、農村と対立する要素を含んでいたことに対し、「日本の都市」は異なり、外国の例を引くことには警戒が必要だと述べている。そして近世の江戸や大阪にしても、市民の多数は農村の出身で、都市も「農村の事業の一つ」として造型されたことなどを指摘している。

　このような日本の都市と農村の関係を前提にして、柳田は第二章「農村衰微の実相」、第三章「文化の中央集権」へと論を進め、第四章「町風田舎風」へと至り、「町風の農村観察」が取り上げられる。それはふたつあり、ひとつは農村の生活の安らかさと清い楽しさに向けての讃歌、もうひとつはその辛苦、窮乏、寂寞無聊への思いやりで、まったく異なる考え方が共存している。柳田はこのアンビバレンツな感情を、農村を故郷とする都市の人々が抱く「帰去来情緒」と名づけ、近代都市の村から出てきた新米住民の自然と生存の資源から切り離された心細さに端を発したものだと見なす。そうしてようやくここに「田園都市と郊外生活」が言及されるのである。

> いわゆる田園都市の運動は、この意味において確かに新しい興味があった。(……)そこで優しい理想を有った人たちが発起して、新たに空閑の野について、広々とした小都市を建設してみようとしたのである。個々の住民がおのおの平家を給せられ、その周囲に少しずつの庭園を持つことができれば、もちろんその理想は遂げられたのであるが、それは資本の問題でありまた職業の問題であって、旧国においてはそのような機会ははなはだ得にくかった。土地が十分に廉価でなければ、住民の経費が支えられず、そういう地方に突如として出現する一都市を、維持するだけの事業は見つからない。結局は慈善の寄付金、もしくは多分の公費を割いて、わずかに希望者の片端を満足させるのみで、その他は依然として野外の散歩くらいをもって、我慢をするの他はないのであった。

柳田は「旧国においてはそのような機会ははなはだ得にくかった」と断っているが、それは大正時代における武者小路実篤の新しき村のような試みもふまえた上で、日本の現在において田園都市計画は資本と職業、都市と住宅の問題から考えても不可能と述べているように思われる。

それを裏づけるかのように、柳田は西洋で田園都市が始まったのは「今から三四十年前の事らしい」が、日本もその頃から都市が成長し、農産物の自給と絶縁するに至ったこと、それに「帰去来情緒」と人口増加が加わり、「いわゆる郊外の発展が日本の都市の、新たなる一つの特徴となったこと」を挙げ、それは田園都市を形成するものではなかったとも述べている。

そしてまた農村のほうからすれば、「今の郊外の自称田園都市」は理想でも希望でもない。外部から入ってくる資本と知能、新しい文化と常識は農村における生活技術と対立するものであり、都市と農村の生活様式は調和を拒んでいる。それゆえに田園都市なるものも「全体において十分ある異国意匠の踏襲にもあらず、また長期の実験に基いた綜合でもなくして、単なる少数者の思い付きを、流行として早く世に布かんとするもの」のひとつと見なされることになる。

　これらの『都市と農村』の中に見られる柳田の視点や文言は、先の『柳田国男伝』などにおいて、小作人や小作争議問題に表出しているマルクス主義者の見解に対する批判と目されてきた。だがこのように、それを田園都市批判に当てはめることもできるのではないだろうか。

　それでは柳田の歴史的視点と現在的分析からの主張を一言に集約してしまえば、次のようになろう。日本の都市と農村の関係は、外国の例に見られる単純な都鄙問題ではない。それゆえに都市から見た農村のイメージの確立ではなく、何よりも都市の成長に見合った農村と農業の自立が目ざされるべきである。その具体的提案が『時代ト農政』や『都市と農村』の同巻に「中農養成策」（『柳田国男全集』29）として収録されている。

　そのコアは次の一言に尽きるだろう。「日本事業の農業に対する予が理想は今少し大胆なるものなり。予はわが国農戸の全部をして少くも二町歩以上の田畑を持たしめたしと考う」。「予が理想」といっているように、当時の農戸の平均田畑は一町歩強であるので、その倍ということになる。それは開墾と土地の分合交換、及び分割自由の制限、模範農場の創設、小農の他産業への転進のための地方工業の奨励、産業組合制の活用などによって推進される。これが明治三十七年、すなわち日露戦争と同年の一九〇四年に発表された柳田の「中農養成策」に他ならず、戦後の一九六一年に制定された農業基本法の原型ともいうべきものだった。『時代ト農政』の刊行に先駆けて、このような農村と農業の自立を唱える柳田にとって、それこそ外国の「流行や模倣」に他ならない田園都市計画は認められるものではなく、『田園都市』を黙殺した理由がここに了解されるのである。それゆえに柳田の農政学そのものが理念的に田園都市計画と抵触してもいたが、戦後の農業基本法は結果的に郊外の開発の露払いともいうべき役割を果たし、混住社会を出現させ、さらには郊外消費社会を造型し、さらなる超郊外における巨大なショッピングセンターにまで及んでいったことになる。

　そのように考えてみると、柳田が『時代ト農政』の「開白」の末尾に書き記した一句は、ベラミーの『顧みれば』というタイトルを彷彿とさせ、また意味深き警句のようにも思えてくる。今回はそれを引いて閉じることにしよう。

> もゝとせの後の人こそゆかしけれ今の此の世を何と見るらん

——

73　田園都市の受容
――柳田国男『明治大正史世相篇』（朝日新聞社、一九三一年）と山口廣編『郊外住宅地の系譜』（鹿島出版会、一九八七年）

柳田国男は前回の『都市と農村』に続いて、一九三一年に『明治大正史世相篇』を刊行している。これは朝日新聞社編『明治大正史』全六巻のうちの第四巻として出されたもので、まさに明治大正の「世相」、柳田の「自序」の言葉によれば、「毎日われわれの眼前に出ては消える事実」によって書いた歴史ということになる。しかもこのシリーズの中で、柳田の『明治大正史世相篇』だけが読み継がれ、長きにわたって文庫化され、民俗学のみならず、文学や社会学にも多大な影響を及ぼしてきたと思われる。そうした実例を挙げてみると、吉本隆明もいっているように、柄谷行人の『日本近代文学の起源』（講談社学芸文庫）も確実に柳田の著作を起源としている。

しかし文庫以外の『定本柳田国男集』や『柳田国男全集』も同様だが、『明治大正史世相篇』は再刊にあたって、朝日新聞社のA５判初版に収録の一枚の口絵写真が削除されている。それは「第二の故郷」というキャプションが付された田園都市の俯瞰写真である。といって『明治大正史世相篇』に田園都市に関するまとまった言及も見られないし、郊外についてのわずか二ヵ所でふれているにすぎない。またこのような口絵写真が『明治大正史』シリーズのアイテムかというと、そうではなく、それがなかったり、錦絵なども使われたりしているので、『明治大正史世相篇』の田園都市の写真は、柳田の何らかの要請と意図によるものだと考えていい。平凡社の東洋文庫版『明治大正史世相篇』には写真が付されているものの、復刻ゆえに写真が縮小され、鮮明でなく、またキャプションもないので、何の写真かよくわからない。

これには柳田が日本版田園都市計画に基づいて開発された成城学園住宅地において、同書の構想が生まれ、執筆が進められたことも関係しているのではないだろうか。

柳田の住居史をたどってみると、一九〇一年に彼は柳田家に養子入籍と同時に、青山美竹町の下宿から牛込加賀町の同家に移り住んだ。二三年に国際連盟委任統治委員会委任として赴いたジュネーブで、関東大震災の報を受けて帰国し、二七年に北多摩郡砧村（現在の世田谷区成城町）に書斎兼住居を建て、牛込加賀町から転居している。新たな住まいとして砧村が選ばれたのは、長男の通う成城学園がここに広大な新校地を購入し、周辺の土地を生徒の親に分譲することになり、それに応じたゆえとされる。

　柳田国男研究会編著『柳田国男伝』（三一書房）によれば、その分譲一画は四百坪、坪当たり十四円で、柳田家に

とっても決断を要する大きな買物だったという。しかし養父の援助を受けたとはいえ、柳田にとっては初めての自らの手になる新居、しかも書斎と図書館を兼ねたものであったから、感慨無量の思いにかられたにちがいない。それゆえに内務省有志による博文館の『田園都市』を通じてのプロパガンダには賛同していなかったものの、思いがけず柳田自身がそこに住み着くことになり、また関東大震災もあり、従来の考えを修正し、砧村の自然の中での老いの自覚も加わり、「第二の故郷」とまで見なすようになったのではないだろうか。そのように考えてみると、『明治大正史世相篇』の口絵写真は柳田の意志によるもので、それはその後もつつがなく開発が進み、田園都市の模範、もしくは世相のひとつにもなった成城学園町の写真のようにも思われる。
　山口廣編『郊外住宅地の系譜』はサブタイトルとして、「東京の田園ユートピア」が付されているように、東京の郊外住宅地の歴史をたどっている。郊外の開発が盛んになったのはやはり関東大震災以後で、同潤会の郊外各地での分譲住宅も、渋沢栄一の田園都市株式会社による田園調布、堤康次郎の大泉・国立学園都市や目白文化村、根津嘉一郎の常盤台住宅地、住宅組合による城南文化村などに加え、そこには小原国芳の成城・玉川学園都市も挙げられている。

そして小原の学園都市計画は「広びろとした郊外に、学校を建てるだけでなく、学生生徒も教師研究者も父兄も、そして思想的共鳴者もつどい住む教育的理想郷を造ろうとした」とされる。

これらの動向は第一部と称すべき山口廣の「東京の郊外住宅地」に記され、第二部に当たる、それぞれの研究者による「郊外住宅地の系譜」において、「郊外住宅地年表」と「地図」がまず提示されている。それからケーススタディとして、各郊外住宅地への言及があり、都市研究者酒井憲一による「成城・玉川学園住宅」にも一章が割かれているので、柳田が移り住み、砧村から成城町と地名も変わった成城学園住宅地を見てみよう。実は『小原国芳自伝』(玉川大学出版部)なども読んでも、教育と成城学園のことはともかく、郊外住宅地開発と土地分譲に関してはほとんど語られていないのだが、酒井の論考は具体的な記述、さらに様々な資料や地図や写真を収録し、コンパクトな成城史ともなっている。その写真の中には八〇年代を迎えても現存している柳田の家も含まれている。

だがそれにふれる前に、小原の簡略なプロフィルを提出しておくべきだろう。小原は一八九一年鹿児島県に生まれ、苦学して鹿児島師範、広島高等師範、京都帝大に進み、一九一八年広島高師付属小学校理事となり、ここで学校経営について実地体験する。その一年後、文部次官や京都帝大総長などを歴任し、成城小学校を創設した沢柳政太郎の要請で、成城小学校主事に就任し、また成城小学校を創設した調和的全人教育を唱えるようになり、関東大震災を契機として、一九二五年に成城学園の郊外移転を決行するに至る。なおその成功をベースにして、玉川学園と住宅地開発に取り組むことになる。

これは前述したし、酒井も述べていることだが、小原自身よる学園住宅地開発や分譲、学園町建設に関する証言はきわめて少ないし、断片的なものにとどまっている。それゆえにラフスケッチではあるけれど、それらの断片をつなげ、ささやかな見取図を作成してみるしかない。小原によれば、それはコロンビア大学に先例が求められ、同大学は市内の土地を売り、それで遠方の郊外に大学を移転させ、学校経営上に大きな寄与をもたらしたことに発想のベースを置いている。そして郊外の広いキャンパスで理想の一貫教育を展開するという小原の主旨が重なり、東京府下で三万坪以上まとまっている土地が調査され、間もなく工事が始まる小田急沿線へと焦点が当てられた。学校用地から始められた土地買収が次第に進んでいき、最終的には三七万坪に及んだのである。

酒井は昭和三(一九二八)年の「成城学園分譲地広告」

を掲載している。それは「小田原急行電車沿線の学園都市／理想的郊外住宅地分譲及び貸地」と銘打たれ、「成城学園後援会地所部」の名前で出されている。広告内容は位置、交通、環境、設備、教育、価格、貸地といった項目に及ぶのだが、そのうちの「学園都市」にして「理想的郊外住宅地」としての環境、設備、教育について抽出してみる。

一、環境、本分譲地一体《ママ》は喜多見台と称する高台で、地勢は高燥広潤、東南は緑野遠く開らけ、西方は相武の連山を隔てゝ富士の霊峰と相対し、玉川の清流にも程近き実に形勝の地であります。

一、設備、住宅地としての設備は理想的に施されて居ります。

区画整理は東京府都市計画課と復興局の指示の下に完全に施行せられ、コンクリート下水は道路に沿ふて敷設せられ居ります。

其他病院や郵便局や巡査派出所も設けられて居り、私設水道の設備もあります。

一、教育、教育機関として成城学園は小学校より高等学校迄《ママ》連絡する七年制の高等学校、外に高等女学校や幼稚園も現に授業して居ります。

ちなみに価格だが、先に柳田が坪十四円で取得したことを記しておいたが、ここでは坪二十円以上とあるので、わずか数年でかなり値上がりしていることがわかる。もちろん坪数やロケーションも関係しているにしても、その事実は「学園都市」兼「理想的郊外住宅地」の人気を物語っていると見て間違いないだろう。そのことを示すように、「同広告」の末尾にはつぎのような文言も見えている。

小田原急行電車開通以来其沿線は驚くべき発展をなしつゝあるが、殊に成城学園を中心とせる学園都市住宅地は沿線中第一の優秀地と称せられ、其の急激なる発展は実に驚異とせられて居ります。

（……）元来この学園都市建設の目的は、沢柳先生晩年の事業たりし成城学園建設の基金を得るが為めに企てたるものにして、其成績偉大なるは幾多の土地分譲経営者をして驚嘆せしめたる処であります。（……）

このような成城学園都市と郊外住宅地の開発の成功は教育者ではなく、土地や学園デベロッパーとしての小原を高揚させたにちがいない。彼は昭和四（一九二九）年に南多摩郡町田町に玉川学園を開設し、三〇万坪を買収し、「玉川学園の建設費を得る為に教師が経営する田園都市」「夢の如く美しい文化芸術都市の建設」「高原の学園都市」というキャッチフレーズで分譲を始めたのである。こちらは成城と異なり、天理教との関係、金融スポンサーとしての講談社の野間清治の存在、満州でのセールス、建設会社とのタイアップなどが語られているが、これはまた別の物語でもあるので、これ以上の言及はよそう。

小原が手がけた文化と学園をドッキングさせた成城にしても玉川にしても、やはり同時代の堤康次郎の箱根土地による大泉、小平、国立のそれぞれの学園都市のコンセプトに刺激を受け、あるいは競合して生み出されていったと考えられる。しかしそれらが戦後の郊外と位相を異にし、おそらくハワードの『明日の田園都市』や内務省地方局有志の『田園都市』の流れを継承し、そのコアとして文化をすえた「東京の田園ユートピア」を建設する試みであったことは特筆すべきであろう。それがR・フィッシュマンがいうところの『ブルジョワ・ユートピア』であったとしても。

またそれゆえにこそ柳田国男のような人たちにとっても「第二の故郷」のように思われたのであり、そこでの草や鳥の観察を『野草雑記・野鳥雑記』(甲鳥書林、岩波文庫)として刊行することになる。それは砧村に移り住み、十三年余を経た一九四〇年のことであった。

74 京阪神の田園都市計画
――小林一三『逸翁自叙伝』〔産業経済新聞社、一九五三年〕と片木篤・藤谷陽悦・角野幸博編『近代日本の郊外住宅地』〔鹿島出版会、二〇〇〇年〕

前回の山口廣編『郊外住宅地の系譜』(一九八七年)がサブタイトル「東京の田園ユートピア」に示されているように、東京の郊外住宅地を対象とするものだったことに対し、同じく鹿島出版会から出された片木篤・藤谷陽悦・角野幸博編『近代日本の郊外住宅地』は東京を含んでいるけれども、明治から戦前にかけての全国各地の郊外住宅地の実態と歴史を集成する一冊となっている。

それらは二十六人の建築史研究者によるもので、北海道、関東、中部、京阪神、中国/四国、九州、さらには台湾、ソウル、大連などの植民地にまで及んでいるが、当然のことながらすべてをフォローするわけにはいかない。それゆえにここでは京阪神に関する吉田高子「池田室町/池田――小林一三の住宅地経営と模範的郊外生活」を取り上げたい。その理由として、前回小原国芳の成城学園プロジェクトが、同時代における堤康次郎の大泉・小平・国立学園都市開発などを参照、競合しているのではないかと既述しておいたが、それらよりも大阪での小林一三の鉄道と住宅地開発が先行しているからだ。

　そればかりか、西武や東急による鉄道、住宅開発、遊園地の設置、ターミナルにおける百貨店の開設などは、小林の事業手法を踏襲、模倣しているといっても過言ではない。それに小林が堤や五島慶太と異なっているのは、小林が明治末の不況期に鉄道会社を興したために、先んじて住宅開発に取り組まなければならなかったことだ。そこに小林の先人としての独創性を見出すことができる。

　まず吉田の論考においてもメイン資料として使われている小林一三の、自らの号を付した『逸翁自叙伝』をたどってみる。私の所持するのは一九八〇年の阪急電鉄版である。一九〇七年に小林は三井銀行を退職し、阪鶴鉄道（現在のJR福知山線）の監査役となる。当時関西の私鉄が相次いで創業されていく中で、大阪梅田から箕面、池田、宝塚、西宮に至る箕面有馬電気軌道（現在の阪急電鉄）の設立計画が進められていた。それは阪鶴鉄道が国鉄に買収されるに当たって、重役たちが代わりに箕有電鉄の創立を意図したものだった。阪鶴鉄道の大株主が三井物産だったことから、小林が入社し、箕有電鉄創立の追加発起人となり、専務取締役に就任したのである。

　ところがそこに至るまでは様々な経緯と事情があった。箕有電鉄は他の計画線と異なり、有馬温泉や箕面公園があるだけの貧弱な沿線ゆえに成功する見込みがないと目され、株式五万株余の引受人が現われず、会社設立が困難になっていた。といってすでに二万円を超える創立費を使ってしまっていることもあり、解散するしかない状況に追いやられていた。そこで小林は大阪から池田までの計画路線敷地を歩き、会社の設立難と信用の無さを逆に利用した「沿道に於ける住宅経営新案」を提出する。それは次のようなものだった。

「（……）それを幸ひに沿線で住宅地として最も適正な土地――沿線には住宅地として理想的なところが沢山あります――仮に一坪一円で買ふ、五十万坪買ふとすれば開業後一坪に就いて二円五十銭利益があるとして、毎半期五万坪売って十二万五千円まうかる。五万坪が果して売れるかどうか、これは勿論判らないけれど、電車が開通せば一坪五円くらゐの値打はあると思ふ。さういふ副業を当初から考へて、電車がまうからなくとも、この点が株主を安心せしむることも一案だと思ひます。ただ問題は果して何十万坪といふような土地が、計画通りに買収が出来るかどうか（……）」

この「夢のやうな空想的の住宅経営」を背景にして、小林は株式引受人となり、箕有電鉄は設立され、一九一〇年に梅田、宝塚間、梅田、箕面間の開業を迎えた。その一方で、池田、豊中、桜井の順序を立て、電車開通後の新たな市街地建設をめざし、一九〇九年に「如何なる土地を選ぶべきか、如何なる家庭に住むべきか」という「住宅地御案内」パンフレットを発行した。それは小林自身も断っているように、「やや文学的に美辞麗句をならべ」たものだ。「如何なる土地を選ぶべきか」の最初の部分を引用してみる。

美しき水の都は昔の夢と消えて、空暗き煙の都に住む不幸なる我が大阪市民諸君よ！

出産率十人に対し死亡率十一人強に当る、大阪市民の衛生状態に注意する諸君は、慄然として都会生活の心細きを感じ給ふべし、同時に田園趣味に高める楽しき郊外生活を懐ふの念や切なるべし。

郊外生活に伴ふ最初の条件は、交通機関の便なるに在りとす、今や、大阪市内電車の縦横に開通せんとするに際し、（……）この時において箕面有馬電車たるものは、風光明媚なる其沿道住宅地を説明し（……）提供すべき義務あるを信ぜんとす、何となれば、最も適当なる場所に三十余万坪の土地を所有し、自由に諸君の選択に委し得べきは、各電鉄会社中、独り当会社あるのみなればなり。

わずか数年で五十万坪は無理だったようだが、それでも三十万坪の土地買収がなされていたことになる。それらは田や畑、山林や原野だった土地で、駅のある付近には必ず存在する「理想的郊外生活の新住宅地」とされる。

引用した文言から明らかなのはやはりハワードの田園都市のコンセプトで、内務省地方局有志による『田園都市』が出されたのは一九〇七年であるから、それがちょうど箕有電鉄の創立と同年だったことは偶然ではないように思われる。最初に見える「空暗き煙の都」とは、そこで使われていた「煤煙に黒ずめる」ロンドンといった比喩のようでもあり、それに象徴される「都会生活」に対して、「田園趣味に富める楽しき郊外生活」が提案される。それに不可欠なのはまず何よりも「交通機関の便利なる」ことで、ハワードの田園都市プランにおいては鉄道会社との提携の必要性が述べられていたが、ここではそれを箕有電鉄自らが開発、分譲、建設も三位一体となってバックアップし、「田園的趣味ある生活」と「理想的住宅」を提供するというっているのだ。

その最初の住宅地が大阪より二十三分、三万三千坪の「池田新市街」、すなわち吉田によって論じられている「池田室町／池田」ということになる。ここは第八区に当たり、一一年に室町と改称されている。吉田は販売用に作成された「池田新市街平面図」と「初期分譲住宅基本4タイプ住宅復原図」を示し、これが大阪船場の町割、道路形式を模倣しながらも、道幅を広くし、敷地は町家に見られる短冊形ではなく、間口が広い正方形で、住宅に庭園を配し、門から玄関にアプローチをとり、サラリーマンの郊外住宅地に見合う転換がなされていると述べている。

また画期的だったのは十年にわたる月賦販売で、これに関しても現在の住宅ローンに相当するものだった。これに関してももう少し『逸翁自叙伝』から具体的に拾えば、池田室町は敷地百坪、家は二階建て、六室、二、三十坪、それで土地家屋、庭園施設一式にて二千五百円から三千円、頭金を二割として、残金は十年賦、一ヵ月二十四円となる。このローン販売の導入でほぼ完売したこともあり、これが阪急沿線を「理想の住宅地」ならしめた大きな要因だったと考えられる。

それに加えて様々な施設も用意され、倶楽部建物や幼稚園も設置された。池田室町の住民は大阪市内へ通うサラリーマンが多く、郊外ベッドタウンの先駆けともなったことから、昼間は妻たちが残されてしまったが、倶楽部を利用しての購買や社交や催しも盛んになり、そのような女性たちの活動が町を特徴づけるものだったという。小林は倶楽部や購買組合に関して長続きせず、これらの設置は失敗だと語っているが、池田室町を始めとして、それなりに当初の役割は果たしていたのではないだろうか。

そしてさらに小林は沿線の発展のために、続けて箕面動物園を開園し、宝塚新温泉の営業を開始し、その中に新館パラダイスも開設する。また宝塚唱歌隊（後に少女歌劇、さらに歌劇団と改称）を組織し、パラダイス劇場で、宝塚少女歌劇第一回公演を開いている。これらは一〇年から一四年にかけてであり、箕有電鉄の開通と池田新市街の住宅地販売とほぼパラレルに進行していたとわかる。いってみれば、小林は線としての鉄道、面としての住宅地販売、点としての様々な娯楽施設などを複眼で同時に捉えるような思考方法によって、新たな郊外沿線を多彩に活性化していったことになろう。

一九一八年を迎え、箕有電鉄は阪急電車と社名を変更し、宝塚音楽歌劇学校創立認可も得て、小林はその校長に就任する。翌年には梅田に阪急ビルディングを竣工し、これが二五年に日本で最初のターミナルデパート、後の阪急百貨店の始まりだが、これらのすべてがわずか十年間でなされていることにあらためて驚きを覚える。鉄道から始まって、住宅地開発分譲、建設を三位一体で兼ね、それらに加えて郊外のエンターテインメントインフラともいうべき動物園、温泉、劇場という装置をも設け、その仕上げのようにターミナルデパートの開業へと至ったことになる。小林こそが田園都市のコンセプトをベースにして、その周辺に様々な装置を散種することを実現させた特筆すべき人物だったのである。それをアレンジして学校も加えれば、学園都市になるわけだし、時代的に考えても小林がそれらの先駆者であり、関東における西武や東急の試みにしても、阪急と小林の模倣であることに気づく。

渋沢栄一は一九一八年に田園都市株式会社を設立して、田園調布の開発を始めるのだが、二一年にその会社の後見人だった第一生命の矢野恒太が小林に重役会への出席を依頼する。そして小林の紹介で目黒蒲田電鉄の五島慶太が加わり、鉄道敷設が急速に進み、ようやく二二年から洗足の造成地を売り出すに至る。そうして関東大震災を一ヵ月後に控えた二三年八月に田園調布の分譲となり、田園調布が誕生していく。しかしこれも小林の鉄道と田園都市経営の才覚と人脈なくしては、もっと遅れていたかもしれないし、ひょっとしたら実現に至らなかった可能性もある。

そうした小林の様々な業績とその果たした役割を考えると、彼のことを日本のハワードと呼んでいいようにも思われる。

なお『近代日本の郊外住宅地』において、片木は私の『〈郊外〉の誕生と死』が戦前の郊外住宅地を等閑視していると述べていたが、拙著はテーマを戦後の郊外、それも主として七〇年代以後にしぼったために、そのような印象を与えただけで、アウトラインにはふれていることを付記しておく。

75 宝塚とモダニズム
――『宝塚市史』(一九七五年)と『阪神間モダニズム』(淡交社、一九九七年)

かなり前のことだが、都市住宅学会関西支部長の舟橋國男から、同学会での郊外をめぐるシンポジウムの基調講演の依頼を受け、大阪へ出かけていったことがあった。当時舟橋は阪大大学院建築工学の教授だったと思う。確認してみると、それは前世紀の一九九九年のことで、あれからすでに十五年も過ぎてしまったのかという感慨を禁じ得ない。

このシンポジウムは同年の十月に第一回「郊外の歴史と役割」、十二月に第二回「郊外文化と郊外のことから」として開かれ、私が参加したのは後者である。だがこれらのことをよく覚えていたわけではなく、何か資料が残されていたはずだと探したところ、『「郊外」を考える』と題された、社団法人都市住宅学会関西支部発行の「1999年開催シンポジウム記録集」が出てきた。それでようやく確認することができた。そして自らの講演内容についても。

当時私は前年に出た渡辺京二の『逝きし世の面影』(葦

書房、平凡社ライブラリー）を読み、幕末から明治にかけて日本を訪れ、その記録や回想を残した異邦人があまりにも多く、この時代に関して、異邦人による膨大な記述が残された国は日本だけではないかと考えていた。だがそこで問題とすべきは、異邦人たちの眼差しがどこからやってきたかということで、どうして彼らの眼に農業と手工業を基盤とする、閉ざされた小宇宙《ミクロコスモス》に他ならない日本がユートピアのように映ったのかを問う必要があった。

そのためにこちらの眼差しを異邦人たちの国に向けてみると、同時代において、イギリスでは産業革命が進み、公害を伴う工業社会が完成し、フランスではパサージュやデパートも出現し、新たなる欲望を喚起する消費社会が形成され始めていた。つまり幕末から明治にかけて来日した異邦人の背後にあるのは、前期資本主義を象徴する工業社会や消費社会に他ならず、それらについてはハンフリー・ジェニングスが『パンディモニアム』（浜口稔訳、パピルス）、ヴァルター・ベンヤミンが『パサージュ論』（今村仁司他訳、岩波現代文庫）で描き、論じていたことになる。

また実際に一八七一年の岩倉使節団はそれらを目撃しているのだ。この幕末維新期最大の使節団は、新政府と幕府の双方を代表する人物が混在し、一年十ヵ月に及ぶ欧米をめぐる長い旅程を経てきた。その記録は久米邦武編『特命全権大使米欧回覧実記』（岩波文庫）として提出され、それは同時代の欧米のエンサイクロペディアともいえるが、そこにはロンドンの工業社会、パリの消費社会との遭遇も記されている。これらを通じて日本の近代化のイメージが造型され、農耕社会の日本は工業社会、消費社会をめざし、近代から現代にかけて進んできたのであり、それには産業構造の転換、都市への人口集中、郊外の誕生が必然的に生じたことになる。

私の講演はこのような前提から始まり、しかも郊外に関しては東京を中心とする関東を例とし、ロードサイドビジネスと文学をメインとしていたこともあって、都市住宅学会関西支部のテーマとしてはあまりふさわしくなく、まったく受けなかった印象が強い。それはまたこの学会が学際性や業際性を謳い、私のような部外者を招く見識はあっても、アカデミズム特有の専門領域に関するヘゲモニー問題も否応なくつきまとっているようにも思われた。ただこのシンポジウムに参加して教えられたのは、郊外のイメージが関東と関西ではかなりちがうのではないか、私が関西の郊外に関して無知であり、歴史も含めてトレースする必要があるということだった。

ちなみに第一回の基調講演は片木篤、第二回のパネリストの一人は角野幸博で、この二人が前回取り上げた二〇〇

○年刊行の『近代日本の郊外住宅』の編著であることは偶然ではないだろう。
　そのような事情ゆえに関西の郊外文献も多くはないにしても、目に入る限り読み続けてきた。そこで今回は前回の

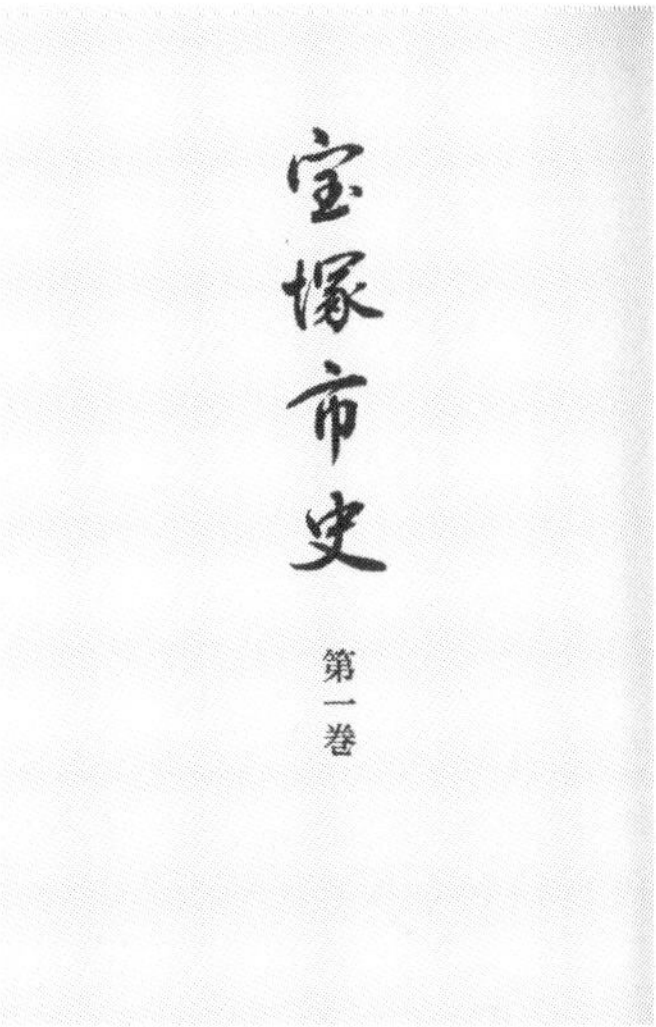

小林一三との関連から、『宝塚市史』と「阪神間モダニズム」展実行委員会編著『阪神間モダニズム』にふれておきたい。なお後者には「六甲山麓に花開いた文化、明治末期――昭和15年の軌跡」のサブタイトルが付されている。
　前回、日本近代の田園都市、及び私鉄と郊外開発の先駆けであり、範となったのが阪急電鉄の小林一三で、彼こそは日本のハワードと呼んでいいのではないかと記しておいた。
　小林は鉄道から始まって、住宅地開発分譲と建設、それらに加えて郊外のエンターテインメントインフラである遊園地、動物園、温泉、劇場、ターミナルデパートとしての阪急百貨店をも設立し、日本版田園都市計画の範を示したことになる。そしてそれは東京の郊外開発へと継承されていったのである。おそらく映画『フラガール』のモデルとなった常磐ハワイアンセンターにしても、東京ディズニーランドにしても、そのコンセプトは小林の宝塚を抜きにしては語れないだろう。
　前回は主としてそれらの軌跡を、小林の私史『逸翁自叙伝』などに見てきたが、今回は地方史誌としての『宝塚市史』からたどってみよう。『宝塚市史』第三巻は第三章「宝塚文化の開花」の中で、宝塚という「新しい街」の推移について、「宝塚における明治期の新しい街は湯の街で

あり、大正期の新しい街は少女歌劇とパラダイスの街であったが、昭和初期の新しい街は住宅街である」と述べている。これらは明治十年代における宝塚温泉の発見とそれに続く温泉場の建設、箕面有馬電鉄の開通に伴う大正初期の宝塚少女歌劇の公演から宝塚音楽歌劇学校の設立、昭和に入ってからの郊外の開発による新しい住宅地の出現へとつながる一連の流れをさしている。

これも前回既述しておいたが、郊外の出現は明治末期からの箕有電鉄、後の阪急による池田室町の新しい住宅地開発と販売を嚆矢としている。そして大正九（一九二〇）年には神戸線、翌年には西宮北口宝塚間の西宝線が開通し、『宝塚市史』に収録の「阪急沿線別住宅地増加図」を参照すると、阪急沿線の住宅地は一九三二年頃には二十万坪だったが、急増し、三八年には百万坪を超え、わずか六年で五倍になっている。それに比べれば、戦後に入ってからは微増だといっていい。この事実からすれば、関西における郊外のイメージとパラダイムの成立は戦前にあったことになる。

とはいっても、『宝塚市史』が歴史的検証を行なっているように、明治初期段階における原初の姿は農家が集落を形成し、村定めなどの規範に基づき、一定の領域において生産と生活を営む自然村＝村落であった。具体的に示せば、一八七九年の宝塚は十二の村からなり、戸数は六百四十余、人口は二千八百ほどだった。それが阪鶴鉄道に続く箕面有馬電鉄の開通によって、郊外住宅地が買収、開発されていった。そして宝塚には新しいホテル、梅園、ゴルフ場、植物園などが設立され、かつての自然村は新たに移ってきた住民たちの新しい街へと変貌していく。それは阪急電車の一日平均乗客数にも表われ、一九二四年に一万三千人強だった乗客数は、その十倍近い十三万人弱へと増加している。

住宅地開発は阪急のみならず、他の私鉄や土地会社も加わっていて、その「沿線土地案内図」が『阪神間モダニズム』に収録され、花屋敷土地会社住宅経営地、三楽園・苦楽園住宅経営地、大神中央土地株式会社夙川香櫨経営地、今戸土地区画整理組合地区、甲子園住宅経営地などのカラーパンフが示されている。それらの住宅経営地を論じた坂本勝比古「郊外住宅の形成」によれば、明治から昭和初期にかけての阪神間の住宅開発は二十にも及んでいて、小林以外にも多士済々だったとわかる。それらの家の六麓荘経営地区、精道村耕地整理地区、御影・住吉住宅地、雲雀丘住宅地などはモノクロ写真による街並みと住宅の紹介であるけれど、明らかに高級住宅地のイメージが伝わってくるし、否応なくロバート・フィッシュマンの『ブルジョワ・ユートピア』（勁草書房）を想起してしまう。

『阪神間モダニズム』はこのような郊外住宅地から始まって、近代和風邸宅、美術工芸的住宅、ヴォーリズ設計住宅や大学、スパニッシュ・スタイル住宅、それらに携わった多彩な建築家たちへの言及が続いていく。次にそうした郊外住宅地とオリジナルな住居を背景とする新しいライフスタイルが取り上げられ、スポーツ、ガーデニング、女性たちのカルチャー活動と百貨店を舞台とする消費生活、昭和のベル・エポックのファッション、ホテルという洋風文化装置、芸術家や蒐集家たちの存在と動向、出版と教育機関などにも証明が当てられていく。

したがって『宝塚市史』とは異なり、『阪神間モダニズム』が体現しているものは、鉄道の開通に伴った郊外住宅地の発展とともに歩んだ新しいライフスタイルの誕生であり、それは欧米文化のすみやかな影響と浸透に寄り添う現象だったことになる。その検証と顕彰が『阪神間モダニズム』という一冊の意図するところで、これは九七年に兵庫県立近代美術館、西宮市大谷記念美術館、芦屋市立美術博物館、芦屋市谷崎潤一郎記念館で同時開催された「阪神間モダニズム」展の公式カタログなのである。

つまりここで発見、表象されている阪神間の郊外住宅地とはあくまで公的美術館、博物館、文学館からの眼差しによるものであることに留意すべきだろう。もちろんそれが九五年の阪神大震災からの再生への願いがこめられていることを承知しているにしても。そして私も招かれた一九九九年の都市住宅学会関西支部の「『郊外』を考える」シンポジウムが、そのような関西における郊外の位相のもとに開かれたことを知るのである。そこで私が述べた郊外は、ロードサイドビジネスに覆われた画一的消費社会であり、『阪神間モダニズム』に示されたハイブロウな郊外ではない。それに加えて、建築や都市計画を専門としない私の基調講演は受けるはずもなかったことが了承される。

しかし『宝塚市史』を通読しただけでも、そこに至る過程において、つまり膨大な農地が郊外住宅地へと変貌する過程で、多くのドラマが起きていたと推測できるし、それはいわば原住民と植民者の闘争とも呼べるものだったであろう。私はフランス十九世紀後半の社会を描いたゾラの「ルーゴン＝マッカール叢書」の編集者兼訳者でもあるので、ゾラがその第二巻『獲物の分け前』（伊藤桂子訳、論創社）において、オスマン計画によってパリがそれこそ新しい街へと改造されていく過程で何が起きていたかを知っている。また梶山季之の小説『悪人志願』（『梶山季之自選作品集』11所収、集英社）は堤康次郎をモデルとして、土地開発と買収の実態を描いている。

『阪神間モダニズム』はフィッシュマンのいう「クラシッ

ク郊外」の提出に成果を挙げているにしても、それらの郊外の起源に他ならないドラマや出来事を捨象しているのではないだろうか。

76 東京の「理想的住宅地」
——『都市から郊外へ——一九三〇年代の東京』〔世田谷文学館、二〇一二年〕

前回取り上げた一九九七年の関西の美術館、博物館、文学館のコラボレーヨンともいえる『阪神間モダニズム』の企画刊行と展覧会の実現は、多くの美術館や文学館にも大きな影響と波紋をもたらしたように思われる。それは十年余を隔てた二〇一二年になってからだが、世田谷文学館と世田谷美術館の共同企画による『都市から郊外へ——一九三〇年代の東京』の刊行と展覧会の開催にも反映されているはずだ。

『阪神間モダニズム』がA4判であることに対し、『都市から郊外へ——一九三〇年代の東京』はA5判であるけれど、タイトルに示された郊外や三〇年代、図版を配した文学、絵画／彫刻、写真、版画、映画、音楽、住宅、広告といったモダニズムに関するテーマ特集は、モチーフを同じくしていると考えていい。

それは図らずも、東京の郊外住宅地開発が阪急の小林一三の手法を範としていることを物語っているし、「郊外住宅地の理想―田園調布と成城を中心に」(矢野進)に収録されている「東横・目蒲電車沿線案内」と、『阪神間モダニズム』の中の「阪急沿線案内図」が色彩、デザインともに相似していることにも表われている。本書74で、渋沢栄一の田園都市株式会社と小林と目蒲電鉄の五島慶太の関係を既述しておいたが、田園調布や成城に表象される「郊外住宅の理想」とは、フィッシュマンのいう『ブルジョワ・ユートピア』をベースとする関西の御影・住吉、芦屋などの郊外高級住宅地に端を発していると思われる。

『都市から郊外へ―一九三〇年代の東京』には資料として、田園都市株式会社編『田園都市案内』の抜粋も収録されているので、それを読んでみる。この会社の事業紹介と分譲

地案内を兼ねるパンフレットの第一部は次のように始まっている。それはまず英国における田園都市についての定義から始まり、ハワードが唱える商業、工業、住宅、農業という四つの地域からなる田園都市は、労働者の生活改善を目的としているが、「我が田園都市に於ては東京市と云う大工場へ通勤される智識階級の住宅地を眼目」とするので、「勢い生活程度の高い瀟洒な郊外新住宅が建設されて行くことは自然の数である」とされる

それゆえに「我が田園都市」において、ハワードの田園都市に不可欠の工業地域は「東京市という大工場」がその役割を果たすために除外され、その地域に通勤する労働者の姿もなく、「大都会の生活の一部を為すと共に他方に於て文明の利便と田園の風致とを兼備する大都市附属の住宅地」が出現することになる。その目的に添う条件として、次の七項目が挙げられている。

一、土地高燥にして大気清純なること。
二、地質良好にして樹木多きこと。
三、面積は少なくとも拾万坪を有すること。
四、一時間以内に都会の中心地に到達し得るべき交通機関を有すること。
五、電信、電話、電灯、瓦斯水道等の設備完整せること。

六、病院、学校、倶楽部等の設備あること。
七、消費組合の如き社会的施設をも有すること。

これが田園都市株式会社の提出した「理想的住宅地」であり、前提からしてプロレタリアが排除された「ブルジョワ・ユートピア」と呼んでかまわないだろう。その象徴が田園調布だったことになる。

しかし関西と異なる土地をめぐる状況と環境にもふれておくべきだろう。不動産売買、宅地造成、市街地経営を事業目的とする田園都市株式会社の設立は一九一八年であり、それとパラレルに郊外も取りこんでいく東京の膨張を指摘しておかなければならない。一九年に都市計画法が制定され、二二年に東京都市計画区域が決定される。所謂「大東京地域」の範囲は従来の東京十五区の範囲よりもはるかに広く、隣接する六郡八十四町村を含んでいた。それを『東京百年史』第四巻の「都市の進展」の章から拾ってみると、荏原郡（七町十二村）、豊多摩郡（七町六村）、北豊島郡（十町十村）、南足立郡（一町九村）、南葛飾郡（六町十四村）、北多摩郡（二村）であり、現在の東京二十三区に相当する。これによって住居地域、商業地域、工業地域などが定められ、都市インフラの整備がなされたのだが、二三年の関東大震災とその復興計画によって、それらはさらに進められ、三二年の東京市三十五区の制定に続き、三六年の北多摩郡砧村、千歳村の世田谷区への編入とつながっていった。

この旧都市計画法による東京都市計画区域の設定は戦後に例をとるならば、一九六八年の新都市計画法による市街化区域と市街化調整区域の区分に相当すると考えていい。そして都市計画区域と市街化区域がスプロール開発の原因になったことも含めて。だがこのような都市計画法の動向とともに郊外住宅地の開発は進められていったのであり、それは田園調布が荏原郡、成城が北多摩郡に位置していたことを記せば、了承されるであろう。

幸いにして「郊外住宅地の理想―田園調布と成城を中心に」において、田園都市開発の前史が語られているので、それを追ってみる。渋沢栄一は日本版田園都市構想を持っていたが、それには畑弥右衛門という、郊外開発と田園都市株式会社設立に至る仕掛け人がいた。畑は自らが住む荏原郡を事業予定地に選定し、それは洗足村、調布村、玉川村にかけての一帯で、現在の洗足、大岡山、奥沢、田園調布であった。一九一五年に畑は荏原郡各村の有力者たちを伴い、渋沢を訪ねた。その中には玉川村名家の豊田正治がいて、二三年に四十歳の若さで村長となっている。そして同年に村会で土地開発事業が決定され、それを機にして、玉川全円耕地整理事業が始まっていく。

　本来の耕地整理事業は農地を整理、改良して農業生産性を上げることにあり、一九二〇年の東京郊外の農村で多く実施されていたが、郊外住宅地の需要が高まっていく中で、耕地整理の目的が変わり、土地の区画整理を通じた住宅地開発へと転化していったのである。それは戦後の全国各地の耕地整理事業も同様だったことを付記しておこう。

　玉川全円耕地整理事業は最大規模のもので、総面積は現在の世田谷区の約四分の一を占めているという。豊田は畑を通じて、最初から田園都市株式会社の郊外住宅地開発に関わっていたこともあり、玉川村独自の開発をめざし、広い幹線道路、公園、村営電車などの敷設や設置を構想した。ところがそれらによる耕地減少と農業の衰退を危惧する声が広く上がり、激しい反対運動も起きていった。そのために計画は修正を余儀なくされ、玉川全円を十七の工区に分割し、各工区ごとに方針を決定し、費用負担をすることになり、それが田園都市株式会社の奥沢、等々力、上野毛などの郊外住宅地開発とリンクしていったのである。豊田は農村の中にあって田園都市を構想した人物だと考えられるが、それは残念ながら実現しなかったことになる。

　さてずっと郊外住宅地の前史に農村を見てきた。これは『阪神間モダニズム』には見えていなかったもので、その風景は「東京・版画・三〇年代—稲垣知雄が刻んだ東京《まち》の貌《かたち》」（小池智子）にも表出している。稲垣は一九二九年から世田谷にアトリエを構えた版画家で、日本のみならず、国際的によく知られ、没後に『稲垣知雄全版画集』（形象社、一九八二年）が刊行されているようだが、未見であるし、稲垣の名前もここで初めて知った。またここでは稲垣の関東大震災後の東京の風景の他に、三〇年代郊外風景も収録されている。小池もそれらに言及し、次のように書いている。


　稲垣も一九二〇年代末から、《川べり》のような穏やかな郊外風景と、《塔の見える風景》、《雪の東京駅》などの東京市街の景観とを描いている。東京の市街地へと田畑や自然が残る景色双方への眼差しは、世田谷に来た一九三〇年代の郊外風景に対する、《桜田門》でも同様だ。こうした作品のもとになった写真もスケッチブックに描き残されている。そして郊外風景でも、都会でも、稲垣の風景版画には同時代の喧騒や不穏ではなく、普通に人々が暮らす町の空気が流れている。だが、決して無味な絵でなく、商業デザイナーでもあった稲垣のモダンな感覚が表れた画面となっている。（……）そして風景では、一九三三年の《芝生》のような、東京郊外の芝生

の公園が明るく現代的な生活スタイルを連想させる都会的な作品に、それはよく表れている。（引用者注―作品ナンバーは省略）

またこれらの「川べり」「麦秋」「芝生」などは、三〇年代に相次いで開催されたパリやベルリンの日本の版画展に出品されたという。

さらに巻末には三三年の「版画荘『創作版画展観即売目録』（抜粋）」が収録され、そこで稲垣の「冬の夕」「農家」「麦秋」が四円から五円で売られていたことがわかる。小池も述べているように、仲介料も含まれたであろうこれらの価格は安価であり、創作版画で生活することが困難だった当時の版画家たちの置かれた状況をうかがわせている。それと同時に稲垣の版画が想像以上に大きかったことで、「麦秋」は「七四×一〇四」となっている。「冬の夕」と「農家」はそれより小さいが、一度見てみたいと思う。それらに世田谷の郊外住宅地以前の風景が刻印されているはずなので。それらの実物とはいわないにしても、『稲垣知雄全版画集』にめぐり会えるであろうか。

なお版画荘は『全輯百間随筆』全六巻などを刊行していた出版社で、そのかたわらで東京銀座に創作版画専門の画廊を開いていた。この版画荘については拙ブログ「出版・読書メモランダム」の「古本夜話」４５９などを参照されたい。

77 郊外に関する先駆的一冊
――小田内通敏『帝都と近郊』
（大倉研究所、一九一八年、有峰書店、一九七四年）

日本版田園都市計画と称していいであろう郊外住宅地の開発が進められていくかたわらで、一九一八年に郊外論の先駆的一冊というべき、小田内通敏の『帝都と近郊』が刊行されている。かつて「郷土会、地理学、社会学」（『古本探究Ⅲ』所収、論創社）という一文を書き、一九一〇年に柳田国男と新渡戸稲造を中心として発足した郷土会、及びその研究報告としての『郷土会記録』（大岡山書店、一九二五年）に言及したことがあった。

その郷土会メンバーの中に人文地理学を専攻する小田内通敏がいて、柳田国男研究会編『柳田国男伝』（三一書房）によれば、『農業本論』（『明治大正農政経済名著集』7所収、農文協）を著し、農村研究を意味する「地方学《じかた》」を提唱していた新渡戸稲造と柳田を結びつけたのは他ならぬ小田内だったという。その小田内について、『柳田国男伝』は地理学の飯塚浩二の小田内に対する追悼文を引きながら、次のように述べている。

東京高等師範地歴専修科に学んだ小田内は、少壮の活動時代の大半を早稲田中学の教諭、早稲田大学の講師として過ごした。隣接の歴史学とちがい、大学の講座編成では著しくたち遅れ、しかも官学の正統派が牛耳る地理学界において、小田内は、草創期の苦難の道を歩んだ学者であった。

聚落地理や農村の社会調査が、ほとんどの地理学者、教師の関心をひかなかったとき、小田内は、不朽の名著『帝都と近郊』（大正七年）において、東京西部近郊村落を取り上げ、三年間の実地調査にもとづき、大都市の郊村が都市化されていく複雑な過程をみごとに叙述するとともに、将来の都市計画の樹立を促進しようという遠大な抱負を示したのである（……）。

これを日本地誌研究所編『地理学辞典』（二宮書店）における小田内の立項から補足すると、彼は一八九九年秋田市生まれで、郷土会の後に聚落地理学を創立し、また人口問題研究会に参画し、日本の人文地理学、集落地理学の基礎を築いたとあり、戦後の一九五四年に没している。また戦前だけで十指を超える著書が挙げられているが、文庫化などはされておらず、『同辞典』にあるように現状でも「不遇な地位」に置かれているといってもいいかもしれない。私にしても読み得たのは『帝都と近郊』と『田舎と都会』（刀江書院、一九三六年）の二冊だけで、前書は一九七四年の有峰書店の復刻版によっている。

『帝都と近郊』は前述したように、一九一八年に大倉研究所から刊行されている。「序」を寄せ、翌年に東京帝大理学部地理学主任となる山崎直方によれば、大倉研究所は大倉発身なる人物が学究的な村落研究を試みるために立ち挙げ、小田内が山崎の推薦を受けて入所し、三年にわたる研究がこの『帝都と近郊』だという。なお大倉は「実業界の成功者」とあるので、おそらく大倉一族に属していたのではないだろうか。

山崎の他に「序」を寄せているのは井上友一と新渡戸稲造で、前者は本書71の内務省地方局有志『田園都市』の執筆編纂者の一人で、「本書の研究も（……）都市計画の施設上郊外農村の研究上に資する所甚だ多かるべきを信じて疑はず」と述べている。また新渡戸はこの「武蔵野の一隅なる東京の近郊」の地理学研究書について、著者自らが「雨露を犯し或は泥濘を踏み、日々徒歩にて研究地域を踏査し、自から其地物を撮影し、地図の如きも多くは臨地製作し」たもので、地理学のみならず、「帝都附近の民衆生活を窺はんとする者には、欠くべからざる参考書」だと記している。

この三人の「序」に続き、小田内の「自序」が置かれ、「研究の第一着手として帝都の近郊を選んだのは、近郊の都市化せらるゝ複雑なる現象が村落生活の一標式として研究の価値多い」ということもあるが、「東洋史の新進研究家」でもあった大倉の、欧米における田園都市計画への注視にもよっていることが付け加えられている。つまり『帝都と近郊』は明治後半から大正にかけての武蔵野を中心とする「帝都」の「近郊」の膨張、新渡戸と柳田国男たちの郷土会における「地方学」と農政学の接合、イギリスのハワードの田園都市計画の影響を受けた日本の内務省の田園都市構想などがクロスした時点で、満を持して刊行されたことになる。それゆえに「不朽の名著」というオマージュを捧げられたのであろう。

目次と最後のページに「都市及村落の研究」という角書が付された『帝都と近郊』は菊判二一五ページで、大著とはいえないけれど、用意周到な一冊であることが読み出すとすぐにわかる。これこそが近代において、初めて人文地理学視座から都市と郊外の関係を探求し、都市人口の増加と社会、経済的発展が郊外としての農村に与えた影響を論じた嚆矢なのである。

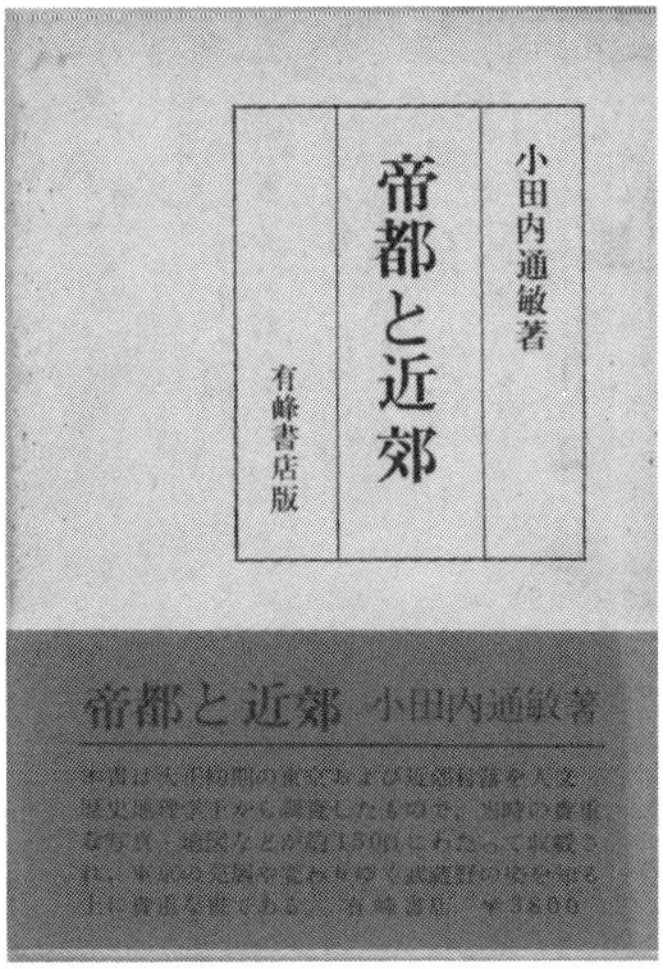

まず「東京市の郊外地帯」の歴史がたどられる。江戸時代においても「郊外たる熟語は、従来我国に於ても慣用せられたる」が、それは江戸より徒歩で日帰り遊覧できる地域、江戸に新鮮なる蔬菜を供給する栽培地、及びそのために人糞尿の搬入地帯をさしていた。そうした郊外の定義は変わっていないにしても、東京市の明治三十二年の百五十万人から大正六年の二百三十五万人に及ぶ人口増加、それに伴う蔬菜栽培地帯の拡大と運搬道路の改善、汽車や電車といった交通機関の発達による、一日で往復できる地域の拡大、住宅地域の出現を見るに至った。そうして近代の郊外が出現してきたのであり、それが『帝都と近郊』のテーマに他ならない。かくして「本書が東京市の郊外地帯の限界を中心日本橋から直径約五里における所似にして、其範囲は総図に示せるが如く、東京府下より千葉・埼玉二県に及べり」とされるのである。すなわち現在の言葉で言い換えれば、「本書」は東京二十キロ圏内の郊外のうちの西半分を占める武蔵野台地が対象となり、そこに著しい住宅地域の拡大と工場地区としての発展を見ているからだ。

そして東京市の西郊が自然的環境、住民とその居住、土地とその利用、農業、工業、交通機関を含めて、過去から現在へとたどられ、大正期における武蔵野がクローズアップされてくる。その特色は新渡戸も指摘していたように、小田内の手になる総図、写真、挿絵、統計表、比較表、一覧表であり、それらは百四十ほどになる。私も『〈郊外〉の誕生と死』において、東京五十キロ圏の地図を示し、一九六〇年代から八〇年代にかけての急成長した都市の変化を追跡しているが、そうした地図の原型は「東京市郊外地域図」として、すでに『帝都と近郊』に提出されていたのである。それは人口の移動や増減表に関しても同様で、これらの資料掲載と分析はこの一冊から始まっていたことを教えられる。

また特筆すべきは冒頭に収録された「武蔵野台地の特相」と題された、まさに「武蔵野農村の自然と人生の縮図」のような口絵写真に象徴される多くの郊外の風景写真で、それらは八十五枚の多きに及んでいる。郷土会には後に『日本の民家』(鈴木書店、一九二二年)を上梓する今和次郎も加わっていて、そこに収録されている民家の写真は『帝都と近郊』と共通するイメージがある。それらの共通するモノクロ写真の中に込められた対象への深い思い入れと愛情こそは、小田内の著作が『日本の民家』へと与えた影響ではないだろうか。

これらの写真に留意しながら『帝都と近郊』を読んでいて連想されるのは、ベンヤミンの『パサージュ論』に写真が収録されていたら、そのイメージはかなり異なっていたはずで、もっと具体的な読み方へと誘われたかもしれないという感慨だった。それほどまでに『帝都と近郊』は豊富な地図や写真などと文章が一体化した書物となっていて、これは私見であるけれど、昭和円本時代の『日本地理大系』(改造社)や『日本地理風俗大系』(誠文堂)の範となったと思われる。

しかしその一方で、『帝都と近郊』が新渡戸の『農業本論』の第六章「農業と人口」からヒントを得ていることは、その図表の使用や内容から見て明白で、小田内はこの一章を人文地理学へと転換させ、『帝都と近郊』へと昇華させたと見ることもできよう。そのようなプロセスを経たと思われる『帝都と近郊』もまた、東京史へと長く影響を及ぼしていた。一九七九年に刊行された、大正時代にあたる『東京百年史』第四巻の第三編「市民の生活」の第一章「府下のできごと」のうち第一節「蝕まれる田園」と第二節「郊外の村々」は、その多くの図法や写真の引用からわかるように、『帝都と近郊』をベースにして執筆され、刊行後六十年を経ても、同書が「不朽の名著」のままであり続けていることを知らしめている。

それはおそらく東京史だけでなく、地方史においても同様なのではないだろうか。近代都市の誕生、産業構造の転換に伴う都市の人口増加、郊外における住宅地域の拡大現象は、東京といった首都圏だけの出来事ではなく、地方の中小都市にも及び、それは戦後の高度成長を経て、二〇世紀を通じ、続いていた現象であった。もちろんそれは『帝都と近郊』では描かれていなかった車社会の到来、ロードサイドビジネスの出現、団地やマンションといった住居の高層化を伴うものであったが、基本的な都市と郊外の構図は変わることなく、戦前戦後を通じて進行していったのである。それゆえに同書はその始まりと根幹のデータベースとしてあり続けたことになり、その位置づけは現在でも変わっていないし、地図や写真や図表もきわめてリアルなものに映るし、まったく古びていない。

このような『帝都と近郊』を拙著の書き下ろし時には読んでおらず、参照できなかったことが残念だし、「序」の井上友一の『田園都市』が講談社学術文庫化されたように、この一冊も文庫化され、もう一度広く読まれることを願ってやまない。

78 郊外と小品文——水野葉舟『草と人』〔植竹書院、一九一四年、文治堂書店、一九七四年〕

まだ東京の郊外住宅地の開発が始まっていない明治末期から大正初期にかけて、郊外を舞台や背景とする小説や小品文を書いた作家がいる。それは水野葉舟で、それらの作品は『葉舟小品』(隆文館、一九一〇年)や『郊外』(岡村盛花堂、一九一三年)に収録されている。だがこの二冊は稀覯本ゆえに入手に至っておらず、それらの郊外に関する作品は北川太一他編の水野葉舟小品集『草と人』(文治堂書店)に収録された四編を読んでいるにすぎない。

ちなみに作品名を挙げれば、『葉舟小品』からは「野の声」と「濁流」、『郊外』からは「坂の上にて」と「呼び売り」がとられていて、これらの選択は高村光太郎と葉舟が二人で編んだ選集で、やはりタイトルを同じくする『草と人』(植竹書院)とも共通している。そこに置かれた光太郎の「序」は文治堂書店版にも収録され、二人は与謝野鉄幹主宰の『明星』で知り合い、生涯にわたって無二の親交を続ける間柄であったことを想起させる。それゆえに光太郎研究の第一人者北川が葉舟の息子の水野清、娘の山川澄子とともに、『葉と人』の編纂に携わった理由も浮かび上がってくる。

といって葉舟があらためて紹介を要する文学者であることは変わらないし、その北川が「後記」において、水野のプロフィルを簡略に描いているので、それを引いてみる。

> 葉舟　水野盈太郎（1883〜1947）は明治末年から大正初期にかけて、清新な感覚と真摯な人間観によつて文学界に新風をふきこみ、「生命派」の呼称さえ生んだ作家であつた。
>
> はじめ蝶郎の名で短歌を作り、ついで詩文『あらゝぎ』に小品文の新らしい世界をひらき、以来、詩歌、小説、評論等のさかんな創作活動に従つて、その誠実な自然観照や繊細な女性描写は、文壇に確固たる地位を占めるに至つた。若者達は葉舟の文学に心ひかれ、雑誌は競つてその作品を掲げたのである。
>
> 奥州遠野郷を訪ねて、柳田国男の『遠野物語』を手びきし、また亡妻を悼んだ詩集『凝視』によつて、生涯の友高村光太郎にさきがけたのも葉舟であつた。
>
> しかるに、大正十三年、突然三里塚に近い下総駒井野の田園に居を移し、再び東京に戻ることなく、その自然と人事の中に深く自らの世を養い、名利を離れて農耕自適。この地で昭和二十二年、六十五歳の生涯を閉じた。

ここで少しばかり補足しておけば、『遠野物語』の話者たる佐々木喜善を柳田のところに連れていったのは水野であり、水野こそが『遠野物語』成立の触媒だったことになる。

吉本隆明は高村光太郎研究にあって、北川と盟友で、『共同幻想論』において、『遠野物語』を『古事記』と並ぶ主要テキストにすえている。その吉本も「高村光太郎と水野葉舟　その相互代位の関係」（『高村光太郎（増補決定版）』所収、春秋社）において、水野は高村が「相許したただ一人の友人」で、水野が千葉県印旛郡に移住し、農耕と芸術生活の両立を目論んだことに対し、水野の軌跡は「高村光太郎のありうべき影であり、葉舟は、ひょっとしたら高村がやったかもしれないことを、実際にやり、失敗し、そして失敗なりに自足した生涯をおくったといっていい」と評している。

水野葉舟や中村星湖などのマイナーな自然主義作家たちを収録した筑摩書房の『明治文学全集』72所収の水野の「年譜」や「月報」に寄せられた尾崎實子「父葉舟の思

い出」を参照すると、『葉舟小品』や『郊外』を刊行した時期は、大久保町西大久保や渋谷町中渋谷に住んでいたとわかる。先に挙げた郊外に関連する作品のうちで、「野の声」はそれらの前に住んでいた小石川区関口台町を舞台としている。それは水野の小品文の典型のようにも思われるし、水野のその後の生活と住居の関係をも象徴しているので、それを紹介してみよう。

「私」は結婚したばかりで、塵と埃で汚れ、人間臭さがしみこんだ町から「日光が惜しげもなく全身を照らし」、「土の色の清らかな野広い処」にある家に引越してきた。夫婦の他に二人の友人も同行してきて、掃除をするためだった。井戸や雑草を見ただけでも、「涙が沁み出るやうな自然の懐しさ」が襲ってきて、「ただ一言で、嬉しい！」のだ。

夕刻になり、妻と友人の一人が晩餐のための買物に出かけ、「私」ともう一人の友人「M君」が残される。この「M君」と縁側に腰を掛け、次のような会話を交わす。

> 「こゝらは、野だね。」
> 一人が言つた。
> 「野だね。」
> 一人が答えた。……二人の顔が薄暗い中に朧に見える。私は立つて、ラムプをともした。部屋の中が明るく見える。私は振り返つてM君に、
> 「野中の一つ屋のやうだね。……」
> と言つた。心にはこの寂しい、しんとした野広い中に住むのが、心細くも思へるし、味の深いやうにも思はれる。

やがて晩餐となるのだが、「そとはしんとして居る。闇の広さが計り難い程だ。そしてこの家もこの野広い郊外の地も包んでしまつて居る」のだ。

そのうちに二人の友人は帰り、「私」は妻と静かに向い合う。闇の中から寂しい野の気配と笹の葉のざわめきが聞こえてくる。

「風が出たね。」

私はふと女にかう言つた。すると女も、

「さうですね。」

と答へた。外の声を一心に聞いて居る。

「………」

「………」

「寂しいわね。」

「寂しい。」

私はじつとその物の響きを聞きながら、これが野の声たると思つた。


小品文「野の声」に表出しているのは、郊外における「自然の懐しさ」とともにある「寂しい」というイメージである。同時代に若山牧水が「幾山河こえさりゆかば寂しさのはてなむ国ぞけふも旅ゆく」と謳っていたが、水野にあっては逆に「寂しさ」を求めて郊外へと移ってきたことになる。

そうして「野の声」の小石川区関口台町から大久保町西大久保へと移って「呼び売り」が書かれ、さらに渋谷の道玄坂上に移り住み、そこで「坂の上にて」が書かれたと思われる。尾崎實子の証言によれば、渋谷時代からトルストイに心酔しはじめ、その晩年の農民生活にあこがれ、自らも田園生活を望んでいたようだ。しかし一九一五年にそれらを収録した『草と人』刊行後、「野の声」で描かれた妻が急逝し、激しい精神的打撃を受け、残された四人の子供たちとの田園生活を促すことになった。その場所は荏原郡平塚村下蛇窪だった。

前々回ふれたように、荏原郡を事業計画とする田園調布株式会社の設立は一九一八年であり、しかもまだ平塚村は開発予定地に組みこまれていなかったので、水野は竹藪が多く、竹の子の産地である美しい農村において、理想的な田園生活を営むことができたようだ。それは長女實子が家事を含めたすべてを引き受けることによって成立していたこともあり、この平塚村での生活は彼女の結婚によって解消されることになった。そればかりでなく二九年に大井町線全線が開通し、蛇窪駅も見えていることからすれば、平塚村にも開発の波が打ち寄せ、理想の田園生活を送ることができなくなっていたとも推測される。

ちなみに實子の結婚相手は詩人の尾崎喜八で、彼は高村光太郎を通じて、水野一家に親近感を持ち、自らも蛇窪の近くの家を借りて住み、彼もまた田園生活の中で新たに詩作に励んでいたのである。

それでも水野の理想的な田園生活を求める志向は失われなかった。彼は千葉県印旛郡の開墾小屋に移り住み、これを藁の穴と名づけた。この小屋は高村光太郎が建てたもので、その横にあった三千坪の畑地を手に入れ、家を建て、開墾地での晴耕雨読生活をおくり、そこで戦後の四七年に亡くなるまで過ごした。この土地は自らも三里塚と呼び、現在は成田市になっていることからすれば、おそらく空港の近くに位置しているはずで、水野はそれを想像することなく、鬼籍に入ったことになる。娘の實子が「父 葉舟の思い出」を「今のような世の中を見ずにすんだことは、或はかえって仕合わせだったかも知れない」と結んでいるのはそのことも含んでいるにちがいない

水野の郊外での住居史をたどってきたが、それらも今一度確認すると、小石川区関口台、大久保町西大久保、渋谷区中渋谷、荏原郡平塚村、千葉県印旛郡であり、関口台、西大久保、中渋谷が明治末期にはまだ郊外であり、それらが開発され、町へと変わっていく流れとパラレルに、水野が住居を移してきたと見なしていいだろう。そしてそれが都下や千葉県にまで及んでいくのは、まさにスプロール的移住と呼ぶこともできよう。

ただそれは水野の「年譜」から察せられるのだが、彼はともかく家族と田園周辺の人々にとって多大の困難と労苦を伴っていたと思われる。そうしたひとつの例を挙げてみる。一九二九年のところに「茨城県牛久町の農家の娘宮本満壽(十九歳)が来て、炊事および農耕を手伝った」とあり、三三年には再婚した「妻二児を伴い上京し、豊島区長崎に別居した。開墾地における農耕の生活に順応し得なかったこと」などが原因とされる。三七年「宮本満壽との間に三重子が生まれた」とある。そして四七年の二月葬儀後、「妻文帰宅す。三月宮本満壽は三重子をつれて家を出た。その後、病を得て実家に帰り、翌二十三年二月死去した。」と記され、水野の「年譜」は終わっている。ここに紛れもなく、水野の「理想的田園生活」に寄り添わざるをえなかった一人の女性の物語が刻印されている。最初の妻が「野の声」で描かれていたように、宮本満壽の存在も晩年の作品の中にとどめられているのだろうか。

残念なことに水野の著作はほとんどが入手困難で、「年譜」も収録されている『明治文学全集』72、及び横山茂雄が編んだ水野葉舟「『遠野物語の周辺』(国書刊行会)の二冊しか読むことができない。それらのこともあって、水野は近代文学史や出版史にとっても、かなり重要な人物と見なせるのだが、生活の謎も含めて多くのことが解明されるに至っていない。その一端を「水野葉舟と『心霊問題叢書』」(『古本探究Ⅲ』所収)として書いているので、よろしければ参照されたい。

それでも郊外と田園生活に関しては、窪田空穂が『わが

文学体験』（岩波文庫）で証言しているように、国木田独歩の『武蔵野』の影響を受けていると思われる。それを確かめるためにも、続けて『武蔵野』を読んでみよう。

79 郊外風景論の起源
――国木田独歩『武蔵野』（民友社、一九〇一年）

明治三十四年、すなわち一九〇一年に出版された国木田独歩の『武蔵野』は、近代文学における郊外風景論の始まりと見なすべき一冊で、前年に刊行された徳富蘆花の『自然と人生』にしても、初出の「武蔵野」の影響を抜きにしては語れない。またそれは早くも一八九四年に刊行され、日本の風景に関してパラダイムチェンジをもたらした志賀重昂の『日本風景論』（岩波文庫）にも増して、日本近代文学のみならず、多くの分野に大きな影響と波紋をもたらしたと思われる。

本書に関連していえば、前回の水野葉舟の小品文にしても、あるいは内務省地方局有志編纂『田園都市』や小田内通敏の『帝都と近郊』、小林一三の郊外住宅地開発、渋沢栄一の田園都市株式会社の設立にしても、その郊外のイメージの根底には独歩の『武蔵野』の揺曳を認めることができるのではないだろうか。

あらためて日本近代文学館とほるぷ出版による『武蔵野』初版復刻を見ると、それが現在の文庫本と変わらない菊半截判、四百ページ弱の小さな本だったとわかる。表紙の上の部分に武蔵野の夕暮れと、その中で帰途についている牛にひかれた荷車が描かれている。それは独歩の友人岡落葉によるもので、このような風景のイコノロジーに通じていないが、おそらく『武蔵野』の内容と不可分なかたちで、その絵のイメージも同時代に伝播し、浸透していったと見なしていい。

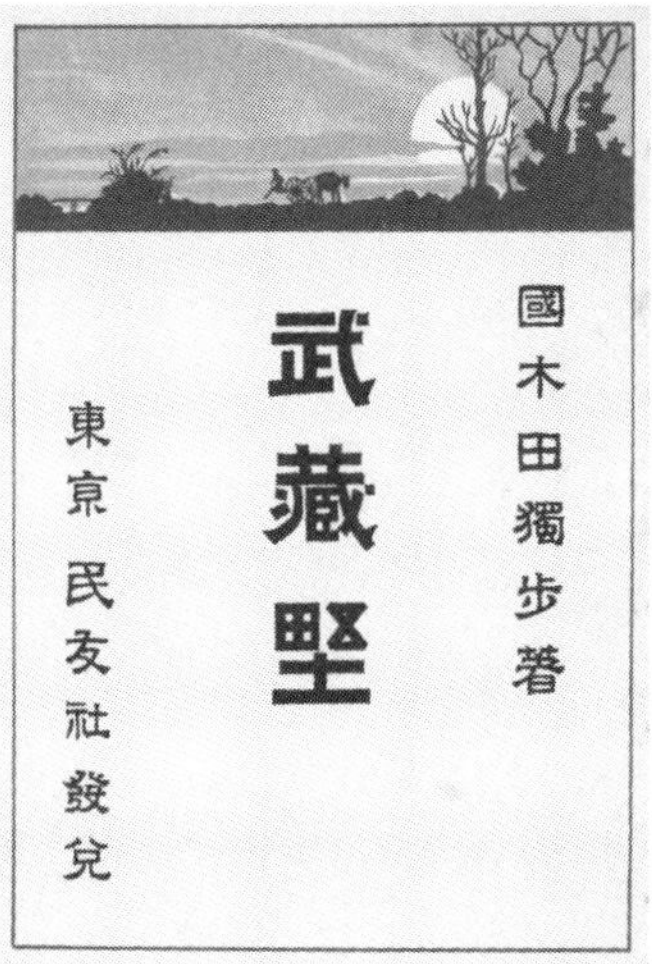

『武蔵野』は小説集とされ、「武蔵野」を始めとする十八編からなり、これはほとんど言及されることがないが、二番目に置かれているのは「郊外」で、この作品は「都の近在」の村立小学校の教員とその周辺の出来事を描いた短編である。同じように「都の近在」を舞台としているのは「忘れえぬ人々」「小春」で、前者は多摩川の溝口という宿場、後者は山口県の佐伯などを背景とし、独歩特有の都会と郊外、自然と生活の接点を探り、それらを往復する精神の動きが見てとれる。それゆえに独歩は、近代文学において郊外と自然を初めて自覚的にトポロジー化させたといっていいのかもしれない。

しかしそれらの短編も興趣はつきないけれど、ここではやはり冒頭に置かれた「武蔵野」にしぼるべきだろう。これは短編というよりも長編散文詩のような趣きで、独歩が愛読したワーズワースの詩と、二葉亭四迷訳のツルゲーネフの「あいびき」とが交感、照応し、近代文学に新しい郊外の風をもたらしたと思えるからだ。

その「武蔵野」は「武蔵野の俤は今わずかに入間郡に残れり」という一文から始まっているのだが、まずは地名辞典などを参照し、この「武蔵野」なるトポスを、ここであらためて定義しておこう。それは東京都と埼玉県にまたがる関東平野西部の台地帯をさし、北を入間川、東を荒川、西を多摩川、南を東京湾に囲まれた地域をいい、江戸時代には大規模な新田開発などが行なわれたけれど、明治、大正時代は純然たる農村であった。それは小田内の『帝都と近郊』でも見てきたばかりだ。

独歩は「武蔵野」に述べられているように、明治二十九年の秋から翌年の春にかけて、渋谷村の小さな茅屋に住んでいた。当時の渋谷村は豊多摩郡に属し、独歩が住んでいた小高い丘の上にある家は現在の松涛町の付近だったが、まだ武蔵野の農村で、東京の郊外に他ならず、田や雑木林に囲まれ、小川や水車などもあり、ツルゲーネフの「あいびき」に描かれた自然を連想させるものだった。そして独歩はそこに、昔に劣らないであろう「武蔵野の美しさ」、「美といわんよりむしろ詩趣」を見出したのである。それゆえに「秋から冬にかけて自分の見て感じたところを書いて」、今の武蔵野を描こうとするに至る。それがこの「武蔵野」という一編に他ならない。

独歩は死後に刊行の日記『欺かざるの記』における明治二十九年の九月から翌年三月にかけての武蔵野に関する記述を引用することで、「武蔵野」を始めている。その最初は九月七日のもので、「昨日も今日も南風強く吹き雲を送りつつ雲を払いつつ、雨降りみ、降らずみ、日光雲間をもるるとき林影一時に煌めく――」とあり、それを受けて独歩は次のように続けている。

――これが今の武蔵野の秋の初めである。林はまだ夏の緑のそのままでありながら空模様が夏の緑のそのままでありながら空模様が夏と全く変ってきて雨雲の南風につれて武蔵野の空低くしきりに雨を送るその晴れ間には日の光水気を帯びてかなたの林に落ちこなたの杜にかがやく。自分はしばしば思った。こんな日に武蔵野を大観することができたらいかに美しいことだろうかと。――

このようにして武蔵野の秋の発端が語られ、続いて同じく日記において、秋から冬にかけての光景が召喚され、それは翌年三月の「春や襲いし、冬や遁れし」までがたどられている。

それから今の武蔵野の特色である林について言及されていく。「木は重に楢の類で冬はことごとく落葉し、春は滴るばかりの新緑萌え出づるその変化」がもたらす「春夏秋冬を通じ霞に雨に月に風に桐に時雨に雪に、緑陰に紅葉に、さまざまな光景を呈するその妙」が語られる。そして独歩はいう。この「落葉林の美」は松林などと異なり、これまで日本人にほとんど知られておらず、自分にしてもそれを理解するに至ったのは近来のことで、それは二葉亭訳の「あいびき」に教えられたと記し、「秋九月中旬というころ、一日自分がさる樺の林の中に座していたことがあッた」と始まる「あいびき」の冒頭の長い一節を挿入している。つまりロシアの樺の林と武蔵野の落葉林の「趣き」が同じであり、その中に座し、身を傾けていると、これも同じように「秋ならば林野うちより起きる音、冬ならば林野かなたに遠く響く音」が聞こえてくる。それらは「鳥の羽音、囀る声。風のそよぎ、鳴子、うそぶく、叫ぶ声。叢の蔭、林の奥にすだく虫の音。空車荷車の林を廻り、坂を下り、野路を横ぎる響き」などである。

それらの音に誘われるように、独歩は「あいびき」を携え、武蔵野の林を抜け、農家が散在する畑の中を歩き、稲が熟し黄ばんできた水田を見る。その散策の路によっては蕪村の「山は暮れ野は黄昏の薄かな」という句、あるいはワーズワースの詩を思い出す光景に出会ったりする。また様々な川についての注視も語られ、「その川が平らな田と低い林とに連絡するところの趣味は、あだかも首府と郊外と連絡するところの趣味とともに無限の意義がある」とされる。

そして東京市の「町はずれ」といっていい武蔵野について、次のようにいっている。

（……）郊外の林地田圃に突入するところの、市街ともつかず宿駅ともつかず、一種の生活と一種の自然とを配合して一種の光景を呈している場処を描写することが、すこぶる自分の詩興を喚び起すも妙ではないか。なぜかような場処がわれらの感を惹くだろうか。自分は一言にして答えることができる。すなわちかような町はずれの光景は何となく人をして社会というものの縮図でもみるような思いをなさしむるからであろう。言葉を換えて言えば、田舎の人にも都会の人にも感興を起こさしむるような物語、小さな物語、しかも哀れの深い物語、あるいは抱腹するような物語が二つ三つそこらの軒先に隠れていそうに思われるからであろう。さらにその特点を言えば、大都会の生活の名残りと田舎の生活の余波とがここで落ち合って、緩やかにうずを巻いているようにも思われる。

ここで独歩は「町はずれ」の「郊外」である武蔵野も「社会というものの縮図」に加え、「一種の生活と一種の自然」の配合を見出し、それが「大都会の生活の名残りと田舎の生活の余波」の出会いで、様々な物語が隠れていることを発見したと語っているのだ。しかもそれは独歩もその訳を挙げているように、二葉亭四迷訳のツルゲーネフ「あいびき」に触発されたもので、この「あいびき」は一八八八年に『国民之友』に発表され、一八九六年に二葉亭の翻訳集『片恋』（春陽堂）に収録刊行に至っている。これらの二編の「あいびき」が岩波書店版『二葉亭四迷全集』第一巻に収録され、四迷が単行本化に当たって、かなりの改訳をしていることがわかる。

そこで「武蔵野」における「あいびき」の引用部分を照らし合わせてみると、それは『国民之友』掲載の訳文と同じであることから、独歩が『国民之友』バックナンバーをずっと手元におき、「あいびき」を長きにわたって愛読してきたことが推測される。したがって『国民之友』編集者となり、一八九八年に同紙に「武蔵野」を「今の武蔵野」として連載したこともつながっているのである。

一方で「あいびき」は一八五二年に刊行された『猟人日記』の一章で、この一冊は猟人の目を通して描かれたロシアの果てしなく広がる森林、畑、川、沼などの美しい自然を背景とする農奴制下の地主や農民の姿であり、それらは『武蔵野』と同様に、短編小説というよりもオリジナルな紀行的散文詩の趣きに包まれていた。そしてここに表出する自然描写は日本の独歩のみならず、十九世紀後半のフランスのフローベールやゾラにも引き継がれたと思われる。

この事実からツルゲーネフ「あいびき」が二葉亭訳を通じて、独歩と「武蔵野」の文体と内容へと引き継がれていったことがわかる。それは一八九〇年前後から一九〇〇年前後にかけてで、前述したように『武蔵野』の単行本化は一九〇一年であるので、この一冊は静かに読み継がれ、武蔵野に象徴される郊外に関して、新しいイメージを寄与していったにちがいない。

その一方で、同時代のイギリスでハワードの『明日の田園都市』が出版され、田園都市協会が設立され、翌年には最初の田園都市レッチワースの創設が始まり、それは欧米へと伝播していく。日本においても一九〇七年に内務省地方局有志編纂『田園都市』が刊行され、小林一三は〇九年には阪急沿線に「理想的郊外生活の新住宅地」の開発販売を始めつつあった。渋沢栄一は一八年に田園都市株式会社を設立し、それに小林も加わり、郊外高級住宅地としての田園調布の開発造成に至るのである。文学青年だった小林が独歩の『武蔵野』を読んでいなかったはずもなく、また田園調布株式会社の開発は主として独歩の「武蔵野」を中心にして行なわれていく。

独歩の『武蔵野』によって新しい郊外が発見され、そのイメージが造型され、文学を通じて社会に伝播し、それを受けて小林や渋沢による現実の郊外の開発が始まっていったと見なすこともできよう。

80 敗戦と姦通の政治学
——大岡昇平『武蔵野夫人』〔講談社、一九五〇年〕

前回の国木田独歩の『武蔵野』の刊行からほぼ半世紀を隔てた一九五〇年に、大岡昇平の『武蔵野夫人』が『群像』に連載され、やはり同年に単行本化されている。そして翌年には十五万部という文芸出版のベストセラーとなり、また福田恆存脚色による文学座での上演、それに基づき溝口健二監督、田中絹代、森雅之主演で映画化もされているので、戦後文学として知られた作品といえるだろう。だが『武蔵野夫人』が戦後状況に包囲された郊外の物語、占領下の物語であることはもはや忘れられているかもしれない。この小説の時代背景は「二・一スト失敗」や「キャスリーン台風」への言及があるように、一九四七年に他ならない。

それに加えて、次のような事実もあまり知られていないだろう。『武蔵野夫人』が収録されている中央公論社版『大岡昇平全集』第二巻の「月報」における、『群像』の元編集者有木勉「『武蔵野夫人』について」によれば、タイトルに関して大岡の意向は当初『武蔵野』であり、それに対して有木たちが独歩の作品と同じゆえに賛意を示さなかったことから、『武蔵野夫人』に変更されたという。

このエピソードは同じようなタイトルと姦通をテーマとしていても、フローベールの『ボヴァリー夫人』（伊吹武彦訳、岩波文庫）とは無縁であることを告げている。また『武蔵野夫人』の舞台と登場人物モデルが富永次郎一族であることも、『大岡昇平』（「新潮日本文学アルバム」67）などで明らかにされている。これらの事実は大岡が独歩の『武蔵野』にならって、戦後、それも占領下の『武蔵野』を描こうとする意図を有していたと判断していいように思われる。ただ編集者と主人公の名前が同じであることは偶然なのであろうか。

独歩が没した翌年の一九〇九年に生まれた大岡は、大正時代を通じて渋谷区で育ち、青山学院中等部を経て成城高校に進んでいる。それは大岡が独歩の描いた武蔵野の大正から昭和にかけての変貌と寄り添って成長してきたことを意味している。また後に彼は幼少年期を過ごした渋谷を『幼年』（潮出版社）、『少年』（筑摩書房）で描き、後者所収の地図によれば、独歩と大岡の家はすぐ近くにあったとわかる。そればかりでなく、独歩が徳富蘇峰の国民新聞社に在籍していたように、大岡もまた一年ほどだが同社に勤めている。これらのことを考えると、大岡の独歩と『武蔵野』に関するこだわりは長きにわたって保たれていたはずで、それは当初予定されていた『武蔵野』というタイトルにこめられていたのではないだろうか。そのように考えてみると、『武蔵野夫人』において、最初に「はけ」というトポスへの言及がなされ、執拗なまでに武蔵野のトポロジーが追及されていることに納得がいくのである。「はけ」への言及の後は次のように続いている。

　中央線国分寺駅と小金井駅の中間、線路から平坦な畠中の路を二丁南へ行くと、道は突然下りとなる。「野川」と呼ばれる一つの小川の流域がそこに開けているが、流れの細い割に斜面が高いのは、これがかつての古い地質時代に関東山地から流出して、北は入間川、荒川、東は東京湾、南は現在の多摩川で限られた広い武蔵野台地を沈澱させた古代多摩川が、次第に西南に移って行った跡で、斜面はその途中作った最も古い段丘の一つだからである。

　そして「野川」は古代多摩川が武蔵野に置き忘れた名残川、斜面に高く聳える欅や樫の木は古代武蔵野の原生林の残物で、「はけ」とは「峡」を意味し、豊かな湧き水がたまる日当たりのいい高みの窪地をさしている。

ここにはもはや独歩の『武蔵野』に見られる詩的抒情性はなく、一筆書きの直截さで古代武蔵野の川と水と原生林が立ち上がってくるようなイメージがある。しかしその後に「近ごろとみにこの辺に増えた都会人の住宅」があり、三十年ほど前から「はけ」の周辺も郊外住宅地へと変貌しつつあることが語られている。その理由もきわめて散文的に「ここから徒歩五分のところに小金井駅ができ、地価が三倍になった」とも記されている。したがって『武蔵野夫人』の舞台となる「はけ」のある土地と家は大正時代の郊外の開発とパラレルに取得され、しかもそれは鉄道省事務官だった男によるもので、戦後を迎えたことになる。

東京の官吏宮地信三郎は小金井駅ができる五年前に移り住んでいたが、それは駅の新設をあらかじめ知っていたこともあるけれど、何よりもそこから富士が見えるからだった。彼は旧幕臣の子で、静岡に移ってから生まれたので、富士を見て幼時を過ごしていたことも大きく作用にしている。そのような環境にもかかわらず、明治政府に職を得て、大正末に定年で官を退いたけれど、利殖にたけていたので、別荘として「はけ」の家も建ててあり、そこで暮らし、戦後を迎えたが、二人の息子は早逝し、妻は空襲で死んでいた。彼女は「はけ」の家を建てるに際し、崖の横穴から人骨が出たのを見ていたので、娘の道子が残されていたが、息子たちの夭折は「ひとえに墓の祟りだ、いずれ宮地家は死に絶えると固く信じ」こんでいた。道子は東京の私立大学のフランス語教師秋山と結婚し、渋谷の家が空襲で焼けたことで、「はけ」の家に同居していた。また一方で軍人だった宮地の弟は日本降伏の翌日に拳銃自殺していた。

　これらが「はけ」の敗戦までの宮地家事情であり、戦後になってどのような変化を伴っていったかが『武蔵野夫人』の物語に他ならない。秋山は戦後の出版景気とスタンダールの流行によって、戦前の翻訳が重版され、急に印税が入るようになっていたが、宮地老人の恩給と株券は一ヵ月分の闇米をももたらされず、彼は物置や樹木を売るはめになった。その買主は一年前に近くの証券屋の別宅を買い、移ってきた大野で、彼は亡妻の妹の子にして、やはり旧幕臣の出だった。大野は戦後になって、府中の任せられていた化学工場を石鹸工場に切り替え、はぶりがよく、コケットリイを備えた妻の富子と娘の三人で暮らしていた。

　そのような老人と婿と甥の戦後的経済状況の中で、四六年に老人がぽっくり死んだ。そしてその翌年に自殺した軍人の息子の勉がビルマから復員してくる。彼は学徒召集され、ビルマに向かい、消息を絶っていたのである。

　第一章「はけ」の人々で、そのトポスの歴史と登場人物たちが紹介され、第二章「復員者」において、二十四歳の勉が俘虜生活を経て復員し、二十九歳の従姉道子の前に姿を現わす。

　駅の附近に群れるパンパンとその客の間を素速く通り抜け、人気のない横町を曲ると、古い武蔵野の路が現われた。低い陸穂の揃った間を黒い土が続いていた。その土の色は、恐らく彼が熱帯から帰って懐しく思った唯一のものであった。彼は人間に絶望していたが、自然は愛していた。兵士は自然に接することが多い職業である。

勉も俘虜と設定されているし、この最後の一節に同じく大岡の『俘虜記』（新潮文庫）の光景を思い浮かべてしまう。

　このようにして道子の前に姿を現わした勉に対して、富子は娘の英語の家庭教師を依頼し、そのことによって、勉は道子の「はけ」の家に住むようになり、第三章は「姦通の条件」が置かれ、所謂「姦通小説」としての『武蔵野夫人』の物語も始まっていく。その「姦通」も含め、この物語は戦後の法律改正とともに道を歩み、勉の遺産相続は民法応急措置法、勉と道子、及び秋山と富子の姦通は姦通罪廃止、宮地家の相続における相続税の発生と譲渡委任状問題、土地をめぐる道子と秋山と大野の姦通的状況は、戦前の法律の解体、占領下において新たに再編されていく戦後の法律の簇生を告げるものである。それらは土地や家や財産のみならず、親子や夫婦や家庭、姦通や愛人関係すらも変貌させていくことを暗示させているのであろう。それこそ老人の「ペダンチスム」ではないが、エンゲルスの『家族・私有財産及び国家の起源』（戸原四郎訳、岩波文庫）を俎上に載せる議論の存在はそれらを象徴していると思われる。

　そうした戦後的法律状況や人間関係の磁場の中で、第四章は「恋が窪」と題され、再び「はけ」というトポスへと戻るのである。新潮文庫版『武蔵野夫人』にはこれらの「小説地図」が掲載されていることを記しておこう。


勉は出征前に「はけ」を訪れ、その一帯の楢やヌルデの紅葉している雑木林に入ったことを思い出す。しかし今、その林は戦争中の薪不足と飛行場新設のための用材として切り払われ、草原となり、少ししか残っていなかった。彼はその中を進んでいった。

　林中は冷たく、下草の間に白や黄の蘭科の花が咲いていた。林は意外に深くあるかなきかの細径が、斑に陽の落ちた草の間を交錯し、去年の落葉をためていた。

　ビルマ山中の記憶が蘇った。熱帯の樹は四季の別なく落葉し、林中の道は細かった。そこで勉は武蔵野の林を思い出し、今、六月の武蔵野の林ではビルマの叢林を思った。

　勉は草に坐った。遠く梢に隠れた鳥の啼き交わすほか物音はなかった。彼は大きく息をした。

「山林に自由存す」と歌った明治の詩人の句が思い出された。しかし熱帯の山林を独り彷徨したことのある彼は、自由がいかに怖ろしいものであるかを知っている。明治の詩人にとって瞑想を伴奏する楢椚の快い緑の諧調も今彼は薪の材料としか映らないのである。人間の手を加えずしてこれほど楢ばかり密生するとは考えられない。

「山林に自由存す」と歌った明治の詩人とはいうまでもなく、独歩に他ならず、この詩は一八九七年の田山花袋や柳田国男たちとの共著『抒情詩』（民友社）所収の『独歩吟』の中の一編である。

ここに見られる勉の武蔵野の森に関する表白は、戦争の中で熱帯の山林を彷徨した経験を得た後において、落葉樹はビルマの山中の記憶を浮かび上がらせ、山林と自由の怖ろしさがオーバーラップしてくるというもので、もはや大東亜戦争を経たことで、独歩の詩的抒情性は失われてしまったのだ。それが半世紀を隔てた武蔵野のイメージの変化として表出していることになる。

それをさらに強化するごとく、雑木林の奥には赤く錆びた鋼鉄の集塊でしかない戦車、野に出ると、戦争末期に着工された飛行場の残骸なども目に入るのだ。そのような散歩の後での勉の姿は、道子が知っている昔のおとなしい少年とはまったく異なっていた。

そのかたわらで、勉は老人が残した武蔵野に関する歴史や地理の本を読み、「はけ」の自然に対する愛を道子とわかちたいと思い、道子を散歩に誘った。彼は「はけ」の前を流れる「野川」が、成城高校の高台の下や田園調布にいた家の下を流れる川の上流であることを知ったからでもある。この事実は彼もまた本書73などの小原国芳の成城学園プロジェクトや渋沢栄一の田園都市株式会社による郊外住宅地を出自としていることを示していよう。

勉は道子とともにその「野川」の水源の探索を試み、斜面の道をたどり、神社の奥の拝殿に至る。すると激しい水音が聞こえ、コンクリートの溝を水が走り、その溝は玉川上水につながっていた。二人はその水源地をめざし、さらに小径をたどっていくと、水があふれる大きな池に出た。そこは「恋が窪」と呼ばれ、伝説によれば、有名な鎌倉武士と傾城の伝説があるところで、傾城は西国に戦いにいった男を慕ってこの池に身を投げたのだという。すなわち「はけ」と「野川」の水源をたどる二人の探索は道行に他ならず、「恋が窪」の名前と伝説は『武蔵野夫人』の物語の行方を暗示していることになる。それは同時に『武蔵野夫人』の、独歩の『武蔵野』を異化する物語機能として効果を発揮させ、物語をさらに進めていくのである。

81 「東京白人」と原住民
――三浦朱門『武蔵野インディアン』
〔河出書房新社、一九八二年〕

もうひとつ続けて武蔵野を舞台とする作品を取り上げてみよう。それは三浦朱門の『武蔵野インディアン』で、同タイトルの他に「先祖代々」「敗戦」「解剖」の四編からなる連作小説集である。

『武蔵野インディアン』という総タイトルに表象されているように、独歩の『武蔵野』を踏まえ、また「敗戦」の中で、武蔵野の平野と水の湧く谷や丘陵のミニチュアのような庭が描かれ、水の湧く谷が「くぼ」と呼ばれていると述べられている事実からすれば、当然のことながら、大岡昇平の『武蔵野夫人』も念頭におき、それらとは別の武蔵野の物語の提出を意図し、この連作小説が書かれたと見なせよう。

独歩の『武蔵野』が明治中期の渋谷村、大岡の『武蔵野夫人』が小金井駅と国分寺駅の中間の「はけ」というトポスを主にしていたことに対し、『武蔵野インディアン』はより広範な三多摩地区、つまり吉祥寺、小金井、立川、拝島、福生などの中央線沿いの昭和戦前から戦後にかけての物語である。その内実を表題作「武蔵野インディアン」に見てみる。

この連作小説集はすべて元大学教師で、現在は都市に住む売文業の太田久男という男を語り手として進行し、「武蔵野インディアン」も同様である。その前作「先祖代々」を参照すると、関東大震災後に郊外に移ってきた久男たちサラリーマン一家は「新来者、よそ者」だった。その小金井の境は繭と蔬菜の集散地としてできた町で、昭和の初めには本物の肉屋も魚屋も八百屋もなく、また新来者に必需である食料品、パン、書物を商う店もなく、それらが商店街に揃ったのは昭和十（一九三五）年頃になってからだった。それもそのはずで、久男が小学一年の頃、東京の不動産会社が農地を買い、宅地として売り出していたが、一区画も売れず、「草ぼうぼうの原っぱ」になっていたからだ。だがそこで久男は叔父の新二郎に出会った。彼は左翼運動のために旧制高校を退学させられ、久男の父の家に身を寄せてきたのだ。新二郎はルネ・クレールの映画『自由を我等に』の主題歌を口笛で吹いたり、歌ったりしていた。久男は彼を通じて社会のことや土地の事情を知り、また「土地の原住民の子供たち」とも遊ぶようになる。そし

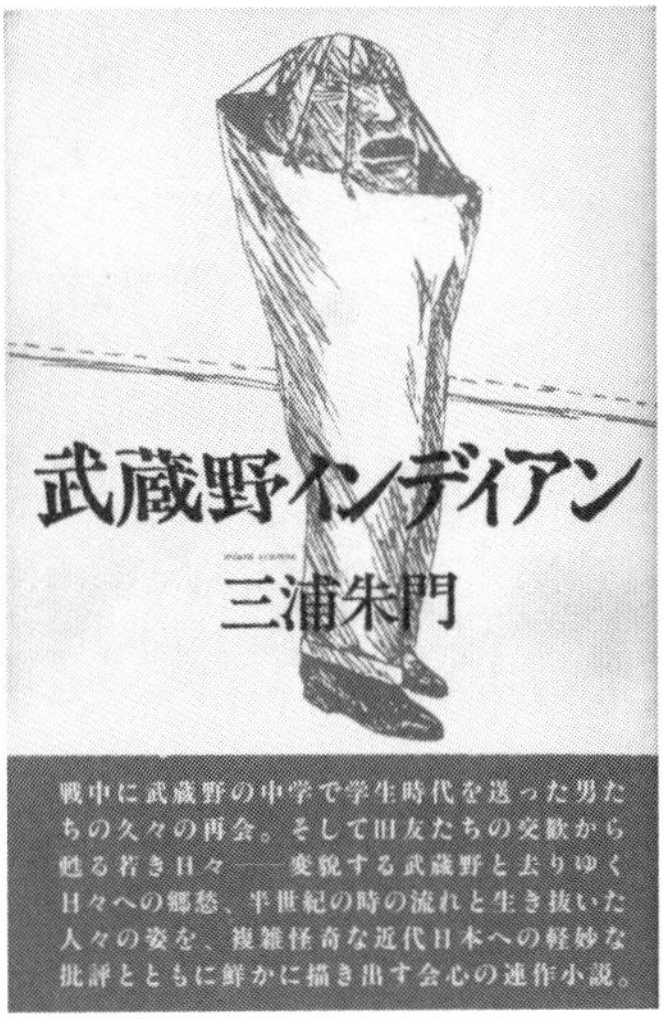

て長じて久男は吉祥寺に移り、立川の旧制中学に入り、そこでの同級生たちがこの連作小説集の主たる登場人物であり、様々な戦後の物語の語り手として現われてくる。その典型が「武蔵野インディアン」と見なしてよかろう。

「武蔵野インディアン」は中学の同級生の村野が久男のところにかけてきた電話から始まっている。村野は現役の砂川市長で、新聞で久男が教育学者と対談し、久男の持論である人間には教育ではどうにもならない先天性があり、学校や個人の格差をなくそうとしても無駄だし、不必要だという考えを否定され、何もいえなかったことに対し、同級生たちが「太田久男を教育する会」をやるべきだといっていることを伝えてきたのだ。久男の持論は戦後の定時制高校での英語教師の経験に基づいていた。

それはひとまずおくとして、久男は村野から四谷駅に近い和楽路というすき焼き屋に呼ばれた。久男が出かけていくと、そこには村野の他に味噌・醬油製造業に従事している土方、二年上の神社の息子で、神官の榎本がいた。かつての陽気な少年たちは「俗世に失なう恐れのある物を持つ人間独特の落ちつきと、横柄さを身につけていた」。

どうしてここに集まることになったかという久男の問いに対し、ワラジ屋は二百年前からの知り合いだからだという返事が出される、それを聞いて「地方出身の先祖を持ち、父の代から東京生まれの久男にとって、二百年前というのは、社会の歴史としてはともかく、個人の家の過去としては、無限大に近い、遠い昔だった」と思う。彼らの説明によれば、村野の先祖は武蔵野を開いた豪族の子孫で、当時の武蔵野は尾張徳川の鷹場だったことから、ここを開いた村野は、他の三人の名主とともに管理責任者を務めていた。それで今は自衛隊基地となっている市ヶ谷の尾張家に出頭する時、このワラジ屋に泊まっていたという。

そして東京や武蔵野の「新来者、よそ者」に他ならない久男に、村野はいう。

「お前たちは、ご維新後、都になった東京にやってきた東京白人よ。おれたちは原住民武蔵野インディアンよ」

その言葉に触発され、久男もひとつの風景を思い浮かべてしまう。それは敗戦当時のもので、空襲で焼き払われ、新宿から富士山に至るまで平らな大地が続いていた。それが翌年になると焼け跡にすすきがはえ、秋には白い穂が風にそよいでいた。「夕方電車から、シルエットになった富士山や、遠い山脈まで続いていそうなすすきの穂を見ていると、久男はよく、太古の武蔵野というのはこんなだったのだろうかと思った」。

昔の武蔵野談議には榎本も加わり、神官らしく古代武蔵野が「エデンの園のよう」だった、天皇制とは異なる偽史を語りだす。その次に中学時代に「日野の羽生の娘」を婚約者としていた土方の話になり、久男は濠を構えた武家の館のような欅の屋敷を訪ねたことを思い出した。また駅に女学生だったその娘を見にいったことも。その娘と土方は結婚していた。それは「イイナズケ」だったこともあるが、「武蔵野インディアンは、東京白人とだって結婚しない。ましてや、宇宙人に娘をやるほど落ちぶれちゃいない」からだ。

そうして久男の「君たちインディアンが、どうして東京白人のおれを読んで、すき焼きを食わしてくれるんだ」という質問から、「武蔵野インディアン」と「東京白人」のコントラストが必然的に浮かび上がってくる。日清戦争の前まで、三多摩と呼ばれる東京都下は神奈川県に属し、明治の藩閥政府にたてついた自由党員は新選組の生き残りで、村野や土方もその一族だった。今の中央線にしても、昔は甲武鉄道で、彼らの家が金を出し、八王子、新宿間を開通させたのだが、政府が取り上げ、東京府へと移してしまったのだ。学校の土地も彼らが寄付したのである。

その末裔が市長や不動産業になっている。それが「武蔵野インディアン」の現実であり、「東京白人」の目には「おざなりの近代化をしている途上国の話みたいだ」った。久男はかつてルポルタージュを書くためにフィリピンの少数民族の村にいったことを思い出していた。そこはカトリック教会もある村で、村長の家でご馳走になり、歓迎のダンス・パーティも行なわれた。だがその踊りは伝統衣装で、焚火の廻りをめぐるものだった。ここは最近まで首狩り族の村で、村長たちはそのリーダーであった。古い伝統的な秩序が新秩序に姿を変えて残っている久男は結論づけた。それに重ねて、「東京白人」は「武蔵野インディアン」を見る。

（……）改めて三人の顔を眺めた。三人とも、しかるべき大学を出て、背広を着た教養ある現代日本人である。

一人は選挙によって選ばれた市長。一人は株式会社の社長、もう一人は宗教法人である神社の神官である。しかし一皮はげば、彼らは徳川時代からの家業をついだにすぎないだけでなく、どうやら、自分たちの家系が徳川氏の入府以前にさかのぼることを誇っているらしい。

それに加えて、村野の曾祖父は新選組、祖父は自由民権、父は帝国陸軍飛行場設置に反対して刑務所に入り、村野自身も米軍基地拡張に反対し、今は革新系市長だが、「イデオロギー」は「羽織袴や野良着を脱いで着た洋服が背広か作業服かというだけのこと」なのだ。そうした「武蔵野インディアン」にしてみれば、久男の対談相手の「進歩的な教育学者」が許せないのだ。三人が久男を呼んだのは、その教育学者が学校群制度を東京都に献策し、息子たちが自分たちの土地も寄付した出身校に入れなかったことに対する腹立たしさを訴えるためだったのである。

久男の教育対談は村野たちだけでなく、他にも波紋を呼び、ここではふれないが、別のエピソードへと展開されていく。そして「武蔵野インディアン」のクロージングにおいて、村野たち「インディアン」とは「土地に根を生やした者」ではなく、「現実に立脚して生きている者」かもしれず、教育学者や久男たち「白人」は「理想郷を求めて放浪し」、「紙とインクの世界しか知らない者」のことで、「土地の自然に適応して生きているインディアン」からすれば、「悲壮感にあふれて旅を続けていても」、「愚かしく、滑稽な存在なのかもしれない」と思うところで終わっている。

この「インディアン」がリアリストで、「白人」がロマンチストという図式、しかも久男自身が「白人」に属するという設定は、三浦の小説作法から考えても、彼自身の認識が述べられているのだろう。しかしこの単純な図式こそは、郊外における混住社会の根底に潜む安易な物語のひとつということになろう。しかもそれは「白人」から見られた郊外の「インディアン」の物語に他ならないのである。「武蔵野インディアン」における様々なエピソードも、三浦の私小説手法からすれば、かなりは事実に基づいているはずだし、エリート教育と批判された対談に関連して、三浦は後に文化庁長官、教育課程審議会会長を務め、あからさまなエリート教育を唱え、ジャーナリストの斎藤貴男から『機会不平等』(文春文庫)などで激しく批判されることになる。要するに三浦は常に「白人」の立場にいて、「インディアン」の側に身を置くという想像力が欠如しているし、まして自らが「難民」となることなど考えたこともない人物だと見なせるだろう。

だがそのような久男にとっても、三多摩の風景は忘れられないものであり、最後の「解剖」は次のような一文で終わっているので、それを引いてその「イデオロギー」を相対化させ、閉じることにしよう。

久男は駅に向かって歩きながら、三多摩は彼が幼年時代を送った境をはじめとして、ここ二三十年の間に、来る度に変わっていくと思った。今のうちは、どこに行っても、同級生や、見覚えのある神社や、欅の大木などが残っていて、それを頼りに昔の光景を再現できるのだが、やがては、久男にも覚えのある自然も人もなくなってしまうのではないだろうかいや、そういう久男自身、木下の神社の鳥居より早くこの世から消えることはまず間違いないことなのだ。

今日は、大石を誘って、二宮神社の湧き水の池に行ってもよかった、と久男は思った。それともあの池も、コンクリートの蓋がかぶせられ、水は暗渠の中を、人の目も触れずに流れているのだろうか。

82 マゾヒストと郊外の「お伽噺の家」
――谷崎潤一郎『痴人の愛』〔改造社、一九二五年〕

谷崎潤一郎の『痴人の愛』は田園都市株式会社が開発を進めていた荏原郡の大森町を主たる舞台としているが、この作品が大阪で書かれたことに関してはあまり言及されていない。横浜に住んでいた谷崎は一九二三年箱根で避暑中に関東大震災に遭い、関西の阪急沿線の苦楽園の六甲ホテルに移り住んでいる。そして同じく阪急沿線を転居しながら、翌年に『大阪朝日新聞』に『痴人の愛』、『女性』（プラトン社）にその続編を連載し、二五年に改造社から単行本化されるに至っている。

それゆえに本書75でもふれた『阪神間モダニズム』が『痴人の愛』にも投影されているはずで、三二年に書かれた「私の見た大阪及び大阪人」（篠田一士編『谷崎潤一郎随筆集』所収、岩波文庫）において、阪神地方の「田園都市の膨張につれて年々狭められていく田圃道や畦道」の周辺の光景に見られる田舎の行事の名残りである捨てられた

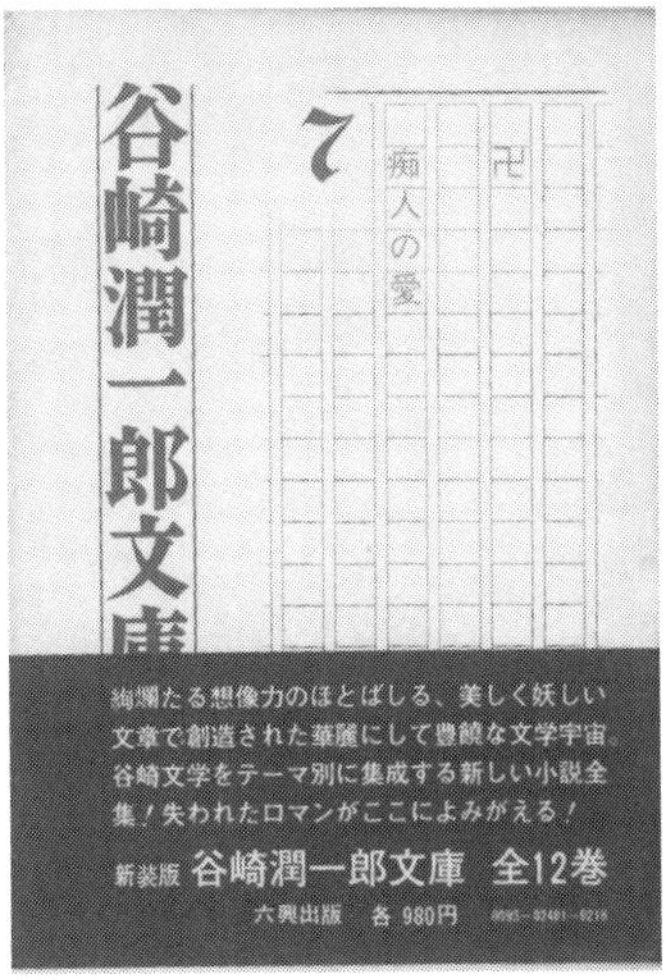

七夕の笹の棒、茅葺き屋根に挿してある菖蒲の「あわれともまたなつかしい気」について語っているが、これも『痴人の愛』の物語の根底に流れているひとつの情感のように思える。具体的にいえば、その情感とは『阪神間モダニズム』に顕著なロバート・フィッシュマン的「ブルジョワ・ユートピア」の気配ではなく、「あわれともまたなつかしい気」がする「安普請のユートピア」のイメージに覆われているのではないだろうか。

『痴人の愛』の主人公河合譲治は「君子」にして「模範的なサラリーマン」であるが、浅草のカフェエの給仕女をしていたナオミに魅せられる。彼は二十八歳、彼女は十五歳だった。譲治は宇都宮の大きな農家の生まれで、上京して蔵前の高等工業を出て技師となり、大井町の会社に通い、百五十円の月給をもらい、仕送りの義務もなかったので、かなり楽な生活を送っていた。ただ田舎育ちの無骨者だったので、異性との交際はなかったものの、心の中では絶えず注意を払っていた。ただ結婚に対しては「ハイカラな意見」を持ち、見合いのような面倒な手続きをふまず、「自由な形式」でしたいと思っていた。そんなところに現われたのがナオミだった。

譲治の望みは財産家の娘や学歴のある偉い女ではなく、「ナオミのような少女を家に引き取って、徐ろにその成長を見届けてから、気に入ったならば妻に貰う方法が一番いい」し、「たわいのないままごとをする」ような「シンプル・ライフ」を送ることにあった。ジル・ドゥルーズの『マゾッホとサド』（蓮實重彦訳、晶文社）に「マゾヒストは本質的に訓育者」だという言葉があったことを思い出す。

ナオミはカフェエに出たばかりの女給見習いだったが、名前が「ハイカラ」だし、西洋人との「混血児」のようなところが気に入り、譲治は彼女を活動写真や食事に誘い、それは子供と伯父さんの関係に似ていて、「お伽噺の世界」にでも住んでいるようだった。

ナオミの家ははっきりとわからなかったが、浅草の花屋敷近くの千束町の横丁にあり、十五歳でカフェエの女給に出されていたわけだから、家庭環境は推して知るべしで、譲治の申し出は張り合いがないほど簡単に受け入れられた。そして二人は適当な借家探しを始めた。それを譲治は回想している。「もしあの時分、麗らかな五月の日曜日の朝などに、大森あたりの青葉の多い郊外の路を、肩を並べて歩いている会社員らしい一人の男と、桃割れに結った見すぼらしい小娘の様子を誰かが注意していたとしたら、まあどんな風に思えたでしょうか？」と。そうしてようやく家が見つかったのである。

（……）さんざん迷い抜いた揚句、結局私たちが借りることになったのは、大森の駅から十二三町行ったところの省線電車の線路に近い、とある一軒のはなはだお粗末な洋館でした。いわゆる「文化住宅」というやつ、――まだあの時分はそれがそんなに流行ってはいませんでしたが、近頃の言葉で云えばさしずめそういったものだったでしょう。勾配の急な、全体の赤さの半分以上もあるかと思われる、赤いストレートで葺いた屋根。マッチ箱のように白い壁で包んだ外側。ところどころに切ってある長方形のガラス窓。そして正面のポーチの前に、庭というよりはむしろちょっとした空地がある。と、先ずそんな風な恰好で、中に住むよりは絵に画いた方が面白そうな見つきでした。もっともそれはそのはずなので、もとこの家は何とかという絵かきが建てて、モデル女を細君にして二人で住んでいたのだそうです。従って部屋の取り方などは随分不便にできていました。いやにだだッ広いアトリエと、ほんのささやかな玄関と、台所と、階下にはたったそれだけしかなく、あとは二階に三畳と四畳半とがありましたけれど、それとて屋根裏の物置小屋のようなもので、使える部屋ではありませんでした。その屋根裏へ通うのにはアトリエの室内に梯子段がついていて、そこを上がると手すりを続らした廊下があり、あたかも芝居の桟敷のように、その手すりからアトリエを見おろせるようになっていました。

ナオミは最初この家の「風景」を見ると、

「まあ、ハイカラだこと！　あたしこういう家がいいわ」と、大そう気に入った様子でした。そして私も、彼女がそんなに喜んだのですぐ借りることに賛成したのです。

『痴人の愛』の時代設定は大正半ばから昭和初期にかけての八年間であり、ちょうど一九二〇年代に相当している。『文化住宅』というやつ、――まだあの時分はそれがそんなに流行ってはいませんでした」との言葉はそれが関東大震災前であることを示している。実際に「文化住宅」が普及していくのは二二年に上野公園で開催された平和記念東京博覧会の一角に文化村が設けられ、そこに十四戸の洋風小住宅が展示されたのがきっかけだったとされている。内田青蔵の『消えたモダン東京』（河出書房新社）は大正から昭和にかけての「文化住宅」の歴史をたどっているが、そこには博覧会の文化村の住宅の写真が掲載され、その一端がうかがわれる。譲治がいうところの急勾配の赤いストレートで葺いた屋根、モルタル塗りの白い壁、長方形のガラス窓などは「文化住宅」に共通の特徴だといっていい。さすがにアトリエとロフト的な二階の間取りは示されていないにしても。

南博編『大正文化』（勁草書房）によれば、大正時代に生み出された都市型新中間階級、すなわちサラリーマンや官吏、医師や弁護士などを代表とし、文化住宅はそうした新中間層文化のシンボルだったとされる。それとパラレルに近郊私鉄沿線の土地開発と分譲、消費生活におけるデパートの急速な発展が重なっているのである。これらの問題については本書でも既述してきたが、『痴人の愛』の背後にはこうした「ハイカラになる」同時代の社会的物語の集積が控えているといっても過言ではない。

譲治こそはそうした新中間階級の代表的存在と見なせよう。宇都宮の「草深い百姓家」の出であるにしても、高等工業を卒業した電気会社の技師で、月給百五十円の「模範的サラリー・マン」と設定され、生活も「シンプル・ライフ」をめざしているとされるので、大正時代の新中間階級の典型といえる。

そして彼はナオミという少女に出会ったのだ。彼女は芸者にされるはずだったが、当人がその気にならなかったので、カフェエの女給に出されていた。彼女の家がある千束町は浅草公園から吉原の廓へ通う道があり、料理店、質屋、芸妓屋、待合、銘酒屋などが多く、凌雲閣もそびえ、その下には私娼がたむろしていた。「生粋の江戸ッ児」らしいナオミの家は銘酒屋だったと一ヵ所だけ言及がある。銘酒屋とは酒は名目で、女が客に媚を売る商売だという。ただ関東大震災で「十二階」と称された凌雲閣は倒れ、多くの店なども玉の井へ移転したので、ナオミも物語の最後のところでは故郷を失っていたことになる。そのようなナオミを十分に教育し、立派な女に仕立てようと譲治は思ったのだ。

そのために大森の「お伽噺の挿絵のような」家を借りることになったのである。「呑気な青年と少女とが、なるたけ世帯じみないように、遊びの心持ちで住まおうというには いい家」だったが、「呑気な青年」は「草深い百姓家」

の出、少女は「見すぼらしい小娘」で、家もまた「はなはだお粗末な洋館」だという断わりも忘れずに付け加えられている。それに新居にふさわしいベッドは高いので、ナオミは田舎の家から送ってきた女中用布団に寝たという付け足しに、ちぐはぐな生活を象徴させているのだろう。

つまり「文化住宅」に象徴されるちぐはぐな「文化」と新中間階級の出現の時代にあって、青年と少女が出会い、物語の装置としての郊外の「お伽噺の家」に住み、ここに本格的に『痴人の愛』が始まっていく。そうしてナオミはすっかり女学生になりすまし、英語と音楽とダンスをならうのだが、英語の場合、リーディングはうまくなったけれども、文法や和文英訳がまったくできないのだ。つまり表層をまねたりはできるが、内実はまったく理解できないことを表わしている。その一方で、ナオミは法律的にも譲治の妻となった。そして彼女をさらに美しくしようとして、日曜毎に呉服屋やデパートにいき、衣裳を揃えてやり、海水浴やダンスにも出かけるのだった。そのようなナオミを見ていると、これもまた本書9のナボコフの『ロリータ』において、「彼女は理想的な消費者だった」という一節があったことを想起してしまう。

このようにして、当初江戸のロリータのようなナオミは譲治との「文化」生活の中で、様々な教育を通じて、郊外のファム・ファタルのような存在へと成長していく。かくして郊外の「お伽噺の家」は倒錯的なトポスと化し、マゾヒズムの帝国の様相を呈し、譲治は「ジョージ」と呼ばれるようになり、ナオミの勝利で終わるのである。「私自身は、ナオミに惚れているのですから、どう思われても仕方がありません。ナオミは今年二十三で私は三十六になります」。

私はゾラの『ナナ』（論創社）の訳者でもあるので、最後にひとつだけ付け加えておくと、ナオミと譲治の関係は、ナナとミュファ伯爵のそれを彷彿とさせる。ミュファもまた馬となってナナに奉仕するのだ。この事実からして、谷崎が西洋の性的文献に通じていたことはよく知られているが、谷崎が『ナナ』に多少なりともヒントを得ていたのは確実だと思われる。

83 セピア色の詩的郊外風景
――『萩原朔太郎写真作品 のすたるぢや』（新潮社、一九九四年）

前回の谷崎潤一郎の『痴人の愛』の主要な舞台が省線電車の大森駅に近い洋館であり、その「お伽噺の家」に関して長い言及をしたばかりだ。しかしこの作品において、主人公はマゾヒストであるけれども、模範的な「サラリー・マン」と設定されているので、同時代のそれも「お伽噺の家」の近傍に所謂「馬込文士村」が形成されようとしていたことにはふれられていない。

この馬込村事情については俯瞰的な一冊として近藤富枝の『馬込文学地図』（中公文庫）が刊行されているし、他ならぬ住人たちによっても多くの小説や回想が書かれている。私にしても、「坪田譲治と馬込文士村」（『古本探究』所収、論創社）で、坪田と尾崎士郎の友情にふれている。だからここで少しばかり馬込文士村の成立について記しておくべきだろう。

一九二三年九月の関東大震災後に、本郷の菊富士ホテルにいた尾崎士郎と宇野千代は大森駅から一キロのところにある、坂の多い荏原郡馬込村中井に移り住んだ。それは先に住んでいた『都新聞』の文芸記者で、後に劇作家となる上泉秀信の勧めによるものだった。それから続いて広津和郎、高田保、間宮茂輔、萩原朔太郎、室生犀星、北原白秋、川端康成、牧野信一、榊山潤、保高徳蔵、衣巻省三、三好達治、稲垣足穂なども住みつき、尾崎夫妻を中心にして文士村が形成され、ダンスや麻雀が流行し、様々な男女関係をめぐるドラマも発生し、いくつもの離婚騒ぎも起きていく。

住人たちをモデルにした広津和郎の『昭和初年のインテリ作家』（改造社）や尾崎の『空想部落』（新潮社）などはもちろんのこと、そのような中から尾崎の『人生劇場』（竹村書房）や坪田の『子供の四季』（新潮社）も生まれてきたといえるのである。

馬込文士村が形成され始めた時期に、谷崎は関西に移住し、それから『痴人の愛』の連載となっているので、馬込文士村と谷崎が小説の舞台を大森としたことの関係は定かにわからない。だが近藤の『馬込文学地図』によれば、詩人の衣巻は馬込にアトリエ付きの家を建て、そこで夫婦そろってダンスに励み、広津や間宮はカフェー・ライオンの女給を愛人や妻にしていた。これらは『痴人の愛』とまったく共通するものであるし、さらに谷崎は馬込の家にいた萩原朔太郎の妹愛子と交際し、プロポーズまでしたと書かれているので、谷崎は関西に在住しながらも、馬込文士村の動向に常に注意を払っていたのではないだろうか。

その萩原による「大森駅前坂」「大森駅前・八景坂」の写真が残され、『萩原朔太郎写真作品 のすたるぢや』に収録されている。これは『萩原朔太郎撮影写真集』（上毛新聞社出版局、一九八一年）をベースとし、新たに編まれた一冊といえよう。これらは萩原が双眼写真と呼ばれるフランス製のステレオスコープというカメラで撮ったもので、この立体写真機にはレンズが二つあり、一枚の細長い乾板に同じものが写り、これを特殊な覗き眼鏡に入れてみると、左右の二つが立体的に浮かび上がってくるという。萩原はこれらの写真を大正から昭和にかけて撮ったのである。

同じく所収の「僕の写真機」によれば、彼がその写真機を愛するのは「記録写真」や「芸術写真」を撮るためではなく、「その器械の光学的な作用をかりて、自然の風物の中に反映されている、自分の心の郷愁が写したい」からだ。確かにこの一冊に収録された町や田舎の様々な景色の写真はことごとくが寂しさに包まれ、「のすたるぢや」そのものがテーマであるように映る。それは「大森駅前坂」も例外ではなく、奥の方に坂を降りたものの、どこにいこうか途方に暮れているような人影が見えている。

朔太郎には「坂」（『拾遺詩篇』所収、『萩原朔太郎全集』第一巻、新潮社）と題する散文詩があり、この詩は昭和二年に『令女界』に寄せたものとされているので、「大森駅前坂」に仮託しているとみて間違いないだろう。

> 坂のある風景は、ふしぎで浪漫的で、のすたるぢやの感じをあたへるものだ。坂を見てゐると、その風景の向うに、別の遙かな地平があるやうに思われる。特に遠方から、遠視的に見る場合がさうである。（……）
>
> 或る晩のしづかな日に、私は長い坂を登つて行つた。ずつと前から、私はその坂をよく知つてゐた。それは或る新開地の郊外で、いちめんに廣茫とした眺めの向うを、遠く夢のやうに這つてゐた。いつか一度、私はその夢のやうな坂を登り、切崖の上にひらけてゐる、未知の自然や風物を見やうとする、詩的なAdventureに驅られてゐた。
>
> 何が坂の向うにあるのだらう？　遂にやみがたい誘惑が、或る日私をその坂道に登らした。十一月下旬、秋の物わびしい午後であつた。落日の長い日影が、坂を登る私の背後《うしろ》にしたがつて、冥想者のやうな影法師をうつしてゐた。風景はひつそりとして、そらにはうごかない雲

一が浮いてゐた。

そうして「私」が坂を登っていくと、一面の大平野が海のように開け、芒や尾花の秋草が光、その中に木造の西洋館が建っていた。「それは全く思ひがけない、異常な鮮新な風景」で、海上の蜃気楼のようにも思われた。「私」が声を上げて叫ぶと、草むらが風に動き、二人の若い娘が秋の侘しい日ざしを浴び、石の上にむつまじく坐ってゐた。「娘たちは詩を思つてゐる」のだ。その娘たちの一人は「私の夢によく現はれてくるやさしい娘」で、「私を幸福感でいつぱいにした」のである。

だが「坂」は次のように結ばれている。

しかしながら理性が、たちまちにして私の幻覚を訂正した。だれが夢遊病者でなく、夢を白日に信ずるだらうか。愚かな、馬鹿々々しい、ありふれた錯覚を恥ぢながら、私はまた坂を降つて来た。然り――。私は今もそれを信じてゐる。坂の向うにある風景は、永遠の「錯誤」にすぎないといふことを。

セピア色の「大森駅前坂」の写真はまさにこの「坂」に対応し、高い石崖にはさまれた坂が「新開地の郊外で、いちめんに廣茫とした眺めの向うを、遠く夢のやうに這つてゐた」。それに加え、これも朔太郎が撮った「馬込風景」(『萩原朔太郎』所収、「新潮日本文学アルバム」15、新潮社)を置くと、坂を登ったところに出現する馬込の一望の景色も示されることになり、これらの写真を眺め、夢想することで、「坂」という散文詩が紡ぎ出されたのではないかと思えてくる。

セピア色の写真と詩を比べていて連想したのは、つげ義春の『夢の散歩』(北冬書房、一九七五年)の箱表紙絵で、そこには正面に山を控え、坂をのぼっていこうとしている青年と自転車が描かれている。坂が急だから、青年は自転車を降り、歩いて登っていくつもりなのであろうか。表題の短編「夢の散歩」もまた「坂」と同様に、「夢を白日に信ずるだらうか」という「永遠の『錯誤』」に他ならない。道も山肌もセピア色に近い茶色や黄色で、そこを登っていくと、これも『萩原朔太郎写真作品 のすたるぢや』に収録されている「大森駅前・八景阪」のような風景が出現するようにも思われてくる。そこは関東大震災後に盛んになった看板建築様式による商店街のように見える。榊山潤が『馬込文士村』(東都書房)で証言しているように、「新開住宅地」の発展に見合って震災後に米、酒、雑貨店、西洋料理、中華料理店などが通りに店を並べるに至ったと書いているが、それは八景阪の途中も同様だったのではないだろうか。

だがこれらの写真には何らかの共通する侘しさがつきまとっている。これらの写真が撮られてから十余年後の一九三四年の『定本青猫』(版画荘)の「自序」において、明治十七年に出版された『世界名所図絵』から採録した西洋の文明市街の挿絵にふれ、次のように述べている。これらは日本の職工が無意識で描いた版画であるが、一種の新鮮な詩的情趣があり、すべての風景がオルゴールが鳴らす侘しい歌を唄っているようで、「その侘しい歌こそは、すべての風景が情操してゐる一つの郷愁、即ち『都会の空に漂ふ郷愁』なのである」と。だがまだ開発されたばかりであろう「新開地の郊外」の風景がそのような「のすたるぢや」を伴って出現しているのはなぜなのであろうか。『萩原朔太郎写真作品 のすたるぢや』にあつて、新しい写真ともいえる「大森駅前坂」や「大森駅前・八景阪」にしても、撮られた瞬間からすでに「のすたるぢや」が備わっていたように思われるし、そうして「坂」のような散文詩も書かれたと考えるしかない。

『月に吠える』(感情詩社、白日社共刊、一九一七年)の冒頭の「地面の底の病気」において、「地面の底に顔があらはれ、さみしい病人の顔があらはれ。」と始まっているように、朔太郎はどのような風景の「底」にも、「侘しさ」や「郷愁」を感知し、幻視し、実際に彼のステレオスコープはそれをいつでも撮ってしまうのである。そのような感知と幻視のメカニズムゆえに、都市ではない「新開地の郊外」ですらも「のすたるぢや」を伴うトポスとなって出現することになる。それは郊外の原風景を呼び覚ますような写真として提出され、詩人による郊外の異化作用を示したことになろう。

ここで国木田独歩の『武蔵野』から始まった郊外風景はセピア色に染まり始め、もうひとつの郊外の詩的イメージが立ち上がろうとしていた、いや、忍び寄りつつあったというべきであろう。

84　田園都市開発からニュータウン開発へ
――『東京急行電鉄50年史』〔同社史編纂委員会、一九七二年〕

前回、前々回と近藤富枝の『馬込文学地図』や萩原朔太郎の写真集『のすたるぢや』、谷崎潤一郎の『痴人の愛』を題材とし、続けて荏原郡馬込村や大森町の生活や風景などを見てきた。それらは大正半ばから昭和初期にかけてのもので、田園都市会社（これまで田園都市株式会社としてきたが、ここでは『東京急行電鉄50年史』の表記に従っている）による郊外住宅地開発とパラレルであったと考えていい。

これまでも本書76などで田園都市株式会社に関して断片的にふれてきたが、ここでそのアウトラインを少しばかり俯瞰しておきたい。なぜならば、関東地方における郊外土地開発は田園都市会社を範とし、戦後まで引き継がれていったと見なせるからである。ただ管見の限り、この会社についてのまとまった第一次資料や研究は見当たらないので、主として『東京急行電鉄50年史』を参照し、その誕生と軌跡をたどってみる。

一九一五年渋沢栄一は七十六歳になっていたが、サンフランシスコで開催されるパナマ運河開通記念万国博覧会視察と日米親善を兼ね、渡米している。この訪米によって、渋沢はかねてから力説していた田園都市の必要性をさらに実感したとされる。一五年の渡米記録は読み得ていないけれど、その前の一二年の訪米は『青淵百話』（同文館、一九一〇年）所収の「米国漫遊の九十日間」として語られ、本書60でふれたデトロイトも訪れ、その自動車製造の盛大なるを見て、日本に必要なのは鉄道と連絡し、交通をまっとうすべき道路と自動車の設備だと述懐している。

また同じく既述しておいたように、デトロイトはハワードの田園都市計画の影響を受け、自動車工業都市＝Motor City として成長するかたわらで、郊外の田園都市化も進んでいたはずだ。ハワードの最初のロンドン郊外の田園都市レッチワースの開発が始まったのは一九〇三年であるから、アメリカでの田園都市計画もまた活発化していたと考えていいだろう。おそらく渋沢も二回にわたる訪米によって、日本での田園都市の実現をあらためて意図したにちがいない。

そのことを示すように、渋沢は『青淵回顧録』（青淵回顧録刊行会、一九二七年）の中で述べている。

> 人間は、到底自然なしには生活できるものではない。人間と自然との交渉が希薄になればなるほどこれを望む声が生まれてくるのは当然のことである。近年、東京、大阪などの大都市生活者の中で郊外生活を営む人の多くなったのも、一面では経済上の理由もあるだろうが、主として、都会の生活にたえきれなくなって自然に親しむ欲求からであることはまちがいない。（……）
>
> そこで20年ばかり前から、英米では「田園都市」というものが発達してきている。この田園都市というのは簡単にいえば自然を多分にとり入れた都会のことであって、農村と都会とを折衷したような田園趣味の豊かな街をいうのである。
>
> 私は、東京が非常な勢いで膨張していくのを見るにつけても、わが国にも田園都市のようなものを造って、都市生活の欠陥を幾分でも補うようにしたいものだと考えていた。

この説明から、渋沢がハワードの『明日の田園都市』や内務省地方局有志編纂『田園都市』に影響を受け、また実際に英米で田園都市を目撃、視察したことによって、その日本での実現もめざし、田園都市会社が設立されるに至ったとわかる。これは『東京急行電鉄50年史』に述べられているが、東京における草創期の不動産会社としては東京建物、東京信託などがあり、後者は関東における郊外開発の先駆者で、一九一二年に荏原郡駒沢村から玉川村にかけての一帯に23万平方メートルの新町分譲地を造成し、翌年に分譲している。

もちろん同時期に関西において、箕面有馬電気軌道の小林一三が沿線住宅地開発と建設分譲を開始していたが、これは鉄道を支える事業として発想されたものだった。ところが田園都市会社は東京信託の系譜を引き継ぐ手法で、まず先に荏原郡洗足村、玉川村にかけての１３８万平方メートルを事業対象地とし、42万坪の田園都市建設を果たし、それを追いかけるかたちで池上電気鉄道と武蔵電気鉄道とを予定地の一部に貫通させるという計画であった。その近傍にある北多摩郡千歳村にしても、交通機関が不備だった。つまり田園都市会社の手法は、箕有電鉄の沿線住宅地開発と異なり、田園都市建設がメインで、鉄道はサブだったともいえる。

当時の荏原郡は現在の区画からいえば、世田谷、大田、目黒、品川にあたるが、19ヵ町村からなり、その中に馬込村も大森町も含まれているので、馬込文士村の形成も『痴人の愛』の物語の成立にしても、田園都市会社の創業、及び人口と住宅の増加とクロスしていたことになる。ちなみに現在の四区の荏原郡人口は、一九二〇年の26万人から二四年には46万人と、わずか数年で倍近い伸びを示している。

田園都市会社は一九一八年に設立されると同時に事業用地の買収に着手したが、洗足地区は地価の騰貴が激しく、当初の1坪当たり2円30銭は困難になり、玉川村や調布村の買収に力を注ぐことになった。その結果、計画面積は１３２万平方メートル、買収所要資金は１４１万円に達したという。その買収地価の例を挙げれば、現在の田園調布駅付近から玉川園前駅にかけての一帯を占める調布村は３・３平方メートル当たり平均5円33銭、最高で8円、最低で2円50銭であった。一九年時点で、日本橋付近の地価は３０００円という高値だったから、田園都市計画地のロケーションとそれ以前の都市郊外のポジション、及び不動産価

値の低さが浮かび上がってくるし、まさに農地＝「田園」でしかなかった。しかしそこに買収や開発を通じて「都市」が付されることで、地価も沸騰していったとわかる。本書76で、田園都市会社の事業紹介と分譲地案内のコンセプトを示し、そこにはハワードの田園都市に見られる工業地域とそこに通う労働者が排除されていることを指摘しておいた。ここに日本の田園都市計画のパラダイムチェンジとしての「理想的住宅地」、すなわち「ブルジョワ・ユートピア」が提出され、それは実際に田園調布や成城を造型していったのである。

渋沢栄一の代わりに田園都市会社の支配人となった息子の渋沢秀雄は入社早々に欧米視察を行ない、諸外国の田園都市を視察し、写真や平面図などの資料を集め、田園調布に関してはパリの凱旋門のエトワール形式を採用に、緑地、公園、道路を広くとり、それまで5％以下だったそれらに18％の面積を当てることにした。そうして駅や駅前広場を中心に同心円状、放射線状の道路が形成され、それはハワードの『明日の田園都市』のパラダイムを踏襲している。それはともかく田園都市計画に賛同した地主たちが各地区において、彼らの奔走によって買収も可能になったようだ。それらの一人として、これも本書76でふれた畑弥右衛門の名前も挙げられている。そして土地の買収とパラレル

に、住宅地造成のための地主と農民と田園都市会社が共同で行なう区画整理事業として、各区の耕地整理組合が設立され、農村から住宅地としての田園都市への移行のベースが築かれていった。

かくして一九二二年六月から第一回の土地の分譲が洗足地区のうちの18万平方メートルから始まり、その八割がたちまち予約済みとなる好評を得た。その「土地分譲案内」の「事業経営地」と「設計の概要」を引いてみる。


「田園都市」付近には、洗足池、九品仏、池上本門寺、御嶽神社、等々力ノ滝、浅間神社、矢口ノ渡、鵜ノ木の桜等歴史的の名所旧蹟が各所に散在して居ります。

斯の広潤な総面積48万坪の土地に凡て住宅建設に適する施工を為し、必要の個所に土留、石垣等を築くはもちろん、中央に幅7間に亘る幹線道路を敷き、これに四通八達せる数十条の4間道路を配します。そして幹線には、銀杏、篠懸の木等の街路樹を並植して、天然の風致に人工を加えて田園閑雅の美を彩りなす。


そして一九二三年八月から第二回の多摩川台地内10万平方メートルの分譲が開始されたが、九月に関東大震災が発生し、荏原郡でも現在の品川区や大田区にあたる東海道沿いの沖積層地域の被害が大きかった。しかし世田谷区は丘陵地帯だったために軽微ですんだ。実際に洗足を中心として田園都市に建てられた40軒余の住宅には何の被害もなかった。これは田園都市に象徴される郊外住宅地が地震にも強い安住の地であることを示していた。そこで翌日の売出し新聞広告は次のようなものになった。「今回の激震は、田園都市の安全地帯たることを証明しました。都会の中心から田園都市へ！（……）すべての基本である安住の地を定めるのは今です」と。その宣伝コピーの影響もあってか、「事務所は東京に、住宅は郊外に」という言葉が流行したと伝えられている。このような関東大震災の影響を受け、多摩川台分譲も好評で、わずか三ヵ月で五割以上の分譲契約が成立した。

さてその一方で、田園都市会社が事業対象地に鉄道を敷設するにあたって、内部にその経験者が不在だったために、筆頭株主の第一生命の社長矢野恒太を通じ、すでに鉄道と沿線住宅地開発で成功を収めていた小林一三にそれを依頼した。小林はその要請を引き受けたが、大阪在住のために自分の意志を代行し、この事業を完遂できる人物として五島慶太を推挙し、その経営に当たらせることにした。五島は鉄道院出身で、当時は武蔵電気鉄道の常務に就任していた。そのような経緯で五島は田園都市会社の鉄道部門を手がけることになったわけだが、その部門の分離独立を推進し、一九二二年に目黒蒲田電鉄を創立し、武蔵電気鉄道と協力し、目蒲線と大井町線の敷設や経営に携わっていく。田園都市会社にとっての処女電車は、目黒と丸子を九駅で結ぶ目黒線であった。そして二三年に目蒲線が全通し、二七年に大井町線も開通し、田園都市会社の目的のひとつでもあった交通インフラの完備は、目黒蒲田電鉄によって一応の達成を見たのである。

田園都市会社の土地分譲はすでに買収総面積の七割近い100万平方メートル以上に及び、着々とその成果を上げ、回収された資金は目黒蒲田電鉄、東京横浜電鉄（旧武蔵電気鉄道）に投資され、資本金の八割が両電鉄の株式に変わっていた。そこで田園都市会社は目蒲電鉄の母体としての役割を完全に果たし終え、残りの分譲地にしても目蒲電鉄が継承したほうが沿線開発に資するところ大であるとして両社が合併し、田園都市会社は解散し、目蒲電鉄が存続会社となったのであり、それは一九二八年、すなわち昭和三年のことだった。

したがって田園都市会社の設立は一九一八年だったので、関東大震災をはさんで十年間という短い操業ではあったけれど、関東における郊外土地開発の範を示し、それは目蒲鉄道ばかりでなく、戦後の東急による全国的なニュータウンなどのデベロッパー事業へと引き継がれていったのである。『東京急行電鉄50年史』の巻頭に置かれた「新しいあしたをつくる」と題された多くの開発シーンとニュータウンを収めたカラー写真群は、その事実を如実に物語っているといえよう。

85 「セピア色をした村」と「灰色の都会」
――佐藤春夫『田園の憂鬱』〔新潮社、一九一九年〕と『都会の憂鬱』〔同前、一九二三年〕

前々回の萩原朔太郎の「大森駅前坂」のセピア色の写真を見ていて、確かセピア色の風景といった言葉が佐藤春夫の小説にあったことを思い出した。実は本書で佐藤の『田園の憂鬱』を取り上げるべきか考え、読んでいたのだが、その背景は郊外というよりも田舎の村といった色彩が強く、小説そのものが主人公の詩的イメージの独白に覆われているので、見送っていたという事情もある。

ところが『田園の憂鬱』を再読しても、その言葉を見つけることができなかった。そこでそれは同じく佐藤の『都会の憂鬱』のほうに出てきたのかもしれないと思い直し、通読してみると、やはりこちらのほうに書きこまれていた。

佐藤は一九一六年に本郷区追分町から神奈川県都筑郡中里村に転居し、その体験をベースにして、一九年に『田園の憂鬱』を刊行する。ただこの作品は一七年に雑誌に発表した「病める薔薇」を原型とし、これは翌年の最初の著作『病める薔薇』（天佑社）に収録されている。しかも「序」を寄せているのは谷崎潤一郎で、それは後に『痴人の愛』を書く谷崎が、「病める薔薇」に注目していたことを示していよう。

これらのプロセスを経て、一九二三年に再出京後の生活を描いた『都会の憂鬱』が出される。タイトルからわかるように、この二作は正編と続編の関係にあり、主人公の夫婦や二匹の愛犬の存在も同じで、「田園」と「都会」と住む場所は変わっていても、双方とも近代の「憂鬱」の中にある日常生活をテーマとしている。ただ両者の違いはそのトポスだけでなく、文体の変化に明らかで、抒情的散文から小説への転位が見てとれる。後者について、佐藤自身の「都会の憂鬱の巻尾にしるす文」における言葉を引けば、「単に一人の男の平板なただ困憊しきっただけの生活を現わしてみよう」とした小説とされ、詩人から小説家への変貌をうかがうことができよう。

そのような文体と「セピア色」の部分を示すために引用してみる。

（……）田舎のあの生活が、月を見ることで新らしく思い出されて、それが妙に懐しまれた。そうして何故もっと長くあのままであそこに居なかったろう。どうして一層のことあそこのセピア色をした村の住民になってしまわなかったろう。何の目あてがあってもう一度この都会へうろつきに出た自分であったろう。そういう気持が感傷的にしみじみと味われた。そうして心がだんだん静か

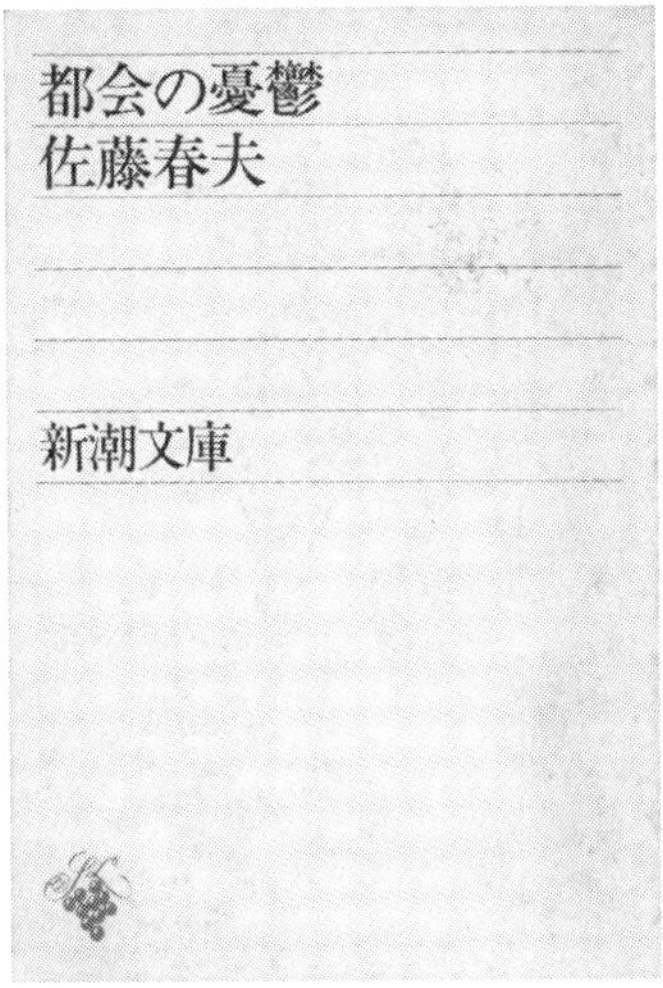

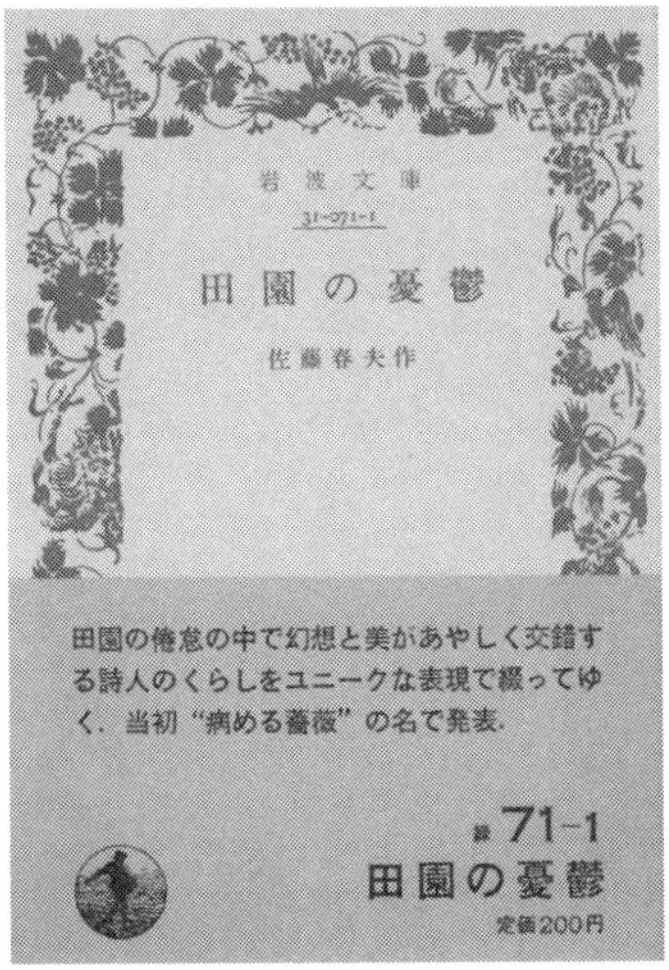

になって来て、今夜は妻が帰ったならば田舎の話を—あの丘の話や、井戸端のことやそんなことを話し合ってみよう。そうすれば又何かと新らしく気のつくことも出て来るに違いないから……そう思いながら彼はしばらくして家のなかへ這入った。

主人公は現在「幽霊坂」と呼ばれる狭い坂道の途中にある一軒の小さな平家に住んでいるのだが、二ヵ月ほど前にいた田園の家、その庭にあった日かげの薔薇を思い出しているのである。

すでにその田園はわずか二ヵ月で「セピア色をした村」、薔薇もまた象徴的なものとして、記憶の中に残り、それらはこれも萩原朔太郎ではないが、「灰色の都会」にあってノスタルジアを伴う光景となっているのだ。ミシェル・パストゥローは『ヨーロッパの色彩』（石井直志、野崎三郎訳、パピルス）の中で、「セピア色」という濃い茶色をさす色彩語はラテン語の「もんごういか」を語源とし、絵画から写真の分野にまで広がり、必ずといっていいほど過去を思い起こさせるが、セピア色写真の時代が長かったわけではなく、「セピア色はむしろ私たちがもっている想像の世界の産物なのである」と指摘している。

その理由として、現在の都市空間を支配している色は灰

色であり、「その現在に対置される近接過去は茶色でしかあり得ない」ことが挙げられている。この指摘はヨーロッパと日本の隔たりはあるものの、『都会の憂鬱』にも当てはまる構図であり、「灰色の都会」に対して「セピア色をした村」が対置されている。そのノスタルジアとは本書72の柳田国男の『都市と農村』の中で、柳田がいうところの農村を故郷とする都市の人々が抱く「帰去来情緒」と重なっている。さらにまたフレデリック・ジェイムソンの指摘する、ノスタルジアとは後期資本主義の商品だとの指摘も検証されなければならないだろう。

それらはひとまず置くとしても、先述したように、『田園の憂鬱』は一九一九年、『都会の憂鬱』は二三年に刊行されている。本書77の小田内通敏の『帝都と近郊』は一八年の出版であるから、これが大正時代の都市と郊外をめぐる人文地理学であったとすれば、佐藤の二作は都会と田舎を往復する地方出身者の心的現象を扱った作品と見なすことができよう。しかもそのような人文地理学も心的現象も二三年の関東大震災によって切断されたはずで、小田内の著作や佐藤の作品は関東大震災前のシェーマとメンタリティ、谷崎の『痴人の愛』は大震災後のそれらを表象しているとも見なせるだろう。

それでは『田園の憂鬱』における「田園」はどのような位相にあるのだろうか。それは「広い武蔵野がすでにその南端になって尽きるところ」の「一つの草深い農村」のささやかな「草屋根」の家だった。その村は大都市の近郊に位置していたけれど、エアポケットのように見えた。「世紀から置きっ放しにされ、世界から忘れられ、文明からは押し流されて、しょんぼりと置かれている」ようだったし、「草屋根」の家の方はデジャヴュをもたらした。それに「空と、雑木林と、田と、畑と、雲雀との村は、実に小さな散文詩」だったのである。

ここで用いた「エアポケット」や「デジャヴュ」といった言葉は『田園の憂鬱』における「境目に出きた真空」や「何かで一度見たことがある」の言い換えだが、これに「セピア色」を加えれば、そのトポスの位相が浮かび上がってくる。そして佐藤の『田園の憂鬱』も国木田独歩の『武蔵野』に端を発する郊外の散文詩の系譜に属しているとわかる。本書78の、同じように独歩の『武蔵野』の影響を受けている水野葉舟の『草と人』の小品文にあっては、まだ漠然としたイメージに包まれていた郊外が、「セピア色」や「エアポケット」や「デジャヴュ」を伴って現前するに至ったのだ。しかもノスタルジアも含めて。そこに小品文から散文詩への移行を見ることができるし、それは「ああ、こんな晩には、どこでもいい、しっとりとした草葺の田舎家のなかで、暗い赤いランプの陰で、手も足も思う存分に延ばして前後も忘れる深い眠りに陥入って見たい」という主人公の述懐に表出している。

そのようにして息詰まる都会から「田園」へと逃れてきたのだ。匿名の存在であるかのように若い主人公夫婦の名前は記されることもないのだが、夫婦は二匹の犬や猫を連れていて、それが村の新参者としての目印のようにも映る。しかし「田園」の中の道行の過程で、妻のほうは都会の間借りの暑さと口うるさい家主からは脱れられたけれど、これからの田舎の生活に対する不安、夢想的で芸術に打ちこもうとする夫への疑問、自分たちの無理な結婚と夫のかつての女性関係への執着などが脳裏に浮かんできた。これらが「都会」にあっても「田舎」にあっても変わらない妻の「憂鬱」ということになる。

「どんな理想があるかは知らないが、こんな田舎へ住むと言い出した夫を、またそれをうかうかと賛成した彼の女自身を、わけても前者を彼の女は最も非難せずにはいられなかった」のである。愛犬とともに連れてきた猫が「青」と名づけられているのはそれを象徴している。萩原朔太郎の詩集『青猫』が出されるのは『都会の憂鬱』と同年の二三年であるから、「青」を共有していたのである。いうまでもなく「青」＝ブルーは「憂鬱」をも意味し、それは本書11の村上龍『テニスボーイの憂鬱』へともつながっていく郊外を覆う色彩ともなる。

二人が住むことになった家は村の物語に充ちていた。それは村一番の豪家の老主人が建て直したもので、そこに隠居すると同時に、都会から連れてきた若い妾を住まわせるためだった。だが彼女はこれも都会から誘ってきた若い男と二人で姿を消してしまい、隠居は植木道楽に没頭することになったが、死んでしまった。それからその家は隠居の養子で、村の小学校長のものになった。それを彼は借家に出したが、とても貧しい百姓が借りたので、家は無残にも荒れ放題だったし、おまけに家賃も滞り始め、借家人は追い立てられ、さらに家と庭は荒れていった。

妻はこの家を上田秋成の『雨月物語』（角川文庫）の浅茅の家に見立て、夫は雨月草舎と呼んだ。真夏の庭は廃園のように茂るがままで、木も花も草も入り乱れ、「凄然たるもの」があり、そこには「瞬間的なある恐怖」さえ感じられた。それは「不思議にも、精神的というよりもむしろ官能的な、動物の抱くであろうような恐怖であった」のだ。

そして蟻の隊列や蟬の脱殻を目にし、その蟬の姿に「小さな虫」に他ならない自分を重ね、続いて雑草まみれの庭の隅に薔薇《そうび》を見つける。薔薇の木は雑草に滋養分を奪われ、その茎はやせ細っていた。薔薇は彼が深く愛したもので、時には「自分の花」とまで呼んでいたことがあるし、ゲーテの詩句「薔薇ならば花開かん」を始めとして、幾多の詩人がこの花に美しい詩を寄せていた。いうまでもなく薔薇は自らと二重映しになっているのだ。

しかし目の前にある薔薇の木はいかにも見すぼらしかった。この日かげの薔薇の木に日光の恩恵を浴びせ、花をつけさせてやりたい。そのことで自分を占ってみたいと思った。まさに「薔薇ならば花開かん」なのだ！　そのために彼は薔薇に日を浴びせるために、上にかぶさる木々の枝を切り、それらの枝葉を取り払い、太い藤蔓も断ち切り、生垣も刈った。

そうして日が過ぎ、自然の景物は夏から秋へと変わっていった。その秋の夜にランプの光の下で読む一切の書物が一様につまらなく思えてきた。人間はそれぞれの愚かさの上にもっともらしい各自の空虚な夢を築き上げ、それが意味もない夢だと気づかないで生きているだけではないか、はたして人生とは生きるに値するものであろうか。かくして「おれはひどいヒポコンデリヤ」だと自嘲するに至る。

そのような中で、近所付き合い、犬猫問題が繰り返し起きていく。「些細な単調な出来事のコンビネーションや、パアシテエションが、毎日単調に繰り返された。それらがひとたび彼の体や心の具合に結びつくと、それはことごとく憂鬱な厭世的なものに化《かわ》った」。これらは「田園」の日常性といっていいもので、それが「ヒポコンデリヤ」の原因となりつつあった。夜の不眠は幻想をも伴い、東京のどこかの市街が浮かび上がってくる。それらの風景はしばしば彼の目に現われ、そうした幻視や幻惑は激しくなっていくばかりだった。「汽車のひびき。電車の軋る音。活動写真の囃子。見知らぬしかし東京のどこかにある街。それらの幻影は、すべて彼の妻の都会に対する思いつめたノスタルジアがおそらく彼の女の無意識のうちにある妖術的な作用をもって、眠れない彼の眼や耳に形となり声となって現われるのではなかろうか」。

そうしているうちに永い雨も止み、深い秋になっていた。ほの紅い芽を出していた薔薇が咲き出していた。その花をコップに入れて見ると、薔薇は虫にまみれていた。彼は思わず口走り、繰り返す、「おお、薔薇、汝病めり！」と自らと同様に薔薇も「ヒポコンデリヤ」にかかっていたのだ。それは彼の「田園」での生活の破綻と「田園」における「妻隠」の失敗を意味し、「都会」へと戻っていくことを暗示させて、『田園の憂鬱』は終わろうとしている。

86 「東京が日々攻め寄せる」
——徳富蘆花『自然と人生』（民友社、一九〇〇年）と『みみずのたはこと』（新橋堂、一九〇七年）

前回の佐藤春夫よりも先駆け、一九〇七年に「田園」へと移住し、そこから膨張する都市を見て、それらの同時代における記録を『みみずのたはこと』として綴っていた文学者がいた。それは徳富蘆花である。

また蘆花は本書79でもふれたように、一九〇〇年に同種の作品集ともいえる『自然と人生』を、兄の徳富蘇峰が経営する民友社から刊行している。同書は中野好夫が『蘆花徳富健次郎』（筑摩書房）で述べているように、彼のほぼ生涯を通じて三七三版、五十万部を超えるロングセラーとなり、この「わずかに四一六頁、この袖珍小型本が、わが近代自然文学発達の上に果した役割については、今日すでにほとんど想像もつかぬほど大きなものがあった」とし、「異常な新しい魅力」に富んでいたことを特筆している。なお「袖珍小型本」とは現在の文庫本サイズで、これも国木田独歩の『武蔵野』と同様である。

しかも『自然と人生』も同じく、二葉亭四迷訳のツルゲーネフ「あいびき」の影響を受けて書かれ、それが掲載された『国民之友』を、蘆花と独歩はともに編集や発表の場としていた。それに『自然と人生』の成立のきっかけも、間接的はあるが、独歩が蘆花に自然の日記を書くように勧めたことによっている。したがって四迷訳「あいびき」に端を発する背景とテーマの共通性もあり、『自然と人生』は翌年刊行の『武蔵野』と並んで、近代日本の郊外と自然の風景のイメージを一変させる相乗的な文学機能を果たしたと考えられる。

『自然と人生』は五編からなり、最初の「灰燼」は短篇小説、最後の「風景画家コロオ」は評伝だが、他の三編「自然に対する五分時」「写生帖」「湘南雑事」は自然を写生した散文詩ともいえる。それらの多くは文語体美文調で、そのひとつを「自然に対する五分時」の中の「田家の煙」の書き出しに例をとれば、次のようなものだ。「余は煙を愛す。田家の煙を愛す。高きに踞して、遠村近落の烟の、相呼び相応じつゝ、悠々として天に上り行くを見る毎に、心乃ち楽む」。

それが「湘南雑事」における「鯵釣り」にあっては「秋だ、秋だ。実に秋だ、つい背後《うしろ》の逗子の山々も、心からか少し鳶色になつた様だ。不動様の辺りに頻りに百舌鳥が鳴くのが聞へる。葉山から逗子の停車場《ステーション》に通ふがた馬車の喇叭の音が聞へる」といった口語体散文詩の表出を見るようになる。これはまさに四迷訳「あいびき」や独歩の『武蔵野』の一節としても読むことができるのである。

そして『みみずのたはこと』もそれから十余年の年月は隔てているけれども、『自然と人生』の系列に属していると見なせよう。〇六年に蘆花はヤースナヤ・ポリャーナにトルストイを訪問し、それをきっかけとして、北多摩郡千歳村粕谷に移り、そこでの六年間の生活記録、短編、随想、紀行、書簡などの八十七編を収録したのが『みみずのたはこと』である。さらにこれも中野が指摘しているように、「そのもっとも大きな特長の一つは、この記録が粕谷という都市と田園とのきわどい交錯点、しかも大都会の触手が　駸々乎として田園を侵蝕しつつあった、その時点において書かれていたということ」にある。それは『みみずのたはこと』の序文にあたる「故人に寄す」にも顕著だし、実際に蘆花も言及している。

東京が大分攻め寄せて来た。東京を西に距《さ》る唯三里、東京に依つて生活する村だ、二百万人の人の海にさす潮ひく汐の余波が村に響いて来るのは自然である。東京で瓦斯《ガス》を使ふ様になつて、薪の需要が減つた結果か、村の雑木山が大分拓かれて麦畑になつた。道側《みちばた》の櫟楢《くぬぎなら》なぞ伐られ掘られて、短冊形の荒畑が続々出来る。武蔵野の特色たる雑木山を無惨《むざ》々拓かるゝのは、儂《わし》にとつては肉を削がるゝ思《おもひ》だが、生活がさすわざだ。致方《いたしかた》は無い。筍が儲かるので、麦畑を潰して孟宗藪にしたり、養蚕の割が好いと云つて桑畑が殖えたり、大麦小麦より直接東京向きの甘藍《きゃべつ》白菜や園芸物に力を入れる様になつたり、要するに曩時《むかし》の純農村は追々都会付属の菜園になりつゝある。京王電鉄が出来るので、其等を気構へ地価も騰貴した。儂が最初買うた地所は坪四十銭位であつたが、此頃は一円以上二円も其上もする様になつた。地所買ひも追々入り込む。儂自身東京から溢れ者の先鋒でありながら、滅多な東京者に入り込まれてはあまり嬉しい気もちもせぬ。洋服、白旅の男なぞ工場《こうば》の地所見に来たりするのを傍見する毎に、儂は眉を顰めて居る。要するに東京が日々攻め寄せる。（……）

これを蘆花が書いたのは一九一三年で、本書で既述してきた東京の様々な郊外住宅地はまだ姿を現わしていなかった。かなり早い渋沢栄一の田園都市株式会社の設立にしても一八年、蘆花の千歳村と同様に北多摩郡に属する砧村、後の成城学園都市に柳田国男が移ってくるのは二七年のことで、後者に至ってはまだ先の話だった。ただ本書73で記しておいたように、柳田が購入した分譲地は将来の文教地区とはいえ、坪当たり十四円であり、〇七年の蘆花の坪四十銭から比べれば、二十年で三十五倍になっている。「東京が大分攻め寄せて来た」という内実は、農地が住宅地や工場用地へと転換されていくことに伴う土地バブルをもさしているのだ。

　蘆花はやはり『みみずのたはこと』の一編「展望台に上りて」で、その具体的な例を挙げている。京王電鉄が沿線繁栄策のひとつとして、東京市の寺院や墓地を移すために敷地二十万坪の買収を始めた。京王電鉄も金がないので、転売で一儲けをたくらんだのである。その一方で、一部の派手にやっている地主たちも金がないので、それはひでりに夕立の福音のようなものだった。だが二十万坪のうちの八万坪を占める地主十九人は、売渡《うりわたし》承諾契約書に調印したが、十二万坪に及ぶ三十名の地主はそれに反対した。その中には祖先伝来の家屋敷や畑もあるし、「農が土を手放すは魚の水に離れるやうなものだ、金なんか直ぐ泡の様に消えて了ふ」。「真の農にとつては、土地は財産ではない、生存其のものである」し、それに六割を占める小作も村に住めなくなる。そして蘆花は六年の千歳村の生活から自らも自戒し、次のように告白する。「すなわち千歳村の墓地問題の如きも、京王電鉄会社や大地主等にとつては利益問題だが、純農者にとつては取りも直さぬ生存問題であるのだ」と。

　ところが京王電鉄は政治力を行使し、霊場敷地展望台を畑の中に建て、収用法を適用するとの高圧的手段に出た。反対していた地主たちもさすがに怒り出し、墓地排斥運動が始まった。蘆花はその十数間の展望台に登ってみた。その二十万坪を仕切る目標となっている十数流の紅白旗は「占領旗」のようで、その中心にある展望台の下では農作業が営まれ、展望台は「こゝに耕す人と其住家《すみか》とを呑むでかかつて威嚇して居る様で」、恥ずかしくなった。そして蘆花は「都会が田舎の意志と感情を無視して吾儘を通すなら、其こそ本当の無理である。無理は分離である。都市と

田舎は一体である。農が濫りに土を離るゝの日は農の死である。都が田舎を潰す日には、都自身が潰れるのである」とまで書いている。

蘆花が一九〇七年に移ってきた千歳村粕谷は武蔵野の一角で、都心から十キロ圏に位置し、甲州街道沿いの京王電鉄の着工はまだ始まっておらず、青山街道もまた三軒茶屋まで玉川電鉄が通じたばかりだった。それゆえに甲州街道を十二キロ歩いていくしかなかった。その粕谷は戸数わずか二十六の小さな村にあった。蘆花が購入した粕谷の地所は一反五畝余で、小高く見晴らしがよかったし、十五坪ほどの汚い草葺の家がついていた。家の前は樫が一列あり、麦畑になっていて、後は小杉林、櫟林を形成していた。蘆花は久しく「家を有《も》つなら草葺の家、而して一反でも可《いい》、己が自由になる土を有ちたい」と思っていたので、これに決めたのである。この家主は隣字の大工で、その妾と子供が住んでいたものだった。前回の佐藤春夫の『田園の憂鬱』でも引越した先は、村の有力者の老人が妾のためにしつらえた家だった。

蘆花がいっているように、村人たちは彼らを「東京の食ひつめ者」と見ていたし、「田園生活」に新参者として参入しようとすれば、そのようないわくのある家を選ばざるをえなかったことになる。この村の家をめぐるエピソードは「潰瘍」と題する一編に紹介され、これは私も翻訳しているゾラの『大地』（論創社）を彷彿させるような一族の因縁話に仕上がっているが、脇道にそれてしまうので、ここではそのタイトルを示すにとどめておく。

蘆花が暮らした村の六年間については「麦の穂稲穂」のなかの「村の一年」で、それは「都近い此辺の村では、陽暦陰暦を折衷して一月晩れで年中行事をやる」と始まっている。その描写は毎月のカレンダーに詳細な予定を書きこんだ上に、写真を添えているようなリアリズムが伴っている。それに加え、村の結婚の「媒酌」や「葬式」や「村芝居」までが、これも短編映画のように描かれ、明治末期の村のハレとケの日が浮かび上がってくる。このような『みみずのたはこと』に描かれた文章を読んでいると、須藤功編『写真でみる日本生活図引』（弘文堂）が思い出される。これは高度成長期を境にして失われてしまった日本の生活文化がいっぱいつめこまれ、特別な写真があるわけではないが、かつての日常生活の風景とその細部までが想起されるのである。この別巻は『村の一年』と題され、須藤もまた時代は異なるにしても、『みみずのたはこと』を念頭に置き、この一巻を編んだと推測できる。

しかし六年間暮らし、蘆花も「東京が日々攻め寄せる」という村人の側の視線を有するに至っていたが、彼は粕谷の大地主にもなっていた。そして村人からは「本が沢山ある家、学を読む家、植木が好きな家」と呼ばれ、蘆花自身は作男を入れ、陸穂の餅米一俵、大麦三俵の収穫を得たにしろ、所詮は「美的百姓で真物《ほんもの》の百姓とは反りが合わぬ」のである。ただそのような蘆花がいなければ、千歳村粕谷はその生活や風景も『みみずのたはこと』の中に残されることもなかったであろう。そのように考えてみると、『みみずのたはこと』は混住社会をいち早く描いた作品といえるのかもしれない。

なお『みみずのたはこと』は様々なヴァージョンがあるようだが、ここではテキストとして『徳富蘆花集』（『明治文学全集』42、筑摩書房）を使用した。

87 写真で武蔵野を訪ねる

——上林暁『武蔵野』（現代教養文庫、一九六二年）と島田謹介『武蔵野』（暮しの手帖社、一九五六年）

かなり長く武蔵野を歩いてきた。まだ武蔵野に関する戦前の文献資料として、民俗学の先達である山中共古が寄稿していた同人誌『武蔵野』、『ホトトギス』同人を始めとし、明治の武蔵野の名残を求め歩き、吟行に及んだところの高浜虚子編『武蔵野探勝』（甲鳥書林、一九四一年、有峰書店、一九六九年）などが残されている。だがこれらは別の機会に譲り、戦後に出された武蔵野の写真集を取り上げてみたい。最後に、ピクチャレスクといわないにしても、目に見える具体的な武蔵野を確かめておきたいからだ。

それは二冊あって、上林暁『武蔵野』と島田謹介『武蔵野』を挙げることができる。前者は社会思想社の現代教養文庫の一冊として出された小さい本で、上林の武蔵野をめぐる一九四〇、五〇年代の一連のエッセイに、大竹新助の七十点ほどに及ぶ写真を添えている。後者は菊倍判を超える大きな本で、こちらは島田個人の純然たる写真集であり、その八十三の写真は大半が見開き二ページに及んでいて、他に類を見ない武蔵野に関する写真集だといえるであろう。まったく外見の異なる二冊の本に共通するのは、両者がいずれも徳富蘆花の『みみずのたはこと』と国木田独歩の『武蔵野』の影響下に成立していることだ。ただどちらかといえば、上林は『みみずのたはこと』、島田は『武蔵野』の色彩が強い。それらを踏まえ、この二冊を見てみよう。

上林の『武蔵野』は一九六二年に出されている。その「序　武蔵野をたずねて」において、武蔵野というとすぐに思い浮かぶのは「白くほうけた芒の穂が一列に長く連ってい」る風景で、それは終戦直後のことだったから、もはや十年余が過ぎているので、そうした景色も光景をなくしていた杉林とその紅葉で桐畑も跡形もなく、おそらく住宅が建てこんでいるだろうと上林は始め、「武蔵野はめまぐるしく変貌する」と続けている。そして『みみずのたはこと』への言及がなされ、それが蘆花の時代から続いている東京の触手に侵蝕される武蔵野の宿命だというニュアンスを伝えている。

その十六編からなる上林の武蔵野論は戦前と戦後に書かれたものが混住しているけれど、ここでは戦後の「聖ヨハネ病院再訪」と「蘆花墓前祭」にふれてみたい。私小説作家としての上林は病妻物の連作の一編「聖ヨハネ病院にて」を一九四六年に発表し、同年刊行の『晩春日記』（桜井書店）に収録している。この作品は四五年秋、上林が病院に宿泊し、妻を看取った記録で、『晩春日記』の「後書」もまたそこで書かれたのである。「聖ヨハネ病院再訪」はそれから八年後の五三年に書かれたものである。それは新聞社のグラフ雑誌の企画で、現代作家の主要な作品の舞台、モデル、シーンなどをカメラを携え、探訪する一編として書かれている。これを読んで、「都下K町の聖ヨハネ病院」が小金井町の桜堤の近くに位置しているカソリック系の聖ヨハネ会桜町病院であることをあらためて知った。そして同じように、彼の妻がそれに隣接した精神病専門の小金井養生院に七年間にわたり入退院を繰り返したこと、また聖ヨハネ病院からさらに多摩川に近い宇田病院へ移送され、そこで死んだことも。

上林の「再訪」は「悲しみも辛さも含めたなつかしさ」を伴うものだった。それに応えるように、聖ヨハネ病院は彼の小説によって著名になり、新しい病棟も完成しつつあったが、病室や看護婦室や教会堂は変わっておらず、日は好く、人の心は温かく、上林はそこで「脳出血の病後第一等の日」をもったのである。この「聖ヨハネ病院再訪」には「修道院の庭」と「小金井堤の桜」と題された見開き二ページの写真が二点含まれ、どちらも道が映っている。ひとつは林の中の道、もうひとつは堤の上の道で、これらを見ていて、私はこれも再読した「聖ヨハネ病院にて」の「付記」の文章を想起した。

そこで彼の妻は聖ヨハネ病院から多摩川に近い病院へと移送されるのだ。それは夫が過労と栄養失調のために付き添いできなくなり、付き添いのある病院へと移らなければならなかったからで、一緒に運送屋のリヤカアに乗っていくのである。看護婦二人と彼との三人がかりで妻をリヤカアに運んだが、驚くほど軽かった。そうしてリヤカアは出発する。

> リヤカアは、街道を避けて裏路を選び、林を抜け、田圃の小径を通り、また林を抜け、屋敷の生垣の間を走り、電車の踏み切りを越えて行った。(……)
> リヤカアは、火の見櫓のところで道を折れて、多摩川の方角へ走って行った。

このリヤカアが通り抜け、走っていった道こそがこの二点の写真に映っている道に他ならないように思えてくるし、引用文の叙述をふまえてこれらの写真も撮られたのではないだろうか。

もうひとつの「蘆花墓前祭」は一九五七年に書かれたもので、上林は蘆花の三十年忌墓前祭に出席するために、粕谷の恒春園を訪れる。恒春園は蘆花の千歳村粕谷の元屋敷で、彼の死後、夫人が東京市に寄付し、公園となったのである。上林は蘆花の死の際に改造社に勤めていたことから、青山会館での告別式の手伝いに派遣されていたので、その時のことを思い出した。それから三十年が経ったのだ。蘆花の眠る雑木林と旧宅と書斎の前にある石仏の写真が添えられ、これらは『みみずのたはこと』の残影をとどめているかのようだ。

これらの写真を撮った大竹新助は文学写真家とでも称すべきか、同じく現代教養文庫にも正続『写真・文学散歩』などが収録されていて、独歩の『武蔵野』や蘆花の『みみずのたはこと』の他にも、本書で取り上げた大岡昇平『武蔵野夫人』や谷崎潤一郎『痴人の愛』の風景を切り取っている。それらの風景もまた、最初に示した上林の述懐ではないが、大半が消えてしまったにちがいない。そうしてこの二冊のサブタイトルに「本の中にある風景」として、モノクロ写真で残されたことになる。

もう一冊の島田謹介の『武蔵野』は前述したように大型の写真集で、島田は一九〇〇年に長野の松代町に生れ、二〇年に朝日新聞社社会部写真係になり、大正から昭和の戦前にかけての二・二六事件などの大きな社会的事件に立ち合い、多くの歴史的瞬間をカメラに収めているという。五五年に退社してフリーとなり、日本の自然観照をモチーフとする風景写真を撮ることをめざしたようなので、五六年に刊行された『武蔵野』はそうした第一作品集に位置づけられるのかもしれない。

この島田の『武蔵野』に独歩の影響を指摘しておいたが、武蔵野の春夏秋冬の一年を通じて最も多く写されているのが雑木林の風景で、キャプションは別にして広義に考えれば、八十三点の半分強が雑木林とそれに準ずるものだと見ていい。島田が「あとがき」に付した一文を読むと、雑木林を多く写しているのは武蔵野に対するレクイエムのように思えてくる。

> 武蔵野！　なんというさわやかな懐しみあふれる文字だろう。そして、なんという夢多い郷愁をさそう言葉だろう。親しまれ、懐しがられた美しい武蔵野は日に日にその面影をなくし、惜しまれながら滅びようとしている。国木田独歩の「武蔵野」は武蔵野の自然の四季の美しさ、愉しさを書き尽して余すところがない。（……）
>
> 独歩はよく、静かな雑木林に坐して四顧し、そして耳を傾けたと言い、荷車の音、空車の音のことを度々書いている。今はゴム輪がはまって、リヤーカーも荷車も音がしないが、その頃の荷車は鉄輪のかかったガラガラ音をたてる車だった。雑木林に坐って小鳥の囀りを聴き、蒼い空を眺め、流れる雲を楽しめる静かな空車の響く武

蔵野だった。

そうした雑木林の名残りを求めて、島田は武蔵野を歩き周り、蘆花の恒春園の雑木林にカメラを向ける。だがそれは「一握り程の雑木林」としてしか残っておらず、かつての武蔵野一帯に多かった杉木立、欅の屋敷林も少なくなってしまった。写真はそれらへの愛惜の思いにも包まれているようであるし、時代は異なっているけれど、「冬の朝」とある一枚の写真は、独歩の『武蔵野』の表紙の上に描かれた岡落葉による夕暮れの風景を彷彿とさせ、これもまた挽歌のようでもある。そして農のある風景、すすきや野火の光景も同様なのだ。

しかしもはやそのような武蔵野も消え去ろうとしていて、それが雑木林の消滅に表われてきている。島田は記している。「春の新緑を訪ねた雑木林は、秋にはすっかり伐り払われて、分譲地の看板が立ち、林の奥から賑やかな鉄槌の音がひびいて、そこには公庫住宅が赤い瓦を並べていた。全く今日の武蔵野は明日の武蔵野ではない」。

その一方で、「今の武蔵野を当もなく歩くと駐留軍の大きな施設にぶつかり」、「間断なく基地から飛び出すジェット機の爆音と大型機の轟音に、流石に広い武蔵野の野も空も気違いのような騒音に包まれる」のだ。そのことも刻印するかのように、「基地の秋」とキャプションのある写真が挿入され、武蔵野の空を飛んでいる基地の飛行機が写し出されている。

この写真からは「爆音」も「轟音」も聞こえてこないけれど、武蔵野に米軍基地があることを告知する一点で、武蔵野の風景を異化する役割を果たしているように思える。『〈郊外〉の誕生と死』において、村上龍の『限りなく透明に近いブルー』が基地のある福生を舞台にしていたこと、また本書3の山田詠美の『ベッドタイムアイズ』が横田基地を背景としていることなどを既述してきたが、武蔵野こそは基地のある郊外を象徴していることにもなる。それが戦後にもたらされた武蔵野の現実であり、島田の『武蔵野』が刊行されてから、すでに半世紀以上が過ぎ、武蔵野の風景はドラスチックな変容をこうむらざるをえなかったが、米軍基地の現実はまったく変わっていない。

88 「日本でもアメリカでもない基地の街」
——岩瀬成子『額の中の街』（理論社、一九八四年）

前回の島田謹介の写真集『武蔵野』において、雑木林に象徴される武蔵野の過去の風景の代わりに、戦後になって米軍基地とその諸々の施設が出現した事実が語られていた。

それは武蔵野だけではない。青森の三沢、山口の岩国、長崎の佐世保、沖縄の嘉手納などにも米軍基地が置かれている。前世紀のデータになってしまうけれど、梅林宏道の『情報公開法でとらえた在日米軍』（高文研、一九九二年）によれば、在日米軍基地は１４０に及び、北は北海道の稚内、南は沖縄や小笠原諸島の硫黄島まで広がり、その基地面積合計は大阪市や名古屋市よりもはるかに広く、東京23区の半分を占めている。在日米軍の現役軍人は4万5千人、これとは別に基地で働くアメリカ人軍属、及び軍人、軍属の家族は5万5千人で、合計10万人となる。さらに日本を母港とする海軍の艦船乗組員1万人も実際には在日米軍基地に居住している軍人であり、これも加えれば、11万人が在日米軍の実数と考えられよう。11万人の人口と見なせば、ひとつの地方都市に匹敵するものになる。敗戦と占領を起源とし、それに続く講和条約と日米安保条約によって、日本の中に継続的にアメリカの基地が散種されたのであり、その現実は今世紀に入ってもまったく変わっておらず、半世紀以上の長きにわたって、日本社会を呪縛してきた。米軍基地との混住は何をもたらしたのか。

本書でもそれらを山田詠美の『ベッドタイムアイズ』の他に、宇能鴻一郎の『肉の壁』や豊川善次の「サーチライト」に見てきたが、ここでは岩国基地を背景とする児童文学を取り上げてみよう。それは岩瀬成子の『額《がく》の中の街』である。児童文学と呼んだのはこの作品が「理論社の大長編」シリーズの一冊として刊行されていること、岩瀬が『日本児童文学大事典』（大日本図書）に立項され、やはり同シリーズの『朝はだんだん見えてくる』で日本児童文学者協会新人賞を受賞し、他にも児童書を出していることによっている。

『額の中の街』は児童文学というよりも、近年の分類からすれば、ヤングアダルトと見なすほうがふさわしく、それに合わせるかのように、主人公の尚子は十四歳の中学生と設定されている。この作品の舞台は「基地の街××市」とあるが、これが岩瀬の故郷にして、執筆当時も暮らしていた岩国がモデルだと考えていいだろう。

岩瀬の『額の中の街』に言及しようと思ったのは、この「額」が米軍基地を意味し、これが基地の街での混住を描いた作品に他ならないからだった。またそれが少女の眼差しを通じたもので、そこでの彼女のアイデンティティの揺曳こそがこの作品を貫くテーマであるからだ。尚子の母はこの街で働き、「ヘイタイ」の父と出会い、結婚し、尚子を産み、アメリカへと渡った。そしてアメリカで弟のティムを出産し、しばらくして尚子を連れ、この街へと戻り、十五年間どこにもいかなかったような顔をしてスナックで働いている。

十一歳になった弟のティムからスージィに英語の手紙が届く。尚子はアメリカでスージィと呼ばれ、この弟と暮らしていたのだ。しかしそれは遠い昔のことのようだったが、弟の写真を見て、背後に映るアパートとそこでの生活とが思い出された。尚子と母は九年前に日本に帰ってきた。日本に向かう飛行機の中で、母はひどく酔っ払い、尚子に酒臭い息を吐きかけていったのだ。

> いい、忘れてしまえばいいのよ。アメリカのことなんか。わかった？　忘れちゃいなさい。これから、おまえは日本人になるんだからね。母は日本語がわからない尚子に英語で囁きかけた。ただ日本人という語だけは「ニホンジン」と日本語を使った。「ニホンジン」は不思議な響きをもっていた。尚子は、母の言うとおり、「ニホンジン」ばかりが住んでいる「二ホン」にこれから行くのだから、わたしも「ニホンジン」になってみたいと考えた。それはこの窓の外のやみのむこうにあるはずの、小さな捩じれた幼虫のような恰好をした国で、そこに住む人たちの仲間入りをしてみたい、という小さなかわいらしいあこがれだった。

このようにして尚子は日本、しかも基地のある街へと戻ってきたのである。それから九年後の物語がこの『額の中の街』ということになる。母は若い「ヘイタイ」を恋人扱いするが、それはいつも数ヵ月後に破綻し、「ヘイタイたちはただ通りすぎてゆくだけの人間」でしかなかった。彼女にとってはアメリカの生活も置いてきたティムのことも、「過ぎ去ったことは、そこで凍りついてしまったことなんだから、いまさらあれこれ考えてみたってどうすることもできない」のだ。

尚子の顔に白人種の痕跡は見当たらなかったけれど、それは骨太で肉付きがよい体つきに表われ、背はクラスで一番高かった。クラスには父親を白人のアメリカ人とするもう一人の女生徒の幸がいて、彼女は尚子と異なり、見るからに白人種の特徴を引き継ぎ、栗色の髪と薄桃色の白い肌で、美しい容貌を備えていた。ところが彼女の父親はアメリカに一人で帰り、行方知れずになっていたこともあり、幸は英語を話せなかった。ただ彼女の特技は「アメリカ人の振りをすること」で、高校を卒業したら東京へいき、ファッションモデルかテレビタレントになるつもりだと公言していた。彼女のような顔をした女の子がいっぱいテレビに出ているし、自分も売れるはずだと思うからだった。

尚子の母は「ヘイタイ」相手の外人スナックの仕事にうんざりしているが、「新しい生活」「もっと別の健康的で明るい生活」を始めることができず、相変わらず「ヘイタイ」たちが「通り過ぎてゆくだけ」の生活を送っていた。その一人がジョージで、彼は母と尚子を基地のレストランへ連れていったりしたが、その後家に住みついてしまった。彼はアメリカでの少年期にトラウマを抱え、日本へとやってきたようなのだ。

日曜日の朝、尚子は外に出て、表通りを歩いてみた。七月の太陽の下で道路は吐瀉物が飛び散り、ポリバケツがひっくり返り、残飯をぶちまけ、無惨な姿をさらしていたが、若いアメリカ人の男女は汚れた街の姿など気にもせずに歩いていた。「彼らにとって、この地は外国なのだから。外国の街がどんなに不潔だろうと、(……)気にしない。眉をしかめて、嫌悪すればすむことだ。この街に繋っているわけではないのだから。自分たちの国に繋り、自分たちの国から伸びた命綱に繋っているのだから」。だが尚子はちがうし、見慣れた「この街から伸び出ているひげ根のような手が、知らないうちに尚子を抱きしめはじめている」ことに気づいた。それはアメリカ人と異なり、「この街に繋っている」ことを意味していた。

裏通りで尚子はヨシコを見かけた。ヨシコは髪を伸び放題にし、色褪せた花柄のワンピースも着て、この辺りを歩き回り、夜になると物陰に立ち、「ヘイタイ」を手招きした。彼らは新たにきた者ですら、ヨシコのことを知っていたし、彼女を冷やかし、写真に撮り、ある者はヨシコの客にもなった。尚子にとってヨシコは「不潔でもっとも穢らわしい女」だったが、そのヨシコから彼女は「汚物を投げられたように」、「売女《ばいた》」と二度も、しかも英語で呼ばれたのだ。

家に帰ると、母とジョージが言い争いを始め、それを無視してテレビを見ていた尚子に母はいう。

「おまえは、わたしが産んだ子なのよ。（……）海軍病院でね。アメリカ人の軍医や看護婦に助けられて、おまえは生まれたのよ。……おまえが、いくらそんな、軽蔑するような目でわたしを見ても、わたしは平気よ。わたしはわたしのやり方で生きているのだし、おまえだってちゃんと立派に育てているんだから……」

思わず様々な戦後の日米関係のメタファーを読みとりたくなるが、それは慎み、尚子の居場所の複雑なねじれの表出を見るべきだろう。尚子は日本人の母とアメリカ人の父との間に、基地の海軍病院で生まれた。これが彼女の「額」をも意味していよう。そしてアメリカに渡ったが、「ニホン人の国で、ニホン人みたいな振りをして暮らしてみ」るつもりで、基地の街へと戻ってきた。だが数年通ったアメリカンスクールのほとんどの級友たちの外貌が幸と同じだったことに対し、尚子は日本人と変わらず、外部の人間からはいつも日本人扱いされた。だが日本の小学校に転入すると、それは何の役にも立たず、日本語が満足に話せない気の毒な生徒として、同情や憐れみを受けるだけで、尚子の自尊心は傷つくばかりだった。だから「ニホン人みたいな振り」を愉しむ余裕を失い、「日本人になりたい」と本気で思うようになったが、鞄の底に入れてある外国人登録証だけがアメリカ人であることを語り続けてもいた。

基地の街は日本であるようで日本ではないし、アメリカであるようでアメリカではない。つまり日本人にもアメリカ人にもなりえない尚子こそは、その基地の位相を体現する象徴的な存在として描かれていることになる。その一方で、ジョージはアメリカへの望郷と軍隊嫌悪から精神に異常を起たし始める。また母が山陰の谷間の村の出身であることを知ると、彼女が本書4の大江健三郎の『飼育』の村の系列に属し、ジョージは小島信夫の『抱擁家族』の同名の兵士の末裔のようにも見えてくる。そして尚子とは谷崎潤一郎の『痴人の愛』において、ジョージに君臨するナオミになれなかった存在を意味しているようにも思える。ナオミは外国人を思わせる混血児のようだったのに、尚子は混血児であったにもかかわらず、容貌はまったく日本人だったのだ。そのような錯綜したメカニズムによって、『額の中の街』は成立しているのではないだろうか。

その基地の街の錯綜した日本の男女のメカニズムを象徴しているのがヨシコの存在だ。引き裂かれて狂気へと追いやられ、他ならぬジョージによって殺害されてしまうのだ。新聞に「気狂いヨシコ」の本名が掲載され、「殺されて突然ひとりの日本人に戻った」のである。

尚子はジョージがヨシコを殺したことを知り、夜の街へと出ていく。「この街で母は何年も働いてきた。夜毎、名もないヘイタイの誰かに出会い、気が向けば冗談半分に家へ誘った。ジョージもロバートも、父でさえ事故のように母と会ったのだろう」。イタイ」に誘われ、安ホテルの一室にいた。ヨシコが尚子を「売女」と呼んだのは、そのような尚子の行方を透視していたからなのだろうか。

しかし物語のクロージングにおいて、兵士たちに「非常呼集」がかかり、MPが街を回り、兵士の群れは基地へと吸いこまれていった。アメリカと軍隊の支配が基地の街を覆い始めたのだ。『額の中の街』は「見慣れたはずの街が、急にどこか見知らぬ街のようにみえてきた」と閉じられている。

いきなり街は「非常呼集」という米軍基地の命令と介入によって包囲され、基地の街の現実をむき出しにしたのである。そういえば、山田詠美の『ベッドタイムアイズ』もそのような基地の介入によって物語の終焉を見たことを想起してしまうのである。

89 東海道新幹線をめぐる「黒い霧」
——梶山季之『夢の超特急』〔光文社カッパ・ノベルス、一九六三年〕

幻想を打ち砕き、排水溝から星までの新しい神話をつくりあげる時がきた。時代を裏で支えた悪党どもと、彼らがそのために支払った代価を語る時がきた。
悪党どもに幸いあれ。
ジェイムズ・エルロイ『アメリカン・タブロイド』
（田村義進訳、文藝春秋）

本書で繰り返し既述してきたように、大正時代から始まる郊外の開発は数十万坪の及ぶ大規模なものだった。それは広大な農地が新興住宅地へと転用されていくプロセスを経るという事実からすれば、必然的に土地をめぐる法的許認可、政治的利権、地主や不動業者の入り組んだ思惑と疑心暗鬼、土地買収とその価格をめぐる駆け引きと生々しい金銭的欲望がつきものであったはずだ。

しかしそれらの詳しいディティールは開発の後に出現した新しい郊外住宅地の風景の中に埋めこまれ、関係者の死とともに忘却され、郷土史や地方史、及び開発に携わった鉄道会社などの社史にもわずかしか記録されず、近代史の溶暗の中に閉ざされていく。本書86の徳富蘆花の『みみずのたはこと』といった証言が残されている事例は少ない。

だが夏目漱石の『三四郎』（岩波文庫）において、三四郎が上京し、どこでも所謂「普請中」の風景を見て驚くことに象徴されているように、明治大正のみならず、昭和戦前、戦後を通じて近代日本のベースとなる風景は土地開発をめぐるものだったのではないだろうか。それは人口増加、産業構造の転換、都市への人口集中と大都市の形成によって推進され、戦前の郊外住宅地の開発はその反映に他ならなかったし、また戦後の高度成長期を背景とする団地に始まる郊外化も同様であったと見なせよう。

しかしそれらの戦前と戦後が異なるのは、本書や『〈郊外〉の誕生と死』でも取り上げてきたが、戦後ははるかに多くの小説に加え、コミックや映画などが生み出されてきたことであり、さらに様々なルポルタージュやノンフィクションを挙げることができる。その中にあって、ルポルタージュから小説の世界へと移行し、前者で真実を語れないことから、小説でそれを伝えようとして作家、しかも流行作家になった人物がいる。それは梶山季之で、彼の作品群は梶山の死後に隆盛を迎えるノンフィクションの先駆けにして範となったと思われる。私見によれば、自民党政治家と新幹線汚職をテーマとする『夢の超特急』は立花隆の『田中角栄研究』（講談社）、堤康次郎をモデルとした『悪人志願』は猪瀬直樹の『ミカドの肖像』『土地の神話』（いずれも小学館）へと継承されていったと考えられるが、ここでは前者の『夢の超特急』に言及してみたい。

梶山の著作の軌跡は梶山美那編著『積乱雲』（季節社、一九九八年）に詳細にたどられているけれど、まず簡略に『夢の超特急』に至る彼の前史にふれておくべきだろう。一九五〇年代後半は、五六年の『週刊新潮』に始まる出版社系週刊誌ブームの時代で、各社から様々な週刊誌が創刊されていった。そうした週刊誌時代の到来の中で、梶山は巻頭記事を取材、執筆する「トップ屋」として、創刊から『週刊明星』に関わり、続けて『週刊文春』創刊にあたって、「トップ屋」グループを編成し、特集班の責任者として多くのルポルタージュを執筆していく。それらの五八年から六〇年にかけての梶山の「無署名ノン・フィクション」は『「トップ屋戦士」の記録』（季節社、一九八三年）にまとめられ、戦後と五〇年代のアクチュアルなレポートとして提出されている。

そのような週刊誌の「トップ屋」としての取材や経験をふまえ、梶山は光文社の編集者だった種村季弘の依頼で、六二年にデビュー作の書き下ろし長編推理小説『黒の試走車』（カッパ・ノベルス）を刊行する。『夢の超特急』もやはり書き下ろしで、その翌年十二月に上梓に至っている。ここで留意すべきは、モデルである東海道新幹線の開業が六四年十月なので、それよりも十ヵ月早く出版されていることだろう。後述するが、そこには梶山と光文社の双方に出版の覚悟のようなものが秘められていたのではないだろうか。

この小説における『夢の超特急』とは「東海道特急ライン」とされているが、同時代の読者のすべてが東海道新幹線のことだと思ったにちがいない。新幹線は日本の産業経済の動脈というべき東海道線の輸送難の解決、及び六四年の東京オリンピックのための国家プロジェクトとして建設が進められ、その予算は五八〇〇億円という巨額なもので、まさに日本の発展や高度成長を象徴する戦後の「夢の超特急」に他ならなかった。

その新幹線の建設のかたわらで、一九六一年の農業基本法、六二年の第一次全国総合開発計画に基づき、新産業都市と工業整備特別地域が制定され、従来の工業地帯とは異なる工業地域の大型開発が推進されていった。それが高度成長のインフラを形成し、戦後社会は風景、生活、家族などもトータルに含め、ドラスチックな変容を遂げていかざるをえなかったのである。それらのすべての表象が「夢の超特急」＝東海道新幹線に集約されていたともいえる。その完成が迫っている中で、『夢の超特急』は書き下ろされ、出版されたことになるのだ。

しかもその『夢の超特急』のテーマこそは、戦後の高度成長の象徴たる東海道新幹線建設の背後に起きていた政治家と官僚による汚職という犯罪であり、それをあばいていくことがこの小説の目的にすえられているといっていい。

『夢の超特急』での始まりの時代設定は一九五九年で、横浜市港北区の住宅事情と、菊名駅前の不動産業者の佐渡に関する話がイントロダクションとなっている。戦後の東京や横浜の人口膨張によって、横浜線と東横線が走る港北区も住宅地として注目され、かつては畑だった駅周辺も商店街が形成され、それとパラレルに宅地造成や分譲住宅事業、アパート建設が進められ、郊外住宅地へと変貌しつつあった。「東京都の都心の地価の暴騰と、都内の土地不足とは、自然、東横線の陽の当たらなかった地帯にも、都民の目を向けさせた。郊外の土地ブームが始まったのである」。それは菊名駅周辺も同様で、近隣の日吉に日本住宅公団が団地を建設したことも大きく影響していた。

その菊名の不動産業者佐渡の前に、大阪の東亜開発社長を名乗る中江雄吉が現われ、自分は建設大臣工藤陸郎の元秘書で、自動車工場用地のために二十万坪の土地を買いたいと申し出た。しかもその土地は三つの町を結んで、鳥山川沿いに細長く帯状にというもので、農地法によって公共機関以外には売却できない田地も含まれていた。その買収資金八億円は三星銀行から調達し、佐渡の手数料は破格の坪当たり百円だった。佐渡がまとめ役の地主を選んで集めると、中江は彼らを一流料亭で接待し、当初の計画よりも高くはなったものの、買収は成就に至る。それは六〇年を迎えてのことだった。

このイントロダクションを受け、『夢の超特急』の時代は六二年に移り、ふたつのストーリーが交錯して進められていく。一つはルポライター桔梗が調査する美貌のＢＧ田丸陽子の失踪事件、もうひとつは警視庁捜査第二課の多山刑事たちが追う「新幹線公団」の「東海道特急ライン」汚職である。後者の捜査から判明してきたのは、大阪の中江という男による「新神奈川駅」と「新淀川駅」の土地の買い占めで、それは公団が駅一帯の買収に着手する前だった。そのために公団は高値で用地買収するしかなかった。

一方で桔梗は陽子が勤めている新幹線公団秘書課に探りに入れる。すると彼女が三年前に辞めていたことを知り、その行方を追っていると、エプロン姿の陽子が六本木で買物をしていたという証言を得る。彼女は三鷹の自宅から公団ではなく、六本木のコーポラスに通い、公団総理事財津政義の愛人になっていたのである。しかも財津は憲民党幹事長で建設大臣工藤の娘婿だったことから、公団を牛耳る存在でもあった。また多山たちは彼女が東亜開発の発起人の一人だったことをつかむ。かくして桔梗と多山たちの調査と捜査が交差するところに、「夢の超特急」をめぐるふたつの新駅の土地買い占めの全貌が浮上してくる。

それは工藤―財津―中江という政界と国鉄を結ぶ人脈、憲民党―新幹線公団―三星銀行―東亜開発という公私にわたる様々な政党、団体、会社が絡み、巧妙に仕掛けられた疑獄事件に他ならなかった。これらのチャートに関して、『夢の超特急』の中には捜査三課が作成した「巻物」と呼ばれる捜査人物系統図にあたる「東海道特急ライン汚職関係図」までが収録され、さらに私鉄経営者や県人会の関与も書きこまれている。そしてこれらのルートを通じて新駅の最終決定地情報が流れ、事前の買い占めがなされ、公団の買収金額はそれだけで六〇〇億円に及んだ。「東海道特急ライン」の総工費は一九七二億円とされているので、その三分の一に近い金額がふたつの新駅の土地買収に費やされたことになる。梶山は「東海道特急ライン汚職関係図」に添えるような一文を挿入している。それは帯文に転用できるもので、『夢の超特急』にこめられた読者へのメッセージを示しているといえよう。『東海道特急ライン』のコースと新駅候補地を、事前に的確にキャッチし、大阪で五万坪、横浜で十六万余坪も買い占めた悪人たち！」

しかし「新神奈川駅」用地は東亜開発への仮登記もなされず、公団に買収されたために、帳簿上では元の地主から買い上げたことになっていた。それゆえに中江の存在は見出せず、汚職を摘発する構図を描くことができない。しかもそれらの人脈を結ぶキーパーソンである田丸陽子は八丈島で行方不明となり、殺されていたのだ。その一方で、工藤のメキシコ親善使節団とともに、中江もブラジルへと国外脱出し、収賄の時効まで戻ってこないであろう。多山はその無念を、桔梗が田丸陽子事件を書くことに託し、『夢の超特急』は終わっている。

梶山は『夢の超特急』を収録した『梶山季之自選作品集』（7、集英社）に「著者あとがき」を付し、次のように記している。

> （……）東海道新幹線の、用地買収にからむ黒い霧問題は、私がトップ屋の頃から噂されておりました。
> しかし、確証がないために、警察畑も、検察畑も、そしてマスコミも手のつけようがなかったのです。
> 私は、弱腰ぶりに腹を立てて、私独自の方法で、数人の仲間と共に、この事件を洗いました。
> そうして、小説と云うかたちで、読者に、この黒い霧事件を訴えようとしたのです。
> ですが読者の方々の多くは、あくまで小説だ。架空の事件だとして、読み捨てられたようです。（……）
> しかし私個人としては、エミール・ゾラが、「ドレフュース事件」の弁護に当ったように、世間の関心を喚起したい気持から、消されるかも知れない危険を承知で、書いたのでした。（……）
> この小説の中に書かれている数字、そして人物構成は、たしかな筈です。（……）

さらに梶山は「小説という形に仮託して真実を世の人々に知らせよう」としたが、『夢の超特急』においては伝わらず、それ以後、「エンターテーメントな小説」を書く「戯作者としての道」を歩むことになった「思い出と、痛恨の深い作品」と述懐している。そして前述したこの作品を出版するに当たっての覚悟をも再認識できるのだ。

また私はここで挙げられているゾラの「ルーゴン＝マッカール叢書」の訳者兼編集者であるので、その第二巻『獲物の分け前』（伊藤桂子訳、論創社）などにおいて、ゾラが十九世紀後半のナポレオン三世の第二帝政期におけるオスマンのパリ改造計画、つまり再開発をテーマとし、それらにまつわる政治と利権、土地バブルの実態を描き出していることを承知している。

そしてあらためて、梶山のみならず、カッパ・ノベルスに代表される所謂「社会派推理小説」の総体が、高度成長期の暗部を描き出した日本版「ルーゴン＝マッカール叢書」のようなものではなかったかと認識させられるのである。

90　「まだ若い廃墟」から始まる街の変容
――佐藤泰志『海炭市叙景』（集英社、一九九一年）

ひとつの街が衰退し始め、その代わりに郊外が成長していく現象は、一九八〇年代以後の日本において、全国各地で起きていた出来事であり、現在の私たちはそれらによってもたらされた社会の風景の変容の果てに佇んでいることになる。

そうした街とその周辺に生きる住民の視点と心象風景から、社会の変容の初期過程を描いた連作小説集というべき一冊があって、それは佐藤泰志の『海炭市叙景』として、一九九一年に刊行されている。「海炭市」とはもちろん架空の土地だが、佐藤の生まれ故郷の函館市をモデルとするもので、人口三十五万人の街とされ、次のような説明がある。

――

元々、海と炭鉱しかない街だ。それに造船所と国鉄だった。そのどれもが将来性を失っているのは子供でも知っていた。今では国鉄はＪＲになってしまったし、造船所はボーナスの大幅カットと合理化をめぐって長期のストライキに突入したままだ。兄の炭鉱でも、将来の見通しを一番身近に感じていたのは、おそらく組合員自身だったろう。街は観光客のおこぼれに頼る他ない。

――

この「海炭市」という命名にはかつての北洋漁業の全盛、及び実際には函館に炭鉱はないけれど、北海道が全国有数の炭鉱地帯だったことが反映されているのだろう。それに加え、引用文から、「海炭市」にも戦後社会のエネルギーや産業構造の転換に伴い、かつての公的基幹産業である炭鉱、造船、国鉄にも合理化、リストラ、民営化の波が押し寄せ、それらに関連する諸工業やビジネスにも不況が顕在化してきているとわかる。そして否応なく、「街は観光客のおこぼれに頼る他ない」という状況へと追いやられ始めているのだ。

戦後社会は一九七〇年代前半のオイルショックによって高度成長期に終止符が打たれ、工業社会から消費社会へと離陸しつつあった。そのような産業構造の変容は都市から始まって地方へとも波及し、それは八〇年代以後の郊外消費社会の隆盛へともつながっていく。「海炭市」に例をとれば、漁業とその関連産業、造船、炭鉱に伴う諸工業から

「観光客のおこぼれに頼る」サービス産業への転換を意味していよう。

　しかしこの『海炭市叙景』連作が発表されたのは一九八八年から九〇年にかけてで、まだバブル経済は崩壊しておらず、北海道の金融の要に位置する拓銀の破綻は九七年になってからであり、ひどく深刻な不況下に至っていなかったことに留意すべきだと思われる。すなわち『海炭市叙景』は九〇年末の佐藤の自死とも重なってしまうが、そのような来るべき風景を予見した作品集といっていいのかもしれない。それは第二章の「黒い森」の中に書きこまれた「何かがほんの少しずつ狂いはじめているのだ」という一節にうかがうことができる。

　『海炭市叙景』にはこの土地で暮らす人々の十八の物語が収められているが、詩人の福間健二の小学館文庫版「解説」によれば、佐藤の構想は三十六の物語から形成される作品世界となるはずで、第一章の「物語がはじまった崖」が冬、第二章の「物語は何も語らず」は春、さらに夏と秋の章が続くことになっていたという。また付け加えておくと、十八の短編のタイトルはすべて福間の詩から採られたもので、その事実は『海炭市叙景』の「叙景」が福間の詩と結びつくことによって成立し、織りなされていった事実を告げている。

　このことを確かめるために『福間健二詩集』（思潮社）に目を通してみたが、それらの痕跡を見出せなかった。ここに収録されていない福間の他の詩集によっているのだろうか。

　そうして先に引用した部分を含んだ、最初の「まだ若い廃墟」が書かれ、『海炭市叙景』の冒頭に置かれることになったのである。このタイトルは「海炭市」の現在を表象するものとして選ばれたと考えられる。まずはこの短編を見てみよう。

　失業した若い兄妹がいて、妹の視点から「まだ若い廃墟」は語られていく。二人は六畳一間のアパート暮らしで、ありったけのお金の二千六百円を持って、兄が「初日の出を見に山へ行こう」と言い出し、妹もすぐに「素晴らしい思いつきだ」とそれに従った。夏の観光シーズンには夜景を見る目的で、よそから多くの人々が山を訪れるが、妹は一度しかなく、兄に至っては一度も夜景を見たことがなかったのだ。兄は山に登るどころか、鉱夫の父が事故で死に、その代わりに高校を中退して炭鉱に入り、地下で働く日々を送ってきたのである。母は二人が幼い頃に家を出てしまっていた。しかし去年の春、炭鉱は閉山し、一時的な組合による反対運動はあったものの、結局のところ残されたのはわずかな退職金だけで、職安には人があふれるようになった。兄は二十七歳、妹は二十一歳だった。

二人は除夜の鐘が鳴ってからアパートを出て、ロープウェイの発着所までの長い夜の雪道を歩いていった。それはタクシーに夫婦の道行と見まがわれるほどで、妹は「幸福だった」し、「一番いい正月だと思った」。ロープウェイで頂上に着き、雪の深い山の展望台で兄はビールを一本注文し、おいしそうに飲み、妹にも勧めた。「特別な一日だった」し、「兄妹ふたりとも失業して、正月そうそうスカンピンなんて、素晴しい青春」だったからだ。

夜が少しずつ明け始めた。真新しい太陽に人々はあふれんばかりの喜びの声を上げ始めたが、兄は放心の表情を示し、沈黙していた。だが妹はわかるような気がした。新年の挨拶が飛びかう中で、街が雪に覆われ、家々の屋根や通りや街路樹が見えた。「わたしはこの街が本当はただの瓦礫のように感じたのだ。それは一瞬の痛みの感覚のようだった。街が海に囲まれて美しい姿をあらわせばあらわすほど、わたしには無関係な場所のように思えた」。それは兄も同じだったのだ。

帰りのロープウェイに乗る時、兄は切符を一枚しか買っておらず、山を歩いて降りるといった。もはや二人でロープウェイに乗る金がなかったのである。妹は下の発着所のベンチで待っていた。だが六時間待っても、兄は戻ってこなかった。彼は雪の中で道に迷ったにちがいない。そして次の2の「青い空の下の海」において、山の奥の船隠れと呼ばれる崖で青年が遭難し、死体となって見つかったという新聞記事が引かれている。それは正月気分に満ちた新聞の「二十行ほどの短い記事だった。まるでそれ以上は、青年や妹の人生に付け加えるべきことなどない、といった素っ気なさだった」。

この「まだ若い廃墟」を始まりとして、第一章の八編が続いていくのだが、青年の死はトラウマのようにそれぞれの短編に覆いかぶさり、街と人々とを「廃墟」へと向かわせる物語の裂け目の役割を果たすことになる。それらの短編は兄妹の「廃墟」とは異なるにしても、その代わりのようにして立ち上がりつつある物語で、それらに登場する人々を追ってみる。
「青い空の下の海」は正月に首都から妻を連れ、両親に紹介するために故郷に帰ってきた青年、「この海岸」は同じく首都の団地から実家のある海炭市のアパートへと引越してきた若い夫婦と娘、「裂けた爪」は妻と息子の間に問題を抱える、プロパンガスを主とする燃料屋の若い主人、「一滴のあこがれ」は父が会社を倒産させたためにアパート暮らしをすることになった中学生、「夜の中の夜」は過去にさいなまれるパチンコ店員、「週末」はあと二年で定年退職を迎える路面電車の運転手、「裸足」は祖母の納骨のために帰省した学生と夜のバーで知り合った船員、「ここにある半島」は墓地公園の管理事務所に勤める男といったふうに、「海炭市」の過去と現在が、彼らの眼差しを通じて立体的に組み立てられていく。かつての基幹産業だった炭鉱や造船の衰退に伴い、「もう希望を持つことのできない街」の断面が浮かび上がり、そこでの日常のドラマが重ねられていく。

そのような中から出現してくるのは紛れもない郊外であり、「海炭市」においては「工業団地」とか「産業道路」とか呼ばれているところだ。「工業団地」への工業誘致はうまくいっていないにしても、それらの「新市街地」は空港の近くに位置し、合併した近隣の町村との境の地域で、かつては農村、砂丘、スラムだったりした。だが市の人口も移動し、住民と車が増えたことで、畑も林もなくなり、街として際限なくふくらみ、「新しい街作り」が進められ、首都のデパートと大手スーパーが進出してくることになっていた。そうして路面電車が通る街のメインストリートも旧市街地の繁華街と化しつつある。

この二年間で、産業道路にはさまざまなものが建った。マンション、プール、銀行、その寮、広い駐車場を持った二階建てのパチンコ屋、ファミリー・レストラン、本屋、喫茶店、中古車センター、歯医者。数えあげたらきりがない。歯医者は歯科クリニックとプレートを張り、誰もがクリニックと耳ざわりのいい呼び方をする。オーディオセンター、ずっと北へ行けばモーテルだ。だが映画館を作ろうとする酔狂な人間はいないし、開店してすぐ店をたたむ者も多い。とにかく表通りには街にとって必要なもの、精神病院以外は次々と作られ、軽々しくあてこんで作ったものはすぐ姿を消す。そして表通りから一歩入れば住宅街になり、団地が何棟か建ち、海炭市の人々があっという間に押しよせてきた。

まさに八〇年代における郊外消費社会の誕生であり、それは市の繁華街と趣きが異なり、専用の駐車場を持ち、チェーン店の建物は首都圏と同じで、新市街地を形成した。それでベッドタウンとしても発展し、首都の大手デパートの進出も決まり、今月から工事が始まろうとしていた。「もともと海炭市は、人が住みはじめて百三十一年の歴史しかない。その頃は、山裾の税関前あたりが繁華街だった。それが、駅と桟橋ができた頃から、古新開町一帯が繁華街にとってかわり、今ではそこも古くなりつつある街というわけだ」。

しかしこのような街の変容は「海炭市」だけで起きていた現象ではなく、八〇年代から九〇年代にかけて、全国の至るところの都市で起きていたものであり、私たちはそうした風景の変遷を見続けてきたことになる。それゆえに『海炭市叙景』に収められた十八の短編に垣間見られる風景と人々の生活は、そのまま八〇年代から九〇年代にかけての同時代を等身大に描いていたともいえるのである。

もちろんそれを佐藤は意識していなかったであろうし、「海炭市」特有のドラマとして描こうとしたと思われるが、現在になって読んで見ると、産業構造の転換と郊外消費社会の出現によって、姿を現わしつつあった、リースマンのいう「孤独な群衆」をいち早く描き出していたことになろう。

なお二〇一〇年に『海炭市叙景』は映画化され、それに合わせ、小学館から文庫として刊行されている。

また、福間健二の詩と『海炭市叙景』の出典との関係はネットの「批評祭アーカイヴス」に掲載されている。

91 「国際飯場」という混住ドラマ

――佐藤洋二郎『河口へ』（集英社、一九九二年）

前回の佐藤泰志の『海炭市叙景』とほぼ時代を同じくして、やはり炭鉱を故郷とする青年の物語が提出されていた。しかも『すばる』という掲載誌や単行本化も同様だった。それは佐藤洋二郎の『河口へ』である。ここで取り上げたいのは同書所収の四作のうちの「河口へ」と「入水の夏」だ。これらは一九八〇年代から始まった外国人労働者の本格的な受け入れ、不法就労者、日系ブラジル人の急増などの問題とリンクし、彼らとの労働現場における混住を描いている。まだバブル崩壊は訪れておらず、外国人労働者はアジア諸国やイランからも押し寄せていた。

「河口へ」の舞台は江戸川河口の浦安の飯場で、十九歳の「おれ」は古いプレハブに住み、杭打ち工事の職人だった。親方の坂田が炭坑離職者で、村に帰省した際にスカウトされ、「おれ」は東京だと思っていたが、連れられてきたのは東京ディズニーランドがある浦安だった。その河口には「おれ達が流れてきたように、さまざまなものが流れてくる」。「おれ」の目に映った浦安の風景は次のようなものだ。

海に対峙するように、おびただしい共同住宅が立ち並んでいる。薄暗い一つ一つの部屋は、蜂の巣だ。小さな建売住宅が、アメーバのように海に向かって、増殖している。海に浮かぶように、ホテル群が建っている。それらは巨大な防波堤だ。

「アメリカみたいだな」

「ウェストコートみたいだろ」（……）

坂田は極端な蟹股で歩いた。日本はアメリカさんの植民地みたいなもんさ、と笑った。だからアメリカの真似をしちょるんさ、と言った。

「おれ達」が福岡の遠賀川の炭坑があったさびれた村から「アメリカみたい」な浦安へと流れてきたように、「クロ」と「パキ」もこの「怪我と弁当は自分持ち」の飯場へと流れつき、「おれ達」と一緒に暮らし、仕事をしている。「クロ」は黒人、「パキ」はパキスタン人からの名称であり、後者は「国じゃ学校の先生だった」ようなのだ。

「河口へ」でも外国人労働者の急増が述べられているが、梶田孝路の『外国人労働者と日本』（ＮＨＫブックス、一九九四年）などに示されたデータによれば、日系人とアジア人労働市場は重なり合っているにしても、後者のほうは時給相場が安く、労働内容のきつい「建築、土木作業員」となる割合が高いという。それは「クロ」も同様であり、そのような外国人労働市場の現実が「河口へ」においても反映されているのだろう。

それはまたかつての炭坑にも、現在の「おれ」の周辺でも起きていたことだった。

外国人とのつき合いが田舎や貧乏人達から始まっていることとくらい、おれだって知っている。今に始まったことじゃない。炭坑《ヤマ》でボタを投げれば朝鮮人や中国人に当たったし、今でもパンチ（同僚のあだ名—引用者注）やおれの田舎では、フィリピンや韓国の花嫁が増えている。現にパンチの三十六になる長兄は、二十三歳の韓国人の女房を貰ったし、妹は黒人の餓鬼を生んだ。英語も話せないのに小さな国際家族をつくっている。

ここに見える「国際家族」という言葉を借りれば、「河口へ」は「国際飯場」を形成する人々の群像ドラマといっていいし、そこには「一昨年からの内需拡大のおかげで（……）神風が吹いている」という好景気事情があったのだ。だがそこに表出しているのは元請け建設会社・第一次下請け基礎工事会社・第二次下請けの親方が束ねる集団と外国人労働者というヒエラルキーであり、外国人労働者たちとほぼ同列に置かれている「おれ達」のアングルから、八〇年代後半からの「神風が吹いている」開発地帯におけるバブルの末端光景が浮かび上がってくることになる。

本書24の笹倉明『東京難民事件』などで「ジャパゆきさん」、同50の吉本由美『コンビニエンス・ストア』でタイ人土木作業員の一端を見てきたが、そうした現場における家族、宗教、女をめぐる日本人、黒人、東南アジア人の位相がさらに広範に表われてくる。そこで「クロ」はサトウ、「パキ」はタナカと呼ばれ、日本人と同化することで、元請け会社から労働者としての参入を許可される。それはかつての帝国主義時代の同化政策をも彷彿させる。その呼び名を聞いて、佐藤という満州帰りの土工は「こいつらと一緒に働いているなんて、なんだか戦争に負け続けているみたいだよ」とぼやくのだ。

「入水の夏」の舞台は「河口へ」と異なり、同じ飯場ではあっても浦安ではなく、炭坑があったさびれた村に移り、主人公の「おれ」の名前もちがっているが、このふたつの作品は連作と見なしていい。「おれ」は浦安の基礎工事会社に四年いて、村に戻ってきたのである。それはさびれた村にもバブルが押しよせ、開発が始まっていたからだ。


　川の拡幅工事は後三年は続くはずだった。数年先に村は、町のベッドタウンになる予定だった。そのために下水工事や川の拡幅工事を先に進めていた。土地の区画整理も始まり、日曜日ごとに町からの見学者がやってきた。スーパーができ、バスのターミナルも新しくなるという噂だった。

　二十数年前に閉山になり、寂れ切っていた村は、人口増加した町のベッドタウンとして、再び脚光を浴びようとしていた。

　誰も見向きもしなかった土地の値段は、数倍にも跳ね上がり、いい土地はあらかた町の業者に押さえられてしまったという噂だった。（……）

　小金の入った村の人間の懐を狙って、一年前に田圃の中に、フィリピンスナックが開店した。プレハブでできただけのその店は、浅黒い小柄なフィリピンの女達が、毎晩おれ達を歓待している。

　そればかりか、工事中の乙女が池で、「おれ」の同級生であり、「黒人兵のがき」を生んだ待子が赤子と一緒に入水自殺したり、フィリピンの女と歳が倍以上も離れた農夫が結婚したり、工事現場にはパキスタン人やイラク人の姿まで見られるようになった。そして外国人労働者専用の飯場も設けられた。

　外国人宿舎には、フィリピン人やパキスタン人やイラク人がいた。中国人や黒人もいた。フィリピン人はエフチャン、パキスタン人はパキチャン、中国人はシーちゃんと呼ばれている。イラク人はフセインだったし、黒人はただのクロちゃんだった。飯場は国ごとにベニヤ板で仕切られ、それぞれに分かれて寝ていた。おれ達は仕切りのない檻で、あいつらは仕切りのある檻に住んでいるというわけだった。たいした違いはなかった。


　「おれ」は思うのだ。「こうして出稼ぎの村に世界中の人間が集まってくるなんて、だれが想像できただろう」と。

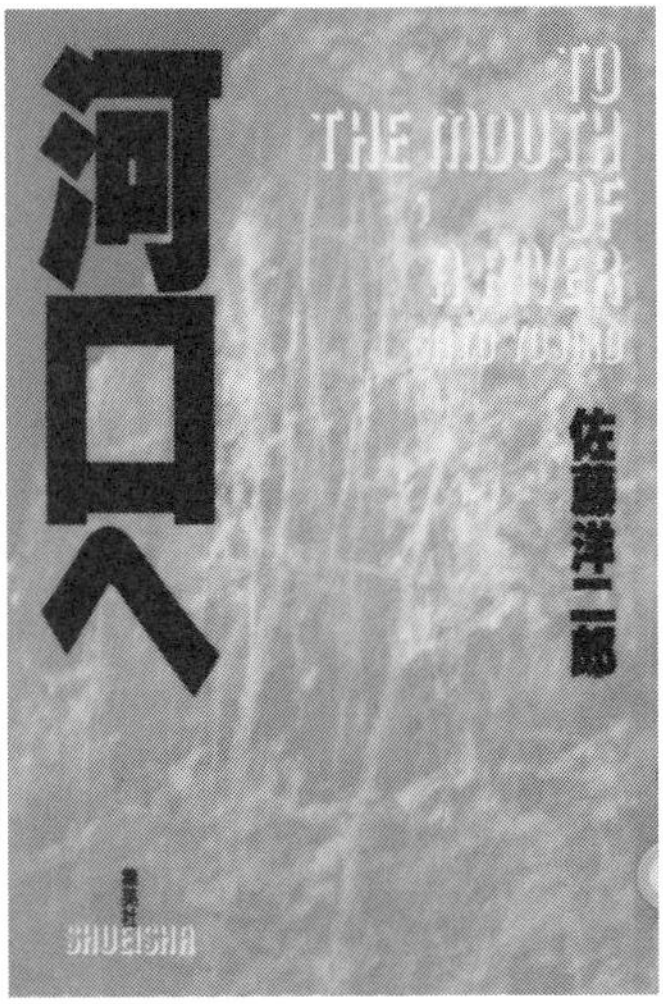

かつて五千人の住民がいた村は炭坑が閉山になると、別の土地に流れ、過疎化が始まり、石炭産業以外に何もない村はまたたく間にさびれ、二千人までに減ってしまった。出稼ぎに出た村人は三百年近く続いているお盆の村祭りを楽しみに帰ってくるのだが、その賑わいも以前よりも寂しい限りだった。

炭坑があった痕跡すらも消え、ボタ山にも木々が繁り、他の山々と見分けがつかなかった。かろうじて炭坑の面影とその事実を残しているのは、ボタ山の麓にある草木に覆われた坑口で、その中に入ると坑内で命を落とした死者たちの気配、それから朝鮮人や中国人坑夫の墓もある裏手の粗末な墓地から出てくる頭蓋骨や大腿骨だった。

最盛期の小学校には千人以上の生徒がいたが、「おれ」の時代には二百人足らずだった。彼らは一体どこにいったのだろうか。山が削られ、整地され、住宅団地となり、新たに小学校も建てられ、中層の県営住宅も建設され、新しい住民がやってくるのだろうが、そこに村人たちが歩く姿はなく、ましてそこに住むこともないのだ。村人たちは土地を売ったりして立ちのき、去っていく運命にあったからだ。

炭坑の全盛時代に、村には朝鮮人家族が多く住んでいた。今ではその代わりにフィリピン人、パキスタン人、イラク人などが加わり、村の新たな開発工事に携わっていることになる。ここでも「職員が一番、おれ達が二番、あいつらが三番」、つまり元請け会社・日本人・外国人というヒエラルキーは変わらず、日本人と外国人の民族葛藤や力学が仕事現場と飯場に表出し、それが多国籍的な現象と屈折を伴っている。

例えば、「フセイン」は「この村がさびれたのも、あいつらの国で石油がぎょうさん出るからたい。出んかったら、まだ炭坑があったかもしれん」と揶揄される。また「入水の夏」の時代は湾岸戦争が始まった年で、アメリカとイラクの戦争は、日本に出稼ぎにきているといえる「フセイン」にも照り返され、彼は涙を流し、残してきた家族のことを心配し、不安を表出させている。

その一方で、彼は村の娘で、父親と近親相姦関係にある知恵遅れの春子に「ちょっかいをだす」ことによって、父親に出刃包丁で追いかけ回されたりするのだ。日本の炭坑があったさびれた村の再開発現場に、グローバリゼーション的な葛藤が投影されていることになる。「入水の夏」は「男のジャパゆきさん」たちの「出稼ぎ」の物語でもあり、それを通じて、また村の歴史と暗部も浮かび上がってくる。

フセインと春子の逢引きは乙女が池の周りで行われていたが、二人の関係は、春子親子の家の強制執行による立ちのきと村からの離脱によって終わりを告げる。そして入水自殺した待子の父は娘を突き落としたと便箋に走り書きし、土左衛門となって池に浮かんだ。そして「おれ」は乙女が池の由来を初めて知る。それはまだ炭坑もなかった昔、灌漑用の溜め池を造る時に、若い女を人柱にしたことによっていたのだ。とすれば、待子もまた新たな村の開発のための人柱だったことになるのだろうか。このようにして、「入水の夏」には小さな村の歴史と世界史状況が交錯し、乱反射していることになる。

なお九五年に出された『夏至祭』(講談社文庫)は、「河口へ」と「入水の夏」に続く連作集として読むことができる。所収の「花火」の登場人物の名前は泰史となっている。これは自死した佐藤泰志へのレクイエムのように思える。

92 『抱擁家族』の三十年後——小島信夫『抱擁家族』〔講談社、一九六五年〕と『うるわしき日々』〔読売新聞社、一九九七年〕

東海道新幹線が開通し、東京オリンピックが開催された翌年の一九六五年に、小島信夫の『抱擁家族』が『群像』七月号に掲載され、続いて講談社から単行本として刊行された。この小説はアメリカと郊外と家族にまつわる先駆的にして象徴的作品であり、高度成長期の進行とパラレルに表出し始めていた、近代家族とは異なる現代家族のアモルフなイメージを提出し、衝撃を与えたといえよう。それに先行する『アメリカン・スクール』については『〈郊外〉の誕生と死』でふれておいたので、ここでは『抱擁家族』に言及してみたい。

一九六四年夏に二年ぶりでアメリカから帰ってきた江藤淳は『群像』で『抱擁家族』を読み、この「妙に切ない美しさと恐ろしさ」を合わせ持つ「奇怪な作品」(『全文芸時評』、新潮社)に衝撃を受け、それをコアとする『成熟と喪失』を著した。この「〝母〟の崩壊」というサブタイトルを付した文芸評論が出版されたのは六七年で、私も『成熟と喪失』を通じて『抱擁家族』を知り、七〇年初頭に両者を読むことになったのである。江藤は『成熟と喪失』の中で、『抱擁家族』を読むたびに、主人公の胸からあふれ出る「不安の水音」、「家庭」というイメージが「崩壊して行く音」を聴くと書いていた。

そのことを象徴するように、『抱擁家族』の冒頭の一節は次のように書き出されている。「三輪俊介はいつものようにに思った。家政婦のみちよが来るようになってからこの家は汚れている、と」。ただこの書き出しは小島も断わっておらず、誰も指摘していないと思われるが、もうひとつのヴァージョンがあり、「(……)この家は汚れはじめた。そして最近とくに汚れている、と」いうもので、こちらは後半が加筆修正されている。『抱擁家族』の新しいテクストと見なせる小学館の『昭和文学全集』21所収版は前者、講談社文芸文庫版は後者によっていることを付記しておく。

だがこのような一節から始まる最初のセクションは章が立てられておらず、『抱擁家族』という物語の前提、及び登場人物の紹介ともいうべき役割を担っている。三輪俊介は四十五歳の大学講師で、外国文学の翻訳も手がけ、二年前にはアメリカの大学に単身で一年間滞在していた。その妻の時子は四十七歳、息子の良一は高校生、娘のノリ子は中学生である。

前述の書き出しにおいて、「汚れ」の象徴のように名指しされた家政婦のみちよの妹は、アメリカ軍属のヘンリーの「オンリイ」との設定で、六〇年代半ばの高度成長期を迎えても、そのような女性が存在していたことをあらためて認識させられるのだ。ちなみに『日本国語大辞典』(小学館)の定義によれば、「オンリイ(オンリー)」とは「第二次世界大戦後、占領軍の軍人のめかけ。一般に特定の外人とだけ交渉する売春婦」とされている。

そうした「オンリイ」を持つヘンリーに対して、俊介が遊びにくるように伝えたところ、代わりに後見人となっている「アメリカ人の二十三になる兵隊」ジョージが一ヵ月前から三輪家に出入りするようになったのである。『抱擁家族』において、米軍基地に関する直接的な言及はないけれど、俊介、時子、ジョージの三人で、キャンプの病院にいるヘンリーを見舞いにいく場面が描かれている。それらはこの作品の背景にすえられているのが米軍基地の存在、すなわちアメリカに他ならないことを告げている。

みちよは三輪家と基地をつなぐ触媒であることに加え、この物語の狂言回し的役割を果たす予兆をうかがわせ、彼女を通じてのジョージの出現が三輪家へのアメリカの侵犯のメタファーと化しているようだ。それゆえに彼女が「来るようになってからこの家は汚れはじめた」といっていい。だがその「汚れ」はアメリカ文学研究者らしい俊介とその妻の時子、息子と娘たちにみちよとジョージを加えた混住家族が共犯的にもたらしたものに他ならないように思えてくる。俊介は「この家の主人」「一家の責任者」だというが、時子は車で旅行に出かける時、ジョージとみちよ、息子と娘でいっぱいだから、「あんたは留守番」だと申し渡す。

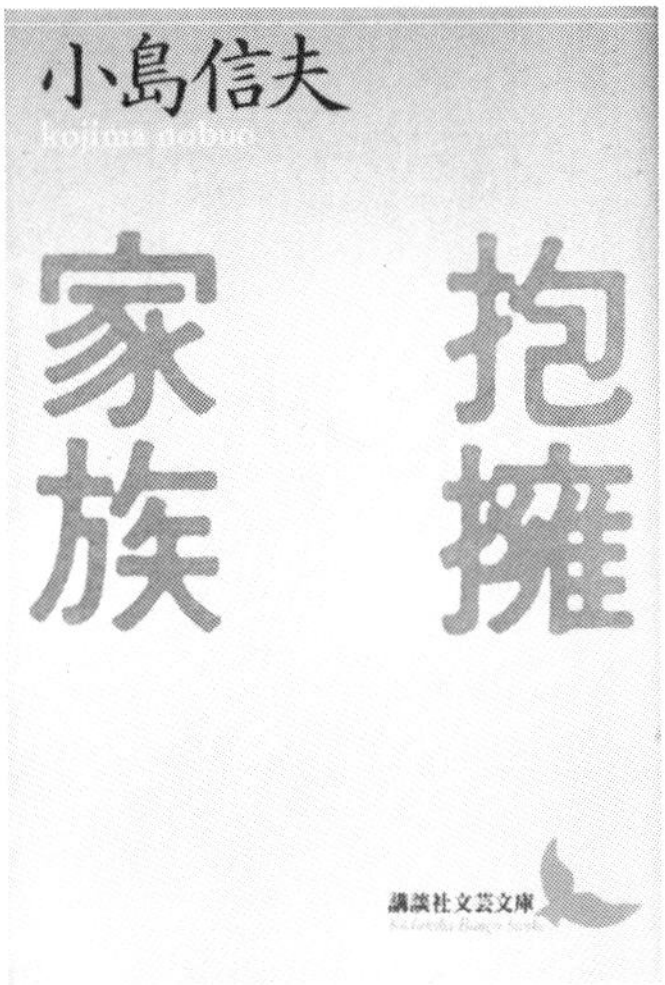

ジョージは時子から「子供の相手」にと望まれ、チャールストンを踊ったり、ハイスクールでならったホイットマンの「To A Stranger」という詩を片言でいう。「わたくし、あなた、トモダチ、なります。／わたし、あなた、さがしてた。／一緒、話す、食べる、寝る。」

江藤淳は『成熟と喪失』の中で、このジョージの片言に注をつけ、ホイットマンの「To A Stranger」の原文のすべてを引いた上で、俊介が望んでいる「家庭」のイメージは二人のstrangersが出会って形成されるものではないと述べている。それゆえに俊介のイメージの中で、「妻」は決してノマド的strangerではなく、姿を変えた「母」であり、「妻」＝「母」を中心として自らも含めた「子供」たちがいる世界、すなわち農耕社会の定住者的な母子の世界が求められている。ところがみちよとジョージの存在によって、そのイメージが揺らぎ始めていることが、この章立てされていない最初のセクションに揺曳し、これが物語の導火線として置かれ、狂言回しのみちよがそれに火をつけるのだ。

そうして第一章が、「だんなさまが二週間ぶりでお帰りになりました。（……）」というみちよが時子に告げる言葉で始まっていく。さらにみちよは俊介に、留守中における時子とジョージの情事を打ち明ける。それを受けて、俊介は時子を詰問しようとするが、「これから何をいい、何をしたらいいのだろう。そういうことは、どの本にも書いてはなかったし、誰にも教わったことがない」。それゆえに妻の情事をめぐる夫婦の間の会話は、二人の関係の歴史の断層を浮かび上がらせるとともに、ファルスのような様相を呈していく。時子はいう。「こんなことはあんたは堪えなくっちゃ駄目よ。冷静にならなくっちゃ。あんたは喜劇と思うぐらいでなくっちゃ。外国の文学にくわしいんだもの。（……）悲劇のように考えるのは、もう古いわよ（……）」。

その場面に至って、本書80の大岡昇平『武蔵野夫人』が想起される。こちらはフランス文学だが、これも大学教師兼翻訳家の夫婦の物語であり、その妻は復員してきた愛する従弟と「姦通」してもいないのに、恋と嫉妬の果てに睡眠剤を飲んで死ぬ。その死は彼女の心臓が悪かったことに還元され、「純然たる事故」として処置される。『武蔵野夫人』にあっては、「事故によらなければ悲劇が起らない。それが二十世紀である」。それでも『武蔵野夫人』は「悲劇」として終わっているが、『抱擁家族』の物語は「ファルス」の色彩に染められ、進んでいく。

おそらく小島はこの『武蔵野夫人』を意識し、『抱擁家族』を構想したと思われるし、一九六七年刊行の同作品を巻頭にすえる『小島信夫』（『われらの文学』11、講談社）の著者の口絵写真には「武蔵野の雑木林にて」というキャプションが付され、その裏にはこれも本書79の国木田独歩の『武蔵野』の一節である「武蔵野に散歩する人は道に迷ふことを苦にしてはならない」が小島の自筆によってしたためられている。三輪俊介が新しい家を建てるために購入する「小田急で新宿から四十分の、奥まった傾斜地」こそは、小島のポートレートにある武蔵野なのではないだろうか。それらを考えれば、『抱擁家族』は『武蔵野』や『武蔵野夫人』の系譜に連なる作品と見ることもできよう。

だが『抱擁家族』は『武蔵野』の自然描写に充ちた散文詩の趣きは追放され、『武蔵野夫人』の事故による悲劇も起こらない。それは時子のいうように必然的な「喜劇」のようなちぐはぐさを伴い、展開されていくし、これも本書34の『ゾンビ』のようなホラー映画の兆候も呈し、夫婦が「化物のように見えてくる」といった記述が一度ならず書きこまれている。

そうした中で、俊介と時子はジョージと三人で会い、ジョージの話も聞こうとする。ジョージはほとんど日本語を解さないし、時子は英語をしゃべれないので、俊介の通訳によって二人は話をするのである。しかも二人の年齢差は母子のように異なる。俊介にしてみれば、時子の情事は「アメリカ」を「ペット」にしようとした行為のように映るのだ。時子は自らの「責任を感じる」というが、ジョージは「両親」と「国家」に対して「責任をかんじるだけ」だという。その「国家」とはアメリカに他ならず、俊介は「ゴウ・バック・ホーム・ヤンキー」という「思いがけない言葉」をわめくに至る。

その一方で、俊介は「家の中を立てなおさなければならない」と考え、新たに郊外に土地を買い求め、時子の望む「アメリカ式のセントラル・ヒーティング」の家、カルフォルニアの別荘のようなガラス張りで、冷暖房完備の家を建てようとする。彼女はプールもほしいという。俊介も「夫婦がプールで泳いでたわむれている」楽園が出現すると思うようになっていた。

しかしその家の工事がはかどらないうちに、時子の乳癌が発見され、手術を受けることになるが、それでも完成した新しい家へと戻った。ところが「変った家」のセントラル・ヒーティングはうまく機能せず、雨もりすらも生じ、時子は癌が肺へと転移し、再入院、再手術となった。そして彼女は死んでいく。医者の話すケネディが殺され、鶴見の二重衝突事故で百何十人死んだという事柄から、それが一九六三年の出来事だったとわかる。

俊介が病院での仮通夜をすませ、家に帰ると、「友人たちが二、三十人、リビング・ルームの中に集まっていて、（……）妻が客を呼んだみたいだ」った。

まだ『抱擁家族』は終っていないし、最後の第四章が残されている。だがここまでで私が前述した「アメリカと郊外と家族にまつわる先駆的にして象徴的な作品」であることが了承されるであろう。六五年の発表時点で高度成長期以後の日本の社会と家族の行方を透視しているかのように思われる。またこれは繰り返し言及しているが、一九八〇年代において、日本は郊外消費社会が隆盛となり、その産業構造はアメリカの五〇年代のそれとまったく相似するものとなった。ディズニーランドの開園も八〇年代半ばであったのであり、日本はまさにアメリカ的風景に覆われてしまったことになる。しかもそれは風景ばかりでなく、家族やライフスタイルも同様であり、その根底には九〇年代における日米構造会議やアメリカの「年次要望書」によってもたらされた第二の敗戦的状況が横たわっている。

それらのことを考えると、小島が「『抱擁家族』ノート」（『小島信夫文学編集』所収、晶文社）に書きつけた次のような一節が否応なく思い出され、この小説の奥行の深さをあらためて確認してしまう。

アメリカ人をもってくることは、じゃまになりはせぬか、これは現代の問題、我国の文化の内容からして、かえって必要。俊介の家の建て方、外国風の家とも関連する。我々の倫理的支柱のなさともつながりをもたせればいい。

またさらに『抱擁家族』を最初に読んだ時は様々な驚きゆえに、想像もしなかったけれど、ほぼ三十年後にその続編として『うるわしき日々』が書かれ、時子が亡くなった後の三輪俊介一家の後日譚を知らされることになる。そこには俊介の老後の日常が描かれ、二十歳前後だった読者の私も五十歳近くになってしまったこともあり、感無量の思いに捉われるしかなかったのだ。それに続いて江藤淳も自死し、この一文を書いている私も、現在は還暦を超えてしまったのである。

『うるわしき日々』においても、老作家の俊介は八十歳を過ぎ、後期高齢者の姿を見せ、この作品は三十年後の『抱擁家族』といった様相を現前させている。五十代になった息子の良一は離婚し、重度のアルコール中毒で入院生活を送り、娘のノリ子は結婚して関西に住み、「ピース・ボート」のスタッフを務める娘がいる。『抱擁家族』にあって、息子と娘はまだ高校生と中学生だったのに。

再婚した妻の京子は、血のつながらない息子の看病のストレスから健忘症に陥る事態となっている。そうした家族関係の中で、俊介は息子をリハビリのためにファミレスに連れ出したり、妻の代わりにコンビニに買物に出かけたりもしている。ファミレスもコンビニもかつての『抱擁家族』の時代には存在しなかったものであり、俊介は『うるわしき日々』のほぼクロージングシーンで、「コンビニの袋を右手にもったまま、かがみこんで泣いた」りするのだ。『抱擁家族』と『うるわしき日々』の間に流れた三十年の間に、時代は高度成長期の工業社会からバブル経済を経た消費社会へと移行した。そして登場人物たちも年老い、その後の三輪家の三十年が何であったのか、また『抱擁家族』というタイトルにこめられた意味、及びそこで提起されていたアメリカや郊外や家族というテーマを再考するかのように迫ってくる。それは一九七〇年代以後の日本社会は何であったかという問いに他ならないように思える。

93 「浮気」とホームドラマ
——山田太一『岸辺のアルバム』（東京新聞社、一九七七年）

山田太の『岸辺のアルバム』は東京新聞などに連載され、一九七七年にTBSで鴨下信一たちを演出としてテレビドラマ化され、八千草薫、杉浦直樹、中田喜子、国広富之、竹脇無我たちによって演じられた。この『岸辺のアルバム』は、テレビドラマの歴史を塗り替えた作品だと伝えられている。

手元に角川文庫の小説版、テレビドラマのシナリオ版（『山田太一作品集』2、大和書房）がある。前者には記されていないのだが、後者の最初のシーンには「昭和四十八年八月」という時代を特定する字幕スーパー指定が書きこまれている。これは『岸辺のアルバム』が、その翌年の四十九年九月の台風十六号により、多摩川が増水して狛江市で決壊し、三日間で民家十八戸が流出した災害に触発され、構想された事実を物語っている。

ちなみにその事実にふれた『昭和史全記録』（毎日新聞社、一九八九年）は、多摩川氾濫の写真に加え、民家が流出する連続写真を掲載し、その被害の生々しさを浮かび上がらせている。そうした現実に起きた災害の事実から着想を得て、山田が一九七三年から七四年にかけての同時代の家庭、それも郊外のサラリーマン家庭を描き、それが多摩川決壊とマイホームの流失に象徴されるような危機と再生の物語を意図し、テレビならではの「ホームドラマ」に結実させたとわかる。

しかもそれと同時に、この『岸辺のアルバム』は一九七〇年代前半に萌芽しつつあった社会の動きと価値やイメージの転換を敏感に捉え、物語の背景とならしめていることにも気づかされる。ただ「ホームドラマ」のほうは未見なので、ここではシナリオ版でなく、小説版『岸辺のアルバム』によって、それらをたどってみよう。

『岸辺のアルバム』は専業主婦の田島則子にかかってきた一本の電話から始まっていく。それは「奥さんの浮気の相手は何人ですか」といういたずら電話に近いものだったが、その電話がきっかけとなって、則子という平穏無事な家庭の主婦の心に波紋と亀裂がもたらされ、それとパラレルに家族そのものの危機も表出していく。

則子は三十八歳の貞淑な妻、夫の謙作は四十五歳で大手商社の部長、娘の律子は私大英文科一年生、息子の繁は大学受験を控えた高校三年生、この四人が田島家を形成している。その家は一戸建で、庭の向こうには低いブロック塀を隔てて多摩川の堤防があり、二階に上がると多摩川がひらけ、対岸は川崎市で、登戸の家並や向ヶ丘の丘陵が見渡せた。川音はほとんど耳に入らないが、小田急線が鉄橋を渡る通過音は聞こえてきた。最寄りの駅は小田急線狛江駅と判断してよかろう。九年前にこの建売住宅を購入し、下北沢のアパートから移ってきたのである。

このような田島家の説明に対して、これも地名表記はなされていないけれど、前述したように狛江市と断定してかまわないだろう。狛江市はかつて神奈川県北多摩郡に属し、一八九三年に東京府に編入された武蔵野の一角に他ならない。ここは多摩川北岸の低地帯で、戦前は農業地だったが、戦後急速に住宅化が進んだ地域でもある。

『岸辺のアルバム』の始まりの時代設定が一九七三年であることを考慮すると、田島家の建売住宅は六四年に求められたことになる。狛江は東京二十キロ圏に位置し、六〇年代前半に成長、郊外化したと見なせるし、それに合わせ、マイホーム取得がなされたことは田島健作の才覚、収入、地位を物語り、それを裏づけるように国立大学出身であることが書きこまれている。妻の則子は女学校を出て勤め始めていたが、同じビルに謙作の会社もあり、彼に見初められ、若くして結婚したのである。このように二人の結婚の経緯は記されているのだが、実家や故郷に関してはほとんど言及されておらず、この夫婦が所謂「在所」のない人々、デラシネ化している印象を与えている。したがって結婚生活は二十年になり、子供たちが生まれてもいるが、則子が子育てに追われるという記述だけで、祖父母に当たる二人の両親の陰はない。その一方で、謙作は二年間のカラチ単身赴任、部長昇進に伴う異常な仕事の忙しさに追われ続け、夫婦は隔てられていると則子は思うのだった。彼女の知らない世界で夫は生活の大半を送り、それに打ちこんでいたからだ。

田島家には、十二冊のアルバムがある。そのどれもが一家四人の笑顔で満たされていた。しかし、それはかなり謙作の作為だった。

周囲の家に比べると、一家四人で笑い合う事が小さい時から少なかった。しかし、たまにそうしたことがあると、証拠を残すように謙作はカメラを持ち出した。見ろ、俺だって結構家庭につくしているじゃないかと、アルバムを開くと謙作のそんな声が聞こえるような気が則子はした。セックスも、それと同じ味気なさがあった。

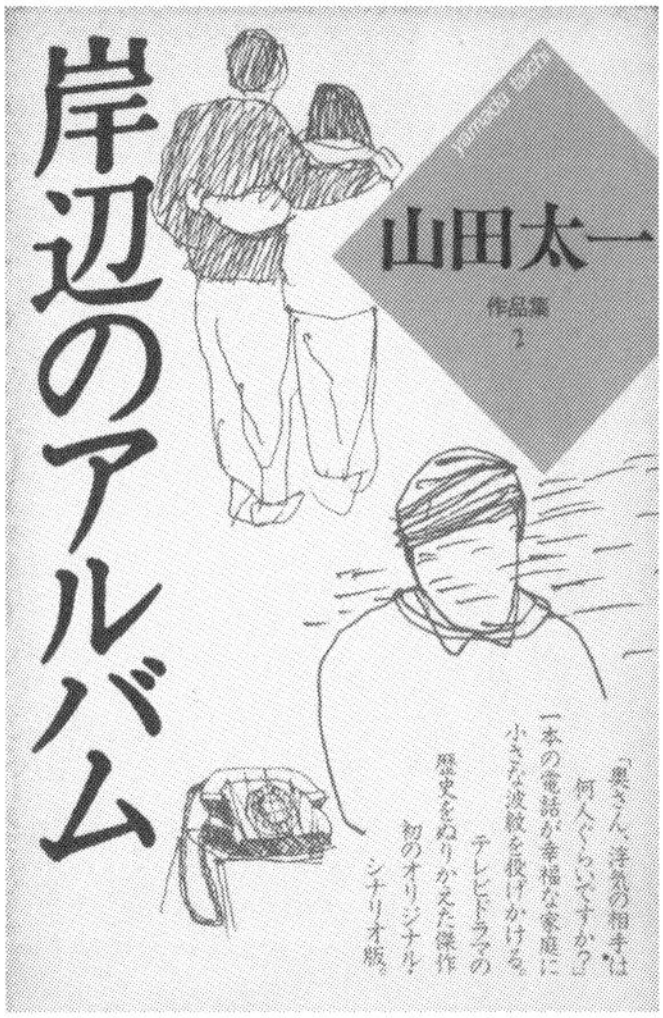

ここにも親族どころか、祖父母も見当たらない。おそらくアルバムにも写っていないはずだ。それにもかかわらず、それぞれ夫を、妻を、子供を演じる都市郊外の孤独な核家族像が否応なく伝わってくる。そのようにして夫と子供たちとの日々は過ぎ、きりつめて暮らし、大した楽しみもなく、則子は三十八歳になっていた。こうした物語のイントロダクションと、登場人物と家族関係から浮かび上がってくるのは、則子という郊外の主婦の孤独である。その彼女が夢みるのは「昼下がりの郊外のがらんとしたコーヒー店で、こっそり恋人と逢う」ことなのだ。店には誰もおらず、二人だけだった。ガラス越しの光で店は淡い明るさに包まれ、木製のテーブルに大きめのコーヒーカップ、窓枠の白いペンキは少しはげているが、その向こうには冬木立が見える。これが則子の夢想であり、七〇年代前半になって形象されつつあったイメージのように思える。アルバムが謙作の家族のイメージであったように。

　それらはともかく、いたずら電話が重なるうちに、則子はその電話を待ち、会話を楽しむようになった。相手は北川と名乗り、彼女には「見えない人間」だが、則子をどこからか見ているらしく、近隣に住んでいるようだった。後に同じ地域のアパートの妻と娘のある住人だと判明する。つまり二人は郊外の家庭を異にする妻と夫だったことになり、一九七〇年代の日本版『ボヴァリー夫人』という色彩も加わってくる。そうしてついに則子と北川は、渋谷のイタリアの作曲家もしくは画家にちなんだ「フィリッポ」という喫茶店で逢うことになった。北川は三十五、六の長身で、都会的で知的な印象を与えた。彼は有名なレコード会社に勤め、クラシックレコードの製作に携わり、彼女にそのモーツアルトのレコードをプレゼントするつもりで持ってきていた。北川の音楽や美術に関する魅力的な話は「私設の女性文化講座」のようでもあり、夫とは「別の世界」の人で、「則子の胸に甘美なものが溢れた」。郊外ではなかったけれど、則子の夢が実現したのである。そうした「私設の女性文化講座」が繰り返されるうちに、二人の関係は秘密を守り、「お互いに家庭をこわす気はない」浮気の実現へと向かっていく。

だが秘密なはずの母の浮気は息子によって発見される一方で、姉がアメリカ人にレイプされ、妊娠したことを知る。「水準以上の家族」だとばかり思っていたのに、その実態にふれてしまったのだ。彼は母と姉の秘密の発覚のショックから、大学受験に失敗してしまう。それらとパラレルに、父の会社は経営危機に見舞われ、彼は海外からの解剖のための死体輸入にまで関わっていき、それもまた息子に知られてしまうことになる。

表面的には恵まれた平穏で「水準以上の家庭」が、妻＝母の浮気を始まりにして、すべてを巻きこむように崩壊していく。『岸辺のアルバム』で使われる「浮気」という言葉は「姦通」という用語が、もはや死語となったことを告げていよう。だがまだ「不倫」という言葉は見えていない。

そして物語は「雄大な自然の迫力」を見せつける多摩川の氾濫によるマイホームの流失という災害の大団円へと向かう。残されたのは五冊のアルバムだけだった。十二冊のすべてではないにしても、田島家のイメージは保たれたし、氾濫とともに流失しなかったことを意味している。「みんなで働けば、また家ぐらい建つさ」。そして家族は失われてしまったつながりを回復しようとするのである。このようなクロージングこそはホームドラマのセオリーともいうべきものであろう。そうした『岸辺のアルバム』の物語に関して、山田は「企画メモふうに」（小説版では大山勝美の「解説」、シナリオ版では「あとがき」所収）で、次のように述べている。

戦後の経済成長が、田島謙作という四十半ばのサラリーマンにあたえたものは、一戸建の家であり、過度の多忙であり、息子が大学へ入るのが当然というような形の中流意識であり、娘をとりまくセックスを含めた環境の変化であり、妻とのへだたりであり、アンモラル、合理主義、人間的反応の鈍化であり、病気、地位、孤独などであった。

そしてそれらは当然のことながら、見やすい形で日常生活に顔を並べているわけではなく、病んだ部分が多いにもかかわらず、見た目には、明るく平穏無事な日々として立現われてくる。(……)
何事もない、むしろ何事も起らなすぎる家庭の主婦の日常と照応するような日常を物語の主婦、則子も送る。そして視聴者は物語の進行と共に、その「平穏無事」がいかに多くの潜在化した歪みをひそめているかということを知るようになり、さすれば自分の家庭の「平穏無事」も蓋をあければ同質のゆがみを持っているのではないかと、ふと家族の顔を見直す。というようなことが作者の野心である。(……)

『岸辺のアルバム』という「ひとつのホームドラマ」のモチーフが、作者によって率直に語られている。そして続けて、家族は崩壊寸前で、その「入れもの」としての家も流されてしまうが、その時家族は「その結びつきをもう一度とり戻そうとする」。それは「感傷的な心の動き」であるにしても、「われわれの多くの家庭がそのような感傷を含めた曖昧な形で、家庭という形を辛うじて保っている」と語られていく。この山田の言葉に留意すべきだろう。そうした物語への配慮、崩壊と再生が共存する家族の機能、何が起きても繰り返されていく日常生活の本質に対する注視、それらが「ホームドラマ」のみならず、松竹大船の系譜に連なる山田のシナリオのドラマツルギーのコアであることも。

またさらに付け加えておかなければならないのは『岸辺のアルバム』が時代の転換期を告げる「ホームドラマ」に他ならず、それが六三年を時代背景とする小島信夫の『抱擁家族』のホームドラマ版のようにも思える。いってみれば、その十年後のサラリーマンを主人公とする形式をとったところの物語のようにも読めるのだ。

そして『抱擁家族』からはさらに時代が進み、『岸辺のアルバム』の時代でもある一九七三年とはオイルショックが起き、高度成長期に終止符が打たれ、工業社会から消費社会へと転換した年であった。それを反映して、『岸辺のアルバム』の物語の中で実際登場したり、イメージされたりする郊外の喫茶店やレストラン、ハンバーガーチェーン、女性文化講座などもこの時代に誕生している。ちなみに例を挙げれば、すかいらーくは七〇年、マクドナルドは七一年、朝日カルチャーセンターは七三年、その他の多くの消費社会の装置的店舗やビジネスも、この時代に出現している。そうした意味においても、『岸辺のアルバム』は時代と寄り添うことで送り出されてきたといえよう。

94 「不倫」とニューファミリー
――鎌田敏夫『金曜日の妻たちへ』〔角川文庫、一九八五年〕

前回の山田太一の『岸辺のアルバム』の系譜を引き継ぐホームドラマとして、一九八三年に鎌田敏夫の『金曜日の妻たちへ』が放映された。これは『岸辺のアルバム』と異なり、続編も制作され、『大衆文化事典』（弘文堂、一九九一年）に立項されている。それらは『金曜日の妻たちへ』のテレビ放映の人気、及びその反響と波紋が『岸辺のアルバム』以上だったことを示していよう。とはいっても、やはり三十年前の作品であるから、先にその立項を引いてみる。

『金曜日の妻たちへ』

1983年にいわゆる「金ドラ」枠で放送（TBS系）された連続ドラマ。その後好評に応えるかたちでパートⅡ、副題『男たちよ、元気かい?』(89年)、続いてパートⅢ『恋におちて』と相ついで放映された。従来の連続ドラマステージは下町の老舗とか山手でも戦前からの有名な住宅地域だった。しかしテレビ視聴層の主流は大きく変わり、彼らの大半は郊外かそれに近い集合住宅住いであり、テレビドラマが描く生活環境や現実とはずれていた。『金妻』の舞台は、多摩丘陵から湘南にかけての新興のニュー・タウンである。エステート型とメゾネット型（三層住宅）を散在させ小公園も点在する環境のなかでの若い夫婦たちのライフ・スタイル、それをバックに不倫とよばれる関係を中軸に据えて彼ら数家族の心の揺れを追ったドラマ。登場人物たちは大学時代のクラブ活動などの先輩後輩の関係である。彼らの交流は旧世代の親戚付き合いや近所付き合い以上の濃密さがある。ベビーブーム世代、現代ッ子世代、全共闘世代とよばれ、今では団塊の世代だ。その彼らにとっては祖父母・父母のタテ型家族より、友人などヨコの絆のほうを優先させる。週末の夜は順ぐりで家族ぐるみの食事をし語らう。そのやりとりと、そこから芽生える愛の切実さと不毛さを追う内容（脚本・鎌田敏夫）。新しい中流生活の様式を描くことで時代とも接点をもったドラマ。キンツマ症候群という造語も生まれた。

その俳優たちも挙げておこう。物語のコアとなる三組の夫婦を演じたのは、古谷一行といしだあゆみ、竜雷太と小川知子、泉谷しげると佐藤友美である。『岸辺のアルバム』と同様に、残念ながら『金曜日の妻たちへ』も見ていないので、省略せずに引用してみた。ちなみに『岸辺のアルバム』の「浮気」は、『金曜日の妻たちへ』の出現によって「不倫」へと転換され、流行語になったと伝えられている。

この『金曜日の妻たちへ』は『岸辺のアルバム』とは逆のかたちで、鎌田敏夫自身によってシナリオが後にノベライゼーションされている。ここではそのノベライゼーションによって、その「新しい中流生活の様式を描くことで時代とも接点をもったドラマ」をたどってみよう。その前に留意すべきは「テレビ視聴層」の変化にしても、「新しい中流生活」の出現にしても、一九七五年に戦後世代が過半数に達し、日本が戦後世代社会へとシフトし始めていたことで、『金曜日の妻たちへ』の物語の時代はそれから八年後なのである。

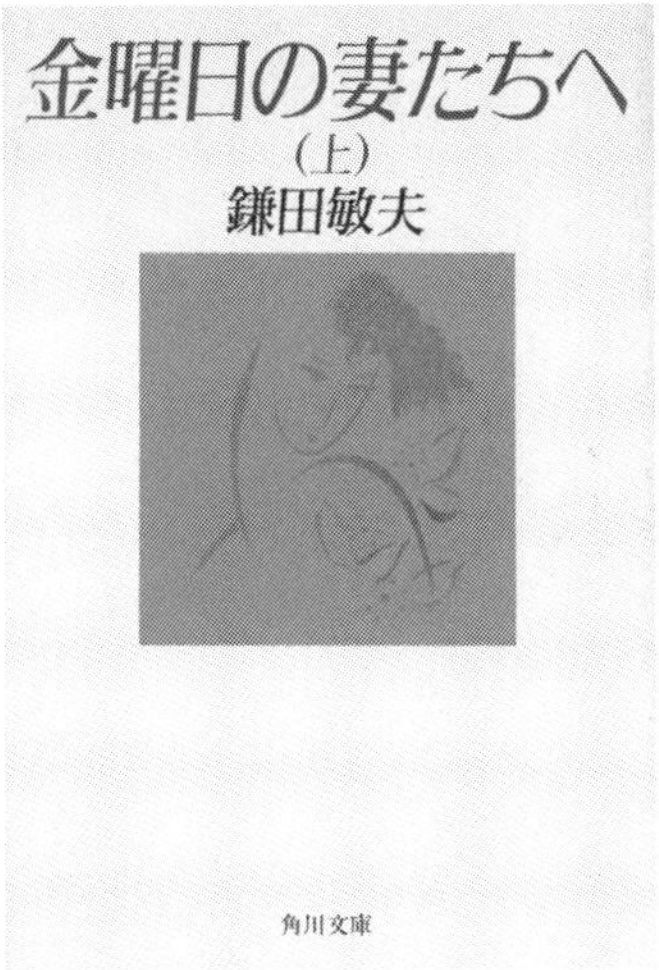

その冒頭において、その主たる舞台となる中原夫婦の生活環境が提出されているので、まずはそれを見てみる。

> ダイニングキッチンの大きな窓から、西地区のテラスハウスが見えている。
>
> キッチンの見える風景が、久子は大好きだった。緑の多いゆるやかな丘陵に、オレンジ色の屋根の集合住宅が、ゆったりとしたスペースで建ち並んでいる。
>
> 久子の家も、窓から見えているのと同じテラスハウスなのだ。
>
> 幹線道路をはさんで、ニュー・タウンの広い敷地が、東地区と西地区に分かれていて、久子たちは東地区の方だった。

このテラスハウスは4LDKで、三千五百万円だった。四軒のテラスハウスから一棟がなり、二階が玄関で、白い専用階段があり、そこには花の鉢が置かれていた。それは本当に「安い買物」ではなく、貯金と会社からの借金で頭金を払い、残りはローンを組んで購入したものであり、ボーナスはほとんどローンの支払で消えてしまっていた。都内の商社に勤める夫の宏にとって、このニュー・タウンは都心から一時間以上かかるので大変だが、妻や子供たちにとってはまだ秋と冬の半年しか暮らしていないけれど、「ここは天国」だった。一日の時間の流れや季節の移りかわりがはっきり感じられるし、サッカーや野球もできるグランドまであったからだ。

最寄りの駅が田園都市線のたまプラーザ駅であることからすれば、この地域は多摩ニュータウンであり、その中でも一九七〇年代後半から八〇年代前半にかけて新たに開発されたエリアだと見なせよう。多摩ニュータウンの第一次入居開始は七一年で、それに先がけ、六九年に二子玉川高島屋ショッピングセンターが開店している。『金曜日の妻たちへ』に出てくる駅前のショッピングセンターはそれであろうし、本書56でも既述している。

ただこの『金曜日の妻たちへ』のニュータウンの開発が日本住宅公団なのか、それとも民間資本によるものなのかは言及されていないが、中原家のメゾネット型の集合住宅は『日本住宅公団20年史』（一九七五年）の「標準設計平面図」にも見当たらないので、民間による建設物の可能性が高い。それに周辺には高層マンションや分譲住宅があるとの記述もそのことを裏付けているように思われる。またそれが八〇年代の土地開発と住宅建設の特質でもあったのだ。

中原宏は三十八歳の商社マンで、大学時代はラグビー部員、妻の久子は短大を出て、地味な会社に勤めて結婚し、小学四年と一年の男の子が二人いる。『〈郊外〉の誕生と死』において、郊外生活者のたどる典型的回路が「木賃アパート→団地→マイホーム」であると指摘しておいたが、中原夫婦もまたそのようにして現在の住居に至っている。

それらの様々な設定を考えると、『金曜日の妻たちへ』は、十年後の『岸辺のアルバム』であり、こちらには写真のアルバムこそ出てこないけれど、物語のベースには七〇年代の記憶のアルバムが埋めこまれている。その物語のトポスは多摩川の内側ならぬ向こう側のニュータウン、主たる登場人物は戦前生まれではなく、戦後生まれに他ならず、所謂「団塊の世代」が郊外と結婚の物語を演じることになる。八〇年代とはそのような時代に他ならなかった。

中原家を取り巻く二組の夫婦もやはり同世代である。村越隆正は四十歳の外車販売会社の社長、妻の英子は元スチュワーデスで、久子の短大の同級生で十歳の娘がいて、近くの土地つき一戸建てを購入して住んでいる。田村東彦は三十四歳の区役所勤めの公務員、年上の妻の真弓は三十八歳のイラストレーターで、中原夫婦とは同じ団地住まいの友人だったことから、このニュータウンへも一緒に越してきていた。

そのような関係を通じて、これらの夫婦と家族は休日にはいつも集まって食事をしたり飲んだりして、それがもう十年も続いていた。その中心となる中原家のダイニングテーブルは十人も座れる「コミュニティテーブル」で、そこが「中原家の社交場」でもあった。それは『岸辺のアルバム』にはまったく見られなかった光景だし、もはや郊外の主婦の孤独は追放され、戦後生まれの世代による新しい郊外のコミュニティのかたちがまずは提出されていることになる。当たり前のようにジーンズ姿でワインが飲まれ、ビートルズや全共闘のことが語られる。したがって「中原家の社交場」とは、従来の親兄弟、親類、会社の人間といったメンバーで構成されておらず、世代とライフスタイルを共有する友人たちによって担われ、それが十年間も続いてきたのである。「すごい事なのよ、十年間こうやってワイワイやってこれたの」。

かつてはどの家にも子供はおらず、中原の団地の狭い部屋で日本酒の二級とサントリーの白を飲み、安いステレオでビートルズの「イエスタディ」や「ミシェル」などの切ない曲を聞いたものだった。だが今の「食卓の上も窓の外の風景も、あの頃から比べると、はるかにぜいたくになっている」。この述懐は七〇年代後半から八〇年代前半にかけての消費社会の成熟がもたらした豊かさでもあり、それによって家族の第三次産業化とエンターテインメント化も促されたようにも思える。そのようなファクターをベースとする家族がニューファミリーと命名されたといっていい。あるいはその後に立ち上がってくるシェアハウスなるコンセプトも、このような疑似家族のイメージに起源を持っているのかもしれない。

しかし久子のもらす「もともとは他人だもの、夫婦だって。（……）この世には、大勢の男と女がいるわけでしょ。その中で一人だけを選んで、小さな屋根の下で死ぬまで一緒に暮らして……切ないと言えば、そっちの方が切ないわよ」という言葉をきっかけのようにして、「中原家の社交場」にも波紋と亀裂がもたらされ、顕在化していく。

それはニューファミリーと疑似家族にとって、世代や環境を異にする他者というべき二人の女性の侵入と攪乱を介して進行する。若いモデルの玲子は「泥棒猫」のように隆正の愛人になり、英子を離婚へと至らせる。もう一人のOLの佳代は『金曜日の妻たちへ』にあって、明らかにファム・ファタルとして、宏を誘惑し、籠絡に掛かる一方で、宏のラグビー部の後輩の神谷も翻弄する。それは「いつもゾロゾロくっついて……お友達ごっこでもしているつもりなんですか、いい年をして……」という彼女の言葉に表象される、「中原家の社交場」を崩壊させたいという意志に基づくものだ。玲子と異なり、「普通の女じゃない」佳代のプロフィルは明確にされず、物語の中で絶えず異物、もしくはストレンジャーのように存在している。彼女は新しい共同体としての郊外の「コミュニティテーブル」につくことを、あらかじめ拒まれた存在のように描かれている。

だが玲子にしても、佳代にしても、彼女たちもまた久子や英子や真弓の分身であるかもしれないのだ。隆正は玲子と再婚し、彼女は新しい妻や母として、英子の代わりを務める。離婚した英子は佳代の代わりのように、宏と関係を持つ。それらは「中原家の社交場」の鏡像なのであろうし、それを直視できない英子はフランスへと旅立っていく。そして『金曜日の妻たちへ』のクロージングは「ダイニングに宏と久子の二人きりになった」という一文で閉められている。それは郊外の「コミュニティテーブル」の困難さを暗示しているようにも思える。

一九三四年生まれの山田太一が『岸辺のアルバム』で、自らと同年の主人公と近代家族の悲劇的終末とその再生の行方を描いたことに対し、三七年生まれの鎌田は同世代ではなく、戦後生まれで消費社会を生きることになった主人公たちと現代家族をテーマとしたことになる。それゆえにテラスハウスを舞台とする『金曜日の妻たちへ』は、必然的に現代家族のクリティックも含めたパロディの色彩を帯びて提出されたと見なすこともできよう。

95 「シェアハウス」と混住家族
――近藤ようこ『ルームメイツ』（小学館、一九九七年）

「わたしだってふつうよ／女はみんなふつうの女よ」

近藤ようこ『移り気本気』（新潮社）

前々回の山田太一の『岸辺のアルバム』のヒロインで、孤独な主婦の田島則子が還暦を迎え、夫の定年を機にして家出したとすれば、それはどのような物語として展開されるだろうか。まさにそれが近藤ようこの『ルームメイツ』の物語を形成するひとつのテーマに他ならない。しかも『ルームメイツ』は近藤ようこにとっても、最も長い作品、全四巻（文庫版全三巻）に及ぶ長編コミックであるゆえに、小説やシナリオやテレビドラマとも異なる時間の流れとリアリティを孕んで進行し、『ビッグコミック』連載が六年にわたっていたように、その物語も五年間の長きに至っている。

全三十六話からなる『ルームメイツ』の第一話「年女三人寄れば……」は、まず丘陵を背景とするけやき台ニュータウン分譲中という看板から始まり、郊外の住宅地らしい風景とマンションと二人の女性が描かれ、引越しの荷物がまだ片づいていない中で、次のような会話が交わされている。


「ねえ、時ちゃん。

六十にもなって、今さらこんなマンションに住むことになるとは、思わなかったわ。

おまけに、都心から一時間もかかる、新興住宅地。」

「いいじゃないの、ミハルちゃん。緑がいっぱいで、空気がきれいで……」

「そうね……ここまできたからこそ、わたしたちふたりのお金でも、マンションが買えたんだものね……」


そしてさらに続く会話から、二人の女性が夫も子もなく、六十歳を迎えたことがわかる。彼女たちはこの「都心から一時間もかかる、新興住宅地」のマンションで同居するために引越してきたばかりなのだ。還暦の女性たちの老後も郊外の物語となってしまうのである。

『ルームメイツ』の時代設定は明らかではないけれど、『ビッグコミック』で連載が始まったのは一九九一年三月二五日号からなので、昭和は終わっていたが、まだバブル崩壊は迎えていなかった。それゆえに郊外はまだ人口の増加を伴って成長し、住宅地の開発やマンション建設が続いていたのであり、彼女たちも「ふたりのお金」の関係から、郊外をめざすしかなかった時代状況が浮かび上がってくる。かくして必然的に女たちの「終の栖」も郊外に見出され、『ルームメイツ』の物語が先に引用した二人の会話から始まろうとしている。

そのきっかけは去年の小学校の同窓会での彼女たちの再会にあった。それは四十数年ぶりのことで、菅ミハル、坂本時世、森川（潮田）待子の「昔の仲よし三人組がおばさんになっ」て出会ったのだ。「来年のひつじ年には還暦よ！」との言葉も見えているので、彼女たちは昭和初年生まれと推測される。

ミハルは芸者置屋の養女で、小学校を出てから本格的に修業し、お座敷に出るとすぐに「ダンナ」に落籍《ひか》され、ずっと「二号さん」の身だった。しかしその「ダンナ」も二年前に死に、今は長唄を教える師匠であった。

時世は小学校教師を務め、父や兄が戦死したこともあり、弟や妹の面倒を見ていて、とうとう嫁にいきそびれ、母が亡くなってからずっと一人暮らしだった

待子だけが見合いで結婚した平凡な主婦の立場にあった。ミハルと時世の二人は彼女に「……待子ちゃんらしいわ。（……）平凡な奥さんか……。うらやましい」と声を揃えていう。その言葉の背後には、時世の場合、地上げのために二十年間住んだアパートの立ち退きを要求され、定年の身で引越しなければならない状況に追いやられ、ミハルもまた「ダンナ」に買ってもらった家から出ていなければならない事情を抱えていたことも投影されていた。

このような同じ状況に置かれていたことから、時世とミハルは二人の立ち退き料や貯金を出し合い、マンションでも買って、一緒に暮らす計画が「一気に決まった」のである。

その同窓会の回想シーンの挿入から郊外のマンションの場面へと戻り、新しい生活に向けての二人の決意が述べられる。時世とミハルは向かい合い、手を握り合い、次のような言葉を交わすのだ。

「これからわたしたち、ひとりじゃないのね！」
「ええ、助けあって生きていこうね！」

そして時世は洋室、ミハルは和室を使い、新しい土地で時世は塾の講師の仕事を見つけ、ミハルは自分の部屋で長唄を教えることにしていた。

しかしそこに、先述した『岸辺のアルバム』の則子と重なる待子が突然訪ねてくる。家出してきたのだ。好きでもない男と暮らす苦痛を三十年間がまんし、その間に二人の子どもは成長し、結婚して家を出た。ところが亭主は定年退職し、今は一日家にいる。それに耐えられないと待子はいう。それに対して、時世やミハルは「熟年離婚のパターン」で、「主婦ってぜいたくね」と反論するが、「まっ、しばらくの間、おいてやろうか」ということになる。

こうして思いもかけず、二人ではなく、三人の同居が始まっていく。「いかず後家」と「二号」と「箱入り主婦」という組み合わせはうまくやっていけるのだろうか。食事や風呂をめぐって、時世とミハルの間にはすでに齟齬が生じている。そこに待子の役割が見出されるのである。それまで二人に対し劣勢だった彼女は水を得た魚のようにいう。「今まで、ひとりで好き勝手に暮らしてきた人たちが、急に同居なんて、無理な話よ、常識的に。その点、主婦はバラバラになりがちな家族をまとめ、家庭を破たんなく、運営していくものなのよ」。待子はその主婦を引き受けるつもりで、自らの役割をあらためて認識したように、「還暦の年女三人、仲よくやっていきましょ」と付け加える。

そして三人は「家族」であること、それも「新しい『家族』＝『家庭』」であることを確認し合うのである。また最初にマンションが描かれるシーンにおいて、時世とミハルの名前の表札が一コマ挿入されていたが、この第一話の最後のコマに再び表札が描かれ、そこには潮田に二重線を引いた森川待子の名前が二人の間に書きこまれ、終わっている。

待子の家出先が親族や子どもたちのところではなく、四十数年ぶりに再会したばかりの幼なじみの二人のマンションなのは、タイトルに示されているように、物語にとって必然的なプロットであるばかりでなく、一九八〇年代を通じて変容した家族のイメージに基づいているはずだ。例えば、待子の所謂「熟年離婚」にしても、この「熟年」は八〇年前後に中高年層のライフスタイルを表現するキーワードとして、広告代理店によって使われ始めたもので、当初は趣味などの「生きがい」を見つけ、納得のいく生活を送る経済力のある中高年世代をさしていた。それが次第に中高年世代の総称ともなり、「熟年離婚」なるタームも生まれていったことになる。そのような動向とパラレルにフェミニズムの台頭も重なり、妻の側からの提起による「熟年離婚」も多く発生するようになり、『ルームメイツ』では言及されていないが、実際に近年では「熟年離婚と性」というサブタイトルを付した工藤美代子の『炎情』（中公文庫）なども刊行されている。

それらは家族だけではなく、家庭や夫婦や性のイメージも変容し、新たな地平へと向かいつつあった八〇年代を表象していよう。吉本隆明は『共同幻想論』（角川文庫）の「対幻想論」において、夏目漱石の結婚生活と家族小説に他ならない『道草』（岩波文庫）にふれたところで、漱石の願望が夫婦の本質を求めていることに対し、細君はそれはどうでもよく、家族の形成が世間に流通する習俗に忠実に従っているだけだと指摘していたが、この時代になって妻が夫に対して夫婦の本質を問う段階へと至った。「熟年離婚」はその一つの表出といえるし、吉本にならっていえば、それは八〇年代以後の「家族」の問題であり、それとともに親族や子どものイメージも揺らぎ始めていることになる。そうした事柄を前提にして、待子の幼なじみのマンションへの家出がなされているし、また彼女自身の親族や親しい友人や隣人などは描かれておらず、家出の選択肢とモチベーションがそこでの生活にしかなかったのである。それは結婚する以前の自分の世界への回帰と再生と見なせよう。

そしてこの『ルームメイツ』で提出されている、待子が幼なじみと織りなす「新しい『家族』＝『家庭』」こそは、まだその言葉は見えていないけれど、「シェアハウス」に基づく混住家族と考えることもできよう。それは『岸辺のアルバム』の家父長的近代家族、『金曜日の妻たちへ』の友人関係をベースとする現代家族の在り方とも異なっている。それに双方はいずれにしても一対の男女としての夫婦、吉本隆明のいう「対幻想」をコアとして展開されているが、『ルームメイツ』の「新しい『家族』＝『家庭』」とは、あくまで血縁もない幼なじみで「還暦の年女三人」が営み、形成されていくものとして設定されている。それだけでなく、彼女たちと「新しい『家族』＝『家庭』」は周辺の様々な家族を映し出す鏡像のような機能も果たすことになる

それでは『ルームメイツ』の物語はどのような行方をたどるのか。それは「還暦の年女」三者三様のかたちで展開されていくのだが、ここでは最初に『岸辺のアルバム』の

則子が還暦を迎え、家出したら、どのような物語が出現してくるのかという問いから始めたこともあり、彼女の後身と見なせる待子のケースを追ってみる。そうした追跡がふさわしいかのように、彼女の周辺には残された夫、息子夫婦、娘夫婦の生活が揺曳して重なり、『ルームメイツ』の三人の物語とパラレルに進んでいくからでもある。そして待子と子どもたちの三つの結婚生活が逆照射され、あらためて問われていく。

一人残され、離婚届を送られた夫はその理由もわからずに途方に暮れている。息子の聡と娘の美智代にしても、父と母が仲の悪い夫婦には見えなかったことから、母の家出の真意がつかめず、二人で郊外のけやき台で待ち合わせ、「おふくろが居候している家に、あいさつにいく」。その途中で交わされる兄妹の会話から、マンションに住む美智代には子どももいないとわかる。団地住まいの聡には一人息子がいるが、父と同様に仕事に追われ、家族サービスはほとんどできていないようで、妻の淳子は母の待子の家出に共感の意を示していたのである。

それでも兄は妹に子どもはまだかと問う。すると妹は子どもをつくるために結婚したのではなく、一生仕事を続けたいと答える。それに対して、兄は「子どもがいなきゃ、『家庭』じゃないよ。老後がさびしいぞ」と応じるのだが、妹は「子どもがいても、さびしいかもよ。お父さんみたいに……」と返すのだ。あえて類型化を試みるならば、同じ家族の中で成長してきた兄妹であっても、兄の聡は父と重なる『岸辺のアルバム』の近代家族のイメージを反復し、妹の美智代は『金曜日の妻たちへ』につながる現代家族の方向へと踏み出していることになろう。

そのような息子と娘は、「新しい『家族』＝『家庭』」で独身に戻り、「若作り」し、「無邪気で子どもっぽくて、感情をすぐ表に出」す母と再会する。それが二人も知らなかった待子の本来の性格だったのである。帰ることを拒否する母に息子はいう。父は僕たちのために働いてきたのに、退職したとたんに離婚だなんて。「今の日本を作ったのは、おやじみたいな男たちなんだ！　その報酬がこれですか！」と。

しかし待子はいうのである。自分たちその家族にも、美智代の結婚式を最後の日として「夕暮れ」が訪れた。私の「家庭」はもうなくなった。そしてその「夕暮れ」はどの家族にもやってくるので、私たちの「二の舞はしてほしくない」という待子の意志の表明になろう。

「還暦の年女三人」からなる「新しい『家族』＝『家庭』」の場において、待子と夫の営んできた家族、聡の家族、美智代の家族という、それぞれに異なる実像が浮かび上がり、家族の困難さと必然的な「夕暮れ」の訪れが、『ルームメイツ』の物語のテーマに他ならないことを暗示させている。それは三人の「新しい『家族』＝『家庭』」のみならず、待子と子どもたちの三つの家族の物語として波及し、それらとパラレルに時世やミハルをめぐる、これも多様な家族のかたちとなって、『ルームメイツ』の物語に深い奥行を添えていくのである。

近代家族から現代家族へ、現代家族からさらに新たな家族のイメージへと向かおうとしている、あるいは模索しつつあった一九九〇年代を象徴する醇乎とした作品として、『ルームメイツ』は提出されたように思える。また同時代には同じような新しい家族の物語がやはりコミックとして女性によって紡ぎ出されていた。それは高橋留美子の『めぞん一刻』（小学館）や西原理恵子の『ぼくんち』（同前）であり、奇しくも近藤と高橋は同じ高校の漫研に属していたと伝えられている。

96 母も妻も娘もいきなり理解できない人種へと変身する
——黒岩重吾『現代家族』〔中央公論社、一九八三年〕

前回ふれたように、吉本隆明は『共同幻想論』の「対幻想論」において、典型的な家族小説として、夏目漱石の『道草』を挙げているが、それに加えて森鷗外の「半日」（『鷗外選集』第一巻所収、岩波書店）も論じられている。そしてどちらの場合も、そこに表出している家族が「当事者の一個人にとらえられた悲劇」であることに変わりはないと記し、次のように述べている。これは近代家族と知識を積み重ねた個人の織りなす関係の問題についての重要な部分なので、そのまま引用してみる。

> 漱石が『道草』をかき、鷗外が「半日」をかいたとき、かれらが当面した問題は、大学教師や作家や軍人としての自分と〈家族〉のなかの自分とが、それぞれちがった貌の面をさらしているという意識であった。かれらは大学教師や作家や軍人という社会的な貌として、ひと

りの個人である。だが〈家族〉の一員としては、ひとりの個人ではありえない。その中心にはじぶんと細君の関係があり、親があり、子供があり、親族がとりまいている。そして細君はひとりの個人であるという場面をもたないから、ときとして〈家族〉の一員でありながらひとりの個人だといった矛盾をやってのける。そしてそのとき、じぶんもまた細君に対応して、ひとりの個人という矛盾を夫婦の関係のなかで強行する。もしそういうことが悲劇ならば、悲劇は〈家族〉と〈社会〉との関係の本質のなかにあったのである。

現代家族
黒岩重吾
いま家族の生き甲斐とは
高校教師夫妻にティーンの娘、祖母、ありふれた一家族に渦まく嫁と姑、夫婦・親子関係の危機を鋭くえぐり、現代の家族のあり方を問う問題長篇
中央公論社
定価1250円

『道草』は一九一四年、「半日」は一九〇九年に書かれ、それからすでに一世紀余を経ているし、社会も大きく変容し、妻や主婦の立場の法的位置づけの変化とパートタイム就業、また女性の高学歴化と仕事における男女雇用均等法や総合職などの導入も進み、表面的には「細君はひとりの個人であるという場面をもたない」ことがもはや前提ではなくなっている。その実例を本書でも、小島信夫『抱擁家族』から近藤ようこ『ルームメイツ』に至るまで見ていたばかりだが、まだ家族の悲劇は終っておらず、それは依然として「〈家族〉と〈社会〉との関係の本質のなかにあった」ままのように思える。それゆえに家族は永遠に問われていく問題としてあり続けている。そして社会もまた。

『中央公論』に連載され、一九八三年に刊行された黒岩重吾の『現代家族』はその象徴的タイトルと相俟って、現代の「半日」のような家族問題、それに社会問題がダイレクトに反映され、家族が社会との危ういバランスシートの上に成立していることを、黒岩は練達のストーリーテラーとして巧みに描いている。またこれは蛇足かもしれないが、「半日」は嫁、姑問題に対する妻の執拗な言動とそれに悩まされる大学教授のまさに半日を描いたもので、鷗外夫人の意向によって、戦前は単行本にも全集にも収録されなかった作品である。

その鷗外の「半日」が都心の官吏や学者の多い高級住宅地の本郷区駒込西片町の屋敷だったことに対し、黒岩の昭和の「半日」というべき『現代家族』は東京都下の「新興都市」M市である。このM市は武蔵野市をモデルとしているのだろう。M市は駅の近くに戦後すぐに建てられたが、今にも壊れそうな市営住宅、その傍には古い文化住宅があり、やはり古い時期に建設された公団住宅も多い。現在でもキャベツ畑が消え、そこが建売住宅に変わり、また土地を売った農家の昔の御殿のような家が並んでいたりする。典型的な郊外の混住社会の風景に他ならず、まだ開発は続いているのである。『現代家族』の主人公の松田木勇作、洋子夫婦の家も建売住宅を購入したものであった。

勇作の家は十年前に買った建売住宅だった。M市の駅からバスで十五分ほどの距離にある。勇作と洋子が学校の共済組合から資金を借り、当時千三百万だった家を手に入れたのだった。土地が三十五坪あるから、現在では四千万はする。借りた資金は毎月給料から差し引かれるが、勇作、洋子とも二万ずつ、計四万ほど返済している。返済は今年で終わる。二人で共同で買ったので、土地の名義は勇作、家の名義は洋子になっていた。

その頃は、勇作、洋子とも、土地がこんなに騰るとは思わなかった。洋子は今頃になって、土地の名義を自分の方にすれば良かった、と悔しがっている。

このような記述は一九七〇年代から八〇年代にかけての家と土地の入手事情とその価格を示していて興味深い。黒岩のことだから、これらの数字は取材に裏づけられているはずだ。そうした数字だけでなく、「買った建売住宅」という一節はすでに「家」が建てるものではなく、買うことが一般的になっていた事実をも伝えている。「建売住宅」という用語は一九六〇年代半ばから普及してきたとされるが、七〇年代を迎え、それを購入することがマイホーム入手とほぼ同義語となっていたと考えられる。そのような状況は郊外の地価の高騰ともパラレルで、その時代特有のインフレによる上昇があったにしても、松田木家のマイホームは十年間で何と三倍となっているのだ。こうしたマイホームのインフレが、七〇年代以後に90％以上を占めるようになった中流意識の増加を下支えしたものだったにちがいない。

この家に住む勇作は三十九歳で、都心の公立高校の日本史の教師だが、組合問題に巻きこまれ、ノイローゼ状態になったことから、高校教師の足を洗い、大学の助教授となることをめざしていた。そのために論文も書き、政治力のある国立大学文学部長のところへも出入りしていた。妻の洋子も三十八歳の英語の教師で、彼女は都下の高校だったが、英語の実力もあり、受験生相手の家庭教師も務め、その収入を合わせると、勇作の二十七万円の手取りに比べ、五十万円近く稼いでいた。そのアルバイトは、勇作の母親の美智枝と顔を合わせる時間を少なくするために始められたのではあるけれど、今では金銭に対する欲もからんでいた。中学二年生で十四歳の一人娘の真理子とのショッピング、及び夫の本や資料代や車の維持費などにも金がかかるようになってきたからだ。

母親の美智枝は六十八歳で、五年前に父親が亡くなり、三年前に長男の勇作が仕方なく引き取ったのだが、夫の遺産に加え、勝気で自己主張も強く、引き取られたという気持は持っていなかったので、洋子ともよく衝突した。それに週二回、近くのコミュニティセンターで茶華道を教えていたし、様々な老人のための会にも出席し、食事代として毎月一万五千円を勇作に渡していた。美智枝が同居するようになったのは真理子が小学六年生の頃だった。しかし真理子は祖母の性格や言動に反発し、洋子と真理子が二階で、勇作と母親が一階で寝るようになった。「だが、寝る場所を変えたくらいで、家の中が旨く治まる筈はなかった。美智枝と、洋子、真理子の関係は今でも険悪である。勇作は、母親と、女房、娘の間に立ち、遣り切れない思いをすることがしばしばだった」。

ただ誰に訊いても、嫁と姑がうまくいっているケースはなく、子供たちにしても感覚的に早熟で自我意識が強く、母親と同調して感覚がずれている祖母を軽蔑することが多くなっているようだった。そうした家庭状況や妻の収入のことで圧迫感を覚えていたこともあり、勇作は東京の教育専門の大学院を出ていたし、高校教師とはやはり格がちがう大学の助教授になって、「一家の主人としての権威を取り戻すこと」を願っていた。

これらの『現代家族』の物語設定と家族構成は鷗外の「半日」を彷彿とさせる。しかし時代と住む場所が変わっているように、「半日」の主人公は大学教授だったけれど、勇作は大学教授になりたい高校教師、妻は彼よりも稼ぎのいい有能な英語教師、その娘は成長した中学生であり、母親は夫の遺産を確保し、地域のコミュニティセンターで茶華道を教えていた。つまり勇作を除いて、『現代家族』の登場人物たちは「半日」の女性たちよりも、それぞれがはるかに自立し、成長していることになる。その意味において、嫁と姑と娘も「ひとりの個人であるという場面」をもつ存在として描かれているし、夫もまた絶えず「ひとりの個人」と「〈家族〉の一員」であることのバランスシートを考える人物として設定されている。つまり社会にあっては「ひとりの個人」＝高校教師、家庭においては「〈家族〉

の一員」＝夫、息子、父の立場を使い分け、それに照応するように、『現代家族』の物語は展開されていく。そこに家族小説であるにしても、黒岩重吾ならではのビルドゥングスロマン性をうかがうことができるし、それは同時に豊かな消費社会を迎え、多くが中流意識を共有するに至った戦後の日本人の成熟を浮かび上がらせているかのようだ。

実際に母の美智枝に対し、エリートサラリーマンでマンション住まいの弟の勇二郎と美人で虚栄心の強い妻は、勇作一家の代わりを務めることができない。それは弟一家がいってみれば、勇作の体現する「抱擁家族」を演出することが不可能だからだ。勇作は絶えず母親のことばかりでなく、妻や娘に関しても、「遣り切れない思い」を抱いている。それは母も妻も娘もいきなり理解できない人種へと変身していたような思いであり、「参ったなあ、弱ったなあ、一体どうすれば良いのか」と胸の中で呟き、それでも「計算」や「演技」も行使し、そのような繰り返される散文的な日常を乗り越えていくのである。

そうした家族問題が繰り返される中にあっても、否応なく社会問題も生じていく。それは事件として「ひとりの個人」＝高校教師にも押し寄せ、勇作が生活指導部員を引き受けたことから、非行生徒問題に巻きこまれ、家族の間にも波紋を及ぼしていくのだが、妻と母と娘が「ひとりの個人」＝「〈家族〉の一員」として対応することによって、事件は収拾へと向かっていくのである。そうした意味において、黒岩の『現代家族』は鷗外の「半日」の家族の悲劇的色彩は薄れ、それよりも成熟した地平まで進んできたように思える。『現代家族』の「著者のことば」が帯裏に書かれているので、それを引いて、本稿を閉じることにしよう。

（……）私や妻には教師の経験はないが、私の家庭も、この小説の家族と同じく、母・妻・娘の三世代によって成り立っている。そういう意味で、この小説の主人公は私自身で、登場する家族の一人一人は、母や妻、そして数年前の娘の分身といえるかもしれない。

もちろん「現代家族」は小説であり、ノンフィクションではない。（……）私の家庭がモデルだ、と誤解されては困るのだが、連載中、私は、私自身を、そして母、妻、娘を切り刻んだ。「現代家族」は、私が血を流して描いた数少ない作品の一つである。

97 ストレンジャーとしての家庭教師
——本間洋平『家族ゲーム』（集英社、一九八二年）

戦後の日本は一九七〇年代半ばに至る三十年の過程で、近代から現代への転換がなされ、戦前からの農耕社会、高度成長期における工業社会、オイルショック以後の消費社会へとシフトしていった。それに伴い、家族のイメージも近代家族から現代家族へと変容していったことを、本書でも小島信夫『抱擁家族』、山田太一『岸辺のアルバム』、鎌田敏夫『金曜日の妻たちへ』、近藤ようこ『ルームメイツ』、黒岩重吾『現代家族』などに見てきた。

今回は一九七〇年代前半における消費社会化が家族にどのような影響を及ぼしたのかを考えてみたい。それが本間洋平『家族ゲーム』のひとつのテーマのように思えるからだ。あらためて拙著『〈郊外〉の誕生と死』所収の七〇年代前半の新たな社会状況を確認してみると、『家族ゲーム』と通底する事柄がいくつも見えている。それらを挙げれば、日本住宅公団の供給住宅五十万戸突破に示される団地生活の普及と郊外化、自動車が輸送業においてトップに躍進したり、銀座や新宿歩行者天国に反映される車社会化、大学生は百七十万人で、大学進学率30％、高校進学率90％を超える高学歴化、コミックやゲームなどのサブカルチャーの台頭などである。コンビニ、ファストフード、ファミレスもこの時代に出現したことも付け加えておこう。

『家族ゲーム』には出てこないにしても、それらの事柄と『家族ゲーム』との関係、その舞台が団地、父親が営んでいる小さな自動車整備工場、大学生の家庭教師と息子の高校受験、タイトルに表象されている物語の展開に照応している。そうしたファクターが埋めこまれた『家族ゲーム』は「ゲーム」という言葉に明らかなように、消費社会の物語としての家族を浮かび上がらせ、これまでの家族のイメージのディテールを異化することにつながっていく。その触媒となるのは従来と異なる家庭教師の存在で、それゆえに『家族ゲーム』は一九八一年に第五回すばる文学賞を受賞し、八三年には森田芳光によって脚色、映画化され、松田優作、伊丹十三、由紀さおりなどによって演じられた。その特異なホームドラマ映像に、「キネマ旬報ベスト1」を始めとする多くの賞が与えられたのである。

『家族ゲーム』の舞台の団地は「夜とともにそれぞれの部屋は人間でいっぱいになり、朝とともに彼らを吐き出し、団地は日々脹らんだり萎んだりするコンクリートのポンプである。人々はそのなかで、一日一日を消化するために生きている」。この「コンクリートのポンプ」という団地のメタファーは反復して使用され、この物語によって来たるべきところ、もしくは家族というパラダイムを暗示しているかのようだ。

『家族ゲーム』は高校二年の兄の慎一＝「ぼく」の視点から語られ、家族の住む団地の一室も次のように説明されている。

ぼくらは居間を通り抜け台所にはいって行った。ここはぼくらの部屋と居間、それに台所があるだけだ。ぼくらの部屋より狭い居間には、父の趣味で買われた安っぽいソファがあり、父と母はその傍で寝起きしている。ぼくらがこの団地に引越してきたのは、父が小さな自動車整備工場を持ったのと、ほとんど時を同じくしている。弟が生まれたのも、ここに来てすぐである。

この記述から判断すると、この家族が暮らしているのは所謂２ＤＫで、日本住宅公団が一九六〇年から七〇年代前半にかけて二十五万戸という最も多く供給したものだと見なせよう。そしてまた弟の年齢から推測すれば、家族がこの団地に引越してきたのは六〇年代半ばのはずだ。これも前述の拙著において、戦後の郊外文学の発生は六七年の安部公房の『燃えつきた地図』を嚆矢とし、これもまず団地の風景から始まっていることを指摘しておいた。それに加えて、「そっくり同じ人生の整理棚が、何百世帯並んでいよう」と、それぞれに見分けられる「ガラスの額縁」つきの「自分の家族たちの肖像画」があるとの記述がなされていたことも。

このような『燃えつきた地図』の団地とその生活者に関する言及を思い起こすと、『家族ゲーム』もまた団地におけるそれぞれの「自分の家族たちの肖像画」にして、その十数年後の物語のようにも読める。安部がそこで描いていた乳母車の中の赤ん坊が成長し、中高生になった時代の物語が『家族ゲーム』であるかもしれないのだ。

この家族は父と母、「ぼく」と中学三年の弟の茂之の四人である。だが二人の息子たちと異なり、父と母の名前は明かされず、名字も定かではない。兄の「ぼく」は成績もよく、進学校のａ高に進み、エリート校のＡ大をめざし、両親もそれを望んでいる。その兄に比べ、弟はできが悪く、苛められっ子で、高校入試を控えているのに、とりわけ英語の成績がよくない。「兄は、できがいいのに、弟には、困ったもんだ」と父はいう。といって父も十六歳から親方のもとで修業を積みと語り、読んでいるのは講談本であるし、また母も「古めかしい文学全集」が「娘時代の輝く履歴書」だったけれど、学歴を有しているようではない。だが兄弟は「労働の大切さ」よりも「学歴の大切さ」を説く両親の言葉の中で育てられていた。

だから両親は弟の成績を上げるために、これまで五人の家庭教師をつけてきたが、何の効果もなく、そこで六人目が選ばれ、新しい家庭教師がやってきたのである。彼の名前は吉本で、「乞食みてえ」な天然「アフロヘアー」に「張った頬骨と肩幅から、上下のジーンズの上からでも、彼の躰の骨格を充分に想像」できた。しかも彼は「Z大学へ七年、いって」いて、「親が泣いてるだろう」といわれる落ちこぼれ大学生といっていい立場にあるらしい。先に引用した場面は彼を含めた五人が、一緒に夕食をするために台所の食卓につこうとするところである。

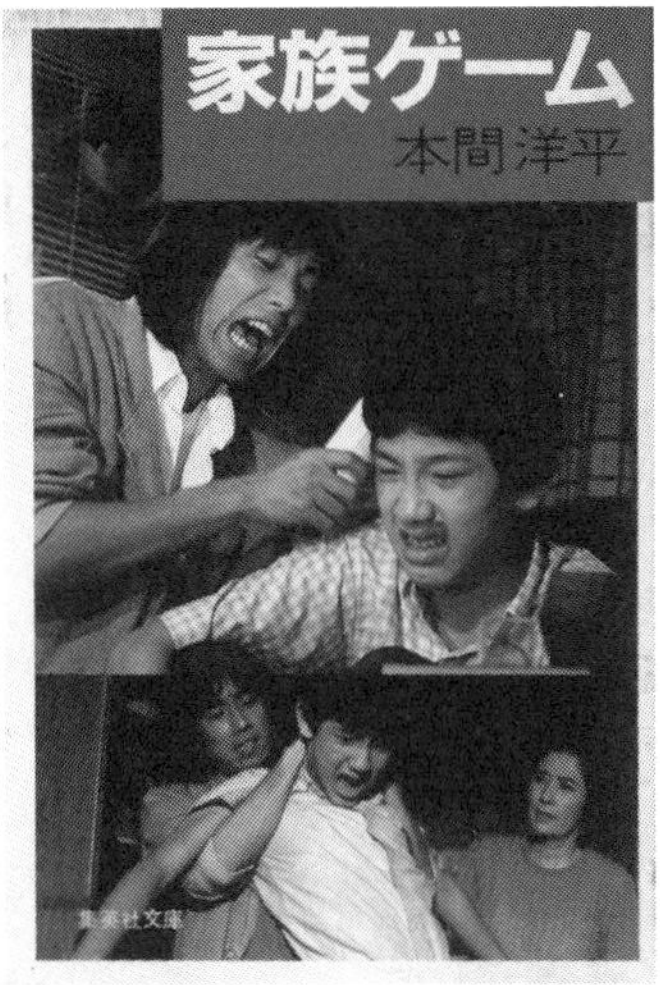

新しい家庭教師の吉本は明らかに郊外の団地におけるストレンジャーとして設定され、四人の家族の中にこれまでと異なる「ゲーム」をもたらそうとしているかのようだ。しかしこの物語において、「吉本」という固有名は会話の中で十回ほど使われるだけで。地の文ではすべてがただ「家庭教師」となっていて、それは郊外の団地「家族」とストレンジャーの「家庭教師」による「ゲーム」を象徴しているように思える。その「ゲーム」は「春」から始まり、「再び春」に至る五つの章と季節にわたって展開されていく。

家庭教師への父の提案はまったく即物的で、「のろま野郎」の弟のこれまでの英語の最高点が二十六点だったから、それが六十点になれば五万円、さらに十点上がるごとに二万円を出すというものだった。かくして兄は述懐する。

> 家庭教師が来てから、ぼくは二人のやり取りを、ゲームを観るように楽しんでいる。
> これまでの弟の苦しくなると逃げ出すという方法は、新しい家庭教師に通用しなかったのである。

確かに今度の家庭教師は、今までの人たちとは違う。

これまでの家庭教師は弟のこの戦術と抵抗に、すべて為すべき手段を覆されてしまった。一人だけ殴ろうとした者がいたが、母に見られ、それ以後腫物に触るようにしか取扱うことができなかった。しかし、今度の家庭教師は、ぼくやあるいは両親でさえ無視しているようなところがあった。

その新しい家庭教師は弟を怒鳴り、殴り、しごくのだ。それでいて一緒にゲームをしたり、教えながら昼寝をしたりする。また次のように告白する。自分も子供の頃、勉強ができなかったので、Z大学しかいけなかった。「ははは、馬鹿野郎、お前もこうなりたくなかったら、勉強しろよ」と。そうした家庭教師の態度に弟は親しみを覚え始め、勉強に励むようになる。どうやら弟は「学校の勉強なんて、頭の良し悪しとは無関係ですから」という家庭教師の影響を受け、父母の彼への偏見から解放されつつあったのである。なお同時代的な事柄を付け加えておけば、スパルタ教育で有名な戸塚ヨットスクールのしごき事件が問題になったのは八三年、学校でのいじめ問題が深刻化してきたのは八五年で、いずれも『家族ゲーム』の刊行後であり、まだ大きな社会的事件となっていなかった。したがってこの物語と両者の関係はほとんどないと考えていいだろう。

そのようにして新しい季節を迎える毎に、弟の成績は上がっていく。何と英語は六十四点で、家庭教師は賞金五万円を手にすることができる点数に至った。彼は金を貯め、一年に一度ぐらい旅に出るのだ。「ぼく」たちの世代のバックパッカー旅行の模範となるであろう沢木耕太郎の『深夜特急』(新潮社)が刊行されるのは九〇年代半ばのことであり、まだそれは「ぼく」には考えられないシルクロードやアフリカへの「パック旅行でない単独の無計画な旅」だったし、彼が団地に暮らす「家族」にとって、家庭教師であると同時にその価値観を揺さぶるストレンジャーだったことを告げている。また彼が一貫して弟に求めているのは「自分のことは自分で発言し自分で行なう」ことなのだ。

しかし成績が上がったにもかかわらず、弟は自ら志望校をc高からb高へと変更できず、家庭教師自らが「ぼく」と一緒に中学校の職員室に乗りこみ、「私は、沼田の親の代理」だと名乗り、そこで初めて家族の名字が明かされ、弟をしごいた上で志望校を変えさせる。このような東映やくざ映画の殴り込みの道行にも似た体験と、家庭教師の「親の代理」だとの発言は兄弟にひとつのトラウマを与えたようなのだ。さらに家庭教師の呟いた弟が「外側」に出られないという言葉を聞くに及んで、それは兄の「ぼく」もそうだと思うのだ。そうした中でも弟はc高から変更したb高に合格することができた。父はいう。「よく頑張ったもんだ。兄はだらしないけど、お前は立派なもんだ」と。そして役目を終えた家庭教師は去っていった。

父の言葉に示されているように、兄弟の立場は逆転してしまっていた。「ぼく」は書店で万引をしたり、バイクに乗ったかつての同級生を殴ったり、また家庭教師が去ってからは本格的な登校拒否になってしまった。それは弟も同様で、a高を受け直すという口実でやはり学校を休むようになった。

その兄弟のありさまに父は激高し、母はうろたえ、家庭教師に電話をする。「(……)吉本さんの言うことなら、訊いてくれると、思うのですが、……」。それに対して、電話を代わった「ぼく」に家庭教師は答えるのだ。

「ああ、やっぱりね、おれ、何とかしてあげたいけど、一時的に強制しても、同じことなんだなあ。……結局、家庭という枠のなかでね、それぞれの人たちが、互いに作用し合って、生きてきて、その結果、茂之君が今のように育ってきたわけだから。(……)

まわりの生活環境自体を変えてしまうこと、難しいことだけどね。……そうじゃない限り、今後も、こういうパターンを、繰り返していくんだろうね」

時代と社会構造は変わっても、「家族」＝「家庭という枠」を新たに編成していくことの困難さが語られている。それは家庭教師がいうように「まわりの生活環境自体を変えてしまうこと」が「難しい」からだ。

さてここからは『家族ゲーム』に関する私の仮説を述べてみよう。この家庭教師の名前が「吉本さん」であることは意図的で、吉本隆明をモデルとしているのではないだろうか。その容姿についての「張った頬骨と肩幅から(……)彼の躰の骨格を十分に想像することができる」といった記述は、まさに吉本の風貌や身体を彷彿させる。それ以外のことは異なっているにしても、家庭教師が茂之に要求する「自分のことは自分で発言し行なう」は吉本の「自立」とまったく重なっている。そして兄弟が「外側」に出られないとする視点は、団地というトポスがもたらす共同幻想、家庭という対幻想の領域から自己幻想へとうまく抜け出すことができない消費社会における子供たちのアポリアをほのめかしているようにも思える。

このように読んでみると、本間の『家族ゲーム』は吉本の『共同幻想論』をベースにしたファミリーロマンスのようにも映ってくるし、ふと「物質的な基礎が発達すれば発達するほど、人間の幻想領域というものはかえって逆行したがるというような矛盾した構造ももちうる」という『共同幻想論』の「序」の一節が思い出されてしまう。ちなみに『共同幻想論』が角川文庫化されたのは、『家族ゲーム』の出版と同年の一九八二年であった。

98 「犬婿入りっていうお話もあるのよ」――多和田葉子『犬婿入り』（講談社、一九九三年）

拙著『〈郊外〉の誕生と死』の中で、一九七〇年に発表された古井由吉の『妻隠』（河出書房新社）に言及し、郊外における都市と地方の混住のフォークロア的なゆらめきにふれたことがあった。若い夫婦が郊外のアパートに暮らす五年間のうちに、夫は東北地方出身の妻が、娘から「家刀自」へと変容していったことに気づく。そして妻がアパートの隣に住む同郷の職人たちと外の流し場で酒盛りする場面に、それが顕著に表出するのであり、都市出身の夫は加わらずにその場面をアパートの窓から覗き見ている。その酒盛りの場面は、巫女と神官による古代の宗教儀式のようにも映り、混住がもたらす郊外の新しい物語の出現に立ち会っている思いに捉われたからだ。

それからほぼ二十年後に書かれた多和田葉子の『犬婿入り』は、『妻隠』の物語の新たなヴァージョンのように読むことができる。しかもそれは古井の作品よりも民俗学的

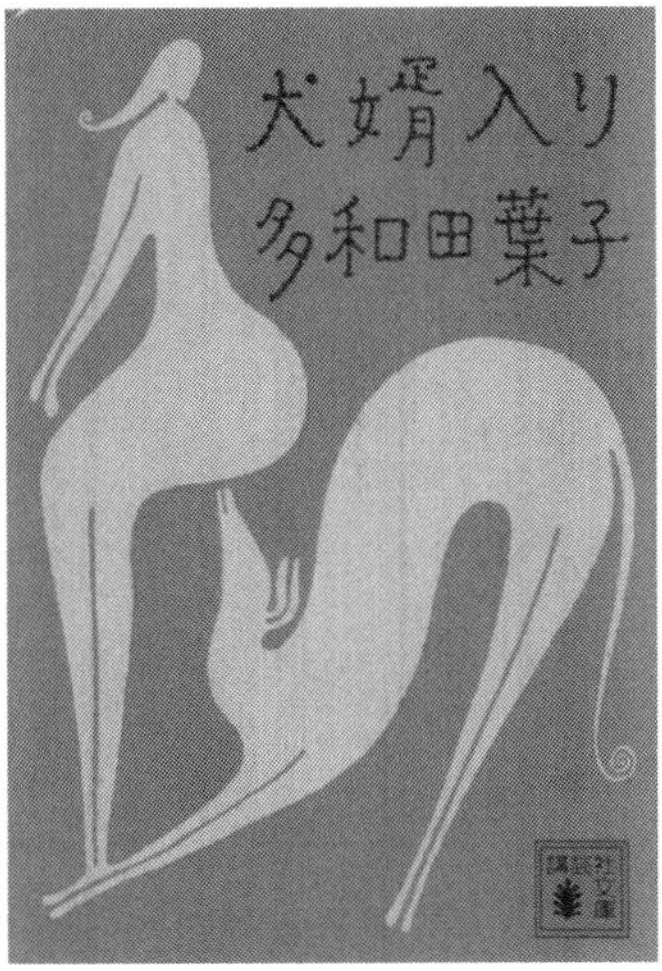

色彩が濃くなり、伝承文芸、神話や伝説を導入して組み立てられている。だがその舞台となるのは、山田太一の『岸辺のアルバム』や鎌田敏夫『金曜日の妻たちへ』に続いて、またしても多摩川沿いの公団住宅のある郊外の町だ。『犬婿入り』はその憂鬱な新興住宅地の団地の一角の、風のない七月の静まり返った午後二時の風景の描写から始まっている。その一角の電信柱に〈キタムラ塾〉という半分破れた汚らしい張り紙が剝がれ落ちずに残っていた。このキタムラ塾が『犬婿入り』の物語の発生するトポスなのである。この塾は成績が上がるかどうかは個人差があったけれど、子供たちに愛され、子供たちが行きたがるということで流行っていた。ただ妙な噂も流れていたが、母親たちは気にしないようにしていた。そのキタムラ塾は子供たちの住む新興住宅地とは異なる古い地区にあった。

そもそもこの街には北区と南区のふたつの地区があって、北区は駅を中心に鉄道沿いに発達した新興住宅地、南区は多摩川沿いの古くから栄えていた地域で、今では同じ多摩に住んでいても南区の存在すら知らない人が多いけれど、北区に人が住みはじめたのはせいぜい公団住宅ができてからのこと、つまりほんの三十年ばかり前のことで、それに比べて多摩川沿いには、古いことを言えば、竪穴式住居の跡もあり、つまりそのような想像も及ばない大昔から人が暮らしていたわけで、稲作の伝統も古く、カドミウム米の出た六〇年代までは堂々と米を作っていたし、また〈日本橋から八里〉と刻まれた道標の立っているあたりは、小さな宿場町として栄えたこともある。空襲を免れた古い家も多く、そんな南区に団地の子供たちが出かけて行くのは、以前は写生大会とカエルの観察の時くらいだったのが、キタムラ塾ができてからは、子供たちは塾へ行く日が来ると、まるで団地の群れから逃れようとでもするように、せかせかと多摩川の方向へ向かい、(……)

多和田特有のセンテンスの長い文体ゆえに引用が長くな

ってしまうこともあり、中断するかたちをとってしまったけれど、新興住宅地のかたわらには大昔の古代人の住居跡があり、三十年ほど前は農村や宿場町に他ならなかったことが浮かび上がってくる。つまりかつてはこの地域も郊外ではない町や村だったのである。このようにして空間軸を広げ時間軸を遡行することで、キタムラ塾にたどりつくのであり、それは塾とそのトポスが新興住宅地と「古い地区」のボーダーに位置していることを告げているようだ。そしてイントロダクションに示された「死に絶えたような憂鬱な新興住宅地の団地」の風景から遠ざかり、そことは異なる物語を内包している。それを期待して、子供たちも「せかせかと」出かけていくのだ。

キタムラ塾の先生は北村みつこという三十九歳の女性だった。彼女がこの土地へやってきたのは二年ほど前で、昔からの農家が土地を売り、その金で駅の近くにマンションを建て、自分たちもその一室に移り住み、その家を取り壊そうとしていたところ、「親戚の誰それの〈親友〉」を名乗って現われ、家を貸してほしいと頼みこみ、それが受け入れられて塾を始めたのである。白いワンピース姿でマウンテンバイクに乗って現われたみつこは、元はヒッピーで、東南アジアやアフリカを放浪していたとか、指名手配されていたテロリストじゃないかとか、様々な噂が流れていた。

だがもんぺのようなものをはき、洒落たサングラスをかけ、桜の木の下でポーランド語の小説を読んでいるのを見ると、「どんな育ち方をしたどんな家柄の人間なのか見当がつけにく」かった。それでいて「嬉しそうな顔をした美人」だった。これらの説明から、キタムラ塾と北村みつこが、郊外における一種のアジールにしてまれびとのような位置づけにあるとわかる。

しかも北村先生は次のように語り出すのだ。「君たちは動物と結婚する話と言えば〈つる女房〉しか知らないかもしれないけれど、〈犬婿入り〉っていうお話もあるのよ」と。その話は次のようなものだった。昔、王宮に面倒臭さがりやの女がいて、この女は小さなお姫様の身の周りの世話をする役目を追っていたが、お姫様が用を足した後、お尻を拭いて上げるのが面倒臭いので、お姫様のお気に入りの黒犬に「お姫様のお尻をきれいになめておあげ。そうすればいつかお姫様と結婚できるよ」といつもいっていた。

その後の話は聞いた子供たちによってばらばらで、黒い犬がお姫様をさらって森に入り、嫁にしてしまったとか、両親がお姫様の尻を舐めている犬を目撃し、黒い犬とお姫様を無人島に島流しにしてしまったとかで、それらのヴァージョンにもいくつもの異なる後日譚が添えられていた。この〈犬婿入り〉の話は子供たちのソフトクリームや手のひらの舐め方にも反映され、子供たちを通じて母親たちにも伝わったが、カルチャーセンターに通う母親が民話の本にも載っていたと主張したので、「教科書にさえ出てこないような話を子供にうまく話すことができる先生はユニークだ」という安心感へとつながっていった。

そのキタムラ塾に扶希子という三年生の女の子が新しく入った。彼女は太っていて髪の毛も洗わず、靴下もはいておらず、父親も変人と囁かれ、みんなとしゃべらなかった。扶希子に続いて、夏休みに二十七、八の男が現れた。革のトランクを手にして、刈り上げた髪の毛、真っ白なワイシャツ、折り目のついたズボン、磨き上げた革靴などはみつこの服装と対照的で、太郎と名乗り「お世話になります」、さらに「電報、とどきましたか」と繰り返しいうのだった。もちろん電報はついていなかった。

そしていきなり〈犬婿入り〉の儀式にとりかかるのである。「男は、みつこのからだをひっくりかえして、両方の腿を、大きな手のひらで、難なく摑んで、高く持ち上げ、空中に浮いたようになった肛門を、ペロンペロンと、舐め始めた」。その後、「みつこは魅せられたようにその頭を撫でまわしていた」。すると男は台所で食事の支度を始め、みつことの食事をすますと、家の掃除をするのだった。

その男を子供たちも目にし、母親たちも彼が草取りをしているのを見つけた。それに男の生活のリズムは尋常ではなく、日中は眠ってばかりいたが、夕方になると起き出し、掃除と夕食の後、暗くなると外に出て走り回り、夜中になると帰ってきて、みつこと交わりたがるので、彼女も朝起きることができなくなり、「北村先生は〈男ができた〉」という噂が広まった。

それで母親や子どもたちも太郎を見たくなり、庭にいる太郎と見ると、心が躍り、何かいけないものを見てしまったように思った。太郎は活字も読まず、テレビも見ないで、料理、洗濯、掃除などをする以外に、みつこの「からだのニオイを嗅ぐこと」だけに執着していた。しかし母親の一人である折田さんが、太郎は夫の部下で、三年前に蒸発した「イイヌマ君」ではないかと言い出した。飯沼太郎は大学を出て、折田氏の薬品会社に勤め、職場の同僚で狐に似た良子と結婚したが、一年後に会社からも家庭からも姿を消してしまっていた。そこで良子が太郎を確認するために、みつこのところにやってきた。

良子の話によると、太郎は確かに自分の夫だが、まったく手がかりがなかったわけではなく、松原利夫と〈夜遊び〉をしているのを知っていた。実は松原なる人物は扶希子の父親だったのである。三年前に太郎が変身したきっかけは、丘陵の寂しい林道で犬に襲われ、かまれたことにあった。

九月に塾が始まり、扶希子はみつこの家で太郎が作った夕食を食べるようになり、みつこに可愛がられるようになった。そのことで、父親に関して陰で悪い噂が囁かれるようになる。それは「扶希子の父親がゲームセンターでよく〈腰を振っている〉」というものだった。また子供たちがゲームセンターというのは〈ゲイバー〉のことだとみつこは知った。九月末に折田夫妻は上野駅で、飯沼と松原が旅行用トランクを持ち、ぴったり身を寄せ合っているのを見た。折田氏が追いかけたが、逃げられてしまったので、みつこに知らせようとした。すると、もはや家には誰もおらず、マジックペンで〈キタムラ塾は閉館されました〉と書かれていた。そして次の一文で、『犬婿入り』は閉じられている。

> 翌日、折田家にみつこから電報が届き、そこには、フキコヲツレテヨニゲシマスオゲンキデ、と書かれていた。みつこの住んでいた家は間もなく壊され、そこにはアパートが建つことになり、その工事が始まった頃には、どの子もそれぞれ、新しい塾を見つけて通い始め、南区に足を踏み入れることはほとんどなくなっていた。

アレゴリー的に考えれば、この物語の展開はみつこが子供たちに語った〈犬婿入り〉の話を反復していることになろう。昔の王宮がキタムラ塾、面倒臭がりやの女が扶希子、お姫様がみつこ、犬が太郎で、飯沼良子、折田夫妻、松原利夫などの出現は唐突であるゆえに、お姫様と犬が無人島に流されてからの後日譚を担う人々のようにも思える。

もちろんこの『犬婿入り』はみつこ自身が〈つる女房〉と並ぶ「動物と結婚する話」と語っているように、柳田国男の『桃太郎の誕生』（『柳田国男全集』第10巻所収、ちくま文庫）や『昔話と文学』（同第8巻所収、同前）などに挙げられている「異類婚姻譚」のパターン、すなわち人間以外のもの＝主として動物が人間と結婚する物語に則っている。これには異類の男性が人間の女性と結婚するものと、異類の女性が人間の男性と結婚するものがあり、〈犬婿入り〉は前者、〈つる女房〉は後者に属するのだが、多和田『犬婿入り』の何よりの特色は、この「異類婚姻譚」を様々にクロスさせていることにあると思われる。狐に似た良子と太郎の結婚は、狐を妻とする信太妻説話を想起させるし、折田という名前は「信太妻の話」（『折口信夫全集』第二巻所収、中公文庫）を書いた折口をこれまた連想させる。また飯沼太郎と松原利夫のホモセクシャルな関係の暗示も、折口をめぐる弟子たちとのことを思い浮かべてしまう。このように考えてみると、多和田の『犬婿入り』はいくつもの「異類婚姻譚」が重奏的に絡み合い、交差することによって成立した物語のようにも読めるのである。そしてそれがありふれた新興住宅地の風景の中にも埋まっている物語でもあるかのように提出されているのだ。

『犬婿入り』で、太郎がみつこに「電報、届きましたか」と問う場面が書きこまれているが、それはパゾリーニの映画『テオレマ』からの引用ではないだろうか。これは本書28の篠田節子『ゴサインタン・神の座』でもふれているけれど、イタリアの郊外のブルジョワの邸宅に電報が届き、テレンス・スタンプが扮する謎の青年が現われ、それを機にして家族全員がおかしくなっていく。『犬婿入り』はイタリアならぬ、多摩川沿いの郊外、犬ではあるが、電報の到着を問いながら出現した太郎は、『テオレマ』の謎の青年と重なってしまう。そして謎の青年が理由も明かすことなく去っていったように、『犬婿入り』の太郎たちも謎のように失踪してしまうからだ。両者の謎、異類婚姻譚的関係、セックスとホモセクシャルもまたオーバーラップしてくるし、その通底性に関して想像を逞しくしてしまうほどだとここに記しておこう。

99 「七人の老婆らはお伽話で想像する天女の姿とほど遠かった」――中上健次『日輪の翼』〔新潮社、一九八四年〕

『〈郊外〉の誕生と死』において詳述したように、一九八〇年代は郊外消費社会が隆盛を迎えつつあった。それは七〇年代にファミリーレストランを先駆けとし、駐車場を備えた郊外型商業店舗、所謂郊外店を増殖させたロードサイドビジネスの急成長によっている。都市の郊外と主要幹線道路沿いに出現したロードサイドビジネスの林立する風景は、次第に全国至るところの郊外に及んでいく。そしてこのロードサイドビジネスはチェーンストアを志向し、連鎖的に出店することでナショナルチェーンを形成する。その店舗の建築様式はＣＩによって規格化されていることもあり、それは全国の郊外に同様の建物が大量に出現したことを意味し、郊外の風景の均一化を推進する装置のように機能したといっていい。つまりビジネスもそれまでの街路＝ストリートから、道路＝ロードへとスプロール化していき、郊外化していったのである。

それは一方で、八〇年代が従来と異なる開発の時代であったことを物語っている。すなわち全国の郊外の田や畑、森や林、山や谷が新興住宅地へと変貌していったばかりでなく、ロードサイドビジネスへとも転用され、農耕社会から消費社会へと風景が一変してしまったことにつながっていく。一九八四年に刊行された中上健次の『日輪の翼』も、そのような全国に及んだ開発の動向とパラレルに出現した作品と見なせるだろう。

中上は紀州の被差別部落＝「路地」を物語のトポスとして、『岬』（文芸春秋）、『枯木灘』（河出書房新社）、『鳳仙花』（作品社）、『千年の愉楽』（河出書房新社）などを書き継ぎ、『地の果て至上の時』（新潮社）において、その神話的世界のバックヤードというべき「路地」が土地開発によって解体されてしまった光景を描くに至る。そして『日輪の翼』はその「路地」の解体を前提として始まっている。具体的な「路地」解体の経緯と事情に関しては、『日輪の翼』と同年に刊行された小説とノンフィクションの混住する『熊野集』（講談社）の中で言及され、それが市と新宮の独占スーパーマーケットによる、山と「路地」の開発に起因し、しかもその工事は中上の親族の営む土建会社に担われたものだったのである。

それは原子力発電と高速道路計画を背景にしていたが、「路地」を更地にして新たな道路を通し、スーパーマーケットを建設することで、当然のことながら、その業態はロードサイドビジネス的な郊外型スーパーを目論んでいただろうし、「路地」を一気に消費社会にする開発だった。同時代に起きていた郊外消費社会の隆盛が、その開発を促したことは疑いを得ない。かくしてベンヤミンのいうパリならぬ、紀州の「路地」＝パサージュは、道路＝ロードに寄り添う消費社会へと変容した。そしてスーパーの出現と「路地」の変容は、本書5の大江健三郎『万延元年のフットボール』における、やはりスーパー出店によってもたらされた四国の村の変貌を彷彿とさせる。それを考慮すれば、中上の『地の果て至上の時』は、大江の『万延元年のフットボール』に対応しているのかもしれない。なおこの「路地」は『熊野集』が書かれていた間に中上健次自身によって映像として残され、それはこれも本書30の青山真治監督の『路地へ 中上健次が残したフィルム』（スローラーナー、紀伊國屋書店発売、二〇〇一年）に収録されている。

そのようにして「路地」は消滅し、『千年の愉楽』において、「路地」の語り部だったオリュウノオバも死に追いやられ、その他のオバたちも立ち退きを迫られ、熊野を出て、伊勢から東京までノマド的に巡歴を重ねていく物語が『日輪の翼』ということになる。夏の終わりに「路地」の若衆《わかいし》であるツヨシと年長の田中さんは冷凍トレーラーに七人のオバを乗せ、「路地ごと空を飛んでいる」ように高速道路を走っていく。そのトレーラーは運送会社から盗んだもので、改造して満艦色の照明とスモールライトを施していた。もはや戻るべき「路地」もなく、仏壇まで入れた鉄の魚くさいトレーラーは、まさにオバたちがこもるうつほや子宮のようでもあった。

ツヨシは走り出して間もなかったけれど、高速道路のドライブインのところでトレーラーを停め、中にいるオバたちを外へと招く。それは「路地」の山の上にあったのと同じ夏芙蓉の木が「他所の土地の道路脇」、まさにロードサイドに見えたからだ。中上の「路地」をトポスとする物語群にあって、「路地」を象徴する木で、白い花を咲かせ、その白粉の匂いに小鳥たちが群れ集うとされるが、正式の樹木名ではない。その夏芙蓉の木がヘッドライトの灯りの中に浮かんでいる。オバの一人がツヨシにその花を取ってくれと頼む。ツヨシは夏芙蓉の木の梢に登り、七人分の花をオバたちに放った。その木は「境目」を表象しているようであり、「オバらは天の道、走って、山から山へ翔んで来た気」になっていたように、そこは伊勢へと入ったところだった。オバたちは色々な不安と妄想に捉われ、「路地から外に出た途端、道は果てなくなる」ということを実感していた。

そしてキクノオバが「路地」のできる前にあった蓮池のことを話し始める。「路地」はかつて蓮池であり、その清水の湧きでる蓮の花が咲いた池のあたりに、他所から流れてきた夫婦が住みつき、小屋を建て、子供が生まれた。だがその子供は尋常ではなく、「手が三本あったとも四肢が獣のものだった」ともされ、五歳の時に蓮池で水死した。その宿命の子供を育てるために、夫婦は続けて生まれた二人の子供を蓮池の沢の中に埋めて息を断っていた。春になると、蓮は美しい華を咲かせ、夫婦は湧き出る清水を利用し、廃馬のはいだ皮をなめす仕事を始め、それに続いて多くの流れ者が住みつくようになり、蓮池が埋められ、そうして「路地」が形成されたのだ。

これはいうまでもなく、『古事記』（岩波文庫）などに伝えられた国生み神話をなぞり、しかも聖を転倒させ、「路地」の神話とならしめている。蓮池の夫婦は『古事記』における伊邪那美命と伊邪那岐命であり、生まれた「奇形児」の子供は「葦船に入れて出てき」「水蛭子《ひるこ》」なのだ。しかもこの夫婦が廃馬のはいだ皮をなめす仕事を始めることによって、「路地」が開闢していく。それは万世一系の天皇と被差別部落の起源が合わせ鏡のような関係にあることを暗示させている。そうした意味において、その生誕の「異様に小さな、醜い赤子」というフリークス性によって母親に捨てられ、路地のオバたちに育てられたツヨシもまたオバたちと同様に、「路地」の万世一系の末裔となる。かくして冷凍トレーラーによるツヨシとオバたちの伊勢、一宮、諏訪、瀬田、出羽、恐山を経て、東京に至る方向は、これも逆立するイメージを伴う貴種流離譚となって表出する。サンノオバはいう。「わしらは天の道、翔んで来たんやで、いうたら天女や。（……）わし、アマの川の織姫やし、天女」だと。それにキクノオバも賛同する。しかしその姿はとても「天女」のようではなかった。

> 七人の老婆らはお伽話で想像する天女の姿とほど遠かった。乞食と言わなくても七人の粗末ななりの老婆らが養老院から脱け出して、類が類を生んで集団化したようなチグハグな姿だったし、それに年寄特有の潤いも張りもない皺だらけの肌の気味悪さが加わり、この上なく貧弱な醜い人間の群れのように見えた。

それもあって路上で「オカイサン」を炊いて食べたり、伊勢神宮で竹ほうきで玉砂利を掃き、御詠歌を唱えるオバたちは「女乞食」のように見えた。かつてであれば、「嫗」とよばれたかもしれない。それは共同体を失った現在の高齢化社会のメタファーのようでもある。だがオバたちは「まれびと」のように、物語の中に存在していることも事実なのだ。オバたちを見た女の子は「イー・ティー」だという。しかし折口信夫が『古代研究（国文学篇）』（『折口信夫全集』第一巻所収、中公文庫）で述べているように、海の彼方からやってくる「まれびと」は王にして貴種であると同時に差別される芸能者たちであり、また「神」にして「乞食人《ほかひびと》」であることからすれば、「女乞食」のように見えるオバたちもまた「まれびと」として顕現していることになろう。それゆえにオバたちもツヨシなどと同様に、「路地」からやってきた「まれびと」であり、「老婆らが思い出して話しはじめると、そこは路地になる」のだ。

そのオバやツヨシたちの道行ともいうべき各地への巡礼

の過程で、オバたちのかつての紡績工場勤めや女郎部屋へと売られた苦難の足跡がたどられ、これも『枯木灘』で使われた「哀れなるかよ、きょうだい心中。兄は二十一、妹は十九」と歌われる「兄妹心中」がオーバーラップする。そうした紡績女工や売春の実態は、そのままマツノオバの娘スミコや織姫のタエコに再現され、彼女たちもまた折口のいう「まれびと」を迎える「水の女」のような存在である。

それだけでなく、各地の伝説が召喚され、一宮にあっては織姫神話、諏訪においては白馬と甲賀三郎伝説と曼珠沙華譚、瀬田の唐橋では「兄妹心中」の他に、信太妻を彷彿させる狐女房的ララの出現、出羽三山でのマタギたちや恐山におけるイタコたちも登場することになり、そのいずれもが聖と賤を兼ね備えた物語や存在として描かれている。しかしその一方で、ハツノオバは一宮で死に、キクノオバも瀬田の唐橋で姿を消す。蛇足ながら、私は小林清親の弟子の土屋光逸が唐橋を描いた「瀬田の夕照」と題する一枚の版画を一年程前に購入している。

そのようなオバとツヨシたちの冷凍トレーラーによる貴種流離譚は恐山から七八二キロを経て東京へと至り、オバたちは「今まで眠っていた天子様と路地のかかわりを思い出す」のである。そして五人の老婆たちは皇居に向かい、伊勢でそうしたように、皇居前の玉砂利や芝生を掃除し、朝から夜まで皇居を見て、「天子様の体温の伝わる距離に居つづけられると喜び」に包まれていた。蓮池伝説を伴う「路地」から始まった貴種流離譚は『古事記』に基づく万世一系の「天子様」の皇居にたどり着き、オバたちは突然姿を消してしまう。田中さんは皇居を指差していう。「オバら、まさかあそこへ入り込んでいたんと違うじゃろね」と。だがオバたちがいなくなっても、ツヨシと田中さんの旅は続いていくことを暗示させ、『日輪の翼』は終っている。そのツヨシと田中さんの後日譚、オバたちの行方は一九九〇年の『讃歌』(文芸春秋)へと引き継がれていくのである。

なお本稿とはまったく別に、この二ヵ月ほど、中央公論社版『日本絵巻大成』を繰ることを日課としていたのだが、それらの『一遍上人絵伝』などを始めとする巡歴絵巻物は、『日輪の翼』の物語を絶えず想起させたことを最後に付け加えておこう。

100　深夜のコンビニから始まるトラックでの道行
——赤坂真理『ヴァイブレータ』（講談社、一九九九年）

　前回、中上健次のロードサイドノベルと見なせるであろう『日輪の翼』を取り上げたが、それに先駆けて書かれた「赫髪」（『水の女』所収、作品社、集英社文庫）という短編がある。これは開発中の「路地」を背景にして、ダンプカーの運転手が山を切り開いてつくった峠のむこうのバス停で、赤い髪の女を拾い、自分の部屋に連れてきて同棲し、飽くなき性にふける光景を執拗に描いている。この「赫髪」を始めとする五つの短編集のタイトル『水の女』に示されているように、赤い髪の女も女陰の表象として性を体現しているけれども、「神女」に他ならない。それゆえに彼女も、折口信夫が「水の女」（『折口信夫全集』第二巻所収、中公文庫）でいうところの向こうの「水沼間《みぬま》」からやってきた存在として設定されている。

　この中上の「赫髪」からほぼ十五年後に発表された赤坂真理の『ヴァイブレータ』はその逆ヴァージョンにして、しかも『日輪の翼』のロードサイドノベル的構成をも継承しているように思える。それは物語の始まりにあって、TOKYO、NIIGATA間の縦断幹線地図が付されていることにもうかがえよう。ただ中上と赤坂の作品が異なるのは時代背景で、前者が一九七〇年代後半から八〇年代にかけての開発とバブルの時代だったことに対し、後者は九〇年代以後のバブル崩壊の時代であることで、『ヴァイブレータ』はとりわけそれ以後の高度資本主義消費社会のもたらしたメンタルなクライシスをコアとして展開されている。その差異は「路地」に象徴される共同体が消滅し、孤独な消費社会のむき出しの現実への移行を浮かび上がらせ、物語や風景もまた一変してしまった時代の流れを告げているし、コンビニを舞台として始まっているのも偶然ではない。『ヴァイブレータ』はそうした現実を刻みつけるかのように、「死ーねよ、おっさん。／あの女もだよ。」と書き出されている。これらの言葉に続いて、同様の独白と「コントロール下にない声」が交差し、それから地の文として読める「人がたくさんいるところでコントロール下にない声を聞いたのは初めてで、あたしは危うく悲鳴を上げそうになった」という一節に出会うことになる。

　ここは深夜のコンビニエンス・ストア、「あたし」がよくるファミリーマートなのだ。「あたし」はワインを買いにきたのだが、そこに「コントロール下にない声」が聞こえてきたのである。それは「誰の声かはわからない、懐かしい声のようであり、この世に存在するすべてを縒り合わせて細く圧縮したような声であり、薄く弱った自我のバリアの空気孔のような所から立ち昇る」「無機的な声」だった。

それにつれて「あたし」の仕事の略歴とクライシスが語られていく。「あたし」は当初単なるルポ・ライターだったのだが、独自の視点で売春する女子中高生、エイズ、ジャンキー、ホームレス、少年少女のドラッグ・ディーリングなどを追い始めたことで認知度が上がり、ジャーナリストと呼ばれるようになっていた。そうするうちに、取材で聞いた話や自分の中のものを考える声がないまぜになり、

それがうるさくて眠れず、アルコールを飲み始めた。そしてアルコール依存症から「過食嘔吐いわゆる食べ吐き」へと至り、不眠とうるさい思考は消えてはいたけれど、心身の不調は明らかで、「コントロール下にない声」も聞こえてきて、「あたし」は不気味な混乱に追いやられていた。

そんな時にこのコンビニにきたのだ。「あたし」のような女性が訪れてしまう深夜のトポスとして、あたかも前提のようにコンビニは設定されている。ちなみに『〈郊外〉の誕生と死』でも既述しておいたが、様々なロードサイドビジネスと同様に、コンビニ各社の第一号店の出店も一九七〇年代前半で、この『ヴァイブレータ』に出てくるファミリーマートは七二年、セブン-イレブンは七四年、ローソンは七五年であり、現在コンビニは五万店を超える、日常生活に不可欠なインフラとして、消費社会の必然的装置を形成するに至ったのだ。

一九八〇年代のセブン-イレブンのCMコピーに「あいてよかった」というフレーズがあったが、九〇年代を迎えると、コンビニのある風景は全国の至るところに増殖し、それは散文的な「あいてよかった」だけでなく、消費社会の隙間と陥穽を埋め、多様な機能を有するトポス、日常のオアシスのようなものへと変貌していった。『ヴァイブレータ』における「あたし」の次の述懐はそれを語ってい

る。

このコンビニエンス・ストアはあまりによく来てどの時間帯にどの店員がいるか、シフトの切れ目はいつかまで、知り尽くしてしまった。いつもは家から来る。夜中、あたしの欲するものすべてがそろうのはここだけ。具体的には各種加工品と、ソフトドリンク、アルコール。(……)

どうしてそのようなハビトゥスへと追いやられてしまったのか。それは「あたし」がジャーナリストになったばかりでなく、戦略的に選択肢がほとんどない「エキセントリックで、(……)ひとたび議論の場に出たらえらく頭の切れる女」として、「男社会」であるマスコミ業界を生きなければならなかったからだ。後に彼女が独身で年齢が三十一歳と明かされるが、どこにでもある「市場の原理」に満たされたコンビニが彼女のような存在にとっての、いわば不可欠の兵站地であることを示していよう。「夜中、あたしの欲するものすべてがそろうのはここだけ」なのだ。また「あたし」とは九〇年代において、社会的に変容せざるをえなかった女性のメタファーなのであろう。

そしてここでは男との出会いすらも用意されている。その男はこれも折口のいうところの「山の神人」のようで、出で立ちと体格はそれを想起させる。オーヴァーオールにゴム長靴で、背が高く、広い肩と胸は滑らかな丸みに包まれている。そのような姿で、男が現われ、「あたし」の「声たちもざわざわ」し始め、アイスをほしがるように「食べたい」という声と意思が細胞の隅々まで伝わっていった。「あたしは、男と、はっきりと目を合わせた。彼は(……)受けたよという合図をよこし、(……)密度の高い空気の紐が、彼からも来てあたしたちの絆はつながった(……)」。だがここはコンビニで、何事もないように煌々と照らされた店内では雑誌を読んでいる人々もいる。「あたし」は外に出た男を追う。東京は三月の雪で、午前二時だった。歩いていくとトラックがあり、あの男が運転席にいた。彼はトラッカーだったのだ。

トラックのドアが開かれ、「あたし」はトラックの座席に上がった。男はいった、「ようこそ」と。「あたし」にとって、「そこは男の胎内のような場所だと思った。飾りがなくて、でも居心地がよく、柔らかくて温い」。しかも男はコンビニで買った氷を入れたレモン酎ハイをつくってくれた。もはや「あたし」の中の声たちは静まっていた。

男がつけたテレビではパラリンピックの開会式が映り、中央に火の柱があり、小さな画面の中で車椅子の人々が立った人とペアでダンスを踊っていた。「火を見て、踊り、酒を飲む。太古の幸せがあたしにはわかった気がした」し、男のパラリンピックの歌に対する評価や二十五という年齢、警官との友好的関係、「好きじゃなかったから」中学もろくに出ていない学歴と七年に及ぶフリーのトラック歴から、「この人は健康だ」と思うのだった。男は彼女の対極にある存在なのだ。そのような二人は「男の胎内のような場所」であるトラック、またアイドリングを続け、「発電機」と化しているトラックの中で、おずおずと性行為へと向かおうとする。

　ここでは便宜的に「性行為」と記したが、かなり長いそうした場面において、その言葉が使われているわけでもなく、「セックス」や「性交」といった用語も見えてはいない。触れ合う前に「あたし」は次のようにいって、モノローグ的に続けられていく。

「こわいの」

　どこか、知らない場所から出てきた言葉のように自分を聞いた、自分で、そんなことを言い出すとは思わなかったのだ。よく感じると、水母のようにゼリーのように、ぷるぷる震えている部分があって、やめてくださいという弱々しい言葉を発したのと同じところだった。そこは基本的には非言語の実体で、言語バイパスはひどく緊張が高まったときか全体が弛緩したときに、事故のようにしかつながらない。今声たちは振動でならされて、その震えている実体が直接、外の世界と触れあっている。あるいはあたしの震えと、アイドリングを続けるエンジンの震えが同調したのかもしれない。

　ここに表出しているのは二人の「性行為」の「前戯」というよりも、ひとりの女性の個的身体と言語の位置、及び外部世界との接触と関係のメタファーであろう。タイトルにこめられた「振動」と考えていい「ヴァイブレータ」(vibrator) の意味が最も強く表出しているように思われる。「ヴァイブレータ」を女性用性具や男と誤読すべきではないし、それに続く「性行為」描写も外部世界とのひとつの和解の接触のかたちではないだろうか。それゆえにその過程において、男が岡部希《たかとし》、「あたし」の名前が初めて「早川玲」と明らかにされるのだ。命名することは新たな外部世界の創出でもあり、それにしたがって、当然のように二人はトラックでの旅に向かう。

　新潟から新築マンションのドアを運んでいたトラックは東京でそれを降ろし、川口で帰りの荷物のタイヤを積み、新潟へと帰るのだ。その道行において、岡部は妻子があること、シャブ入り冷凍マグロを運んだこと、女にストーカーされたこと、暴力団の準構成員だったことなどを語っていく。それは貴種流離譚のようでもある。その間に国道十七号線をたどり、埼玉、群馬を縦に抜け、新潟へと到着する。そしてまた家具を積み、東京へと戻るのだ。

その過程で、「もの書く仕事」の習慣もあり、「あたし」は岡部の話をテープにとり始めるが、彼のトラックに乗っている自分と乗っていない自分が共存できないという言葉や、トラックの無線のやりとりを通じて、またしても声とノイズの混合を感じるようになる。そうしたいるうちに、ほとんど忘れていた記憶が蘇り、中学生時代の国語教師との言葉をめぐる暴力を含んだ争い、それにまつわる母親とのいさかいを思い出し、そこで言葉が壊れてしまったことが自分のトラウマだったことに気づく。それを自覚した時、戻ってきた東京に「強い感慨」を覚え、「生まれ育った街をあたしは見た」と思うのだ。まだ旅は続いているのだが、ノイズは消え、新たなる「あたし」の再生に立ち至ったことが暗示されている。

最初に『ヴァイブレータ』は中上健次の「赫髪」の逆ヴァージョンで、しかも『日輪の翼』の物語構造を引き継ぐものだと既述しておいた。それを物語るかのように、女がトラッカーを拾い、「性行為」を反復し、そのまま二人はトラックで旅へ出て、それが女の再生につながるビルドゥングス的ロードノベルへと展開されていく。だが『日輪の翼』と異なり、ロードサイドノベルと呼べないのは残念だけれど、『ヴァイブレータ』の始まりが深夜のコンビニであったことは、九〇年代における物語の風景の変容を象徴的に示しているように思われる。

101 「ここでは既に新しいルールの新しいゲームが始まっているのだ」
――村上春樹『羊をめぐる冒険』（講談社、一九八二年）

前々回取り上げた中上健次の「路地」とその消滅後の作品群の中にあって、その消滅の一因と考えていい郊外消費社会とロードサイドビジネスはダイレクトに描かれてはいなかった。

それは中上の作品群とほぼ同時代に書き進められていた村上春樹の『風の歌を聴け』『１９７３年のピンボール』『羊をめぐる冒険』も同様だが、こちらの三部作もひとつの「街」の変容、もしくはその消滅を、物語のバックヤードにすえていると考えて差しつかえなかろう。

まずその「街」の原型を一九七〇年の話とされる『風の歌を聴け』の中に見てみる。東京の大学生で、生物学を専攻している「僕」は夏休みに「街」に帰省し、友人の「鼠」と中国人のジェイの営む「ジェイズ・バー」でビールを飲み、色んな会話を交わし、ジューク・ボックスから流れる音楽を聴き、本を読んだりする。「僕」と「鼠」が出会ったのは六七年の春で、二人が大学に入った年だった。「僕」は「鼠」の黒塗りのフィアット６００に乗り合わせ、泥酔運転で公園に突っこんだが、幸いにして怪我ひとつ負わず、海まで歩いてビールを飲み直し、二人で「チーム」を組むことになったのである。そうした彼らの出会いとその始まりはいうまでもなく、レトリックも含めて、本書8のレイモンド・チャンドラーの『長いお別れ』におけるフィリップ・マーロウとテリー・レノックスの関係をただちに想起させるし、それは『風の歌を聴け』三部作が『長いお別れ』の大いなる影響下に書かれたことを示している。実際に、後に村上は『ロング・グッドバイ』（早川書房）を新訳することになる。また友人の「鼠」という呼び名はジョン・シュシンジャー監督の『真夜中のカーボーイ』で、ダスティン・ホフマンが演じた「ネズ公」に由来しているのではないだろうか。

それに加えて、「僕」は故郷に帰っているはずなのに、叔父や叔母の死、自分がひどく無口な少年だったこと、あるいは理由もいわずにアメリカにいってしまったという兄については語られても、両親や家庭のことにはほとんどふれていない。その代わりに「鼠」と「ジェイズ・バー」、そこで知り合った小指のない女の子に関してはかなり饒舌に語られ、また「僕」と寝た「三人の女の子」についても、断片的ながらもプロフィルは伝わってくる。最初の女の子は高校のクラス・メートで、お互いに相手を愛していると信じこんでいたが、高校を卒業してから突然別れ、それから一度も会っていない。二人目は新宿駅で出会った帰る場所もないヒッピーの女の子で、一週間ばかり「僕」のアパートに滞在した後、姿を消してしまった。三人目は大学の図書館で知り合った仏文科の女子学生だったが、その翌年の春休みに雑木林の中で首を吊って死んでいた。

それらの時代、及び女の子たちとの別離に対する詳細な注解はなされていないけれど、いずれも六〇年後半のことで、仏文科の女子学生がいみじくもいった「自分のレーゾン・デートゥル」＝「ペニス」を見失い、ひとりぼっちになったと自覚している。またそれにピーター・ポール＆マリーの唄う「もう考えるな。終ったことじゃないか。」という古いレコードを繰り返し聴いている。このような先験的ともいえる喪失感が『風の歌を聴け』を覆う色彩と主旋律に他ならないだろう。

その一方で、「僕が生まれ、育ち、そして初めて女の子と寝た街」のことが、こちらはかなり具体的に語られている。

——前は海、後ろは山、隣りは巨大な港街がある。ほんの小さな街だ。港からの帰り、国道を車で飛ばす時には煙草を吸わないことにしている。マッチをすり終るころには車はもう街を通りすぎているからだ。

人口は7万と少し。この数字は5年後にも殆んど変わることはあるまい。その大抵は庭のついた二階建ての家に住み、自動車を所有し、少なからざる家は自動車を2台所有している。

街にはいろんな人間が住んでいる。僕は18年間、そこで実に多くを学んだ。街は僕の心にしっかりと根を下ろし、想い出の殆んどはそこに結びついている。しかし大学に入った春にこの町を離れた時、僕は心の底からホッとした。

これらの記述からすれば、この小さな「街」は海と山にはさまれた郊外に位置していると考えられるし、またここには故郷としての「街」に対するアンビバレンツな思いの表白もなされている。この「街」に「鼠」の家と「ジェイズ・バー」があり、「僕」は夏休みと春休みに帰り、ビールを飲んで過ごす。それが『風の歌を聴け』という物語のフレームなのだ。

それは次作の『1973年のピンボール』へと引き継

がれていくが、こちらの時代は「1969−1973」にかけてで、次のように始まっている。「見知らぬ土地の話を聞くのが病的に好きだった」。そして周りの土星生まれと金星生まれも含んだ人間からそれらの話を聞いたエピソードが述べられ、「とにかく遠く離れた街の話を聞くのが好きだ」とリフレインされ、一九六九年春に直子が「僕」に語った「街」の話が書きこまれている。続いてそれから四年後の七三年に「僕」は彼女がいうところの「おそろしく退屈な街」を訪れる。それは彼女が語ったプラットフォームで散歩している犬を見るためだったが、犬の姿は見えず、うんざりした気分に捉われた。そこは「郊外電車」の駅で、風景は「何もかもが同じことの繰り返しにすぎない」し、「限りのないデジャ・ヴュ」と「違和感」をもたらすものだったからだ。

羊をめぐる冒険
村上春樹＊長篇第三弾
1982年秋　僕たちの旅は終わる
すべてを失った僕のラスト・アドベンチャー
Ashiya——Tokyo——Hokkaido

　直子は十二歳の時にこの土地にやってきた。何軒かの農家と畑があるだけで、農家の庭には柿の木が植えられ、崩れそうな納屋が見られた。まだ犬はいなかった。それは一九六一年のことで、移り住んだ家は朝鮮戦争の頃に建てられた洋館づくりの二階家だった。洋画家が設計して建てたものであり、この土地は彼のような文化人が集ったコロニーが形成され、山の中腹にはそれぞれの「思い思いの家」が建てられていた。農家と洋館が混住する土地ということになる。その老画家は六〇年に亡くなり、彼と仏文学者だったらしい直子の父親が親しい友人であったことから、一家はこの洋館に引越してきたのだ。しかしこの土地にも開発による郊外化は訪れてくる。

　さて、時が移り、都心から急激に伸びた住宅化の波は僅かながらもこの地に及んだ。東京オリンピック前後だ。山から見下ろすとまるで豊かな海のようにも見えた一面の桑畑はブルドーザーに黒く押し潰され、駅を中心とした平板な街並が少しずつ形づくられていった。
　新住民の殆んどは中堅どころのサラリーマンで、朝五時過ぎに飛び起きると顔を洗うのももどかしく電車に乗り込み、夜遅くに死んだようになって戻ってきた。

そうして「おそろしく退屈な街」ができ上がり、「新しい住民」の多くが申し合わせたように犬を飼い、それが次々に交配し、仔犬が野犬となり、プラットフォームで犬が散歩している光景を目にすることになったのである。だがそれらの犬ももはやプラットフォームに現れず、「僕」はようやく駅の脇の池で、釣人の連れてきたらしい犬を見つけるのだ。この土地の由来と犬のエピソードは「僕」の街に対する「違和感」の表象と見なせるだろう。続けて「僕」は帰りの電車の中で何度も自分に言い聞かせる。「全ては終っちまったんだ、もう忘れろ、と」。そして愛していた直子が死んでしまったこと、彼女が『風の歌を聴け』で言及されていた、雑木林で首を吊って死んだ仏文科の女子学生だと気づかされるのである。

「一九七三年の秋には、何かしら悪いものが秘められているようでもあった」と記されているように、「僕」だけでなく、「鼠」や「ジェイズ・バー」にもこれまでと異なる「季節」が訪れている。それは「街」の変容とパラレルのように思われるし、『1973年のピンボール』のクロージングにおいて、「鼠」は「街」を出ていくのである。ちょうど双子の姉妹が「僕」のアパートから去っていくように。

『羊をめぐる冒険』にあって、「僕」は三十歳になろうとしている。『風の歌を聴け』の時代背景は一九七〇年で二十一歳、十二月の誕生日を迎えると、二十二歳とされていたので、あれから八年が経ったのだ。『1973年のピンボール』と同様に、またしても女の子の死から始まっている。名前は忘れてしまい、「誰とでも寝る女の子」と記され、「僕」が『風の歌を聴け』の「街」からもどってきた七〇年の秋に彼女と再会したことになっている。

彼女は「僕」の三鷹のアパートを訪れるようになり、セックスをしたり、ピクニックのようにICUのキャンパスを散歩したり、そのラウンジでコーヒーを飲んだりした。十一月二十五日のラウンジのテレビには三島由紀夫の姿が繰り返し映し出されていたが、ヴォリュームが故障していたので、音声はほとんど聞きとれなかった。「一九七〇年の秋には、目に映る何もかもが物哀しく、そして何もかもが急速に色褪せていくようだった」。

その秋に続いて「我々にとってはどうでもいいことだった」とされているけれど、冬には三島事件が起きていたのである。そして一九七二年には連合赤軍事件が続く。そうした時代をくぐり抜け、彼女は二十五まで生き、そして死ぬといっていたが、二十六になった七八年七月に交通事故で死んだ。それと同じ頃、「僕」は妻と離婚していた。どうも離婚した妻は『1973年のピンボール』における翻訳事務所の経理などの担当者だと思われる。

　その一方で、一九七七年になって、七三年にあの「街」を黙って出て行方不明だった「鼠」の手紙と二百枚ばかりの小説が届けられ、その翌年には手紙に加えて、小切手と羊の写真が添えられ、「街」に帰ることがあったら、ジェイと一人の女の子にさよならを伝えてほしいと記されていた。それに妻が家を出ていたので、「僕」は休暇をとり、「街」に戻ることにした。四年前に結婚の事務的な手続きのために帰郷していたが、「それ以来、僕にはもう『街』はない」「帰るべき場所はどこにもない」と思い定めていたのだった。「僕」も「鼠」と同様に、街から離反したのだ。「僕」は思う。「結局のところ全ては失われてしまった。失われるべくして失われたのだ」と。その「失われてしまったもの」とは何だろうか。それは時代とともに消滅してしまったすべてを意味しているのではないだろうか。だがここではそれを「街」の風景に見てみる。

　「ジェイズ・バー」も「鼠」が「街」を出てしまった後、道路拡張のために移転し、古ぼけたビルの地下から新しいビルの三階に入り、エレベーターに乗らなければならなかった。そこから「街」の夜景が見渡せた。山が切り崩され、「海は何年か前にすっかり埋めたてられ、そのあとには墓石のような高層ビルがぎっしりと建ち並んでいた」。

　「ジェイズ・バー」を出て、かつての海岸道路沿いに歩いた。海を失っても古い防波堤は残ったままで、海の代わりに埋立地と高層住宅の群れが建ち並んでいた。

> 　それぞれの棟のあいだをぬうようにしてアスファルトの道路がはりめぐらされ、ところどころに巨大な駐車場があり、バス・ターミナルがあった。スーパー・マーケットがあり、ガソリン・スタンドがあり、広い公園があり、立派な集会場があった。何もかもが新しく、そして不自然だった。山から運ばれた土は埋立地特有の寒々しい色をして、まだ区画整理されていない部分は風に運ばれた雑草にぎっしりと覆われていた。驚くばかりの素速さで雑草は新大地に根づいていた。それはアスファルトの道路に沿って人為的に移植された樹々や芝生を小馬鹿にするように、いたるところにしのびこもうとしていた。
> 　物哀しい風景だった。
> 　しかし僕にいったい何を言うことができるだろう。ここでは既に新しいルールの新しいゲームが始まっているのだ。誰にもそれを止めることなんてできない。

これが七〇年代後半に起きたひとつの風景の変容であり、

中上健次の「路地」のみならず、村上春樹の「街」にも押し寄せていた現実なのだ。しかもこの「街」の変容した風景は九五年に至って、阪神淡路大震災に見舞われたはずで、再び変容を迫られたようにも思える。

それゆえに中上の「路地」解体後の物語がそうであったように、村上春樹の物語もまたそうした「物哀しい風景」を踏まえて展開される宿命を帯びるようになったのではないだろうか。

なおこれは蛇足とも思われないので、付け加えておくことにする。『〈郊外〉の誕生と死』で詳述しているように、一九七〇年代前半こそは郊外社会が表面的にかたちを整え、それに伴って様々なロードサイドビジネスが出現していく時代でもあった。村上春樹自身も七四年に郊外の国分寺にジャズ喫茶「ピーター・キャット」を開店している。だがそれはストリートビジネスというべきもので、ロードサイドビジネスではなかったことを明記しておこう。

102

「アメリカナイズド・ジャパン」としての現代——松本健一『エンジェル・ヘアー』〔文藝春秋、一九八九年〕

前回の村上春樹の『羊をめぐる冒険』において、三部作の主要な背景となる「ジェイズ・バー」の由来、それを営む中国人ジェイの命名の事実が語られている。ジェイは戦後米軍基地で働いていた時、本名の中国名が長く発音しにくかったので、アメリカ兵たちが勝手につけた名前であり、そのうちに本名が忘れ去られてしまったこと、また彼は一九五四年に基地の仕事をやめ、その近くに空軍の将校クラスを客とする小さなバーを開きベトナム戦争が激しくなってきた六三年にそれを売り、遠く離れた「街」にやってきて、二代目の「ジェイズ・バー」を開いたとされる。これらのことはジェイとその店名もアメリカによって命名されたフィクションだったことを告げているし、またジェイが働いていた米軍基地とはどこだったのであろうか。

先頃亡くなった評論家で、北一輝の研究者松本健一の唯一の小説集として『エンジェル・ヘアー』があり、これは戦後の占領下における進駐軍基地をテーマとする六つの短編を収録している。その時代設定と場所、小説としてはこなれていないノンフィクション的構成、中上健次ならぬ「ケンジ」という主人公名からして、これらの連作は松本の少年時代の体験に基づく私小説と見なしてかまわないだろう。おそらく「ケンジ」とは自らの名前をもじった「健二」であり、「占領コンプレックス」のキャラクターとされている。松本も中上と同様に、一九四六年生まれであり、四九年生まれの村上がそうであるように、オキュパイド・ジャパン・ベイビーズの一人に他ならないし、後に座談会『占領下日本』（ちくま文庫）も刊行するに至っている。そのGHQによる占領とは進駐軍との混住を意味していた。

一九四五年夏の敗戦後から五二年のサンフランシスコ講和条約に至る七年間の日本はGHQによる占領下に置かれ、それをとりわけ地方において表象するのは進駐軍であり、『エンジェル・ヘアー』では関東平野の赤城山のふもとの中島飛行場近くの基地ということになる。松本によれば、東京オリンピックの頃になると、「巷からは進駐軍という言葉も消え、在日米軍という呼び方になっていた」とされるし、この連作において両者が使われているが、やはり進駐軍であろう。その町外れの進駐軍基地は歩いて一時間、自転車で二十分ほどの道のりで、そこには司令部や将校宿舎などがあり、MPがいて、ジェラルミンの銀翼を持った戦闘機、頑丈な造りのヘリコプター、紺色のフォードのトラックが行き交っていた。

そのような基地を背景とする表題作「エンジェル・ヘアー」の主たる登場人物は「わたし」＝ケンジの他に、大工の孫、フィリピン、多幸と呼ばれる小学生たちで、「大工の孫」＝ノリオの姉は進駐軍のオンリー、「多幸」＝タカオは母親が多幸という地名と異なる貧しい地域の出身なので、そう呼ばれるようになり、「フィリピン」＝ロバートは父親が軍人で、戦時中にフィリピン人と結婚して生まれたことにより、母は進駐軍将校宿舎のメイドをしていた。これらの人々が六編の連作において、進駐軍基地と同様に物語のベースを形成している、いわば占領下日本の小学生版「ジャパニーズ・グラフィティ」として読むこともできよう。

この短編のテーマとされているエンジェル・ヘアーは、少年時代における占領期の記憶のアルケオロジーの表象ともいうべきものである。先の四人組は「エンジェル・ヘアー」の冒頭で、次のような風花に似た光景を目撃する。


空の奥がかすかに光った。きらっ。

明かるさと青さをとりもどしはじめた冬の終わりの空の奥が、きらっ、と光ったとみるまに、空一面がきらきら、きらきら、ゆっくり銀色に耀やきだした。


これがエンジェル・ヘアーなのだ。タケオがオンリーの姉の「彼氏の進駐軍将校」に教えてもらったところによれば、エンジェル・ヘアーとは天使の髪の毛と訳され、黄金《きん》色っぽく光って空中に浮いて飛ぶもので、何か悪いことが起こりそうな時にそれを防ぐために飛ぶとされる。だがその悪いことが起こるとは何を意味しているのかわからなかったけれど、それが風花ではなく、アメリカ人の金髪を想起させるエンジェル・ヘアーだと納得してしまった。

「わたし」が最初に美しいエンジェル・ヘアーをみたのはその小学校の帰りのことで、それから二、三回目撃したかもしれないが、今となってはあやふやである。だがエンジェル・ヘアーの異様な美しさは忘れられなかった。しかしその後「わたし」はその基地の町を離れ、エンジェル・ヘアーのことを誰も話題にしないし、どの本にも記述されていないことから、それが少年時代の夢か幻想ではないかとも思うようにもなっていた。

ところが一九七〇年代になって、本土復帰を控えた沖縄出身の詩人と、いずれも「天上の華」とされる北国の風花、及び沖縄の珊瑚礁の島の海境《うなさか》で白く裏返った波である波花の話をした。そこで「わたし」がエンジェル・ヘアーのことを語ると、沖縄の詩人も戦後に故郷で見たことがあるといった。彼の故郷は米軍の嘉手納基地のあるコザ市の北隣りに位置していた。

それからさらに十五年が流れ、北九州の遠賀川下流の水巻町で昭和二十年代後半に少年時代を過ごした同年輩の新聞記者が、空中にきらきら光るものを見ているが、それはエンジェル・ヘアーではなく、「銀紙」と呼んでいたといったのである。その水巻町の近くにも米軍基地があり、朝鮮戦争時には多くの飛行機が飛来していたが、今は自衛隊の航空部隊のある芦屋基地となっていた。

「わたし」はエンジェル・ヘアーが目撃された場所が、いずれも米軍基地の近くだったという事実から、両者の関係を連想するに至った。そうして最近になって、そのことを五十年配の軍事評論家に話したところ、エンジェル・ヘアーとは軍事用語の「チャフ『CHAFF』、つまり電子煙幕のことじゃないか」と指摘されたのである。それは軽微なプラスチックを繊維状にして、アルミ箔を塗布し、砲の中につめ、上空で花火のように破裂させると、空中に無数のアルミ箔が浮き漂い、敵のレーダーを乱反射してしまうか、またはそこに巨大な金属物があるように誤誘導する役割を果たすのだ。つまりエンジェル・ヘアーの発生場所が米軍基地周辺だったという事実は、チャフの目的がその軍事基地や装備を敵のレーダー波から防備することにあったことを物語っているし、その発生時期が主として朝鮮戦争の頃だったことも、それを裏づけているように思われた。「おそらく、わたしたち戦後の少年が朝鮮戦争のころにみたエンジェル・ヘアーは、この軍事目的をもった電子煙幕だったのだろう。(……)それを、わたしたちは一瞬、風花と見まちがえ、そうして次に、耀やくような金髪の、天使の髪の毛と理解して納得したのである」。それにしてもこの電子戦兵器をエンジェル・ヘアーと命名したのは誰なのであろうか。

「わたし」にとってエンジェル・ヘアーとは「戦後という根のない明かるい時代に咲いた、幻想の花」で、「貧しく暗い戦後の日本に較べて、豊かで明かるいアメリカに憧れ、その憧れの気分を黄金色で柔らかい天使の髪の毛に仮託していたかもしれない」のだ。ここに占領下におけるダブルイメージ、いってみれば、アメリカが発した擬装のイメージと日本が受け止めた幻想のイメージのギャップの表出を見ることができよう。この逆立するダブルイメージは「エンジェル・ヘアー」以外の他の作品にも共通するテーマとなっていて、「メイド・イン・オキュパイド・ジャパン」においては、ノリオの姉のオンリーの姿に仮託されている。彼女は「囲われの身の憂い顔と、近代化(アメリカナイズ)して耀やいている顔」の双方を備え、その体現はまさに「日本の占領」の「両面性」を象徴するものであった。

それは「アメリカ好き」で「占領コンプレックス」の強い「わたし」も同様なのだ。「真鍮磨き」において、妻から「わたし」が真鍮磨きに拘泥《こだわ》る理由はその「しんちゅう」という言葉が進駐軍の「しんちゅう」と同じだと指摘され、「息がとまるような一瞬」で「茫然」となるのだが、「気の遠くなるような陶酔」をもたらすものでもあった。

それらの体験に基づき、「メイド・イン・オキュパイド・ジャパン」の中で、「わたし」は明治の近代化がヨーロッパの模倣であることに対し、戦後の近代化はどのつまりアメリカナイズだと見なし、次のような私説を述べるのだ。

(アメリカナイズ、というのは、進駐軍の鉄条網の内側から外側の日本にじわじわと滲みだして吸収されたものなんだな。その意味では、アメリカ化は日本自身による占領体制の内在化ともいえるわけだ。オキュパイド・ジャパン、つまり占領体制下の日本というのは、在来の黒灰色の瓦のうえに緑や青の色のペンキを塗り、板壁を白く塗って、アメリカと同じように仮に装ったようなものなんだな。

そういう仮の装いを、オキュパイド・ジャパンの基本性格とするなら、そう装っているうちにそれがいつの間にか第二の皮膚化して、あたかも自分本来の性格であるかのように自然に振舞ってしまうのを、アメリカナイズド・ジャパンというのだ。占領が終わって三十数年後のいまの日本は、このアメリカナイズド・ジャパンといえるかもしれないな。)

この述懐が一九八〇年代のものであることに留意しなければならない。これは『〈郊外〉の誕生と死』でも言及したし、本書でも繰り返し述べてきたが、経済学者の佐貫利雄の『成長する都市 衰退する都市』(時事通信社)に収録された図表「日・米就業構造の長期的変動」を見ていて、日本の八〇年代の産業構造がアメリカの五〇年代とまったく重なることを発見し、驚きを禁じ得なかった。

アメリカによる日本の占領とは、消費社会による農耕社会の征服だったことに、「メイド・イン・オキュパイド・ジャパン」の「わたし」と同様に、「茫然」とする思いに襲われた。日本の一九七〇年代前半の消費社会化もアメリカを「内在化」したものであり、ロードサイドビジネスの発生もすべてがアメリカを起源とし、それに続く郊外社会も同様なのだ。そしてまた東京ディズニーランドの開園も八三年だったのである。

それをふまえて、先に引用した「占領が終わって三十数年後のいまの日本は、このアメリカナイズド・ジャパンといえるかもしれないな」という述懐を読むと、この言葉がさらにリアルなるものとして迫ってくる。そして九〇年代を迎え、バブル経済が崩壊し、失われた十数年の中で、グローバリゼーションと新自由主義の時代を迎え、第二の敗戦と占領下にあるような状況を招来してしまった。そしてその果てに東日本大震災と原発事故が起きたことになる。

そうした過程で、かつて少年時代に体験した占領下におけるダブルイメージの亀裂はさらに深く広がり、松本にしても「このアメリカナイズド・ジャパン」の再考が強く促されたにちがいない。松本が政権の座についた民主党の内閣参与に就任し、『占領下社会』の座談会に参加したのも、その表れのように思える。だがそれらの表白、及びさらなる「エンジェル・ヘアー」問題を十全に述べることなく、松本は亡くなってしまったのである。

103

「見てごらん／美しい虹の橋を／祖先の霊が私を呼んでいる」
――ウェイ・ダーション『セデック・バレ』（マクザム＋太秦、二〇一一年）

此の如き頑強さを以て其の反抗を続けつつある以上少くも首脳部を以て任じつつある者の如くに至ては、恐らく其の死滅を期して此の状態を続くるの決意あるものと推定するを得べし。

「牧野伸顕文書」

一九三〇年一〇月二七日、日本の植民地統治下の台湾で霧社事件が起きた。

霧社は台湾中央部の山岳地帯に位置し、そこには日本人、漢族系台湾人、及び一一社の原住民の高地系台湾人が住み、それぞれの学校を始めとして、旅館、郵便局、雑貨屋、駐在所などがあった。霧社事件とはその高地系台湾人が蜂起し、その鎮圧のために警察ばかりでなく、軍隊までが動員された。まさに反乱と呼べるものだった。こうした抗日蜂起と反乱が他の植民地に波及することへの恐れもあり、霧社事件は内外に大きな波紋をもたらし、石塚台湾総督も引責辞職に及んでいる。それを示すかのように、講談社版『昭和二万日の全記録』第2巻『大陸にあがる戦火』の中でも、「昭和5年10月27日」の日録ドキュメントとして、見開き二ページで「台湾に武装反乱起きる――霧社抗日蜂起事件」が報じられている。

このドキュメントは写真やデータも含めて、霧社事件の翌年に刊行された新光社の『日本地理風俗大系』第十五巻の『台湾篇』を資料としている。これは四六倍判四二五ページで、多くの写真、地図などを収録し、「地理風俗」だけでなく、台湾の一大民族、民俗誌をも形成するアーカイブでもある。たまたまこの一冊を架蔵していることもあり、それによって当時の台湾状況をラフスケッチしてみる。なおこの昭和円本時代のシリーズに関しては、拙ブログ「出版・読書メモランダム」の「古本夜話」173「新光社と『日本地理風俗大系』」を書いているので、よろしければ参照されたい。

この時代の台湾総人口は四四三万人で、その内訳は日本人二一万人、漢族系台湾人四一〇万人、高地系台湾人八・六万人、外国人四万人であり、帝国主義と日清戦争後の植民地化がもたらした強制的な混住社会だった。日本は台湾総督府を置き、平地に住む漢族系台湾人を武力鎮圧した後、原住民の高地系台湾人に対しても、最初は清国時代からの綏撫政策を踏襲したが、やはり武力作戦による制圧を経て、慰撫政策をとるに至った。

高地系台湾人は「蕃族」もしくは「蕃人」、全島の半分を占める主要居住区は「蕃地」、その居留部落は「蕃社」と呼ばれ、特殊行政区として隔離されていた。またこの「蕃地」は法律ではなく、警察行政によって統治され、学校教育、水田耕作、強制労務、交易や医療なども仕切られ、これは「理蕃」と称し、その中でも霧社地区は有数の開化地区とされていた。そのような植民地状況にある台湾の「理蕃」において、霧社事件が起きたのである。

その日は霧社の漢族系台湾人と高地系台湾人を教育する公学校で、日本人子弟の小学校、高地系台湾人子弟のみを警官が教育する児童教育所の合同運動会が開かれ、霧社や近在に住む二〇〇人余の日本人のほとんどが集まっていた。そこに霧社地区のマヘボ社、ボアルン社、ロードフ社、ホーゴー社、スーク社、タロワン社の六社からなる三〇〇人が日本人を襲撃した。マヘボ社の指導者モーナ・ルダオに率いられた原住民の、組織的に計画された抗日武装蜂起といえるものだった。外部との連絡を遮断するために、すべての電話線を切断し、一三の警察官駐在所を襲ってから運動会場へ向かったのである。そして日本人男女、児童も含めて一三四人、日本人と間違われて漢族系台湾人二名が殺された。

先の『台湾篇』は「事件の原因蕃人の出役過重、最近霧社小学校建築用材運搬の苦痛、賃金不払遅延の不平、また官憲に快よかざる青年、内地人に好感ない頭目等の錯綜に存する」と書きつけている。その蜂起した三〇〇人は警察や駐在所から騎兵銃など一八〇丁、弾薬二万三〇〇〇発を奪い、山間道路や斜面に堡塁を構え、日本側の反撃に備えた。

台湾総督府は事件勃発を受け、警察隊一一六三人、軍隊一一九四人を動員し、それに飛行機、山砲、機関銃から毒ガスまでが使用され、密林や岩窟に潜む反乱者たちを攻撃した。また蜂起に加わらなかったバーラン社など五社を

「味方蕃」として戦闘や偵察、雑役に利用した。
しかし蜂起した原住民たちも巧みに移動して山岳戦を展開し、執拗に抵抗したが、戦闘の劣勢はいかんともし難く、戦死者も多く出たが、投降して捕虜の屈辱を受けるよりも死を選ぶ自殺者が続出し、モーナ・ルダオも森の奥深く姿を消し、自害した。こうして一ヵ月にわたる蜂起と戦闘は終わりを迎えた。蜂起に参加した六社の原住民は一三七三名だったが、日本側の圧倒的な攻撃により、女や子供たちも縊死し、生存のままで投降したのは五五一名にすぎなかったという。
あらかじめ霧社事件についてはラフスケッチと断わっているので、これ以上の蜂起にまつわる様々な事件とエピソード、第二次霧社事件と称される投降者たちの虐殺、高地系台湾人の太平洋戦争における日本兵＝「高砂義勇軍」としてのニューギニアでの多くの戦死などについては言及を差し控えることにする。それは映画『セデック・バレ』もまたモーナ・ルダオの自害で終わってもいるからだ。
さてこの霧社事件に関しては山辺健太郎編『台湾（二）』（『現代史資料』22、みすず書房、一九七一年）に統治し、鎮圧した側の資料一式として、前出の「牧野伸顕文書」も含む『霧社事件』が収録され、中川浩一、和歌森民男編著『霧社事件―台湾高砂族の蜂起』（三省堂、一九八〇年）

といった研究も出されている。その他にも尾崎秀樹が「霧社事件と文学」(『旧植民地文学の研究』所収、勁草書房)で述べているように、戦前戦後を通じて多くはないにしても、大鹿卓、中村地平、坂口䙥子によって霧社事件を題材とした小説が書かれている。

それらの日本における資料や研究、あるいは小説化との相関関係は不明だが、台湾で邱若龍作・画『霧社事件―台湾先住民、日本軍への魂の闘い』が出され、これは一九九三年に現代書館から江淑秀、柳本通彦訳で邦訳刊行されている。なぜこの作品を挙げたかというと、ウェイ・ダーションによる台湾映画『セデック・バレ』は邱若龍の作品に触発されたと思えるからだ。

さて前置きが長くなってしまったけれど、ここでようやくセデック語と日本語による台湾原住民と霧社事件をテーマとする大作『セデック・バレ』にふれることができる。大作と記したのは、第一部の「太陽旗」が一四四分、第二部の「虹の橋」が一三二分で、四時間半に及び、プロデューサーやスタッフやキャストも香港人、韓国人、台湾原住民、漢族系台湾人、日本人たちが混住し、四方田犬彦が『台湾の歓び』(岩波書店)でふれているように、そうした映画製作状況そのものが現在の台湾の「多言語・多言文化社会」を表象しているのかもしれない。またやはり同書における四方田の言によれば、ウェイ・ダーション〈魏徳聖〉という映画人の出現は、「二〇〇〇年代以降の台湾映画を最も特徴づける現象の一つ」で、「誰もが登場人物に同一化して、強い情動的興奮を体験するエンターテインメントに徹して、台湾映画をもう一度興隆へと導いた」とされる。

そのようなドラマツルギーゆえに、日本人の大量殺害を伴う原住民の蜂起というテーマにもかかわらず、反日映画という色彩は全面に押し出されていない。タイトルの『セデック・バレ』という言葉は「真の人」を意味するセデック語であり、この映画は日本の植民地下における統治者と原住民の軋轢、いうなれば台湾の帝国主義的近代化の果てに生じた民族葛藤の臨界点を描いているといえよう。そしてまったく思いがけずに、この『セデック・バレ』の中に、近代日本における民俗学の原初のイメージ、柳田国男の「山人」や折口信夫の「まれびと」を発見することになったのだ。

『セデック・バレ』の主人公で、蜂起の中心人物モーナ・ルダオはタイトルを表象するセデック族マヘボ社の頭目とされている。先の『台湾篇』において、台湾中央山脈の中部から北部にかけて部落生活を営む種族は「タイヤール族」、もしくは「セーデッカ族」の二大支族に大別できるが、慣習制度は大同小異で、その区別がいつの時代に生じたかは不明であり、その顔面の刺青によって他種族と区別されると述べている。そして「セーデッカ族」は霧社蕃とされているが、いずれにしても広義の「タイヤール族」と考えられる。その組織は血族を単位とする掟に基づき、土地を共有する村落共産体、祭祀団体で、頭目はいるけれど、その権限は制度的ではないし、祭祀の首長も政治的権力を有していない。「セーデッカ族」とは映画における「セデック族」に他ならず、モーナ・ルダオもまさにそのような頭目として浮かび上がってくる。

『台湾篇』の中でその一章をなしている「蕃地と蕃族」の記述を読み、そこに収録された、中には一ページを使った「タイヤール族」の姿や風俗、仕事や住居などのモノクロ写真を見ていると、そのまま『セデック・バレ』のいくつものシーンが重なってくるような感慨に捉われる。そしてまたこれはこの章ではないけれど、「隘勇線」の写真も見出されるのだ。「隘勇線」とは植民地統治下で進められたもので、「蕃界要扼の山獄渓谷を開削して警備員を配置したもの、隘路の外方即ち凶蕃居住の方面は数十間内の草木を刈除いて射界を作り、蕃人来襲の監視」を行なうゾーンなのだ。危険な地域には鉄条網も張り巡らされ、「鉄条網の前」と題された写真にはそれが写され、まさにその前には三人の「蕃人」が並んでいる。それは原住民と植民地と「理蕃」の根源的状況を意図せずして浮かび上がらせているよう。

なぜこの「隘勇線」について言及したかというと、柳田国男や折口信夫も『石神問答』(『柳田国男全集』15所収、ちくま文庫)や『古代研究』において、この言葉を使用しているからだ。それは柳田や折口の民俗学が、高地系原住民の生活と存在をレポートした『台湾旧慣制度調査書』を通じて構想されたことを示してもいる。その指摘は中村哲の『新版柳田国男の思想』(法政大学出版局)や鈴木満男の『華麗島見聞記』(思索社)から始まり、村井紀の『南島イデオロギーの発生』(福武書店)に引き継がれ、安藤礼二の『神々の闘争 折口信夫論』(講談社)に至って、ほぼ全貌が明らかにされたように思える。

村井は、柳田がまず読んだのは一九〇三年に刊行された臨時台湾土地調査局の『台湾旧慣制度調査書一斑』で、これが『石神問答』『後狩詞記』(同前5所収)『遠野物語』に与えた影響に言及し、また柳田が大正時代になって出された『蕃族調査報告書』をも読んでいたと述べている。これを受けて安藤は具体的にそれらの内容も示し、それらが台湾総督府の蕃族調査会が大正時代に刊行した『蕃族調査報告書』(全八冊)、『蕃族慣習調査報告書』(全八冊)であることを突き止める。前書は事実や伝説の網羅的な採集と記述で、柳田が熟読したもの、後書は親族、宗教、社会体制や構造についての言及で、折口は両書を読んだと、安藤は推測している。

　そして折口はそこに日本人の起源と「他界」の概念を見出したとして、安藤は『蕃族調査報告書』5に示された人間の霊魂と海上の「他界」（霊府）に関する部分を引用する。その一節を次に引いてみる。「虹ハ神橋ナリ死後ソヲ渡リテ彼岸エ達スレバ極楽《アトハン》アリ山ハ樹ニテ蔽ハレ川ハ永久ニ流レテ涸ル、コトナク祖霊ハ其所ニテ安楽ニ生活ス」。続けて安藤は書いている。

　ここでは「霊魂」は不滅なのだ。たとえ肉体的な「死」を迎えようとも、その死後にはもう一つの別の世界が厳然として存在している。その「他界」は海の向こうにある。死後「霊魂」は海のあなたに向かい、そこに架かっている虹の橋を渡って、祖先の霊魂の集まる「他界」へと赴く。そして虹の向こうにひろがる「霊府」に着くと、そこは自然の恵みに充ち溢れた別世界、極楽そのものだったのである。しかし、この海の向こうの楽園に入るためには、「首狩り」によって敵の「霊魂」を多く集められた者こそが、霊の楽園を生きる真の勇者となるのである。

　この「残酷でファンタスティックなイメージ」に、折口は測り知れないインパクトを受けたと安藤は記しているが、これこそが『セデック・バレ』を貫く物語原理に他ならず、この映画に添えられたエンディング曲はそれを示すかのように、「見てごらん／美しい虹の橋を／祖先の霊が私を呼んでいる」と繰り返し歌われる「看見彩虹（虹が見える）」なのだ。

　また『蕃族慣習調査報告書』は「たいやる族」をはじめとする各蕃族の分析で、それは先述した『台湾篇』の記述へともつながっていることは明白で、「戦争」と「絶対平等」の世界である社会が描かれ、霧社事件へと向かっている回路が示されている。それゆえに『セデック・バレ』は柳田の『遠野物語』の「序文」に書きつけた「国内の山村にして遠野より更に物深き所には無数の山神山人の伝説あるべし。願はくは之を語りて平地人を戦慄せしめよ。この書の如きは陳勝呉広のみ」を体現してしまった物語のようにも思えてくる。柳田のいう陳勝呉広は秦帝国末期の農民反乱の二人の頭目をさすのだが、私は代わりにモーナ・ルダオを当てはめたくなる。柳田は霧社事件に関して、何の言及もしていないはずだが、やはりそれなりに衝撃を受けたであろうし、それは折口も同様で、二人の民俗学の霧社事件以後の変容にも留意すべきだと考えられる。

　私は残念ながら、『台湾（二）』所収の昭和に入ってからの『蕃族調査書』に目を通しただけで、まだ柳田と折口が手にした二つの『報告書』を読むに至っていない。十年以上前に一度古書目録でどちらかを見かけたが、高価だったこともあり、購入をためらってしまった。それから再び目にしていない。それでも安藤のレジュメを読んだだけでも、それらを記述した人々への興味は尽きない。これらの膨大な記録を報告、編纂した佐山融吉、小島由道、河野喜六といった人々の詳細は不明だが、彼らもまた台湾原住民にとって、日本から山岳地帯へとやってきた「まれびと」のように思われたのではないだろうか。

104
「夢魔」がたちこめる台湾
――日影丈吉『内部の真実』（講談社、一九五九年）

前回の映画『セデック・バレ』に続き、同じく台湾を舞台とする小説、しかも日本人によって書かれたミステリーを取り上げてみる。それは日影丈吉の『内部の真実』である。日影は一九四九年に『宝石』コンクールに応募した「かなむぎうた」（『かなむぎうた』所収、現代教養文庫）でデビューし、この日影ならではの夢幻的な文体が織りなす作品に関して、これも前回ふれた折口信夫が絶賛したと伝えられている。

　その日影は戦時中の一九四三年に応召し、陸軍近衛捜索連隊に入隊し、敗戦まで台湾に駐屯していた。この体験をベースにして、台湾をトポスとする長編『内部の真実』と『応家の人々』（東都書房、一九六一年）、後に『華麗島志奇』（牧神社、一九七四年）にまとめられる短編群を書き継いでいった。それらは日影特有の台湾、『内部の真実』の中で使われている言葉を借りれば、「夢魔」がたちこめる台湾を浮かび上がらせている。また「酔いたまえ酔いたまえ。何がおきても酔いしれて、時の繋縛をまぬがれぬ……」というボードレールの『パリの憂愁』（福永武彦訳、岩波文庫）の一節の引用が見えるのは、この異郷の幻影に包まれた台湾の街が遊歩者の愛するパリと重ねられているからだ。

『内部の真実』にあって、そのトポスは台湾北部の新竹州桃源街で、事件も「夢魔」にとりつかれたものであるかのように提出されている。それは昭和十九年五月のことで、この桃源街は内地人＝日本人居住区もある台北と異なり、内地人は警察官、教職員、官公庁最高幹部、専売品扱業者たちからなる少数で、本島人の生活環境の中に置かれていた。ここでは「一見戦争とまるで無関係な平和な住民と、戦争に直面した軍隊が、はっきり雑居していた」。

そのような混住の中で事件が起きたのである。さらに付け加えれば、この地方は有名な美人の産地であり、小さな街なのに「青電気というピー屋」が二十軒以上あった。「青電気」とは売春宿で、公認されたものには入口に青い電球が目印として下がっていることから、そう呼ばれるようになったのだ。

新竹憲兵大隊の分遣隊は桃源街の小公園にある公学校の一部を借りての設営で、語り手の小高軍曹の他に、曾根隊長、津路軍医、苫曹長、名倉一等兵などが主たるメンバーだった。そのうちの苫曹長が胸部に拳銃弾を受けて変死し、近くに名倉一等兵が頭部を強打され、意識を失って倒れ、両者のかたわらにはそれぞれ一挺の拳銃が放棄されていた。この事件の特別捜査のために、大隊本部の大手大尉と助手の勝永伍長が派遣されてくる。ここに挙がった人々、それに後述する「玉蘭姉妹」を加えると、『内部の真実』の主要な登場人物が揃い、物語の進行につれて、それぞれの事件への関与、様々な「内部の真実」が明らかになっていく。

本島人鉄鋼業者の葦田清太郎の「有義園」という庭で、事件は起きたのだった。その家の正庁、これはチアキアと呼ばれ、本島人の家の中で最も大きな室をさし、家庭の儀式や接客に使われる場であり、それは次のように描写されている。

> 正面奥の壁には必ず中案卓《テオンシアヌトオ》が据えられ、その家の祭神や先祖の神主《いはい》などがおいてある。神主はおおむね金箔をおいた、大きくて立派なものである（……）。
> 葦田さんの当主がまだ日本風に改姓名しないで、陳姓を名乗っていた少年の頃に、本島の知識階級を風靡した老荘思想の名残が、ここにあった。果樹や花木に恵まれた小園の奥にあり、この家の庁堂は、いつも静かだった。

――（……）古い中国の影の中に坐っているように奥床しかった。

ここに本島の知識階級の生活様式と植民地における「創氏改名」が語られている。陳から葦田への改姓はまさに後者を意味するものである。

それは梶山季之が「族譜」（『李朝残影』所収、講談社文庫）で描いた朝鮮での「創氏改名」と共通し、それが台湾でも行なわれていたことを伝えている。

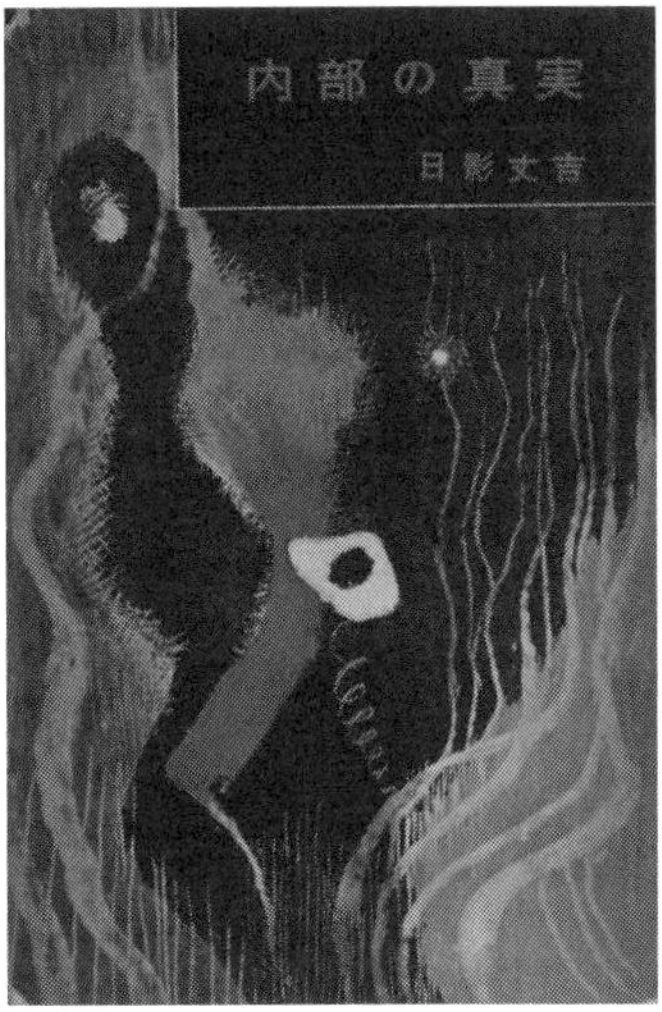

それはともかく、この家と事件が起きた庭は接していて、「玉蘭姉妹の庭」とされている。彼女たちは葦田恒子と瑶琴で、事件は二人によって届けられたのであるし、姉妹もまた日本人ではなく本島人であることはいうまでもない。そして第一部の総タイトルがやはり「玉蘭姉妹の庭」とされ、十二章立ての『内部の真実』のうちの十章を占める本編と考えていいので、彼女たちが物語のヒロインにして、触媒の位置にあることを告知している。その命名の由来はこの庭に多くの樹が繁っていたが、ひときわ目立つのはほの白い玉蘭の花で、姉の恒子は「その花の精」のように見え、それは妹の瑶琴も同様だったからだ。

語り手の小高はその姉を常に「恒子さん」と呼び、彼女に限りない愛着を示す。小高は桃源街をひどく気に入り、それは「美しい娘」＝「恒子さん」も同じで、彼女は街の衛生委員であり、公学校の医務にも関係し、部隊にも出入りするようになり、兵隊たちの人気を集め、葦田一家もまた分遣隊の人たちに快く門戸を開いてくれたのである。「恒子さん」は次のように描かれている。

恒子さんの顔は、どちらかといえば癖のある顔だった。美人の産地として有名なこの地方の、お人形のような女たちからみれば、むしろ異端的な美しさだった。（……）

女学校を出て数年になるのに、まだ固い莟のようで、小柄な体格や皮膚の冷たそうな青い顔には、十分な成熟を示しながらも、少女の新生な情感のただよう不思議な魅力が感じられた。

自分は特に彼女の本島人臭のない、近代的な特異な顔だちに魅力を感じた。(……)
こういう感じの顔の女たちを自分は知っている。(……)自分にとっては国籍などないフェアリ・ランドの女たちだったのである。
自分が少年の頃、はじめて淡いあこがれを抱いたことのある一少女の顔、その少女が夭折した後は、西洋画の複製の中にしか見出せなかった、そして、死や懸額の板ガラスのかなたに、自分がそっとしまっておいた面影を、恒子さんに見出したのだった。あるいは、この土地で見る一切の物を美化しようとした自分の心の動きが、そして、抑圧された脆弱な生への限りない愛着が、彼女を自分なりに美化させていたのかも知れぬ。

このような描写や説明は十九世紀末のフランスの文学者たちがオリエントに見ていたものを想起させる。サイードは『オリエンタリズム』(今沢紀子訳、平凡社)の中で、ネルヴァルやフローベールの「オリエントに対する倒錯的ではあるが共感にみちたヴァージョン」を指摘している。また同じくそこでマリオ・プラーツの『肉体と死と悪魔』(倉智恒夫他訳、国書刊行会)を援用し、ボードレールたちのエキゾチックなイメージ群、死の恐怖や運命の女の観念にも言及している。ボードレールの引用に見られるように、日影丈吉がそれらに通じていることはいうまでもない。それゆえに日影にとって、『内部の真実』における亜熱帯の戦時下の台湾は、彼らのオリエントと重なるようなものとして現前していることになる。

それでいて「玉蘭姉妹」や桃源街が「まぼろし」に過ぎないのではないかという小高の告白、あるいはマラリアによる幻想の記述も挿入されているのは、この『内部の真実』というミステリーが亜熱帯の戦時下の台湾における夢幻的物語に他ならないことを告げているのだろう。そしてそれは語り手の小高だけではなく、分遣隊の人々も同様であり、その「まぼろし」のようでもある「玉蘭姉妹」や桃源街との遭遇が事件を発祥させ、様々な「内部の真実」を胚胎させたように思われるし、そのようにして始まり、錯綜して展開していくことになる。

事件が起きた庭は三方を壁と扉に囲まれ、一方は暗夜という闇の幕で隔てられた「一種の密室」とでも称すべきところだった。

その夜、名倉一等兵が葦田家を訪れ、正庁でお茶をよばれていた時、苫曹長がふいに入ってきた。苫は昨日忘れた拳銃を取りに寄ったのだったが、名倉に対してここにいることを怒り出し、名倉に往復ビンタをはった。続けて苫はもうひとつの三角関係としての小高、恒子、瑤琴には言及できなかったけれど、『内部の真実』の真の謎とは、植民地における混住、そこから必然的に生じてしまう倒錯的イメージであるようにも思えてくる。

「恒子さん」が奥から持ってきた革筒に入った拳銃を取り出し、名倉に放り投げ、自分も肩から下げていた拳銃を抜き取り、「決闘だ！」といった。「恒子さん」は必死になってとめようとしたが、苫は名倉の肩をつかんで正庁の外へ引きずり出し、重い扉を閉め切ってしまった。このようにして真っ暗な「一種の密室」が生じ、銃声が聞こえてきたのである。しかし苫の死体のそばにあった拳銃は五発ごめの一発が射たれていたが、名倉の拳銃は未装塡で、最初から弾は入っていなかったのだ。そしてまたこの二挺の拳銃にはどちらも指紋がついていなかった。

それでも名倉は自白し、犯人として大隊本部へ連行された。しかし二挺の拳銃をめぐる謎、聞こえた二発の銃声、第三の拳銃と人物の存在、瑤琴による死体の発見といった事実から、「恒子さん」が曹長殺しを告白する。しかしその告白を聞いた勝永はそれを真実だと思いながらも、彼女が犯人だと見なせなかった。「恒子さん」をめぐる三角関係として、一角に名倉、苫があり、まず彼らは犯人と死者に位置づけられ、彼らの代わりに捜査官としての勝永が登場し、苫の日記から小高を犯人として連行するに至る。だが曾根隊長も含めた分遣隊の人々のアリバイ問題も浮上してきて、「夢魔」にとりつかれたような事件の謎は深まるばかりだった。

105 日本人「買春観光」と「経済植民地」台湾
——黄 春明『さよなら・再見』（めこん、一九七九年）

日本で初めて翻訳された現代台湾小説として、黄 春明の『さよなら・再見』（福田桂二訳）の刊行を見たのは一九七九年であった。この小説は日本人による「買春観光」をテーマとするもので、七三年に台湾で発表されている。台湾への日本人旅行者は六七年には七万人だったが、七〇年代に入ると急増し、七一年には二十五万人、七三年には四十三万人、七六年には五十万人、七七年には五十六万人を数えるに至った。これは台湾における外国人旅行者の60%強を占め、しかもその九割が男性であることから、明らかに「買春観光」が目的だったと推測される。ちなみに台湾の観光収入は六七年には四二〇〇万ドルだったが、七七年には十倍以上の五億ドルに達し、日本人旅行者の激増とパラレルに上昇したことを示している。

おそらくそれは台湾だけでなく、フィリピン、タイなどの東南アジア諸国も同様だったのであろう。ロン・オグレディの『アジアの観光公害』（中嶋正昭訳、教文館）によれば、今日のアジアにおける売春業の起源は外国軍隊の存在に求められ、それが設置された地域から拡がり、ベトナム戦争でピークに達したとされる。アメリカ人兵士のための売春施設が建てられ、ベトナム戦争終結後には彼らに代わって西洋や日本の「買春観光」客が押し寄せるようになり、それは台湾の例に見たように、海外人旅行者と観光収入の急増となって表われていたのである。

このような七〇年代の台湾観光状況を背景にして、黄 春明の『さよなら・再見』は書かれている。主人公の黄は社長からの直々の「緊急業務」として、会社の仕事に密接な関係のある七人の日本人を、礁渓温泉に案内するように頼まれた。それは黄の郷里が礁渓だったからだが、黄の言葉に従えば、「僕にポン引きをやれといわれた」ことになる。彼は台湾生まれの中国人として、中国現代史と日本の関係、台湾の植民地統治にも向き合い、また祖父の右足は日本人によってへし折られ、腿から下がなかった。だから日本人をずっと憎んできたし、最近も極端な民族主義をふりかざし、日本人を罵倒したばかりなのだ。

「それなのに、現実には、私は今日本人を仇敵視することができないばかりか、社長は私に彼らを礁渓温泉へ案内して十分にもてなすようにいいつけたのだ」。黄は職場でも自分の特殊な個性と気質で原則を貫いてきたが、「ポン引き」を引き受ければ、自分のイメージは崩れ、今後の会社の仕事にも影響するし、自分自身に対しても矛盾を感じ、苦しむことになるのは確実だった。しかしそれを拒否すれば、仕事を失うことにもつながってしまう。自分の原則のために家族を犠牲にすることはできない。

　そこで「このポン引きの仕事はどうしても僕がやらねばならない」理由について、黄は「ずるい男」として、職場で「重要な演説」をする。

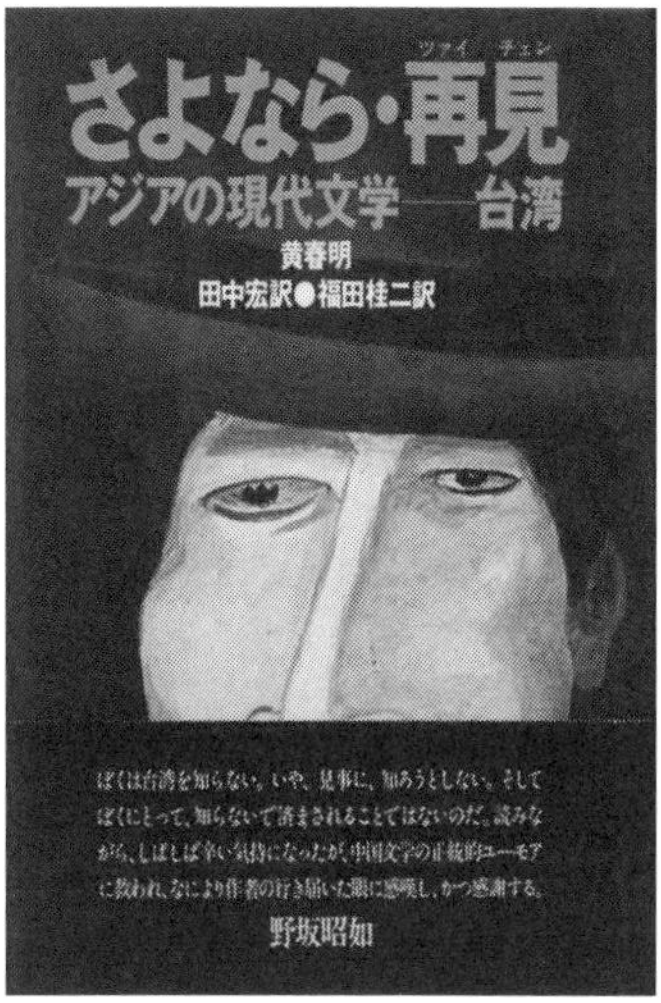

「僕の知るかぎり、こういう職業の女性がだらしのない女性だとはいえません。環境に恵まれず、まったく家庭の犠牲になったのです。僕がポン引きをやれば、なんとしても彼女たちに日本人の金を巻きあげさせてやりますよ。みんなも知っているとおり、女の値段が安ければ安いほどその地方は遅れているんです。（……）日本人は心の中で我々を後進国の人間だと思っています。実際は、我々はずいぶん進歩しているんですがね。彼らはそれでも我々を見くだしています。チクショウ、あいつらが台湾に来て優越感を抱いているのを見ると腹が立つ……」

『さよなら・再見』は四章からなり、この黄が「ポン引き」を引き受けるに至る心的葛藤を描いた最初の章は「人間の条件」、続いて「七人の侍」「用心棒」「日本のいちばん長い日」と題され、それぞれの章タイトルが日本の映画からとられているとわかる。そしてそれらのパロディとなっていることも。あたかも「ポン引き」の仕事を引き受けることが、この時代の台湾の状況における「人間の条件」なのだと告げているかのようだ。

　第二章に当たる「七人の侍」は、今度で台湾は六回目という馬場とその仲間たちのことをさしている。彼らは一生のうちに千人の違った女と寝ることを目的とする「千人斬りクラブ」を作り、台湾の他にも南米、東南アジア、韓国にもその目的でよく出掛けているようなのだ。まさに村を守るのではなく、襲おうとしている「七人の侍」といえるであろう。

　黄は彼らを迎えるために台北空港へ行く。ここでどのような経緯と事情によるのかは定かではないのだが、初めて黄が日本語を流暢に話せることを知らされる。馬場によれば、七人の日本人メンバーは「みんな五十何歳の年寄り」で、小学校、中学校も同期、兵隊も一緒にいき、今も一緒に商売をやっているという。黄は彼らをタクシーに乗せ、礁渓温泉へと向かった。その途中の車内での会話から、彼らが「台湾を自分たちの植民地」「彼らの経済植民地」として見ていることを黄は実感する。おまけに彼らはタクシーを止めさせ、道端に一列になって犬のように立ち小便を始めた。そのそばを観光客を満載した遊覧バスが通過していくのだ。

　第三章の「用心棒」の舞台は礁渓温泉の旅館となる。そして女中が三人の女の子を連れて部屋に入ってきた。彼女たちは十七、八歳ぐらいで、小文《シヤオウエン》、阿玉《アユイ》、英英《インイン》という名前だった。


　水商売の女ではあるが、彼女たちのおどおどした表情は、この七人の千軍万馬の日本人たちにどうやら新鮮な感じを与えたようだった。私には彼らが小声でいい合っているのが聞こえた。

「こりゃよさそうだな」

「ひどく素人っぽいなあ」馬場がいった。「だけどまあよさそうだ」

「どれもずいぶん若いぞ」

「十六、七ぐらいに見えるね」


　これが「経済植民地」台湾における「七人の千軍万馬の日本人」による「買春観光」の眼差しであり、それが最も露出しているシーンに他ならない。黄の目前に出現しているのは、台湾の「日本経済によって支配された部分」のクローズアップなのだ。その象徴たる「七人の侍」に対して、黄は女の子たちの「用心棒」のような立場にいる。「買春観光」もまた強制的な混住だとすれば、黄は両者の通訳者であることから、仲介者や代理人とも位置づけられるし、「用心棒」もその役割のひとつと見なせよう。それでいて、「生活のためとはいえ、彼らのためにポン引きをやり、何人もの同胞女性を彼らの遊ぶにまかせている」ことになる。そうした複合的ポジションにいる黄の心的葛藤の動きが絶えず揺曳し、物語の進行とともに様々に浮かび上がっていく。それが台湾と日本の経済的に不均衡な関係、及びまだ解消されていない台湾の植民地状況のメタファーとなっている。

そのような中で、黄は彼女たちと日本人の関係を逆転させる言語ゲームを仕掛ける。彼は日本人に中国語の「ハオ《好》=結構です」「ブハオ《不好》=だめです」「シー《是》=そうです」「ブシー《不是》=ちがいます」の四語だけを教え、女の子たちと組んで、日本人をからかう言語ゲームを展開させる。それは女の子が「あなた、犬でしょう」というと、日本人はその意味をわからずに、「ハオ、ハオ」と答えるのだ。中国人は日本人のことを犬と呼んでいたのであり、ここにくる途中で犬のように立ち小便をしたのも彼らだった。そして黄はそれを日本人に「あなたはちょっとデブだけれど可愛い」と通訳するのである。

そうしているうちに、黄に対する馬場たちの態度が変化し、自分たちの優越感を表わさなくなったが、このような言語ゲームが異国情趣をかもし出し、彼らを夢心地にさせ、気分を高まらせてしまった。そこで黄は「僕がポン引きをやれば、なんとしてでも彼女たちに日本人の金を巻きあげさせてやりますよ」と最初に宣言したことを実行に移す。日本統治時代から使われていた言葉で、一晩泊まりを意味する「停泊《ティンボー》」に関して、四百元のところを一千元だと伝え、それを日本円で「巻きあげ」るのだ。

そのことで黄は「同胞のためにひと働きしたような錯覚に陥っていた」が、「ポン引き」であることに変わりはないとあらためて気づく。さらに旅館の女中から、「あんたの家は廟のそばでしょ。あんた炎竜じいさんの長男ね」といわれてしまう。おまけに彼女の娘は黄が小学校の教師だった時の教え子だったのである。その黄が故郷へ日本人の「ポン引き」として帰還したことになるのだ。だから家に帰ることはできない。結局のところ、黄は泥酔の夜を送るしかなかった。おそらく日本人の「買春観光」とは重層的波紋を伴って、このように台湾の様々な領域へと影響を及ぼしていたにちがいない。最後の章の「日本のいちばん長い日」は「買春観光」と異なるので、言及を省略した。

なお旅行人編集室他編『台湾の温泉&スパ』(日経BB企画)に礁渓温泉が数ページにわたって掲載され、そのメインストリートのイメージは熱海を彷彿させる。そこに添えられた記事によれば、礁渓温泉は畑からお湯が湧き出したことがきっかけで、植民地時代に三軒の日本旅館が建てられ、それが始まりだったという。

また田村志津枝の『スクリーンの向うに見える台湾』(田畑書店)において、そのうちの一章が「『さよなら・再見』の製作現場」報告に当てられているが、一九八五年に完成したというその映画を残念ながら見る機会を得ていない。

106　「ニューシティ」高層マンション殺人事件
——宮部みゆき『理由』〔朝日新聞社、一九九八年〕

事件が発生したのは一九九六年六月二日のことで、強い雨が降る夜だった。それは高層マンションの一室で起きたのである。まずはその建物と開発、建設プロジェクトの全容を示そう。

普通なら、営団地下鉄日比谷線北千住駅のホームからも望むことができる、「ヴァンダール千住北ニューシティ」ウエストタワー地上二十五階建ての偉容も、この日は風雨にはばまれ、白い霞のなかに埋もれてしまっていた。より正確には、東西の高層タワー二棟と、それに挟まれた中層の一棟を含む「ヴァンダール千住北ニューシティ」全体が、土砂降りの雨の底に沈んでいたのである。従って、事件現場であるウエストタワー二十階の二〇二五号室を、もしもこのとき誰かが見上げていたとしても、そこには水煙以外の何物も見えなかったことだろう。

「ヴァンダール千住北ニューシティ」開発建物計画は、プロジェクトとしては、昭和六十年四月に立ち上がった。大手都市銀行とその系列不動産会社、ゼネコン、地域密着型の中規模建設会社が手を結ぶという形の共同事業である。

敷地買収したのはパーク建設というマンション建設業者としては新興勢力だが、この種の大型開発は実績があり、横浜郊外の老朽化した集合住宅をひとまわり大きいニュータウンへと生成し、成長企業とされていた。

この「ニューシティ」の敷地の大半はニッタイという合成染料製造会社のもので、その大煙突は長きにわたって町の目印だったが、地元住民との関係は絶えざる騒動の歴史でもあった。それは高度成長期以後の荒川上流における住宅開発にまつわる住居専用地域と準工業地域の複雑な混住がもたらした騒音、異臭、排水処理、交通事故といった問題が火種となっていた。それゆえに住民にしてみれば、この大型マンション計画に反対するものはいなかった。モルタルの古い一戸建て、トタン屋根の店、疲れ果てた工場町から見れば、それがユートピアのように思われたからだ。

しかしこのプロジェクトの立ち上がりが一九八五年だったのは象徴的で、七〇年代前半に消費社会化した日本は、

この時代にバブルを伴う高度資本主義消費社会へと移行しようとしていた。そのバブルの象徴となったのは土地で、例えば、下川耿史家庭総合研究会編『増補版昭和・平成家庭史年表1926−2000』（河出書房新社）を確認してみると、八六年には都心の土地の値上がりがすさまじく、とりわけ千代田、中央、港区の都心三区は前年よりも50％も上がるという「狂乱地価」の時代だったとわかる。それとは逆に高度成長期の工業社会の後退を告げるように、ニッセイの業績は悪化していて、敷地を売却し、撤退するしかないところまできていた。それが「ニューシティ」プロジェクトの背後にある発端事情だった。

　そして一九八八年に建築着工の運びとなり、地上二十五階建ての東西両タワーにはそれぞれ三百世帯、中央の中層棟には十五階建てで、管理棟も含み、百八十五世帯、総戸数七百八十五戸が入居できる「ニューシティ」分譲計画も発表されるに至った。これを受け、一般分譲は八八年から八九年までの五期にわたって行なわれ、すべて期間中に完売となり、入居開始はそれぞれの販売時期の半年から一年後に設定されていた。この時期に関して、宮部は『理由』の物語のよってきたるべきところを提示せんとして、次のような説明を注意深く挿入している。

　それはつまり平成二年、バブル崩壊の年だ。ヴァンダール千住北ニューシティという「町」は、バブル経済と共に誕生を約束され、その崩壊と共に産声をあげたことになる。

　しかし、虚ろに膨らみきった経済がはじけることで過酷な影響を受けたのは、この新たな「町」の場合に限っては、「町」をつくったパーク建設の側ではなかった。今まさに「町」へ住み移ろうとする、新しい「住人」たちの側であったのだ。

　それはウエストタワー二〇二五号室の「荒川の一家四人殺し」として記憶される大量殺人事件となって表出したのだった。マンションの一階のツツジの植え込みの間に、上

階から転落した若い男の死体が発見された。その転落した部屋を探求していくと、それが二〇二五号室で、三人の男女が殺されているのが見つかった。ウエストタワーの管理人によれば、その二〇二五号室は住人が変わりやすい「縁起の悪い部屋」だった。ただそれは二〇二五号室だけでなく、このマンションに共通するもので、全分譲戸の入居が完了した九〇年から九六年の間に、入居戸数の35％の世帯が入れ替わり、しかもそのうちの18％は複数の世帯の代替わりであり、永住型分譲マンションとしては異例だといっていい。その事実は「虚ろに膨らみきった経済がはじけることで過酷な影響を受けた」「新しい『住人』たち」の厳しくなっていった住宅ローン状況、投資環境の悪化、マンション資産のデフレ化を物語っている。これが「ニューシティ」の経済実態だったことになる。

それを具体的にトレースすれば、二〇二五号室の場合、最初のオーナーは一億七百二十万円で買い、これは転売目的であったために、バブル崩壊により八千百二十万円で売却した。二割以上の大損だったが、これは売り抜けたほうである。この買い手は資産家の跡継ぎの若い新婚夫婦だったけれど、入居半年後に離婚し、部屋は若い妻の物になったが、彼女は一年ほど住んだだけで、一九九二年に七千二百五十万円で売却し、出ていった。

また付け加えておけば、二〇二五号室は4LDKで、専有面積は一〇一・二四平方メートル、玄関から奥まで廊下が走り、その突き当たりに十五畳のリビングダイニングがある。そして廊下をはさんで右側に台所とふたつの洋室、左側に洗面所と風呂場、和室と洋室のひとつずつが並んでいるという間取りである。

この三番目の買い手にして入居者となったのは小糸という四十代の夫婦と小学生の男の子供からなる一家であった。それならば、リビングとベランダで殺されていたのは小糸夫妻だったのだろうか。年齢的には合うけれど、同じく和室で殺されていた老女、及びその部屋から転落したと見なせる若い男は誰なのか。それがアリアドネの糸のようにたどられ、『理由』のもうひとつのテーマといえる「家族」の問題を浮かび上がらせていく。

しかし住居であると同時に高額な商品に他ならないマンションから形成される「ニューシティ」をめぐる事件は、警察や刑事の側だけでなく、その住民や管理人も含めた周辺の多様な視線と証言を通じて解明されていくのである。それが『理由』を貫いている物語文法と見なせるし、実際に宮部もまたイントロダクションに当たる3章の冒頭に、次のような一文を置いている。

磁石が砂鉄を集めるように、「事件」は多くの人びとを吸い寄せる。爆心地にいる被害者と加害者を除く、周囲の人びとすべて――それぞれの家族、友人知人、近隣の住人、学校や会社などの同僚、さらには目撃者、警察から聞き込みを受けた人びと、事件現場に出入りしていた集金人、新聞配達、出前持ち――数え上げれば、ひとつの事件にいかに大勢の人びとが関わっているか、今さらのように驚かされるほどだ。

そのようにして「周囲の人びとすべて」といっていいほどの「大勢の人びと」が召喚され、『理由』という物語が形成されていく。それはバフチンが『ドストエフスキイ論』（新谷敬三郎訳、冬樹社）で論証している「ポリフォニー小説」を想起させる。「ポリフォニー」とは「それぞれに独立して溶け合うことのない声と意識たち」が重みのある対位法を駆使して展開されるもので、それがドストエフスキイの小説の基本的性格とされる。それにまたドストエフスキイも日本のミステリー成立に大きな影響を与えた『罪と罰』（米川正夫訳）や『悪霊』（江川卓訳、いずれも新潮文庫）などのクライムノベルの作者だったのだ。バフチンは「多くの性格や運命がひとりの作家の意識に照らされて展開するのではなくて、それらの世界と等価値の多くの意識たちが、その個性を保持しつつ、連続する事件を貫いて結び合わされる」と述べているが、これは『理由』にも当てはまるし、ふさわしい言葉のようにも思える。

その一方で、荒川北警察署には「荒川区内マンション一家四人殺し」特別捜査部が設置され、本格的な捜査が始まった。またマンション管理に携わるパーク建設は、今回の事件が売り出し中の相模原の超高級マンションのイメージダウンをもたらすのではないかと神経質になっていた。コミュニティ意識の希薄さ、隣で事件が起きても気づかないし、無関心なままであるという超高層マンションの居住空間の不適切性の問題がクローズアップされてくるからだ。

そうした状況の中で、隣室の住民の証言から二〇二五号室は中年の夫婦らしき男女、夫婦の母親らしい高齢の女性、やはり夫婦の妹のような女性、これも夫婦の息子と思しき二十歳と中学生ぐらいの二人の男、及びもう一人の中年男性という七人の大家族だったようだと判明する。しかもそのうちの中年夫婦、高齢の女性、若い男は遺体で発見された四人と重なる。またこれらの七人のメンバーが見かけられた時期にばらつきがあり、中年男性と身なりの派手な三十歳代の女性と中学生は九六年の春先前、後の四人は春先後であり、前者が小糸一家、後者が遺体で発見された人たちで、二〇二五号室において、この二家族が何らかの事情で春先を境にして入れ替わっていたことになる。

そして捜査が進むにつれ、小糸一家は住宅ローンが払えなくなり、二〇二五号室は銀行に差し押さえられ、競売を申し立てられていた事実に突き当たる。このことから推測すると、三月頃から二〇二五号室に住み着いていたのは、所謂「占有屋」ではないかと目された。それはほぼ事実で、小糸のローン支払いが長期にわたってストップしたことにより、住宅金融公庫が差し押さえ、競売処置がとられ、小糸一家は「逃げる家族」として、家具などもそのままで夜逃げ同然に二〇二五号室を立ち退いたのである。それは競売入札が終わり、「買受人」が決まる頃だったが、小糸は二〇二五号室を取り戻す手段として、不動産会社の早川社長の手引きで、四人の「占有屋」を住まわせることに同意していた。これは古典的にして典型的な不動産競売の執行妨害の手口だった。

そのような物件、まさに「縁起の悪い部屋」に他ならない二〇二五号室を落札した「買受人」は不動産業者ではなく、一市民の石田だった。彼は地方出身者で、浦安の賃貸マンションに住んでいたが、元はニッタイの社員であり、その跡地に建つ「ニューシティ」のマンションを買うことに執着し、裁判所の競売物件のことを知り、「買受人」となったのである。だが事件後、石田は失踪していた。


それでは「占有屋」の四人は何者だったのか。早川によれば、夫の砂川は元タクシー運転手で、妻と長男、それに老母を抱え、アパートから追い立てにあっていた。それで砂川とその家族は二〇二五号室へと移り住むことになったのだ。しかし「写真のない家族」とされる砂川一家は、まさに「疑似家族」とでも呼べるものだった。砂川は十五年前に母、妻、息子をおいて行方不明となり、妻も十年前に家出し、息子も同様で、老婆もまた浜松の有料老人ホームからの失踪者だったのであり、それぞれは砂川が捨てた母、妻、息子の名前で呼ばれ、「疑似家族」の生活を営んできたことになる。

ユートピアのような高層マンションで「現代家族」を営むことをめざし、「逃げる家族」や「写真のない家族」＝「占有屋」、それに地方出身者の「買受人」が一堂に会することによって事件が起き、さらにそれに「片倉ハウス」や「宝食堂」といった工場町の「近代家族」も巻きこまれていったのである。砂川が行方不明になった後、ずっと義母と暮らしてきた妻の砂川里子は、四人殺しが起きたのもあのマンションゆえだったのではないかとモノローグのように語るのだ。ここにもこの『理由』のテーマのひとつがこめられているように思えるので、それを引用し、閉じることにしよう。

お義母さんみたいな嫁が――いえ、女がそういうふうに苦しまなくちゃならなかった時代は、ほんとちょっと前のことなんですよ。今は何もなかったように口をぬぐって、あたしたちに日本人みーんなきれいな顔してますけどね。

　あたしねえ、あの目もくらむような高いマンションの窓をね、下からこう、見上げて、思ったんですよ。このなかに住んでる人たちって、そりゃあお金持ちで、洒落《しゃれ》てて、教養もあって、昔の日本人の感覚からしたら考えられないような生活をしているんだろうなって。だけど、それはもしかしたらまやかしかもしれない。もちろん、現実にそういう映画のような人生をおくる日本人もいるんだろうし、それはそれでだんだん本当の本物になっていくんでしょう。だけど、日本ていう国全体がそこまでたどり着くまでのあいだには、まだまだ長い間、薄皮一枚はいだ下に昔の生活感が残ってるっていうような、危なっかしいお芝居を続けていくんじゃないですかね。核家族なんて言ってるけど、あたしのまわりの狭い世間のなかには、本当の核家族なんか一軒だってありゃしません。みんな、歳とってきた親を引き取って同居したり、親の面倒をみに通ったり、子供が結婚して孫ができりゃ、今度は自分たちが自分たちの親のように早晩邪魔者扱いされるようになることに怯《おび》えたりしてるんです。そりゃもう、いじましい話が山ほどありますよ。

107 「一戸建ての思想」
――庄野潤三『夕べの雲』（講談社、一九六五年）

前回の宮部みゆき『理由』のテーマのひとつは高層マンションに住む家族のイメージの変容であり、この作品は二一世紀を迎えようとしていた時代における家族レポートの色彩に包まれてもいた。また実際に二一世紀に入り、都市における住居の高層化はさらに進み、風景をも変容させ、それは地方にも及び、当初の違和感も見慣れるにつけ希薄化し、高層マンションのある風景は日常的なものへ転位していった。

だが高層に住むということ、その広範な日常化も『理由』にも示されているように、一九八〇年代以後の体験だと見なせよう。それならば、七〇年代以前において、高いところに住むことはどのような意味を付与されていたのだろうか。どこかで住むことについてのイメージの転換が起きていたのだ。そのことを確認するために、時代を半世紀ほど前に戻してみる。

一九六五年に刊行された庄野潤三の『夕べの雲』はそのことに関する問いから始まっている。

何しろ新しい彼等の家は丘の頂上にあるので、見晴らしもいいかわり、風当りも相当なものであった。三百六十度そっくり見渡すことが出来るということは、東西南北、どっちの方角から風が吹いて来ても、まともに彼等の家に当るわけで隠れ場所というものがなかった。

前からこのあたりに住んでいる農家をみれば、どういう場所が人間が住むのにいいか、ひと目で分る。丘のいちばん上にいるような家はどこを探してもない。往還から引っ込んだところに丘や藪を背にして、いかにも風当りの心配なんかなさそうな、おだやかな様子で、彼等の藁葺の屋根が見える。

農家の人たちがそういう場所を選んで住んでいるということは、この人たちの先祖がみなそうして来たことを物語っている。多分、それは人間が本能的に持っていた知恵なのであろう。丘の上がいいか、ふもとがいいかということで迷ったりする者はなかったのだろう。

この『夕べの雲』の主人公兼語り手である大浦の家の立地に関する述懐は新しい土地に移り、家を建てた者の実感

がこめられている。確かに丘の上は見晴らしがいいけれど、吹きさらしで「隠れ場所」がない。先住する農家は丘や藪を背にしたふもとの風当りの心配のないところに住んでいる。そういう場所を選んでいるのは先祖代々からの知恵で、「それは人間が本能的に持っていた知恵」なのである。

大浦がこうしたことを考えるようになったのは、多摩丘陵の丘の上にこの家を建て、家族五人が引越してきて少し経ってからで、「古代人が持っていた知恵を持ち合わせていないこと」に気づいたのである。ちなみに庄野潤三一家も同じ家族構成で、六一年に東京の練馬区から川崎市生田に転居していることからすれば、『夕べの雲』の物語が庄野一家の日常生活を範としているように、この大浦の述懐も庄野自身の感慨と見なすこともできよう。

それはともかく、大浦は丘の上に家を建てた自分が「古代人以下ということ」に気づく。だがここに引越してきたのはキャンプをするためではなく、ずっと住むつもりだったからだし、「人間というものはなるべくならひとところに住みついて」、「何十年もそこに暮らしているのがよいのだ」。そうして長く暮らしていると、目には見えないが、「木のひげ根」が下り、住みやすい環境を用意してくれる。家の引越しはこれらの前の「木のひげ根」から断ち切られることを意味しているし、早く新しい「木のひげ根」を下すことを考えねばならない。「木のひげ根」という言葉に思わず「リゾーム」なるタームを想起してしまうが、庄野とドゥルーズ／ガタリの組み合わせはまったくふさわしくないので、ふれるだけにとどめておく。

そのような思いの中で、大浦は家を守るための「風よけの木」を植えようとする。それは昔ながらの所謂防風林、屋敷林のイメージが念頭にあったからだと思われる。ある日、関西の兄から新居祝いとして、ブッシュとつるばらの苗がそれぞれ五種類送られてきた。そしてそれらに加え、庭には植木屋から買った椿、柿、紅葉、山から運んできた萩、さらに家の周りには「風よけの木」として十二本の椎の木、三本のヒマラヤ杉が植えられ、「木のひげ根」が出るのを待つばかりになった。五年もすれば、これらの木も頼もしい姿になっているのかもしれない。ただそれまで台風に耐えられるかどうかはわからないのだが。

これらの大浦の「風よけの木」などの植樹に表出しているのは、未来へと向かう生活を守るために、古代から「人間が本能的に持っていた知恵」の活用や援用である。またそのことによって、過去、現在、未来が静かにつながり、家族の平和や団欒が保たれるのだと告げているようにも思われる。そのような生活の中で、大浦の五人の家族は丘陵の周辺の人々とその暮らし、季節と自然、景観と遊びなどに馴染んでいき、まさに生活の「ひげ根」も出そうに見えた。

それらの中で最も印象的なものを挙げれば、子供たちによる道の命名である。大浦や子供たちが山や学校から帰ってくるのは「森林の道」、車が通るのは「下の道」、最初に歩いたのは「まん中の道」、マムシに似たヘビを見つけたの「マムシの道」、その他にも「中学の道」とか「S字の道」などがあり、住み慣れてくるに従って、それまで気がついていなかった通り路が発見され、家族が歩く道が増えていったことになる。山の自然や動物もそれらの道に姿を現わし、「森林の道」では狸らしい動物に出会い、「マムシの道」ではコジュケイや山鳩を多く見かけ、「まん中の道」と「S字の道」のつながっているところには一休みするので「椅子の木」と呼んでいる櫟があり、その下は山で最も多く甲虫を取ることができる場所だった。

しかしそのような大浦一家と山や自然との蜜月は、二年目に夏を迎える頃に終わろうとしていた。「赤と白のだんだら模様の椿と測量の機材と木の枝を払うためのなたを持った青年がこの山へ上がってきた日から始まった。大きな団地が建つことになったのである」。それは大浦一家がここに移ってくる以前に決まっていたことで、団地がすべて完成した時には大浦の家、及びその裏の小松林とそれに続く崖の斜面の雑木林だけが残されることがわかっていたのである。ただその工事がいつ始まるのかはずっとはっきりしていなかった。それがついに始まったのだ。


大浦の家族がこのように彼等のいる丘と親しんだのは、二年半ほどの間であった。(測量の人たちが度々やって来るようになってから、木を伐り始めるまでにも一年近くかかった)

その間、彼等はいつも、

「まだ大丈夫、まだ大丈夫」

と思いながら、名残りを惜んだ。

日の暮れかかる頃に杉林のある谷間で安雄と正次郎の声が聞こえて来る。「もう夕御飯なにいつまで遊んでる気だ」と腹を立てながら、大浦は二人を呼びに行く。そんな時、彼はつい立ち止まって、景色に見入った。

「ここにこんな谷間があって、日の暮れかかる頃にいつまでも子供たちが帰らないで、声ばかり聞こえて来たことを、先でどんな風に思い出すだろうか」

するとと、彼の眼の前で暗くなりかけてゆく谷間がいったい現実のものなのか、もうこの世には無いものを思い出そうとした時に彼の心に浮かぶ幻の景色なのか、分らなくなるのであった。

そこにひびいている子供の声も、幻の声かも知れなかった。

ここに『夕べの雲』のコアが表出しているように思われる。静かに営まれている大浦一家の平和な日常生活も、「まだ大丈夫、まだ大丈夫」という危うい均衡の上に成立したものであり、それが永遠に続くものではなく、いずれ「幻の景色」と化してしまうのではないかという諦念が読みとれるからだ。それは妻や子供たちばかりか、丘の上の家も谷間の景色も同様であるのだ。だからこそ、それらを「現実のもの」として支えるために、「風よけの木」や「木のひげ根」が必要となる。そのために大浦は「風よけの木」を植え、「木のひげ根」が出ることを願っていたのである。

実際に杉林は伐り倒され、山は削られ、マムシすらも居る場所を失い、「マムシの道」ではなく、「下の道」で死んでいたりするようになった。マムシにしてみれば、団地建設のための山の開発によって、大浦の「風よけの木」と「木のひげ根」に当たる「隠れ場所」を失い、車の通る「下の道」に彷徨い出て、車にひかれ死んでしまったことになろう。そうしたマムシの死を象徴のようにして、団地が誕生してきたといえよう。

また『夕べの雲』に示された大浦の姿勢に関して、江藤淳は『成熟と喪失』の中で、「治者」の観念を見ているが、それは一九六〇年代における、いわば「一戸建ての思想」だったようにも思われる。住む場所に対して、「人間が本能的に持っていた知恵」を失い、丘の上に家を建ててしまったけれど、「風よけの木」と「木のひげ根」にこだわることで、その家と家族の日常生活を支え、守ろうとする姿勢を強固に保ち続ける。それが『夕べの雲』の物語を貫く意志となっている。これを「一戸建ての思想」と呼ぶのである。

だがこれが一九八〇年代以後になると、このような「一戸建ての思想」は後退し、家は建てるものではなく、買うものとなり、それは必然的に家からマンションへと移行し、高いところに住むことが日常化していった。かつては「風よけの木」や「木のひげ根」が必要とされたのに、それはもはや見ることもできない。前回言及した宮部みゆきの『理由』はそれらを象徴的に物語っているようであり、庄野の『夕べの雲』とコントラストをなしているように思われる。

さらに付け加えておけば、『夕べの雲』は須賀敦子によってイタリア語訳されている。

108 住宅の生産と商品化と家を買うこと
――ピエール・ブルデュー『住宅市場の社会経済学』〔藤原書店、二〇〇六年〕と矢崎葉子『それでも家を買いました』〔太田出版、一九九〇年〕

一九六〇年代半ばに書かれた庄野潤三の『夕べの雲』には明らかに「一戸建ての思想」が見てとれた。だが八〇年代から九〇年代を背景とする宮部みゆきの『理由』になると、家を建てるという一戸建ての時代は後退し、マンションを買うというハビトゥスが時代のトレンドと化したことを表出させていた。しかもそれは住むだけでなく、投資目的までも含めるものへと移行し、バブルの時代を象徴させていた。

しかし家を建てるにしても、マンションを買うにしても、個人の判断と経済的動向に基づくものではあるけれど、その時代の社会の在り方と切り離すわけにはいかない。戦前が借家の時代で、持ち家の時代でなかったことは、西川祐子の『借家と持ち家の文学史』(三省堂)などでも明らかであるが、戦後はそれが逆転し、持ち家の社会を形成するに至った。一九八八年の住宅統計調査データを引けば、持ち家61・4%、借家37・2%（公営借家5・3%、公団・公社借家2・2%、民営借家25・7%、社宅4・1%、不詳1・4%）となっている。

このような戦後の日本社会の持ち家比率の高さ、及び家

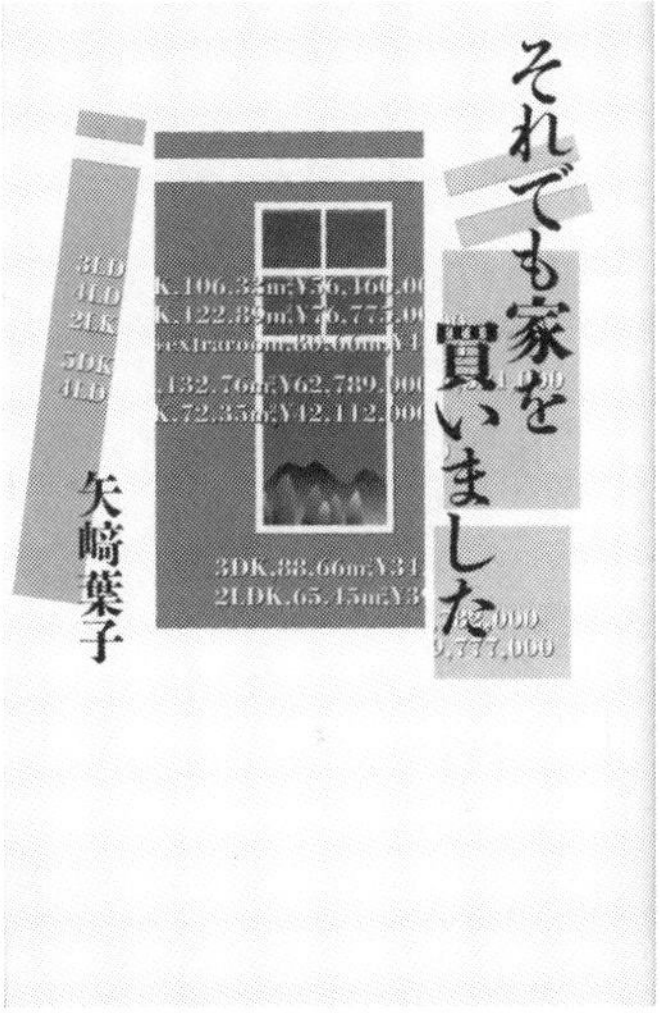

を建てることから家を買うということへの移行は、七〇年代以降の消費社会の到来と日本特有のマイホーム幻想によって支えられてきたと考えられる。それらはピエール・ブルデューがいうところのハビトゥス、すなわち集団的、かつ個人的な歴史の産物として、ある階級や集団に特有な知覚や行動をもたらす規範システムと見なすこともできよう。

そのブルデューは一戸建て住宅の生産と商品化の問題を論じた『住宅市場の社会経済学』（山田鋭夫、渡辺純子訳、藤原書店）の中で、次のように述べている。

住居に関する経済的選択——購入か賃貸か、購入するとしたら中古か新築か、新築の場合、伝統的タイプの家か工業生産された家かなど——は、一方では行為者の嗜好など（社会的に構築された）経済的性向と行為者が投入できる財力に依存し、他方では住宅の供給状態に依存する。（……）この二項といえば、「住宅政策」によって作り出された経済的、社会的諸条件の総体に多少なりとも直接的に依存しているのである。実際、住居に関する嗜好を具体化させるあれこれの方法を助長しようとするあらゆる形態の規則や財政的支援、たとえばローン・控除・優遇金利融資といった住宅メーカーや個人に対する援助を通じて、国家——および国家を介して自らの考え

を押しつけることのできる者たち――は、さまざまな社会階層の住宅面での財政的――および情緒的――な投資を直接・間接に方向づけることによって、きわめて強力に住居の市場状態を生み出すことに貢献している。

ブルデュー社会学の特有のタームで、先のハビトゥスを補完する「行為者」や「性向」が使われ、住宅の「供給状態」や「市場状態」への言及がなされている。これをシンプルに要約してみれば、フランスにおいて個々人の住宅購入はその経済的状況と「供給状態」によるとされるが、国家の「住宅政策」がもたらす法律や規制、銀行のローン、建築会社や住宅メーカーへの財政的支援に大きく依存するもので、一戸建て住宅市場は国家が決定的役割を果たしているということになる。これは新古典派理論に基づき、新自由主義を支える現在の経済学に対する批判を形成し、それゆえに原タイトルは邦訳と異なり、Les Structures sociales de l'économie＝『経済学の社会的構造』となっているのである。

それはともかく、ブルデューの指摘で興味深いのは一九六〇年代後半から七〇年代前半にかけて、銀行の住宅建築ローンが促進され、一戸建て住宅の資金提供がなされ、住宅メーカーの成長につながっていったという事実である。それらを反映してか、同書に収録された八四年の国立統計経済研究所調査の「一戸建て住民所有者の取得方法」は、ローンが64・4％、同じく「一戸建ての建て方」は住宅メーカーのカタログとデベロッパーによるものが、それぞれ37・1％と13・2％と、建売住宅が50％を超えている。八〇年代にあって、フランスでも家はもはや建てるものではなく、ローンを組んで買うものとなったことを教えてくれる。またパリ地域圏においては住宅取得に伴い、郊外へと移動した事実も指摘されている。

それらに加え、フランスそのものが一九七二年頃に消費社会化していたことを記しておかなければならない。ボードリヤールの『消費社会の神話と構造』（今村仁司、塚原史訳、紀伊國屋書店）のフランスでの刊行は七〇年であるから、まさにその転換期を表象していたことになる。先述したように、ちょうど同時代に日本の消費社会化も起きていて、それは七三年のオイルショックによる工業社会や高度成長期の終焉とパラレルに姿を現わし始めていた。

『〈郊外〉の誕生と死』でも既述しておいたが、高度成長という「大きな物語」が終った後に出現した消費社会は、個人の「小さな物語」を結集することで、「大きな物語」を育成しようとした。その最たるものがマイホーム幻想であった。それえを支えたのはブルデューがいうように、フランスと同じく国家の「住宅政策」に寄り添った住宅市場と供給状態であり、その状況を具体的に挙げるならば、まずは戦後の都市化と人口増加を背景とする住宅産業の成熟を挙げることができよう。

それは一九六〇年代後半に住宅生産の工業化が本格化し、銀行、商社、不動産、製造業などがグループを形成し、土地の供給から建設施工、住宅部品や設備の製造に至るまで、住宅に関連する領域において、大量供給システムを可能とする産業として成長していたことを意味している。さらに同時に進行していたのがインフレに伴う地価の上昇、田中角栄の唱える「日本列島改造論」、住宅ローン専門の住宅金融会社の相次ぐ設立、新たな都市計画法によって制定された市街化区域と市街化調整区域の仕分けなどだった。そうして土地神話も成立する。これらの状況を背景として、マイホームは建てるものではなく、買うものとなり、その場所は年代を追うように郊外化していったのである。フランスと日本の消費社会化がほぼ同時であったばかりでなく、「住宅市場の社会経済学」としてのマイホームの軌跡も同様だったように思える。

先の拙著に示した一九七〇年代前半のマイホーム関連の出来事を抽出してみる。日本住宅公団の供給住宅五十万戸突破、住宅金融公庫のマンション購入者への融資の開始、東京・三田綱町に日本初の超高層十九階建てマンション上棟、東京・晴海で初の住宅産業展「東京国際リビングショウ」開催、各ハウスメーカーがプレハブ住宅発売、多摩ニュータウン第一次入居開始、サラリーマンの住宅ローン返済中が七五年は14・2%だったが、八六年には31・1%、これらは住むことの郊外化、ローン化、高層化、建売住宅に象徴される家を買うことの日常化を告げている。こうした住むことの変容のかたわらで、ファストフードやコンビニだけでなく、多くのロードサイドビジネスが誕生していたことはいうまでもないだろう。

そうして八〇年代を迎え、ファストフードやコンビニやロードサイドビジネスが成長したように、地下の上昇は続き、郊外はさらに都市の外側へとスプロール化していった。その一九八六年から八九年にかけての「マイホーム獲得作戦」を「ロールプレイング・ノンフィクション」として描いた、矢崎葉子の『それでも家を買いました』が九〇年に刊行されている。これは「首都圏に端を発した昭和61年（1986年）から64年（1989年）にかけての、あの空前の地価高騰」、つまりバブルの時代に「家を買う」ことをめざした社宅住まいの二十代の若い夫婦の物語＝「ロールプレイング・ノンフィクション」である。またそれにふさわしく、見学物件所在地図と神奈川県近郊路線図が冒頭に置かれている。しかも物件ごとに住所と間取りと価格が掲載され、バブルの時代におけるマイホームと土地の神話を物語っているように思われる。それらの地区、価格、間取り、販売戸数をリストアップしてみる。

①サン・ステージ緑園都市（西の街）第1期第1次／2900万円台、3LDK、90戸
②モア・ステージ海老名第3期／3200万円台、3LDK＋サンテラス、53戸
③南えびな杉久保サンパルク650B街区第2次／1900万円台、3LDK、108戸
④横浜小机パークスクエア第1期／3860万円、3LDK、121戸
⑤座間入谷ハイツ第3期／3240万円、3LDK、149戸
⑥新横浜コーポラス／3200万円、3LDK
西谷Rコーポラス／3200万円、3LDK
天王町マンション／3190万円、3LDK
⑦コスモ西谷／3100万円台、3LDK、77戸
⑧セザール希望ヶ丘／3200万円台、3LDK、68戸
⑨ロビーシティ相模大野5番街第4次／3490万円、3LDK、100戸
⑩セザールさがみ野／2170万円、3DK、39戸
⑪リバテイタウン伊勢原第2期／3120万円、3LDK、132戸
⑫ヴェラハイツ小机／3600万円台、3LDK、17戸
⑬南えびな杉久保サンパルク650C街区第2次／3250万円、4LDK、68戸
⑭横浜・中山フォレストヒルズ三保第1期／3700万円台、3LDK、102戸
⑮クレオ小机壱番館／3770万円、3LDK、35戸
⑯エンゼルハイム鶴ヶ峰第3／3360万円、3LDK、49戸
⑰秦野南が丘第3期第2次／3750万円、プレハブ造2階建て
⑱クレオかしわ台壱番館／3800万円台、3LDK、40戸
⑲かしわ台駅徒歩5分・築4年・一戸建て／3100万円、3LDK
⑳さがみ野さくら第3次／3130万円、3LDK、67戸
㉑海老名周辺新築一戸建て／3300万円、3DK
同中古一戸建て／3200万円、3280万円、3680万円、いずれも木造2階

㉒リジェンヌ京町川崎／３６６０万円、３ＬＤＫ、２３２戸
㉓クラルテかしわ台第1期／３８８０万円、３ＬＤＫ、１３５戸
㉔津久井湖近辺新築一戸建て／３３００万円、４ＬＤＫ
㉕フォレストヒルズ三保第2期／３５００万円、３ＬＤＫ、２４７戸
㉖コスモ横浜小机／４４７０万円、３ＬＤＫ、24戸
㉗厚木ニューシティ、森の里セントラルビューハイツ／３６２０万円、３ＬＤＫ、１１９戸
㉘城山町４ＬＤＫ建築フリープラン付き宅地／敷地面積35坪、３７８０万円

①のサン・ステージ緑園都市はこの他に三ヵ所も見学しているのだが、地区の重複もあるので、それらは省略した。なお⑥の三件はいずれも中古住宅。だからこれらを含めて実際に山村夫婦が見学したのは三八ヵ所に及び、しかもそれらのほとんどがマンションであることを考えると、八〇年代後半から都市のマイホームの主流が高層の大型マンションに移っていることに気づかされる。しかもそれらは「記録的な地価高騰」と「3ケタの倍率」ゆえに、申し込んでも抽選で外れてしまうのだ。『それでも家を買いました』には一九八七年の首都圏分譲マンション平均価格３５７９万円が、八八年には４７５3万円になったと記されている。

最終的に山村夫婦は㉘の一戸建てフリープランを選択することになるけれど、新築見積書は最初の提示価格を上回る４０００万円近い数字となり、25年ローンと往復四時間以上かかる通勤の重圧によって、もはや「一戸建ての思想」は確立できない。それは「家を買うこと」だけに集中してきたからでもある。だがこの『それでも家を買いました』は九〇年に刊行されたこともあって、家族の一員とでもいえる「地価高騰の亡霊」を直撃する土地バブルの崩壊までは描かれていない。矢崎は「おわりに」で、「大きな事件は何も起こらない。非行に走る娘も家を顧みない夫も思秋期に入った妻もここには登場しない」と述べているが、この物語の続編として、宮部みゆきの『理由』が書かれたように思われてならない。

109 コンビニのフランチャイズシステム批判
――藤原伊織『名残り火』〔文藝春秋、二〇〇七年〕

前々回の庄野潤三の『夕べの雲』には出てこないけれど、その丘の上の家ではもう一人の子供が生まれていて、それは三男にあたる庄野音比古である。そうとばかり思っていたが、庄野潤三の年譜にその名前は見えないので、庄野の甥かもしれない。それはともかく彼は長じて文藝春秋に入り、今世紀を迎え、同社の文芸書の奥付発行者として名前を連ねることになる。その一冊が藤原伊織の遺作『名残り火』として刊行されている。

藤原のこの作品はミステリーであると同時に、コンビニのフランチャイズシステムに対する批判を物語のコアとして組み立てられ、現在の高度資本主義消費社会への異議申し立ての色彩をも備えている。それはまた彼の早かりし晩年の、社会システム批判に通じる関心の在り処を伝えているのではないだろうか。フランチャイズシステムとはこれも同様に既述した庄野潤三の「一戸建ての思想」の対極に位置するもので、それを批判する『名残り火』が、その一族であろう音比古の名前で出版されたことはまったく偶然のように思われない。

また出版社にとって、雑誌販売インフラとしてのコンビニを批判することはタブーに近い。特に取次のトーハンにとっては、セブン-イレブンが重要な取引先である。しかもその経営者鈴木敏文が自社出身でもあり、役員に擁していることから、後に撤回したものの、〇八年にセブン-イレブン批判本の古川琢也+週刊金曜日取材班『セブン-イレブンの正体』（金曜日）の仕入れを拒否する事態をも招来させている。それゆえにコンビニ批判は『選択』や『FACTA』といった取次を経由しない直販誌だけがふみこんで報道できる事柄と化しているといっても過言ではない。

このような出版社とコンビニの関係を考えれば、フィクションであるにしても、その批判をテーマとするミステリーを書くことや出版することはそれなりの覚悟が必要だったはずだ。『名残り火』が『別冊文芸春秋』に連載されたのは二〇〇二年から〇五年にかけてだが、コンビニはさらに成長し、現在ではコンビニの数は書店の三倍に及ぶ五万店を超え、上位七社の売上高は九兆円を突破し、百貨店やスーパーをしのぐ業態に躍進しているからだ。だがそこに問題はないのか、それが『名残り火』のテーマとして言及され、事件の背景を形成することになる。なお『名残り火』はサブタイトルに「てのひらの闇Ⅱ」とあるが、これは主人公や登場人物たちを同じくする『てのひらの闇』（文藝春秋、一九九九年）の続編のかたちをとっているからだ。

さて前置きが長くなってしまったが、『名残り火』のストーリーを紹介することから始めよう。主人公の企業コンサルティングやコンセプトワークなどに携わる堀江は、以前に勤めていた飲料会社の上司だった柿島の死を知らされる。柿島は敬愛すべき理想家肌の優秀な人物で、その飲料会社の若き取締役経営部長の位置にあったが、流通業界有数の企業集団メイマートグループの執行役員兼ＦＣ（フランチャイズ・チェーン）事業の本部長に転身し、流通業界でも話題になった再就職だった。それはグループ内では母体の量販店メイマートと肩を並べる以上に成長し、別法人として東証一部に単独上場しているコンビニのアルスを統括する役職であったからだ。ただ堀江は彼からそれらについての詳しい事情を聞いていなかった。その柿島が四谷で集団暴行を受け、意識不明の重体に陥り、死亡したのである。

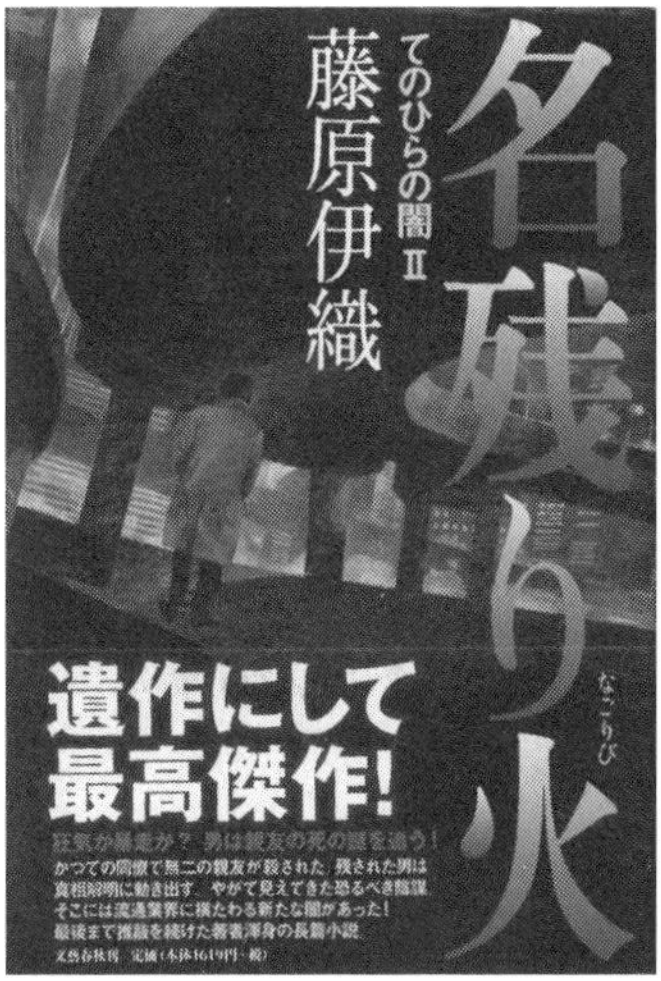

堀江は取引先の社長から、柿島が流通業界のカリスマのひとりであるメイマートの高柳会長からの直々の懇請により、コンビニの流通システムの変革をめざし、その申し出を受けたことを知らされる。それは巨大流通産業として成熟したコンビニが抱えている病巣の問題へとつながっていく。かつての飲料会社の営業や宣伝経験、及びコンサルティングの経験をふまえ、堀江はそれをモノローグのように語り始める。

（……）フランチャイズ（ＦＣ）システムそのものの持つ問題がここにきて、さまざまなかたちをとり、矛盾を露呈させはじめた点が大きい。いいかえれば、一見きわめて合理的にみえる契約システムが綻びはじめている。これは結果として、とくにフランチャイジー、つまり個々のコンビニオーナーが劣悪な環境におかれている現

状に集約されるといっていい。この内部事情が一般にも知られはじめたのは、九〇年代半ばから頻発しはじめた集団訴訟によってである。大手チェーンに加盟したオーナーたち――その多くは、かつての小規模酒販店などの店主や脱サラした元サラリーマンだ――がFC本部を提訴しはじめたのだった。

こういった訴訟は、加盟を勧誘したリクルート時の本部の過大な売上見込み提示、約束されたノウハウやサービスがFC本部から提供されないといった契約不履行、さらに加盟店の不満を抑圧しようとする本部の横暴な行動が直接の訴因となっている。だがそもそも、FC本部と加盟店の交わす契約内容自体が当初から不平等をはらんでいるのだ。FC本部とチェーン加盟店相互の共存共栄を謳っているものの、FC本部はいっさいのリスクを追っていないからである。

たとえば、あるチェーン加盟店が赤字続きでもオープンアカウントの原則で本部に毎日の売上金が送金されるため、本部サイドは契約上のロイヤリティを百パーセント確保できる一方、諸経費を差し引いた赤字分はそっくりそのままその店の負債となって残る。負債だけが脹らんでいくこんな状態が継続し、加盟店が見切りをつけ廃業しようとしても、その場合は膨大な違約金が発生する。したがって加盟店は廃業さえ困難な状況におかれ、毎日赤字営業を――結論の先送りにすぎないのだが――つづけざるをえない。そしていよいよ切羽詰まり、最終的に支払い不可能な事態となった際、今度は連帯保証人に請求がいく。

つまるところ、FCシステムはコンビニオーナーだけがリスクを負う構造を持ち、順調に営業をつづける店舗のロイヤリティはもちろん、加盟店の新たな出店、廃業、いずれかあったとしてもFC本部は利益を確保できるという前提が契約の骨格となっている。

ここに述べられているようなフランチャイズシステムの問題は、多くのコンビニに関するビジネス書、あるいは『名残り火』の翌年に刊行された鷲巣力『公共空間としてのコンビニ』（朝日新聞出版）などにおいては言及されていない。だがコンビニの「公共空間」もまたこのようなフランチャイズシステムをベースにして展開され、成長してきた事実を忘れるべきではない。そしてこのフランチャイズシステムこそが郊外消費社会の隆盛を担ったもので、まさに手を携えていたといっていい。

藤原が『名残り火』を書くにあたって参照したと思われる近藤忠孝・小山潤一『現代コンビニ商法』（かもがわ出

版）において、コンビニ契約の内容を範として、多種多様なフランチャイズシステム手法が編み出されてきたことが指摘されている。出版業界に関連していえば、ブックオフもCCC＝TSUTAYAもフランチャイズシステムを導入することによって全国各地に増殖していったのである。

T・S・ディッキーの『フランチャイジング』（河野昭三、小嶌正稔訳、まほろば書房）によれば、フランチャイズシステムは二〇世紀後半のアメリカにおいて、顕著で重要な勢力となり、今や五十万店以上を数えるフランチャイズ店舗はアメリカ中に広がり、その売上高もアメリカ小売総額の三分の一を占めるに至り、さらに増大していくと予想されている。このフランチャイズシステムには「プロダクト・フランチャイジング」と「ビジネスフォーマット・フランチャイジング」というふたつの形態がある。前者は自動車販売における特約店方式、後者はパッケージだけでなく、小売店の店舗それ自体を製品化するものであり、それを具体的に挙げれば、ハンバーガーというよりもハンバーガー店をフランチャイズ化することをさしている。そしてフランチャイザーがハンバーガー店を販売したほうが大きな利益を獲得できると気づいた時、フランチャイズ産業が誕生したといえよう。

そのようなアメリカのフランチャイズ産業の発展につれてコンビニも誕生したのであり、それは必然的に「サービスや非耐久財の販売を成功させるためには、消費者の購入する製品の中に小売店舗の外観と消費者の享受するサービスが含まれるゆえに、親会社との密接な連携が一般的に必要」とされる。しかしアメリカで誕生したフランチャイズシステムもコンビニも日本に導入されるに際して、モデルチェンジが施されたようなのだ。

堀江の説明は本来のフランチャイズシステムが機能しておらず、「FCシステムはコンビニオーナーだけがリスクを負う構造」となっていることを告げている。そのためにオーバーストア現象が起き、生存率20％と噂されるチェーンも出てくる。それはオーナーが替わらないで、そこそこの利益を得て営業している店の割合を意味している。そればかりでなく、契約にあるオーナーの労働時間の長い拘束、店が閉められないので親の葬式にも出られないといった事情に加えて、一番の元凶はロイヤリティ問題、つまり高すぎる本部への上納金ということになる。それらのことから、それぞれのチェーン加盟店オーナーが横につながるFC加盟店連絡会議が結成され、堀江はそれを支援したいと業界紙に書いていたのだ。そしてその堀江のエッセイに対し、FC本部と流通業界は反発したが、メーカーはひそかに溜飲をさげ、柿島も喝采を送ったひとりだったのである。

柿島はアルスのFC本部の統括者の立場にあったにもかかわらず、フランチャイズシステムの現行の契約内容には問題が多すぎると認識していたからだ。だがメイマートの高柳会長はFC加盟店連絡会議による訴訟問題の頻発に対し、現システムの共存共栄の理念は万全で、訴訟は単に運用上の問題から生じた行き違いにすぎないとの発言をしていたので、高柳と柿島の意見は必然的に衝突せざるを得なかっただろうし、それが原因で柿島はメイマートを退職することになったのではないだろうかと堀江は推測する。それが最近になって、浪人生活を送っているはずの柿島が、FC加盟店連絡会議に出席していたことも目撃されていた。

これらのコンビニとフランチャイズシステム問題に加えて、柿島の妻で、外資系証券会社の副社長を務める奈穂子の海外留学と個人史、二人の結婚に至る経緯が交錯し、『名残り火』は柿島の死の真相の解明へと進んでいく。それゆえに『名残り火』はミステリーに他ならないのだが、その一方でここまでコンビニとそのフランチャイズシステムにこだわり、また言及した小説はそれ以後もまだ出現していないように思われる。

110 「マクドナルドの鉄の檻」――ジョージ・リッツア『マクドナルド化する社会』〔早稲田大学出版部、一九九九年〕

リッツアの『マクドナルド化する社会』（正岡寛治監訳）はアメリカで初版が一九九三年、改訂新版が九六年に刊行され、後者に基づく邦訳版は九九年に出されている。原タイトルは The McDonaldization of Society で、直訳すれば、『社会のマクドナルド化』となる。また原著は二〇〇四年に New Century Edition 改訂版の刊行もあり、ここではこの改訂版を参照している。なおこちらも〇八年に『マクドナルド化した社会』（正岡訳、早稲田大学出版部）として邦訳された。

前回コンビニにおけるフランチャイズシステムに言及したが、リッツアも「マクドナルド化」のコアの装置に他ならないフランチャイズシステム展開に焦点を当てている。さらにエリック・シュローサーも『ファストフードが世界を食いつくす』（楡井浩一訳、草思社）の中で、マクドナルドに象徴されるファストフード産業の基本思想が、今日の小売業のオペレーションシステムとなり、それが中小事業者を駆逐し、地域性を一掃し、全国に同じ店舗を増殖させ、「アメリカ人の生活のほぼすべての側面がフランチャイズ化」されてしまった事実を指摘している。シュローサーの

この著作も明らかにリッツアの『マクドナルド化する社会』の影響下に書かれ、それはアメリカだけにとどまらないファストフード産業とグローバリゼーション市場の問題へともつながっていく。

　これらの問題は日本も同様であり、『〈郊外〉の誕生と死』で詳述したように、一九八〇年代の郊外消費社会の隆盛はロードサイドビジネスの成長によって支えられ、そのロードサイドビジネスの背景にあるのはまさに「マクドナルド化」とフランチャイズシステムだった。すなわちロードサイドビジネス、「マクドナルド化」、フランチャイズシステムは三位一体のパラダイムを形成し、郊外消費社会を造型するに至ったのである。今回はその「マクドナルド化」についてトレースしてみる。

　ただ念のために補足しておけば、リッツアの論じている「マクドナルド化」とは、マクドナルド店やファストフード企業そのものをさすのではなく、次のような事態を意味している。「ファストフード店の原理がアメリカ社会と同様に他の世界でも諸分野にますます支配的になりつつあるプロセス」なのだ。そしてその「マクドナルド化」の影響は飲食業界のみならず、教育、労働、刑法システム、ヘルスケア、旅行、レジャー、ダイエット、政治、家族、宗教などの社会のすべての領域にまで及んでいる。それゆえに

「マクドナルド化」はその世界にあって、泰然自若に見える制度や地域の中にも速やかに拡がっていったように、まったくもって防ぎようのないプロセスとも見なされている。

リッツアは「マクドナルド化」の先駆として、形式合理性をめざす近代官僚制、近代的社会工学ともいえるホロコースト、テイラーによって生み出された労働者を支配するための技術体系である科学的管理法、フォードの発明によるロボットのような労働者を伴う工場の組立てライン、レヴィットタウンに象徴される住宅建設、モール化するアメリカを代表するショッピングセンターを挙げている。それらの原理を継承、吸収してマクドナルドは出現し、ファストフード産業へと発展し、さらに社会の全領域に「マクドナルド化」を伝播させていったのである。

マクドナルドの誕生についてはは『マクドナルド化する社会』にもラフスケッチされているが、ジョン・F・ラブの『マクドナルド』(徳岡孝夫訳、ダイヤモンド社)のほうがリッツアのいうところの「マクドナルド帝国の創始者レイ・クロック」を物語の経糸にすえているので、こちらも参照してみる。一九三七年にディックとマックのマクドナルド兄弟はカリフォルニア州パサディナに小さなドライブイン兼ハンバーガー店を創業した。それが始まりで、四〇年にはロサンゼルスの労働者の新興住宅地サンバーナディーノのマクドナルド・ドライブインへと発展する。小さな店だったが、建物自体が八角形で、調理場が見えるというレストランの常識を破る設計だったことに加え、一二五台の駐車場も備えていたことから、四〇年代半ばにはティーンエージャーのたまり場となって繁盛し、兄弟はひと財産を築いた。

しかし問題となっていたのは競争相手の出現、コストの高い労働力、従業員の激しい転職だった。そこで兄弟はハンバーガーのクイックな提供、ロウプライス、マスセールをめざし、セルフサービスを導入することで、労働者の家族連れといった新たな幅広い客層を開拓した。さらにフォードの自動車の組み立てラインを範とし、ハンバーガー調理技術を流れ作業へと変えた。新たな料理器具とマニュアル化した生産方式の導入による技術革新がもたらされたのだ。「マクドナルド兄弟は、ハンバーガー店をまるで小さなアセンブリー工場のように変えてしまった。生産技術を洗練していくと、ユニークなレストランの型が出来上がった」のである。それはセルフサービス、ペーパーサービス、スピードサービスをコアとするファストフード産業の萌芽でもあった。だが兄弟は同じ店を増やすフランチャイズ化には熱心ではなく、まして全国チェーンへと成長させる目論見は抱いていなかった。

そこに登場したのが飲食店設備のセールスマンであるレイ・クロックで、それは一九五四年夏のことだった。彼は全国的にマクドナルドをフランチャイズする独占権契約を兄弟に提案して締結し、翌年フランチャイズ販売会社マクドナルド・システムを設立した。この会社はフランチャイズパートナーシップという哲学に基づき、フランチャイザーとフランチャイジーの双方の成功を目的とするもので、従来のフランチャイズとは異なり、当時としては革命的思想だったとされている。かくしてマクドナルド兄弟のハンバーガー店コンセプトと調理における技術革新に、クロックのパートナーシップに基づくフランチャイズ商法が接ぎ木された。

そして一九六一年にクロックはマクドナルド兄弟会社を買収し、マクドナルド帝国の実質的創始者の位置についた。さらに六五年には株式上場に至り、八〇年代には世界最大の外食産業へと成長した。九三年には世界中で一万四千店を展開し、売上高は二三六億ドルを計上するに至った。

それでもリッツアは冷静に書き留めている。ニューセンチュリー版によって私訳してみる。

クロックはマクドナルド兄弟社の特産品と技術を借用し、それに（フードサービスやその他の）別のフランチャイズシステム、官僚制、科学的管理法、自動車の組み立てライン原理を結びつけたのである。クロックの特異な本能は、これらの周知のすべてのアイデアや技術をファストフード産業に応用したこと、それに加え、フランチャイズ化によって、それをナショナルビジネスからインターナショナルなビジネスへと展開させていこうとする野心にも表われていた。それゆえにマクドナルドとマクドナルド化は新しい事態というよりも、むしろ二〇世紀を通じて見出されてきた一連の合理化のプロセスの行きついたところを表象している。

それらのマクドナルドと「マクドナルド化」について、リッツアは次の五つのタームを挙げ、実際にそのコンテンツにも言及しているので、次に示してみる。斜線上がターム、その下がコンテンツの要約である。

①効率性（Efficiency）／これは製品の単純化、多様なプロセスの簡略化、従業員よりも先に客を働かせることを意味する。具体的にいえば、次のようなことをさす。ハンバーガーはフォークやナイフを必要としないフィンガーフードであり、メニュー選択肢の限定。メニュー限定調理ゆえに可能な作業工程の簡略化。客を働かせると

いうことはセルフサービスによる駐車スペースと客度数の削減、同じく包み紙、発砲スチロール、プラスチックなどの持ち帰りから生じるゴミ処理コストの削減。

②計算可能性（Calculability）／これは定量化を意識し、重視することである。定量化は決まった時間で仕事を行ない、決まった重さや大きさの製品をつくるために、人間によらない技術体系を生み出すことになる。それによってもたらされるのは、製品の質よりも量を重視すること、量への幻想を与えること、生産プロセスの簡略化による薄利多売システムの三つである。

③予測可能性（Predictability）／これはどこでも同じ設備、予測可能な従業員の行動、やはり同様な商品として表われ、規律、システム化、ルーティン化を伴う。経営者やオーナーにしてみれば、従業員と客の双方を管理することに結びつき、また必需品や材料の必要量、人件費、売上、収益などを予測することに役立つ。それは店舗のコピー、マニュアルどおりの接客もその一環とされる。

④制御（Control）／これは人間の技能から人間によらない技術体系への置き換えによる制御の強化を意味する。「マクドナルド化」におけるシェフやコックの不在、及び特別な注文をしたりする客の不在は、製品と生産工程の双方の制御にもつながっていく。従業員はロボットのように働き、コンピュータシステムは管理職の判断や決定をも奪うことになるかもしれない。また客の一種のベルトコンベアシステムの中に入って動かされ、ひとつの食事すらも制御された規範の中で管理される。

⑤合理性の非合理性（The Irrationality of Rationality）／①から④は「マクドナルド化」の合理性に基づくシステムと呼べるものだが、これが必然的に非合理性を生み出していく。それは「マクドナルド化」がもたらす多くの否定的要因や結果を浮かび上がらせることになる。いってみれば、合理性システムとはその内部で働く者、もしくは客、あるいはサービスを受ける側の人間性、つまり人間の理性を否定する理不尽なファクターに満ちているからだ。

ここでは簡略なトレースを試みただけであるが、リッツアがこれらの五つの事項を挙げ、マクドナルドを通じて社会へと拡がり、「マクドナルド化」し、生活の全領域に浸透していった事実に肉迫していることを読み取ってもらえたであろうか。

とりわけリッツアがこだわり、問題としているのは、「マクドナルド化」の果てに招来された⑤の「合理性の非合理性」のことで、彼はそれをマックス・ウェーバーにならって、「マクドナルド化の鉄の檻」と呼んでいる。よく知られているように、ウェーバーは近代西洋文明の特質として「合理性」を見出し、それによって「非合理性」が乗り越えられていくことを指摘した。それは呪術が合理的信仰、迷信や民間伝承が経験科学、職人の手工業的生産様式が機械による合理的技術などに変わっていくプロセスだが、それらが社会の生産力の上昇、秩序の安定、生活の向上といった影響をもたらす一方で、貧富の差の拡大、新しいかたちの人間の隷属化、組織の官僚制化が起き、その支配下の中で、個々の自由は次第に奪われていく。

その結果として、官僚制下における管理社会の進行、抽象的な規制や画一的な手続きの拡散、労働のルーティン化とロボット的労働が蔓延していくのである。これをウェーバーは人々を収監する「鉄の檻」とよび、A・ミッツマンはその伝記タイトルに『鉄の檻』（安藤英治訳、創文社）を付している。そしてリッツアは「マクドナルド化」していくグローバリゼーション状況の中に、ウェーバーのいう「鉄の檻」を見ているし、またその管理社会のイメージを恐怖に関して、オーウェルの『一九八四年』（新庄哲夫訳、ハヤカワ文庫）、ハックスリーの『すばらしい新世界』（松村達雄訳、講談社文庫）、ブラッドベリの『華氏451度』（宇野利泰訳、ハヤカワ文庫）などのSFを挙げている。

そしてこのような「マクドナルド化」の根底にあるのは物質的利害と経済的目標と野心のアマルガムで、それを目標や価値とするアメリカ文化なのだ。そのような社会の変化に同調して「マクドナルド化」も生まれてきた。ディズニーランドもショッピングモールも「マクドナルド化」したシステムによって稼働し、近年では生も死も「マクドナルド化」の波が打ち寄せている。この「マクドナルド化」に抗することはできるのか。

リッツアは自らが「マクドナルド化」を「鉄の檻」と呼んでいるにしても、多くの人たちがこの合理的世界を好み、切望し、その持続的成長を歓迎していて、それが「ビロードの檻」であり、また他の多くの人びとはその多くの側面を嫌っているが、その魅力的な部分にも気づき、それでいて逃げ出すこともできる「ゴムの檻」だと認識していることにも言及している。私がどの立場にあるのかはいうまでもないだろう。日本の八〇年代以後の郊外消費社会の表層の繁栄の下にも、このような「マクドナルド化」が起きていたのであり、それが目に見えないかたちで、私たちを包囲し、息苦しくさせていたように思われてならない。そしてブラック企業などの問題も「マクドナルド化」と無縁ではないはずだ。

そのような「マクドナルド化」状況のアポリアをふまえ、リッツアはディラン・トマスの詩を引用することで、『マクドナルド化する社会』を閉じている。リッツアの引用はほぼ一行だが、ここではトマスの「あのやさしい夜のなかへと」（羽矢謙一訳、『世界名詩集大成10イギリス篇II』所収、平凡社）の最初の三行を示し、本稿を終えることにしよう。

あのやさしい夜のなかへと素直に入っていってはならぬ
老年は生涯の旅路の果てに燃え狂わねばならぬ
光の消えゆくことに逆って激怒せよ激怒せよ

---

111 戦後の藤田 田の軌跡

——藤田 田『ユダヤの商法』（KKベストセラーズ、一九七二年）と『日本マクドナルド20年のあゆみ』（同社、一九九一年）

まず藤田 田に関するささやかなポートレートを提出してみる。

彼は一九二六年に大阪に生れ、旧制松江高校を経て、戦後の四八年に東大法学部に入学する。在学中は授業料と生活費を得るためにGHQの通訳として働き、その一方で藤田商店を設立し、クリスチャン・ディオールのハンドバッグなどを輸入する貿易商の道を踏み出す。

そして一九七一年にアメリカのマクドナルド・コーポレーションと藤田商店のそれぞれ50％出資による外資との合弁会社日本マクドナルドを創業し、第一号店を銀座三越1Fにオープンする。十年後の八一年には総店舗数303、年商600億円に達し、翌年の八二年には700億円に至り、外食産業売上ベスト1に躍進する。そのポジションは八〇年代を通じて保たれ、九〇年には店舗数778、売上高1754億円に及び、九一年にはついに2000億円を突破している。ちなみに九〇年の来店客数は2億3千万人、ハンバーガー売上個数は4億個を超え、日本においてハンバーガーという「小さな物語」がファストフード産業という「大きな物語」へと一大成長した事実を示している。

そうした日本マクドナルドにおける藤田の辣腕と業績を讃えるかのように、八六年に原書が出されたジョン・F・ラブの『マクドナルド』（徳岡孝夫訳、ダイヤモンド社）は、その一章を「藤田 田の商法」に割き、藤田の成功に焦点を当てている。また九一年には社史として『日本マクドナルド20年のあゆみ』も上梓されている。この一冊はその誕生と20年の歴史、比類なき成長、店舗業態とQSC（品質・サービス・清潔）理念、社員とアルバイト（クルー）からなる従業員構成、会社組織と社員ライセンス制度、商品開発とマーケティング活動、ハンバーガー大学とトレーニングシステムなどについての日本マクドナルドの啓蒙的なレポートともなっている。

またこの社史には「藤田 田物語」も収録され、藤田の日本マクドナルドへと至る「物語」も読むことができるし、彼が外資と対等の50％出資による合弁会社を設立したことも、ネゴシエーターとしての深謀遠慮を伝えるものである。さらにそうした具体的な例としては、アメリカ側が郊外に第一号店の立地を求めたことに対し、藤田は話題性をもって迎えられる場所である東京の銀座を主張し、それを実現したこと、それからフランチャイズシステムを導入せず、「日本独自のマクドナルド」を志向したことが挙げられる。前者に関してはまだ郊外は消費市場として成熟しておらず、もし日本マクドナルドが第一号店を郊外からスタートさせていたら、その成長は異なり、紆余曲折を孕む展開となっていたであろう。

確かに『日本マクドナルド20年のあゆみ』に見られるマニュアル化などは、ジョージ・リッツアのいうところの「マクドナルド化」にちがいないのだが、日本の場合は少し異なっているのではないかという印象を与える。前回のリッツアの『マクドナルド化する社会』における「マクドナルド化」の五つのプロセスのうちの「制御」と「合理性の非合理性」に照らし合わせても、ロボットのように働かされる「制御」のニュアンスはあまり感じられないし、「合理性の非合理性」についても、「合理性」のコンセプトは伝わってくるけれど、その「非合理性」は見えるかたちで表出していない。同書の公的社史という立ち位置を割り引いて考えても、そのような印象はさほど変わらないと思う。

ただこれは私だけの印象ではなく、今世紀に入っての丸山哲央の「マクドナルド化と日本社会の『文化システム』」(G・リッツア、丸山哲央編著『マクドナルド化と日本』所収、ミネルヴァ書房、二〇〇三年)も同様に指摘している。そこで丸山は藤田が「合理性」も実践したが、カリスマ的指導力によって組織運営を行ない、独自の社員教育、管理システムを開発し、社員の会社への帰属意識を高めたと述べている。それは『日本マクドナルド20年のあゆみ』にも示されている社員だけでなく、その配偶者への福利厚生を始めとする様々な配慮、「フランチャイズシステム」というより「暖簾わけ」に相当する社員ライセンス制度による独立などを通じての会社共同体のような色彩で、これらがアメリカと異なる「日本独自のマクドナルド」の骨格といえる。

そのような日本マクドナルドの操業に携わるかたわらで、一九七二年に藤田は日本マクドナルドのプロパガンダ本と見なしていい『ユダヤの商法』を出版し、ハンバーガーと同様にベストセラーならしめている。手元にあるのは八九年の２６３版だから、まさに二十年近くに及ぶロングセラーといっていい。同書は藤田の言によれば、「銀座のユダヤ人」と呼ばれる自分が、「あえて『ユダヤ商法』という名のもとに、金儲けのコツの公開に踏み切った」もので、「この本には、金儲けのノウハウが、ギッシリつまっている」のだ。

かつて私は「現代の立身出世本」(『文庫、新書の海を泳ぐ』所収、編書房)という一文を書き、明治初期における最大のベストセラーであるサミュエル・スマイルズの中村正直訳『西国立志編』(講談社学術文庫)や福沢諭吉の『学問のすすめ』(岩波文庫)が、当時の青年たちに立身出世主義の方向づけを与えたと述べておいた。その文脈で考えれば、『ユダヤの商法』は消費社会を迎えつつあった時代のとば口に出されたことで、第三次産業における「金儲けのノウハウ」の修得のみならず、ファストフードも含めた外食産業をめざす人々、さらに事業家たらんとする若者たちにも、バイブルのようにして読まれたのかもしれない。

これは藤田も『勝てば官軍』（同前）などでふれているが、実際にその愛読者の一人だった少年が九州から上京し、藤田を訪ねて面会を熱望した。少年はこれからアメリカにいくけれど、何を勉強したらいいのかと助言を求めてきたのだ。そこで藤田はこれからはコンピュータを勉強すべきだとアドバイスし、少年は七五年にアメリカに向かった。その少年こそは後のソフトバンクの孫正義であった。

このエピソードこそは藤田が時代を明確にキャッチしていたこと、つまり消費社会の進化は必然的にコンピュータの発達を伴うことを予測していたことを物語るもので、それを踏まえているからこそ「ユダヤ商法」の公理としての「女と口」に関連するビジネスにまったくふれず、ダイレクトにコンピュータと助言したのだ。この藤田の発言は『ユダヤの商法』にあって、ステレオタイプ化しているユダヤ人の金儲け商法や藤田の露悪的言説の表皮をめくってみるべきことを示唆している。ただ問題なのは後者に関しては半ば当たってしまうという現象も生じているのだが。私も『〈郊外〉の誕生と死』に引用しておいたが、『ユダヤの商法』の中に日本マクドナルドを始めた理由として、「日本人が肉とパンとポテトのハンバーガーを、これから先、千年ほど食べ続けるならば、日本人も、色白の金髪人間になるはずだ。私は、ハンバーガーで日本人を金髪に改造するのだ」という藤田の一節が見える。

これは七〇年代初期にあって、同書ならではのユダヤ商法を彩る脚色的言説にすぎなかったはずだが、それから二十年経ったばかりの九〇年代を迎えると、それが半ば達成されてしまったかのようなモードが出現するに至ってしまう。だが考えてみれば、その「金髪人間」化ばかりでなく、八〇年代におけるアメリカを出自とするファストフード、ファミレス、コンビニなどを始めとするロードサイドビジネスによる日本の郊外消費社会の隆盛、及びそれらによってもたらされた風景の占領、また東京ディズニーランドの開園もパラレルに起きていたことになる。そうしたアメリカ化を藤田はメタファーとしての「金髪人間」化にこめて語っていたのかもしれない。

この藤田の言説と眼差しは、どこに起源を持つのかが問われなければならない。私見によれば、戦後の消費社会の造型を推進したのは元マルキストたちで、彼らが流通革命を担ったと考えられる。藤田もその一人と見なせるし、同時代の東大日共細胞メンバー、もしくはシンパは後のセゾンの堤清二、読売新聞の渡辺恒雄、日本テレビの氏家齊一郎、流通革命のイデオローグとしてのペガサスクラブの渥美俊一、西友の高岡季昭だったはずだ。それは六〇年代を迎え、『流通革命』（中公新書）を著わすことになる林周二、同じく『日本の流通革命』（日本能率協会）を刊行する田島義博も同様だったかもしれないし、その流通革命の系譜のダイエーは中内㓛の『わが安売り哲学』（日経新聞社）にも及んでいったように思える。

そうした戦後の社会のGHQの占領下状況と左翼の時代の中にあって、藤田は占領軍の通訳としてアメリカの実態にふれることで、左翼から転向するに至ったのではないだろうか。それは藤田商店を設立したことに象徴され、ソ連や中国から欧米、いうなれば共産主義国家に見切りをつけ、すでに消費社会を誕生させていたアメリカ、それをめざそうとする英仏へと重心を移行させたのである。それは必然的に日本もまたそのような消費社会へと変容していかざるを得ない敗戦と占領の宿命を幻視していたようにも思われる。

それらに加えて、藤田の田という名前は口に十字架を意味し、敬虔なクリスチャンの母によって命名されている。

また藤田の人脈はかなり錯綜していて、太宰治との交流もあり、最後に彼と飲んでいたのは藤田だったという。三島由紀夫の『青の時代』（新潮文庫）や高木彬光の『白昼の死角』（角川文庫）のモデルにもなった金融会社「光クラブ」の山崎晃嗣とも友人で、しかもそのスポンサーだったとも伝えられている。まさに混沌とした人脈と時代状況をくぐり抜け、藤田は官僚にもならず、大手企業にも入らず、徒手空拳のようなかたちで藤田商店をスタートさせる。

そしてハンバーガーをファストフード産業へと成長させる一方で、「日本独自のマクドナルド化」をめざし、これは過褒になってしまうかもしれないが、その経営者としての姿はロバート・オウエンなどを彷彿とさせる。そのことや藤田のクリスチャンという出自、太宰との関係から考えると、藤田は転向したわけではなく、政治ではなくビジネスを選択することによって、よりよき消費社会の造型に向かったといえるのかもしれない。しかもそれが日本のユダヤならぬ「ユダ」を意味することも承知の上で。キリストがそうだったように、左翼も裏切ることによって聖化されるのだ。

それゆえに太宰の「駆け込み訴え」（『富嶽百景・走れメロス他八篇』所収、岩波文庫）の最後の一節をかみしめる時があったにちがいない。それを引用して、本稿を終えることにしよう。

金。世の中は金だけだ。銀三十、なんとすばらしい。いただきましょう。私は、けちな商人です、ほしくてならぬ。はい、ありがとう存じます。はい、はい、申しおくれました。私の名は商人のユダ。へっへ。イスカリオテのユダ。

112 インダストリアル・エンジニアリングとチェーンオペレーション
——安土敏『小説スーパーマーケット』〔日本経済新聞社、一九八一年〕とテーラー『科学的管理法』〔産業能率短期大学出版部、一九六九年〕

続けて言及してきたリッツアの『マクドナルド化する社会』の中で、「マクドナルド化」の先駆としてテーラーの科学的管理法やベルトコンベアによる大量生産のフォードシステムなどが挙げられていた。ここでは前者の科学的管理法を取り上げてみる。

これは『〈郊外〉の誕生と死』でもふれているが、テーラーの科学的管理法に関して新たに認識したのは、安土敏の『小説スーパーマーケット』（講談社文庫）においてだった。著者の安土はサミットストアの現役の経営者荒井伸也で、商社からスーパーに転出した経験を十全に投影させ、『小説スーパーマーケット』へと昇華させている。この小説は一九八一年に『小説流通産業』（日経新聞社）として刊行されたが、八四年の文庫化に際し、先のタイトルに改題されているので、それに従うことにする。

『小説スーパーマーケット』の主人公である香嶋は大銀行

のエリート社員から地方都市のスーパーの石栄ストアへと転職する。銀行は自分がいてもいなくても変わらないだろうが、スーパーは未来に可能性があり、香嶋を求めている企業だったからだ。しかし当然のことながら、彼の妻はその転職に反対し、次のようにいう。「あなたは、流通革命だとかこれからの産業だとかおっしゃいますが、世間はそうは思っていません。所詮、肉屋・魚屋・八百屋のなれの果てではありませんか」。

この時代設定は一九六九年とされ、これは安土＝荒井の住友商事からサミットストアの転出時期とも重なっているが、同年にはダイエーの中内㓛の『わが安売り哲学』（日経新聞社）が出された年だということにも留意すべきだろう。なぜならば、この小説は中内の著作に対するアンチ・テーゼとして書かれてもいるからである。それは八七年刊行の『日本スーパーマーケット原論』（ぱるす出版）で確認されることになる。

これらのことはともかく、『小説スーパーマーケット』に戻ると、香嶋は転職してスーパーの現状と経営実態を理解するようになり、生鮮食品研究会を立ち上げ、日本一の生鮮食品売場を作り出してみたいと思うようになった。そのために「IE的なものの考え方」を導入すべきだと思いついた。いうなれば、小売業の近代化とも称すべきもので、次のように続いている。

IEは、インダストリアル・エンジニアリングの略で、テーラー（アメリカの技術者。科学的管理法の創始者）の科学的管理法の流れを汲む経営管理思想ならびに技法の総称のことである。生産や作業の設計や改良に、工学的分析方法、数学、自然科学、実証的な社会科学などの専門知識を応用していこうというものだ。生産会社においては、IEは、ごく当り前の考え方として定着し、実効を挙げている。だが、小売業では、まだその段階に至っていない。

香嶋は範とするスーパー万来が肉や魚に関して、職人依存の技術によっていることを目にし、店舗数が増えていけば、それが管理不能になることを予測する。職人の技術がいかに優れていても、それは管理の対象とはならないし、職人の御機嫌をうかがいつつ展開するスーパーチェーンは存在しない。

同じような問題が、佐野眞一のダイエーと中内㓛を描いた『カリスマ』（新潮文庫）にも書かれていて、それはダイエーの目玉ともいえる牛肉をめぐるものだった。昔気質の職人集団と食肉部門に配属された社員は対立し、マニュアルに基づき、職人でなくとも肉がさばける近代的オペレーションシステムが導入されたのは、やはり六〇年代後半になってからだったという。それは香嶋の語る次のようなプロセスをたどったと思われる。

チェーン化のためには、職人を追放する必要がある。職人を追放して、なお、職人の持っている技術を残すこと、それはIE的なものの考え方を適用することによって、はじめて可能になるはずだ。
　スーパー万来は、おそらく日本で最もすぐれた売り場を有するスーパーマーケットであろう。だがそれは、腕のいい職人の技術の上に成立している優越性である。この優越性は店舗の数が六店舗という現段階では、一応問題はないが、店舗数の増加にともなって、やがては消滅し去るであろう。だから、もしIE的な考え方を用いて、スーパー万来の高い技術水準を、客観的に標準化された技術体系としてとり入れることができれば、石栄ストアは、高い技術水準と多店舗運営（チェーンオペレーション）を両立させることのできる唯一のスーパーマーケットになる。つまり、日本一のスーパーマーケットチェーンになる。

すなわち『小説スーパーマーケット』は他に類を見ない、「日本一のスーパーマーケットになる」ことをめざそうとする物語として提出されているといっていい。そして先述した『日本スーパーマーケット原論』がこの物語の理論と解説編に当たるのである。

それゆえにここでは主として『小説スーパーマーケット』の記述に沿いながら、『日本スーパーマーケット原論』も援用し、「ＩＥ的なものの考え方」の構図を見てみる。

科学的管理法は二〇世紀初頭のアメリカで大量生産による近代産業を成立させたマネジメント思想であり、それが小売業の大量販売のチェーンに結びつく。つまりフォードの大量生産のベルトコンベアシステムがスーパーの大量販売のチェーンに相当することになる。そのコアは標準化、専門化、単純化、集中化にすえられ、中枢に本部を置き、標準化した店を多く生産することによってチェーン展開していくスーパーの原理へと反映される。そのチェーン化のためにまず実行されなければならないのが、「職人を追放する」ことなのだが、それでいて「職人の持っている技術を残すこと」も必要とされる。「職人」に代わるものが「ＩＥ的なものの考え方」であり、一九八〇年代の郊外消費社会におけるロードサイドビジネスの隆盛と増殖の背景には、それが作動していたことも理解される。

そのような動向は具体的にはマニュアル化、コンピュータ化、ＰＯＳシステム化などとして表出していたが、科学的管理法から始まり、フォードシステムに受け継がれ、インダストリアル・エンジニアリングへと発展していったマネジメント思想の系譜であり、それがメーカーから小売業へとも応用されていった歴史が浮かび上がってくる。リッツアのいう「マクドナルド化」もこの歴史の延長線上に成立したことは言を俟たないし、グローバリゼーション化もその色彩に覆われていると判断するしかない。

それならば、その始まりに他ならないテーラーの科学的管理法とは何なのか。拙著刊行時には『科学的管理法』を入手していなかったために誤解していて、その翻訳出版が一九六九年だと思いこんでいた。ところがその後ようやく読む機会を得て、すでにテーラーの著作は一九一三年（大正二年）に日本で出版され、次に三一年（昭和六年）に上野陽一によって日本版『テーラー全集』として刊行されていることを知った。それが戦後の五六年に『科学的管理法』と改題出版され、六九年に新たに同タイトルで刊行され、テーラーは「第二の産業革命」ともいわれる工場のマネジメント思想として、日本でも長きにわたって参照されてきたことをあらためて教えられた。

それに加えて、朝日新聞社編『現代日本朝日人物事典』によれば、訳者の上野陽一は産業界の「能率の父」とされ、東大心理科卒業後、一九二四年に日本産業能率研究所を総説し、アメリカからマネジメント思想と技術を導入し、産業界に紹介し、日本最初のマネジメント・コンサルタントになっている。戦後の五〇年に産業能率短大を設立し、それを長男の上野一郎が産能大へと発展させ、実業主義をモットーに科学的管理法から派生した様々な経済技法を産業界に広めたとされる。

ここに戦後の東大日共細胞のマルキストたちと異なり、戦前のアメリカ工業社会を凝視していた人物を知ることになる。そして戦後を迎え、この心理学者と第三次産業において流通革命をめざしていた元マルキストたちが合流する。前回田島義博の『日本の流通革命』が日本能率協会の出版物であることを記しておいたが、それは「テーラーの『科学的管理法』導入を起点とするわが国マネジメント史の五〇年目」に創刊された「マネジメント新書」の一冊で、戦前の一九四二年の同協会設立にも、「能率の父」上野洋一が関係していたにちがいない。そのような系譜を引き継ぎ、六九年に産業短大出版部から発行者を上野一郎として、上野洋一訳・編、テーラー著『科学的管理法』の新版の刊行に至ったのであろう。

これは「工場管理法」や「科学的管理法の原理」も収録したA5版六百ページ近くに及ぶ大冊であり、要約は難しい。そこでテーラーの経歴とその「科学的管理法」のアウトラインを紹介し、同書の中にある「科学的管理法の本質」の一節を引用することで、両者の簡略なプロフィルを提出してみたい。

テーラーは一八五六年にアメリカのフィラデルフィアに生まれ、十八歳の時にポンプ工場の労働者となり、それから製鋼所に移り、職長を経て、技師長に至った。その間に独学で工科大学卒業資格を得て、旋盤作業についての時間も含めた研究を行ない、独自の賃金制度を案出し、それが彼の管理法の始まりだった。その後彼は工場管理の研究を進め、顧問技師を職業とし、様々な会社の行程や労務管理の指導に携わるようになり、一九一〇年頃からその管理方式は科学的管理法、もしくはテーラーシステムとして広く知られるようになった。

この管理システムの特徴は工場での労働者の作業を分析し、動作と時間研究を行ない、そこから標準時間を算出し、それをもとにして一日の作業量を課業として与えること、そしてこの課業を遂行できるように作業条件を標準化し、それに応じて賃金制度を改革し、職長の系統組織を組み替えることにあるとされる。その「科学的管理法の本質」を『科学的管理法』から引いてみる。


すなわち古い知識を集め分析し、組わけし、分類して、法則規則として、もって科学を作りあげることである。それに行員および管理者側が相互に対し、また各自の義務と責任とに対し根本から精神的態度をかえることである。両者の間に新たに義務の分担をなし、旧式管理の考えかたのもとにおいてはできない程度に、両者は親密な友誼的協力をすることである。こういうことさえも多くの場合、だんだんに発達して科学的管理法の助けをかりなくては、実現することができなかったのである。

科学的管理法なるものはけっして単一の要素ではなく、この全体の結合をいうのである。これを要約していえば、

一、科学をめざし、目分量をやめる
二、協調を主とし、不和をやめる
三、協力を主とし、個人主義をやめる
四、最大の生産を目的とし、生産の制限をやめる
五、各人を発達せしめて最大の能率と繁栄を来たす

著者は繰り返して述べたい。「ある一人が周囲の人々の力をかりずに、個人的大事業をなす時代は速に過ぎ去りつつある。各自がみなその個性を保ち、かつその特殊の任務についいては最高権力者であり、同時に個人の工夫と独創とを失うことなくしてしかも多くの他人の統制をうけ、その人々と強調して働くような協力が行なわれるのでなければ大事業はできないという時代が来つつある。

そしてそれから半世紀を経て、この「科学的管理法」が「IE的ものの考え方」へと継承され、必然的にチェーン化を伴うスーパーへとも導入されていくプロセスを『小説スーパーマーケット』の中に見てきた。

確かにそれは企業への繁栄にはつながっていったにちがいないが、社会や家庭においてはどうなのであろうか。その功罪はここで問わないできたけれど、テーラーのいう「各人を発達せしめて最大の能率と繁栄を来たす」社会はまだ実現していないように思われる。

113　ロードサイドビジネスのオーダーリースシステム

――『大和ハウス工業の40年』〔同編集委員会、一九九五年〕

一九七〇年代前半にコンビニやファストフードは都市の内側において誕生し、その後半から郊外化していった。それらはストリートビジネスからロードサイドビジネスへと変容することで、八〇年代の郊外消費社会の隆盛に不可欠な装置となり、その機能システムとしてのフランチャイズ化、マクドナルド化、科学的管理法に起源を持つインダストリアルエンジニアリングなども他のロードサイドビジネスに継承され、広範に伝播していった。

これらについては本書で続けて言及してきたが、それらの他にもうひとつ共通するシステムが存在している。それは出店に際してのオーダーリース、もしくは借地借家方式と呼ばれる形態である。このシステムに関しては前回の『小説スーパーマーケット』の中でもふれられている。スーパーはチェーン店化を必然的にめざすことになるので、絶えざる新規出店を試みていかなければならない。ところが新規出店のためにその都度、土地を買収し、新店を建てていくことは、それらの投資を銀行からの借入金に依存するリスクが高いので、限度がある。むしろ新規出店の土地や建物に対して、大きな固定投資をするよりも、店舗数の増加に資金を投じるべきことが、スーパー業界でも自明になり始めていた。それは車社会化と郊外化の進行に伴い、スーパーもまたロードサイドビジネス化し、広い駐車場を確保する必要が生じてもいたからだ。

『小説スーパーマーケット』においても、その新規出店は「地主に土地を提供してもらい、その上に、当社が出した保証金で建物を建てさせてもらうという方法をとっている」と説明されている。これが先述したオーダーリース＝借地借家方式ということになる。このシステムの契約内容は、土地の広さと立地条件、出店側の資本力の大小、土地所有者が個人であるか法人であるかの問題、及び出店側との力関係、複数の出店希望があった場合の競合状況などによって、定型はなく、多くのバリエーションがあったと思われる。

『小説スーパーマーケット』の例を補足すれば、スーパー側が新規出店の建設費に当たる金額を保証金として、地主に供託し、それによってスーパーの要望どおりの新店を建ててもらうことを意味する。この場合、スーパーのメリットは、土地建物の公租公課が発生せず、家賃は経費計上できるので、自前の土地建物よりもコストもリスクも少ない。また土地所有者側にしてみれば、スーパーが建設費を保証金として供託してくれるために、金利とその変動を伴う銀行借入金に依存することがないし、建設供託金も家賃と相殺のかたちで返済するので、安定した家賃収入を得られるのである。

それゆえに建前上は双方にとっていいことずくめのように見えるが、多くのリスクが孕まれている。それはこの場合も例外ではなく、「転抵当」というタームが持ち出されている。このタームはスーパーが銀行から建設保証金を調達するために、地主の土地を抵当に入れてもらうことをさす。スーパーの業績が順調であれば、問題はないけれど、もし悪化して倒産でもした場合、家賃が入らなくなり、土地は銀行に差し押さえられてしまうことも生じるであろう。

こうした一例からわかるように、オーダーリースシステムにはその他にも建設費、適正賃料、投資と利回り、契約期間、中途解約に関するペナルティなどの多くの問題がつきまとい、一筋縄ではいかない仕組みになっている。ちなみに六〇年代に、先駆けてスーパーオーダーリースシステムを導入したのはイトーヨーカ堂であった。一方でダイエーは土地を買収し、自前の店を建てることを続けた。それも一説によると、出店用地の倍の面積を買い、出店するとその半分の土地も値上がりするので、それを売って新規出店コストをまかなったという。そうした地価は上昇するという土地神話、そこから生まれる含み益に支えられている時代はよかったけれど、九〇年代初頭のバブル崩壊の影響もあり、ダイエーはついにバニシングポイントにまで追いやられてしまったことになる。つまり、それがもちろんすべてではないが、新規出店におけるオーダーリースシステムの導入が、イトーヨーカ堂とダイエーの明暗を分けたともいえるのである。

それはさておき、そのような出店を重ねることで、スーパーは産業として六〇年代に急成長し、一九七二年にダイエーは売上高三千億円を達成し、百貨店の三越を抜き、小売業の一位となり、八〇年年代には小売業界最初の売上高一兆円を突破している。

やはり同時代に急成長していたのがプレハブ住宅メーカーで、それは自動車や家電に続いて、住宅産業と呼ばれ始めていた。鈴木一他著『住宅産業界』（教育社）などによれば、プレハブ住宅とはPrefabricated House のことで、工業化住宅、工場生産住宅とも呼ばれ、在来工法の木造住宅が現場で加工することに対し、工場で前もって生産された部材を用い、現場でこれを組み立て、建築する住宅をいう。

その始まりは一九五九年に大和ハウス工業が発売したミゼットハウス、同年に積水ハウスが開発生産したセキスイハウスA型であった。この二社に続いて、六〇年代に入り、永大産業、松下電工（後にナショナル住宅産業）、日本鋼管（後にエヌケーホーム）、三澤木材（ミサワホーム）もプレハブ住宅の生産販売に参入し、住宅産業が形成され始め、六〇年代後半に住宅金融公庫の融資対象となったことから、建築戸数が飛躍的に増加した。下川耿史家庭総合研究会編『増補昭和・平成家庭史年表1926－2000』（河出書房新社）は、五九年が「プレハブ時代到来」で、七三年には全新築住宅の70％に当たる22万4000戸がプレハブ住宅で占められるようになったと記している。もはや家は建てるものではなく、買うものになりつつあったのだ。

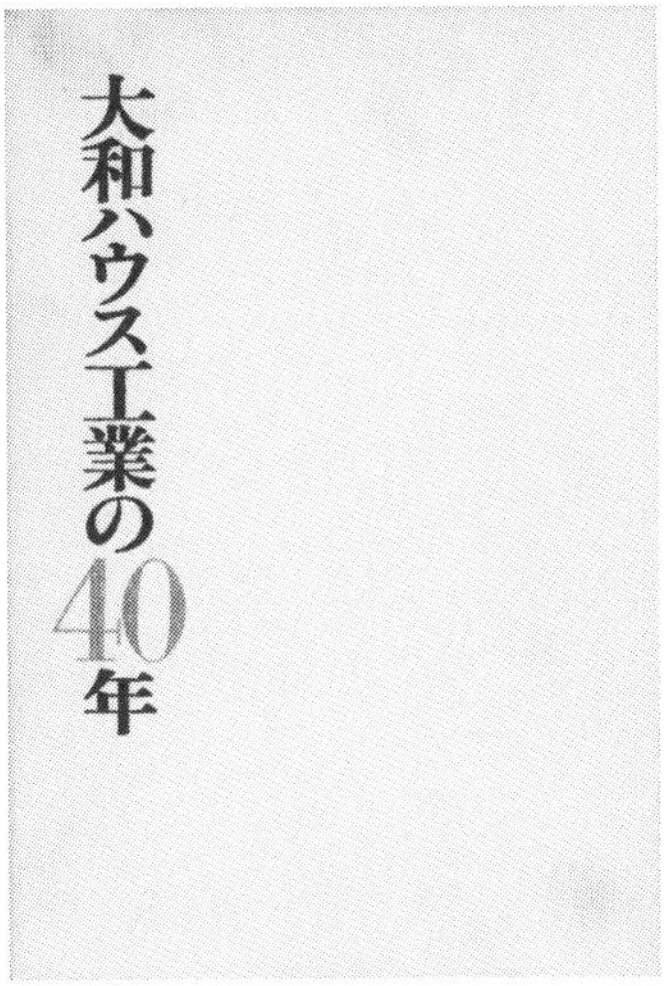

本書7のハルバースタムの『ザ・フィフティーズ』に、「家を大量生産した男」として、ビル・レヴィットのことが描かれている。彼は戦後のアメリカの四〇年代後半から五〇年代にかけて、フォードの大量生産方式を郊外住宅建設に持ちこみ、レヴィットタウンという一戸建て郊外住宅地を各地に出現させたのである。まさに日本の六〇年代において、プレハブ住宅メーカーはレヴィットのような役割を果たしたといえる。
それらの中でもダイワハウスは、戦後の創業から「建築の工業化」を唱え、パイプハウスやミゼットハウスから始めて、本格的で様々なプレハブ住宅ダイワハウスの生産に向かい、一方で大和団地やネオポリスの開発、リゾートやマンション事業も推進し、九六年には一兆円企業へと成長するに至る。そうして構築された全国各地の事業部と営業所、住宅や建築事業のグループ会社を背景にして、七七年に流通店舗事業部を発足させ、「土地オーナー（Land Owner）」と「テナント企業（Company）」を結びつける「ダイワハウスLOCシステム」をスタートさせる。これはダイワハウスが介在するオーダーリースシステムで、大和ハウスが「土地オーナー」と「テナント企業」を結びつけ、自らが新規出店の建設を担当するビジネスである。

こうした不動産プロジェクトは、信託銀行が都市のテナントビルなどに活用してきた土地信託システムに範が求められるといっていい。この銀行の信託システムの場合、基本的に「土地オーナー」は土地を銀行に信託し、その不動産プロジェクト収益を配当として受け取るものである。それゆえに銀行がその投資ファイナンスを担い、「テナント企業」も事前に用意し、建設はゼネコンなどに発注されていた。

「ダイワハウスLOCシステム」は建設会社が「テナント企業」を「土地オーナー」に紹介し、建築も担当し、土地と建物を一括してリースする仕組みであるから、いわば大和ハウスはオーダーリースシステムのプロデューサーの立場を務めることになる。しかもそれは信託銀行と異なり、融資は切り離されているのである。だが「土地オーナー」にしてみれば、「テナント企業」からの保証金だけで建設費のすべてを充たすことはできないので、やはりそれなりの銀行借入金が必要であり、テナント中途解約リスクが生じてしまう。そこで大和ハウスの子会社が「土地オーナー」と「テナント企業」の間に入り、その土地と建物を一括借り上げ、転貸借するという「転貸LOC」というサブリースシステムも導入されるに至っている。

そのような新たな土地をめぐる事業が可能になったのは、そうした業務を担ってきた信託銀行などが都市の不動産プロジェクトには通じていたものの、急速に浮上してきた郊外と新たな企業といえるロードサイドビジネス市場に対して、まだアプローチしていなかったことに尽きると思われる。

『大和ハウス工業の40年』の中にそれに相当する記述を見つけることができる。その部分を引用してみる。

流通店舗事業が活発になった昭和五十年代後半は、モータリゼーションの進行によって、各地に外食産業が進出した時期である。それを追うように、郊外に広い駐車場を持つ物品販売チェーンが展開していった。

そういう企業にとっても、大和ハウスは頼りになる存在だった。(……)

たとえば、チヨダ(靴量販店─引用者注)が四国に出店しようと計画しても、その土地に馴染みがないことが障害になる。そういう場合は、四国においても実績のある大和ハウスのネームバリューを利用することもできる。

こうして、日本マクドナルド、ロイヤルホストなどの外食チェーン、アオキインターナショナルや青山商事などの紳士服チェーン、靴のマルトミ、自動車部品のオートバックスなど、いわゆるロードサイドの量販店の全国展開に、協力することになったのである。

　これに付け加えれば、靴のマルトミはその後倒産し、郊外消費社会から退場することになったが、それに代わるように、やはり大和ハウスとジョイントしたユニクロが一大成長を遂げていく。ただユニクロの柳井正が初期出店事情について、『一勝九敗』（新潮文庫）で証言しているように、大和ハウスの社史が語るほどには「頼りになる存在」には見えず、おそらく八〇年代から試行錯誤を繰り返しながら、流通店舗事業を成長させていったと推測できる。

　しかしいずれにしても、ナショナルチェーンであるハウスメーカーと、これも全国展開をめざすロードサイドビジネスの結びつきは、各地の郊外の風景を均一化することを加速させていく。これらの店舗はすべてがＣＩ（Corporate Identity）によって規格化されているので、建物ばかりでなく、看板、ロゴ、配色、照明、植栽に至るまで統一されている。その事実は八〇年代以後、郊外の風景に中に大和ハウスとロードサイドビジネスが規格化された同様に建物を大量供給し、均一的な郊外消費社会を成立せしめたことを物語るものである。

　そしてこれらの店舗はストリートをベースとする商店街と異なり、経営者や従業員が居住することはないので、日常の生活は発生しない。つまりそれは店舗が契約期間の定められているように、ロードサイドビジネスが定住ではなく、ノマド的発想によって構築されていることを如実に示している。これらの店舗が次々に退場していく日も訪れてくるかもしれない。それゆえに郊外消費社会が、ある日突然消えてしまうかもしれないエフェメラ（はかなきもの）の空気を漂わせているのも、そのためなのだ。

　このようにして、全国各地に出現した郊外消費社会にも少子化と高齢化の影が忍び寄っているし、その一方では巨大な郊外ショッピングセンターに包囲されつつあり、これらは二一世紀の進行につれて、どのような影響をもたらしていくことになるのだろうか。

114

流通革命とスーパー

——M・M・ジンマーマン『スーパーマーケット』（商業界、一九六二年）

合衆国が消費社会の典型《パラダイム》である。

ロザリンド・H・ウィリアムズ『夢の消費革命』（吉田典子他訳、工作舎）

拙著『〈郊外〉の誕生と死』において、欧米と日本の消費社会化の時期に言及し、イギリスやフランスや日本が一九七〇年前後であったのに対し、アメリカは一九三九年と突出して早かったことを指摘しておいた。これらのデータは経済学者の佐貫利雄の『成長する都市 衰退する都市』（時事通信社、一九八三年）に収録された各国の「就業構造の長期的変貌」という図表から抽出したものである。これは名著と呼ぶべき一冊で、膨大なデータベースを駆使して都市や産業の長期的推移を実証し、戦後の日本社会の郊外化も含めた変貌をリアルに伝えようとしている。

消費社会を一言で定義することは難しいが、ここでは『成長する都市 衰退する都市』の図表に示されたその国の第三次産業就業人口が過半数を超えた社会と見なしたいし、本書でもそのように判断し、一貫してこのタームを使用してきている。それを補足する意味で、佐貫の同著の参考文献には挙げられていないが、W・W・ロストウの『経済成長の諸段階』（ダイヤモンド社、一九六一年）の一節を引いておく。

すべての社会は、その経済的次元において次の五つの範疇のいずれかにあるとみることができる。すなわち、伝統的社会、離陸のための先行条件期、離陸《テイク・オフ》、成熟への前進、そして高度大衆消費時代のいずれかである。

これはロストウ自身による『経済成長の諸段階』の内容の要約といっていい。「すべての社会」にあって、アメリカだけがいち早く一九五〇年代において「高度大衆消費社会」の実現を見たことが語られている。それはそこに至る「伝統的社会」から四つの諸段階を経て実現したもので、ロストウはこの成長段階説をマルクスの唯物史観に代わるものとして提出している。それゆえにサブタイトルに「一つの非共産主義宣言」が付され、またアメリカとロシアの成長の比較やマルクス主義の問題も批判的に論じられているのである。

ロストウのいうところの「高度大衆消費時代」とはフォードによる廉価な車の生産に端を発し、戦後の四六年から五六年にかけての大衆のための車の普及、郊外住宅と道路建設に加え、様々な耐久消費財とサービスが広範に普及した時代をさしている。それに向けて、西ヨーロッパ諸国と日本は進もうとしており、ソ連もまた不安ながらも色気を見せているとされる。この『経済成長の諸段階』がアメリカで出版されたのは一九六〇年で、日本も大いなる評判を呼んだとされ、その翻訳刊行が翌年の六一年であることはその事実を示している。また私が所持している一冊は六四年14版であることからしても、それを裏付けていよう。

訳者についてもふれておけば、東大教授で経済学者の木村健康が「訳者まえがき」を書いているけれど、その訳は共訳者に名を連ねている久保まち子と村上泰亮によるもので、当時東大助手だった村上は後に『新中間大衆の時代』（中公文庫）などを著わすことになるが、それらはロストウの同書の延長線上にあると考えられる。
それとパラレルに六〇年代には本書36でふれたリースマンの『孤独な群衆』『何のための豊かさ』（いずれもみすず書房）、ホワイトの『組織のなかの人間』（東京創元社）、ガルブレイス『ゆたかな社会』（岩波書店）などのアメリカ社会学や経済学の翻訳書が出され、消費社会や郊外に関する同時代レポートを形成していた。これらを私が読んだのは七〇年代だったが、実感として理解できるようになったのは八〇年代を迎えてからで、それはアメリカ的風景に他ならない郊外消費社会の出現を見たことによっている。まだ六〇年代において、日本はロストウのいう「離陸」から「成熟への前進」へと向かおうとしていたけれど、その先に出現するはずの「高度大衆消費時代」の具体的イメージを十全につかんでいるとはいえなかった。それにリースマン自身が『孤独な群衆』の六三年の「日本語版への序文」で、あたかも自著が日本ではSFであるかのように、「読者にこの本を別世界の物語として読んでほしい」と書いていたのである。

それらの社会学や経済学の翻訳が出される一方で、同じくアメリカのビジネス書に当たるであろう、ウォルター・ホービングの『流通革命』（田島義博訳、日本能率協会）やジンマーマンの『スーパーマーケット』も一九六二年に刊行されている。先の一冊はあのティファニーの会長ホービングによるもので、アメリカにおける大量生産は「われわれの神、万病の薬、経済の救い神」とし、それに寄り添う大量流通にも目を向け、「アメリカの資本主義制度が、可能な最高の社会経済制度であること（人の問題からくる欠陥は別として）、また大量生産・大量流通の制度を、すべての人のために運営させる唯一の制度」だと大いなる評価を与えている。ホービングはロストウと同じ位相にあると了解される。訳者に関してはすでに本書111などでふれているので、ここでは省略する。

もう一冊の『スーパーマーケット』は版元が商業界、訳者はNCR（日本ナショナル金銭登録機械株式会社）企画宣伝部長の長戸毅であることからすれば、リースマンたちの社会学書、経済学書と異なり、創成期のスーパー業界関係者たちに熟読されたにちがいない。そのような翻訳出版事情もあって、現在ではホービングの『流通革命』と同様に、ほとんど忘れ去られてしまったビジネス書だと思われる。

私にしても『〈郊外〉の誕生と死』を書いた時にはこの『スーパーマーケット』を知らず、読んでもいなかった。同書を知ったのは前々回にふれた安土敏の『日本スーパーマーケット原論』を通じてであり、彼の『小説スーパーマーケット』にしても、中内㓛の『わが安売り哲学』にしても、明らかにジンマーマンの影響を受けていると察せられた。また同年に出された林周二の『流通革命』（中公新書）のタイトルにしても、ホービングの著作の原題The Distribution Revolution, 及び『スーパーマーケット』のサブタイトルA Revolution in Distributionに由来しているのだろう。

それらだけでなく、この『スーパーマーケット』を読んで、アメリカがいち早く消費社会化した理由に加え、ハルバースタムの『ザ・フィフティーズ』にスーパーが取り上げられていなかった事情を了解するに至ったのである。つまりリースマンなどの著作のかたわらに、このジンマーマンの一冊を置けば、アメリカ消費社会の実像が具体的に浮かび上がり、それらの社会学や経済学の著作を理解する触媒になったように思えるのだ。著者のジンマーマンはスーパー業界のイデオローグ、『スーパー・マーケット・マーチャンダイジング』の創刊者にして主宰者であり、またスーパー・マーケット協会も創立している。これらのことも含め『スーパーマーケット』についての遅ればせのレポートを記してみたい。
　ジンマーマンは同書の「序文」において、アメリカの二〇世紀前半の食料品店を始めとする小売業界の変遷に関して、次のように述べている。それは同書の内容の簡略な要約ともなっている。

　アメリカ産業界の地平線上に大量生産が出現し、やがて全米各地の商業中心地にその影響を及ぼすようになって以来、流通機構の組織を改良し、そして、それによって手に入るようになった大量の商品を消費者が購入しうるような、適正かつ、経済的な卸売店、小売店を創るために数々の絶ゆ間ざる努力が続けられてきた。その主たる目的は、生産者と消費者の間に介在する中間業者の数を、できるだけ削減することであった。
　アメリカの流通機構の革命において、このようにして各種形態の小売店がつぎつぎと成功を続け、それらの店の各々が、順次消費者の家庭にいたるまでの商品流通過程における不必要な段階を除却し、経費を減少させた。

　フォードに始まる車の大量生産方式が他の分野にも普及し、それによって必然的に大量流通の時代を迎え、生産だけでなく流通や販売も近代化を迫られたのである。この生産におけるフォードシステムが卸売店や小売店の商品流通にも応用され、流通革命が起きたことになる。それを象徴するのがチェーン・ストアの出現と、家庭の主婦に食料品を提供する新しいビジネスである総合食料品店の誕生である。チェーン・ストアは多数の店舗を統一的に管理する本部とチェーン店からなる形態で、一九一〇年から二〇年代にかけて発展し、この時期がアメリカの小売業にとってチェーン・ストアの黄金時代とされる。その後に出現したのがスーパーであった。ジンマーマンは続けて述べている

　チェーン・ストアのベテラン経営者は、総合食用品店を作り、たちまちのうちに顧客の好評を博した。この店では、価格に敏感な主婦が、肉、野菜、酪農品、食料品などのほとんどすべての必要食料品を買うことができた。（……）この二十年の間に、食料品チェーン・ストアは全米食料品売上高の約四五%を占めるにいたった。
　しかしながら、小売業界にあってそのマーチャンダイジングの概念に革命的な変化与えるものの発展をなしたものは、スーパー・マーケットを置いて他にないのである。

　スーパー・マーケットは、セルフ・サービスを採用することによって、商品購入の責任を消費者側に移行させ、

わが国の全経済構造を変化させ、さらに、近年においては、セルフ・サービスを導入した諸外国の経済構造をも変化させた。スーパー・マーケットは、パッケージ、冷凍装置、店舗デザイン、陳列、販売技術の諸方法を根本的に変化させ、それらは、現在では、食料品小売業のみならず、現実に小売流通機構のあらゆる分野に影響を与えている。

ここで語られているのはアメリカの二〇世紀における独立食料品店↓チェーン・ストア↓スーパー・マーケットという小売業界の変容と成長であり、ジンマーマンは実際に一九二〇年代の独立食料品店の外観や店内の写真から始めて、それが三〇年代に入ると、広い駐車場を備え、バーゲンを目玉とするスーパーの姿も示し、それらの業態、建物、ロケーションの急速な変化を伝えている。このような流通販売の動向が「諸外国の経済構造」の変化にもつながっていったし、最も大きな影響を受けたのはまさに日本であったのだ。

『スーパーマーケット』はタイトルどおり、一九三〇年代からのスーパーの誕生、成長、産業化に至るプロセスが詳細にトレースされている。その産業としての歴史は、ニューヨーク近郊の三〇年のキング・カレンと三二年のビッグ・ベアの開店に始まり、この二つのマーケットの開店が大量販売の新しいシステムの範となり、それが全米各地へと伝播していったのである。セルフサービスはスーパー側の労働力の消費者への転化に他ならないが、それとともに流通システムも変革され、コスト削減によって価格も引き下げられていった。そしてスーパーのチェーン化も拡大され、三七年には第一回スーパーマーケット大会も開催されるに至り、その大量流通、大量販売システムはアメリカのすべての小売業をも変革に導くことになる。かくして第二次世界大戦前の一九四一年までにスーパーを始めとする小売業は成長を続け、社会の第三次産業化が推進され、三九年に世界に先駆ける消費社会が誕生したのである。

それと同時に現在の消費者のイメージも造型されていく。消費者もまたスーパーにおいて生まれたといっていい。ジンマーマンも書いている。

スーパーマーケットで、消費者は初めて、何ものにも拘束されない形態の店を知った。すべての商品には値段がわかりやすくついていた。邪魔されたり、おしつけられたりせずに、好きな商品を手にすることも、またやめることも自由にできた。これは客にとって新しい自由であった。客はこの自由を何にもまして享楽した。

一方でスーパーは戦後を迎え、さらに劇的に発展する。それはアメリカが戦争の被害を受けなかったこと、人口の大いなる増加と郊外への移動、それに伴う車社会化が主たる要因であり、ジンマーマンも忘れることなく、「スーパー・マーケットは、そもそもの発端から一つの郊外現象であった」とも記している。消費社会の発展は平和であることと密接につながっているのだ。先述したように、スーパーの始まりが一九三〇年前後であり、消費社会化が三九年だったことからすれば、アメリカはスーパーの誕生から十年前後で消費社会を迎えたことになる。

それを日本に当てはめてみれば、セルフサービスのスーパーの誕生は一九六〇年前後、消費社会化は七三年であるので、日本もほぼ同様の年月で消費社会に至り、アメリカの日本の関係は合わせ鏡のようになっている。ダイエーの中内㓛が、アメリカの国際スーパーマーケット大会に日本代表として参加したのは六二年のことだった。

そうした意味において、スーパーと郊外と消費社会は連鎖、まさにチェーン化しているし、現在のグローバリゼーション化状況をも映し出す鏡であるようにも思われる。

115

近代消費社会の誕生
――ゾラ『ボヌール・デ・ダム百貨店』〔原書、一八八三年、論創社、二〇〇二年〕

百貨店の創立とともに、歴史上はじめて消費者が自分を群衆と感じ始める。(かつては彼らにそれを教えてくれたのは欠乏だけであった。)それとともに、商売のもっている妖婦めいた、人目をそばだたせる要素が途方もなく拡大する。

ベンヤミン『パサージュ論』(今村仁司他訳、岩波書店)

前回、アメリカにおいても日本においても消費社会の開花を促したのはスーパーの出現と、そのドラマチックな成長であることを指摘しておいた。

それならば、スーパーの先駆、もしくは範となった百貨店=デパートメントストアはいつ呱々の声をあげていたのであろうか。それは近代資本主義の勃興とパラレルで、十九世紀半ばから二十世紀初頭にかけてであり、イギリスでは一八四九年にハロッズ、フランスでは五一年にボン・マルシェ、アメリカでは五八年にメーシー、日本では一九〇四年に三越がそれぞれ誕生している。ここではフランスのボン・マルシェに言及してみたい。

ボン・マルシェに関してはこれをモデルにして、エミール・ゾラが一八八三年に『ボヌール・デ・ダム百貨店』(伊藤桂子訳)を書いている。これは現在の消費社会の起源を描いた小説と見なすことができるのだが、そのフランス語からの本邦初訳が刊行されたのは、ゾラ没後百年という二〇〇二年になってからのことだった。しかしそれ以前の一九九三年に、鹿島茂が『デパートを発明した夫婦』(講談社現代新書)を上梓し、『ボヌール・デ・ダム百貨店』とボン・マルシェ資料を題材として、この百貨店を立ち上げ、現代へとつながっていくデパート商法を立案、開発し、成功に導いたブシコー夫婦の足跡をたどっている。そして近代デパートの誕生をいち早く啓蒙的に紹介してくれた。

その一方で、翻訳は未刊行だったにもかかわらず、鹿島の著書だけでなく、『ボヌール・デ・ダム百貨店』を主たるテーマとする、内外を問わない評論や研究書も続々と出されていた。それらを挙げてみる。北山晴一『おしゃれの社会史』(朝日新聞社)、R・H・ウィリアムズ『夢の消費革命』(吉田典子他訳、工作舎)、R・ボウルビー『ちょっと見るだけ』(高山宏訳、ありな書房)、フィリップ・ペロー『衣服のアルケオロジー』(大矢タカヤス訳、文化出版局)、ミシェル・セール『火、そして霧の中の信号―ゾラ』(寺田光徳訳、法政大学出版局)、E・S・エイベルソン『淑女が盗みに走るとき』(椎名美智他訳、国文社)などである。それらの中で原題をAu Bonheur des Damesとするこの小説は、『御婦人方のパラダイス』『ご婦人方の幸福』『奥様の幸福』として紹介、引用されているが、ここでは『ボヌール・デ・ダム百貨店』とする。ちなみにこれは私が編集に携わり、訳者と相談の上でこのタイトルに決定していることに加え、二〇〇四年に刊行された吉田典子訳、藤原書店版もこのタイトルを採用しているからである。

この『ボヌール・デ・ダム百貨店』のモデルとなったボン・マルシェの開店が一八五一年だと先述したが、その後の成長と発展は、五二年に始まるナポレオン三世の第二帝政時代とまったく重なっている。それは近代フランスにおける高度成長期と見なしていい。ボン・マルシェのようなデパートの誕生だけでなく、オスマンのパリ改造計画、中央市場の建築、万国博覧会の開催、鉄道網の全国的普及、銀行設立といった金融制度改革、自由市場への移行などが進められていった。

この時代のフランスの産業構造の推移に関して、前回と同様に、佐賀利雄の『成長する都市 衰退する都市』から抽出すると、一九六〇年には第一次産業43・5%、第二次産業37%、第三次産業19・5%であり、それらが八〇年には第一次産業35%、第二次産業42・5%、第三次産業22・5%となっている。六〇年と八〇年の間における推移は、第一次産業が8・5%低下し、第二次産業が5・5%、第三次産業が3%それぞれ上昇し、農耕社会が工業社会、消費社会へと向けて離陸していく動向がうかがわれる。そのような社会の変容とそれに伴うパリという都市の成長を背景にして、百貨店が誕生したことになる。

実際に『ボヌール・デ・ダム百貨店』を第十一巻とするゾラの「ルーゴン＝マッカール叢書」全二十巻は、そのようなフランスの十九世紀後半の社会の全体を描こうとするもので、一八七〇年から九三年にかけて書かれている。これらの作品群は一巻ごとに様々な社会をテーマとし、いってみれば、『ボヌール・デ・ダム百貨店』は第三次産業としての消費社会、第十五巻の『大地』(拙訳、論創社)は第一次産業である農耕社会の物語である。またこの産業分類を提出しているコーリン・クラークの『経済進歩の諸条件』(大川一司他訳、勁草書房)によれば、鉱業は第二次産業に属するので、炭鉱を舞台とした第十三巻『ジェルミナール』(同前)は、第二次産業の象徴としての工業社会の物語ともなり、他の作品もまた同様に仕分けしていくことができる。

このように「ルーゴン＝マッカール叢書」は同時代における様々な社会を横断して描くことによって、混住社会小説群を形成しているといっていい。それらの全体は近代化の過程で、農耕社会から工業社会や消費社会めがけて上昇していこうとする民衆の欲望をコアとしているように思える。またそのような時代状況を背景とし、消費社会の始まりとしての『ボヌール・デ・ダム百貨店』が書かれるに至ったのである。

この小説はヒロインであるドゥニーズが二人の弟を連れ、パリに出てきて、いきなり「ボヌール・デ・ダム百貨店」と遭遇する場面から始まっている。鹿島やロザリンドの前掲書もその場面を引用し、イントロダクションとしているので、重複は避け、その前編といえる第十巻『ごった煮』（同前）を参照し、両書では言及されていない、そこに至る主人公ムーレと百貨店の前史をたどってみる。『ごった煮』において、ムーレはルーゴン＝マッカール一族の故郷である南仏のプラッサンから上京し、ショワズール・パサージュの流行品店エドワン商店に勤め、近代商業のカテドラルとしての百貨店を夢想し、雌伏の時を過ごしていた。『ごった煮』はまだパサージュに象徴される商店街の時代であり、消費者という群衆はまだ出現していなかった。

ムーレの勤めた流行品店＝マガザン・ド・ヌヴォテとは従来の商店と異なり、『ボヌール・デ・ダム百貨店』の冒頭で描かれているように大きなショーウィンドーを設け、売場は三、四階までに及び、多彩な布地や衣服を陳列し、正価も示した現金販売といった新しいコンセプトの商店であり、百貨店の前身に位置づけられるだろう。まさにムーレはそれを体現し、流行品店から百貨店へと成長させたのである。

この百貨店は流行品店の商法をさらに発展させ、目玉商品と薄利多売、バーゲンセールと様々な大売り出し、返品も可とすることで、高い商品回転率を達成し、大きな利益を生み出していく。そして巨大な店舗を建設し、それを一大スペクタクル空間へとならしめるのであり、それがガラスと鉄からなる万国博覧会の建物、及び商品宇宙として物品の陳列を範としていることはいうまでもあるまい。それは使用価値というよりも、交換価値にめざめた消費者という群衆をも誕生させるのだ。ベンヤミンは『パサージュ論』の中で、次のようにもいっている。「百貨店の特質。客はそこで自分を群衆と感じる、彼らは陳列された商品の山と対峙する。彼らはすべての階を一目で見わたせる。彼らは正札の金額を払い、商品の『お取り替え』ができる」と。

このような「百貨店の特質」とメカニズムを『ボヌール・デ・ダム百貨店』はその経営の内実、労働の現場と歩合給システム、消費者の実像なども含め、構造的に描くことによって、近代商業小説の嚆矢ともなっているし、まさにそのように展開されていく。そしてムーレの百貨店の核心は不動産銀行総裁アルトマン男爵への説明に表出し、それは近代商業のコンセプトとも見なせるだろう。アルトマンはパリ改造計画のオスマンがモデルだとされている。ムーレはこの百貨店の仕組みは資本を絶えず迅速に回転させることだと述べ、まだそれが砂上の楼閣ではないかと疑問を抱いているアルトマンに、土地の手配などについての協力を求める。

「男爵閣下、ご理解いただけたと存じますが、(……)大資本を転がす必要はないのです。実行しなければならない唯一のことは仕入れた商品をできるだけ早く売り払い、その金を他の商品の仕入れにまわすことで、こうすれば、回転するごとに利益を資本にもたらすことになります。このやり方ですと、儲けが少なくても利益が出ます。たとえば、私のところでは諸経費が一六パーセントという高い比率ですし、商品販売粗利益率は二〇パーセントですので四パーセントが純利益ということになります。このように、商品の大量販売と絶え間なき新商品の大量仕入れの操作が、最終的には何百万フランも生むことになるのです……協力していいただけませんか。(……)」

このムーレの発言は中内㓛の『わが安売り哲学』の一節のようでもあり、これが百貨店を舞台として起きた十九世紀の流通革命だったことを示唆している。

それはさておき、アルトマンは当然のことながら、「大量に売るために安く売り、安く売るために大量に売る……ただし、どうしても売らなければならない。そこで先の私の疑問に戻るんだが、いったい誰に売るのか？　どのようにこの大量販売を維持していくつもりなのか？」という問いをムーレに突き付ける。そこでまたしてもムーレは熱弁をふるうのだ。最も重要なのは女性の開拓です。資本の絶えざる投入、商品積み上げシステム、魅力的な廉価、安心感をもたせる正札制度もすべてそのためにある。百貨店のショーウィンドーは女性を陶然とさせ、衝動買いを仕掛け、店内における魅惑あふれる陳列は新しい欲望を喚起させ、女性はその誘惑に抗しきれない。さらに店内において女性は王妃となり、サービスの限りを受けるのであり、それゆえに買物はエスカレートする一方で、贅沢は大衆化して様々な流行品が作り出されていく。つまりムーレは「女性を商売にしてしまう」百貨店という殿堂を建て、店員たちが女性にサービスを尽くすという「新しい崇拝儀式」を創設したのだ。そしてムーレは最後にいう。「だから女性をつかめば、世界を売ることだってできるのです」と。

そうしてムーレは巨大な百貨店を新装オープンさせ、大宣伝をうち、開店記念催事としての白い布地製品を特集したスペクタクルにふさわしい売出し、白物大展示会を開催する。白が光のように乱反射し、消費者という群衆があふれんばかりに押し寄せている。その催場にいるムーレと女性たちを、ゾラは次のように描いている。

> ムーレはこのように燃え上がる白の炎に包まれ、自ら手なづけた女性という大衆を眺めていた。（……）このように女性たちを所有し、意のままに支配しているのはムーレに他ならなかった。絶えず商品を山積みにし、値下げ、返品、女性に対する気配り、広告などが彼の手法であった。母親そのものを征服し、暴君さながらの残虐さですべての女性を支配し、その気まぐれは家庭を崩壊させた。ムーレの創造した百貨店は新しい宗教をもたらし、信仰が衰え次第に人の来なくなった教会の代わりを百貨店がつとめ、それ以後空虚な人々の心に入り込んだ。女性は暇な時間をムーレのところにやって来て過ごすようになった。かつてはチャペルの奥で震えおののき不安な時間を過ごしたというのに。それは精神の情熱の必然的な消費であり、夫と新しい神との闘いであり、美という天上の神を崇め、身体を絶えず再生させる信仰であった。もしムーレが門戸を閉ざしたら、街では暴動がおこり、百貨店という告解所や祭壇を取り上げられた敬虔な信者たちが狂ったような叫び声をあげるであろう。

このようにして消費社会の幕が切って落とされたのであり、ゾラはまた百貨店を「怪物」や「機械」のメタファーで語ってもいる。また百貨店の影響を受け、パサージュの商店が衰退していく姿は、現在の郊外消費社会の隆盛を受け、没落してしまった日本の商店街のことをも彷彿とさせる。

しかし「ルーゴン＝マッカール叢書」の中にあって留意しなければならないのは、『ボヌール・デ・ダム百貨店』に象徴される消費社会が、第十九巻『壊滅』（同前）に描かれる普仏戦争やパリ・コミューンという大団円を迎えることである。それは高度大衆消費社会が成熟する中で、アメリカがベトナム戦争に向かっていったことを想起させるし、消費社会の行方をも再考させるようにも思われる、

またこれは本書のテーマと少しずれてしまうし、別の機会に譲るつもりで、『ボヌール・デ・ダム百貨店』に表出している世紀末文学特有のジェンダー闘争とミソジニー問題についてはふれなかったことを付記しておく。

なおゾラに関しては、以前に拙ブログ「出版・読書メモランダム」で「ゾラからハードボイルドへ」を連載しているので、よろしければ参照されたい。

116 農耕社会と消費社会の出会い
——渡辺京二『逝きし世の面影』(葦書房、一九九八年)と久米邦武編『特命全権大使 米欧国回覧実記』(新橋堂、一八七八年)

前回見たように、フランスにおいてパリがパサージュや流行品店や百貨店によって消費社会の幕開けを迎えていた頃、日本はどのような社会であったのだろうか。

これも佐貫利雄の『成長する都市 衰退する都市』から抽出してみる。それによれば、一八七〇年段階で、第一次産業83・6％、第二次産業4・9％、第三次産業11・5％であり、産業革命を経ていた欧米と比べ、純然たる農耕社会だったことがわかる。まだ人口は三千万人で、農業と手工業を中心とするミクロコスモスのような極東の島国だった。

これは本書75で少しだけふれているが、幕末から明治にかけて日本を訪れ、その記録や回想を書き記した異邦人はあまりにも多く、この時代に関して異邦人による膨大な記録や回想が残された国は日本だけではないかと思われる。それらの中にはまだ未邦訳のものが多くあるようで、現在に至るまで翻訳出版され続けている。そうした異邦人の著作はセピア色の写真にも似て、もはや異国のような日本の過去を想起させ、彼らの記録や回想などの資料を抜きにして、この時代の復元ができないことも示唆している。

そうした意図も含めて、異邦人たちの記録や回想をもとに、失われた日本の原風景を素描しようとしたのは、二〇世紀末に刊行された渡辺京二の『逝きし世の面影』(葦書房)であった。同書は幕末から明治にかけての異邦人たちの訪日記録を博捜することによって、近代以前の文明が何であったかを問おうとしていた。そして大森貝塚の発見者E・S・モースが『百年前の日本』『モースの見た日本』(いずれも小学館)として残したかつての日本の風景や生活が、モノクロのドキュメンタリー映画のように再現されていく。近代以前の農業と手工業をベースとする日本の社会と何よりも美しい風景、異邦人たちはことごとくその風景の中にある人々の穏やかな生活に魅せられていた。

それらの記録や回想について、渡辺は異邦人たちのオリエンタリズムやジャポニスムといった批判を注意深く排除し、彼らの眼に映った近代以前の日本、すなわち「逝きし世の面影」を忠実に復元しようとする。するとそこに浮かび上がってくるのは、ひとつのユートピアの風景である。

それゆえに異邦人の一人は日記にしたためている。

「(……)おお、神よ、この幸福な情景がいまや終わりを迎えようとしており、西洋の人びとが彼ら重大な悪徳をもちこもうとしているように思われてならない」(ヒュースケン『日本日記』青木枝朗訳、岩波文庫)。だが問われなければならないのは、このような異邦人の眼差しの出自である。彼らは産業革命を経て、工業社会から消費社会へと向かおうとしていた欧米から、農耕社会の日本へとやってきたのだ。

ちなみに同時代に突出した工業社会を出現させていたのはイギリスで、こちらの一八八〇年のデータを挙げておけば、第一次産業13・0%、第二次産業50・0%、第三次産業37・0%となっている。この事実に関しては、本書58のハワード『明日の田園都市』のところで取り上げているが、このような社会状況を背景にして、二〇世紀に入ると、田園都市計画が立ち上がってくることになる。ハワードは来日していないけれど、異邦人たちの日本訪問記を読み、田園都市計画のヒントを得た可能性も否定できないように思える。

それはともかく日本のことに戻ると、その時代に岩倉使節団が欧米に向かっていた。これは岩倉具視を特命全権大使とするもので、幕末維新期における最大にして最後の遣外使節だった。この使節団は明治政府の重要メンバーである木戸孝允、大久保利通、伊藤博文といった薩長の実力者たち、それに書記官として福地源一郎を始めとする旧幕臣たちが加わり、五十名に及んだとされる。また中江兆民、団琢磨、金子堅太郎などの五十九人の各国への留学生も同行していて、幕末と維新、幕府と新政府、明治を担う思想家や実業家たちが、それこそ混住するような使節団だったことになる。

この岩倉使節団は幕末時の条約の改正を目的とし、明治四年、すなわち一八七一年の十二月二十三日に横浜からサンフランシスコに向けて出発し、アメリカ、イギリス、フランス、ベルギー、オランダ、ドイツ、ロシア、デンマーク、スウェーデン、イタリア、スイスなどの十二ヵ国をめぐり、一九七三年九月に日本へと帰ってきた。使節団は来日異邦人たちとは逆に、農耕社会から工業社会や消費社会へと向かったのである。この一年十ヵ月に及ぶ長い旅程は、その後の七八年に久米邦武編『特命全権大使 米欧国回覧実記』として、来日異邦人の記録や回想と同様に出版された。これは明治初期における世界各国のほぼリアルタイムでのレポート、及びエンサイクロペディアでもある。それゆえに広く様々に読み継がれたと思われるが、ここでは田中彰校注による全五巻の岩波文庫版を使用し、前回の『ボヌール・デ・ダム百貨店』との関連もあるので、第三巻所収の使節団とパリの消費社会との出会いに言及してみる。

使節団は一九七二年十一月十六日にドーバー海峡を渡り、イギリスからフランスへと入り、パリに到着した。久米邦武の記述はイギリスと比べ、フランスに至ると明らかに異なる精彩を帯び始める。それは彼がパリという消費社会の

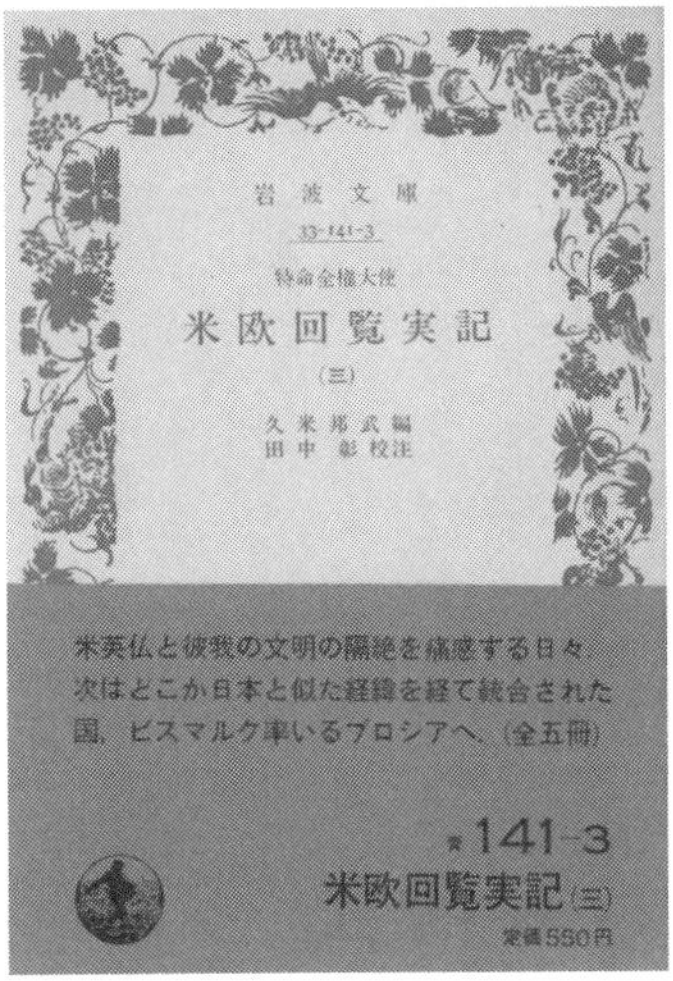

魅惑を肌で感じたゆえなのであろうか。彼は次のように記している。

仏国製作ノ巧ナルハ、欧州第一ニテ、其伎倆《ぎりょう》精粋機巧ニシテ、風致ヲキハメ、美麗ヲ尽シ、ヨク人ノ嗜好《しこう》ニ投合ス、故ニ欧洲ノ流行物《ハヤリモノ》ハ、常ニ仏国ニ源ス、（……）

また「百貨ノ都会タリ」とも述べている。そして慧眼にも、「其伎倆」が「英国ノ工業ハ器械ヲ恃ム、仏国ハ人工ト器械ト相当ル」と見て、「百貨ノ都会」の生産インフラとクォリティに関してもふれている。おそらくアメリカやイギリスを経てきたことで、工業社会における「器械」の意味と位置づけを見抜くことになったのであろう。そしてさらに消費社会の背後にも「器械」の存在を察知したことを意味している。つまり「百貨ノ都会」の成立も、「器械」を抜きにして語れないことを理解したのだ。それに加えて、同時代における「百貨ノ都会」の誕生と隆盛が繊維産業の工場生産への移行と密接な関係があるにしても、「百貨ノ都会」が求める「美麗」「嗜好」「流行物」は「人工ト器械ト相当ル」ことに注目したのも、「伎倆精粋」な手工業の日本からやってきたことに起因しているのではないだろうか。

さらにロンドンは「世界ノ天産ヲ輸入シテ」、それを加工し、再輸出する「世界天産物ノ市場」というべきものだが、パリはヨーロッパの工芸の地で「流行ノ根元」なので、「世界工産物ノ市場」と呼ぶべきである。したがって「将来日本ニ於テ、欧米輸出ノ途ヲ開カンニハ、此ニ注意ヲナスコト緊要ナルヘシ」とも述べている。これは近代日本の殖産興業に関して、「欧米輸出」をメインとするクオリティを備えた「世界工産物ノ市場」へと進むべきだという見解に他ならず、ここでも使節団の鋭利な観察と未来予測のアナロジーに賞賛を与えたくなってしまう。

前回、同時代のフランスの産業構造を挙げておいたが、それを先述のイギリスの例と比べると、十九世紀後半のフランスはイギリスのように工業をベースに置くというよりも、パリという都市の成長と繁栄を受け、商業や貿易を中心とし、流通と消費をコアとする第二の産業革命に時代を迎えていたのではないだろうか。まさにヴェブレンが『有閑階級の理論』（小原敬士訳、岩波文庫）でいうところの都市住民の「衒示的消費」の時代に入りつつあった。つまりいってみれば、岩倉使節団は近代以前の農耕社会からやってきて、フランスで初めて「流行物」と「百貨」のあふれる消費社会と出会ったのだ。一八七〇年のパリ人口は百八十二万人を数え、「其壮麗ナルニ至リテハ、実ニ世界中ノ華厳楼閣ノ地ナリ」とされ、馬車の中から見た市街の風景が描かれていく。

皜皜《こうこう》タル層閣、街ヲ挟ミテ聳ヘ、路ミナ石ヲ甃《しゅう》シ、樹ヲウエ、気燈ヲ点ス、月輪正ニ上リ、名都ノ風景、自ラ人目麗《ウルハ》シ、店店ニ綺羅ヲ陳《つら》ネ、旗亭ニ遊客ノ群ル、府人ノ気風マタ、英京ト趣キヲ異ニス、（……）

「皜皜タル層閣」にして、「店店ニ綺羅ヲ陳ネ」とはあたかもボヌール・デ・ダム百貨店の風景のようにも思えてくる。それにその中央踊り場には日本製品売場もあったし、またモネが描いた「ゾラの肖像」の中には一枚の浮世絵、歌川国明の力士絵が見えていたことを付け加えておこう。ちなみにそのモデルとされるボン・マルシェの新館がオープンしたのは、岩倉使節団がパリを訪れた一八七二年でもあった。それ以前の六〇年代に、ボン・マルシェに続いてプランタンやサマルテーヌなどの百貨店も開店していたのである。

そして翌日の十一月七日には次のような街に遭遇する。

此小街ノ上ヲ、玻璨《がらす》ニテ上宇ヲ覆ヒタル所アリ、常ニ日光ヲ透シテ、風雨ヲ漏サス、常晴ノ街路ナリ、両側ノ廛《みせ》ニ、百貨ヲ雑陳シテ売ル、陳ヲ化シ新トナス、是ヲ巴黎風ノ街トテ、白耳義《ベルギー》、及伯林《ベルリン》府ニモ模ス、亦一ノ繁華市場ニテ、往来ノ人、ミナ車ヲステ、此ニ集リ、陰晴風雨ノ日モ、徐歩徘徊、物ヲ買フヘシ、（……）

これはいうまでもなくパサージュの光景であり、「徐歩徘徊」する者とはベンヤミンが『パサージュ論』で一章を設け、言及している「遊歩者《フラヌール》」のことだ。彼は「遊歩者というタイプを作ったのはパリである」ともいっている。パサージュを歩き、その「遊歩者」をも目撃する岩倉使節団の一行はそこに何を見たのか、あるいは何を幻視したのであろうか。

これらのパサージュはゾラの『ボヌール・デ・ダム百貨店』だけでなく、「ルーゴン＝マッカール叢書」の第九、十巻『ナナ』や『ごった煮』（いずれも拙訳、論創社）でもお馴染みのトポスだった。それに久米によるパサージュの記述の隣のページには「ブルース」と「マーケット」の銅版画が掲載されていて、前者は第十八巻『金』（野村正人訳、藤原書店）の主要舞台の株式取引所、後者は第三巻『パリの胃袋』（朝比奈弘治訳、同前）の背景となる中央市場に他ならない。また第十九巻『壊滅』は普仏戦争とパリ・コミューンとテーマとしていて、使節団がフランスを訪れたのは、普仏戦争とパリ・コミューンの余燼さめやらぬ一八七二年だったから、久米の筆はパリ・コミューンにも及んでいる。それらもあって、『特命全権大使 米欧国回覧実記』のフランス編は、ゾラの「ルーゴン＝マッカール叢書」やベンヤミンの『パサージュ論』の近傍にあるといっても過言ではないように思われる。

そして岩倉使節団は「逝きし世」の宿命を負った農耕社会に帰国し、工業社会や消費社会への建設へと向かう。それが日本の近代化でもあったのだ。百貨店は一九〇四年に三越が誕生したことで実現し、それに松坂屋、高島屋、そごうが続き、それらを中心とする都市の商店街が形成され始める。そして大正時代の郊外住宅地の開発を背景にして、阪急や東横などの電鉄系百貨店（ターミナルデパート）も出現していく。それから遅ればせであったにしても、戦後の高度成長期には全国各地方都市にも、日本のパサージュとでいうべきアーケード商店街が建設されていった。岩倉一節団が目撃してから一世紀後に、近代消費社会のインフラが完了したのである。

しかしアメリカに起源を持ち一九八〇年代の郊外消費社会の誕生によって、地方の百貨店は次々に倒産に追いやられ、アーケード商店街は壊滅状態にある。私たちはおそらく岩倉使節団によって、発見された近代消費社会の終焉に立ち会っているのだ。

117 フランスと日本の農耕社会
――ゾラ『大地』〔原書、一八八七年、論創社、二〇〇五年〕と長塚節『土』〔春陽堂、一九一二年〕

本書で続けて記してきたように、十九世紀後半から二十世紀初頭にかけて、欧米だけでなく、日本でも百貨店の出現に象徴される消費社会の誕生を見ることになるわけだが、その時代の主たる背景である農耕社会のコアとしての農村はどのような位相に置かれていたのだろうか。

日本に限っていえば、前回ふれた渡辺京二の『逝きし世の面影』の中に、来日異邦人たちが見た美しい農村と田園風景は残されているけれど、それらはあくまで過去というヴェールに包まれた異国の幻影のようでもあり、その生活や労働の内側にまでは迫っていなかった。だが来日異邦人たちが去った後も、戦前までの日本は紛れもない農耕社会が存続していたし、農村は日本社会の重要なトポスとしてあったし、それは戦後の高度成長期に至るまで保たれていた。しかし一九七〇年代の本格的な消費社会化によって、農村の風景は次第に消滅に向かっていく。

それらの事実に関して、ひとりの写真家が証言しているので、引いてみる。本書6で、北井一夫の写真集『村へ』を取り上げたが、彼は今世紀を迎えて、同じく村をテーマとする『1970年代 NIPPON』（冬青社）を出版し、その「あとがき」に次のように記していた。

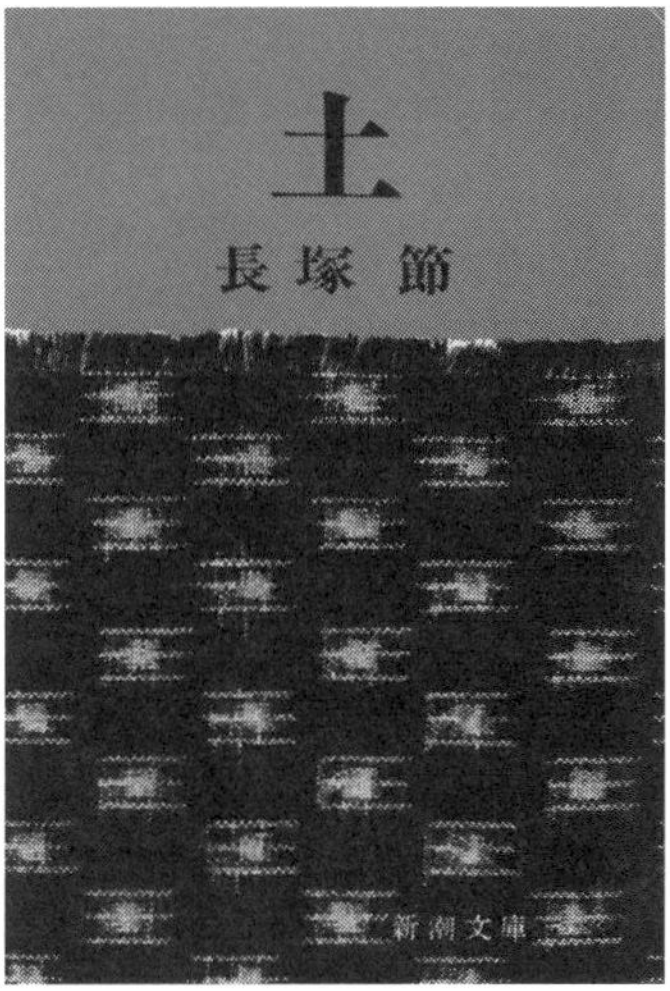

（……）この写真を撮影している間も、農村の人口は労働力として大都市に吸収されつづけ、農村の過疎化が進行していた。1970年代は、農業中心の村社会と人間関係が崩壊し、古き良き時代の日本が終った時代でもあったのだ。でこぼこの田舎道と木製電柱のある風景は、なつかしい友がいる風景だと今も思っている。（……）

写真の場所や人や風景は、70年代日本の普通の人たちの普通の生活の場所だったのだが、今ではそのほとんどが存在することのない失われた風景や物になり、写真だけが時代の忘れ物のように残った。

この『1970年代 NIPPON』の「あとがき」には英訳が併記されていて、「普通の人たちの普通の生活の場所」は「places for common life of common people」となっている。これを再和訳すれば、「常民の日常生活の場」とも言い換えられるであろう。一九七〇年代におけるかつての「常民の日常生活の場」の消滅とは、北井が述べているように、ずっと続いてきた農耕社会を後戸とする風景の終焉に他ならなかった。七〇年代とはそれらの風景のバニシングポイントを告げるかのようにして進行していったのである。かくして柳田国男のいう「常民」の姿は後退し始め、新たな「常民」というべき「消費者」が登場し、新しい「日常生活の場」としての消費社会も後半に立ち上がっていく。それは欧米との出会いに始まった日本近代の社会と産業ドラマの帰結だったともいえるのだ。

それならば、十九世紀の消費社会の萌芽の地点において、当時の農耕社会はどのような状況にあり、どのように描かれていたのであろうか。これは幸いにしてというべきか、世紀は異なっているにしても、ほぼ同時代にフランスと日本において、タイトルを同じくする農村小説が書かれていた。それらは前々回ふれたゾラの『大地』(原題La Terre、拙訳)と長塚節の『土』で、前者は一八八七年、後者は一九一二年に刊行されている。両者はいずれも農村を舞台とし、主人公が作男や小作人であること、近親相姦、老人問題や火事の場面などは共通しているので、『土』が『大地』の影響を受けているのではないかと連想してしまう。

しかし農民文学者の犬田卯による『大地』(改造社)の初訳が出されるのは一九三一年で、長塚の死から十六年後であるから、これを参照したことはありえない。ヴィゼッテリイによる英訳The Soil(こちらも『土』)の刊行は一八八八年だが、『長塚節全集』(春陽堂)や平輪光三『長塚節・生活と作品』(六藝社)を繰ってみても、また藤沢周平の「小説長塚節」である『白き瓶』(文春文庫)を読んでみても、言及されていない。それゆえに外国文学を愛読していた長塚が、『大地』のシノプスを何かの紹介で知っていたと考えられるにしても、ゾラの『大地』を読んだ上で、『土』は書かれておらず、その共通するところはフランスや日本を問わない、その時代の農村の共時性によっているのだろう。

さて前置きが長くなってしまったが、『大地』と『土』の物語を紹介してみる。先に『大地』を取り上げるが、マルク・ブロックが『フランス農村史の基本性格』(飯沼二郎他訳、創文社)の中で、「一九世紀および二〇世紀初頭における農業の進化は、なおあまり不十分にしか知られていない」と書いていることからすれば、現在でも『大地』はその時代の農業と農村に関する資料的価値を失っていないように思われる。

「ルーゴン＝マッカール叢書」の第十五巻に当たる『大地』は、主人公のジャンがボース平野の畑で麦を蒔いている場面から始まっている。ルーゴン＝マッカール一族の一人であるジャンは、やはり南仏のプラッサンで生まれ育ち、そこを出奔してから木工職人となり、軍隊に入り、イタリアのソルフェリーノ戦役の後に伍長の身で除隊になっていた。そして戦友に誘われ、ボース平野の町に流れつき、その近隣のローニュという村にあるボルドリー農場の作男の仕事についていた。

ジャンは十九世紀小説のバイロニズムとゴシックロマンの系譜を受け継ぐ、帰ってきた謎めいた主人公というよりも、前歴も明らかなストレンジャーとして農村に出現したことになり、そのイメージは故郷喪失者の面影が強い。ストレンジャーにして故郷喪失者のイメージは、第二帝政下の様々な社会を動き回るルーゴン＝マッカール一族の表象といえるし、そのジャンが農村に至り着いたのは、この「叢書」の根所を告げているようでもある。この「叢書」全体のメタファーたる「家系樹」にしても、まさに「大地」を抜きにしては語れないからだ。

しかし流浪してきたジャンにとって、『大地』における農村は理解できない世界として出現し、それが物語を形成する経糸となっている。大地とともに生き続け、土地に執着し、所有するという欲望につき動かされ、それらの中で家族も人間関係も形成されているのだ。それゆえに決してストレンジャーを受け入れようとしない農村特有の奥深い心的現象は、ジャンを翻弄し続ける。田園幻想などはもたらされるはずもなく、念願のフランソワーズとの結婚も、村の因襲、土地をめぐる一族の暗黙の了解を乗り越えられない。村の娘と結婚しても、土地を所有しないジャンはどこまでいってもストレンジャーに過ぎず、結局のところ、妻の死をきっかけにして、村から追われるように出て行くことになる。

そうでありながらも、ゾラの思いはジャンに強く反映され、都市化され、消費社会化していく十九世紀後半にあって、農耕社会と大地こそがよって立つ基盤であることを訴えるように、もう一度ジャンが主人公を務める『壊滅』のクロージングで、彼が再び帰農することを暗示させ、最終巻『パスカル博士』（いずれも拙訳、論創社）において、ルーゴン＝マッカール一族の希望を担う一人として描かれることになる。

しかしその一方で、近代において工業社会が成長し、消費社会が立ち上がろうとしているわけだが、近代化されていない農耕社会が疲弊していく状況も書きこまれていることに留意すべきだろう。それは自由貿易によるグローバリゼーションの波が、この時代のフランスの農村にも押し寄せ、アメリカの大規模農業によって解体されんばかりの状況に追いやられている事実を告げるものであり、これもまた『大地』の物語の主要なコードとなっている。ラストシーンでボルドリー農場が焼け落ちてしまう場面は、これからの農村の困難さを象徴しているようでもあり、このような『大地』における農業状況は、ＴＰＰに包囲されようとしていく日本の農業の姿がオーバーラップしてくる。

ゾラは『大地』のモデルとして、パリの西南にある農村を調査し、多くの事柄を観察し、それらに基づき構想した。さらに農村社会の全貌を描くために、農業やその社会をめぐる問題、風俗習慣、財産分与などに関しても、何人もの専門家の助言を受け、フランス農業と農村の現在を立体的に提出することを試みたとされる。

それに対して、長塚節の『土』は自らが住む茨城県の農村を舞台とし、節の家は村の旧家で、父親は県会議員でもあった。さらに主人公の小作人とその家族は、節の家のすぐ近くの長塚家の小作人一家をモデルとしている。節は正岡子規に師事して写実主義の短歌にいそしみ、それは写生文へとつながっていく。写生文による短編小説は事実に基づく写生主義者の本領を発揮するもので、その集大成としての長編小説が『土』として結実したと見なせるだろう。節の写生文の特質は次のような書き出しにも如実に表われている。


烈しい西風が目に見えぬ大きな塊をごうっと打ちつけてはまたごうっと打ちつけて皆痩せこけた落葉木の村を一日苛め通した。木の枝は時々ひゅうひゅうと悲痛の響きを立てて泣いた。短い冬の日はもう落ちかけて黄色な光を放射しつつ目叩《またた》いた。そうして西風はどうかすると ぱったり止んでしまったかと思うほど静かになった。泥をちぎってなげたような雲が不規則に村の上にじっとひっついて空はまだ騒がしいことを示している。それで時々思い出したように、木の枝がざわざわと鳴る。世間がにわかに心ぼそくなった。


このような筆致で、『土』という物語は展開されていく。主人公の勘次の女房お品は引用した冒頭の風景の中を、百姓の隙間に豆腐の行商に出ているのだ。彼女には十五になるおつぎという娘、まだ三つの息子の与吉がいて、夫の勘次は利根川の土方仕事に出かけていた。このところお品は身体の具合がよくなかった。埃にまみれた生活、もしくは堕胎のためにほおずきの根を使ったことからなのか、彼女は破傷風にかかっていたのである。お品の身体とその服装、家と食事を含めた生活、貰い風呂などが続けて描かれ、小作人一家としての「お品の家族はどこまでも日蔭者であった」生活環境が浮かび上がってくる。

そしてお品は寝つくようになり、その病気の報を受け、勘次は日傭取りの仕事から戻ってくるが、彼女の容態は悪化するばかりだった。遠くにいる医者の手配と往診の効果もなく、お品は死んでしまう。「お品は自分の手で自分の身を殺したのである」。近所の人たちやお品の老父などによる通夜と葬式の場面にも写生文が用いられ、当時の農村における小作人一家の葬儀のディテールまでもが伝わってくる。それは小さな葬式ではあるが、小さな祭のようでもあった。「たとい他人のためには悲しい日でもその一日だけは自己の生活から離れて若干の人々と一緒に集合することが彼らにはむしろ愉快な一日でなければならぬ」のだ。

だが『土』において、お品の死まではイントロダクションにすぎず、そこから残された勘次父子たちの変わることなき生活がずっと続いていく。それがどのような物語であるかは、お品の死と葬式がすでに表象していることになるだろう。

夏目漱石は『土』の春陽堂からの上梓にあたって、明治四十五年五月の日付で、『『土』に就て」という序文を寄せている。それを近代文学館の復刻版から引いてみる。

「土」の中に出て来る人物は、最も貧しい百姓である。教育もなければ品格もなければ、たゞ土の上に生み付けられて、土と共に生長した蛆同様に憐れな百姓の生活である。先祖以来茨城の結城郡に居を移した地方の豪族として、多数の小作人を使用する長塚君は、彼等の獣類に近き、恐るべく困憊を極めた生活状態を、一から十迄誠実に此「土」の中に収め尽したのである。彼らの下卑で、浅薄で、迷信が強して、無邪気で、狡猾で、無欲で、強欲で、殆んど余等（今の文壇の作家を悉く含む）の想像にさへ上りがたい所を、あり、、と眼に映るやうに描写したのが「土」である。（……）

漱石はこの序文を書く前年に、よく知られた「現代日本の開花」（『漱石文明論集』所収、岩波文庫）という講演をしている。そこで西洋の内発的開花と異なる日本の外発的で屈折した「皮相上滑りの開花」について語っているが、『土』を読んで、「皮相上滑りの開花」にも至っていない「土と共に生長した蛆同様に憐れな百姓の生活」を目の当たりにしたにちがいない。それは「教育」も「品格」も備えた漱石や長塚節、及び工業社会や消費社会へと「開花」していく時代が農耕社会に向けた視線であるといっていい。だが現在の消費社会の奥底にもそのような生活が埋めこまれているし、それを忘れるべきではない。

ゾラもまた同様に『大地』において、共通する「獣類に近き」農村生活を描き、その性と人間の獣性のあからさまな露出は弟子たちの離反を招くほどで、自然主義とは人間の醜悪さだけを追求するとの非難が高まったとされる。しかしここでもまた『ボヌール・デ・ダム百貨店』と『大地』が地続きでつながっていることに留意すべきである。

漱石ではないが、一方でひたすら「開花」していく社会もあれば、他方ではそのまま停滞を続けている社会も存在し、それが近代にあっては、農村、及び農耕社会として表象され、その負のイメージは二十世紀を通じて存続していたのである。

118

アメリカの農業の機械化と綿産業
――スタインベック『怒りの葡萄』〔原書、一九三九年、第一書房、一九四〇年〕とピエトラ・リボリ『あなたのTシャツはどこから来たのか?』〔東洋経済新報社、二〇〇七年〕

『〈郊外〉の誕生と死』や本書１１４などで、アメリカが消費社会化したのは一九三九年であり、それが世界でも突出して早かったことに関して、その主たる要因は三〇年代におけるモータリゼーションの普及に伴う全国的なスーパーマーケットの誕生と成長、その流通革命と産業化にあったのではないかと指摘しておいた。

それならば、その時代にアメリカの農耕社会はどのような位相に置かれていたのだろうか。アメリカもまた十九世紀後半までは紛れもない農耕社会で、一八七〇年には総人口の半分を農業人口が占めていたが、一九三〇年には25%と半減していた。そのような中で、まさにアメリカが消費社会化した三九年に、スタインベックの『怒りの葡萄』が出版された。この作品はアメリカ社会と農業の転換期を浮かび上がらせるもので、オクラホマの小作農ジョード一家が土地を追われるところから、本格的に物語が動き出す。

どうして小作人たちは土地から出ていかなければならなかったのか。その声を聞こう。

――この土地はじいさまが手に入れたのだ。それにはインディアンを殺し、インディアンを追っ払わなければならなかった。それからおやじがこの土地で生まれたが、おやじは雑草と蛇を殺したのだ。それから不作の年が来て、親父は少々金を借りなければならなかった。それからおれたちもここで生まれたのだ――あそこのあの家で――おれたちの子供もここで生まれた。そうしておやじは金を借りないわけにはいかなくなった。そうして土地は銀行のものとなったが、おれたちはここに残って、作った物の少しばかりを手に入れてきた。

だがその小作制度ももはや用をなさず、トラクター一台で十数世帯の小作の代わりを務めることができるのだ。「ここで生まれ、ここを耕し、ここで死ぬ」と思っていた小作人からすれば、立ち退きを迫る銀行がそうであるように、トラクターもまた「怪物」として描かれる。その操縦士も人間のようには見えず、「怪物の一部分」であり、トラクターの播種器は「ペニス」にたとえられ、それによる播種は「ギアでオルガスム」に至った「情熱なき強姦」と見なされる。それは「銀行がその土地を愛していないのと同じように、彼もまたその土地を愛していなかった」からだ。

そのようにして土地を追われたジョード一家は中古のセ

ダンをトラックに改造し、十一人の一家全員でカリフォルニアをめざす。これも一九二〇年代からのモータリゼーションブームの広い浸透を示すもので、すでに中古車市場が立ち上がっていることを告げているし、実際にそうした店の現状が書きこまれている。また自動車業界の繁栄が、トラクターなどの農業機械の開発に結びついているのだろう。カリフォルニアには仕事があると伝えられ、東部から西部へアメリカ大陸を横断する国道66号線を進んでいく。国道はおなじような車であふれていた。その道中で家族の何人もが死に、脱落し、失踪してしまう。そうした旅路の果てに出現したカリフォルニアの現実とはどのようなものであったのか、それはオクラホマと異なるカリフォルニア社会と農業状況に他ならず、それもまたアメリカの三〇年代を照射することになる。

ただ『怒りの葡萄』は出版の翌年の一九四〇年に制作されたジョン・フォード監督、ヘンリー・フォンダ主演のロードムービーの印象も作用し、農民小説というよりも、ロードノベルの色彩が強い。それもあって、「逃亡者の道」とされる国道66号線やキャンプ場、それにハンバーガースタンドなどのロードサイドビジネスの描写はリアルそのもので、この物語の独立したトポスのように迫ってくる。

それに反して、『怒りの葡萄』はオクラホマの大地とトウモロコシの描写から始まっているが、その農業の実態は明確なかたちで提出されておらず、こちらの知識の欠如もあり、いまひとつ曖昧な感じが否めなかったし、ずっと払拭できないままだった。農業不況についても、単に凶作と一九二九年のニューヨーク株式市場の崩壊に端を発するものだと思いこんでいた。ところが偶然ではあるけれど、一冊の経済書を読み、それが氷解するに至った。その一冊とはピエトラ・リボリの『あなたのTシャツはどこから来たのか?』(雨宮寛、今井章子訳)であり、『怒りの葡萄』以外にも教えられることが多々あったので、それらに言及してみたい。原題は邦訳タイトルとニュアンスが少しばかり異なるので、先にそれも記しておく。The Travels of a T-Shirt in the Global Economy: An Economist Examines the Markets, Power, and Politics of World Trade.

リボリは一九九九年にジョージタウン大学で、次のような演説を聞いた。それは反グローバル化の女性活動家によるもので、ナイキのTシャツを例にとり、それがベトナムやインドの子供や女性たちの悲惨な労働環境の中で作られているというものだった。それが発端で、リボリは自分がマイアミビーチのドラッグストアで買った一枚5ドル99セントのTシャツの出自、その誕生に関わった人々、及び政治と市場経済、グローバル化の物語をたどり、その一生を追うために三つの大陸を旅することになった。そしてそれは一枚のTシャツの生涯だけでなく、その生涯を取り巻く世界、すなわち歴史や政治をも照らし出すに至ったのである。

その白地のTシャツには派手な色づかいのオウムが描かれ、「Florida」という文字が書かれ、また背中のラベルには「シェリー・マニュファクチャリング」、その下には「中国製」とあった。リボリはフロリダの殺風景な工業団地のビジネス街にあるシェリー社のゲイリー・サンドラー社長を訪ねる。会社は彼の父が第二次世界大戦直後に創業したもので、独立系の卸売りとして商売を始め、ビーチの店々に北部からやってくる観光客向けのみやげ用アクセサリーなどを売っていた。

一九五〇年代に入って、一番人気はフロリダ風のモチーフがデザインされている綿の小さなスカーフであることに気づいた。その製造とプリントは日本製で、その仕入と販売価格の差が圧縮され始めたこともあり、マイアミに自社プリント工場を設けた。そこで白Tシャツはちょっとした旅行記ができそうな多くの名がプリントされ、観光客は旅の思い出に買っていく。

倉庫に満載のこれらの無地のTシャツはメキシコ、エルサルバドル、ボツワナ、インド、香港などから買い付けたもので、先述したように、リボリが購入したのは中国製だった。彼女の推測によれば、それは一九九八年後半に上海を出て、数週間後にマイアミの港に着いた。シェリー社は一枚1ドル42セントで仕入れ、そのうち関税は24セントで、当時の中国からアメリカへの衣料品割当からすると、このTシャツは輸入枠２５００万枚のうちの一枚だったことになる。

それならば、このTシャツは中国のどこからきたのか。それは「シュー・ジャオ・ミン。上海織物」からで、シュー・ジャオ・ミンは商取引のあるアメリカ人たちからパトリックと呼ばれていた。彼は年に二回アメリカに出張して営業し、欧米ファッションをつぶさに見て、自分の工場にそのアイディアを持ち帰り、東洋と西洋、途上国と発展国、共産主義国と資本主義国などを問わず、ビジネスに励む。そのしなやかなバランス感覚を失うことはないので、国際競争によって、自社の白Tシャツの将来性はあまりないと考えていた。

そのパトリックに誘われ、リボリが中国に赴き、生産現場の工場見学も行ない、さらに綿の生誕の地を尋ねると、彼は多分「テクサ」じゃないかと答えた。それは地球儀の中国と反対側にあるアメリカのテキサスのことだった。リボリのTシャツの綿は、「世界一コットンな街」を自負するテキサス州ラボックで生まれた可能性が高い。彼女は次にそこでラインシュ綿農園を営む八〇代のネルソン夫妻を訪ねる。そしてアメリカにおける綿産業の歴史が語られていく。

綿作はもう昔のように骨の折れる重労働ではなくなった。それでも二人は毎年、大自然や市場の気まぐれと格闘している。夏には暴風や砂塵や猛暑や虫の大群と戦い、秋の収穫期には世界市場で七〇ヵ国以上の生産者としのぎを削る。ラインシュ家の四〇〇ヘクタールに及ぶ農園の綿花生産高は最大で約二二七トン。Tシャツに換算するとざっと一三〇万枚分だ。生涯にわたって同じ職業にずっと就いていることは、ネルソンという人間について多くを語っている。そして、米国の綿産業についても……。

世界市場において、およそ優位性というものは常に一時的なものでしかないということは、歴史が証明している。ある国の産業がどんなに目覚ましい勝利を遂げても、最後には比較優位性の移行という厳しい結末が待っている。（……）ところが綿の世界市場においてだけは、米国が二〇〇年以上にわたってあらゆる意味で圧倒的な覇者であり続けており、他国、とりわけ貧しい国々には、追いつける可能性さえ無いに等しい。米国は、綿の生産高、輸出高、農場規模、単位面積当たりの収穫高において、常に一位を独占してきたのだ。（ただし、生産高は近年中国に次ぐ二位となり、輸出高は時にウズベキスタンを下回る）

高度資本主義消費社会のアメリカにあって、どうして単純な綿作が繁栄を続け、世界覇権を維持してきたのか。それはアメリカの綿補助金制度などに加え、生産者の卓越した適応性と事業的センスの豊かさによるとリボリは述べ、その歴史をもたどっている。

世界で最初の工場は綿の繊維工場で、十八世紀の英国で産業革命が起きたのは綿布や綿糸の生産が事業として発展し、紡績や製織技術が進化し、大量生産が可能になったからだ。そうして綿産業の生産性が大きく向上し、価格も劇的に下がることで、これまでおしゃれに縁がなかった民衆も安価になった綿服を着るようになった。野良着から晴着への移行である。本書115のゾラの『ボヌール・デ・ダム百貨店』の背景にあるのは、このような衣服に関する消費の変化にほかならず、服部春彦『フランス産業革命論』（未来社）においても、そのベースに資本制綿業の確立、工業の発展と繊維業の構造転換が不可欠のものとして言及されている。

英仏の綿需要の動向に合わせ、産業革命初期にはアメリカのシェアはほとんどなかったが、その後驚くべき急成長を遂げ、南北戦争の勃発の時代に南部は年間四五万トンを超え、全世界の生産高の三分の二を占め、綿は輸出総額の半分を占めるに至った。しかし南部の綿農園は奴隷制度に支えられたもので、それが綿産業の爆発的成長のコアでもあり、その事実はTシャツ製造についての市場経済批判派の言説と通底している。さらに先に引いた『怒りの葡萄』で、小作人が語るインディアンを殺し、手に入れた土地であることも付け加えるべきだろう。

この奴隷制度、綿生産の拡大、ホイットニーの綿繰り機の発明により、南部の綿の市場独占が続いていたが、南北戦争によって奴隷制度が廃止された後、小作制度が導入された。地主は労働の見返りとして、小作農に住居や食料、狩りや釣りの権利を与えることで、労働者を土地に縛りつけていた。それは『怒りの葡萄』の場合、地主＝銀行だったが、まだ保たれていたことになる。

そして二十世紀に入ると、テキサス州とオクラホマ州にいくつもの大規模農園が開かれ、トラクターの使用という技術革新が導入され、「工場」方式による綿の大規模生産システムが稼働し始める。それはおそらく科学的管理法やフォードシステムに基づく農業の工業化であり、綿産業へと躍進していく回路を開き、小作農や小作人の衰退と退場をもたらしていく。さらにそれを決定的にしたのは、一九三〇年代前半の不況下のもとでの綿価の暴落であり、三三年にニューディール政策の一環として制定された農業調整法（AAA）に他ならなかった。

これは過剰農産物の価格保証と休耕補助金の導入で、地主にとって小作人たちを休耕させ、補助金を受け取ったほうが割のいいものだった。かくして「大農園主はAAAでトラクターを買い、大戦前には小作農をすっかり刈り取って《トラクターアウト》しまった」という残酷なジョークだけが残されたとリボリは述べている。これが『怒りの葡萄』の背景であり、この作品は綿栽培をメインとする小作農、小作人の悲劇を物語っていると了解されるのである。そういえば、ヘンリー・フォンダを始めとして、映画の登場人物たちはほとんど全員が綿の衣服を着ていたし、それがまたアメリカの野良着にして、アメリカの農民の物語だということを表象しているのだろう。

しかしここであらためて、アメリカは日本占領下で農地改革を遂行したが、本国においてはそれを実行していないし、そのことによってアメリカ農業が世界的に絶対の優位を得ている事実、また日本の農業基本法やコメの減反政策と補助金も、アメリカのAAAに類似していることに気づかされた。それと同時に、『怒りの葡萄』における、ゾラの『ジェルミナール』やフランク・ノリスの『オクトパス』（八尋昇訳、彩流社）の影響、ジェームズ・ケインの『郵便配達夫はいつも二度ベルを鳴らす』（田中西二郎訳、新潮文庫）との時代を同じくする通底性を確認することになった。これらの三作は「ゾラからハードボイルドへ」で、いずれも論じているので、ぜひ参照されたい。

そして最後に一言付け加えておけば、リボリのTシャツをめぐる物語は、その三分の一ほどを紹介しただけであり、こうしたアメリカの三〇年代に限定されるわけではなく、綿産業をめぐる各国の歴史、及びその政治との関係は広く長きにわたり、入り組んで複雑であり、このような『怒りの葡萄』に関する部分の抽出は、彼女の著作に対する私の恣意的な読解となってしまうことを危惧する。それゆえに、私もTシャツを着てこの拙文を書いているが、読者も直接『あなたのTシャツはどこから来たのか？』に目を通し、自分のTシャツの出自を確かめてほしいと思う。

なおテキストは集英社版『怒りの葡萄』（野崎孝訳、『世界文学全集』66）を使用した。

119 『長いお別れ』へのオマージュとシミュラクル――矢作俊彦『THE WRONG GOODBY ロング・グッドバイ』（角川書店、二〇〇四年）

横浜には絵になる景色の港などどこにもない。私が生まれてこのかた、一度としてそんなものは存在しない。たしかに十数年前まで、調布の日活撮影所の塀の中に、その幻影が転がっていた。しかし、幻影であってもちろん現実ではない。

矢作俊彦「夜だけのパラダイス」（『複雑な彼女と単純な場所』所収、東京書籍、一九八七年）

矢作俊彦の『THE WRONG GOODBY ロング・グッドバイ』（以下『ロング・グッドバイ』）は、本書8のレイモンド・チャンドラーの『長いお別れ』への能う限りのオマージュ、それも「俊」という名前の一字が重なる清水俊二訳へのオマージュとして提出されている。それはまた同時に『長いお別れ』のシミュラクル、パスティーシュ、クリシェでもあることを必然的に伴ってしまうので、混住小説と読んでみたい気にもさせられる。『長いお別れ』は次のように書き出されている。

　私がはじめてテリー・レノックスに会ったとき、彼は〝ダンサーズ〟の前のロールス・ロイス〝シルヴァー・レイス〟のなかで酔いつぶれていた。

　いうまでもなく、主人公は私立探偵フィリップ・マーロウ、舞台はロサンゼルスである。発表されたのは一九五四年、日本での清水訳によるポケミス版は五八年に出され、それは日本のハードボイルド小説の形成に大いなる影響を与えることになる。

　矢作の『ロング・グッドバイ』はタイトル、ストーリー、構成、登場人物などから考えても、その集大成バージョンと見なしていいし、それは冒頭に一節にも明らかだ。

　私が初めてビリー・ルウに会ったのは夏至の三、四日前、夜より朝に近い時刻だった。彼は革の襟がついた飛行機乗りのジャンパーを着て、路地の突き当たりに積み上げられた段ボール箱のてっぺんに埋もれていた。
　酔ってはいたが浮浪者ではなかった。目をつむり、調子っぱずれの英語の歌をゴキブリに聞かせていた。

『長いお別れ』の時代背景が第二次世界大戦後の一九五〇年代、すなわちこれも本書7のハルバースタム『ザ・フィフティーズ』であることに対し、『ロング・グッドバイ』は二〇〇〇年と設定されている。そして物語のトポスは横浜で、主人公は私立探偵ならぬ神奈川県警の捜査一課二村永爾である。矢作の読者であれば、彼がすでに『リンゴォ・キッドの休日』(早川書房、一九七八年)や『真夜中へもう一歩』(角川書店、一九八五年)に登場していたことを記憶しているだろう。
　マーロウが二村、テリー・レノックスがビリー・ルウに置き換えられ、舞台もまたロサンゼルスから横浜、背景も第二次世界大戦からヴェトナム戦争へと移され、『ロング・グッドバイ』は『長いお別れ』の本歌取りのように始まる。その後の展開も後者の物語を反復するかたちで進行していく。しかしタイトルの日本語表記「ロング」は同じだが、チャンドラーの「長い」＝LONGとは異なる、「間違った」もしくは「ふさわしくない」＝WRONGとなっていて、その差異にこめられた意味をどのように捉えるべきなのであろうか。それは主として一九八〇年代以後の風景の変容であり、そのことを念頭に置きながら、矢作の『ロング・グッドバイ』を読んでみよう。

先に引用した「私」がビリーと出会った「路地」は米海軍横須賀基地の正面ゲートを過ぎたところのドブ板通り＝本町通りにあったが、明け方まで繁盛していたのは「遠い昔の話」で、もはや灯も人通りもなかった。「私」はその袋小路のネオンに誘われ、ハンバーガー屋に寄ろうとしたのだが、置き看板に明かりは灯っておらず、店の名前は半ば失われ、埃だらけのドアも開かなかった。その路地の突き当たりにビリーがいて、ゴミの山にハンプティ・ダンプティのように座り、英語の調子っぱずれの歌をうたっていた。そして彼は見ず知らずの「私」に「ハーイ」と手を振り、「グッドモーニング、相棒《バディ》」といったのだ。

それに引きこまれ、「私」は返事をするべきでなかったが、つい答えてしまっていた。「朝にはまだ時間がある。第一、相棒と呼ばれる筋合いはない」と。それがきっかけとなり、二人は飛行機に関するジョークを交わす。ビリーの言葉は東部のアメリカ英語だった。彼は海兵隊仕様のサバイバル・キットでそのハンバーガー屋のドアを開け、カウンターに入り、「私」にビールを一缶放り、スパニッシュ・オムレツなどを調理した。それを「私」が食べ終わると、製氷機の丸い氷を砕き、グラスに入れ、ハバナクラブを注いだ。「丸い氷だぜ。まったくフィフティーズだね」といいながら。

ようやくここで、彼から「ところで君は誰だ？」「なぜここにいる？」と問われ、「私」は二村だと名乗る。どうも会話からすると、ビリーはもう四半世紀前になるヴェトナム戦争に従軍していたようなのだ。だが「無銭飲食と住居侵入の共犯者」は泥酔していて、二村は車で彼の住む本町通りの古い建造物のパームブラザーズ・ハウスまで送っていく。彼は基地に住んでいるのではなかった。その途中の風景が描かれている。

汐入の駅前は様変わりしていた。半世紀前までは帝国海軍に、そしてこの半世紀はまた別の帝国の海軍に息抜きを提供してきた石造りの下士官クラブも再開発の波に飲まれ、高層ホテルや劇場をひとつにした複合ビルに取って代わられた。海側の造船所には巨大なショッピングセンターが建ち、背後の海は洗面器一杯分ほども見えなかった。そのふたつがX字型の歩道橋で結ばれていた。

彼はそのホテル形式のアパートに送り、そこを出ると、それはもうすっかり白んでいた。ビリーと再び会ったのはその翌週の金曜日で、巨人、ダイエー戦が行なわれていた横浜スタジアムにおいてだった。彼はヤジを飛ばしたことから、客席の黒人と喧嘩になっていた。二村は仲裁に入り、野球が終った後、ビリーと銀髪の白人の老婦人がやっているバーに飲みにいった。そこで初めて彼はウィリアム・ルウ・ボニーと名乗り、ビリーと呼んでくれといた。そしてギムレットならぬ「パパ・ドーブレ」＝ダイキリ・ダブルを頼みながら、祖母が日本人で、西海岸に生まれ育ち、海軍に入り、ヴェトナム戦争の戦闘機乗りだったと話した。また「ぼくの職業は酔っ払いだ」とも。

二村は思う。ビリーは白人ではなく、目も髪も黒く、四分の三は日本人なのに、その服装、言説、嗜好などは「過去の遺物」的なヤンキーそのもので、「彼の身にまとわりついているものすべては一時代昔、メキシコ湾流に押し流されてしまったはずのもの」だった。またそれゆえに、二村は彼のことをどことなく気に入ったのだ。これも『長いお別れ』のマーロウとレノックスの関係をなぞっていることはいうまでもない。

その一方で、身元不明のインドシナ系外国人の水死体が京急安浦駅近くの岸壁で見つかり、それがあのドブ板通りのカプットというハンバーガー屋の陳だと判明する。二村が再びカプットに向かうと、そこにビリーがいて、何かを探しているようだった。二週間ほどなのに三度目の出会いで、ビリーはいった。「偶然にしては回数が多すぎるな」と。

二村はビリーを彼のレインジローバーに乗せ、横須賀署に連れていこうとするが、踏み切れず、そのまま走り続ける。そして国道十六号と合流するところのロードサイドの風景が挿入される。

一つ目の信号を左に折れると波止場の気配が近づいた。しかし港は透明樹脂の囲いに覆われ、水のない金魚鉢のようだった。その先に椰子並木の六車線道路が続いていた。海沿いの公園は、ハウジングセンターの種々雑多な建売住宅で見えなかった。派手な色の幟が気味悪くはためいていた。（……）

海側にはファミリーレストランや大型の家具屋、自動車用品店などが広い駐車場に囲まれて並んでいた。陸側には背の高い分譲マンションがそびえていた。市はＪＲ横須賀駅から観音崎灯台まで一万メートルの海辺の散歩道を計画中だった。こんなところを散歩させられたら、犬でもノイローゼになるだろう。

このような描写は日本のハードボイルド小説も、必然的に郊外のロードサイドビジネスのある風景を舞台とせざるを得ない時代を迎えていた事実を表出させている。

それは風景だけではない。登場人物たちも同様で、中華街の十階建ての結婚式場のある評判のレストランの支配人はどこか崩れた印象があり、「その印象が、タキシードを量販店の替えズボン付きの喪服みたいに見せていた」と記され、中華街そのものも郊外に包囲されてしまったことを暗示させている。

その後も二村はビリーとあのバーで何度も会い、ビリーのヴェトナム戦争の話を聞いたりしていたが、ある夜ビリーが車で横田基地まで送ってほしいといって、二村のアパートを訪ねてきた。基地に着くと、ビリーは小型ジェット機に乗り、九十九時間後に戻るといい、夜間飛行へと飛び立った。だがそのままビリーが操縦していた飛行機が台湾上空で行方不明になり、二村はさらなる事件へと巻きこまれていく。

『ロング・グッドバイ』の物語の進行につれて描かれる風景の変容をふたつほど引用してきたが、これは矢作が一九九〇年代に『週刊ポスト』に連載していたバブル後の風景を追った『新ニッポン百景』（小学館）が投影されていると考えられる。しかしそれらの中にあって、バブル以前から存在した風景も収録されている。それは神奈川県横須賀市の「地図のない領土」と題されたもので、それは『ロング・グッドバイ』の物語のコアというべきトポスで、それこそは『長いお別れ』には登場しなかった外国の基地なのだ。ビリーは「ここが、もう外国なんだよ」といった基地の中に、二村も入っていく。

十六号線を少し走り、信号でいきなり左にまがった。右手の窓を巨大な錨が流れさった。気づいたときには横須賀基地の正面ゲートが目の前にあった。（……）

入ってすぐのあたりは左右に背の低い建物が並び、緑が深く、正面には小高い丘がそびえて、軍事基地というより外国の大学キャンパスのようだった。車はその丘の裾を左回りに巡っていった。海は上屋と艦隊にすっかり隠されていた。

倉庫や工場の間を抜けていくと、また緑が濃くなった。

木々に見え隠れする芝生の斜面に小体な住宅が並んでいた。決して豪壮なものではなく、ありきたりなアメリカの郊外住宅だった。

軍事基地という日本の中のアメリカが、艦隊に取り囲まれていながらも、「大学キャンパス」や「郊外住宅」として出現してくる。それが基地の内側の実相の一端でもあるのだ。

栗田尚弥編著『米軍基地と神奈川』（有隣新書）には、一九四五年のマッカーサーが厚木飛行場に到着してから始まった日本占領によって、戦前の軍都市神奈川県が基地の県として変貌した歴史を追跡している。それは先に引用した『ロング・グッドバイ』の中でも語られていた。『米軍基地と神奈川』はコンパクトな一冊だが、図表、地図、写真などを示し、現在でも神奈川県の米軍基地が十四に及び、「占領期同様、米軍の基地や施設は、日本の法律や主権のおよばない日本の中のアメリカ合衆国として存在し続けることになる」と述べている。

矢作の『ロング・グッドバイ』はチャドラーの『長いお別れ』の本歌取りのかたちをとりながらも、物語の中に基地の存在を取りこむことによって、ハードボイルドを異化させることを目論んだと判断してもよかろう。それはクロージングの一文にも明確に表出している。まず『長いお別れ』を示す。

私はその後、事件に関係あった人間の誰にも会っていない。ただ、警官だけはべつだった。警官にさよならを言う方法はいまだに発見されていない。

だが『ロング・グッドバイ』は次のように終わっている。

その日から先、私が親しくしていたものは残らずこの町からいなくなった。しかしアメリカ人だけは別だ。アメリカ人にさようならを言う方法を、人類はいまだに発明していない。

ここに「WRONG」にこめられた意味を垣間見ることができるし、それは基地と消費社会のアメリカとの出会いのようにも思われてならない。

120 タイ、難民、娼婦たち
――谷恒生『バンコク楽宮ホテル』（講談社、一九八一年）

バンコクは癌が進行していくような速さで拡大し、周辺の田園地帯を飲み込み、水田を、投機的な住宅開発、あわただしく作られた郊外地図、そして巨大な新しいスラムへと変化させた。

ベネディクト・アンダーソン『比較の亡霊』（糟谷啓介他訳、作品社）

本書でも22の佐々木譲『真夜中の遠い彼方』を始めとして、難民に象徴されるベトナム戦争後の物語を取り上げてきた。前回の矢作俊彦の『ロング・グッドバイ』も時代設定は今世紀に入った二〇〇〇年であるが、ベトナム戦争に物語の起源を発し、主要な登場人物たちも、その戦争と時代から召喚されている。それはアメリカ軍に属していたビリー・ルウたちばかりではない。例えば、冒頭に出てくるハンバーガー屋のチエン＝チャン・ピントロンはベトナム解放戦線の幹部だった。ところが戦後に入ってきた北ベトナム政府から追放の憂き目に会い、難民として香港に流れつき、英国に情報を売ることで、中国名での英国のパスポートを入手し、日本へとやってきたとされる。それはヴァイオリニスト海鈴やフランス人神父なども同様で、ベトナムを出自とし、いずれもが二一世紀を迎えた横須賀基地の周辺にいて、『ロング・グッドバイ』の物語を支えるパーソナリティを形成する。そうした意味において、矢作のこの作品は横浜を舞台とし、ベトナム戦争に関わった人々が混住することによって生み出された四半世紀後の物語、つまりベトナム戦争後日譚とも呼べるであろう。

だが本書でもすでに言及してきたように、日本でも多くのベトナム戦争後の物語が提出されてきた。それらの中でも一九八〇年前後に先駆けて刊行されたのは、船戸与一の処女作『非合法員』（講談社、一九七九年）と谷恒生の『バンコク楽宮ホテル』（同前）だったと思われる。前者は拙著『船戸与一と叛史のクロニクル』（青弓社）で詳細に論じているので、ここでは後者にふれてみたい。

その前に、これらの二作だけでなく、『ロング・グッドバイ』の登場人物たちの背景とも共通する戦争後のベトナム、及びインドシナ半島周辺国の社会状況とはどのようなものであったのかを、まず確認しておく。

それは一九七五年から八〇年にかけてのクロニクルであり、もはや四十年の歳月が過ぎているので、もう一度たどり直す必要も生じているはずだ。『20世紀全記録』（講談社）から抽出してみる。

＊1975・4／南ベトナム民族解放戦線軍が首都サイゴンを進攻。グエン・バン・チュー大統領と代わったドン・バン・ミン新大統領は無条件降伏し、解放戦線軍はサイゴンに無血入城。アメリカ大使館は閉鎖され、大使館員はヘリコプターで脱出し、ベトナム戦争に終止符が打たれた。

一方で、カンボジアでもカンプチア民族統一戦線が首都プノンペンを制圧し、5年にわたる内戦が終息。ロン・ノル大統領は亡命し、アメリカ軍も撤退。

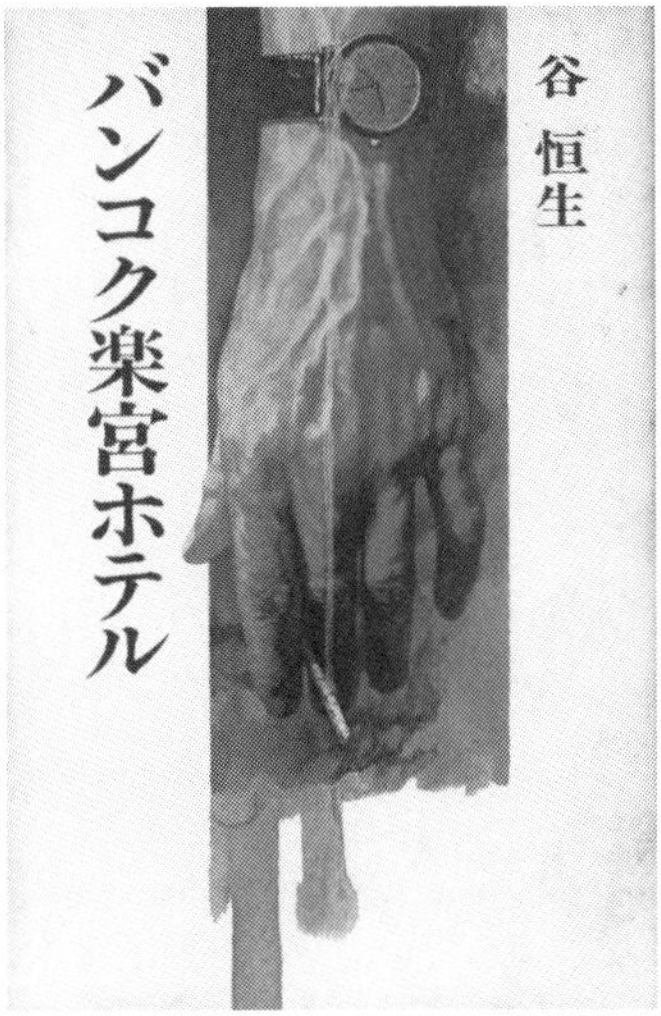

＊1975・8／ラオスでもパテト・ラオ（ラオス愛国戦線）がピエンチャン州を制圧し、国土全域に支配権。

＊1975・11／南北ベトナム代表がサイゴンで再統一政治協議を開始。

＊1975・12／ラオスは王政を廃止し、ラオス人民民主共和国発足。

＊1976・4／カンボジアのシアヌーク元首が辞任し、キュー・サムファンが元首、ポル・ポトが首相となる。

ベトナムで南北統一総選挙実施。ベトナム社会主義共和国誕生。

＊1976・5／タイに亡命してきたカンボジア人が、国内における政権反対派の大量虐殺を告発。

＊1976・10／タイで軍部がクーデターを起こし、全土に戒厳令。

＊1977・7／タイとカンボジア両軍が国境地帯で衝突。

＊1977・12／カンボジアが侵略を理由として、ベトナムと断交。

＊1978・5／ベトナムの中国系住民の国外脱出が増え、すでに13万3000人に及ぶと香港紙が報道。

＊1978・8／中越国境で中国軍とベトナム国境警備

隊が衝突。
＊１９７８・11／ベトナム難民を乗せた汽船がマレー半島沖で座礁、沈没し、２０３人が死亡。ボートピープルは75年には数百人だったが、76年に５０００人、77年に1万６０００人と増え続け、78年には8万６０００人、79年前半には月間5万人を上回るようになった。
＊１９７９・１／ベトナム軍がカンプチア救国民族統一戦線とともにカンボジアの首都プノンペンを攻略し、ポル・ポト首相の民主カンボジア政府崩壊。カンボジア人民共和国政府樹立。
＊１９７９・２／中国軍が大兵力でベトナムに侵攻。ベトナムの国境侵犯に対する反撃との名目だが、西側の観測はカンボジアのベトナム軍を牽制し、ポル・ポト政権を支援し、ベトナムに経済的打撃を与えるためとされる。
＊１９７９・７／インドシナ難民、その中でも海上からのベトナム難民、ボートピープルが国際問題となっており、ジュネーブで国連難民会議が開かれる。
＊１９８０・６／ベトナム軍がカンボジア領からタイ領内に侵入。

これらが一九七〇年代後半のインドシナ半島国家の状況であり、ベトナム戦争後の周辺諸国の動向に他ならない。

このような東南アジアの現代史の流動状況をふまえ、谷の『バンコク楽宮ホテル』は書かれている。彼は一九七七年に海洋冒険小説『喜望峰』と『マラッカ海峡』（いずれもKKベストセラーズ）を同時刊行し、デビューしている。この二作は谷の外国航路を回る現役の1等航海士としての経験をダイレクトに反映させたものだったが、『バンコク楽宮ホテル』はこれらの海洋物と異なり、いわば陸物《おかもの》で、私見からすると、金子光晴の『どくろ杯』（中公文庫）などの東南アジア放浪記の影響下に書かれたようにも思える。

主人公の加田＝「私」が巣喰っているバンコクの楽宮旅社は、タイトルに示されたホテルというよりも木賃宿にふさわしく、そのヤワラーと呼ばれる中国人街は「ごみごみした正体不明の路地が蜘蛛の巣のように錯綜している」。そして路地裏には「腐ったパイナップルのようなすっぱい臭いが充満し」、物乞いたちが通りすがりの人びとに哀れっぽく手を合わせている。このような描写は金子の『どくろ杯』における上海の街の体臭である「性と、生死の不安を底につきまぜた、蕩尽にまかせた欲望の、たえず亡びながら惨んでくる悩乱するような、酸っぱい人間臭」を想起させる。

日本の詩人ならぬ駆け出し作家である加田＝「私」が物

語の狂言回しを務めることになるのだが、やはり楽宮旅社に滞在したりしている日本人は自称ギャンブラー、フリーライター、旅行代理店現地ガイド、ボランティア志願者、ドラッグ中毒者、フォトジャーナリストたちで、ほとんどがバンコクでの体験を売りものにして、日本で有名になりたいと考えている。これらの登場人物たちも『どくろ杯』と共通し、時代の相違はあっても、七〇年代における所謂日本人ヒッピーのアジアでの跋扈を浮かび上がらせ、それとパラレルに大手新聞社特派員や難民ボランティアで名を馳せた女史評論家なども相対化される。なぜならば、それらの人々が日本における難民狂騒曲の発端だったからだ。

これらの日本人たちに加えて、楽宮旅行社を根城にしているのは娼婦たちで、その相場は日本円で五百円から千円とされる。『バンコク楽宮ホテル』はそのメオの描写から始まり、彼女の存在がこの物語とホテルを表象しているかのようだ。「メオは娼婦である。半年ほど前からこの旅社の隅の部屋にウィンユーと一緒に住みついている。メオとウィンユーはラオスから流れこんできた俗にゆう難民」であるゆえに、旅社に居つく他の娼婦からは疎外され、陰湿な確執も生じていた。メオの胸にある青い蛾の刺青は警察につかまった密入国の娼婦のしるしで、それは「ラオスを棄て、タイのバンコクで客をひさいでいる彼女の刻印」だった。

しかしメオは自らの選択でラオスを棄てたわけではない。真偽のほどは定かではないが、彼女は相当な家柄の娘、インテリ軍人だった父親がベトナムに後押しされたラオス革命政府による弾圧を恐れ、ビエンチャン陥落の一週間後に、一家全員でメコン川を渡り、タイのノンカイに脱出しようとした。ところがベトナム軍のスコールのような機銃掃射を受け、メオ以外はメコン川に沈んでしまった。彼女は無我夢中で泳ぎ、対岸のノンカイにたどりつき、野生のバナナや野ねずみを食べ、飢えをしのいでいたところ、タイの兵隊に発見され、輪姦され、放り出された。それからメオは盗みや身体を売ることを覚え、今日まで生きのびてきたのだ。だがチェンマイ出身の娼婦であるトワムワイはいう。

「プノンペンが共産主義者どもに占領されてから、ラオス人がタイにどんどん入りこんできてさ。頭にくるよ、あたいたちだった苦しいんだ。チェンマイの百姓は月三百バーツで地主の土地を耕してる。どの家も、子だくさんでさ、だからあたいたちはバンコクに稼ぎにこなきゃならない。それなのに、ラオスのやつらが自分の国を放り出し、居ついちまうから、ますますあたいたちの暮しが苦しくなる。だって七十万人のラオス人をあたいの国が食わせていることになるんだよ。事情を知らないよその国は難民難民って同情するけど、同情してもらいたいのは、あたいたちのほうさ」

ここに語られているのは娼婦と難民の関係だが、娼婦の仕事を他に置き換えれば、民族の混住を認めようとしないナショナリズム言説に共通するものだといえよう。しかし最も留意すべきは、出稼ぎ者や難民が娼婦となるしかない社会構造であろう。楽宮ホテルにたむろする日本人たちもいう。タイはどこにいっても娼婦《おんな》が安く、この二十年間で値上りしないのは娼婦だけだし、タイで最も豊富な資源は女で、外貨の稼ぎは一番ではないか。

「それにラオスから七十万人が流れこんでいますし、カンボジア難民が百万人、ベトナムのボートピープルだった二十万人はくだりませんからね」
「そのうちの半分は女なものですから、女の大半がバンコクへもぐりこんで娼婦となる。自分の身体しか稼げるものはありませんからね、（……）。
日本は東南アジアではない。極東《ファーイースト》なんだ（……）。タイと日本を比較するのは無意味なことです。比較するなら、ラオスとタイ、インドとタイ、バングラデッシュとタイというように地続きの国ですね。そうなればタイのアジアで占めている国家的位置がわかるというものです。娼婦だってそうです。日本と較べられたらバンコクの娼婦も立つ瀬がありませんが、ビルマやバングラデッシュ、インド、カンボジアなど東南アジアの貧乏国の女と較べれば、彼女たちはどれだけしあわせかしれませんよ」

このような発言に露出しているのは一九八〇年前後におけるタイの日本人たちの実態、及び東南アジア諸国の娼婦と難民状況であり、『バンコク楽宮ホテル』はまさにそれらの三者の混住を必然的に描いてしまうことになる。またそこから逆照射されるのはインドシナ半島の戦争がもたらしたもの、もしくはアジアでいち早く消費社会化した「極東の貪婪な経済大国」日本とタイの関係に他ならず、それはアメリカと占領下にあった日本のメタファーで語られ、この物語にこめられた谷の眼差しを伝えているように思われる。

やはり一九八〇年代前半に毎日新聞特派員としてバンコクに駐在した永井浩は、八六年に『見えないアジアを報道する』（晶文社）を上梓し、タイの女性の位相についてレポートしている。そこで彼はチュラロンコン大学のパスク助教授の著書From Peasant Girls to Bangkok Masseusesを援用し、タイにおけるセックス産業の発展は歴史、経済、社会的要因が積み重なり、独自の形態をとるに至った経緯にふれている。それらは供給地としての農村における女性の経済的な地位と役割、強い母系的色彩と経済的責任にまず求められ、その一方で、バンコクを中心とする都市の上流階級の一夫多妻や妾を持つことが富や権力のシンボルという男性優位イデオロギーが重なる。そして同様のイデオロギーを有する華僑の流入による、米を始めとする商業部門の支配、資本主義経済と都市の発展を通じてのそれらのイデオロギーの蔓延、インドシナ戦乱を契機とする米軍基地の設置、その撤退後に生じた国家的外貨獲得のためのセックス産業支援などが挙げられている。それらの大半が『バンコク楽宮ホテル』のベースに埋められた社会的ファクターだとわかるし、谷はそれらを難民の娼婦に象徴させ、書こうとしたのだと了承される。

しかしその谷恒生も先年鬼籍に入り、ボートピープルに象徴される難民の存在を「国境線上の第四世界」(『現代思想』一九九三年八月号所収)と呼んだ船戸与一も同様に亡くなってしまった。だが日本でも3・11によって難民が生じ、また現在のシリア内戦は国内外で人口の半分を超える一千万人以上の難民を生み出し、それらは今世紀を迎えても難民の時代が終わっていない事実を突きつけているのだ。

なお続編として二〇〇二年に『バンコク楽宮ホテル残照』(小学館)が書かれている。また現在のバンコクは、幼児売春や臓器売買をテーマとする、梁石日の『闇の子供たち』(幻冬舎文庫)でも描かれている。

121 タイの農村と教育現場

――カムマーン・コンカイ『田舎の教師』〔勁草書房、一九八〇年〕

前回の谷恒生の『バンコク楽宮ホテル』の一文を書くために、難民写真集、タイ文献などに目を通した。それらは谷の小説のモデルとされている人物たちによる『難民終りなき苦悩』（文・犬養道子、写真・小林正典、岩波書店）や『難民 国境の愛と死』（写真と文／酒井淑夫、国書刊行会）、またタイ史を含んだ和田久徳他の『東南アジア現代史Ⅳ』（山川出版社）や綾部恒雄他編の『もっと知りたいタイ』（弘文堂、一九八二年初版）といった関連書だった。そして最も印象に残ったのは、難民キャンプや収容所が必ず郊外に設営されていること、それからタイがまったくのアジア的農耕社会に他ならないことである。このふたつの事実はタイにおける難民キャンプや収容所が農村の近傍にあることを意味している。

それならば、タイの農村とはどのようなものであったのか。『バンコク楽宮ホテル』でもチェンマイ出身の娼婦が、年に三度の田植時期には商売を休んで帰郷することが書かれていたし、マレー半島の水田風景が列車の窓から見えていたが、農村そのものは描かれていなかった。そこでもう一編、当時のタイの農村についてふれてみたい。

先の『もっと知りたいタイ』に収録された「経済活動人口の就労状態」によれば、第一次産業に当たる農林漁業の占める割合は、一九六〇年が82・4％、七〇年が79・3％であり、その産業構造はちょうど日本の明治時代初期に相当し、それは本書116の来日異邦人たちが見た日本の「逝きし世の面影」を喚起させる。また同書には「都市と農村」の章も設けられ、全人口の85％が住む農村において、工業化に伴う肥料代や燃料費の値上りで、米作は利益を生み出さなくなる一方で、広告や宣伝による消費欲望が高まり、現金の家計支出が増え、日雇い、出稼ぎが恒常的になってきた状況がレポートされている。

そうした農村に対して、タイで近代都市とよべるのは人口五百万人を有するバンコクだけで、二番目の都市チェンマイは十万人余、三番目のメコンラーチャンは九万弱にすぎない。このようにタイは紛れもない農耕社会であるが、政治、経済、文化は首都バンコクを中心とし、その格差は激しく、都市住民の年間一人当たり所得は農民の六、七倍に及ぶとされている。

そのタイの農村を舞台とする小説を一冊だけ読んでいる。それはカムマーン・コンカイの『田舎の教師《せんせい》』（冨田竹二郎訳、井村文化事業社刊、勁草書房発売）である。一九八〇年代半ばにNHKでアジア映画が連続放映され、その中に同名の映画も含まれ、それを観たことで、原作小説も読むに至ったからだ。このドワンカモン映画社のカムマーン・コンカイ原作映画は七八年一月にタイで公開され、超ロングランとなり、タイ映画史上の新記録となるほどの大成功を収めたとされる。それに合わせ、同年三月に出された原作もベストセラーになったと伝えられている。日本での翻訳刊行や映画上映は八〇年である。残念ながら映画はDVD化されていないようなので、もう一度観ることができない。先の同書には映画のスチール写真と解説が八枚収録され、その記憶を少しばかり喚起してくれるが、拙稿は原作小説に基づく。

訳者の冨田竹二郎は原作者の協力を得て、このタイの東北部のラオスとカンボジアに接するウボンラーチャーターニー県の辺地の村の小学校を舞台とする作品に、予備知識としての「始め」を寄せ、次にように記している。

タイ国で大都会と言えば、やがて人口五百万に達するであろう首都バンコクのみで、あとは人口十数万の数市を除けば、すべてこれ田舎である。日本に較べればバンコク以外は全部田舎で、県庁や郡役所のある町以外は全部「辺地」とも言える。電気、水道、ガス、電話、鉄道、バスの通じていない所は多い。しかしこの作品の題名は「辺地の教師」ではなく「田舎の教師」である。バンコク以外は何処でも似たり寄ったりの田舎だという考えである。

これはタイ語の原題「クルー・バーンノーク」がそのまま邦訳タイトル「田舎の教師」であることの説明になっていて、それはほぼ一世紀前の一九〇九年に日本で書かれた田山花袋の『田舎教師』（角川文庫）との共通性を想起させる。だがタイの農村では「田舎の教師」といってもエリ

ートであり、花袋の小説に漂う「田舎教師」の哀感はないことを断っておこう。それに作者のコンカイは花袋と異なり、小説家ではなく、実際にタイ東北の貧農の家に生まれ、師範学校を出て「田舎の教師」を経験し、当時は文部省学術局の部長の地位にあった。だからこれも巻頭の「作者より」に示されているように、『田舎の教師』は「小学校教員の本当の話で、内容には田舎の人の生活や、東北地方の慣習や文化をできるだけ多く見せる」ことを主眼にして書かれている。それゆえにラストシーンは別にして、大半はリアリズム小説として提出されているといっていいだろう。

『田舎の教師』は主人公のピヤがバンコク師範を卒業し、自ら望んで故郷のウボン県の狂犬沼村《バーン・ノーンマーウォー》に赴任するところから始まる。彼は両親を小学生時代に失い、バンコクで住職をしている唯一の親戚である伯父を頼り、そこに寄宿し、有名な師範を卒業するに至ったのである。同じように地方の教師を主人公とする島崎藤村の『破戒』(新潮文庫)が「蓮華寺では下宿を兼ねた」と書き出されていたことも連想してしまう。この作品も花袋の『田舎教師』とほぼ同時代の一九〇六年に刊行され、これらの教師を主人公とする双方が農村を背景として成立していることは『田舎の教師』とまったく共通するもので、日本とタイと、国は異なっていても、そのような社会と時代において、教師という職業が固有の社会的位相を体現している存在であることも物語っていよう。

ただそれでも日本のこれらの作品に比較し、突出しているのは『田舎の教師』の故郷への愛着で、両親は田畑や家も残してくれなかったにもかかわらず、故郷を思う気持が強かったのであり、それが帰郷を兼ねる赴任の最も大きな要因だった。

それでもなお彼は、幼少のころの生活状況を心に留め、そのすべてが今なお記憶に残り、彼をして故郷を追想するように誘うのである。田んぼ、疎林、丘、高原、谷川や沼であろうと、暑季の乾燥と灼熱、雨季の緑と豊穣、寒季の寒さであろうと、東北歌謡師《モー・ラム》、笙《ケーン》の響きを聞くたびに、また降雨雷鳴の音を聞くたびに、他の東北の田園出身者と同様に、ピヤは故郷が恋しかった。

また伯父もいう。「わしらの村に帰れ。帰って村の兄弟たちの役に立て」。同じ土地の人間は血がつながっていなくても兄弟だし、人間は勉学によって人間的に成長する。だから彼らに知識を与え、光明を授けるべきだと。ここでは都市での立身出世よりも、農村における知識人としての啓蒙の役割が重視されていることになる。それは一九七〇年代まで続いていたタイの社会的エトスの表出を伝えているのだろう。

そのようにピヤは新任教師として、バスで村に向かい、彼が他所者《よそもん》ではなく、同じ土地の者とわかり、校長と村長の歓迎を受ける。校舎はこの土地の木材を使った大きな木造家屋で、建ててからもう何年にもなるが、いまだに未完成だし、壁も入口の扉も窓もなく、床も地面のままだった。生徒は九十八人で、その顔つきや肌は栄養失調状態を示し、衣服は古び、色もあせ、継ぎが当たっていたけれど、新しい先生を見て、彼らの顔には微笑の色が浮かんでいた。ピヤは小三と小四の四十人を受け持つことになった。彼は「最良の田舎教師」たらんとし、他の生徒も含めて、「皆さんを弟や妹のように教え、しつけ、可愛がって行くつもりです」と挨拶する。その後で校長はピヤにいう。「何もそうたんと教えんでもええんじゃよ。算数と国語だけで十分じゃ」と。

ピヤの村と学校での生活が始まっていく。それらはおそらく一九七〇年代のタイの東北の農村の現実そのものだと思われ、学校の出来事とパラレルに村の生活とその実態も浮かび上がり、『田舎の教師』が小説と民俗のレポートの双方の役割を有しているとわかる。ピヤが下宿した校長の仕事や生活状況から、村の結婚式や葬式、田植えや穫り入れなども描かれ、とりわけ秋の収穫時はどの国でも共通するもので、「村内生活は幸福に満ち溢れ」、この地方特有の「田中の稲と水中の魚は豊穣であった」と記されている。田植えが終わり、穫り入れまでの間、女はござを編んだり、糸を紡いだり、機で布を織ったりする。その一方で、男は田と水牛と水を管理し、雑草を駆除し、魚や鳥などを獲ったりした。「みんなが生業《なりわい》を立てるために、めいめいする仕事があり、田舎の人には田舎の人なりに幸福がある」のだ。

ピヤもまた中古自転車を入手し、前任者が住んでいた荒れ小屋を手入れして引越し、生活に必要な井戸を掘る。「わたしは幸せになりたい。そして他の人びとをも幸せにしたい」という思いで、貧しい生活の中で、飲食の習慣によって病に倒れた生徒一家を助けようとし、そのために生徒と一緒に魚とりに励んだりもする。その中で彼は村の人々からの信頼を得るようになっていく。このようなストーリーはまたしてもではあるけれど、島木健作の『生活の探求』（河出書房、一九三七年）を想起してしまう。

そうしたピヤを生徒たちの他に、同僚の若き女性教師ドワンダーオ、同じく現代的教師ピシット、気遣い幽霊と呼ばれる、楽器と魚とりの名人チャーン・ケーン、元衛生兵のにせ医者ゾムバットなどが取り囲むように配置される。

ドワンダーオはＧパンをはいた美人のお嬢さんで、物語のヒロイン的役割を担い、チャーンは村の変わり者としてトリックスター的存在を務め、小説としての『田舎の教師』に色彩を添えている。これらの主要な登場人物たちに対して、悪役として召喚されるのは村の分限者、商売と金貸しによって財をなし、精米所やバス事業を営むチャーン・コーン、その上に立つウボンの大商人で、華僑の舎・竜《シアーマン・コーン》である。この二人は農耕社会に出現した近代的資本主義の象徴であり、後者は華僑としてヨーロッパにおけるユダヤ人のように造型されている。

　そして秋になり、材木運搬用のトレーラーと十輪トラックが村に入り、学校の横を通り、ジャングルの奥に消えて行くのをピヤは目撃する。彼は森の中に残された車の跡をたどり、チェーンソーや巨木の倒れる音のする奥へと入っていった。すると出現したのは材木運搬トレーラーや巨木を伐り倒す職人の飯場小屋で、それは森林の価値と神秘性を破壊する密伐の現場だった。ピヤはそれらのすべてを写真に撮り、タイの全土に拡がっている森林破壊に抵抗するために、フィルムを友人の勤めるバンコクの新聞社に送った。

　その記事と写真が掲載された新聞は、ドワンダーオが設置した新聞閲覧所でも読まれ、舎・竜たちの密伐はウボン県知事の責任問題にもなろうとしていた。そこで舎・竜たちは新聞社に写真を送った犯人探しに躍起になり、ピヤは殺し屋に狙撃され、即死してしまう。そしてラストシーンは次のように結ばれている。

> ドワンダーオは、なぜピヤ先生のような人が、このように射たれて死なねばならないのか、理解できぬ子供たちに取り囲まれながら、少女がお気に入りのお人形を抱きしめるように、すでに霊魂の抜けた、ピヤの遺体を胸に抱きしめて支えていた。

　先にこのラストシーンは『田舎の教師』のリアリズム小説と異なるものではないかと記しておいた。しかしベネディクト・アンダーソンの『比較の亡霊』（糟谷啓介他訳、作品社）の「現代シャムの殺人と進歩」の中で、タイにおける「ローカルな殺人」への言及を読み、このラストシーンも他ならぬリアリズムそのものであることを理解した。アンダーソンによれば、それは七〇年代に起きた「地主、実業家、汚職まみれの村長をはじめとする地方有力者の権力と利権を脅かすと考えられた農村指導者、労働組合員、ジャーナリストに対する殺人」で、「地方有力者が雇った殺し屋《ムー・プーン》によって実行された」という。

確かに『田舎の教師』の殺し屋も、アンダーソンのいうベトナム戦争時代の殺人要員の一人のように描かれている。とすれば、コンカイの『田舎の教師』は現代リアリズム小説としては紋切り型で、物語としてタイの農村の学校状況、農村の風習や民俗のレポートの色彩も強く、文部省上層部に籍を置く人物が書いた映画原作と見なしがちだったけれど、コンカイがこの作品にこめた思いは、ピヤ＝自分と等身大だった教師が殺されてしまう、タイにおける不条理を象徴させる、このラストシーンにあったのかもしれない。またそれゆえに映画も大ヒットしたと考えられる。

なお『田舎の教師』は二〇一〇年に同じ監督によってリメイクされているようだが、こちらは未見である。

122 日本の戦後教育の変容——『アメリカ教育使節団報告書』

〔一九四六年、講談社学術文庫、一九七九年〕

前回、タイの農村と小学校を舞台とする『田舎の教師』にふれたが、タイは他の東南アジア諸国と異なり、外国の植民地になったことがない。それゆえに近代の波にさらされていても、その教育システムはタイ社会の在り方と密接に結びついているのだろう。しかしもし植民地化や占領を経ていたら、タイの小学校と教育システムも大きく変貌していたはずだ。そのことを考える意味で、今回は続けて戦後の日本の教育状況に言及してみたい。それは私がオキュパイド・ジャパン・ベイビーズ、つまり占領下に生れた子供たちの一人であるからだ。このジェネレーションは二千万人に及ぶ。

敗戦に続く、ＧＨＱ（連合国最高司令官総司令部）による一九四五年から五二年にかけての七年間にわたる占領は、日本の政治、経済、文化、生活などに大きな影響を及ぼし、それは教育システムも例外ではない。その占領は現在に至るまで日本社会を呪縛し、それがもたらす光と闇は至るところに痕跡を残している。かつて「ＣＩＥ図書館」（『図書館逍遥』所収）という一文を書き、ＧＨＱ民間情報教育局が全国各地に開設したＣＩＥ（Civil Information and Education Section）図書館を取り上げたことがあるが、これもＧＨＱによる教育改革の一環としてで、日本の戦後の公共図書館、学校図書館史もそれと深く関係しているといっていい。

ＧＨＱは占領下の日本の教育改革を推進するために、アメリカ本国に専門家による教育使節団の派遣を要請した。それに応じて、一九四六年三月にイリノイ大学名誉総長でニューヨーク州教育長官のジョージ・Ｄ・ストッダードを団長とする教育使節団が来日することになった。その二十七名からなる使節団は大学教授や教育行政官を中心とするもので、「日本における民主主義教育」「日本における再教育の心理的側面」「日本教育制度の行政的再編成」「日本復興における高等教育」の四分野に関しての報告と勧告を目的としていた。

それに対して、日本側は「日本教育家の委員会」を設け、使節団の調査や活動などに協力態勢を組んだ。それらの二十九名の主たるメンバーは使節団同様に、大学学長や教授だった。アメリカ教育使節団はＣＩＥや「同委員会」と会合と持ち、会議、参観、会見、調査、研究などを重ね、課題の達成に従事した。使節団の調査活動期間は正味二十五日間ほどだったが、ＣＩＥの大いなる協力もあり、三月三十一日にマッカーサーに報告書として提出され、ＧＨＱはこれに「民主主義的伝統における理想の文書」という声明を付し、公表したのである。

これが『教育使節団報告書』で、同時期にいくつかの邦訳書が出たとされるが、現在確認できるのは三種類の邦訳である。それらは伊ヶ勢暁生、吉原公一郎編、解説『米国教育使節団報告書』（「戦後教育の原点」２、現代史出版会、一九七五年）、「米国教育使節団報告書」（『教育学大事典第６巻所収、第一法規、七八年）、村井実全訳解説『アメリカ教育使節団報告書』（講談社学術文庫、七九年）だが、ここでは現在でも入手可能な学術文庫版をテキストとする。

使節団はその「序論」において、「われわれは征服者の精神をもって来たのではなく」、「経験ある教育者として来た」し、「最大の希望は子供たち」だとまず宣言し、次のように述べている。

> われわれは、いかなる民族、いかなる国民も、自身の文化的資源を用いて自分自身あるいは全世界に役立つ何かを創造する力を有していると信じている。それこそ

が自由主義の信条である。われわれは画一性を好まない。教育者としては、個人差・独創性・自発性に常に心を配っている。それが民主主義の精神なのである。われわれは、われわれの制度をただ表面的に模倣されても喜びはしない。われわれは、進歩と社会の進化を信じ、全世界をおおう文化の多様性を、希望と生新な力の源として歓迎するのである。

そして新しい教育の方向は授業と学習に自由をもたらし、その男女の別なき機会の均等は開かれた教育の新たな構造を創出するであろう。そうなれば、すべての学生と教師は「何をすべきか、何を考えるべきか、またどうあるべきか」を自分自身で見出すようになるだろう。そのように考えてみると、「学校」は「非文明主義、封建主義、軍国主義」に抗するもので、「まさに国家的事業の一端」を担い、「その事業の成功の鍵」を握っているとされる。

続いて本論は六つの項目に及んでいくので、それらの章タイトルを示し、内容を要約してみる。

①「日本の教育の目的および内容」

＊今や自由主義的・民衆主義的政治形態となったわけだから、日本の教育におけるカリキュラム、教科課程、教授法、及び教科書も建て直さなければならない。

＊これまでの日本の教育制度は一般大衆と一部の特権階級とに別々の型の教育を用意する高度に中央集権化された十九世紀パターンで、習得すべき一定量の知識を定め、生徒の能力などを無視し、また教師の職業的自由を発揮する機会を奪っていた。

＊そのために個人の知性は忠誠心や愛国心と引き換えになり、教師も生徒も画一化し、群集心理に陥りやすくなっていて、日本の教育制度は生徒を現実社会に適するように育てることに失敗した。

＊こうした状況をふまえたうえで、新しい教育目的、カリキュラム、教科課程、教授法、教科書等の問題が考察されなければならない。かつての本質的特徴は権威主義

だったが、新たな出発点は個人にあり、それはあらゆる社会階層に支持されている。

＊民主主義の生活に適応した教育制度は個人の価値と尊厳に関する認識を基本とし、各人の能力と適正に応じ、教育の機会が与えられるように組織されるし、民主主義における教育の成功は画一性や標準化によって測ることはできない。

＊教育は個人を社会の責任ある協力的な一員となるように準備しなければならないし、「個人」という言葉は少年と少女、男性と女性に平等に当てはまるものである。

＊中央政府当局は教育内容、教授方法、教科書を規制すべきではなく、要綱や教授手引きの出版に限定するべきだし、教師は様々な環境にある生徒たちの必要や能力、将来の希望に応じて、教授内容や方法を自由に採択すべきだ。

＊教育や研究の自由は日本の国民文化のためにも奨励されなければならないし、それは試験第一主義という目的を改めることを意味しているし、新しい型の試験制度を考えてみる余地がある。

①の前半から抽出したのだが、②以下も本文から要約していくと長いものになってしまうので、巻末の「報告書の摘要」から、主たる部分を引いておく。

②「国語改革」

＊国語改革とローマ字使用の提案。

③「初等学校および中等学校における教育行政」

＊学校管理の地方分権化、それによる文部省の地方学校の直接的支配から専門的助言と技術的援助への移行。

＊義務教育は男女共学、授業料無料、通学期間は九年間。

④「授業および教員教育」

＊新しい教授法自主的な思考・人格の発展、民主主義的市民精神と権利を奨励するものに変えるべきだ。

＊師範学校は予科を廃止し、再組織し、四年制とすべきだ。

⑤「成人教育」

＊日本の現在の危機的な状況において、成人教育は最も重要性があり、学校におけるＰＴＡ活動、成人のための夜間クラスや公開講座、地域社会活動のための校舎の開放は成人教育に役立つ。

＊成人教育にとってもうひとつ重要な施設は公立図書館で、大都市には公立の中央図書館と分館の設置、すべての都道府県での図書館業務の適切な措置を勧める。

⑥「高等教育」

＊高等教育は自由思想、大胆な研究、国民の希望を担う活動の場となるために、少数者の特権であってはならず、多数者に開かれるべきであり、大学は増設すべきだ。

これらは『アメリカ教育使節団報告書』からのわずかな抽出であるけれど、この『報告書』がレントゲンを当てたかのようにして、戦前の日本の教育制度の本質を透視し、把握した上で、それに代わる新しい制度を鮮やかなまでに提案していることが了承されるだろう。ただローマ字教育は占領下のアルファベット表記に関してのご都合主義であるにしても。しかもそれはまだ占領から七ヵ月しか経っていなかったことを考えると、アメリカの日本社会分析と新しいビジョンの提案は、日本側へと強烈なインパクトを与えたにちがいない。しかしここに謳われた画一性や標準化の否定はアメリカの現実ではなく、アメリカ消費社会の機能はそれらに向けて全力で稼働していたことを記しておこう。

それはともかく、教育も含んだ日本の文化政策の敗北をも告知していたことになる。そのことを証明するように、『報告書』の提出を受けて、日本の教育改革が始まっていく。それらの主な動向を『教育大事典』第5巻所収の「教育年表」から追ってみる。


1946・3／アメリカ教育使節団来日、『報告書提出』。

8／教育刷新委員会設置。

10／6・3制原案決定。

11／「日本国憲法」公布、現代かなづかい、当用漢字表（常用漢字1850字に制限）。


1947・1／学校給食開始、「ローマ字教育実施要綱」発表。

2／文部省、新学制実施の方針発表。

3／「学習指導要領一般編（試論）」発表。「教育基本法」「学校教育方」公布。

4／6・3制発足（9年の義務教育となる）。この年の新制中学生徒数430万人。

5／「学校教育方施行規則」制定。

6／日本教職員組合（日教組）結成。

10／帝国大学の名称を廃止。

11／視学制度を廃止し、指導主事をおく。


1948・2／「国立国会図書館法」公布。

4／新制高等学校発足。新制中学は1万6千校となる。

6／PTA第1回全国評議会開催。

7／「教育委員会」公布。

1949・9／「教育公務員特例法」公布。育英事業振興作決定。

2／大学設置委員会新生大学79校決定答申。

3／「国立学校設置法」公布（国立新制大学69校設置）。

7／CIE顧問イールズ、共産主義教授の排除勧告。

1950・3／短期大学113校認可、（4月に36校追加）。この年新制大学201校、学生数22万人、その3分の1が女子学生。

4／「図書館法」公置。

8／第2次アメリカ教育使節団来日。

1951・3／この年の入学児童に国語・算数教科書無償給与。

5／「児童憲章」制定。

6／東京都、夜間中学校を認める。

7／アメリカ対日工業教育顧問団来日。

11／日教組、第1回全国教育研究大会（日光）開催。


このように『アメリカ教育使節団報告書』から始まる日本の教育制度改革によって、私たちは6・3制に組みこまれ、小学校でパンと脱脂粉乳の給食を食べ、学校図書室で本を読み、そして中学校で西洋音楽を聴き、フォークダンスをやらされ、親たちはPTAを経験した事情を知ることになるのである。

占領下におけるGHQの農地改革や財閥解体は必ず大文字の印象で言及されているが、教育改革については全面的に語られてこなかった。だがこうして『報告書』を読み、それに続いて起きた教育をめぐる出来事をたどってみると、あらためて私たちがまさに学校教育の場において、オキュパイド・ジャパン・ベイビーズだったとわかる。

それゆえに訳者の村井実も述べている。

日本人のための、そして日本の再建のための教育の指針が、アメリカ人によってなされたのである。しかも、日本人は、いかにも唯々として、あたかも自分自身の発想でもあったかのように、熱心にその指針にしたがって教育の再建に励んだのである。この意味で、この報告書は、日本の教育史の上できわめて重要な文書であるだけでなく、世界史の上での壮大な政治的ならびに教育実験ともいうべき事件を象徴する興味深い文書といわなければならないのである。

こうした指摘を読むと、それは占領下に起きた事柄だけでなく、一九九〇年に出された「日米構造協議」におけるアメリカ案を想起してしまう。この内容は『ドキュメント構造協議 日米の衝突』（日本放送出版会）などに詳しいが、この土地に関するアメリカの要請は第二の農地改革ともいえるものであり、これによって日本の大店法は改正され、実質的に大型店の出店がフリーとなったのである。それに引き続いて、九八年から出され始めた「日本における規制撤廃、競争政策、透明性及びその他の政治慣行に関する日本政府への米国政府要望書」（以下「年次要望書」）は、実質的に巨大なショッピングセンターの出店へとつながっていくものだった。これが大店法の廃止に結びつき、大規模小売店舗立地法が施行となり、日本の商店街を壊滅させることになった。

『アメリカ教育使節団報告書』が日本の教育システムをドラスチックに変貌させたように、「日米構造協議」や「年次要望書」もまた一九九〇年以後の日本社会を大転換させてしまったといえるであろう。吉本隆明が『情況へ』（宝島社、九四年）の中で、日米構造協議のアメリカ案に対し、屈辱感を覚えたと述べ、次のように書いていた。

― 構造協議米国案によって日本の社会経済は正確に解剖しつくされ、完膚なきまでに頭脳的な従属を強いられたといっていい。武力による敗戦もみじめだといえばみじめだが、平和な時期の社会経済的な頭脳の敗北は眼に視えないだけに、もっとみじめだといえる。

このようにして、一九九〇年代に第二の敗戦がもたらされたのである。その日本のアメリカに対する「頭脳的な従属」もまた『アメリカ教育使節団報告書』のひとつの帰結だったといえるのではないだろうか。

123 一九八〇年代のアメリカの農村
――スティーヴン・グリーンリーフ『探偵の帰郷』〔早川書房、一九八五年〕とリチャード・ピアス『カントリー』〔ポニー、一九八四年〕

本書121で一九八〇年前後のタイの農村を見たように、様々な時代における日本やフランスやアメリカの農村の風景にふれてきた。そして日本の農村が八〇年代になって、ロードサイドビジネスの林立する郊外消費社会へと変貌してしまったこと、また日本の八〇年代の産業構造がアメリカの五〇年代とまったく重なり合うものであることにも言及してきた。

それならば、八〇年代のアメリカの農村はどのような状況の中にあったのか。そのことを物語の背景にする小説が八三年に出され、日本においては八五年に翻訳刊行された。しかもそれはハードボイルド小説で、スティーヴン・グリーンリーフの『探偵の帰郷』(佐々田雅子訳、早川書房)というポケ・ミスの一冊としてだった。この原題はFatal Obsessionで、内容から意訳すれば、『家族という宿命』といった邦題タイトルになるであろう。ところが原題とは異なる『探偵の帰郷』が選ばれたのは、ハードボイルド小説でさえも農村というトポスと無縁でないこと、それがアメリカの故郷と家族の物語につながっていくことを邦訳タイトルにこめようとしたからだと思われる。この作品はサンフランシスコの私立探偵ジョン・タナーシリーズの第四作目に当たり、そのタナーが三十年ぶりに中西部アイオワ州のカルディアに帰郷するところから物語が始まっていく。

カルディアというタナーの故郷のスモールタウンの周辺は農村で、実際にタナーは一族の有する広大な農地の処分をめぐる問題のために帰郷することになったのである。その人口六千余人のカルディアは、グリーンリーフが育った同州のセンターヴィルをモデルとしているはずで、この『探偵の帰郷』に至って、初めてハードボイルド小説のトポスとして農村が登場することになった。そしてグリーンリーフの試みが思いつきでないことは、第十三作目の『憎悪の果実』(黒原敏行訳、早川書房)がやはりカリフォルニアの農村とストロベリー農場を舞台とし、アメリアの農業の変容をテーマとしていることにも明らかだ。

またさらに付け加えれば、「訳者あとがき」によると、当初グリーンリーフはこの作品の仮タイトルとして、Family Treeを考えていたようだ。これはいうまでもなく、本書でもしばしば言及してきたゾラの「ルーゴン＝マッカール叢書」のArbre Généalogique、すなわち「家系樹」に相当することからすれば、『探偵の帰郷』は本書117のゾラの『大地』のアメリカハードボイルドバージョンと呼んでみたい誘惑に駆られてしまう。『大地』もまた土地

の相続をめぐる問題がひとつのテーマだったし、それも共通しているのである。私は「ゾラからハードボイルドへ」という試論を書いているが、グリーンリーフのこの作品はその実証ということにもなるのだ。それらをベースにして、『探偵の帰郷』はベトナム戦争後のアメリカ社会、八〇年代の農村状況、難民の実態をも浮かび上がらせる作品として提出されている。

まず『探偵の帰郷』の冒頭の一節を引くと、「飛行機は、とてつもなく大きな布団のように広がる耕地を超えて舞い下りていった」とあり、これはタナーがサンフランシスコ発オマハ経由のユナイテッド航空の飛行機で帰郷してきた最初のシーンに他ならない。そして「大きな布団のように広がる耕地」とは、アイオワ州の土地の90％以上が農地であり、この州がアメリカ中西部の農業州だということを示唆しているのだろう。ちなみにアメリカ全体におけるA級農地の25％がアイオワにあり、トウモロコシや大豆の生産は九〇年代まで全米一位を占めていた。それらの事実からアイオワは必然的に農業、もしくは農村を連想するのが一般的なので、冒頭のシーンからして、タナーの帰郷先が農村であり、それを伝えていることになる。

飛行機のターミナルで、「私」＝タナーを待っていたのは妹のゲイルだった。タナーは妹の車に乗り、故郷に向か

う途中で、大豆とトウモロコシの畑の風景を目にし、今は十月だが、七月にはトウモロコシの生長する音が聞こえることを思い出していた。タナーは妹の要請で、四人の兄妹が相続した農場の処分問題に結論を下すために帰ってきたのである。しかもその農場は早く亡くなった両親から相続したものではなく、子どもがいなかった伯父から受け継いだもので、その三百二十エーカーに及ぶ農地はそのまま小作に出されていた。ちなみに三百二十エーカーは百三十ヘクタールに及び、日本と比べれば、広大な耕地面積だが、自作農としてやっていくためには二百エーカーでは難しく、三百エーカーが必要とされるようだ。『新訂増補 アメリカを知る事典』（平凡社）によれば、一九八〇年の平均農地面積は三百九十エーカーで、農業就業人口は2・5％だが、広義の農業所得はGNPの20％以上を占め、それはアメリカが生産量や輸出量において世界最大の農業国であることを示している

ただ一族の得る小作料は諸々の施設の修繕に費やされ、最終的にはわずかな金額が残るだけだった。だが売ることになれば、まとまった金額になるはずで、兄のマットとカートは売ることに賛成だが、ゲイルは反対の立場をとり、伯父の遺産は現状の変更に関して三票が必要だったから、農場の行方はタナーの意向次第という状況にあった。

ゲイルとは三年前にサンフランシスコで会っていたが、兄たちとはずっと顔も合わせてなかった。情熱家のゲイルは、一族の絆のあかしとしての農場を守ろうとしていたけれど、兄のマットは私生活と仕事の資金調達のために、カートはベトナム戦争帰りの息子のビリーのことで人生に見切りをつけたようで、売りに出したがっていた。一族の土地利用をめぐって、環境保護グループ、石炭や石油会社、アグリビジネス、工業団地の造成をもくろむ市などが名乗りを上げていた。その一方で、カルディアは人が生まれたら、死んだりする以外はほとんど何も起こらないし、変わっていないとされていたが、明らかに農家の数は減っていた。それは多くの零細な農民が生存競争に敗れ、借金のかたに家と土地を残し、出ていったからだ。

それもあってか、町の広場の商店もチェーン店だらけになっていた。「かつては、広場の界隈の店の人はすべて顔見知りだった。だが、今は知らない顔ばかり」で、しかも人出は減り、さびれていて、このカルディアには好況というものが一度もやってこなかったようだ。一九五〇年代の農業の衰退と炭鉱の閉山、それらに代わる六つの工場誘致、束の間の安定と七〇年代における工場の閉鎖、そして郊外ショッピングセンターが開店し、広場の商店街もさびれてしまっていたのだ。その他にも変化が起きていて、束

洋系の人種との混交もそのひとつだった。偶然出会った級友は、町についていう。「悪くなる一方だ。まわりを見てみろ。広場の店は半分が空き家だ。町で人が集まってるのは失業対策事務所だけさ。しかも、仕事の半分は黒んぼや、ここに流れ込んできたボートピープルのやつらが取っちまう。くそっ、このおれからが失業中の身なんだから」と。彼は工場に関わり、その後ファストフードチェーン店をやっていたが、つぶれてしまったようなのだ。

タナーは車で町を流してみることにした。

さほど行かないうちに、また少年の頃の、何ともいえぬ開放された気分が蘇ってきた。日曜の午後、車、それに自分の世界の果てまで行って帰ってこれるだけのガソリンと三拍子揃ったときの気分が。(……)

私の青春を象徴する高校。プールのある市立公園、図書館、貯水池、ゴルフコース、そして私が育った家といったものは、すべて変わらなかった。ただし、一点を除いて、つまり、すべてが記憶しているよりも小さかったのだ。私は思いがけなく小人国リリパットへ迷いこんでしまった巨人ガリヴァーのような気分になった。

私はドライブを続けた。思い出という棘のある茂みが容赦なく絡みついてきた。あるものは深く突き刺さり、あるものは刺さったかと思うと抜けおち、あるものは血を噴き出させた。

そうした思いはタナー家兄妹四人のひさかたぶりの一族再会にも同じように表出し、しかも土地の処分をめぐる意見の対立の只中で、ビリーの死の知らせが届く。公園で首を吊っているのが見つかったのだ。彼はカートの息子で、タナーが十年以上も前に写真で見たビリーは十代の終わりのようで、若さが弾けて溢れていたが、死体にその面影はまったくなく、すさまじい苦行の末にやつれ果ててしまったようだった。ビリーはベトナム戦争帰りで、一族の農地の外れの一角に小屋を建てて住み、ヒッピーたちとつき合い、町の鼻つまみ者になっていたようだ。タナーの問いに、父のカートは「戦争だ。あの忌まわしい戦争だよ。ビリーは戦争で死んだんだ」と答える。それは「ある人間にとっては、まだ戦争が終わっていない」ことを物語っている。だがベトナム戦争でビリーの身に何が起きたのかは定かではなく、カートはいう。「歯車がみんな狂っちまったんだ」。そして町でも悪い時代になるとはびこるようなことがすべて起きているようなのだ。

ビリーは自殺と見なされるが、タナーは納得できず、まさに故郷においても探偵となって、その足跡をたどっていく。そしてビリーがベトナム戦争で対ゲリラ戦の「殺し屋」で、その後戦争の構造を知り、反戦主義者になったこと、アメリカに帰還後、枯れ葉剤エージェント・オレンジの後遺症による病気で苦しんでいたが、愛人のヒッピー娘が妊娠し、生まれてくる子どもに名前をつけていたことから、自殺する理由は見出せなかった。しかしその代わりに、タナーはビリーの農場の谷間での大麻栽培と密売ルート、ビリーをベトナム戦争へと送りだした徴兵委員会、ビリーの戦争での犯罪、それらだけでなく、タナーの両親の秘密に至るまでが浮かび上がってくる。それらのすべてが「ある人間にとっては、まだ戦争が終わっていないこと」を告げていた。そしてビリーの死も同様で、殺人者にとっても「まだ戦争が終わっていないこと」によって、死へと追いやられたのである。ビリーの葬儀の場で、牧師が読んだ『聖書』の「詩篇」の言葉とともに、タナーはその真相を黙して語らないことにし、『探偵の帰郷』は閉じられている。

このようにハードボイルド小説としての事件の解明は果されているのだが、一九八〇年代の農村を直撃した不況についてはその正確な輪郭がつかめていない。そこで耕地面積のことを先述したように、登場人物の発言をたどり、もう少しそれを追跡してみたい。タナー一族の農地を借り、穀物栽培に携わっている農場主の言から推測すれば、ワシントン穀物市場がアルゼンチンやカナダに発注するようになり、国内のトウモロコシや大豆相場が暴落したことで、零細農家は破産に追いやられ、家と土地を差し押さえられ、カルディアから出ていく羽目に陥ったのである。ただ零細農家といっても百エーカーから二百エーカーの耕作面積を有していたと考えられる。

また低所得者に支給される食料クーポンの廃止も語られているので、これらも含めて、農村不況は八〇年代初頭のレーガン大統領就任による「レーガノミックス」の発動やGATT（関税と貿易に関する一般協定）とも関連しているのだろう。それらはルーズベルト以外のニューディール政策をくつがえすものであった。なぜならば、アメリカの農業調整法を始めとする農業保護政策はニューディール政策に始まっているからだ。またそれにアグリビジネスという超大規模農業法人の台頭も大きな影を落とし、そうした農業をめぐる社会状況のすべてがカルディアのようなスモールタウンにも押し寄せ、『探偵の帰郷』の背景になったと思われる。

そうした状況を補足説明する映画がやはり同時代に制作されているので、この映画も紹介しておきたい。それはジェシカ・ラング、サム・シェパード主演、リチャード・ピアス監督の『カントリー』である。まず広大な農地とその中で行われている大型機械による農業は近代化の行き着いた、工業化した農場のような印象で迫ってくる。同じ自然の中での農業であるにしても、日本のそれとはスケールもまったく異なり、アメリカの農業の実態をあらためて教えてくれる。

『カントリー』は八〇年代の農業不況を正面から捉え、それは自らプロデューサーも務めたジェシカ・ラングの少女時代の中西部農村地帯の体験が反映されているという。三代にわたって農業を営んできたラングとシェパードの夫婦は不作と穀物相場の下落によって窮地に追いやられていた。それは機械や肥料費が穀物価格を上回ってしまい、作っても作っても赤字になる状況ゆえだった。そのことでＦＨＡが出てくる。これは『リーダーズ・プラス』（研究社）によれば、農務省農民住宅局（Farmers Home Administration）をさし、『カントリー』を見た限りでは、農家を対象とした金融機関のようなのだ。このＦＨＡは農家に対して融資を二十年返済の長期で行なってきたが、八〇年代の農業経営の赤字状況を見て、早期回収を図り始める。当然のことながら、大半の農家はそれに応じられず、家や土地も差し押さえられ、競売にかけられたりする状況を迎えていた。その中で夫のシェパードは何ら手立てを構ずることができず、酒に溺れ、子どもにも暴力をふるったりするようになる。それに反して、妻のジェシカは何代にもわたる農婦、娘、妻として立ち上がり、競売阻止へと向かっていく。ここに八〇年代初頭にアメリカの農村を襲った不況のメカニズムの一端が描かれ、それが画面を通じてコンクリートに伝わってくる。農業と土地と穀物、それらに反目する国家と金融システムをめぐる闘争がこの『カントリー』の主題なのだ。

だが『探偵の帰郷』にしても『カントリー』にしても、それらはもはや三十年以上も前のことに属するし、日本も含んだＴＰＰが発動されようとしている。現在のアメリカ農業状況はどうなっているのだろうか。

124 日本人移民たちの「リトル・ヨコハマ」
――トシオ・モリ『カリフォルニア州ヨコハマ町』
〔原書、一九四九年、毎日新聞社、一九七八年〕

南北アメリカへの日本人移民に関しては拙ブログ「出版・読書メモランダム」の「謎の作者佐藤吉郎と『黒流』」でふれてきたが、アメリカで生まれた日系二世、日系アメリカ人の物語にはほとんど言及してこなかった。ここではそれを取り上げてみたいと思う。

これまで様々に論じてきたように、戦後のGHQによる日本の占領は強制的混住ともいえるもので、それは前々回の日本の教育問題のみならず、戦後社会の至るところにその痕跡を残している。しかし戦前においては日本人が移民としてアメリカへ向かい、主としてヨーロッパを出自とするアメリカ人と混住することを宿命づけられた時代もあったのである。それは必然的に「JAP」と「Hakujin People」の混住を意味し、その帰結は太平洋戦争下においては日本人強制収容所へとつながっていく。「アメリカにおける日本人移民」というサブタイトルを付された、若槻泰雄『排日の歴史』（中公新書）などを参照し、その明治から始まる歴史を簡略にたどってみる。

＊一八六八年／明治元年は移民元年とされ、ハワイへの渡航。

＊一八六九年／カリフォルニア州ゴールドヒルへの移住。

＊一八九〇年／アメリカ国税調査により、フロンティアの消滅を告知。その一方で、日本人移民が本格化。九〇年代前半は太平洋沿岸だけで四千人から七千人に増加。ヨーロッパにおいて黄禍論が唱え始められる。

＊一九〇〇年／カリフォルニア州を中心とし、日本人移民が農業労働者から農地を獲得したり、町の雑貨屋、洗濯屋、床屋などへと進出していく。そのことによってアメリカ人と競合するようになり、日本人排斥運動が始まっていく。

＊一九〇六年／サンフランシスコ大地震、罹災者二十万人に対し、日本は五十万円の見舞金を送るが、日本人学童隔離問題が起き、公立小学校から東洋人学校への転校がカリフォルニア州学務令によって実施される。

＊一九〇七年／日本人移民制限を目的とする日米紳士協約が締結され、日本はこれまでの自由移民に対してのアメリカ本土行き旅券の発給を自主規制。ただし再渡航者、

及び在住者の両親と妻子は除外となるが、これとともに写真結婚による呼び寄せは認可される。この協定にもかかわらず、〇八年には在米日本人十万人を超える。

＊一九一三年／カリフォルニア州における排日土地法と帰化法の成立。

アメリカの帰化法に基づき、日本人はアメリカ市民となり得ないアジア人であるので、土地所有禁止と借地制限の実施。カリフォルニア州だけでも日本人の農業者所有土地面積は二万六千ヘクタールにも及んでいたことから、排日土地法はその息の根をとめる致命的法律だった。

＊一九一九年／日本政府は排日運動緩和のために、写真結婚の禁止に踏み切る。

＊一九二〇年／第二次排日土地法成立。

これによって様々な便法も禁止され、日本人による土地所有は全面的に禁止となる。そして半年もしないうちに、ワシントン、アリゾナ、デラウェアなどの諸州でも制定される。

＊一九二四年／比例制限法が実施され、在留外国人人口に比例して、各国からの移民数が定められ、これが新移民法への施行へとつながっていく。排日移民法と呼ばれ、日米新協約は破棄され、実質的に日本人はアメリカに移民としてわたることはできなくなった。そして日本から花嫁を迎えたり、家族を呼んだりすることも、帰国して再渡米することも禁止され、帰化権、農地の所有権、借用権もなくなり、一世、二世からなる日本人社会は孤立していく。

＊一九四一年／真珠湾攻撃による太平洋戦争勃発。

＊一九四二年／カリフォルニアなどの太平洋沿岸三州とアリゾナ州居住に十二万人の日本人が強制収容所に送られる。

この太平洋戦争下の日系人の記録とのその後の生活については、実際に強制収容所での生活を描いたヨシコ・ウチダの『荒野に追われた人々』（波多野和夫訳、岩波書店）、そこで誕生したダニエル・沖本の『日系二世に生まれて』

（山岡清二訳、サイマル出版会）などに異議申し立てでも含んで語られている。またアメリカ人の側からも、D・S・マイヤー『屈辱の季節』、A・ポズワーズ『アメリカの強制収容所』（いずれも森田幸夫訳、新泉社）として提出されている。それらは日系人がまさに難民として処遇されたことをレポートしている。

ここで取り上げる『カリフォルニア州ヨコハマ町』（大橋吉之輔訳、原題 Yokohama,California, 1949）の著者であるトシオ・モリも、前述のような日本人移民クロニクルと強制収容所を経て、日系アメリカ人作家、「序文」を寄せたウィリアム・サロイヤンに従えば、「彼はカリフォルニア州のどこかに生まれた若い日本人で、最初のすぐれた日系アメリカ人作家」として、戦後になって登場してきた。トシオ・モリは世界文学辞典類にも立項されていないので、まず訳者の大橋によるポートレートを示しておきたい。

トシオ・モリは一九一〇年にカリフォルニア州オークランドに日系二世として生まれている。両親は広島県出身で、父は農業に従事していたが、妻と二人の息子を残してハワイに渡り、砂糖きび畑の労働者として三年間働き、カリフォルニア州に移住した。そして紆余曲折を経て、オークランドの風呂屋の経営者となり、日本に残した妻を呼び寄せ、三人目の子供としてトシオが生まれると、二人の息子も渡米してきた。それから一家はオークランドの郊外ともいうべきサン・リアンドロに移り、カーネーションや菊の栽培を始めた。その当時、サン・リアンドロは日本人移民が多く集まり、園芸栽培が盛んな農村地帯であった。

トシオはそこからオークランドの学校に通い、一九二六年の十六歳の時に古本屋でシャーウッド・アンダソンの『ワインズバーグ・オハイオ』（橋本福夫訳、新潮文庫、小島信夫・浜本武雄訳、講談社文芸文庫）を見つけ、文学に開眼したという。そしてエマソン、ソーロー、サロイヤンなどにも魅せられ、作品を書き始め、それらをサンフランシスコの文芸同人誌『ザ・コースト』に発表するようになった。そのうちの一九三二年から四一年に書いたものを『カリフォルニア州ヨコハマ町』として、四九年に上梓するに至ったのである。

本来であれば、一九四二年に出版予定だったが、四一年の日米開戦により、四五年までトシオはユタ州トパズの強制収容所に送られ、解放後はサン・リアンドロの園芸栽培の立て直しの仕事に忙殺され、長きにわたって出版は宙吊りのままになっていた。それがようやく、その経緯と事情は不明だが、『わが名はアラム』（清水俊二訳、晶文社）の著者の序文を得て、四九年に刊行されたのである。邦訳にはサンフランシスコ湾をはさんだオークランドやサン・リアンドロとサンフランシスコ周辺の地図が収録され、タイトルとなっている架空の地名「ヨコハマ町」がこの地域の日系人社会であることを浮かび上がらせている。これは原書にも掲載されているのだろうか。

『わが名はアラム』はカリフォルニア州の架空の町フレズノを舞台としたアルメニア人移民の物語であり、『カリフォルニア州ヨコハマ町』と共通している。それに私はかつて「移民の町の図書館」(『図書館逍遥』所収)で、サロイヤンの同様の『人間喜劇』(小島信夫訳、晶文社)にふれた際に、「冬の葡萄園労働者たち」(古沢安二郎訳『サローヤン短編集』所収、新潮文庫)に日本人移民も登場していることを指摘しておいた。

それゆえにサロイヤンの物語の投影もしのばれるけれど、やはり『カリフォルニア州ヨコハマ町』に決定的な影響を与えたのはアンダソンの『ワインズバーグ・オハイオ』に他ならないだろう。アンダソンもオハイオ州ワインズバーグという架空の町を設定し、二十二編の短編からなる連作によって、そこに住む人々の生活や心象現象を描いた。そのアンダソンの作品と重なるように、トシオの『カリフォルニア州ヨコハマ町』も二十二編の短編によって構成され、それが『ワインズバーグ・オハイオ』を範として書かれた物語であることを示している。それは登場人物が『ワインズバーグ・オハイオ』を手にして現われる「アキラ・ヤノ」にも見てとれる。

しかしトシオがアンダソンと異なるのは、トシオがその物語において、日本からアメリカにわたってきた日本人移民とその二世たちを登場人物にすえ、それもあくまでカリフォルニアのヨコハマ町の生活として描いていることだ。それでいて、その生活が世界のどこにでも見受けられる普遍なものであることを伝えているかのようなのだ。それは「リトル・ヨコハマ」と題された一編のクロージングの文章にくっきりと表出している。ここには移民や日系人の存在は感じられないだろう。

そして今日――いつもと同じ日、太陽がまた出ている。主婦たちはベランダに坐り、老人たちは日蔭に坐って新聞を読んでいる。庭の向うでは、ラジオがベニー・グッドマン楽団の演奏をボリュームいっぱいあげて流している。子供たちがリンカーン中学校から帰ってくる。しばらくすると、年上の子供たちが工業学校やマックライモンズ高校から帰ってくる。それから、男の子たちが女の子たちと連れだって、どこかへ遊びに出かけて行く。老人たちは、ベランダや窓から、それを眺めながら、首を振り、にっこりほほ笑む。

――世界中どこにでもある一日、リトル・ヨコハマの一日。

トシオが『ワインズバーグ・オハイオ』と出会ったのは一九二六年、そして『カリフォルニア州ヨコハマ町』としてまとめられる作品を書きためていくのが三二年から四一年とされる。それらの年月は彼が十六歳から三十一歳にかけてであり、先の日本人移民クロニクルと照らし合わせると、新移民法の施行の始まりと重なっていることになる。この事実は日系二世としてのトシオの少年時代から青年時代が最も困難な時期に相当し、さらにその先には強制収容所が待ち受けていたのである。

しかしそうした中においても、トシオは淡々とヨコハマ町の肉親も含めた住民たちの生活を描き、それは作品によっては紛うかたなきアメリカ文学の一編として迫ってくる。例えば、「アメリカ娘ナンバーワン」は兄弟が街中にあるわが家の玄関先のベランダに坐り、その前を通る小柄な美人の日系人娘を目にするようになる。美術学校に通う画家の卵の兄は彼女を「アメリカ娘ナンバーワン」と呼ぶようになるが、弟のほうはよくわからず、時によってかよわい平凡な女にも見えたし、また稀に見る美女のようでもあった。だが二人とも彼女の名前は知らなかったけれど、彼女も見られていることに気づき、兄弟に微笑を送り、彼らも挨拶を返すようになった。ところがなぜか彼女は現われなくなり、しばらくして日系新聞で、彼女はロスアンジェルスの若い有望な医者と結婚するという記事を読んだ。それで彼女が現われなくなった理由、及びアヤコ・サイトウというその名前を知ったのである。再びアメリカ娘ナンバーワンの姿を見ることはなかったし、彼女の束の間の微笑と奥深い神秘に代わるものはないと信じていたが、それでも「ゲームはまだ終わっていない」と思い、兄弟はベランダにずっと坐り続けた。「私たちの目の前には、すべてが――事実、全世界が、あったけれど、彼女を忘れることはできなかった」からだ。

この短編は同じようにベランダに坐り、少年の頃から崇高な人間を待ち受け、老境に入っていく人物を描いたホーソンの「大いなる岩の顔」（坂下昇編訳、『ホーソン短篇小説集』所収、岩波文庫）をも想起させる。こうしたアナロジーこそは『カリフォルニア州ヨコハマ町』がそうであるように、「アメリカ娘ナンバーワン」もまさにアメリカ文学の系譜上に出現していることを告げていよう。

125

「戦争花嫁」の物語
――江成常夫『花嫁のアメリカ』〔講談社、一九八一年〕と有吉佐和子『非色』〔中央公論社、一九六四年〕

私が同時代を背景とする現代小説を読み始めたのは、一九六〇年代前半で、しかも光文社のカッパ・ノベルスが全盛だったことから、それらは松本清張、水上勉、黒岩重吾、梶山季之などの、所謂「社会派推理小説」が多かった。これらの作品群はミステリーでありながらも、必然的に事件や登場人物たちの位置づけからしても、紛れもない戦後小説として出現していた。それは「社会派推理小説」だけでなく、高度成長期にあっては多くの小説が戦後文学の色彩に包まれていた。それゆえに当時の小説を読む行為は戦後を問うということへとつながっていたように思える。ただその戦後も高度成長時代の進行とともに希薄化していったけれど、依然として米軍基地は敗戦後と戦後の始まりの痕跡を突きつけるかたちで、日本の現在をも問い続けている。

それらに関して、本書でもしばしば言及してきたが、「戦争花嫁《ウォー・ブライド》」も戦後と基地の象徴と見なせよう。一九八一年に写真家の江成常夫による『花嫁のアメリカ』が出されている。これは同じタイトルで刊行された『アサヒカメラ』別冊の増補版で、同年の木村伊兵衛賞を受賞している。その事実はまだ八〇年代が戦後に他ならないことを示唆し、またこの一冊もそれを抜きにしては成立しない構成と内容からなっている。同書はアメリカ人と結婚し、太平洋を越え、アメリカへと渡った「戦争花嫁」九十一人の家族写真をコアとし、それぞれに語られた個人史を付したもので、そこには江成による次のようなキャプションが挿入されている。

日本がアメリカに無条件降伏したとき、都市のほとんどが焦土と化していた。

間もなく占領軍が進駐し、やがて、彼らＧＩと日本の若い女性たちの間に、数々のロマンスが生まれた。

軍服の夫に寄り添って母国を離れて行く花嫁を、当時の日本人は《戦争花嫁《ウォー・ブライド》》の代名詞で呼んだ。

太平洋戦争のあと朝鮮戦争、ベトナム戦争と続く日本の復興期にも、花嫁は誕生した。

それは、戦争という殺し合いの舞台裏で繰り広げられてきた、もうひとつのドラマでもあった。

外務省旅券課の資料によると、日本の敗戦から、ベトナム戦争にかかる約三十年間に、海を渡った日本人花嫁は、ざっと十万人と推定される。
そうした花嫁たちの消息を、広大な北米・カリフォルニアに尋ねた。
花嫁と家族の営みは、都市のなかで、あるときは、陽炎に霞む砂漠の奥のちっちゃな村《ビレッジ》でも捜し当てることができた。
父母の国に浄土の夢を託しながら、異土に日本人の血をを注いできた、花嫁たちの軌跡は、また、祖国日本の戦後史と深く重なっている。

「広大な北米・カリフォルニア」とおぼしきハイウエイと大地と空の写真に添えられた、これらの言葉は『花嫁のアメリカ』にこめられた著者自身の「戦後と深く重なっている」ようにも思える。「あとがき——歳月よ、語れ」によれば、江成は神奈川県の相模原の田名村に生まれ、国民学校三年で敗戦を知った。そして「相模原に隣接した厚木基地に、マッカーサーが降り立って以後の敗戦の印象は、子供心に強烈だった」。そして生まれて初めて見るＧＩから最初に教えられた単語はチョコレート、チューインガムで、そうした単語と同列に「戦争花嫁《ウォー・ブライド》」なる言葉も覚えたという。

この「あとがき—歳月よ、語れ」は本書9のナボコフの自伝を反復している。亡命を背景とする『ナボコフ自伝』（大津栄一郎訳、晶文社）の原題は、邦訳のサブタイトルとして付せられたSpeak Memory＝「記憶よ、語れ」である。江成はここで自らの敗戦の風景を再現し、その延長線上に見出される日本からの亡命者でもあるかのような「戦争花嫁」自身による「歳月よ、語れ」を試みたとも考えられる。しかも『花嫁のアメリカ』としてのカリフォルニアの二大都市ロサンゼルスとサンフランシスコ郊外には陸《アーミー》、海《ネービー》、空《エア・フォース》、海兵《マリーン》などの様々な基地が点在し、メキシコとの国境に接するサンディエゴには軍港、そこから北上した太平洋沿岸には北米二番目の海兵隊基地キャンプ・ペンデルトンがあった。それゆえに必然的に「戦争花嫁」たちも、まさに基地の「花嫁」としてそのようなトポスで生活を送る運命にあったことになる。

それらの具体的な生活が『花嫁のアメリカ』において、実際に、九十一人の女性たちの口から語られ、それは十万人のうちのミニマムにすぎないけれど、アメリカにおけるもう一つの日本の戦後を知るに至る。それらはもちろん当たり前のことではあるが、映画や小説と異なり、WASPはほとんど登場せず、あまりにも散文的なもので、アメリカ社会の現実、人種と階級の問題をも浮かび上がらせている。
しかし「戦争花嫁」とそれらの問題は『花嫁のアメリカ』よりも二十年近く前の一九六三年に、『中央公論』に連載された有吉佐和子の小説『非色』として提出されていた。だが現在ではほとんど忘れ去られた作品だと思われるので、少し丁寧に物語をたどってみる。テキストは新潮社『有吉佐和子選集』第八巻による。

主人公の「私」＝笑子の女学校時代は学徒報国隊に属し、工場で旋盤工として働き、工員宿舎に泊まる生活をしていたが、敗戦とともに工場に別れを告げることになった。けれども戦災で家を失い、母と妹と都心から離れた焼け残りの家の二階一間を借りて暮らし、食べるものにも着るものにも困っていた。東京にはまともらしい仕事を何もなかったが、一文無しというよりももっとひどい状態だったので、どうしても働かなければならなかった。傭ってくれるところは進駐軍関係の仕事しかなく、笑子は有楽町の駅の傍にある進駐軍が経営しているパレスというキャバレーのクロークになった。その仕事を与えてくれたのはたまたまそこにいた大男のニグロだった。勤務は午後六時から朝の五時までで、客のコートや荷物を預かり、番号札を渡す仕事だった。英語はよくできなかったけれど、同僚のヨシ子はしゃべることができたので、彼女から教えてもらうことにした。女学校では英語は敵性語となり、二年までしか学習していなかったこともあり、「なんにしても日本が敗けてしまってアメリカさんの天下になってしまったのだから、まず言葉からものにしておかないことには埒があかないとい

う意識」があったからだ。それだけでなく、最初は感激したクロークの給料にも狎れてしまい、さらなる収入を欲し、ダンサーの仲間入りや進駐軍物資の横流しにも加わりたいと考えていた。そのために英語を学ぼうとして、テキストは進駐軍がＧＩたちに配布した日本語会話用のもので、単語と構文の暗記にいそしんだ。そのテキストの第一ページには「連合国は日本の国民に平和と平等を与えるために進駐してきたのです。あなたがたの自由も財産も守られています」とあった。

笑子の英会話の勉強を見て感動を表したのはあの大男の黒人兵で、「彼はグローブのような掌を展いて、大仰に感動してみせた。掌の中が生々しく白いのと、眼を剥いてみせた白眼と、開いた唇の内側が生肉のように赤いのが印象的だったが、悪い感じはしなかった」。それはここがニグロ専門のキャバレーで、一年も勤めたことから、「私は黒い肌の人間を見るのにもう馴れきっていたのである」。それに給料は日本人から手渡され、アメリカ側上司とはほとんど無関係だったから、このジャクソン伍長がこのキャバレーの支配人だとは知らないでいた。

そのトーマス・ジャクソンは笑子にデイトを申し込んできた。行き先はＧＩたちの慰安のための豪華なショウで、東京宝塚劇場が進駐軍に接収され、アニー・パイルと名前を変え、公演していたものだった。デイトはＧＩたちの倶楽部の食堂の豪華な食事から始まった。大きなステーキ、アイスクリームが乗った食後のパイは生まれて初めての美味と呼べるものだった。笑子がたどたどしい英語で、「私は私の生涯において、この素晴らしい食事を忘れることは出来ないでしょう」というと、トムもとても喜び、それは自分も同じだし、「原因は笑子が一緒だからと答える」のだった。それでも彼女にしてみれば、「勝ったアメリカ兵と敗けた日本人のデイト」でもあったのだ。トムはアラバマ出身の二十四歳の独身で、ニューヨークから徴兵されていた。

しかしトムとの交際と一九四七年の結婚に至るプロセスは、彼女が「黒ンぼ相手のパンパン」扱いされ、母親からは「娘が外国人と、それもアメリカ人ならともかく、あんなまっ黒な人と結婚するなんて！」と反対されるばかりだった。だが彼女は妊娠し、メアリイという長女を産む。その三年後の一九五一年、トムに帰国命令が下り、一年以内に家族を呼ぶという言葉を残し、横浜港から帰国の途についた。彼女は仕事を求め、進駐軍とその家族の住宅街である代々木のワシントン・ハイツのメイドになった。ここは外の東京に比べれば、「文化的小都会」にして「アメリカ租界」であり、「日本の国の中であることは間違いないのに、アメリカ人だけが、幸福に暮らしている。それも白人ばかりが」。

トムからの便りはマンハッタンでようやく病院の看護夫の仕事を見つけ、ハーレムで部屋も確保できたので、ニューヨークにくるようにというものだった。彼女はメアリイに対する、日本人と白人のアメリカ人双方の人種差別などから、アメリカ行を決意し、横浜港発の大西洋回りの貨物船に乗り、アメリカに向けて出立した。そこには四人の「戦争花嫁」がいた。メアリイよりも黒い息子を持った竹子・カリナ、薄茶色の髪と碧い眼をした男の子を連れた志満子・フランチョリーニ、もう一人は子供がいない二十歳を過ぎたばかりのお嬢さんのような麗子・マイミだった。その他に三人の日本人留学生がいて、彼女たちは笑子たちとはちがうというエリート意識をむき出しにしていた。それでもニューヨークには着いた。トムが迎えに出ていて、笑子とメアリイは地下鉄に乗り、ハーレムに向かった。

> ハアレムと呼ばれている区域は一二五丁目から一五五丁目までの、東西にまたがる広いところだったが、そこへ一歩踏みこんだ私は、辺りの光景にしばらく呆気にとられていた。貧民窟！　云ってしまえば、それであった。はいいとの建物はビルらしい建築で十階近くまで聳えたっていたが、窓という窓から溢れるように様々な色彩がだらしなく垂れ下っていた。それらは洗濯物を干しているのであったり、ニグロのお婆さんや子供たちがぼんやり日向ぼっこをしているのであったりした。何をしているのか、街路にもニグロがごろごろしていて、通り過ぎる私たちを疲れた眼でじろりじろりと見る。
>
> これがアメリカなのだろうか、本当に……？　絵葉書などで見たニューヨークは、まるでお菓子で作ったような形のいい美しいビルが立並んで、空も青ければ街行く人々はトップモードで身を包み、華やかで豪華な雰囲気が充満した都会のように思われたのに、私のアメリカ第一日に見た総てのものには、その片鱗さえもなかったのである。
>
> 私たちの家は——地下室だった。

江成の『花嫁のアメリカ』が日本と同様に、基地をベースとするカリフォルニアであったことに対し、有吉の『非色』において、主人公の笑子が至り着いたのはニューヨークのハーレムだったのだ。ハーレムに関して、『アメリカを知る事典』（平凡社）は次のようなプロフィルを描いている。ニューヨーク市マンハッタン区のセントラル・パー

ク以北に広がる黒人街で、十九世紀末までは白人だけの高級住宅街だった。二十世紀に入り、南部の黒人が北部に移住してきた際に、地下鉄建設によりバブル化していたハーレムの地価が、工事完成の遅れのために暴落し、そのことで黒人が集まった。そして第一次大戦後には中心のレノックス街は黒人で埋まり、一九二〇年代には音楽や文学などが爆発的に開花し、ハーレム・ルネサンスと呼ばれる時代を迎え、黒人文化のメッカとなった。

だが第二次大戦後でもニューヨークにおけるハーレムは人種差別による貧困、犯罪、麻薬、売春などの代名詞でもあった。そして六〇年代には人種暴動も起き、ハーレムは黒人の貧困生活のバロメーター的トポスである一方で、イーストハーレムはプエルトリコ人が多く、スパニッシュハーレムと呼ばれている。そうした街の生態は一九七一年に邦訳されたグロード・ブラウンの『ハーレムに生まれて』(小松達也訳、サイマル出版会)などによって、もうひとつのアメリカとして日本にも広く伝えられていったのである。

しかし『非色』の笑子がハーレムに着いたのは一九五三年で、しかもその住居は船の中と変らない「地下室」だったのだ。戦後の日本でさえ復興はめざましかったのに、「戦争に勝った国のアメリカで、しかも世界最大の経済都市のド真ん中に、こんな惨めな、こんなにも低い生活があろうとは、誰に想像できただろう」。それに「戦争に勝った国のアメリカ」に他ならなかったトムは日本でのイメージとまったく異なり、単なるハーレムのニグロで、給料の安い病院の看護夫でしかなく、笑子が働かなければ生活が成り立たなかった。東京時代がトムの生涯における栄華の絶頂期で、あれほどの「富」と「自由」と「平等」が与えられたことはかつてなかったのではないかと彼女は思った。占領下の倒錯ともいえた。後に判明するのだが、船が一緒だった志満子の夫は白人でもイタリア系で下層階級に属し、麗子に至ってはプエルトリコ人が夫であり、二人とも日本においてはトムと同様だったのである。

そうした中で笑子は日本料理店で働き、さらにバアバラとベティという二人の子供を産み、ひたすら生きていく。日本で生まれたメアリイは小学生になり、「My Family」という作文を書く。それは次のように書かれていた。

私は、お父さんとお母さん、バアバラとベティの二組をよく見較べて、私の家族は素晴しいと思います。アメリカン・ニグロの先祖は三百年前にアフリカからこの国へ渡って来ました。三百年の間には十の世代があると先生が云います。そうすると、私の家では八代目に白人が、十代目に黄色人種が混じったわけです。だから私と、日

本人似のバアバラと、少し色のうすいベティが生まれたのです。この三人が本当の姉妹だなんて、なんて素晴しいことでしょう。いつの日か私たちの家系にプエルトリコ人が混じることも考えられます。プエルトリコ人はそれを歓迎するでしょう。そうすれば誰もあの人たちをアメリカ人ではないなどとは云わなくなるでしょう。

長きにわたる十代を経て、日本の「戦争花嫁」が加わったことで、まさに多彩な「混住家族」が生まれたといっていい。有吉が『非色』というタイトルにこめたのは混住することによって、混血というよりも肌の色が非色化されていくプロセスではなかったであろうか。それを如実に物語るのは『花嫁のアメリカ』に収録された家族写真であり、そこにはおそらくメアリイのような子供も誕生し、小学校で同じような作文を書いていたかもしれない。『非色』と「戦争花嫁」の物語はまだ続くし、笑子のハーレムでの試行錯誤の生活も続いていくのだが、メアリイの作文のところまできたので、ここで終わりにしよう。

なおその後、江成による『花嫁のアメリカ 歳月の風景』(集英社、二〇〇〇年)が出されていることを知った。

126

イーストヴィレッジの日本人——宮内勝典『グリニッジの光りを離れて』

〔河出書房新社、一九八〇年〕

前回の有吉佐和子の『非色』の舞台となったマンハッタンのハーレムから、さらに南に下ったところにイースト・ヴィレッジがある。『非色』にはプエルトリコ人たちのスラムとして、スパニッシュハーレム＝イースト・ハーレムが描かれていたけれど、イースト・ヴィレッジへの言及はなかった。

有吉の作品から十五年ほどを経て、イースト・ヴィレッジそのものを物語のトポスとする宮内勝典の『グリニッジの光りを離れて』が刊行された。『非色』において、主人公の笑子が「戦争花嫁」として後にしたのは、まだ敗戦と占領下にある、まさに戦後の日本だったが、『グリニッジの光りを離れて』の「私」が出立してきたのは高度成長期を迎えていた日本であり、そうして三年間のカリフォルニアでの様々な肉体労働生活を経て、晩秋にニューヨークへとやってきたのだ。物語の時代設定は一九六八年から六九年にかけてだと見なせよう。
「私」は片道切符で五万円相当のドルを持ち、観光ヴィザでアメリカへと渡ってきた。そしてカリフォルニアで不法労働に従事し、不法滞在者の身だったから、もしそれが露見すれば、留置場にぶちこまれ、国外追放か、日本への強制送還、もしくは刑務所か、軍隊送りとなるだろう。それに当然のことながら日本へ逃げ帰る旅費もなかった。
また手持ちの金は二ヵ月の食品分しかなく、このニューヨークで住む場所と職を見つけなければならないのだ。それらを求めて、「私」はマンハッタンの真ん中にあるペンシルヴェニア駅から歩き出す。まずは文化と芸術の聖地グリニッジ・ヴィレッジからで、そこは日本でビート族にかぶれ、鎌倉の円覚寺で禅の真似事をしたり、ヒッチハイクで日本中を放浪していた「私」にとって、「憧れの地」だったからだ。しかしそこはすっかり観光化し、生活の匂いが稀薄だった。それもあってその東側の街に居を求めようとする。

イースト・ヴィレッジに住もうと決めた。五日間、マンハッタンをほっつき歩いて、そこが一番気に入った。プエルト・リコ人移民の多いスラム街である。煉瓦造りの古い建物がひしめきあい、まわりの高層建築群のなかできわだった低く陥没し、焦げ茶色の沼のように沈んでいる。街が気に入った。それにプエルと・リコ人に本能的な親しみを感じた。まず皮膚の色がちょうど同じくらいだし、カリフォルニアで肉体労働をしていた頃、よく出稼ぎのメキシコ人とつき合っていたから、スペイン語も片言なら話すことができた。同じように髪も黒く縮れており、脚はこちらの方が短いが背丈そのものは、ほぼ同じぐらいだった。この真黒に日焼けした皮をかぶっているかぎり、プエルト・リコ人街にうまく紛れ込んでしまえるだろう。それに黒人もいるし、少数だが白人も住み、中国人の経営するクリーニング屋もある。イタリア人街も、チャイナ・タウンも、ユダヤ人街もさほど遠くなかった。このスラム街は、どんな民族、どんな人種でも呑み込んでしまう多様性や混沌があり、しかも、まっとうな生活の匂いが満ちていた。ここに潜り込んでしまえば、私がどこから来たのか、国籍がどこか、だれひとり気にもかけないだろう。

このような「私」の人種の混住する生活に対する親和性は引揚者の子、他所者の子として扱われてきた子供時代の体験に起因している。家族は敗戦後に満州から九州南端の港町に引き揚げてきたのである。それは幼時の記憶もなく、辺鄙な土地に運ばれ、他所者と呼ばれながらも、この土地しか知らず、根源的な場所がないという不安をもたらすものだった。それゆえに「外地」「外国」こそが自らの地であり、その象徴たる「アメリカ」こそは自分が他所者ではなく、「完全な外国人」としての居心地のよさを感じさせてくれる。そこにはもはやどこにも帰れない、また普通の市民社会には加われない偽名の下層労働者の群れが棲息しているにしても。いってみれば、戦後の日本社会の閉塞状況からの脱出が試みられ、そのような視座から観測されることによって、イースト・ヴィレッジという人種の混住するスラム街も異化され、その「私」ならではの街が浮かび上がってくる。その瞬間のシーンを引いてみる。

グリニッジの光りを離れて
宮内勝典
河出文庫
今月の新刊
読み継がれる青春文学の名作
ニューヨークのスラム街に漂着した青春の
鮮烈な彷徨と愛を豊饒に描く新世代の文学
定価340円

> スラム街の夕暮れを歩いていると、よく海の底に立っている気がした。遠くの摩天楼に突き刺されて天蓋に穴があき、そこから宇宙が漏水しはじめて、この煉瓦造りの老朽ビルの谷底まで青い水が満ちてくる。横なぐりに射す光りが、スラム街の上空を超え、高層ビルだけを金色に照らしている。街角に立ち止まって見つめていると、この青い水底から、水面の上へ突きだした岩礁や、明るい光りの世界を仰いでいるような淋しさがこみあげてきた。足もとの影も溶けだし、いつも海底のスラム街から世界が昏くなっていく。

そして「私」の「海底のスラム街」での生活が始まっていく。ガスレンジと冷蔵庫があるだけの二部屋のアパートを月八〇ドルで借り、JIRO SAHARAという偽名の身分証明書を入手し、仕事を探して、街を歩きまわり、場末の小さなバーの仕事を見つけた。そこは六十過ぎのドイツ移民の小柄な老人が経営するバーで、四メートルほどのカウンターがあり、中央に玉突台が置かれていた。「私」の仕事はバーテンと雑役係を兼ねるものだったから、第二次大戦前に大西洋の豪華客船のチーフバーテンをしていたことを誇りとする店主からカクテルの作り方を学んだ。そのバーテンの仕事はこれまで体験してきた移民向きの肉体労働と異なり、「生きるすべ」を備えた「一つの技術」のようにも思われた。

といっても、そのバーはポン引きらしい移民たちと様々な人種の娼婦がたむろする場所で、娼婦たちはビールの小壜一本で何時間もカウンターにねばり、客を待ち受けていた。その中にエズメラルダというプエルト・リコ移民の、何歳くらいなのか見当のつかない娼婦がいて、下手な英語とスペイン語をごちゃ混ぜにして喋り、「まっとうな人間がこの世で時間を経ていくのとは全く異質な、もっと加速された時間に躰をさらし、どんどん老化しているように見えた」。さらに彼女は麻薬中毒者でもあり、その姿はムンクが描いた女性を想起させるし、それは精神病理学のミンコフスキーの著書タイトルをもじっていえば、プエルト・リコ人移民の娼婦のスラム街での「生きられた時間」、すなわち「全く異質な、もっと加速された時間」を表象していよう。

「私」はほとんど客のつかないそのエズメラルダがスラム街に昇天していく幻像を見て、彼女を買う。エメラルドを意味するらしいエズメラルダは、ジョルジュ・バタイユのマダム・エドワルダのようにして、「ジャパン」からやってきた「私」と性交するのだ。またそのような娼婦との関係や描写はヘンリー・ミラーを喚起させる。この時代にあって、ミラーはアメリカ文学を代表するように、『北回帰線』『南回帰線』『セクサス』(いずれも大久保康雄訳、新潮社)も文庫化されていたことを思い出させる。

そうして「私」は暮らしていくうちに、「海底のスラム街」のみならず、この「摩天楼の街全体」が廃墟となることを夢想する一方で、スラム街の荒涼とした悲しみの中にも、生活の多様な匂いや情景が独特の懐かしさを感じさせることにも気づいた。それらはかつての日本の生活とも共通するものだったからだ。おそらくイースト・ヴィレッジに居を定めたのも、そうしたアトモスフィアに引き寄せられてであろうし、戦後の日本の記憶はアメリカのスラム街とも共通するものだったといえよう。

それは娼婦たちが「夕暮れの青い水槽に群れる極彩色の熱帯魚」のようにうろついている風景も同様で、「私」の父は引揚げてきた港町で女郎相手の派手な看板をつけた化粧品屋を営み、そこには女郎たちが群がり、繁盛していて、「私」はよく店番もしていたのである。猥雑でありながらも、それは「私の記憶の中の黄金時代」だったし、それに同じ他所者仲間は彼女たちの連れ子だった。しかしそのような情景も売春禁止法の発令による遊廓の閉鎖とともに消えていき、終わりを告げるのだが、それがアメリカのスラム街で見出されたことになる。そして雪が降るスラム街は生まれた土地のハルピンをも彷彿とさせ、街のイメージは「私」自身も投影される重層的なものとして造型されていく。

バーには娼婦やプエルト・リコ人たちだけでなく、ブラジル人やロシア人の亡命者も集い、混住のトラブルも起き、「私」のほうは強盗に襲われたり、アパートに空巣狙いに入られたりして、スラム街の冬が過ぎていく。路上には凍死者が増え始め、無料で食べ物を与えてくれる救世軍施設の前には老いた浮浪者や失業者たちが行列をなしていた。それらの光景は「多様な移民たちを受け入れ、むしゃぶり尽くしたあと、そのぬけ殻を凍りついた路上に吐き出しているように見えた」。これもスラム外の現実で、何としてでもその列に入ることだけは避けなければならなかった。

それでもスラム街は春を迎え、夏になり、「私」はアメリカにきてから四年近くが過ぎ、二十六歳になっていた。そんな時にプエルト・リコ移民の若者から、ニューヨークの避暑地ロング・アイランドの会員制のビーチクラブでのバーテンの仕事を教えられた。そこを飛び込みで訪れると、幸いにして採用され、翌日から働くことになった。バーを辞め、アパートも引き払った。給料はバーの二倍で、それにチップもついたし、今度の仕事はバーに比べれば、休息しているも同然で、体力を回復し、次の旅に備えている思いにかられた。夏が終わる頃には二千ドルが貯まり、それは生まれて初めて手にする大金だった。ニューヨークに戻り、イースト・ヴィレッジよりもスラム化しているロワー・イーストサイドの木賃宿に入った。これ以上安いところはないところのアルコール中毒者や失業者たちの最後の吹き溜りで、三段ベッドが並び、一泊六〇セントだった。あのバーを訪れると、フランクは驚くほど老けて見え、娼婦のエズメラルダが死んだことを知った。「私」はその野辺の送りをするかのように、LSDを買って口に放りこみ、その幻覚作用に襲われながら街を徘徊する。「見なれた街が、見なれる外見でそこにありながら、どこか世界の源、宇宙の涯に投影されている自分の記憶のなかのスラム街を歩いている」。そして無数のエズメラルダが幽霊のようにまとわりついてくるのだ。

その「reincarnation」＝「輪廻」「再生」ともいうべき体験からめざめ、「私」はメキシコへと出国し、インドへ向かおうと決意する。サンディエゴの国境から車でメキシコへと至るのだ。

ふたつの丘の谷間、赤銹を吹いた鉄条網の切れ目に、踏切りをおもわせる木の遮断機が見えた。道は、半砂漠の荒地を真南につらぬき、さらに遠くへ奥まっている。

長い、遠まわりの旅をしている気がした。曲りくねり迂回しながら、いま、おれはインドへ向かおうとしている。ほんとうに辿り着けるだろうか。緑の菩提樹の森、ガンジス河のほとり、光が路、人間の生死が彫深く刻まれ、それら全てが発光している土地へ……。

一九六〇年代後半から七〇年代にかけて、宮内のような戦前生まれの世代や私と同じオキュパイド・ジャパン・ベイビースの多くがアメリカやヨーロッパやアジアに向かい、それをテーマとする多くの作品が提出され、七〇年代後半からひとつの戦後文学とノンフィクションの潮流を形成することになったのだ。

127 台湾の戦後と「敗戦妻」
——邱永漢『密入国者の手記』(現代社、一九五六年)

太平洋戦争における日本の敗戦とGHQによる占領が強制的といっていい混住社会を出現させたことに関して、本書でも繰り返しふれてきた。しかしそれは日本ばかりでなく、その混住の位相は異なっていても、日本の植民地でも起きていた現実に他ならない。例えば、それは台湾も同様であった。戦前の台湾については本書103と104で取り上げてきたが、ここでは同105に続いて、戦後の台湾を見てみたい。そこではどのような状況が出来していたのか。

その前に伊藤潔の『台湾』(中公新書)などを参照し、台湾の歴史をトレースしておこう。十六世紀半ばにポルトガル人によって発見された台湾は、全域に及ぶ多様なマレー・ポリネシア系の先住民(現在では高山族、日本占領下では高砂族)とわずかな漢族系の移民からなる島国だった。なお先住民に関しては、同103「ウェイ・ダーション『セデック・パレ』において、すでに言及しているので、そちらを参照されたいが、その後彼らはアメリカ大陸の先住民インディアンやインディオと同じ運命をたどることになる。

その始まりは十七世紀前半におけるオランダの台湾占領で、それは意外にも先住民や移住民の抵抗を受けず、むしろその協力を得て、オランダはただちにゼーランジャ城とプロビンシャ城の二つの城塞を築いた。プロビンシャ城は今日の台南市の発展の基礎となり、この城塞を中心にオランダの支配地域は拡大していった。それとパラレルに先住民は初めて支配される立場に追いやられ、自由な天地を失ってしまった。そのために先住民の抵抗と蜂起も数多く生じた。オランダの支配はキリスト教による教化と武力による鎮圧だったが、宣教師たちが最初に台湾にキリスト教とヨーロッパ文化をもたらしたことも事実である。その一方で、オランダは先住民の土地と移住民の労働力によって莫大な利益を上げ、中継貿易でも暴利をむさぼり、すべての土地をオランダ連合軍インド会社の所有とし、農業開発を推進し、とりわけ砂糖きびのプランテーションを通じて、砂糖産業を育成し、その後三百年に及ぶ重要な輸出物へと成長させた。

オランダの台湾支配時代にあって、中国の明王朝は清王朝に取って代わられようとしていた。明王朝は東アジア海域に勢を張る海賊の頭領の鄭芝竜を招撫し、その軍事力と資本力に期待をかけた。鄭芝竜は日本人女性との間に、後に名を成功と改める長男の鄭森をもうけた。鄭成功は明王朝再興実現のために、台湾を侵攻し、オランダの三十八年にわたる台湾支配に終止符が打たれた。鄭氏政権下の台湾はオランダ所有の土地を没収し、新政権のものとなし、新たな農地開発と土地の私有制度を導入するに至る。鄭成功は台湾に到着して一年足らずのうちに亡くなるが、その重臣陳 栄華が台湾経営を引き継ぎ、統治の基本となる行政機構と制度を整え、住民教育や海外貿易も進めた。

しかし清王朝は反清復明を国是とする台湾の鄭政権の存続を認めず、鄭氏を裏切った施琅に台湾を攻略させ、二十三年間の鄭氏政権は幕を閉じ、清国は台湾領有の詔勅を下す。それは一六八四年で、その後二一二年にわたって続くことになる。ただ清国の台湾経営は消極的で、治安維持に重点がおかれたのも、風土病の蔓延、毒蛇の棲息といった生活環境、「五年一大乱三年一小乱」という多くの移住民による武力蜂起や騒擾事件のためだった。だがその後、阿片戦争の余波を受け、欧米列強へと開放されていき、日本も台湾進出を目論んだ。

日本は一八七四年の台湾出兵を経て、九五年に日清講和条約締結後に台湾を占領した。当時の台湾人は先住民四五万、移住民二五五万の三〇〇万人と推定され、先住民、移住民の双方が日本の占領に対して激しく抵抗し、日本軍戦死者が二七八名だったことに比べ、台湾側の戦死者と殺戮された者は一万四〇〇〇人に及び、まさに玉砕戦の様相を呈していた。武器らしき武器もなかった台湾側は日本軍の近代的兵器の前に敗れるしかなかったのである。そして日本の台湾統治が始まっていく。ただ権力を集中させた台湾総督府にとっても、武力抵抗に対する鎮圧は困難を極めたようだ。だがそれは台湾人の日本国籍化の選択、台湾総督府民政局長後藤新平による「生物学的植民地経営」に基づく台湾財政の独立と統治の確立を通じて、つまりアメとムチを併用することで、武力抵抗を終息させていった。

またその一方で、学校教育の普及、インフラの整備、産業の振興が推進され、二〇世紀に入ると、台湾は目覚ましい産業の発展によって財政の独立をも達成するに至り、植民地の鏡のような存在となった。一九一九年に落成した台北の台湾総督府はそれらを象徴するものだった。しかし四一年の太平洋戦争の始まりによって、日本の植民地である台湾も否応なく戦時体制となり、台湾人の「皇民化」、台湾産業の「工業化」、台湾を東南アジア進出基地とする「南進基地化」が当地の基本政策となった。だがそれらも日本の敗戦で大転換を迫られることになった。それは在台湾の軍人も含めた約五〇万人の日本人も同様で、そのうちの四六万人が本土に引き揚げ、台湾総督府も廃止され、四六年に日本の台湾統治は終わりを迎えたのである。

これに代わって、台湾は蔣介石の国民党軍により占領され、すべての土地と住民は中華民国国民政府（国民党政権）の主権下に置かれることになった。そして台湾は「祖国」に復帰し、台湾人の国籍は中華民国となり、「本省人」と称され、中国から新たに渡ってきた中国人は「外省人」と区別された。国民党政権は台湾占領により、領土と莫大な財産を手中にし、日本の統治機構を継承し、それらは数年後の政権の中国からの台湾移転を可能とする棚ボタ式恩寵ともいえた。

しかし新たな統治者となった国民党政権の独裁、官僚の汚職や着服の横行、特務による監視網、経済破綻と社会混乱は台湾人の怒りと不満を招いた。それは四七年の「二・二八事件」へと突出する。台湾人寡婦が密輸タバコを売っていたところ、取締員がタバコだけでなく、所持金まで没収し、しかも殴打され、血を流して倒れたことから、群衆が憤激し、取締員たちを攻撃した。すると取締員が発砲し、一市民が即死するに及んだ。それを機にして、群衆が抗議デモを行なうと、憲兵が機関銃で掃射し、数十人の死傷者が出る惨事となったことで、台北の市民が立ち上がり、市中は騒然となった。それに対し、警備総司令部は台北市に戒厳令を出したが、抗議と騒動は全台湾に及び、国民党政権への不満と怒りが爆発したのである。憲兵隊や警察の発砲による鎮圧は事態をさらに悪化させるばかりだった。

台湾人側からなる事件処理委員会は官僚汚職と政治改革の実現をめざしていたが、国民党政権は中国から増援部隊を呼び寄せ、台湾人の無差別殺戮と粛清に取りかかり、一ヵ月余の間に殺害された台湾人は二万八〇〇〇人に及んだという。台湾人の指導者や知識人はほとんどが殺害されたり、長期にわたって投獄されてしまった。「二・二八事件」にふれることはタブーとなり、国民党一党独裁と蔣家の支配体制と戒厳令が八〇年代後半にまで続いていくのである。

台湾の近世、近代史を簡略にたどるつもりだったけれど、オランダに始まり、鄭氏政権、清国、日本と続き、そして戦後の国民党政権に至るまでの四百年近くに及ぶ植民地化と統治、占領は、日本のアメリカによる七年間の占領の比ではなく、つい長くなってしまった。それは先住民と移住民からなる台湾人の反乱と蜂起、抵抗と粛清の歴史でもあったからだ。

このような台湾近代史とパラレルに生きた一人が邱永漢で、彼は一九二四年台湾に生まれ、台北高校を経て、東大経済学部に入り、日本が敗戦した四五年九月に卒業し、大学教授になるつもりだったので、そのまま大学院に進んだ。ところが四六年二月、台湾に日本人復員者や引揚者を迎えにいく船が出るので、再び日本の土を踏むことができるだろうかと思いながらも、邱は両親のもとに帰ることになった。それは日本の戦後の惨状と占領下の現実を見ていたからだ。その日本に比べ、台湾は希望の地に見えたのである。邱は『私の金儲け自伝』（PHP文庫）の中で、その時の思いとそれに続く「純真な気持ちをもった青年にとって、あまりに見るに耐えない現実」について書いている。

――台湾に帰るとき、私は「これで台湾も植民地統治から解放された」から「自分たちの新天地をつくることができるぞ」という意気込みだったが、実際は植民地解放どころか、日本時代よりもっとタチの悪い腐敗と恐怖の支配者が大陸からやってきていた。国民政府が派遣してきた陳儀の政府は史上稀に見る恥知らずの汚職官吏の集まりであり、のちに陳儀自身が中共に寝返りを打ちそこなって蒋介石に処刑されている。

帰国後、そのような状況において、邱は紀伊國屋文左衛門ばりの生き方を選ぼうとし、当時貴重品だった砂糖の漁船での日本への密輸を試みたが、三回も失敗し、なけなしの金を失ってしまった。それで生活の糧を得るために銀行に勤めた。そこに「二・二八事件」が起きたのである。邱は事件に直接関わっていなかったので、殺されずにすんだけれど、台湾の東大仲間三人が殺されていたこともあり、その後、彼は香港から国連に宛てて「台湾に国民投票を実施するための請願書」を出した。それは世界各地に報道され、台湾でも無視できないニュースになり、しかも台湾からきた銀行関係の人間が書いたものだという噂が伝わり始めた。邱は身の危険を感じ、金を工面し、四八年十月に香港へと逃れた。その翌日に警備司令部の捜査員がやってきたことからすれば、間一髪で命拾いをしたことになる。それから彼は香港で六年間暮らし、A級国事犯とされ、亡命者として台湾へも帰れない身となったのである。

そして邱は香港で「金儲け」に携わる一方で、戦後の体験に基づき、小説を書き始める。「私は、戦後の台湾に二年、香港に六年も住み、ふつうの日本人には想像もできないような異常な体験を積んだので、体験を一種の貯金と考えれば、相当の文学的貯金を持っていた」ことにも起因している。それもあって、五四年に日本へと向かい、小説家としての生活を送り始める。香港での体験は『香港』（近代生活社）として結実し、直木賞を受賞するに至る。台湾の「二・二八事件」は『密入国者の手記』『濁水渓』（現代社）、『刺竹』（清和書院）などで様々に変奏されて描かれ、台湾の戦後ならではの社会状況と光景を浮かび上がらせることになる。

ここでは前々回「戦争花嫁」に言及し、また邱の砂糖をめぐる仕事にもふれたので、『密入国者の手記』に収録された五編の作品のうちの、最も短いものではあるけれど「敗戦妻」を取り上げてみよう。これは同書の「検察官」などの「二・二八事件」をテーマにした作品ではないが、台湾の戦後と日本の敗戦が交錯し、ありえたであろう「敗戦妻」の存在を描き出している。

この短編は四五年末から翌年にかけての徐義新の回想からなり、当時は花形である砂糖のブローカーをしていた。

砂糖の産地は台中から高雄にかけての台湾中南部地帯だが、その中でも嘉義平野が宝庫といってよく、莫大な砂糖が製糖会社の倉庫だけでなく、田舎地主の穀物倉庫にまで堆く積まれたままで終戦を迎えていた。戦後砂糖一斤は野菜一斤より安いという奇現象を呈していたが、そこへ上海商人が買い付けに押し寄せたことで、砂糖の値段は鰻上りとなり、北部と南部とでは砂糖の相場に開きができていた。

そうした戦後の砂糖ブローカーとして義新は安い砂糖を求め、月に何度も嘉義まで降りてきていた。そのパターンは夜明けに嘉義駅で降り、旅館を陣拠とし、砂糖を現金で買い付け、それを積んだ貨車に乗りこみ、台北まで運ぶというものだった。ある時、義新は下り列車の中で中年の商人と隣席になり、嘉義の旅館はきたなくて、いつも大入満員だとこぼしたところ、その商人は嘉義で一度も旅館に泊まったことがなく、「旅館よりも清潔で、きれいな日本人の女までいる所」に泊まると応じた。そして「生活に困った日本人が考えだしたものでしょうが、旅館と同じだけの金を出すと、女がいて適当に賄ってくれる。旅先にいながら、まるで家にいるようで、女もなかなか親切ですよ。しばらくいると、だんだん帰りたくなくなります」と続けていた。

義新にとっては耳寄りな話で、彼にその紹介を頼むと、名刺にそれを書きこんでくれた。そこで嘉義駅に着くと、人力車で教えられた番地をめざした。そこは「公学校らしい建物の見える付近に、ぽつぽつと焼け残りの日本家屋が並んでいる」一帯にあった。ただどの表札も「本島人名前」に変っていて、それは家屋の接収にくる中国人の目を避けるためだと思われた。

仲介役の中年の「日本人の小母さん」は義新の喋る日本語が流暢だったことからか、好意的で一戸建の三間の小さな家に案内してくれた。そこには丸顔で色白の可愛らしい目つきの二十一、二歳ぐらいの南美子という女がいて、彼の知っている女の子にはっとするほどよく似ていた。彼女は通学途中のところに住んでいた、おそらく総督府に勤めていた内地人の娘で、名前も知らなかったが、道で顔を合わせているうちに笑顔を見せるようになり、彼はひそかに恋するようになった。もちろん「彼の恋は単なる独りよがりで、自分でも片思いが遂げられるとは思ったことがない。たとえてみれば、お伽噺の中で、王女様に恋する黒人の奴隷のような気持」だったのである。

だが南美子のほうは台湾生まれの内地人で、日本が戦争で敗けたことで「王女様」のようではなく、とても「哀れっぽい顔」をしていた。彼はそれを気の毒だと思いながらも、「敗戦は不思議な効果」をもたらすと考えた。彼が仕事を終えて帰ると、すでに夕食の用意ができていて、彼女は風呂で彼の体をも流してくれた。話からすると、どうも彼女の両親も不慮のうちにあるようなのだ。

> いずれ金に困ったのでなければ、こんな暮しをやらないにきまっている。戦争が終わってからはなにもかも逆になってしまったのだ。本島人の上に君臨していた内地人は同じ役所に勤めても、本俸の上に六割の加給がついており、ある年限がくれば恩給で安易な老後を送ることができた。（……）この五十年来、台湾は日本人にとって文字どおりの楽園であった。それが敗戦によって逆転してしまったのである。金のある連中は家財道具を売って暮らす手もあるが蓄えのない連中はその日の生活にも困るようになってしまった。街を歩くと道端で物売りをしている日本人がたくさんいる。それらの人々のなかでも、南美子の一家はおそらく最も悲惨な境遇に追いつめられたのであろう。

そのような事情ゆえに、引揚げの船を待ちながら、家族を養うために、南美子は私設旅館と娼婦を兼ねる仕事を始めていたと推測できるのだが、義新にとっては「長いあいだの夢が実現」したことになる。彼女と一緒の嘉義滞在生活は「まるで新婚家庭のような、新鮮な空気が家の中に溢れていた」からだ。そして二人は初恋の人のことを語り合う。南美子の初恋の人は台北大学の学生で、台北空襲で死んでいた。

しかし半月後に義新が嘉義にやってきた時、その家に南美子の姿はなかった。内地へ引き揚げたと隣家の者から聞かされた。彼は彼女との短かった生活が紛れもない敗戦がもたらした不思議な「蜜月」だったと思うのだった。この作品を読み終えると、あらためて「敗戦妻」というタイトルがリアルに迫ってくるのである。

なお「敗戦妻」が収録された『密入国者の手記』のテキストは、一九七二年に刊行された徳間書店の『邱永漢自選集』第1巻所収によった。

128 ブラジルの戦後と勝ち組、負け組
――高橋幸春『日系ブラジル移民史』〔三一書房、一九九三年〕と麻野涼『天皇の船』〔文藝春秋、二〇〇〇年〕

前回、太平洋戦争の日本の敗戦が植民地台湾にもたらした、蔣介石の国民党軍による占領と独裁、及び「本省人」と「外省人」の混住、それらに端を発する「二・二八事件」にふれておいた。それならば、植民地ならぬ日本人移民の地、まさに混住の地であるブラジルにおいて、日本の敗戦は何をもたらしていたのか。

一九九三年に刊行された高橋幸春の『日系ブラジル移民史』は、一九〇八年六月十八日に日本人移民七百九十一人を乗せた笠戸丸がブラジルのサントス港に入港した記述から始まっている。笠戸丸は四月十八日に神戸港を立ち、二ヵ月かけてサントス港に着き、日本人移民は初めてブラジルの地を踏んだのだ。この最初の移民に関しては、藤崎康夫の『サントス第十四埠頭』（中央公論社）において、さらに詳細に追跡されている。

それゆえに六月十八日は日系ブラジル人にとって特別な意味があり、毎年移民の日として、サンパウロで記念祭典が開かれているという。

六月十八日を起点とし、日本での契約と異なる移民の農場《コロノ》労働者としての困難な日々がたどられていく。移民が置かれた低賃金、重労働の実態は次のような歌に如実に表われているので、その前半を引いてみる。

> ブラジルよいとこ、だれが言うた／移民会社にだまされて／地球の裏側へ来てみれば／聞いた極楽、見た地獄（……）

そうした中で移民は先の歌の後半の「錦飾って帰る日は／これじゃまったくの夢の夢」であることを思い知らされた。そこで農場労働者からの転身を図り、日本人植民地や集団移住地の開発などを試み、コーヒー、綿花、野菜栽培だけでなく、マラリアに感染しながらも、米作などにも挑んでいく。また都市のサンパウロに移り、商売を始めたり、大農場主の邸宅の住み込み家庭奉公や職人仕事を通じて、ブラジル社会へと進出していった。そして戦前の日本人移民が終わる一九四一年までに、その数は十九万人に及び、ブラジル生まれの二世たちも増えていくのである。日系社会の形成を背景にして、日本語新聞が創刊、日本人学校も

創立される。これはブラジルと日本の二つのナショナリズムの狭間に日系社会も置かれることを意味していた。そのような状況下において、一九三〇年代後半になると、ブラジルのナショナリズム政策は強化され、日本語新聞の発行禁止や日本語学校の全面的閉鎖にまで及んでいった。

その一方で、一九四一年に真珠湾攻撃による太平洋戦争が始まり、四二年にブラジルはアメリカを支持し、日本との国交断絶を宣言する。その影響はただちに日系社会への圧力となって表われ、日本大使館や総領事館員たちも軟禁状態になり、帰国してしまった。新聞といった情報源、拠り所であった大使館などを失う中で、サンパウロの日本人街からの強制退去、サントスから移民収容所への連行も生じていた。そのような太平洋戦争下のブラジル状況における移民の心象現象について、高橋は次のように述べている。それは海南島再移住論を伴う移民の共同幻想をも形成していたのである。

> 日本からの使節を待ち望む気持ちは日ごとに膨れ上がっていった。移民の慰問使節団や軍事使節団のブラジル入港は、彼らにとってはまさに天皇の船の到来を意味した。(……)
>
> 戦争中、日本移民は敵性国民にされ、様々な弾圧、制約を受けなければならなかった。希望を奪われ彼らを救いにやってくるのは、まさに天皇の船だった。天皇が日本移民を見捨てるはずがない。移民はそう考えた。そう考えなければ生きていけなかった。
>
> アジアには「八紘一宇」の理想が実現した。天皇の船は移民をそこへ再移住させるためにブラジルへ必ずやって来る。(……)

そこに日本の敗戦の知らせが届いたことになる。しかし同時にそれはアメリカのデマで、真実は日本の勝利だという、もうひとつのデマをも生み出し、戦後の日系社会は負け組=認識派、国賊、勝ち組=信念派、臣道実践に分断された。移民にとって、敗戦は祖国日本の終焉を意味し、帰る故郷を失い、自分たちがブラジル大地に染み込ませてきた長年の苦労を水泡に帰すことでもあるゆえに、絶対に認められないことだった。勝ち組は日系社会の九割に及んだとされ、移民は日本の勝利を確信し、「天皇の船」が迎えにくる日を信じて待っていたのである。日本語新聞もなく、情報源はよく聞こえない日本からの短波ラジオしかなく、ブラジルの新聞とラジオは一部の日系人しか理解できないもので、日系社会には正確な情報が伝わっていなかった。

そのような中で、勝ち組による負け組へのテロ事件が続き、多くの死者を生じさせた。そうした日系社会の混乱に乗じて、敗戦によって紙屑同然となった円売り詐欺、乗船切符による帰国詐欺、朝香宮と名乗る皇族詐欺などが起きていく。まさにブラジルにおける日系社会も日本の敗戦の

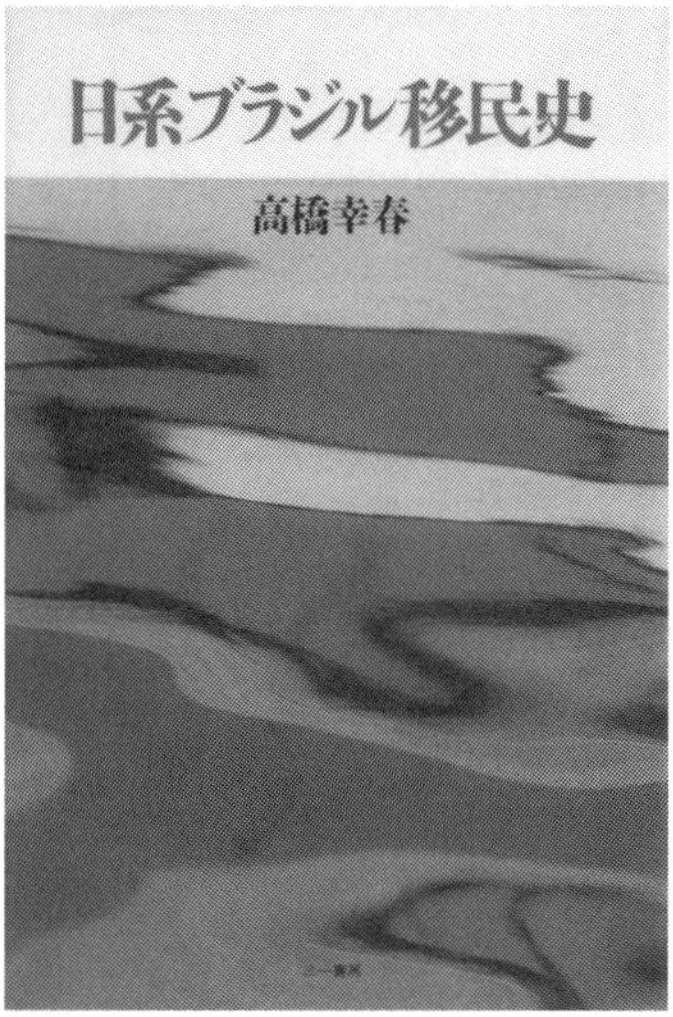

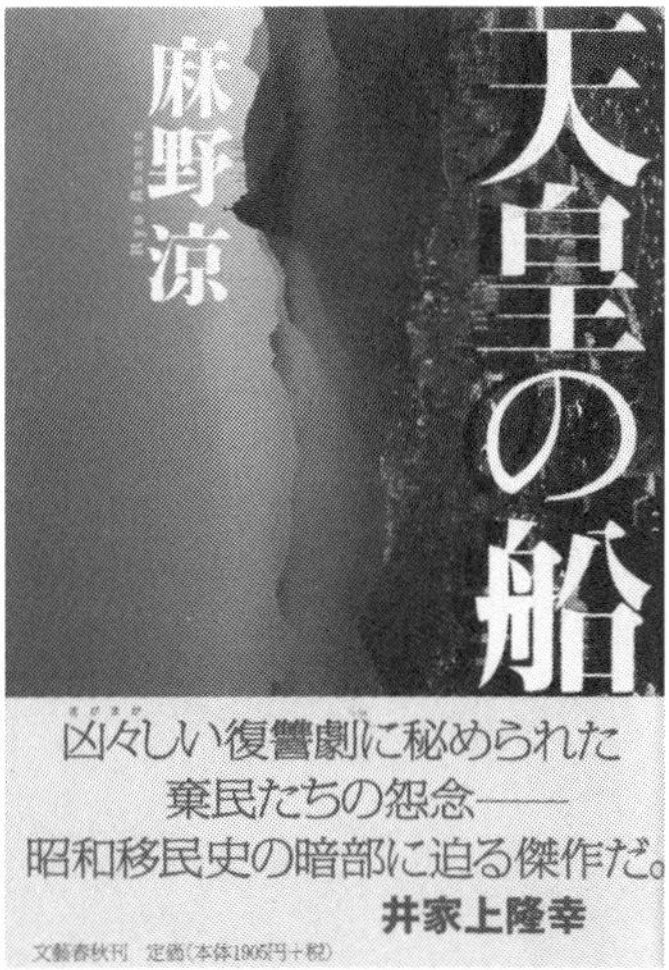

不可避の、しかも倒錯を伴う影響下に置かれていたといっていいし、それらの重層的な謎はまだ十全に解かれていないのである。それゆえにこの問題をめぐって、高橋の著作だけでなく、高木俊朗『狂信』（角川文庫）から太田恒夫『日本は降伏していない』（文藝春秋）などが刊行されているのである。

高橋の『日系ブラジル移民史』の刊行から七年後に、麻野涼の『天皇の船』が出された。これはタイトルからただちにわかるように、ブラジル移民史と戦後の勝ち組と負け組の抗争、それに連鎖して起きたいくつもの詐欺事件をテーマとする小説で、ミステリーとして提示されている。麻野が高橋のペンネームという断わりは付されていないが『天皇の船』が先行するノンフィクション『日系ブラジル移民史』をミステリーとして変奏することで、戦前から戦後にかけての移民史、そこから生まれた事件の謎にさらに肉迫しようとしたと思われる。

『天皇の船』のプロローグは二つのセクションに分かれ、その1には一九四六年の新橋の闇市で、グレーのスーツに蝶ネクタイで身を固めた男が、ブラジルの元帥だと名乗り、勲章を買い占めている姿が描かれている。その2では五四年のサンパウロが舞台で、近郊のミゲロポリスでの山際一家の六人の死亡事件が扱われ、また戦後のブラジルにおけ

る勝ち組と負け組の血の抗争への言及がなされ、山際一家は前者であると述べられている。その砂糖黍栽培を営んでいた一家六人の死はサンパウロ市内での長女の自殺、二人の子供の行方不明といった多くの謎を残しながらも、一家心中として処理されるに至った。日系社会を震撼させた事件だったが、自殺と断定されたことで、ほどなくして人々の話題にものぼらなくなっていった。

　これらの二つの事柄をプロローグとして、ブラジルと日本で交互に展開される全十章に及ぶ物語が始まっていく。時代設定はプロローグよりも三十年から四十年以上を経た一九八八年である。まずブラジルでは死神部隊という処刑組織が跋扈していた。これは闇の警察組織といってよく、八〇年代の長引く不況と貧困の中で犯罪が凶悪化し、治安の悪化、続出する犯罪に対応できない警察に対し、犯罪者に復習を決意した人間が集まり、組織されたものだった。しかしそのメンバーは謎で、退役軍人や警察OBで構成されていると伝えられていた。それらの死神部隊の中でもJが最強で、よく統制が取れているとされる。JとはJUSTICERO（正義）の頭文字、もしくはボスの名前であるとも噂されていた。そのJが新聞に処刑リストを送り、リオで凶悪な犯罪者を処刑するシーンが最初に提出され、それをめぐって、新聞記者の野口マダレーナと吉田マルコスが動き出す。

　第二章の冒頭は新宿で起きたホームレスの段ボール小屋の出火で、二人の焼死体が見つかり、その一人には登山用ナイフが突き刺さっていた事件から始まっている。それを追いかけるのはやはり新聞記者の藪本で、取材を進めていくと、ホームレスの一人は坂巻という名前だったが、もう一人は誰なのか不明だった。また坂巻と親しかった「ブラさん」というホームレスが二ヵ月前に少年たちに集団暴行され、殺されていることがわかった。

　一方で同じく新宿にある国際協力事業団では鵜川総裁の行方不明の知らせがもたらされていた。この日は伊丹首相が六月十八日の移民記念日の移民祭りにブラジル訪問が決定し、ブラジル事情と移民の歴史などについて、総裁が首相に説明することになっていたのである。だが警察の捜査で、登山ナイフが突き刺さり、焼死体で発見された身元不明者が他ならぬ総裁であることが判明した。また坂巻というホームレスの遺留品の中に、戦前の百円紙幣があったこと、彼が新宿の公園で外国人女性と何かを話していたことなどが浮かんでくる。

　第三章は伊丹首相のブラジル訪問から始まり、日系人の歓迎ぶりと移民の歴史が語られ、そこに吉田マルコスと野口マダレーナが記者として姿を現わすだけでなく、Jも登場し、また墓地で日本人の射殺死体が発見される。その右手には日本の旧円紙幣の半分が握られ、所持する外人登録証によれば、日本国籍のサブロウ・ゴウダで、戦後のブラジル移民だった。

日本とブラジルで、いずれも殺害されたと見られる死者たちが、これも同じように旧円紙幣を持っていたのは何ゆえなのか。そうした双方の国で、新聞記者たちを中心にして事件の真相が追求されていき、それは主たる登場人物たちの個人史とも重なっていくのである。『天皇の船』はミステリーという形式をとっているので、これ以上はストーリーに踏みこまず、それぞれブラジル側と日本側に分けて、登場人物のプロフィルを提示することにより、物語の仕掛けと構造を暗示してみたいと思う。

ブラジル側

＊吉田マルコス／ブラジル邦字紙聖州日々新聞記者。サンパウロ州立大学マスコミ学科卒。最後のところで孤児だったことがあかされる。

＊野口マダレーナ／サンパウロ有力紙エスタード紙記者。吉田と同窓で、その恋人。日本人の父親と非日系ブラジル人を母親に持つ混血二世。

＊神中孝太郎／ブラジル邦字紙パウリスターノ編集長。一九五四年の山際一家六人死亡事件を取材。

＊永本光輝／聖州日々新聞社長。熊本県出身の移民。新聞を基盤として、旅行社、ホテル、宝石店、銀行などを経営する聖州グループの総帥。その影響は日系社会にとどまらず、ブラジル政財界にも及ぶ。

＊豪田三郎／被害者。富山県出身で、一九五三年ブラジルへ移民。サンパウロ在住。野菜栽培や牧場経営、不動産業などに従事。かつて聖州日々で広告取りの仕事に携わる。

＊カルロス高山／永本の甥で、連邦警察公安課課長のエリート。吉田の大学の後輩。日系人というよりもブラジル人であることを重視。

＊J／謎の人物で、死神部隊のボス。

＊鹿島与造／サンパウロの東洋人街などで四件の薬局を経営。「リオ・グランデの復讐」を受けるべき六人の一人としてJに処刑されるが、やはり旧円紙幣を握りしめていた。

日本側

＊藪内秀也／東日経新聞記者。ホームレス事件を取材。

＊坂巻＝坂口／殺されたホームレス。

＊鵜川貞夫／国際協力事業団総裁。戦後の移民送り出し

機関の海外協会連合会以来の生え抜きで、五四年サンパウロ支部、五九年ドミニカ赴任といずれも三年間駐在。移民事業一筋に歩んできた叩き上げ。登山用ナイフが突き刺さったままの死体で見つかる。

＊アンヘリカ・サカグチ／ドミニカ共和国発行のパスポートを持つ日本国籍の混血女性。母はドミニカ人、父は下関出身のドミニカ移民の坂口勲で、彼は妻と娘を残し、日本へ帰国していた。アンヘリカは母のガン治療費の援助を求め、来日して父を探したが、その父は新宿でホームレスとなっていたことから、売春に身を染めるしかなかった。だが死んだ父はその手がかりとして、彼女に豪田俊明名義の預金通帳と戦前の百円紙幣を残していた。

＊豪田俊明／ブラジルで射殺された豪田三郎の次男で、八六年にブラジルから出稼ぎにきて、群馬県大泉町の工業団地で働いていたが、翌年失踪し、新宿で「ブラさん」と呼ばれるホームレスとなり、少年たちのホームレス狩りで殺されていたのが彼だった。坂口と豪田はホームレス仲間だったのである。

＊伊丹満治／日本の首相で、ブラジル移民祭を訪問。児玉誉士夫の片腕として政界に送り込まれたとされる。

＊藤堂竜次郎／戦前ブラジル移民で、現在は日本に本拠を置き、聖州宝石店の日本での宝石販売を一手に引き受ける。

＊若槻大助／公安調査庁調査第二部長。伊丹首相外遊時の特別随行員。伊丹と同様に上海の児玉機関関係者で、彼も同じく富山出身。

これらの錯綜する登場人物たちの個人史と移民史、そして戦後のブラジルで起きた勝ち組と負け組の抗争、円売り詐欺と偽皇族詐欺などが絡み合い、すべての人々がそれらの関係者だったことが明らかになっていく。それは吉田マルコスも野口マダレーナも例外ではなく、最終章の「リオ・グランデの秘密」へとなだれこんでいくのである。そしてあらためて、事件とモデルたちがすでに『日系ブラジル移民史』に書きこまれ、そこから召喚されていることを理解するに至る。

それと同様に『天皇の船』も、戦後から戦前にかけての日本の移民史をあぶり出していて、登場人物の感慨として書きこまれているが、それは作者の麻野涼＝高橋幸春の思いにも他ならないと考えられるので、その部分を引用しておきたい。

――日本は戦前、戦後を通じて、余剰人口を海外へと送り出してきた。アメリカ、カナダ、メキシコ、ペルー、そしてブラジル、パラグアイ、ドミニカ共和国と世界各国に日系人社会が築かれている。また中国東北部の旧満州には侵略の手先として移民を送った。戦争が終わり、子供がそこに置き去りにされた。その子供が今も残留孤児として日本の土を踏んでいる。移民の歴史は棄民史といっていいだろう。

移民=棄民の歴史は二一世紀を迎えても、まだ終わっていないし、膨大に出現しつつある現在の難民の姿と重なってくる。グローバリゼーションの時代に入り、国家、移民、難民を巡る問題とアポリアはさらに深刻な状況を迎えつつあるというしかないように思われる。

129

日系ブラジル人とサークルK——Karen Tei Yamashita, Circle K Cycles

〔Coffee House Press、2001年〕

ここに挙げたカレン・テイ・ヤマシタの著作は邦訳されておらず、管見の限り、都甲幸治の『21世紀の世界文学30冊を読む』(新潮社)において、『サークルKサイクルズ』として紹介されているだけだと思われる。しかしここではそのタイトルにあるCyclesに関して、日系ブラジル人とサークルKに象徴される「一連の物語集成」と見なしたいので、『サークルK・サイクルズ』と表記しておくことにする。

カレン・テイ・ヤマシタは一九五一年にカリフォルニア州オークランドに生まれ、ロサンゼルスで育ち、ミネソタ州のカールトン大学に在籍していた七〇年代初頭に早稲田大学に留学している。彼女の父方の祖父は岐阜県中津川近くの小さな村、母方の祖父母は長野県松本の出身で、いずれもが前世紀の変わり目に、アメリカ西海岸のサンフランシスコやオークランドに移民した明治生まれの日本人だった。つまりカレン・テイ・ヤマシタは日系三世ということになる。

そして一九七五年に彼女は公費留学生としてブラジルに渡り、海外では最大の一五〇万人に及ぶ日系移民についての研究に取り組んだ。その間に彼女はブラジル人建築家兼芸術家と結婚し、サン・パウロで子供を産み、ブラジルでほぼ九年間を過ごした。それから九七年三月から八月にかけて、彼女と家族は名古屋近郊の瀬戸に住んだ。それは日本奨学資金財団と中部大学国際研究科教授の今福龍太の支援によるものだった。

これらはほとんど『サークルK・サイクルズ』に記されていることだが、ヤマシタは九〇年に同じ出版社から長編小説『熱帯雨林の彼方へ』（風間賢二訳、白水社、一九九四年）を上梓していて、この邦訳はずっと品切だったが、最近になって幸いなことに新潮社から再刊されるに至っている。このブラジルを舞台とした日系人やフリークスたちが入り乱れる作品は、ガルシア・マルケス的なマジックリアリズム小説と称せられている。しかし彼女自身の言によれば、これはブラジル人たちの想像力と国民精神を表象する「ソープ・オペラ」であり、その物語要素は、レヴィ＝ストロースが『悲しき熱帯』（川田順造訳、中公文庫）で明らかにした「感動的な無垢な牧歌と渺茫たる郷愁、そして忌まわしくも無情な運命」なのだ。

だが『サークルK・サイクルズ』は『熱帯雨林の彼方へ』と異なり、フィクションとエッセイと日記、写真と日本のポップカルチャーや広告などのコラージュからなり、しかも英語と日本語とポルトガル語が混住する一冊である。それらはまさにアメリカやブラジルを経由して日本へと誘われたカレン・テイ・ヤマシタという日系三世の位相を物語っている。これらの混住するファクターは、同書の造本やデザイン、レイアウトにも投影され、A5判を一回り大きくし、洋書ゆえの横にした造本で、ソフトカバーの表紙は日本の名所と町の写真、広告や植田まさしのコミックの登場人物、日系人らしき女性のイラストなどが乱雑な感じでレイアウトされ、意図されたキッチュな印象をもたらしている。それは本文も同様であり、英文の中に写真と並んで日本語も配置され、また後述するように、ある章は日本語で提出されている。

また巻頭には『サークルK・サイクルズ』に必須のタームとして「DEKASEGI STARTER DICTIONARY」が掲げられている。これらはいってみれば、「出稼ぎ初心者用語集」というべきものであり、同時に日本での日系ブラジル人が置かれた状況と心的現象を物語っていよう。それゆえに、ポルトガル語と英語の説明の混住は明らかなので、あえて邦訳せず、これらをそのまま転載しておくことにする。

dekasegi: verb meaning to work away from home; however, Brazilians and other migrant workers of Japanese descent have turned this word into a noun meaning: migrant laborer in Japan (spelled dekassegui in Portuguese)

empreiteira: contract employment company; middleman temp agency that hires laborers for factory work

gaijin: foreigner, outsider; more specifically, and sometimes negatively, non-Japanese

Nikkei: of Japanese ancestry or lineage; belonging to the Japanese tribe; however, some dictionaries translate this word to mean Japanese emigrant, or even Japanese American

nisei: second generation descendant of Japanese emigrant

mestiça: of mixed racial ancestry

san k: three k's; kitanai (dirty), kitsui (difficult), kig（ママ）en (dangerous); used to describe work migrant laborers are forced to accept

sansei: third generation descendant of Japanese emigrants

saudade: longing, homesickness, nostalgia

このような構成からなる『サークルK・サイクルズ』の中から何を紹介すべきなのか、少しばかり迷ってしまったのだが、フィクションとしての「もしミス日系が神（女）としたら？」や「トンネル」ではなく、やはりタイトルに

示されたサークルKに関する事柄を取り上げてみたい。それは先述したように、日系人にとってサークルK自体がひとつの物語に他ならないと判断できるからだ。それに本扉の左ページにもサークルKを前にして、日系人と思しき若い男女が並んでいる口絵写真が収録されてれ、この写真が本文のコラージュとしても採用されていることにも表われていよう。「三月——腰痛」から、その部分を抽出し、試訳してみる。

　ヤマシタ一家は瀬戸に落ち着き、銀色のスバルの中古車を借り、それに緑と黄色の矢のような初心者マークを貼った。車に同じマークを貼っている別のブラジル人家族にもめぐり合ったが、彼らはそれを三年間もつけたままで、緑と黄色はブラジルの旗の色でもあったからだ。日本の車の初心者マークが、彼らにしてみれば、ブラジル人のアイデンティティへと転化していることになる。これが後に述べる「ルール」の違いへとつながっていくことを示唆している。ただ左側通行にはなかなか慣れずにいた。そしてサークルKへの言及を見る。

　友人の龍太は彼の家から私たちの家に至るロードを案内してくれる。どの角にもコンビニエンスストアのサークルKがあり、それは四店を数える。龍太の家にいくのにサークルKのところを必ず左折するし、私たちが戻る時には右折するので、まさにロゴのⓀのように、Kという店をぐるぐる回っていることにもなる。それに私の名前のカレン＝KarenのK、コンビニ＝Kon-binisのKも同じだという冗談も発せられる。（訳注—カレンの措かれた文化社会状況、及び先に挙げたブラジル人のthree K'sのメタファーであろう）二十四時間オープンで、年中無休。私たちが必要とするものは何か？　卵、ヨーグルト、おむすび、海苔、それとも菜っ葉だろうか？　歯みがきか洗濯バサミか？　原稿のコピーか？　ポルノ漫画か？　急な物入りのための現金引き出しか？　私たちはここで電話、ガス、電気料金のすべてを支払うことができる。この狭いトポスであるコンビニは私たちの仮住いの延長空間とも見なせる。すなわちそこは私的な冷蔵庫、浴室の戸棚、事務所、図書館、さらに銀行の役目も果たしている。私たちの日常生活はKという店をぐるぐる回ることで営まれている。それは時間を問わないし、ありふれた住宅地のロードサイドに位置しているのである。

ここにサークルKというコンビニに対する違和感の表出を見ることができよう。それは確かにブラジル人にとっても身近な存在、年中無休の二十四時間営業、日常生活のすべてに便利な空間である。だが車の初心者マークの緑と黄色とは異なり、中部の大手スーパーのユニーの系列にあるサークルKのオレンジなどの三色は、ブラジル人のアイデンティティと合致しないニュアンスが含まれている。またそれは否応なく同化を強いる日本特有の装置として捉えられているのではないだろうか。

コンビニは『〈郊外〉の誕生と死』や本書49、50、109などでふれてきたように、一九七〇年代前半に都市の内側で生まれ、次第に郊外化し、八〇年代にはロードサイドビジネスとして郊外消費社会のコアを占めるに至った。それらの主たる企業はセブン-イレブン、ローソン、ファミリーマート、サークルKなどで、二〇一四年には上位八社だけで五万店を超え、年間売上高も十兆円に達しようとしている。これらのどのコンビニもフランチャイズシステムによって全国展開されているので、店舗、看板、店内レイアウト、商品だけでなく、制服も接客スタイルもすべてがマニュアルで統一されているために、日本の全国各地で同様に買物とサービスを可能にするシステムが構築されたことになる。しかし一方ではコンビニの全国的な普及とその制覇は均一的な店舗の風景を召喚すると同時に、これも画一的な日常生活を広く散種していったことを意味している。

ヤマシタの最初の来日はまだコンビニが出現したばかりの七〇年代初頭であり、彼女にしてもそれらの風景やシステムを目撃したり、体験したりしていなかった。だが『サークルK・サイクルズ』はコンビニの全国的制覇がなされた九七年の日本を背景としていること、さらに今回彼女はブラジルを経て、ブラジル人と結婚し、一家で日本にやってきたことからすれば、コンビニに表象される日本の消費社会システムへの違和感はかなり強かったのではないかと推測される。またそれゆえに『サークルK・サイクルズ』というタイトルのアマルガムな構成の一冊を上梓するにいたったのではないだろうか。そしてそのような日本の郊外会消費社会のシステムの中に、先に挙げたブラジル人の「DEKASEGI STARTER DICTIONARY」が置かれているというべきだろう。

そうしたこだわりは引用した部分の他に、とりわけ「七月――サークルK・ルール集」に表われ、この章だけは日本文と英文の双方が収録されている。そこではまず「日本のルール」として、日常生活において守るべき13項目が挙げられ、続いて豊田市保見団地におけるやはり13項目に及ぶ「ルール看板」の明細が示される。この団地の住民は八千人で、そのうちの二千人がブラジル人なのだ。そして「ルール看板」の他にも、ポルトガル語での説明もなされているというチラシの説明も引用されている。その①には「当公団住宅にはさまざまな人間が住んでいて、みなそれぞれ生活のリズムがちがいます。それに日本の文化と習慣は、他の国のそれとはちがいます。全員が公共生活の規則を守り、ご近所の方とのあいだに問題が生じるのを避けるようお願いします」と記されている。

それに対し、ヤマシタはブラジル人にとって、これらのルールのすべてに従うことは難しいにしても、この団地において、「ブラジル人としては可能なかぎりのしずけさ」、「最高にルールを守っている状態」だと推測し、「ブラジルのルール」11項目を挙げる。それらは「ルールというものはない」から始まり、「何をやってもうまくゆかないのだから、何もしないことが最善策かも」で終わるものだ。つまり「日本のルール」と「ブラジルのルール」は基本的に相反するものでありながら、団地では双方の歩み寄りによって、曲がりなりにも混住生活が現実化していることを示そうとしている。

そこにさらに重ねるように、ヤマシタは「英語を話しなさい」を筆頭に掲げた「アメリカのルール」9項目を付け加える。アメリカの日系三世で、ブラジル人の夫を持ち、ブラジルでの生活も経てきた彼女にとっては必然的に三つのルールが現前するのである。それは言語、文化、生活を異にする儀礼や習慣の差異に他ならないといえるが、彼女は最後にもうひとつのルールを付け加えるのだ。それは「サークルKのルール」で、これは次の三項目であり、日本語と英語の双方を示す。

1. 自分の祖国に移住せよ。／Immigrate into own country.
2. 好きな料理は自分で作れるようにする。／Learn to cook your favorite meals.
3. つねに、その次の問い、を問うこと。／Ask the next question.

これを私なりに解釈すると、ヤマシタが提出したサークルKからの自立の勧め、つまり三つのルール以上に日本人、ブラジル人、アメリカ人を囲い込み、日常生活を包囲してしまうコンビニシステムに対する意志表示のようにも思えてくる。それは彼女ならではの日常の郊外消費社会に関する新たな複合的視点とも見なせよう。

また最近になって日本で生まれ育った日系ブラジル人五人の若者たちを追った『孤独なツバメたち』（津村公博、中村真夕監督、ティー・オー・エンタテイメント、二〇一三年）を観た。そこでも新しいドラマとルールの発生を見ることになったことを付け加えておこう。

130 国家、人種、人間
――江藤淳、吉本隆明「現代文学の論理」〔『海』、一九八二年四月号〕

「われらは遠くからきた。そして、遠くまでいくのだ……」

白土三平『忍者武芸帖』(小学館)

前回のカレン・テイ・ヤマシタのアメリカ人日系三世、おそらくブラジル国籍も有するであろう複数の国籍とその出自、彼女の存在のクレオール性を考えると、あらためて人種とは何かという問いが浮かび上がる。

この問題に関して、どうしても取り上げておかなければならない江藤淳と吉本隆明の対談「現代文学の論理」がある。これは本書124でも挙げた拙論「謎の作者 佐藤吉郎と『黒流』」の31「人種と共生の問題」で引いているけれど、ここでもう一度言及してみる。なおこの対談は後に吉本隆明対談集『難かしい話題』(青土社、一九八五年)などに収録されている。

この対談が行なわれたのは一九八二年で、江藤が『ワシントン風の便り』（講談社）、『一九四六年憲法―その拘束』『落葉の掃き寄せ』（いずれも文藝春秋）を刊行し、それらでアメリカによる日本占領と占領下の検閲問題の研究を発表していたことが前提となっている。それに対して、吉本は江藤のそのような仕事のモチーフがよくわからないし、知識人はもっと根本的問題、いかなる国家も歴史のある時代に出現し、またある時代がくればなくなってしまうだろうし、相対的なものだといった問題に取り組むべきではないのかと始めている。そして「江藤さんから見ると、ぼくは理想主義者で空想的、抽象的に見えるかもしれないけれど、ぼくは逆に江藤さんはリアリストすぎると思う」と付け加えている。

その吉本の言を受けて、江藤は「これが私にとって文学だからやっている」と述べ、自分は「プラトン主義者、根っからのアイディリスト」で、「文学者や知識人なんて、別段偉くもなんともない」し、吉本の知識人定義は「ずいぶん楽観的」だし、それもまたアメリカの支配下にある戦後の知的、言語的空間がもたらした「幻想」であると返している。さらに吉本は「型通りの理想主義」で、自分のほうが「ラディカルな理想主義」を実践しているのではないかともいっている。それは問わず語りに、八〇年代まではまだ異なったかたちの「理想主義」を語り合うことができた事実をも示している。

そうした江藤の発言に対して、吉本はいう。日本国には千五百年の伝統とその思考様式があるかもしれないが、「その日本国というのもあと百年も経てばなくなっちゃうかもしれません。しかし人間という概念は、百年ぐらいではまずはなくならないでしょう」と。これはもちろん吉本の『共同幻想論』（角川文庫）などに示された、国家は共同幻想であり、国家よりも人間の歴史のほうが長いという見解に基づいている。その吉本に続いて、江藤は次のようにいっている。

（……）あなたは百年といわれたけれども、うっかりすればこの八〇年代の間にだって、日本がなくなることもあり得ると思っています。それではなくなったらどうなるのか。一億一千七百万の人間が一人残らず死んでしまうとはちょっと考えられない。そうするとベトナムのボート・ピープルではないけれど、少なくとも数十万か数百万人ぐらいはどこかへ逃げるだろう。その場合、逃げた人たちはどうなるのだろう。彼らは人間として見られるのか、決してそうではないんですね。吉本さん、まず人種として見られるんですよ。亡国の日本人という人種

は、千五百年だか二千年だかわからないけれど、この人種がそこに至った故事来歴を背負った人種として、突き放して冷たく見られるのですよ。その時点から改めて人間であるということの自己証明を始めなければならない。それは日系移民がすでにやって来たことの、おそらくはもっと過酷な繰り返しです。いまは韓国系の新移民が非常に多くなっていてロサンジェルスだけでも八万人もいる。この人たちも人間であることの自己証明を日夜迫られている。アメリカだからまだいいんで、もしこれがヨーロッパでも行ってごらんなさい。それはもうどうなるかわかりませんね。そういうことを考えると、その点でも実は失礼ながら吉本さんは楽観的に過ぎると思うのです。つまり日本国がなくなったとき、直ちに人間という概念が残るという考えが楽観的なのです。その次に出てくるのは必ず人種です。それは文学的に想像してもわかることではないでしょうか。亡国の憂目を見て、只の人種になり、人間への道を模索している人々は、アメリカには沢山います。ポーランド難民、チェコの難民、とにかくさまざまな国からやって来ている。かつては高校の先生だった人が、アメリカの大学の小使いさんになって、床を毎日磨いている。その時彼らは何と見られているか、もちろん建前からいえば人間ということになるでしょうが、実際にはスラブ人とかあるいはユダヤ人という人種としてしか認識されていない。あなたのお考えからは、この問題が抜けていませんか。吉本さんが人間に至る思想を構築される上で、是非この人種の問題を踏まえていただきたい。人種というとナチスのユダヤ人排斥とか、日本人の人種差別とか、いろいろな連想が沸きますが、この問題はやはりきちんと一段階踏まえた上で、人間に至る道をお考えいただきたいと思います。そうでなければ、その思想は綺麗ごとだとぼくは思う。

この一九八〇年代初頭における江藤の発言は自らも挙げているように、本書23、24、25でもふれてきたインドシナ難民の日本への漂着などもふまえている。また現在の世界的状況に引き寄せて注釈すれば、さらにリアルに響いてくる。それに「八〇年代の間にだって、日本がなくなることもあり得る」との言説は、当時の日本の社会状況ともクロスしている。それに八〇年代に隆盛しつつあった郊外消費社会と同時期の東京ディズニーランドの開園は、アメリカ的風景に覆われてしまった日本を意味し、その産業構造は五〇年代アメリカのそれとまったく重なってしまい、そうした事実は第二の敗戦をも暗示させるものだった。

そして九五年の阪神淡路大震災、二〇一一年の東日本大震災と福島原発事故は、日本国内でも難民と同様の状況を生じさせ、多くの人々がディアスポラ状態に追いやられてしまっている。また今世紀に入ってのグローバリゼーションの急速な進行、戦争や内戦に伴うシリア難民に象徴される問題は、欧米だけでなく、日本でも現実化し、一五年の難民認定申請はこれまで最多の七五八六人に及んでいる。

それゆえにこの時点での江藤の生々しい言説は、欧米や日本でも起きている共通の問題を浮かび上がらせていよう。難民も移民も「人間として見られる」のではなく、「まず人種として見られる」。「その時点から改めて人間であることの自己証明を始めなければならない」からこそ、「この人種がそこに至った故事来歴」、つまり日本人の場合、それを支えるのは必然的に日本という国家と天皇制ということになる。この江藤の発言に対して、吉本は『共同幻想論』における国家と天皇制を形成する「観念の運河」をあえて展開せずに、江藤の「だいぶ強力な主張」に、「そういう事実について無知なんですよ。無知なんであって、別に楽観的というんじゃないんです」と述べ、とりあえずそこで「人間」と「人種」の問題は途切れてしまう。

しかし「現代文学の論理」と題された対談のこのシーンには、江藤と吉本の二人ならではの文学者や知識人としての深い感慨が含まれているはずだ。だから吉本は江藤の白熱する「強力な主張」のよってきたるべきところを察知し、「そういう事実に無知なんです」といって、持論を提出しなかったと思われる。それはアメリカを始めとして海外生活とその事情に通じた江藤と、一度も外国に出なかった吉本自身の立場を弁えていることに起因している。江藤のほうはここで紛れもなく『アメリカと私』（文春文庫）の二十年後の姿を見せている。そして驚くべきことに、自ら任じる文学者や知識人として、アメリカで自分も「人間」ではなく、「人種」として見られてきたと告白しているに等しいと判断できよう。

本当は当たり前のことかもしれないが、「驚くべきこと」と記したのは、蓮實重彦や柄谷行人であったら、これに類する発言を絶対にしないであろうからだ。太宰治が『如是我聞』（角川文庫）でいっているように、大半の「外国文学者」の「洋行」は「外国生活に於けるみじめさを、隠したがる」のだ。それは日本の経済大国への移行、海外旅行の自由化と大衆化、円高状況にあっても変わっていないはずだ。少なくとも欧米においては。

ところがここで江藤はその「外国生活に於けるみじめさ」をカミングアウトしたことになる。吉本は太宰の徒として、「江藤淳ともあろう人」がそれについて告白したことに、あらためて驚きを覚えたのではないだろうか。まだ「日本国」はなくなっていないのに、「人間」ではなく、「人種」としてみられているという江藤の言に対して、先に挙げた返答をするしかなかったと思われる。

もはや二人とも故人となっているし、これ以上の言及は差し控えるが、この「人間」と「人種」の問題は混住化のプロセスにおいて、アポリアとして表出し、それは現在の移民や難民問題にも常につきまとっているし、そのことをひとつのテーマとして本書も書かれてきた。ここで私のささやかな体験も記しておこう。

『〈郊外〉の誕生と死』でもふれておいたけれど、九〇年代半ばから、私の隣人には日系ブラジル人も含まれるようになった。それは隣の家が所有する一戸建の古い借家に、日系ブラジル人が住むようになったからである。それから

の状況をトレースしてみる。一九九〇年に出入国管理法および難民認定法が改定されたことで、それまで日系一、二世しか適用されていなかった働くことができる定住者資格が三世にまで及び、その数は増加するばかりだった。それは当時のバブル景気による求人増、企業の労働力の需要と確保とも重なるものであった。私の住む東海地方は特に顕著で、カレン・テイ・ヤマシタも『サークルＫ・サイクルズ』で豊田市保見団地に二千人の日系ブラジル人が住んでいることにふれていたが、二〇〇八年に浜松市は二万人、豊橋市は一万三千人に達した。

そのことによって九〇年代に入ると、八〇年代に成立していた郊外消費社会は、日系ブラジル人がいる風景が見慣れた日常的なものになった。日系ブラジル人は夫婦、もしくは家族と一緒に来日していて、その買物などの日常生活も同様に営まれていたからだ。それに三世まで加えられたことで、混血化も進み、夫婦や家族も日系、ラテン系、黒人系などが混じり合い、日系ブラジル人の多様性を知らしめてくれたし、それらの多様な人々と日本人の一般的混住は、日本の歴史が始まって以来のことだと思われた。そうして市役所には多文化共生・国際課といった部署が設置され、公共施設やゴミ回収などにはポルトガル語表記が併記され、その一方で日系ブラジル人による商店や飲食店も立

ち上がっていった。

しかし二〇〇八年のリーマンショックによる世界的不況の影響を受け、東海地方の自動車関連産業にもそれが及び、日系ブラジル人の急速な減少が始まり、その数は半減したと伝えられ、私の隣人たちもいなくなり、それと同時に郊外消費社会からもその姿を見かけることが少なくなり、何か寂しい気にさせられるほどだった。九〇年代半ばから十年間ほどは常に日系ブラジル人が隣人で、仕事の関係ゆえだろうが、絶えない移り変わりもあり、その数は二十人以上に及んでいる。深いつき合いをしたわけではないけれど、日常的に挨拶を交わし、人によっては相談を受け、多少なりとも助言し、公共サービスを紹介したこともある。それに私はいつも自転車に乗っているせいか、同じく自転車を利用することが多い、面識のない日系ブラジル人から、すれちがいざまによく挨拶されたものだった。私も同じ「人種」として見られたことになる。それはともかく、彼ら／彼女らは無事に帰国できたのであろうか。それともまだ日本のどこかで住み続けているのだろうか。その一方で、定住者は減少するばかりだが、永住者は増加する傾向にあるとも伝えられている。

だがここで私もあらためて考えてしまう。私も日系ブラジル人と書いてきたように、彼ら／彼女らを「人種」として見ている。それはかならずしも「人間」として見ていないということではないが、混住しているにもかかわらず、言語と生活習慣の相違もあり、彼らとのコミュニケーションが成立していたとはいえないからだ。ただそうはいっても、十年以上に及ぶ混住は平穏なものであり、日本の郊外消費社会の風景の中にあっては、彼ら／彼女らの存在が肌や髪の色の多彩さ、その身体とファッション、日常のハビトゥスゆえに、私たち以上に似合っていたように思われてならない。それは北アメリカを出自とする郊外消費社会がラテンアメリカ状況と異なり、曲がりなりも平和であることを前提としているゆえなのであろうか。

だがこれからはその存続が問われる時期へと向かっているのかもしれない。

131　生きられるトポスを求めて

——篠原雅武『生きられたニュータウン』〔青土社、二〇一五年〕と拙著『民家を改修する』〔論創社、二〇〇七年〕

本書は「混住社会論」のタイトルでブログ連載されていたのだが、その読者とおぼしき未知の人物から著書を恵送された。それは篠原雅武の『生きられたニュータウン』で、サブタイトルは「未来空間の哲学」とある。著者紹介によれば、一九七五年にニュータウンで生まれ育ち、専門は哲学、都市と空間の思想史と記されていた。篠原は私の息子たちとほぼ同世代ということになり、彼らに共通するのは高度成長期後の産業構造の転換により、消費社会を背景にして成長してきたことだとわかる。それを郊外やニュータウンに当てはめてみると、私は先住民にして戦後の郊外一世、篠原はニュータウン二世に位置づけられるだろう。

前々回のカレン・テイ・ヤマシタの日系三世ではないけれど、あらためて郊外やニュータウンも、その歴史の進行と集積、世代の移行からして、すでに二世どころか三世の時代を迎えていること、そしてそうした世代が郊外やニュータウンを研究する時代になったことを実感させられる。それは日系三世のヤマシタが人種の混住する文化環境、ドラスチックな時代変化と社会状況をくぐり抜けてきたように、二世や三世たちの郊外やニュータウンもまた同様で、それらのトポスが私などの世代の風景とは異なるイメージ、及び多くの差異を伴う生活空間として体験され、考察されてきたことを意味していよう。そのようなアングルから、篠原の著書も提出され、それはエピグラフに掲げられた中原中也の「朝の歌」からも伝わってくる。

篠原はまず「序文」において、ニュータウンは理論と計画に基づく人工的な都市で、その多くが丘陵や海浜の埋立地に巨大な規模で建築され、団地を主要な構成要素とすると始め、その「独特の生活空間」を提出しているので、それらを抽出してみる。

ニュータウンの空間は、透明で、平穏である。そして、この透明感、平穏には、どことなく紛い物めいた雰囲気がある。透明で平穏であるこの状態に現実感がない。

ニュータウンは、現実に存在している。にも拘わらず、そのなかで起きていることが、現実のことのように思えない。ニュータウンという空間世界に特有の事を考えていく手がかりは、この感覚にある。

それでもニュータウンは実在している。団地があり、芝生があり、街路があり、公園がある。つまりニュータウンもまた実在の世界であり、それ特有の空間性がある。その内で起こる出来事や言葉のふるまいがたとえ固有名を欠いたものと思われようとも、固有名を欠くというあり方において、実在している。

このようなニュータウンの外との相互接触や相互浸透性の欠落に起因する透明性と非現実性を足がかりにして、篠原はニュータウンという世界、さらにその歴史における変化を問うていく。それはこれまでのニュータウンに関する概念枠としての新しい生活様式の母胎、その一方で農村や里山の破壊といった図式を超え、老朽化、建替えも含めた住環境再構築という現実の課題へともリンクしていくものとされる。おそらくこの二分法は、前者が『〈郊外〉の誕生と死』の私などの先住民に連なる郊外一世、後者が篠原たちの郊外二世のポジションだという判断によるのだろう。ただ私の場合はそれだけにとどまっておらず、郊外の果てへの旅を通じての混住社会のあり方を模索する立場にあるし、本書もそのために書かれている。

それはともかく、篠原は安部公房の『燃えつきた地図』や建築家、都市理論家クリストファー・アレグサンダーの『形の合成に関するノート／都市はツリーではない』（稲葉武司訳、鹿島出版会）、丹下健三門下の黒川紀章による、篠原が育ったらしい湘南ライフタウン、同じく磯崎新の「超都市」時代、ティモシー・モートン『自然なきエコロジー』（未邦訳、Ecology without Nature, Harvard UP）などをたどり、ニュータウンの誕生とそれらの形象が参照され、トレースされていく。

そして続けて戦後の日本における都市を巡る思想として、丹下とメタボリズムに連なる黒川などの建築家たちが召喚され、巨大都市化と分譲マンション問題も言及される。その近代都市組織化の論理に関して、やはり丹下の参謀浅田孝の『環境開発論』（鹿島出版会）を俎上に載せた後、「現在、ニュータウンでは、効用と機能性のもとでつくりだされた世界自体が老朽化し、崩壊を始めている」という状況へとたどり着く。

そうして多木浩二の『生きられた家』（岩波現代文庫）が開かれる。同書の初稿は、篠原が生まれた一九七五年に篠山紀信の民家写真集『家』（潮出版社）のテキストとして書かれたもので、それは出版社と版を変え、四十年以上にわたって読み継がれてきた。これは住むという営みが空間の中に定着することによって家が成立したこと、それが農村の民家に象徴され、家はただの建築物ではなく、生きられる空間であり、生きられる時間であることを考察した一冊といえよう。このタイトルが精神病学のミンコフスキーの『生きられる時間』（中江育生、清水誠訳、みすず書房）から取られていることは明らかだが、篠原の『生きられた

ニュータウン』も多木の著書のタイトルを反復しているし、彼は『生きられた家』への応答として、この一冊を書いたと述べている。

しかし篠原は多木の初稿と篠山の写真集の刊行された七五年生まれであり、「民家のような家の住んだことがない」ので、ニュータウンにそれを求めることになったのである。民家のような豊穣な意味はなくても、ニュータウンに人が住むようになって半世紀が経ち、そこで生活を営んできた人々が多く存在するし、まさに「生きられた時間」があったのだ。それゆえにその空白と廃墟化を直視し、そこから脱出し、未来へとつなげようとするのだが、それはまだ充分なるイメージの開花へと至っていないように思われる。そしてそこに郊外二世のアポリアが立ちはだかっているのだろう。

さてここで「民家のような家に住ん」できた私の立場を語るために、自著の『民家を改修する』にふれることにしよう。実は世代と内容は異なるにしても、両書に登場する人物や書物は共通していて、それは篠原と私がともに「生きられる」トポスを求めていることで生じた結果ではないだろうか。

拙著は二〇〇五年から六年にかけての二年間にわたる自宅の築六十年を経た民家改修の始まりから終わりまでを詳

細に記録した一冊である。私は生まれてほとんどずっとこの家で暮らし、妻もそれは三十年に及び、息子たちもこの家で十八歳までを過ごしていた。ところが何の手入れも施さずにきたために、家の老朽化、高齢化に伴う生活の様々な不都合が目にみえて生じるようになり、それらのための改修に必然的に迫られたのである。そのことを考えているうちに、今和次郎の『日本の民家』（岩波文庫）を思い出し、古民家的改修を目論むようになった。

といって改修のディテールに通じていたわけではないので、とりあえず旧知の綜合設計事務所に相談することにした。それには『環境開発論』の浅田孝についても尋ねてみたいと思った事情も絡んでいた。この設計事務所を創業したのは丹下健三研究室出身の山梨清松で、磯崎新や黒川紀章の兄弟子に当たり、丹下の分身なる浅田もよく知っていると思われたからである。たまたま私の訪問時に山梨が事務所にいたので、浅田のことを聞くと、彼は丹下研究室の古い名簿を持ってきた。そこには浅田や山梨に続いて、磯崎や黒川ばかりか、藤森照信の名前も並んでいて、当時の丹下研究室事情を話してくれた。それればかりか、まったく思いがけないことに、私の民家改修も山梨の鶴の一声ともいうべき言葉によって、その設計を引き受けてくれることになったのだ。この綜合設計事務所も建築設計・都市設計の他に「環境設計」も柱にしているので、磯崎や黒川と同様に浅田の影響を受けているのは明らかだったから、これで私の家の改修計画も浅田の唱える「環境」と無縁ではなくなったことになる。

ちなみにそれからしばらく後で、私も「浅田孝『環境開発論』」（『日本古書通信』二〇〇九年一月号所収）を書いている。そこで彼が建築と都市計画を文明史的視点で捉え、「環境」という言葉をキーワードとし、起源的に用いたこと、また実際に一九六〇年代から人口、車、公害といった都市環境の混乱、郊外の乱脈なスプロール開発、三十年後の控えている老齢人口の増加と若年労働力の急減を踏まえ、ゴミ問題、地球温暖化、バリアフリー、エコロジー、リサイクルなども、その「環境」の論の中に取りこんでいたことなどにふれておいた。そしてまたその『環境開発論』は短絡的に田中角栄の『日本列島改造論』（日刊工業新聞社、一九七二年）に引き継がれたのではないかという推論についても。

そのような経緯と事情によって、私の民家改修プロジェクトはスタートし、それにゼネコンや宮大工も加わり、ひとつの民家改修物語であると同時に、私の家族の物語をも織り成すものとなった。そしてこれもまた思いがけないことだったけれど、近郊のニュータウンに六ヵ月仮住まいし、篠原のいうところの「独特の生活空間」を体験することになった。それは「白昼夢の世界」にいるような錯覚をもたらしもした。それについては拙著の「1民家を改修する」に記しておいたし、「2家と私」では家族の物語の註的なものも付け加えることになった。いささか羞恥の念を禁じ得ないが、ここで再録しておく。

私はこの家に何かの痕跡を残そうと思った。何百年も前から営まれてきたであろう一族の営みの形象としての民家、住むことに示された民衆の知恵、知られざる大工職人たちの高度な技術、歴史の佇まいを含め、家族や死者の記憶、戦後の生活史、家族の悲しみや喜び、それらのすべてを封じこめようと思った。

考えれば考えるほど、住むということと家は人間にとって根源的な体験であり、死ぬまでその呪縛がとけない経験であるのかもしれない。……

もちろんこれは『生きられた家』を念頭に置き、コレスポンダンスしているものでもあり、実際に「3住むことの変容」において、戦後の建築と家の変容をたどり、そこに多木の「民家はまもなく消えてしまうだろう……」というセンテンスを引用しておいた。これは篠原も『生きられたニュータウン』で引用している一文に他ならない。

この拙文をもって、これも恵送された『生きられたニュータウン』へのささやかな応答としよう。

132

「隣の芝生が赤すぎるぜともお」
——小田扉『団地ともお』〔小学館、二〇〇四年〕

それは「天皇制」とか「民主主義」とかいう公式の価値からすれば無にひとしいようなものである。それは母親のエプロンのすえたような洗濯くさい匂い、父がとにかく父としてどこかにいるという安心感、といったようなものの堆積にすぎない。しかしそういうものがなければ実は人は生きられない。

江藤淳『成熟と喪失』

前回、ニュータウンに半年近く暮らしたことにふれたが、そこは「団地」と呼ばれていたけれど、それは郊外特有の新興住宅地の名称で、集合住宅の団地そのものは存在していなかった。

そのことに加えて、私は『〈郊外〉の誕生と死』や本書などで団地に関しても言及してきたが、それらは『日本住宅公団20年史』や安部公房や島田雅彦などの小説をベースとするもので、団地に住んだり、それを身近に体験することなく、生きてきたことになる。しかし『〈郊外〉の誕生と死』以後、団地の老朽化と住民の高齢化、それに伴う限界集落化と衰退が語られる一方で、前回の『生きられたニュータウン』の篠原雅武がニュータウン二世であるように、団地二世も同様に団地についての歴史や記憶を語り始めている。

それらは原武史『滝山コミューン一九七四』（講談社）や『団地の空間政治学』（NHKブックス）、青木俊也『再現・昭和30年代 団地2DKの暮らし』（河出書房新社）、『僕たちの大好きな団地』や長谷聰＋照井啓太『団地ノ記憶』（いずれも洋泉社）などで、これらはかつて紛れもなく団地が「生きられた空間」であったこと、まさに「生きられた団地」が存在していたことを教示してくれる。さらに最近出たばかりの長谷田一平『フォトアーカイブ昭和の公団住宅』（智書房）は、団地の一九六〇年代から八〇年代にかけての日常生活、サークル活動、運動会、夏祭りなどの写真の集成となっていて、ここにも「生きられた団地」の姿が刻印されている。農家や商家といった民家が農業や商業に基づく生活を体現しているように、団地もまたサラリーマンの家族の生活のトポスそのもの、高度成長期の象徴に他ならなかったことを告げている。

だがそれらの記録や写真以上に「生きられた団地」を現前させてくれるのは、小田扉のコミック『団地ともお』である。これは二〇〇三年から『週刊ビッグコミックスピリッツ』に連載された作品で、現在第26巻まで刊行され、その第1巻裏表紙には次のようなキャプションが付されている。「4年3組、木下ともお。父さんは単身赴任で、母さんは怒りんぼで姉ちゃんも怒りんぼ。29号棟に住んでいます。魅惑の脱力ギャグと深い味わいで大満足の小学生団地まんが!!」

『団地ともお』の物語の始まりにあって、時代設定は二〇〇三年とされているけれども、ともおはずっと4年生のままである。また一家がこの団地に引越してきたのは二十年前で、ほどなくともおが生まれたとされているが、それらの整合性は問わないことにしよう。時代設定として、この連載が始まった〇三年が便宜的に刷りこまれているにしても、『団地ともお』に流れている時間、生活と社会風俗、学校風景は八〇年代から九〇年代にかけてのニュアンスを彷彿とさせる。それにこの給水塔のある枝島団地も七〇年代に建設された視覚的にアクセントがあるポイントハウスと推測され、全部ではないにしても、分譲団地も含まれていて、ともおの住んでいるところも、それだと思われる。建設時は周りに何もなく、夜になると真っ暗で、団地の入口に設置された自販機の明かりを頼りに家路についたが、それが撤去されたのはこれも二十年前とある。したがって季節は進行し、明らかに年も変わっていても登場人物はずっとそのままで歳をとらないけれど、この枝島団地というトポスを観測としてみれば、とりあえずは三十年以上の歴史を有し、それゆえに『団地ともお』という物語も立ち上がってくるのだとわかる。

この第3巻の最初のところに、見開き二ページで登場人物たちの名前とポートレートが掲載されているので、それを参照し、『団地ともお』のキャラクターを紹介してみる。

＊ともお／友夫、団地生れの小学4年生。
＊母さん／哲子、スーパーしらとりのパートタイマー。

＊父さん／鉄雄、ハウスメーカーの係長で、単身赴任している。
＊姉ちゃん／君子、中学2年生。
＊じいちゃん／鉄雄の父で、ばあちゃんに先立たれ、自宅で一人暮らし。一緒に住むことを夢想している。
＊よしもと／団地に住むともおの同級生。
＊みつお／同、中学受験をめざす。
＊よしのぶ／同、ともおとパンの大食い勝負に挑む。
＊根津／同、２組の生徒。みつおと親友。
＊ケリ子／同、景子。スケボーにこだわる。
＊より子／同、ケリ子と一緒に書道教室に通う。コンビニの兄ちゃんに恋する。
＊先生／中学時代はグレていたが、ひどくよき教師に出会い、小学校の先生となる。しかし道徳の授業のことで悩んでいる。
＊コンビニの兄ちゃん／裕二、コンビニのたにしマート経営者。父親の遺産としての団地の住人。
＊青戸さん／高三の受験性だが、ケリ子から「超バカ」といわれるほど成績が悪い。
＊坂上さん／坂の上に住む足が不自由な高校生で、数学がまったくできず、高一を三回留年。
＊ガリベン君／沖田、団地の住人で、君子の同級生。
＊島田さん／団地で一人暮らしの老人。団地委員。
＊樫野さん／同、89歳。
＊玉川さん／同、双生児の弟で兄と間違われる。
＊間さん／同、元裁判官。たにしマートでアルバイト。
＊スポーツ大佐／ともおたちが愛読する週刊誌連載コミックの主人公。
＊あらま選手／団地の住人で、プロ野球選手。メリーゴーランズのピッチャー

これらの人々が第10巻までの『団地ともお』の主要な登場人物たちであり、小学生、中学生、高校生、教師、いくつもの家族、老人たち、コンビニなどの商店街の人々が物語を織り成し、絡み合って展開されていく。それにコミックの主人公、さらにいぬやねこやカラスなども加えることができる。そして最初は夏休みや成績連絡表から始まっていき、『団地ともお』は表層的に小学生の物語の体裁をよそおっているけれど、孤独な老人までをも優しくくるんだ三世代の団地に象徴される混住物語の色彩を帯びてくる。そして『団地ともお』の魅惑のコアとは「脱力ギャグ」などではなく、ひとつの家族の在り方、そこから次第に物語の中に浸透していく「友情」や「信実」のかたちではないだろうか。

それをいち早く示しているのは「あの坂を上ってくともお」（第2巻第2話）であろう。団地の上にある坂をともおとよしもとが走っていると、その途中の家の窓から、知り合いでもない坂上さんが「がんばって、メロス!!」と声をかける。次の日ともおはまたしも窓から顔を出している坂上さんを見つけ、林の中でとった、あまりおいしくないけれど、甘いからとりあえず食べる野イチゴを手みやげにして、彼女を訪ねる。すると彼女はそれを味見し、うなずきながらいう。

「野イチゴ食べてたから、メロスの口の周りは赤かったんだ。」

「…… そのメロスって何?」

「『走れメロス』のメロスよ。友達を助けるために血ヘド吐いて走るお話。」

「へー。」

ここでいつの間にか、口の周りが赤いともおと血ヘドを吐いて走るメロスが同一視され、そのことで坂上さんが裏からともおに「がんばって、メロス!!」と呼びかけた事情を知らされるのである。だがともお＝メロス説は「ギャグ」ではなく、太宰治の「走れメロス」（『富嶽百景・走れメロス他八篇』、岩波文庫）の中で、走り続け、「口から血がふき出た」メロスと野イチゴで口の周りが赤いともおはまさに重なるキャラクターとして設定されている。

そして坂上さんはともおに『走れメロス』を貸してくれる。そのタイトル表紙には『こども文学全集9』とあるだけで、太宰の名前はない。

ともおはその本に熱中し、それはよしもと、みつお、よしのぶ、ケリ子まで巻きこみ、また貸しされ、用事を頼まれると、「血ヘド吐くまで走って買ってくる」というセリフが流行るようになる。それはこれからの物語の展開にあっての、ともお＝メロス説の、団地の小学生仲間におけるお披露目のような役割を果たしているともいえるであろう。

しかしケリ子は『走れメロス』を亡くしてしまう。ともおは謝るつもりで、坂上さんを再び訪ねる。そこにケリ子が、これもメロスのように走ってきて、ジュースをこぼし、汚れてしまった本を出して謝る。ともおはケリ子に「ウソをついてたのかよ!?」、「お前が悪い!!」と責める。しかし坂上さんはいうのである。

「いやメロス、悪いのはあなたよ。

あの子…あなたの為に怒られるの覚悟でこの本を届けにきてくれたんでしょ?

見損なったわ、メロス。友達にあんな事を言うなんて……」

ここではケリ子がメロスに転じ、ともおは「悪者」とされ、坂上さんから絶交される。だがケリ子はママが焼いたケーキを手にし、本を汚したことへの謝りにいこうとし、ともおも誘う。二人は一緒に歩きながら、『走れメロス』で一番面白かったのはメロスが犬を蹴る場面だったとお互いに話し、そこでこの一編は終わっている。

それは太宰の「走れメロス」で、「犬を蹴とばし」とあるシーンをさしていて、作者の名前も「友情」や「信実」といったテーマもあからさまに提出されていない。それが坂上さんが貸してくれた本の表紙タイトルに太宰の名前が見えないことにつながっているのだろう。だが「あの坂を登ってくるともお」には太宰の作品のこまやかにして優しいエッセンスがつめこまれ、また様々な他の作品にも投影されているように思える。それは「あの坂を登ってくるともお」に一編をはさんで続く「仲良きことは美しいかなともお」(同巻第4話)で、思いがけずに表出している。何とコンビニの兄ちゃんとよしもとが、コンビニで「友達」に関する論議を交わすのである。『団地ともお』にあってはコンビニすらも、そのようなトポスと化してしまうのだ。

そして死や病気や不幸にしても、一旦は激しく露出することがあっても、すぐに日常生活の堆積の中に静かに回収されていく。そうした好編を「隣の芝生が赤すぎるぜともお」(第4巻第9話)に見ることができる。それに先立つ「姉ちゃんの生活も見たいぞともお」(第2巻第5話)によれば、姉ちゃんの同級生ガリベン君は勉強が苦手だが、三食とも外で弁当を食べ、一生懸命なのは弁当を食べている時だけなので、「ガリ弁」と呼ばれるようになったのである。その理由が「隣の芝生が赤すぎるぜともお」で明かされる。

同じ団地の住人のガリベン君の母親はアル中、父親は家庭内暴力の日常で、「この家はもうだめかもしれない」と思いながら、彼は暮らしていた。そのために、自分で三食弁当を作り、キズも絶えないのである。姉ちゃんの君子の誘いで、弁当を持って木下家で食べるようになるが、「家庭の団欒」をじゃまするのではないかと遠慮がちだった。それをとがめた父親はガリベン君を殴り、それを止めに入ったのりおまで蹴り倒されてしまった。ガリベン君は初めて怒りを見せ、父親を逆に殴り倒し、それでいて抱き起こし、かつぎ上げ、ともおに謝りながらいうのだ。「うちの家族、ヘンでしょ？　しかも一緒に暮らしているのに、それぞれの欠点を補ってすらない。家族でいる意味がないよね。うちの母さんは意志が足りないし、俺は頭が足りないし、父さんには愛が足りない。でも家族だからしょうがないんだ。」

ここにはひとつの諦念にも似た家族論とその哲学が語られているようにも思える。それは怒りんぼとされても、いつもエプロンをつけて登場してくる母さん、単身赴任のために顔もはっきり描かれていないが、精神的に家族とつながり、家族から絶えず帰ってくることを待たれている父さんの存在によっている。つまりエピグラフに挙げた江藤淳の卓抜なコピーである「母親のエプロンのすえたような洗濯くさい匂い、父がとにかく父としてどこかにいるという安心感」に支えられている。「そういうものがなければ実は人は生きられない」し、『団地ともお』という物語も成立しないのだ。

そのような家族のイメージと物語とを、このコミックは見事に描き出している。

133

「オレはモグラのようにひっそりと暮らすんだ……」

——古谷 実『ヒミズ』〔講談社、二〇〇一年〕

前回の『団地ともお』とほぼ同時代の二一世紀初頭に、それとまったく対極的な家庭と社会状況に置かれた中学生を主人公とするコミックが提出されていた。それは古谷実の『ヒミズ』という作品である。

この奇妙なタイトルの「ヒミズ」とは『日本国語大辞典』（小学館）によれば、「ひみずもぐら」と同じで、その説明として、『日葡辞書』（岩波書店）の「Fimizu（ヒミズ）〈訳〉太陽を見るとすぐ死んでしまう、鼠に似た小さな動物」が引かれていた。この「ひみずもぐら」そのものは『ヒミズ』に姿を現わさないけれど、主人公の「オレはモグラのようにひっそりと暮らすんだ……」という言葉に重なって表出している。また同じく主人公が土手の上に出てきて蟻に襲われているミミズを見つけ、これも自らを重ねるように、「お前にチャンスをやろう……もうミスるなよ」といって、土に戻してやるシーンがあり、それも「ひみずもぐら」のメタファーとなっているのだろう。それらに加えて、まさに『ヒミズ』の主人公の中学生の住田も、そのような存在として設定されているし、登場人物たちにしても、ほとんどがその近傍にあると見なしていい。

『ヒミズ』は中学からの帰り道で、住田が夜野に語りかけているシーンから始まっている。それは次のような住田のモノローグに近いものでもある。「ほとんどの人間は超極端な幸不幸にあう事なく一生を終える」、これが「普通の人間」に他ならない。それに対して、幸不幸に出会ったり、幸運や才能に恵まれているのは「特別な人間」であり、こちらは「この世を司る何かによって選ばれた者」だ。だが「そんな奴はめったにいない」し、要するに「普通ナメんな！ 普通最高!!」というものだ。いってみれば、つまり「特別な人間」思想ではなく、「普通の人間」哲学が語られていることになろう。

そうした物語のイントロダクションの進行につれて、やはり中学生の登場人物たちが住田の前に顔を揃えていく。いじめられっ子で、才能があるように見えないが、マンガ家をめざしている赤田、そのイトコでマンガの師匠格のきいち、それに夜野も「マンガ家=金持ち」になりたくて、きいちの家に赤田と同行する。きいちは「ただ金持ちになりたいだけ」でマンガを学ぶつもりの夜野を拒否する。そこで夜野は叫ぶ。「世の中金だろうがぁ――!!!（……）金こそすべてだぁ――!!! 金は幸せを買える紙!! この世に唯一存在する魔法!!!」だと。きいちも反論する。「……人の魂だけは……絶っ対に買えない」と。

するといつの間にか、そこにきていた住田が「買えるね、絶対に買えるね。金さえあれば、お前の魂なんてよゆーで買えるね。もちろんお前の両親のだってたやすく買える」と発言するのだ。それに対して、きいちの姉も賛同し、後に赤田も夜野と「二人して超ビッグなお金持ち」になることを誓う。しかし住田ときいちは「買える」「買えない」で、さらに言い争い、殴り合いの喧嘩になってしまう。先に住田による「普通の人間」と「特別な人間」の二元論を見たが、ここでもそれは同様で、この「買える」「買えない」は高度資本主義消費社会における最大の問いであるのかもしれない。「愛は買えない」という言葉は過去の歌の中のものだし、若いベンチャー経営者が公然と「金で買えないものはない」とうそぶく時代を迎えようとしていた。それはもはや精神も物質と同じく金と交換可能だと広く信じられる時代の到来でもあった。

そして住田の考えからいえば、きいちも自分や赤田や夜野も含め、多くは「普通の人間」=魂を買える人間であり、夢を叶えることのできる「特別な人間」ではないのだから、魂を買えないと主張することは許せないのである。「普通の人間」と「特別な人間」というシリアスなモノローグ的定義から始まった『ヒミズ』は、このような高度資本主義消費社会の大問題をめぐるダイアローグへと引き継がれ、同時代と物語のベースを形成することになる。

その一方で、主人公の住田が暮らすトポスとその環境が描かれていく。それはまだ明確にされていないが、郊外の河口に近いところに位置し、そこで住居も兼ね、釣り舟やボートを貸す仕事を営んでいるらしく、そこには彼の母親もいて、屋外には応接セットが置かれている。だがその河原には何か異形の者が佇んでいるようなのだ。ところが次第に「たまに見える」得体の知れない異形の者が一目小僧のようにクローズアップされ、住田を凝視めていることがわかってくる。「お前は何だ!!」と発するが、「ちがう!ちがうぞ!!……あれは目の錯覚だ!!!」とも自問自答する。住田は「この世を司る何かによって選ばれた者」としての「特別な人間」ではないわけだから、その異形の者が「この世を司る何か」ではないはずだが、それが住田と『ヒミズ』の物語を支配するドッペルゲンガーのように姿を見せるようになる。

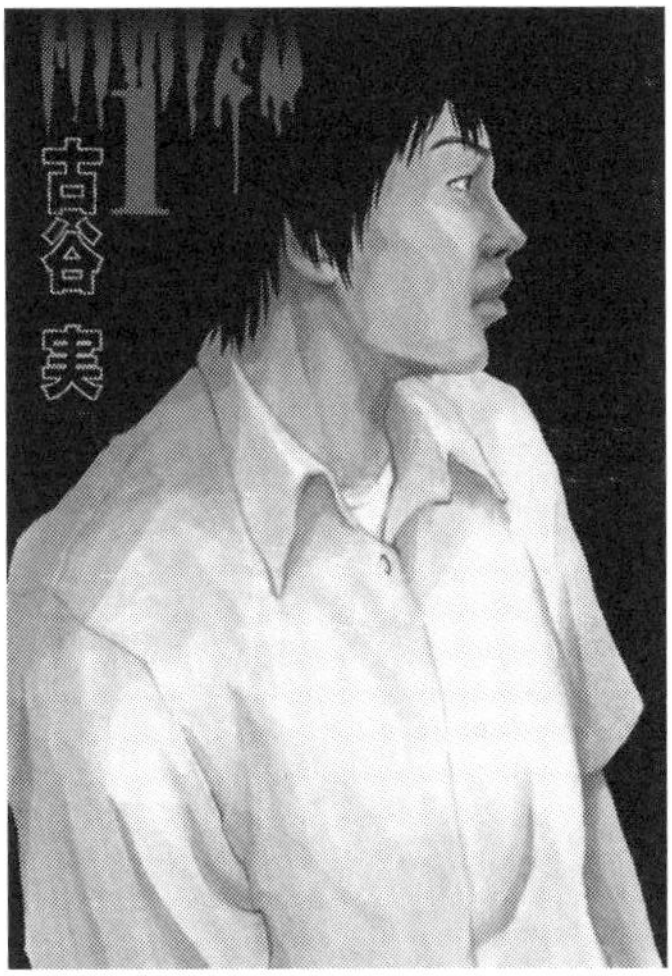

そこに夜野が赤田ときいちを連れてやってくる。もちろん住田の言い分を認めたわけではないけれど、きいちが殴ったことをあやまりたかったからだ。彼らの訪問によって、住田のところの家業がボート屋で、住んでいる家が「コンテナ」であることが明らかになる。そしてきいちとの会話から、ボート屋を継ぎ、「中学出たらすぐに働くんだ。(……)お花見やらカップルやら釣り人やら……こんなボロでも一年中いろいろな客がくる……何とか食っていけるんだ」という住田は「普通の人間」として生きていく決意を表明する。「お前からしたらクソのような人生か?」と思うかもしれないが、「オレはここでのんびりボートを貸す。たぶん一生……ここには大きな幸福はないだろう。オレはそれで満足だ」と。

しかし「普通の人間」をめざす住田の周囲にも、すでに異形の者が出現し始めているし、それにオーバーラップするかのように、住田の「元とーちゃん」が訪れてくる。住田はいう。「オレの中で『死んだら笑える人』NO.1の男だ。世の中にはよ……いるんだよ。本当に死んだ方がいい人間が。生きていると人に迷惑ばかりかけるどーしようもないクズが」。

それでも住田のもとには『ヒミズ』の奇妙なヒロインともいうべき同級生の茶沢景子さんもやってくる。彼女もまた夜野や赤田と同様にエキセントリックな存在で、兄が殺人犯だという「ウソ」話をし、その一方で「住田君　超好き」と告白したりする。そうしているうちに夏がきて、住田は母親が数万円の現金と手紙を残し、釣り好きの客の「オッサンと愛の逃避行」に走ったことを知る。住田は「マジかよ」と呟くしかなく、夜野も同じ言葉を繰り返す。するとまたしても異形の者が姿を現わし、住田は「笑ってんじゃねー―よ、バケモノ！」と叫ぶのだ。

そのために住田は自らボート屋を営み、新聞配達をするようになり、学校を休み始める。それを知った茶沢さんはいう。「親に捨てられて学校行けなくなって、一日中働いている中学生なんて……もう普通じゃないよ」。それでも「がんばれよ」とも。それは夜野も同様で、常習であるスリを重ね、「親友」の住田のために金を稼ごうとしているし、「もう普通じゃない」住田を支えようとする。また立場は異なるにしても、住田の理想の投影たるきいちはマンガで賞を獲り、夢を叶えつつあった。だが「コンテナ」に一人で暮らす住田が現代の孤児と化したことは紛れもない事実だった。

ところがそのような状況の中で、さらに「普通じゃない」ことが押し寄せてくる。ベンツで高利貸が用心棒を連れてやってきたのだ。「君のオトーサン」が「家族のタメにって」６００万円借り、返していないという。住田は用心棒に殴られ、切りつけられ、血を流す。それでも住田は挫けず、「……たまたまだ……だがオレはクズじゃない。オレの未来は誰にも変えられない」「オレは必ず立派な大人になる!!」と夜野にいうのである。その夜野は600万円を得るために、スリ仲間が提案した二千万円泥棒に加わり、強盗殺人、死体遺棄をも体験するはめになり、分け前の一千万円で住田の代わりに高利貸に金は返したものの、住田の「百倍フツーじゃなく」なってしまった。同じ頃、顔に傷を負い、眠っている住田のそばに、「痛いか？ほっぺ」と囁く「バケモノ」が現われ、暗闇の中で「死ね。みんな死ね」と呟いたようだった。

雨が降り続いている。ボート屋に客はこないので、住田は「くだらない事ばかり考えてしまう。考えたくないのに考えてしまう……すると決まって頭痛が始まる……」。雨に打たれる河とボート、杙が並ぶ桟橋が描かれ、住田はその一本に墓標のようにブロックがかまされているのを見つけ、それを取り、地面に投げつける。あの「バケモノ」が置いていったのではないだろうか。

住田の頭痛がひどくなってくる。「全部あいつだ！　全部あいつのせいだ!!」というモノローグに合わせ、父親の顔が浮かび上がり、それに「お前はオレの悪の権化だ!!　死ねっ!!　死んで責任をとれ!!」との言葉が書きこまれる。そして住田は「コンテナ」の中に倒れこむように入り、「もうだめだ！」と繰り返し、布団をかぶり、苦悶の声を挙げる。それを外で聞いた茶沢さんはなすすべもなく、雨の中を帰っていった

ずっと雨が『ヒミズ』という物語の涙のように降り続いている。この雨の日が住田の臨界点、「普通の人間」が殺人に至る環境とその瞬間へと追いやられた魔の刻だったのだ。彼自身も少し前に「だいたい人殺しする奴としない奴の差なんて大した事ねぇよ。要は環境だろ」と語っていたではないか。

その日の夜になって雨が止み、「コンテナ」に父親が金を無心に訪れてくるが、母ちゃんの「愛の逃避行」と住田の一人暮らしを聞き、そのまま帰っていく。住田は靴下のまま外に出て、昼間放り投げたブロックを手にし、父親を追いかけ、振り向いたその顔にブロックを叩きつける。その瞬間は見開き二ページでクローズアップされ、俯瞰ショットも含め、五ページにわたって繰り返し叩きつける「ゴッ」という擬音も合せ、続いていくのである。父親の今わの際の言葉は「オレがお前に」というものだった。そうして夥しく血を流している父親の死体、その血にまみれている息子の姿、それらのシーンに住田のモノローグが重なっていく。

冷静だ……実に冷静だ……罪悪感はない……ただ何より残念だ……よりよい未来のタメに今までがんばってきた日々や守りとおしてきたモノを……今日すべてなくしてしまった……オレが普通じゃないからこんな事になるのか？……ちがうだろ？……オレじゃなくたって…………

「普通の人間」を至上としてめざしていたにもかかわらず、思いがけない母親の「愛の逃避行」と父親の借金という「環境」のドラスチックな変化は、住田をして「普通じゃない」人間へと追いやっていく。そして「この世を司る何か」のようでもある「バケモノ」の出没も重なり、「特別な人間」へと変身したかのように、父親殺しの瞬間へと

追いやられていったのである。

そして住田は死体を埋め、自首もせず、その後を一年限りの「オマケ人生」として、「きいちのように社会のタメに」生きようとするのだが、結局のところ、何をしても何を求めてもその姿は茶沢さんがいうように、「ゾンビみたいに街を徘徊して」いるだけなのだ。それでもあの一目小僧のような「バケモノ」は姿を現わし続けている。

そんな時に住田はあの高利貸の用心棒と街で偶然に出会い、送ってもらうが、「お前は今〝病気〟だ」、「暗闇の中をはいずりまわり、パニックを起こして死にかけている」と指摘される。そしてさらに人を殺すのであれば、これを使えと拳銃を与えるのだった。

相変わらず「バケモノ」はつきまとい、住田は茶沢さんに父親殺しを告白するに至る。彼女は「君が死んだら……この先悲しくてやってられません」といい、警察に通報したうえで、明日の出頭を促し、二人でその最後の夜を「コンテナ」で過ごす。しかしその夜にも「バケモノ」はやってくる。住田はいう。「やっぱり……ダメなのか？……どうしても……無理か？」。

初めてクローズアップされた一目の「バケモノ」は応える。「決まってるんだ」。住田も応じる。「そうか……きまっているのか」。そして坂のところでうつむき座っている住田の姿が描かれ、次に河原の夜景の中で、「パン」という音が発せられる。それを耳にし、茶沢さんは目覚め、住田がいないことに気づき、外を見る。最後のページは老朽化し、放置されたボートがある草むらの中にうつ伏せで倒れている住田の姿が描かれ、それを照らしている雲がかかった月を最後の一コマとし、『ヒミズ』は終わっている。

『ヒミズ』という物語の前半の部分とそのクロージングを抽出し、トレースしてきたが、その登場人物たちにしても、その全体や展開にしても、完璧な整合性は求められていないし、とりわけ住田の父親殺しの後の「オマケ」の物語は齟齬が生じている印象を与えるし、前半から後半への展開はギャップを感じてしまう。

しかしそれでもこの『ヒミズ』というコミックは、現代の様々な不可視の問題へと突き刺さるという読後感を残す。そしてさらに「普通の人間」が父親殺しに至ってしまうこと、絶えずまとわりつく「バケモノ」のメタファーは何であるのかということ、その世界の静かな終末のようなクロージングなども含め、現在の日常に起きている惨劇、犯罪や事件とリンクするツールのようにも思えてくる。

『ヒミズ』ではもはや近代家族は解体されてしまっている。それは住む家が様々に解釈できる「コンテナ」であることにも象徴されているし、前回江藤淳の『成熟と喪失』の中に記された家族を支えるイメージとしての「母親のエプロンのすえたような洗濯くさい匂い、父がとにかく父としてどこかにいるという安心感」も、当然のことながら失われてしまっている。それらを代行するのは「金こそすべてだぁ――!!! 金は幸せを買える紙!! この世に唯一存在する魔法!!!」ということになり、そこには高度資本主義消費社会の鏡像が示されている。

またその「バケモノ」とは柳田国男が『一目小僧その他』（角川文庫）で述べているように、「古い信仰が新しい信仰に圧迫せられて敗退する節には、その神はみな零落して妖怪となるものである。妖怪はいわば公認せられざる神である」のかもしれない。すなわちこの「古い信仰」とは近代家族であり、「新しい信仰」とは「現代家族」の謂であるのかもしれない。

また本書47で、「終の住処」における金属バット殺人事件にふれたが、それから二十年後に提出された『ヒズミ』の物語は、家族の内側での犯罪と心的現象の変容を暗示しているようにも思えてくる。

134 「のろろ祭り」と怪物たち――山上たつひこ、いがらしみきお『羊の木』〔講談社、二〇一一年〕

続けてコミックの『団地ともお』や『ヒミズ』を取り上げてきたので、三回連続となってしまうが、ここでもう一編を追加しておきたい。それは山上たつひこ原作、いがらしみきお作画『羊の木』全五巻である。この作品もまた古谷実『ヒミズ』と通底する「不幸のDNA」と「幸福のDNA」をめぐるせめぎ合いのようなドラマとして展開され、その奥行きは『ヒミズ』と異なる意味で、限りなく深い。なお本書48でいがらしの『Sink』も論じているが、こちらは共作として言及する。

『羊の木』は魚深市を舞台とするもので、冒頭にその港と建物風景、シャッターが降りたままの商店街が描かれ、そこに次のようなキャプションが付されている。「魚深市――かつては海上交易で栄えた港町、人口13万人／住民の高齢化、人口流出、企業の撤退／中心部または周辺地区の過疎化／日本の地方都市が抱える問題をこの町もまた背負っていた――。」

もちろん「魚深市」は架空の地方小都市だが、そこに挙げられている衰退の諸要因は全国の中小都市に共通するものだ。それゆえに、郊外消費社会は捨象されているけれど、この『羊の木』はどこにでも起き得る物語として提出されていることを示唆していよう。

市長の鳥原は法務省矯正局社会復帰促進専門官の三田村がオファーしてきた、元受刑者を地方都市に移住させる「国、地方自治体、そして民間による実験的な更生促進事業」を受け入れることにした。これは「市民が犯罪を犯した者と先入観なく接する」「最良の方法」だが、市民にはまったく知らせずに施行される「極秘プロジェクト」なのだ。それを「我が町のビジネス」と考え、市長は語る。「公共事業が減る中で出所者の社会復帰にかかわる事業は成長が見込める」し、「町の過疎対策」にもなるし、特別補助金も交付され、財政へのメリットもあると。

なぜ魚深市が選ばれたのか。それは市長の先祖で、大回船問屋だった鳥原源左衛門に由来している。一八三〇年、天保元年の嵐の日、魚深沖で流刑地に罪人を護送する流人船が座礁した。源左衛門は漁師たちに船の救助を命じ、20余名の役人と流罪人たちは助けられた。すると源左衛門は代官に「生まれながらに地獄を背負った者」に他ならない流罪人たちを預けてほしい、魚深の地で労働に従事させ、その生涯を通じて償いをさせたいと申し出た。源左衛門の願いは幕府にも通じ、それは聞き届けられたのである。かくして流罪人たちは魚深に住みつくことになった。つまり市長の先祖は「更生保護活動の先駆者」だったことから、魚深市がこのプロジェクトの始まりの地として選ばれたのだ。最後になって明かされるのだが、その始まりのドラマの内実が『羊の木』の物語の重層的構造のベースを形成しているのである。

三田村たちもいう。再犯の懸念は拭えないけれど、「フツーの市民がフツーに接し、フツーに働く。そしてフツーの隣人がフツーに接してくれたら」、出所者たちは矯正施設で特別な教育と訓練を受けているので、必ずこの町に溶け込むはずだし、そのために「ほんの少しだけ愛を多く賜りたい」と。

市長はこの極秘プロジェクトを二人の友人に打ち明け、協力を依頼する。その月末は市長の同級生で仏壇屋を営む商店街振興組合理事長、大塚は古い町屋を買い取り、転入者に貸し出している町の名士である。「受刑者地方都市移住更生プロジェクト」は警察も知らず、受刑者同士も互いに知らず、三人だけが受刑者情報を知る存在となる。しかも何があっても、国や市長がそうであるように、誰も責任

はとらないし、とれない。だが二〇〇八年でいっても、31700人が出所する。市長はいう。「刑務所を出た人間はどこかで生きていかねばならない。それを考えると、このプロジェクトも当たり前のように思えるが……今の私には人の更生を信じるとしか言えない」と。ここで市長は先祖の姿と重なっていることになり、三人は元受刑者たちとの混住に向けて、分散させるよりも松波町へと一箇所にまとめるという具体的な手続きと世話を進めていく。しかしもしそれが市民や市会議員やマスコミにバレてしまえば、「市長としての政治生命」も二人の「市民生命」も終わってしまうだろう。すでに頭陀袋というタウン誌発行人が彼らの周辺を探り始めている。

そうして徐々に一人ずつ、十一人の元受刑者たちが魚深市松波町へと移住してくる。それらの人々、年齢、犯した罪を紹介してみよう。

＊浜田保／45歳、殺人。いじめられた恨みを晴らすために勤め先の上司を包丁で刺殺。

＊大野克美／33歳、強盗殺人。宅配業者を装い主婦を絞殺し、盗みを働く。

＊武満義人／58幸、強姦。疑われず他人の家に上がり込む能力を持つ強姦常習犯。

＊村野孝／45歳、詐欺。自分の店の客に投資を持ちかけ、集めた金を持って逃走。

＊杉山勝志／52歳、殺人・放火。女子大生を大型ハンマーで撲殺、部屋に放火。

＊宮腰一郎／26歳、恐喝・傷害。妻やその家族に暴行を繰り返し、金を要求。

＊福井宏喜／29歳、強盗致死。金欲しさに老人宅に侵入し、揉み合ううちに老人がテーブルの角に頭をぶつけて死亡。

＊入江行雄／29歳、覚醒剤所持。覚醒剤中毒による症状は治療済み。

＊寺田一義／19歳、窃盗・傷害。幼少の頃から車泥棒、車上狙い、万引の常習犯。

＊太田理江子／28歳、誘拐・致傷。愛人の女児を誘拐、ナイフで切りつける。
＊栗本清美／35歳、殺人、死体遺棄。暴力を振るう恋人を一升瓶で撲殺。殴りつけられた死体はグニャグニャだったという。

このように分類、仕分けされた元受刑者たちをそのまま単純に犯罪者類型と見なすことはできないだろう。彼らは様々なメタファーに充ち、ただちに病人、障害者、難民、異人などをも想起させる。またミシェル・フーコーの『狂気の歴史』（田村俶訳、新潮社）ではないけれど、ここには犯罪そのものの復元というよりも、犯罪を生み出す社会と歴史の構造的な眼差しも含まれていると見なせよう。

そうした元受刑者たちの魚深市への移住と合わせたかのように、「のろろ祭り」の準備が始まっていく。それは「各家が包丁の刃を埋め込んだ神木を玄関に飾り、往来を巨大なオオカミウオのような姿をした怪魚『のろろ』が練り歩くという奇祭中の奇祭」だった。先頭に立つのは「深海から這い出てきた怪物そのもの」のような「のろろ」で、それに続く連中も、「魚が変形したようなおぞましい姿」をしている。この一団が家の門口に立ち、何か食い物を寄こせとばかり、「もらおう」と声をかける。そこで家の者が「刃がある」と返事をする。するとまた怪物たちが「もらおうもらおう」と二度いう。それを受け、「刃がある」「従いますように」と家の者が帰すと、怪物たちは恐れ入ったような仕草をして立ち去る。そして祭りが終わるまで、誰も怪物の姿を見てはならない。「のろろ祭り」とは「海上安全と豊漁を祈願した奇祭」とされる。

「のろろ」とは海からやってくる怪物ではあるけれど、ある時代に出現した異神に他ならず、それが漁村共同体の祭礼の表象へと転化したのだ。その行列は深夜から始まり、明け方へと至る。家の前にはタブノキを立て、それに包丁の刃を埋めるのは霊のこもった神聖なる木の御幣の代わりで、それが異神から家の者を守る役目を果たすと同時に、結界となっているのだろう。そうして異神は暗闇の中にあり、それを見てはならないとは、彼らが海の彼方からやってきた災厄をもたらすとされる神であることを伝えている。それはかつて漁村だった魚深市の古代からの祭りであることを浮かび上がらせて、ひとつの神話の形成を物語っている。原作者の山上は柳田国男の『日本の祭』（『柳田国男全集』13所収、ちくま文庫）なども参照し、この「のろろ祭り」を構想したのかもしれない。

それにもうひとつのタイトルとなっている『羊の木』のエピソードが重ねられる。それは鳥原市長の家に代々伝わっている絵で、それはヨーロッパ人がまだ見ぬ綿の木を「羊のなる木」だと想像して描いたものだった。その絵には一本の木が描かれ、枝の先に羊が「なっている」。市長は今の世の中では通用しない「まったくうらやましくなるぐらい単純な発想」だと思う。その市長に対して、三田村はいう。「それに比べたら現代はとても複雑だ。誰かがよかれと思ってやったことが—巡りめぐって—誰かを不幸にしてしまう。ならば—誰かの悪意から始まったことが人を幸せにすることもあるかもしれませんな」と。

この「羊の木」のエピソードと絵の原型は『世界不思議物語』（蒲田耕二他訳、日本リーダーズダイジェスト社、一九七九年）を出典としていると思われるので、その「ヒツジを生む木」の由来を引いてみる。

> 中世ヨーロッパには、植物と動物の合いの子で、羊を生む木がダッタンに生えているという伝説があった。木の名はプランタ・タルタリカ・バロメッツといった。バロメッツは、子ヒツジを意味するダッタンの言葉である。
> この木になるのは、じつは木綿だったが、当時のヨーロッパ人は木綿をまったく知らなかった。それをウールとま違《ママ》えたのである。
> ウールは、羊の毛で作る。そこで、「ダッタンのヒツジがなる木」の伝説が生まれた。木綿は子ヒツジの毛であり、その子ヒツジは木から生まれて、ヘソで木とつながっていると考えられた。
> 子ヒツジに草を食べさせるために木は幹をたわめ、あたり一帯の草を食べつくされると、ヒツジも木も死ぬとされていた。

「ヒツジを生む木」もまたフーコーのいうところの中世のエピステーメーを想起させるし、それとの断層がこの『羊の木』の物語であることも伝わってくる。その絵が市長の家に代々伝わるもので、しかもこの物語のタイトルになっていることからすれば、「子ヒツジに草を食べさせるために」から始まる最後の一文が物語に投影されていると考えていいだろう。すなわち、「子ヒツジ」は元受刑者たちとそれにまつわる様々なメタファー、木や幹は魚深市や市長たち、「あたり一帯の草」とはそれぞれの町や市民、つまり共同体とそれを構成する人々とも考えられるからだ。

この伝説や寓話を象徴的な背景として、元受刑者たちが移住者として混住するようになり、それに中世以前に起源を有するであろう「のろろ祭り」が重なり、それに元受刑者たちも市民となるための通過儀礼のように参加していく。そうしてどのような出来事や事件が起きていくのか。そうした物語こそが『羊の木』に他ならない。ただその背後は様々なメタファーで充ちているし、「のろろ祭り」のイメージもまた中世以前からのひとつの共同体の成立の謎を秘めていることをも暗示している。それは同時に人間や社会の謎ともつながっていくようにも思われる。物語の展開につれて、それらの謎の一端は解明されていくのだが、「どこからどこまでが現実だったのか」わからないクロージングとなっている。またしても「のろろ祭り」が近づいていることを伝え、見開き二ページに及ぶ魚深市の眺望図を示し、「我々は生きて行くだけだ。それ以外に何の望みがあろう。栄あれ、我が町うおぶか」とのコピーが付され、この『羊の木』という物語はとりあえず終わっている。おそらくこの物語、この問題はまだ続いていくことを告げるようにして。

135

ノンフィクションと小説のコレスポンダンス
――トルーマン・カポーティ『冷血』〔新潮社、一九六七年〕と高村薫『冷血』〔毎日新聞社、二〇一二年〕

しかしこれらの話法（ディスクール―引用者注）はそれだけで、それぞれの異質性によって、一つの作品や一つのテキストを形づくっているのではなく、様々な話法を通して、話法どうしの、独特の闘争、対決、力関係、戦闘を形成しているのである。

ミシェル・フーコー編『ピエール・リヴィエールの犯罪――狂気と理性』（岸田秀、久米博訳、河出書房新社）

本書119の矢作俊彦『ロング・グッドバイ』がレイモンド・チャンドラー『長いお別れ』の本歌取りとして刊行されたことにふれたが、それに続くかのように二〇一二年にやはり同様の作品が発表された。それは高村薫の『冷血』であり、これもいうまでもなく、トルーマン・カポーティの原作タイトルをIn Cold Bloodとする同名のノンフィクションノベルの本歌取りに相当している。

カポーティ『冷血』（滝口直太郎訳、新潮文庫）もまたアメリカの「フィフティーズ」の最後の年、すなわち一九五九年に発生した殺人事件をテーマとしている。それはその年の十一月にアメリカ中西部カンザス州のホルカムという

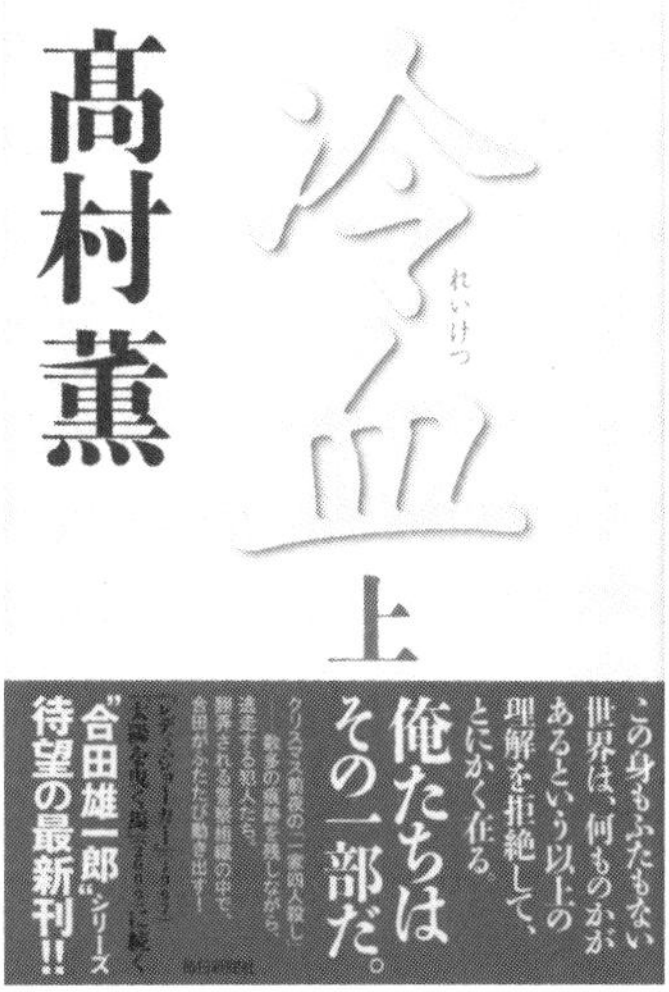

農村で起きたのである。ホルカムは日本人も含んだ多様な混住社会で、大半が牧畜農業に従事していた。そのうちのドイツからの移民である一家四人、夫婦、息子、娘の家族全員がロープで縛られ、ガムテープで口をふさがれ、至近距離から猟銃で射殺されていたのだ。残虐な殺人事件そのものだったが、家族の誰もが他人から恨みを買うような人たちではなく、また何も盗まれておらず、動機が不明だった。

カポーティは『遠い声遠い部屋』（河野一郎訳、新潮文庫）や『ティファニーで朝食を』（滝口直太郎訳、同前）とは異なる、現実に起きた事件に基づく小説を書いてみたいと考えていたので、ただちにこの殺人事件の取材に赴いた。そしてありとあらゆる関係者たちに会って話を聞き、さらにベリーとディックの二人の犯人が逮捕されると、その犯行前後の足跡をもたどり、彼らの内面と心的現象の細部にまで迫り、この犯罪の本質を浮かび上がらせようとしたのである。それらの取材と資料は六千ページに及んだとされ、六年後の一九六五年に『冷血』は上梓に至り、ノンフィクションノベルという新しい分野を確立しただけでなく、ドキュメントやルポルタージュにも大いなる波紋と影響をもたらした。日本の作品に例をとれば、ただちに佐木隆三の『復讐するは我にあり』（講談社、一九七五年）が挙げられ

るだろう。

ちなみにカポーティの詳細な取材と記述は、『冷血』が本書118や119とも無縁でないことを伝えているので、それらをふたつほど示しておこう。二人の犯人の愛唱歌はアメリカの女流詩人ジュリア・ウォード・ハウの「共和国の戦いの歌」で、その一節は「わが目は見たり、主の来ます栄光を／主は踏みにじりたもう酒蔵を、怒りの葡萄蓄えし」である。ここからスタインベックの『怒りの葡萄』のタイトルがとられている。またペリーは朝鮮戦争にアメリカ陸軍の一兵卒として加わり、横浜でひと夏を過ごしてもいるのである。

これらの『冷血』に関する取材のディテールは、ジョージ・プリンストンの伝記『トルーマン・カポーティ』（野中邦子訳、新潮文庫）、及びフィリップ・シーモア・ホフマン主演、ベネット・ミラー監督の映画『カポーティ』でも描かれている。前者には現場の家と殺害された一家四と犯人二人の写真も収録され、とりわけ後者はそれに焦点を当て、ホフマンはそのカポーティと見紛うばかりの迫真の演技で、二〇〇五年のアカデミー賞主演男優賞を受賞したが、一六年になって麻薬中毒による事故で死亡している。また〇六年には佐々田雅子による新訳（新潮文庫）も出されている。

このような近年のカポーティと『冷血』の再評価や再発見の流れの中で、高村の『冷血』も構想されたと見なしていいだろう。実際にポリフォニックな構成、四人の被害者家族、二人の犯人のキャラクター造型などはカポーティに範を得ているし、それらをベースにして、高村は『レディ・ジョーカー』（新潮文庫）や『太陽を曳く馬』（新潮社）の警視庁捜査一課の会田雄一郎を召喚する。そして郊外消費社会と、それに寄り添うヴァーチャルな空間としてのネットの出現と存在がクロスしたところで起きた殺人事件を書いている。それゆえにこれはカポーティの『冷血』から半世紀後に書かれた高村の、二一世紀版『冷血』として読むことができる。

「2002年2月17日火曜日」の日付が示された第一章の「事件」は、クリスマスイブに被害者となる少女の長いモノローグから始まり、犯人たちの同じくモノローグへとつながっていく。その一人の戸田吉生は求人サイトに書き込まれた《スタッフ募集。一気ニ稼ゲマス。素人歓迎》を見て、池袋での落ち合う場所へと向かっている。一方でそれを書き込んだ井上克実は愛車GT－Rの中にいて、国道16号線沿いのガストの駐車場で朝を迎えていた。これは『ロング・グッドバイ』で、横須賀基地の前の道路が合流する国道である。昨夜彼の車はやくざに襲われ、叩き壊されてしまった。

井上にとって、それは「朝がここで一時停止し、ここが世界の意味の消失点になる」という思いをもたらした。そして外の風景が描写される。

> 白濁したガラスの外は、横浜の旭区あたりの、保土ヶ谷バイパスではない国道16号線だった。ざらざらごろごろする継ぎ接《は》ぎだらけの荒れた路面の音と、間断がないというほどではない通行車両の微妙な間合いで、眼をつむっていてもそうと分かる16号線は、横浜の西区から千葉の富津岬まで、東京を遠巻きにするようにして走っており、畑と工業団地と新興住宅地の広がる沿線は、どこも自動車メーカーの販売店にパチスロ店、ファミリーレストランにコンビニエンスストアが吹き溜まりをつくる。少し市街地を離れると、空き店舗のシャッターが朽ち、不法投棄の資材や鉛管が野ざらしになった空地があり、暴力的なほど平坦な風景が続く。首都圏の運送会社で働いたことのある人間なら眼や耳以前の皮膚で分かる、地方都市の臭いだ。

ロードサイドビジネスが林立し、畑と工業団地や新興住宅地が混住する典型的な郊外の風景だ。少しばかり古いデータになってしまうが、西村晃の『日本が読める国道16号』（双葉社、一九九四年）は横須賀から八王子、川越、春日部、柏、千葉、君津まで「東京を遠巻きにして走って」いるその地図を示しながら、次のような数字を挙げている。この国道16号は東京都心からおよそ30キロ圏を一周する環状道路で、沿線人口は東京23区の８００万人を超える１０００万人であり、団塊の世代の人々が多く移り住んできたことで、団塊ジュニアも加わり、人口はほぼ倍増したことになる。

そのために国道16号の沿線市町村は日本の最大の消費者層にして、戦後の消費社会のコアに他ならない団塊の世代とその子供たちが集中的に住んでいる地域だと。つまり国道16号線は『〈郊外〉の誕生と死』において、図表で示しておいた東京50キロ圏の「１９７５から１９８０年にかけて新しく登場した急成長の都市」のすべてを横断するロードなのだ。

板橋で新聞配達をしている戸田と元トラック運転手の井上は池袋で出会い、ロッテリアでハンバーガーを食べながら、初対面だが、二人とも刑務所に入っていたことを確認し合い、歯痛に悩む戸田は現在からの「脱出」を願い、井上のほうはさしたる根拠もなくＡＴＭ強奪を提案する。ネットへの書き込みも同様に、あのガストでなされたのだ。

そうして二人の道行は始まるのだが、その主たる舞台は必然的に国道16号線ということになる。町田インターから国道16号線に入り、多摩ニュータウンから相模原に入り、そこの健康ランドで日付が変わるのを待ち、トラックを盗み、町田郊外の郵便局のATMを襲うが、失敗に終わる。それから二人は次にハイエースを盗み、明け方にデニーズに入り、ハンバーグライスとビーフカレーを食べる。そして戸田がスーパー銭湯に入っている間に、井上は朝から行列ができているまっ赤な外壁の巨大なパチスロ店で大当たりをとったりしていた。それでも二人の破滅へと向かう道行は続く。

> イノウエが運転するハイエースは沿道の量販店やガソリンスタンドやファミリーレストランへの車の出入りが引きも切らない町田街道から、やがて多摩境駅にでて東京方向へUターンした。そのとたん、眼に飛び込んできたのは、何もない造成地の闇の真っ只中を、数珠つなぎのヘッドライトが光の川になって延々と続いている光景だった。(……)
> 　吉生は突然アメリカだと思った。ドがつく田舎のショッピングセンターにガキどもが車を連ねて集まってくる風景は、ほとんどアメリカの中西部だ、と。二十歳のころ(……)観たうっとおしい映画—『パリ、テキサス』という変な題だった——そこに出てきた土地。(……)そういえば、朝見た薬師台あたりの分譲地も、笑ってしまうほどアメリカ東部の住宅地っぽいつくりだったから、この多摩境が中西部でもおかしくはないだろう。そうか、町田は多摩だったのか。

『パリ、テキサス』はこの後も様々に言及されるので、少しばかり注釈を加えておこう。これは一九八四年公開のサム・シェパード脚本、ヴィム・ヴェンダース監督のロードムービーである。主人公のトラヴィスはテキサス砂漠に実在するとされるパリという地を求めて放浪しているうちに、妻は失踪し、息子だけが残され、弟夫婦に引き取られていた。そこでトラヴィスは息子を連れ、妻(母)を捜す旅に出るのだが、その道行はこの映画が砂漠のシーンから始まるように、荒野の中を彷徨うイメージが強く、戸田のモノローグでもそれと自分たちの道行、及び郊外の新興住宅地と消費社会の風景をオーバーラップさせているのだろう。

　ここでは言及されていないが、カポーティの『冷血』の舞台はアメリカ中西部の片田舎にほかならず、まさに井上と戸田はペリーとディックに重ねられているのである。それから二人はコンビニを襲い始める。「コンビニエンスストアが二十四時間営業なら、そこに押し込む強盗も二十四時間営業だ」。しかし二店で奪ったのは十四万円ほどで、「いったいこれは現実だろうか——？　大の男が二人がかりでコンビニ強盗だ。体力も気力もある三十代でここまで堕ちたら、あとはもう無銭飲食ぐらいしか堕ちるところがない。いや、こんな現実のほうが狂ってやがるのだ」という思いに捉われる。国道16号線から始まった二人の道行は、ロードサイドビジネスの表層の明るさの奥に潜むアモルフな暗部を浮かび上がらせ、郊外消費社会の闇の部分、そこにうずまっているもうひとつの「現実」を照らし出しているかのようだ。

二人は再び別の車のシルビアを盗み、逃げるかのように国道16号線を走り続け、夜中に赤羽駅近くの二十四時間サウナに入る。そうして二人の道行と犯罪の臨界点ともいうべき一家四人殺しの現場へと近づいていったのだ。戸田の宿痾とでもいうべき歯痛と故郷の思い出、井上の歯医者に関する過去の記憶は連鎖して、二人を赤羽に近い西が丘の歯科医院へと向かわせる。そしてその自宅に押し入り、犯行へと至るのである。彼らはキャッシュカードを奪い、暗証番号を聞き出し、犯行後六十八時間で十六ヵ所のATMから千二百万円の現金を引き出していた。それらはすべて16号線のコンビニで、川越、狭山、入間、横浜、横須賀、鎌倉、藤沢、東川崎、木更津、千葉のセブン-イレブン、ファミリーマート、ローソンの名前が逃亡の痕跡を示すかのようにリストアップされる。

そのような痕跡から二人は逮捕される。だが二転三転する二人の供述と様々に絡み合う事実から、「携帯電話の求人サイトで出会っただけの見ず知らずの人間同士が、会って四日後に一家四人殺しをやっている」ことの真の動機が問題となり、それが『冷血』の大きな謎を形成してくる。そして合田は思うのだ。

この一家四人殺しに、いったい言葉で語られるに足る内実はあるのか、と。自分たちが目の当たりにしているのは、たまたまどこからか現れた男二人が、ほとんど何も考えず、目的すらはっきりしないままに、なにがしかの気分に任せて動いた結果の一家四人殺しであり、まさしくそれ以上のどんな深みも真相もない、事実という名の空洞があいているだけではないのか。

仮にそうだとすれば、自分たち警察が捜査と呼び、事件の解明と呼んでいるものは、ただ社会秩序のためにその空洞を言葉で埋める行為ということになるが、空洞とそれを埋める言葉は別ものだ。（……）いったい自分たち警察も社会も、この被疑者たちに何を求めているのだろう。欲しいのは、彼らをともかく刑場に吊るすための理由ではないだろうか。

ここに表出しているのは、高村の『冷血』がカポーティのみならず、ドストエフスキーの『罪と罰』からカミュの『異邦人』(窪田啓作訳、新潮文庫)を継承し、今世紀に入って起きた様々な犯罪や未解決事件をふまえ、成立していることの証左であろう。

そのような視座の下に、デラシネ的な郊外消費社会としての国道16号線が描かれたこと、及び合田が拘置所の井上に長塚節の『土』などを送り、井上の返事も書かれていることは、高村のクライムノベルにこめられた思想の一端を伝えているのではないだろうか。

136 アメリカの郊外の性と家族の物語
——アップダイク『カップルズ』(新潮社、一九七〇年)

前回のカポーティの『冷血』とほぼ時代を同じくして、アップダイクの『カップルズ』(宮本陽吉訳)が刊行され、日本でもほどなくして翻訳された。それは前者が一九五〇年代末のアメリカ郊外の犯罪をテーマとするノンフィクションだったことに対し、後者は六〇年代前半の同じく性と家族の問題をコアとする長編小説だった。

本書7のハルバースタムの『ザ・フィフティーズ』の中で、一九五〇年代におけるアメリカのセクシュアリティの変貌に関して、「キンゼー・レポート」「サンガー夫人の性革命」「女らしさの神話」「ピル解禁」「モンローのヌードカレンダー」などが挙げられていたが、『カップルズ』こそはその帰結としての六〇年代の性と家族の行方を描いた作品と見なすことができよう。それはまたこれも本書36のリースマンの『孤独な群衆』とも重なるものである。

その舞台となるのは第一章が「ターボックスへようこ

そ」と題されているように、アップダイクが五〇年代後半から住んでいる町をモデルとしている。それはマサチューセッツ州プリスマ郡に属するボストン近郊の架空のターボックスとしてである。かつての植民地時代には教会を中心とする海港だったが、六〇年代からボストンの郊外として変容し始めていた。昔の名残りをとどめるギリシア風教会の尖塔の風見鶏から見られたターボックスの現在が、次のように描かれ、その鳥瞰図が提出されている。

ターボックスの中央部一マイル四方の中には、いまではプラスティック玩具工場に変ったメリヤス工場、四十軒に近い店舗、数エーカーの駐車場、何百軒もの小さな庭付き住宅があった。さまざまな家がまじりあっている。十七世紀の原型をとどめた塩入れ型のキンボール家、シューウェル家、ターボックス家、コグズウェル家が、緑地から放射線状にのびる不安定な、いかめしい風変りな名前の田舎道にそって並んでいた。屋根に手摺つきの物見台のある北部連邦特有の四角ばった家。織物のさかんな時期を表わしているけばけばしい邸宅。織物職人たちがポーランドから輸入した固い煉瓦でつくった路地が家までつづいている。ずんぐりしたヴェランダ、狭い煙突、辛子、パセリ、石墨、葡萄酒などのさまざまな色彩を組み合わせた下見板の、大恐慌前に建った中産階級の住宅。新しい造成地がパステル色のきれいな歯並をみせて、ずっと向うのインディアン・ヒルにくいこんでいた。その向うには、蔓のようにもつれあった道路、まっすぐに走るいまは使われていない一本の鉄道（……）

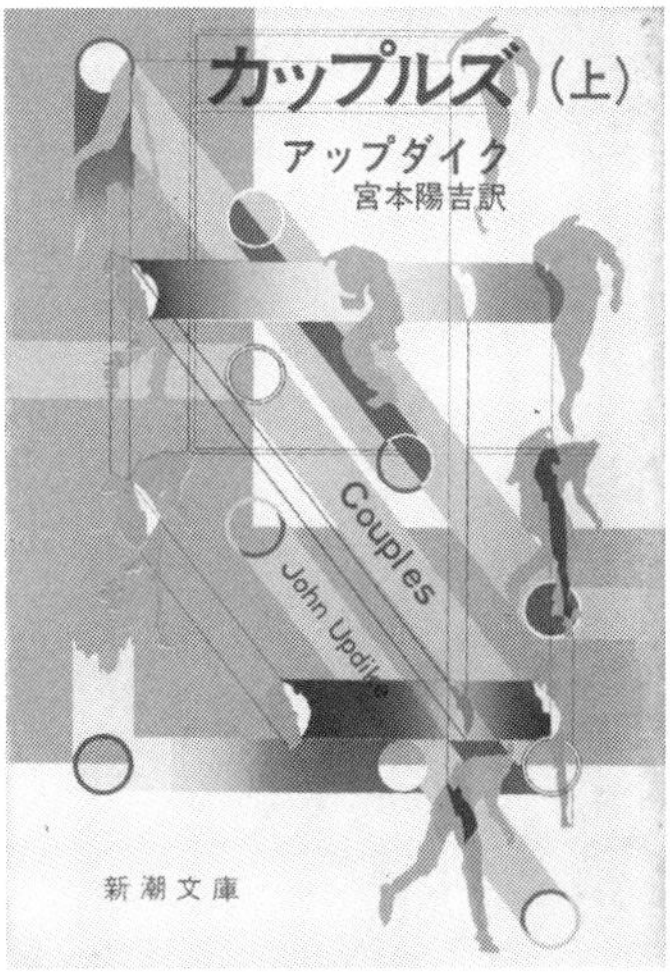

このターボックスに関するラフスケッチの中に、アメリカのひとつの町の歴史と産業構造の変化、戦前における中産階級の住宅地化、戦後の新興住宅化の開発、モータリゼーションの発達に伴う鉄道の廃線などが見てとれる。さらにいってみれば、一九五〇年代から六〇年代にかけての郊外化によって、ターボックスそのものが旧住民と新住民の混住化を招来させたが、それは一方で旧住民とは異なる

新住民たちだけの生活空間をも出現させたのであり、その変貌が『カップルズ』のテーマと物語の根底に携わっている事実に他ならない。

ターボックスの住宅地開発は口外特有の「家を売るんじゃなくて景色を売る」というキャッチフレーズによって推進されたようだし、主人公のピートが建築家であることも、それらを象徴している。ただし彼の建築事務所は不動産取引も兼ねていて、建築家であることが住むことの知恵や思想と結びついているわけではない。それは新住民たちも同様である。かくして十組の「カップルズ」がそのように郊外住宅地へと召喚され、登場してくるので、まずはそれらの「カップルズ」を紹介しておこう。

＊ピート・ハネマ、アンジェラ／夫はオランダ移民の子で建築家、両親を交通事故で失い、大学を中退して軍隊に入り、日本にも駐留。妻は元小学校教師で、二人の娘がいて、双方が三十代半ば。

＊フレディ・ソーン、ジョージーン／夫は精神分析医をめざしていたが、大学受験に失敗したために歯科医となる。反ユダヤ主義者。妻はフィラデルフィアの銀行家の娘。

＊ケン・ホイットマン、フォクシー／夫は弁護士の息子で、ボストン大学助教授の生化学者。妻は南部の厳格な信仰に守られた家庭の出身だが、両親は離婚。ラドクリフ大学を出ていて、二十八歳で妊娠中。

＊フランク・アップルビイ、ジャネット／夫はハーヴァード大学を出て、銀行の信託業務に携わる。妻は製薬会社のオーナーの娘。

＊ハロルド・リトル＝スミス、マーシャ／プリンストン大学での株式仲買人。妻は医者の娘。

＊ロジャー・ゲアリン、ベア／夫はスイス系の資産家とされ、無職だが、夫婦は贅沢な生活をしている。子供はいない。

＊エディ・コンスタンティン、キャロル／夫は飛行機パイロット、妻は画家。

＊ジョン・オング、バーナデット／朝鮮人系のマサチューセッツ工科大学の原子物理学者。妻はポルトガル系移民と日本人の混血。

＊ベン・サルツ、アイリーン／夫は精密機械工学者。

＊マット・ギャラガー、テリー／夫は建築家で、アイルランド系、ピートと軍隊をともにしたことで、現在も共同仕事に携わっている。

これらのカップルズから見たターボックスの長所は「カ

ントリー・クラブ」も「召使」もいないし、「単純に暮らすのは、贅沢よりずっとすばらしい」ことにある。「カントリー・クラブ」や「召使」に象徴される旧来の権威や階級システム、及び他者がいる家庭内雇用は姿を消しているし、戦前のような世間や社会も存在していない。それゆえにパーティを開いたり、バスケットボールやテニスなどのスポーツにいそしみ、暮らしていくことができる。そして「この町は奥さんの町ですもの」という言葉に示されているように、夫たちはターボックスから都市へと働きに出ていく存在であり、ウィークディはほとんど不在ということになる。かつてと比べれば、妻たちは解放されたかに見える。

それはジェローム・ビーティー・Ｊｒが『女だけの時間』（小堀用一朗訳、東洋経済新聞社、一九六四年）でレポートしている同時代の「アメリカ郊外夫人の生態」とも通底しているはずだ。これは日本でいえば、やはり同時代の「団地妻」報告にも似て、優れたレポートとは言い難いが、それでも六〇年代のアメリカ郊外の妻たちの生態の一端が伝わってくる。ここにカリカチュア的に描かれているのは家庭電化、モータリーゼーション、郊外消費社会がもたらした郊外の主婦の変化、イリイチの言葉を借りれば、十九世紀を通じて女性に押しつけられてきた無償の経済活動としての「シャドウ・ワーク」（玉野井芳郎、栗原彬訳『シャドウ・ワーク』、岩波書店）の変容である。それらは夫婦の関係や家庭生活へも大きな影響を及ぼし、近代家族から現代家族へと向かうファクターであることは明らかなのに、そのことにはまったくふれられていない。そしてそのような「シャドウ・ワーク」の変容とパラレルに、アメリカ現代史も流動し、ケネディ大統領が暗殺され、ベトナム戦争も深刻化していたのである。

そうしたアメリカの六〇年代前半の社会状況の中で、『カップルズ』の性と家族の物語は展開していく。それは先に挙げた物語のイントロダクションと登場人物の紹介も兼ねた「ターボックスへようこそ」から始まっていくのだが、すでにこの章に出来してくるであろう事柄が予兆を漂わせながら、細心に書きこまれ、『カップルズ』の全体像とこれからの物語の行方のアリアドネの糸のようなオープニングシーンを提出している。

それは冒頭の「きみは新しく来たあの夫婦をどう思う？」というピート・ハネマの妻のアンジェラへの問いに象徴的に表出している。二人はパーティから戻ってきたところで、寝室で着替えをしている。アンジェラは「まだ若いらしいわね」と答えているのだが、続いてその言葉と対照的に、彼女のもはや若くない三十四歳の肉体が描写される。「あの夫婦」とはケン・ホイットマンとフォクシーのことをさし、フォクシーは実際に二十八歳だった。この夫婦はかつてピートとアンジェラがほしいと思っていた海辺の家を買い、新たに移住してきたのである。ここに『カップルズ』の大団円において、ピートとフォクシーの姦通から結婚に至るプロセスの始まりがほのめかされていることになろう。

その後にピートとアンジェラの最初の出会い、恋愛と結婚、最初の娘の誕生が語られ、結婚九年目であることもわかってくる。また家族は優雅にして堅実で、八部屋を有する家に住んでいることも。夫は自分たちの結婚の生活は「幸福の第七期さ」といい、妻は「それが私たちのいるところなのね？」と応じるけれど、夫婦間には断層が生じているようで、それが夫の心象現象や妻の身体の仕種となって表出している。またそれは夫の「きみはぼくとじゃ幸福とは言えないな」という言葉となり、パーティ参加者たちがこれもカルカチュア的に言及され、妻は「幸福になれるはずもない」パーティの実態にふれていく。

「ピート、おたがいに背を向け合って、パーティに行くのは厭だわ。家に帰ると厭な気分になるわ。こんなふうに生きてゆくのは、ぞっとするわ」

「私たちは一つのサークルだっていうふうにあの人（フレディ・ソーン—引用者注）は考えているのよ。夜を追い出すための魔法のサークルなのね。私たちの顔を見ずに週末が過ぎると、わるいことでもしたようにはっとすると言ってたわ。私たちはおたがいのための教会をつくっていると思ってるのね」

「ぼくたちが馬鹿げた田舎街に住んでいるのは、半分は子どもたちのため」であるわけで、パーティ参加者たちはもはやほとんどが教会にいかないし、その代わりの役目をパーティが担っていることになる。でもパーティばかりでなく、ターボックスにしても、ピートの言葉に従えば、「実際には存在しない世界に生きること」を意味しているかもしれないのだ。

それはピートとアンジェラ夫婦だけの思いではなく、フレディ・ソーンとジョージーン、ケン・ホイットマンとフォクシーなどの他の九組の夫婦も同様であり、パーティとターボックスをトポスとして、夫婦交換ともいえる姦通の世界へとのめりこんでいくのである。それらはピートとジョージーン、フォクシー、ベア、フレディとアンジェラ、フランクとマーシャ、ハロルドとジャネットの性的関係へと展開され、「おたがいのための教会」も解体と破綻へと至っていく。それはつまり「情事というものは、外へ漏れ、その栄光を世間にも味わわせたくなるもの」でもあるからだ。

このアップダイクの『カップルズ』の上梓から十年ほどを経た一九八〇年にゲイ・タリーズの『汝の隣人の妻』(山根和郎訳、二見書房)が刊行された。ただ同書は七一年から取材に入っているので、「アメリカの性」といったテーマやタイトルからして、『カップルズ』の影響を受け、構想されたと考えていいだろう。それにアメリカの夫婦の断層だけでなく、この時代に「アメリカの性」も大きな変貌を遂げようとしていたのだ。

ハルバースタムの『ザ・フィフティーズ』に「モンローのヌードカレンダー」の項があることを先述したけれど、ここでは一九五三年にヒュー・ヘフナーが『プレイボーイ』を創刊し、大成功を収めたことがレポートされている。それはヘフナーやタリーズの両親たちと異なる性的解放と自由の時代を迎えつつあることを告げるものだった。しかしタリーズの『汝の隣人の妻』によれば、そうした性的自由の社会状況にもかかわらず、ヘフナー夫婦は結婚に幻滅を感じていたし、それは等しく大学時代に知り合い、結婚していた若い夫婦も同様だった。タリーズはそれが先の大戦下における若い男女の戦時体験と戦後の相互の幻滅に多くを負っているとし、次のように書いている。「ヘフナーと世代を等しくする多くの夫婦は落着きがなく退屈しているように見えた。くすんだフランネルのスーツを着て郊外の家に住んで幸せそうには思えなかった」と。

このような記述にふれると、刊行年代のタイムラグはあるにしても、タリーズのノンフィクション『汝の隣人の妻』と『カップルズ』がまさに「隣人」関係に置かれているとわかる。そしてアップダイクのこの長編小説こそはそのような六〇年代の郊外の中年夫婦の特有な心的現象と性との関係を描いた作品、それもヘンリー・ミラーやノーマン・メイラーとも異なる性の世界を開示していたことが了承されるのである。

137 ロサンゼルス南部地区クレンショー
——ニーナ・ルヴォワル『ある日系人の肖像』〔扶桑社ミステリー、二〇〇五年〕

本書124で、日系二世トシオ・モリの『カリフォルニア州ヨコハマ町』を取り上げた際に、アメリカにおける日本人移民史、及びその太平洋戦争下までのクロニクルも示しておいた。それはもちろん戦後を迎えても切断されたわけではなく、前々回のカポーティの『冷血』や前回のアップダイクの『カップルズ』のテーマである、アメリカの犯罪や性と家族の変容とパラレルに営まれてきた。今回はそれらの日系人の物語と犯罪や性と家族が交差する作品にふれてみたい。しかもこの作品のコアとなる年代も一九六五年で、『冷血』や『カップルズ』と時代をともにして起きていた事件を背景としているし、ヒロインがレスビアンであるという設定も現在を告知していよう。

それはニーナ・ルヴォワルの『ある日系人の肖像』（本間有訳）で、原文タイトルはSouthlandだが、これはこの物語の舞台に他ならないロサンゼルス南部地区、クレンショーを表象していると思われる。しかしそれでは邦題にふさわしくなく、この邦訳タイトルが採用されたと推測されるし、また著者のニーナが日本人の母親とポーランド系アメリカ人の父親との間に日本で生まれ、五歳になるまで東京と京都に住んでいたという経歴も重なっているのだろう。

ニーナはこの小説の序にあたる「日本のみなさまへ」を寄せ、自らの来歴を記すとともに、『ある日系人の肖像』の構想をもたらしたロサンゼルスのクレンショー地区にあるボウリング場喫茶室のモーニング時間の光景をレポートしている。それは一九九六年のことだった。そのテーブルについていたのはほとんどが年寄りの黒人と日系人で、やはり六十代の日系ウエイトレスが渡してくれたメニューには、アメリカ南部の郷土料理と日本食の双方があった。そして「人種の異なる人たちが和気あいあいと入りまじ」り、「みんなそろって食事をしてい」る光景は、小さい頃からの自らの日系人体験に照らし合わせ、ニーナにとって思いがけないもので、「きっと天国に迷い込んだに違いない」という印象をもたらした。

そのような光景の由来を調べていくと、クレンショー地区において、日系人と黒人が混住していて、戦前、戦後を通じて、両者が親身に支え合ってきた事実に突き当たる。そして多数派の白人から、両者が人種隔離された界隈へと追いやられていたこと、太平洋戦争下にあって、日系人が強制収容所に送られている間、その不在の家を管理していたのは近くの黒人であり、また六〇年代に起きた公民権運動の中で、日系人は黒人の側に立ったことも浮かび上がってくる。

しかしその人種と文化の違いを超えた地域社会、もしくは共同体とでもいうべきクレンショー地区を象徴するボウリング場も老朽化して閉業し、土地開発業者に買収、解体され、新しいショッピングセンターの敷地となってしまったのである。それらの地域の歴史と事柄を踏まえ、物語へと織りこみ、『ある日系人の肖像』は始まっている。まず「プロローグ」において、記録映画のように提出されているのは、かつての新興都市の一角であったひとつの地区、

界隈、商店街の明らかな衰退の姿に他ならない。そこにはまず図書館、教会、公立学校、ボウリング場も残っているが、商店街は閑散とし、閉店した店も多い。かつてこの地に住民たちを連れてきた鉄道も廃線となり、甘くてみずみずしいオレンジを産する果樹園や苺畑はコンクリートの下に埋まってしまった。一九五〇年代から六〇年代にかけて、ここは約束の地のようであり、自然のままの丘陵に囲まれた豊かな土地が安く入手でき、言葉や肌の色が異なっていても、あるいは偏見や懸念を有して移ってきた人々にしても、それらの混住は日常のありふれた光景であるゆえに、そうした意識も退けられていく地区でもあった。それが今となれば、「過去の歴史は無用の長物」と化し、ある一角は「スラム化して見捨てられたような場所」になってしまった。そしてそのトポス名が記される。それはカリフォルニア州アンゼルメーサのクレンショー地区だと。

それがイントロダクションとなり、『ある日系人の肖像』の始まりの一九九四年と明記された最初の章へとつながっていく。日系人女性のジャッキー・イシダはカリフォルニア大学ロサンゼルス校のロースクールの学生だった。その祖父フランク・サカイが心臓発作で急に亡くなってから十日後に、彼が一緒に住んでいた叔母の家を訪ねた。それは祖父が残した遺言状を確認するためだった。その遺言状は

一九六四年九月の日付で書かれていて、まさに三十年前にしたためられたものだった。それは七項目からなっていたが、もはや遺すべし対象の妻も、先立っていたし、遺すべき家もなく、有効な遺言書とは言い難かった。

ただ七項目の「店はカーティス・マーティンデイルに遺す」という一文だけは同様に、処理済と片づけるわけにはいかなかった。当時祖父はクレンショー地区で小さな食料雑貨店を営んでいたけれど、それはもはやフランク一家の過去にまつわるひとつの話と化していたし、実際にその店も売却されていたのだが、その売却金三万八千ドルが「店」と書いた箱にそっくり残されていたからだ。しかもそれは二十九年間にわたって隠されていたことになる。

それにカーティス・マーティンデイルとは誰なのか。叔母もカーティスのことを知らなかったし、フランクの妻である母親からも何も聞いていなかった。そうした経緯と事情から、ジャッキーがこの人物の消息を調べる役を務めることになる。手がかりは教会での葬儀の参列者であるクレンショー地区の黒人と日系人たちしかなかった。かれらはジャッキーにとって初めて見る顔ばかりだったが、紛れもなく祖父をひとりの男として知っていたはずだし、それは家族についても同様だったと思われた。彼らは葬儀に際して涙を流し、家族も悲しみに暮れていた。それなのにジャッキーはそうした悲しみを共有できず、祖父に愛されていたにもかかわらず、彼のことを何も知らなかったことに気づく。その償いのためにも、彼女はカーティスの消息を調べてみようと決意するのだった。

それはジャッキーの家族の記憶への旅でもあり、叔母、母親、祖母たちの記憶や過去の物語までが喚起され、柳田国男のいうところの「妹の力」を系譜づける日系人の歴史的色彩も添えられていくことになる。それらに加えて、クレンショー地区育ちで公民館に勤めるジェイムス・ラニアーも登場してくる。彼は祖父の店を知っていて、カーティスは従兄に当たり、よく一緒に遊んだものだと語り、その店が自分より年長の少年たちの溜まり場で、カーティスも入り浸り、何年間もアルバイトをしていたことを話すのだった。そのカーティスの所在を尋ねるジャッキーにラニアーはいう。「彼なら死んだよ。(……)あの騒ぎで死んだ。ワッツで黒人が蜂起した事件だよ、六十五年の」。この「黒人が蜂起した事件」は、高橋徹編『アメリカの革命』(「ドキュメント現代史」15、平凡社)の「解説年表 未完の革命——六〇年代のニューラディカル」の中に、「一九六五年八月一一日—一七日」の日付入りで、次のように記されている。

ロサンゼルス市のワッツ地区で、自然発生的な黒人叛乱が発生、それは延々一一四時間にも及び、ブラウン州知事の命令によって、戒厳令が施行され、四六・五マイルの地域に軍隊が出動した。この地域に居住する黒人六五万名のうち、その約二パーセントに相当する一万人の黒人が、直接この叛乱とかかわりを持ったが、その帰結は次の通り。死者三四名、負傷者一〇三二名以上、逮捕者三九五二名（内一八歳以下の未成年者五〇〇名以上）、被害額四〇〇〇万ドル以上。

そして「この事件が非暴力直接行動型の公民権運動に与えた精神的衝撃はまことに甚大だった」とも付記されている。またジャッキーの言も引いておけば、「暴動」は「マーケット・フライという黒人の青年が、警官から暴行をうけたのをきっかけに」して起きたとされる。

しかしカーティスはこの暴動に直接巻きこまれて死んだのではない。フランクの店の冷凍庫で四人の黒人の少年が死体となって見つかり、その一人がカーティスだったのだ。誰かが暴動の最中に四人をそこに閉じこめ、死へと追いやったのだ。しかも事件が多発していたこともあり、そうした黒人の死は気にもとめられず、またマスコミにも取り上げられなかったし、それらはジャッキーの家族にも伝えられていなかった。一族には太平洋戦争間と戦後の年月の歴史に空白があるし、その直後に店はたたまれ、売却されていたことになる。そして祖父の遺書はワッツ暴動の一年前に書かれ、そのまま店の売却金とともに封印され、祖父の死後に至ってジャッキーたちが知ることになったのである。それは祖父が孫に残した事件を追跡してほしいという遺言でもあり、ジャッキーはラニアーとともにその探求に向かっていく。

それは37章に及ぶ、太平洋戦争下から一九九四年にかけての日系アメリカ人の歴史をたどることでもあった。祖父のフランクは戦時中にマンザナー強制収容所に入れられ、そこから軍隊に入り、ヨーロッパ戦線に送られ、アメリカンジャップと称される日系人からなる四四二部隊の兵士として、イタリアやフランスを転戦した。そしてナチスのダッハウ強制収容所を解放したのも四四二部隊だったとされる。そうして彼は負傷してアメリカへと帰還し、食料雑貨店を営み始め、同じ日系人と結婚し、ジャッキーの母や叔母も生まれていた。その祖父に何が起きていたのか。祖父とカーティスのことをたどっていくと、若かりし頃の祖父と黒人少女との秘められた関係が浮かび上がっていく。

かくしてジャッキーとラニアーの祖母とカーティスの過去と現在の交錯する探求、及び多様な登場人物からの回想とナラティブは、日系人と黒人のたどったアメリカの戦後史であるばかりでなく、ロサンゼルスのアンゼルメーサのクレンショー地区の歴史をもオーバーラップさせながら、もはや失われてしまった混住時代の黄金期を刻印づけようとしている。それは図らずも、ひとつの戦後の一時代に対するレクイエムのようにも思えてくる。

なおこの『ある日系人の肖像』の以前に、トマス・H・クックが『熱い街で死んだ少女』(田中靖訳、文春文庫)を書いている。これも一九六三年五月に起きた、アラバマ州バーミンガムでの公民権デモの渦中で発見された黒人少女の死体をめぐる事件をテーマとしている。このデモはキング牧師によって指導されたものだった。このデモも軍隊が動員され、多くの死者を出したはずだ。おそらくニーナの『ある日系人の肖像』もクックの作品を範としているように思われるし、これらの二作はミステリーの体裁をとっているけれども、いずれもアメリカの「ザ・シックスティーズ」のこだまのようにも読めるのである。

138 ヒマラヤ杉の洞の中で
――デイヴィッド・グターソン『殺人容疑』〔講談社文庫、一九九六年〕

前回のニーナ・ルヴォワル『ある日系人の肖像』が範としたのは、一九八九年に刊行されたトマス・H・クックの『熱い街で死んだ少女』ではないかと述べておいた。

さらにそれに関して補足すれば、デイヴィッド・グターソンの『殺人容疑』(高儀進訳)も同様だと思われるので、この作品も取り上げておきたい。

ただその前に指摘しておかなければならないのは、この邦題『殺人容疑』も『ある日系人の肖像』と同じように、原タイトルはSnow Falling on Cedarsすなわち『ヒマラヤ杉に降る雪』で、二〇〇四年のイーサン・ホーク、工藤夕貴主演、スコット・フックス監督による映画化の場合も同様である。それはこの原タイトルそのものが物語の表象とメタファーになっているからだ。邦題は講談社文庫のミステリーシリーズに収録するための便宜的なものと見なすべきだろう。だがそうはいっても、ここでは原書を参照する手間をかけられないので、邦題を挙げるしかない。

それはともかく、この『殺人容疑』は太平洋戦争をはさむ日系人の物語をコアとし、これに『熱い街で死んだ少女』における一九六〇年代のアメリカの公民権運動を重ねれば、『ある日系人の肖像』のミステリー構図が浮かび上がることになる。いってみれば、ニーナという日系人作者が先行する二つの物語ファクターをリンクさせ、自作へと流しこんだようにも思えるし、そのように考えてみると、これらの作品はまさに三位一体の関係と物語を形成している。

グターソンの『殺人容疑』は次のように始まっている。

―― 被告人カズオ・ミヤモトは、両のてのひらを被告人席のテーブルにそっと起き、毅然として誇らかに背筋をぴんと伸ばしたまま、椅子に坐っていた―自分自身の裁判で、考えうる限り超然とした態度をとっている姿勢だ。

漁師の日系アメリカ人のカズオ・ミヤモトは、同じく漁師のドイツ系アメリカ人のカール・ハインの殺人容疑で逮捕され、その裁判が始まろうとしていた。

時代は第二次世界大戦から十年近く経つ一九五四年、場所はワシントン州のピュージェット湾の北に位置するサン・ピエドロ島においてだった。この島には五千人ほどが住み、唯一の町は裁判所もあるアミティー港だが、本通りにも零細な商店などが並んでいるだけで、町とはいっても貧しい漁村に他ならなかった。それでも島はヒマラヤ杉の丘に囲まれ、その美しい緑はよく知られていたが、裁判が始まる十二月には大雪に見舞われ、それが樹木の梢に積もり出していた。

そのかたわらで、法廷に判事、弁護士、検事が登場し、陪審員や傍聴者たちの姿も描かれていくけれど、物語の進行によって主要な登場人物が明確になっていく。それはカズオとカールの他に、カズオの妻ハツエ、地元の新聞記者スコットランド系アメリカ人イシュマエルであり、またこれらの人々の来歴と関係も語られ、サン・ピエドロ島へとたどり着いた経緯、島の高校の同窓生だったことも記されていく。

この島に日系アメリカ人の両親や祖父母がやってきたのは一八八三年で、最初は二人だった。彼らは岬の小屋に住み着き、製材所で働くようになり、二十世紀に入ると三百人を超え、「ジャップ・タウン」が形成された。それは風呂屋、床屋、仏教の寺とバプテスト派の伝道所、ホテル、食品雑貨店、豆腐屋などの、泥だらけの道に面した五十余りのみすぼらしい建物からなっていた。しかし島の樹木はすべて鋸で挽かれ、切り株だらけの孤島になってしまったので、一九二一年に製材所は取り壊され、そのオーナーは土地を売り、島を去った。そこで日本人は土地を借り、苺栽培に乗り出した。その島の気候が合っていたし、ほとんど資金がいらなかったからだ。また白人の所有する畑で働く小作人にもなった。そして六月には苺の収穫が始まり、カナダ系インディアンもやってきて、日本人と一緒に白人のために働いた。

七月初旬に苺の収穫が終わると、苺祭りがあり、それは島の誰もが参加する「どんちゃん騒ぎ」「部族のポトラッチ」「ニューイングランドの夕食会の名残」のようでもあった。その祭りの呼び物は苺のプリンセスの戴冠式で、プリンセスはいつも白粉を入念に顔にぬった日本人の女だった。彼女は、赤い飾り帯に笏を持った町長から冠を授かるのだが、そのセレモニーは苺を介したアメリカとイギリスの二つの社会の結びつきを称揚するもので、その乙女は気づいていなかったが、そのための「人身御供」、つまり祭りと彼女の存在は供儀を象徴していたのである。

ここに出自を異にする多様な人々がひとつの共同体を形成していくプロセスが垣間見えるし、そのようにして島の暮らしも営まれ、真珠湾攻撃の日までには八百人以上の日系アメリカ人が住んでいた。だがアメリカ合衆国戦時収容局は島のすべての日系アメリカ人を十五隻の輸送船に乗せ、アミティー港のフェリー発着所まで連れていった。ほとんどの島民が「日本人をそうやって追い出すのは理に適っていると感じ、(……)日本人は当然の理由で出ていかなければならないのだと確信した。いまは戦争中なのだ、戦争ですべてが変わってしまったのだ」。

そして島の日系アメリカ人はマンザナー強制収容所へと送られ、それにはカズオとハツエたちの家族も含まれ、そこで二人は結婚したのだった。そのような中でも、彼らが望んでいたのは、戦争が終わったら島に戻り、苺畑を手に入れることだった。「それ以上の何物でもない。二人は、自分たちの畑を持つこと、自分たちの愛する人たちのすぐそばにいること、自分たちの家の窓の外から苺のにおいが流れ込んでくることを望んでいた」のである。それはカズオの父の望みでもあり、実際に苺栽培農園主のカールの父から七エーカーの土地を買っていた。

その一方で、カズオは強制収容所から軍隊に入り、四四二部隊の一員としてヨーロッパ戦線に向かい、ドイツ軍と戦った。それはカールやイシュマエルも同様で、この二人も南太平洋や沖縄で日本軍と戦い、イシュマエルは片腕を失っていた。そうして三者三様に戦争の残虐のトラウマの中で、サン・ピエドロ島での戦後を迎えていたのである。しかもイシュマエルが片腕をなくしたように、カズオやカールにとっても、戦争は自らのものと目されていた土地を失うことを意味していた。カールの父の死をきっかけに、母親が戦争中に勝手にカズオの父が購入していた土地を含め、すべてを売却してしまったからだ。それゆえに二人とも漁師になるしかなかったし、その土地をカールが買い戻したことも絡んで、カズオとカールの間には二代に及ぶ、土地をめぐる問題が生じたことになる。

そのような半世紀以上に及ぶ、サン・ピエドロ島にやってきた出自を異にする移民状況、戦前戦後を通じての日本人移民が描かれたポジション、移民たちの土地をめぐる問題と根づくことの意味などが錯綜し、裁判は展開され、物語の進行につれて、真相が明らかになっていく。しかしそれらのアメリカのおける日本人を始めとする移民史、及びその中で生じる様々な人種や民族葛藤、それが必然的にカズオによるカールの殺人容疑という裁判の光景に表出しているのだが、それ以上にこの作品に異彩を添えているのはハツエの存在であろう。

それはオリエンタリズム的女性像を免れていないけれど、彼女が苺祭りのプリンセスに選ばれているように、ヒロインにして供儀に殉ずる女性という両義的存在として描かれている。それは彼女のイシュマエルとの恋愛、カズオとの結婚にも表出しているし、ハツエは移民たちの島における、海からやってきた神女のようでもある。ハツエと一緒にいると、すでに十四歳の時にイシュマエルは思う。「この海岸、この海水、この石、後ろの森も含まれる。それはすべて自分たちのものであり、これからもずっとそうだろう。そしてハツエは、この場所の霊なのだ」と。そして彼は彼女にキスしてしまう。するとハツエは駆け出し、森の中へと消えていった。

それからイシュマエルは森の中からハツエの家をうかがい、「覗き魔」のようにハツエの姿を見ていた。また苺取りの季節になると、彼は彼女と一緒に賃金の高い畑仕事に出かけ、帰りには彼女の跡をつけるようになった。

ハツエはヒマラヤ杉の森の中に入った。イシュマエルは、羊歯の小さな谷間を通ってあとを追った。森の地面には、朝顔がそこここに咲いていた。蔦の絡まった一本の倒れた丸太が、小さな谷間に橋のように掛かっていた。(……)ハツエは丸太の上を歩いて入江を渡り、ヒマラヤ杉の生えている丘の斜面を中ほどまで登り、一本の木の洞《ほら》にもぐり込んだ。二人が。たった九つのときに一緒に中で遊んだ洞だ。

イシュマエルは雨に打たれながら木蔭にしゃがみ、三十秒ほど、洞の入口を見つめていた。髪が濡れて目に入った。イシュマエルは、なぜハツエがここに来たのか、その理由を理解しようとした。(……)

するとハツエがヒマラヤ杉の洞の入口から自分を見ていることに気づいた。そして「こっちに来たら」というハツエの言葉に応じ、イシュマエルも洞に入るのだった。ここは「考えるための場所」だとハツエはいった。「洞の中は隔絶した世界」で、「この世の誰も、二人を捜しに、この木の洞に来はしない」。そして洞の中で何もしていないけれど、二人で並んで横になり、どちらの両親も二人が木の中で一緒にいることを知ったら怒るだろうと話すのだった。

「それでもよ」とハツエは言った。「あなたは日本人じゃない。そうして、あたしは、あなたと二人っきり」

「そんなことは問題じゃないさ」とイシュマエルは答えた。(……)

そして、またキスをした。(……)イシュマエルは目を閉じ、ハツエの匂いを鼻孔から思う存分吸い込んだ。こんな幸せな気分を味わったことはない、とイシュマエルは思った。そして、いま起こっていることはどんなにこれから生きたとしても、まったく同じようには二度と起こらないことに、心の痛みを覚えた。

イシュマエルはこれが「二度と起こらない」神話的時間と体験であることを自覚し、それを告白しているのだ。このシーンはアメリカのサン・ピエドロ島における人種や民族を異にする少年と少女の物語の至高点であるにもかかわらず、これも日本の神話的な『宇津保物語』(講談社学術文庫)や『竹取物語』、もしくは『伊勢物語』(いずれも岩波文庫)などをも想起してしまう。そうしてあらためて考えさせられるのは、これらの日本の物語にしても、出自を異にする人々が出会い、遭遇し、邂逅することによって紡ぎ出されたものなのではないかという問いでもある。またそれを触媒として、神話や伝説が生み出され、祭りも伴い、伝播、伝承されていく。混住社会からひとつの共同体へと至る回路もそのようなメカニズムをベースとして形成されていったのではないかとも思えてくる。

それゆえに、ここでは最後に邦題ではなく、もう一度原タイトルの『ヒマラヤ杉に降る雪』を挙げ、そこに秘められた少年と少女の物語と混住社会の神話の揺曳、ひとつの共同幻想の誕生を伝えておきたい。

139 ひとつの村の死と国土総合開発法——『佐久間ダム建設記録』〔ジェネオン、二〇〇七年〕

本書122『アメリカ教育使節団報告書』で、私もその一人であるオキュパイド・ジャパン・ベイビーズ、つまり占領下に生まれた子供たちが遭遇せざるを得なかったアメリカの影に覆われた教育状況に言及しておいた。だが教育状況だけでなく、私たちの成長とともに起きていた産業構造の転換、社会インフラの構築、それらに伴う日本列島の変貌などの、戦後社会の大きな物語もまた同様だったのではないだろうか。それらは私たちの小さな物語としての生活や労働、住居や職業にも反映され、敗戦と占領から始まった戦後社会のベースを支える装置のように機能していったようにも思われる。

『佐久間ダム建設記録』(「重厚長大、昭和ビッグプロジェクト」シリーズ4、5)という二枚のDVDがある。これは第一部は一九五四年に間組の企画として、英映画社によって製作された「昭和28年春〜昭和29年末までの工事記録」、

第二部は同じく五六年製作の「昭和30年始~昭和31年秋までの工事記録」で、前者は45分、後者は58分に及ぶ高度成長期以前のダムプロジェクトのドキュメンタリーフィルムに他ならない。

この佐久間ダムプロジェクトは一九五〇年に施行された国土総合開発法に基づくものだった。その国土総合開発法の第一条は「国土の自然的条件を考慮して、経済、社会、文化等に関する施策の総合的見地から、国土を総合的に利用し、開発し、及び保全し、並びに産業立地の適正化を図り、合わせて社会福祉の向上に資することを目的とする」と記されている。

講談社の『昭和二万日の全記録』第十巻の「昭和28年4月16日」には「佐久間ダム建設はじまる」という見出しを付した大きな写真入りの見開き二ページが割かれ、次のような説明がなされている。

> この国家プロジェクト（国土総合開発法—引用者注）は、のちの工業力の増大とあいまって既成工業地域への集中的投資、それに次ぐ工業地域の地方への分散化など、もっぱら工業化の推進へと変容していったが、当初のねらいは食料の増産と電源の開発が基本となっていた。こうしたなか昭和二八年四月十六日、国土総合開発のシンボルとして着手されたのが佐久間ダムだった。

この佐久間ダム建設計画は天竜川に高さ一五〇メートルの堰堤を築き、三億三〇〇〇万立法メートルの水をせきとめ、一三三メートルの落差を利用し、最大三六万キロワットの電力を獲得するというコンセプトで、その規模は日本最大、総工費は二六〇億円、工期は三年以内とされた。この大プロジェクトは国土総合開発法施行に基づき、一九五一年に天竜東三河地域が開発地域に指定され、翌年に「電源開発五カ年計画」公布、五三年の電源開発株式会社設立と進められた。そしてその建設を間組などがジョイント受注し、DVDケースの裏カバーに記された「戦後の経済復興を象徴する、当時日本最大」にして、「電源開発史に一大革命を起こし日本の土木技術を一躍世界の最大水準に引き上げた」「天竜川・佐久間ダムの建設記録」を残すことになったのである。

もちろんそれは施工者の間組などの側から見られた「建設記録」に他ならないけれど、時代や状況のことを考えれば、よくぞ残してくれたという感慨を禁じ得ない。

フィルムの第一部は天竜川の山村を映し出す。それは当時どこにでもあったような山村で、そこがダムの湖底に沈んでいく前の風景としてとどめられている。そこに開発の機材が運びこまれ、建設に従事する人々のための住宅などが設営され、道路や橋も新設されていく。そして山の岩盤がダイナマイトで爆破されるシーンが繰り返し挿入され、それらは山村という生活空間が開発地域へと変容していくプロセスを物語っている。その開発を担う主役のようにして、ブルドーザー、ダンプトラック、クレーン車、コンクリートミキサー、パワーショベル、削岩機などが次々と登場してくる。それらの大型重機は明らかに日本のものではなく、手作業で肉体労働に従事している日本人労働者の姿とは対照的である。

　この記録は「日本の土木技術」の成果として仕上げられているが、注意深くたどっていくと、アトキンソン会社事務所、及び作業現場における英語表記も見ることができる。

長谷部成美の『佐久間ダム』（東洋書館、一九五六年）によれば、アトキンソン社とは佐久間ダムプロジェクトにおいて、電源開発株式会社が助力を仰いだアメリカの土建会社で、先に挙げた大型重機などはそこから調達されたものだ。それに映像には示されていないのだが、それらの運転手や技術者もまた、アトキンソン会社から派遣されてきたアメリカ人だと考えるべきだろう。そのような視点からすれば、この佐久間ダムプロジェクトは、アメリカによる日本の山や川の開発のようにも思えてくるし、それは戦後なるものをも象徴する、ひとつの村の死と三百世帯の住民たちのディアスポラ化を浮かび上がらせる。

　それに重なるように、第二部は建設の殉職者たちに捧げられて始まっている。長谷部の同書には死者八七人、重傷者一九九三人と述べられている。また小学校の桜も映され、夏休みの生徒たちも出てくる。それに大きく手を振って村を去っていく人々が見えなくなるまでのシーンもフィルムに収められ、それらは「戦後の経済復興を象徴する」佐久間ダムプロジェクトの背後で起きていたひとつの共同体の消滅、山村の水没を告げている。この佐久間ダムを起点として、戦後のダム建設が各地において始まっていったことも忘れるべきではない。

　そしてこれも先の『昭和二万日の全記録』に見えている

が、佐久間ダムプロジェクトは「日本のＴＶＡ」と呼ばれていたという。ＴＶＡとはTennessee Valley Authority（テネシー流域開発公社）の略称で、一九三三年にニューディール政策の一環として設立されている。二九年のニューヨーク株式取引所における株価大暴落に端を発する大恐慌は、アメリカのＧＮＰを半減させ、千三百万人の失業者を生み出し、銀行危機をも招来させていた。その渦中の三三年にローズヴェルトは大統領の地位についた。

ウィリアム・ルクテンバーグの『ローズヴェルト』（陸井三郎訳、紀伊国屋書店）は当時のアメリカ社会状況に関して、次のようなひとつの回想を引いている。「歴史にのこるあの一九三二―三年の残酷な冬は、ほんとうにたくさんの人びとを世界の終末のように絶望させた。……それはこごえるような風だった。私たちの住んでいる家までがちぢみあがり、実際救いの望みもなかった」。そこにローズヴェルトは恐慌対策としての失業者救済、農民への融資と生産統制による農産物の価格維持のためのＡＡＡ（農業調整法）、地域総合開発を志向するＴＶＡの設立、金融・証券制度の欠陥の是正、復興金融公社による銀行の立て直し、総合的産業政策としてのNIRA（全国産業復興法）などのニューディール政策を講じたのである。とりわけＴＶＡは電気料金を下げ、多くの失業者や農民に仕事を創出したことで、その特筆すべき成功例とされている。これらの政策に携わった人々や支持者たちは、ニューディーラーと称されるようになっていく。

ローズヴェルトのニューディール政策は、ケインズ経済学でいうところの大きな政府によって賢明に管理された資本主義のアメリカ版の実践でもあった。しかし三九年のヨーロッパでの戦争の勃発やドイツの直接的脅威を背景とし、アメリカ経済も戦時体制に組みこまれていき、七年間に及んだニューディール政策の時代も終焉を迎えることになる。

だがそれで終わったわけではなく、ニューディール政策は、一九四五年以後の敗戦国の日本へと移植されていったように思える。ＧＨＱによる日本占領の初期にはニューディーラーたちがそのコアとなり、日本国憲法の草案に携わったことは伝えられているが、電力会社の再編に加えて、五〇年の国土総合開発法の成立も占領下におけるものであり、おそらくアメリカのニューディーラーの影響下に立案され、それゆえにＴＶＡを範とし、そのシンボルとも称される佐久間ダムプロジェクトへと結びついていったのではないだろうか。

本間義人の『国土計画を考える』（中公新書）などによれば、国土計画という言葉はナチス・ドイツの「国土計画Landesplanning（自動車道路、住宅建設計画等）」にならった用語で、日本では太平洋戦争下の一九四〇年に企画院が国防国家体制の強化、生産力拡充、開拓・移民促進といった国策のために策定した「国土計画設定要綱」で初めて使用された。それは戦後になって内務省に引き継がれ、植民地を失ったことで国土が限定され、しかも復員や引き揚げで人口が急膨張する中において、経済復興をめざさなければならないとして、四六年に最初の国土計画案である「復興国土計画要綱」が発表された。だが四七年に内務省は廃止となるので、国土計画は経済安定本部、後の経済企画庁に移され、繰り返すが、五〇年に国土総合開発法が制定、施行されるのである。

そして先述してきたように、五三年からその象徴としての佐久間ダム建設が始まっていく。しかし五〇年代は佐久間ダムなどの水力発電や地域開発が主流で、全国的な総合開発計画は策定されていなかった。それが本格的に始まるのは六〇年代に入ってからであり、現在まで続いている全国総合開発計画のスタートでもあった。その年度、策定時内閣、その背景をチャート化してみる。

＊一九六二年　池田内閣／全国総合開発計画（一全総）／高度成長経済への移行、過大都市問題・所得格差の拡大、所得倍増計画（太平洋ベルト地帯構想）

＊一九六九年　佐藤内閣／新全国総合開発計画（二全総）／高度成長経済、人口・産業の大都市集中、情報化・国際化・技術革新の進展

＊一九七七年　福田内閣／第三次全国総合開発計画（三全総）／安定成長経済、人口・産業の地方分散の兆し、国土資源・エネルギーなどの有限性の顕在化

＊一九八七年　中曾根内閣／第四次全国総合開発計画（四全総）／人口・諸機能の東京一極集中、産業構造の急速な変化などによる地方圏での雇用問題の深刻化、本格的国際化への進展

＊一九九八年　橋本内閣／二一世紀の国土のグランドデザイン（五全総）／地球時代（地球環境問題、大競争、アジア諸国との交流、人口減少・高齢化時代、高度情報化時代

このように五次にわたる全国総合開発計画を並べてみると、戦後生まれで、高度成長期とともに育ち、産業構造の転換に伴う消費社会の出現を見て、現在の人口減少、高齢化、高度情報化社会を迎えるに至ったオキュパイド・ジャパン・ベイビーズが、これらの国土計画の中で生きてきたことを実感させられる。

ダムだけではなかったのだ。郊外や消費社会の出現も、

また経済も社会も家族の生活も、これらの国土計画と無縁ではなかったし、国家の大きな物語の中に置かれていたといえるのである。しかしその果てに出現してくる社会とは何なのか。それが二一世紀のイメージを造型するための、まさに大きな問題と化しているように思える。

なお脱稿後に日本人文科学会『佐久間ダム』（東大出版会、一九五六年）という総合的研究書が出されていることを知ったので、付記しておく。

140

国土開発という「大きな物語」——田中角栄『日本列島改造論』〔日刊工業新聞社、一九七二年〕

これは『〈郊外〉の誕生と死』でも記しておいたことだが、一九五〇年代から六〇年代にかけて、私はずっと農村に住んでいた。当時の村は商品経済、つまり消費生活とは無縁に近く、それらはかなり離れた町で営まれているものに他ならず、何かを買うためには駅のある町まで出かけなければならなかった。ようやく六〇年代になって、村のはずれに小さな雑貨屋ができたけれど、そうした事情はほとんど変わっていなかった。

そうした商品経済だけでなく、水は井戸、火はかまどによっていて、道路は舗装されておらず、電信柱も木であった。そのような生活環境が少しずつ変わっていくのは六〇年代に入ってからであり、それはテレビの出現に象徴されていた。だが全体的な変化を肌で感じるようになったのは一九六七、八年頃だったと思われる。それは田や畑だったところに、新しい住人のためのマイホームやアパートが建てられ、またそれらの住居に続いて、周辺にいくつもの新興住宅地が開発され、またこれもいくつかの大きな工場が出現していった。その事実はこれまで農地、すなわち田や畑でしかなかった土地が、住宅地や工場用地として、農地よりも高く売れる時代が到来したことを意味していた。私に限っていえば、この事柄を抜きにして上京と大学進学を語れないだろう。そうして七〇年代に至り、郊外の誕生と混住社会の出現を見ることになったのである。

かつてはこれが高度成長期の帰結だと見ることもできたけれど、このような戦後の農村の変容も、一九五〇年の国土総合開発法を起点とし、六二年から始まる全国総合開発計画（一全総）、六九年の新全国総合開発計画（二全総）が密接にリンクしていたとわかる。それに後者の二全総には、

七二年に首相の座についた田中角栄の日本列島改造論も併走していた。

その一九七二年に田中は『日本列島改造論』（日刊工業新聞社）を上梓し、それは同年のベストセラーとなり、八五万部に達している。田中はその「序にかえて」で、昭和三十年代に始まる日本経済の高度成長によって、東京や大阪などの太平洋ベルト地帯に産業や人口が過剰に集中し、日本は世界に例を見ない高密度社会となり、逆に農村は若者が減り、高齢化してしまったと述べ、次のように記している。

> 明治百年をひとつのフシ目にして、都市集中のメリットは、いま明らかにデメリットへ変わった。国民がいまなにより求めているのは、過密と過疎の弊害の同時解消であり、美しく、住みよい国土で将来に不安なく、豊かに暮していけることである。そのためには都市集中の奔流を大胆に転換して、民族の活力と日本経済のたくましい余力を日本列島の全域に向けて展開することである。工業の全国的な再配置と知識集約化、全国新幹線と高速自動車道の建設、情報通信網のネットワークの形成などをテコにして、都市と農村、表日本と裏日本の格差は必ずなくすことができる。（……）

その意味で、日本列島の改造こそはこんごの内政のいちばん重要な課題である。私は産業と文化と自然とが融和した地域社会を全国土におし広め、すべての地域の人びとが自分たちの郷里に誇りをもって生活できる日本社会の実現に全力を傾けたい。

そして田中はこの『日本列島改造論』が六八年にまとめた「都市政策大綱」に基づく「国土総合改造大綱」であることを明言し、その五つの重点項目を挙げているので、その目的を方法、具体的な政策、プロジェクトを要約して示す。

①新しい国土計画の樹立とその達成のための法体系の刷新、開発行政体制の改革／全国各地を結ぶ鉄道新幹線の建設と国土開発総合研究所の設置。

②大都市の住民の住宅難、交通戦争、公害からの解放／職住近接の原則に基づく立体化高層化による都市の再開発と近郊市街化、ニューシティの建設。地下鉄の強化。

③広域ブロック拠点都市の育成、大工業の基地の建設を中心とする地方開発の推進／これらの拠点と背後地の都市、農村を結びつけるためと道路などの産業や生活基盤の先行的建設、及び二次、三次産業の地方配置と高収益の農業を拡大することによる魅力的で近代的農村の育成。

④公益優先の基本理念のもとでの土地利用計画と手法の確立／都市における工業適地、優良農地の確保、市街化地域、用途別地区の指定、土地区画整理方式の活用、土地委員会設置による有効な土地利用の推進。

⑤国土改造のための国民全体の資金と蓄積の活用／利子補給制度の採用による民間資金の導入、及び国土改造拠点金融機関を創設し、長期低利資金の大幅な供給。

先の「序にかえて」の引用部分とこれらの五つの重点項目が『日本列島改造論』の眼目であり、以下はその補論と注釈と見なせるだろう。また田中は同書において、「私がこれまで手がけた国土開発の政策づくりの軌跡をたどると、戦後間もない昭和二十五年、国土政策の礎石として国土総合開発法をつくったことが思い出される」と記している。そして続けて八十項目に及ぶ「戦後国土開発計画の歩み」の一覧を示し、「私の半生における四分の一世紀は、まさしく戦後の国土開発の足どりとともに歩んだ」とも述べている。

しかしいくら田中角栄であっても、一九四七年に初当選したばかりだし、またＧＨＱ占領下にあったわけだから、国土総合開発法の成立はニューディール政策の影響下にあったと見なすべきで、田中がそれなりに関係していたにしても、「国土政策の礎石としての国土総合開発法をつくった」とは思われない。だがよくあるはったりと大風呂敷の政治家の言説として処理すべきではないし、ひょっとすると、このようなアメリカを無視する言説がロッキード事件へとつながっていったのかもしれない。

それはともかく、この日本列島改造論は全国開発計画の提出に他ならず、当然のように土地投機が生じ、インフレが進行した。さらに一九七三年にはオイルショックが起き、トイレットペーパー、洗剤、砂糖などの生活必需品をめぐるパニックが出来し、その後には「狂乱物価」に襲われた。それに続き、翌年には「田中金脈」問題によって内閣総辞職となり、日本列島改造論も終わりを告げたように思われた。同時に高度成長も終焉に向かったけれど、七〇年代前半の日本は第三次産業就業人口が五割を超えるという消費社会へと転換し、工業を中心とする地域開発も見直さざるを得ない状況へと追いやられたはずだった。

しかし一九六六年都市政策大綱、六九年の新全国総合開発計画（二全総）、七二年の日本列島改造論は都市や地域開発の基本チャートとして根を張り、延命し、七七年の第三次全国総合開発計画（三全総）、八七年の第四次全国総合開発計画（四全総）、九八年の21世紀の国土グランドデザイン（五全総）へと継承されていった。それは五全総下に進行した大都市の立体化高層化による再開発に象徴されていよう。これこそは日本列島改造論の目玉であったのだ。その他にもこれに類する事柄はいくつも挙げられるだろう。

本間義人は『国土計画を考える』（中公新書）の中で、二全総は田中の列島改造論とイメージが重なり、高度成長を前提とした最も開発志向が強い国土計画だったと述べ、次のように書いている。

それだけに、この国土計画がもたらしたリアクションも大きかった。一全総につづく地域の開発にともなって環境破壊が続出したが、何よりも大きいのは全国で地価が高騰しつづけ、土地神話を定着させたことである。大規模公共投資はまた、政・官財界の構造的癒着の土壌となり、金権体質を生むことことにつながった。

一方で、計画期間中の七三年には国際的な石油ショックに見舞われ、各地でトイレットペーパーや洗剤の買い占め騒ぎが起こる。そして従来の高度成長路線は破綻して、低成長を余儀なくされることになるのである。結果的には、まさに狂乱の七〇年代の国土のグランドデザインが、この二全総であった。

この二全総や列島改造論のかたわらで、先述したような農村の変化、すなわち郊外化と混住社会化が起きていたのである。それは「大きな物語」としての高度成長の終焉に伴うようなかたちで表出してきた、個人の「小さな物語」としてのマイホーム幻想をベースとするもので、出現しつつあった消費社会はそれを「大きな物語」として育て上げようとした。列島改造論とパラレルに住宅ローン専門の金融会社が設立され、ハウスメーカーも成長し始める。

そして何よりもインフレーションは続き、国土計画と列島改造論は「全国で地価が高騰しつづけ、土地神話を定着させた」のである。だがそれは一方で、農地が住宅地として売れることで農村に思いがけない現金収入をもたらし、またマイホームを購入した側も、地価が上昇することによって、これも賃金のベースアップを上回る財産の獲得を意味していた。そのために郊外はさらにスプロール化し、都市の外側へと拡散し、混住社会だけでなく、新興住宅地が形成されていった。そのことによって、都市でも地方でもない、あるいは村でも町でもない郊外が全国的に出現していったのだ。

その郊外化と連鎖するように、ロードサイドビジネスも誕生していく。これは駐車場を備えた郊外型商業店舗の総称で、七〇年代前半におけるファミリーレストランを先駆けとし、当初はストリートビジネスとして始まったコンビニエンスストアやファストフードも含め、八〇年代になってありとあらゆる業種がビジネスの郊外化を図ったために、郊外消費社会の成立をも見ることになったのであり、それは全国各地の風景を均一化する装置としても機能していたことになる。このロードサイドビジネスもほとんどが田や畑だったところに出現していったのである。

そのような郊外化の動向は、第三次全国総合開発計画（三全総）にも反映されていったと考えられる。一九七七年にスタートした三全総は、七八年に発足した大平内閣の田園都市国家構想とリンクしている。それは「都市に田園のゆとりを、田園に都市の活力をもたらし、両者の活発で安定した交流を促し、地域社会と世界を結ぶ、自由で、平和な開かれた社会、そうした国づくりを目指す」というもので、田中の列島改造論とは異なるイメージを帯びている。これは本書58や71でもしばしば言及してきたハワードや、明治時代の日本の内務省の田園都市構想への回帰という側面も指摘できようが、日本近代史において、郊外がかつてないかたちでせり上がってきたことの影響を受けてのもののようにも思われる。

これは国土開発という「大きな物語」と郊外と混住社会、

及びロードサイドビジネスからなる郊外消費社会化という「小さな物語」の交差を意味していよう。そしてそれらの交差が、一九八七年から始まる中曾根内閣の第四次全国総合開発計画（四全総）のバブル経済の時代を生み出していったことになろう。

141

国土計画とは何であったのか
——本間義人『国土計画を考える』（中央公論社、一九九九年）と酉水孜郎『国土計画の経過と課題』（大明堂、一九七五年）

やはりどうしても国土計画のことが気にかかるので、もう一回書いてみる。

本間義人は『国土計画を考える』において、国土計画は「時の政治権力の最大の計画主題（つまり国策）実現のための手段として利用される」機能を有し、「時の国家権力の意思そのもの」で、「国家による日本列島のグランドデザイン」と見なしている。そしてその具体的な機能と関係構造、及び社会に与える影響に関して、次のように述べている。

国土計画と、国土計画に示された計画目標実現の手段である社会資本整備の諸公共事業長期計画（道路、公園、住宅などの五ヵ年計画）、あるいは地域開発計画（首都圏・近畿県整備計画や都道府県開発計画などの地方計画）との法的関係を見ると、国土計画を頂点に、その下位に諸長期計画と地域開発計画があるピラミッド型の体系になっている。その意味で、国土計画はミクロには私たちの身のまわりの空間から、マクロには国土空間にまで、大きな影響をおよぼすものである。

これをさらに補足すれば、国土総合開発法に基づく全国総合開発計画を頂点として、首都圏整備法や北海道総合開発法などの九つのブロック法による計画、それらに新産業都市建設促進法といった各関連法が横並びし、これに公共事業の諸長期計画がつながっている。さらにその下に地方総合開発計画なども位置し、それらに準拠して市町村の開発計画があるといったように、「ピラミッド型の体系」となっている。

そして同時に国土計画でありながらも経済計画に他ならず、また社会インフラのための公共事業といったフィジカルな面に目が向けられていたが、国土総合開発法が「経済、社会、文化等に関する施策の綜合的見地から」と謳っているように、国民のすべての生活への影響も見逃すことができない。それを本間は「私たちの身のまわりの空間」にまで及ぶ国土計画と呼んでいることになる。

ここに酉水孜郎の『国土計画の経過と課題』（大明堂）という一冊がある。これは田中角栄の『日本列島改造論』刊行から三年後の一九七五年に出されていて、まさに国土計画の出自と七〇年代前半におけるその位相と行方のレポートを形成している。また七四年には国土計画の主管庁の国土庁も発足しているからだ。同書によって、まず国土計画の歴史をたどってみる。

それは一九四〇年の満州国国務院会議で決定された「綜合立地計画策定要綱」に起源が求められる。満州の広大で未開拓の土地、しかも人口が少なく、豊富な地下資源を有する土地は日本からの渡満者も多く、広域国防国家と所謂王道楽土の建設を目標にしている。それに満州は漢・満・蒙・朝・日の五民族協和をスローガンとしていたわけだから、混住社会ならぬ混住国家をめざしていたことになり、そのための「綜合立地計画」という色彩も帯びていたと考えられる。ここで想起されるのは、蛇足かもしれないが、満州の建国大学を舞台として始まる安彦良和の『虹色のトロツキー』（潮出版社）で、建国大学は国務院直属という位置づけにあった。建国大学もこの満州国土計画に関係していたのであろうか。

それはともかく、これが同年の近衛内閣の基本国策要綱における「日満支を通じる総合国力の発展を目標とする国土開発計画の確立」へと引き継がれ、続けて「国土計画設定要綱」が発表される。この「要綱」は満州事変以後、年

を追うごとにエスカレートしてきた軍事国家を国策面からバックアップするものだった。地域的には新東亜の建設を国策の基本とし、満支をふくめての国防国家体制を確立するために、百年という長期にわたるスパンの中で、産業立地、交通文化施設の配置、人口の地域配分、国土の綜合的保全、利用、開発計画をたて、国家政策の統制的推進を図ろうとすることをコアとしていた。

それを受けて、企画院が具体的な国土計画の策定に取り組み、過大都市問題、工業規制や立地問題から「戦時国土計画素案」などが出されていった。このようなラフスケッチからわかるように、国土計画とは戦時下の植民地開発、及び軍事国家を支える地政学的システムを背景にして始まっていたのである。それゆえに戦後の国土計画ともまさに陸続きとよぶべきで、先に挙げた都市問題、工業規制や立地問題などはそのまま戦後の国土計画へと組みこまれていったのである。

そして一九四五年八月の敗戦を迎え、ＧＨＱによる占領下で、様々な改革が始まっていく。その中で内務省国土局は戦後復興のための国土計画を策定することになり、「国土計画基本の方針」を概定し、四六年には関係各省庁の協力を得て、「復興国土計画要綱」を公表した。それは五年後に八千万人と想定される人口を、どのようにこの狭い国土に収容するかが最も重要な課題で、民需関係の充足を目標とした工業開発、人口収容を主目的とする農業開発計画をたてざるを得なかった。前者の工業立地は大都市圏の環境整備に合わせて縮小を図り、地方の中小都市へと移し、鉄鋼業、大型機械工業、化学工業などは重量や運送原材料の輸入の関係から港湾地域へと集中させ、埋立地を造成し、工業立地に当てることにした。後者の農業開発計画は農業人口割合を43・4％とするもので、旧軍用地と国有林野を中心とする165万町歩、そのうちの10万町歩は干拓とし、入植を100万戸、生産は米にして1400万石の増産が目標だった。戦時国土計画から戦後復興国土計画への転換であり、五〇年の国土総合開発法の成立を機として、これらが戦後の工業用コンビナートや農業用地開発や干拓へと結びついていったと考えられる。

しかしこれらの戦後復興国土計画はすべて占領下で進行したものであるにもかかわらず、GHQとの関係、及びその影響は詳らかでない。四七年に「国土計画審議会官制」が公布されていたけれど、占領下ゆえに日本が主導権を持って推進したとは考えられず、これも前回、前々回と続けてふれてきたように、GHQのニューディーラーたちとの関係やその影響を受けていることは確実であろう。

それを象徴するのは国土計画審議会が内務省から経済安定本部へ移され、資源委員会が設立されたことだ。アメリカのニューディール政策の一環として、一九三三年に国家計画局が設立され、これが後に国家資源計画局として地域問題を取り扱い、土地利用計画、交通計画、さらに公共事業計画を推進していくようになる。それに各州にも州計画局が設けられ、州計画、郡計画、都市計画、ゾーニングが総合的に実施され、国土全域の土地、河川、森林が地下資源、水資源などの包括的調査、それに基づく国土の総合的保全、利用、開発計画が立てられるようになったのである。そのようにしてTVAに代表される開発事業が続いていった。日本の資源委員会もこのようなニューディール政策のパラダイムに基づき、GHQの占領政策の一環として、経済安定本部内に設立されるに至った。

それは一九四七年のことで、四九年には資源調査会と名称を変え、資源調査とともに地域計画調査も行なった。そのために同年に国土計画審議会も廃止され、その代わりに総合国土開発審議会が設立された。そこでは経済復興5ヵ年計画やエネルギー不足に対処する電源開発問題が論議されたが、最大の役割は国土計画に関する法律制定準備を進めたことだった。その過程で、審議会の目的として、都道府県、地方、特定各地域の総合開発計画が明らかにされていった。そして五〇年に国土総合開発法案として閣議決定され、国会に提出され、衆参両議院を通過し、国土総合開発法として交付、制定されたのである。

しかしここで留意すべきは占領下における同法の制定だと思われる、戦前の企画院の国防国家態勢整備の色濃い国土計画にあっても、法律の裏づけが必要とされていたが、産業や公共施設の地域配分はともかく、人口の配分を強制的、権力的に行うことは基本的人権の侵害にも関わるという懸念もあり、法律的制定に踏み切れなかったとされる。それゆえにこの国土総合開発法の制定は、酉水も『国土計画の経過と課題』で述べているように、「この法律の制定はいうまでもなく画期的なこと」だったのだが、そこに至る審議のプロセスは明らかにされていない。さらにまた国土総合開発法が国土総合開発計画を全国総合開発計画(一全総)、都道府県総合開発計画、地方総合計画、特定地域総合開発計画の四つに区分し、全総を上位に置き、その他の計画の範とした。それは法律的処理、策定手順なども同様だったと考えられる。

これらの事実を考慮すれば、国土総合開発法から全総へと至る流れは戦時国土計画よりも強権的で、国民の基本的人権を侵害する要素を秘めて発足した。そして現実的にはダム建設に見られる住民の強制的移住、もしくは三里塚問題、工業地帯で発生した公害として表出したことになるだろう。またいうまでもなく、原発問題へともつながっていく。

そうした動向は朝鮮戦争の始まりによるアメリカ軍特需で、工業が急成長し、工業設備投資が活発化し、戦後の工業社会が形成されていったことと重なっている。そして六〇年に池田内閣が発足し、所謂倍増計画と高度成長の時代へと向かい、六二年の全国総合開発計画(一全総)が始まり、それに六九年の新全国総合開発計画(二全総)も続き、その流れに田中角栄の日本列島改造論も寄り添っていたのである。

そのような国土計画の進行に伴う人口移動を通じて、郊外と混住社会が出現したことになる。また同時に急速な産業構造の転換によって消費社会が招来され、七七年の第三次全国総合開発計画(三全総)とパラレルに郊外消費社会化も進んでいく。そしてこれは『〈郊外〉の誕生と死』や本書などで繰り返し書いているように、八〇年代を迎えて、日本の第三次産業就業人口は56%に達し、それは第一次、二次産業就業人口も含めて、アメリカの一九五〇年代とまったく重なるものになってしまったのである。そればかりではない。郊外消費社会の風景はアメリカを出自とするロードサイドビジネスで埋め尽くされてしまったし、東京ディズニーランドの開園も八〇年代だったのだ。つまり五〇年代のアメリカの風景によって八〇年代の日本は覆われてしまい、ここにアメリカによる占領が完成したのである。それは郊外のマイホームと車を入手した八〇年代の日本人が、本書38のリースマンのいうところの「孤独な群衆」となることも意味していた。

そうした敗戦と占領、その占領下で始まっていく国土計画、それらが形成されていくメカニズムの詳細なディテールやプロセスは伝えられていない。しかしそれはアメリカに管理された日本の国土計画だったかのように思われてくる。戦後の国土計画とは何であったのかを問い続けなければならない。

なお戦前の国土計画と資料は、石川栄耀『都市計画及国土計画』（工業図書、ゆまに書房復刻）、西水編『資料・国土計画』（大明堂）に収録されている。

142 郊外を背景とする新しい家族の物語
——森絵都『永遠の出口』〔集英社、二〇〇三年〕

二一世紀に入り、新しい作家や新たな物語が出現し、それまでと異なる郊外や混住社会が描かれていくようになる。だがそれらはまったくかけ離れているわけではなく、地続きであり、二〇世紀の風景をベースにして組み立てられた二一世紀の光景のようでもある。これまで本書でそれらのいくつかを取り上げてきたが、続けて言及してみたい。

森絵都の『永遠の出口』は二〇〇三年に出されているが、一九九九年から二〇〇二年にかけて『小説すばる』に連載されたこともあって、その時代背景は一九七〇年代後半から九〇年代半ばの設定となっている。それは同時にヒロインというよりも、シンプルに主人公と呼んだほうがふさわしい紀子の、十歳の小学三年から十八歳の高校三年までの九年間の少女の物語を織り成している。その時代の流れはサンリオのファンシーの流行、二日前に解散したピンクレディ、人気爆発中のたのきんトリオ、『エースをねらえ！』

と『ガラスの仮面』、映画『台風クラブ』、ユーミンの「ダンデライオン」、バブルの到来などが物語に挿入されることによって伝えられる。

本書の視座からすれば、『永遠の出口』の一九七〇年代後半から九〇年代半ばにかけての時代は、郊外と混住社会が出現し、それらがスプロール化して拡散、膨張していく中で、ロードサイドビジネスによる郊外消費社会が形成され、その一方でバブル経済の始まりとその崩壊に至る過程であった。

そのために第一章の小学生時代において、「田畑が地面の大方を占め、空には農薬散布のヘリコプターが年中舞っていた私たちの町」と記述されている。そして第三章の十二歳の春休みで、数日後に中学生となる紀子たちは「ちょっとした卒業旅行」として、千葉へと出かけることになり、それは彼女たちにとって遠征にも似ていたし、次のように説明されている。

そう、ほんの十年前までは村と呼ばれていた町にすむ私たちにとって、大型デパートの連なる千葉は津田沼、船橋と肩を並べる大都会だった。そこへの行程はまさに長旅。なにしろ最寄りの国鉄（現ＪＲ）駅に出るのでさえ、家から自転車で四十分もかかる。バスもあるにはあるけれど、本数は一時間に一本にすぎず、節約も兼ねて私たちはこの日、朝九時からあくせくと自転車を走らせてきた。

ここに問わず語りに彼女たちが郊外と混住社会の中で暮らしていることが示されているし、「ほんの十年前までは村と呼ばれていた町」とはその紛れもない表象なのだ。しかし八〇年代を迎えているにもかかわらず、『永遠の出口』には郊外や混住社会と三位一体の関係にあるはずのロードサイドビジネスは登場してこない。主人公たちは千葉のデパートに「長旅」することがあっても、日常的に接しているのは駅前の商店街や駅ビルの店であり、紀子たちが万引してつかまるのも、デパートと呼ばれているけれど、そこにある雑居ビルに他ならない。住宅街や公団住宅への言及はなされているが、その周辺にロードサイドビジネスの集積である郊外消費社会の存在の気配はない。また紀子がアルバイトをするレストランにしても、駅の近くにあり、店名は「ラ・ルーシュ」、それはフランス語の「蜜蜂の巣」を意味している。その名前のようにシックな佇まいと上質な料理を売り物としていて、決してチェーン店のファミレスではない。

そのことと同様に、紀子の両親に関しても、父は会社の「仕事ニンゲン」、母はそもそも美容師志望だったが、普通のOLとなり、現在は専業主婦とされている。だが「村と呼ばれた町」に住んでいるにもかかわらず、「村」の出身のようではない。おそらくどこからかその「町」へと移ってきて、マイホームを構えることになったはずだが、それも語られることはない。

それらの事柄はこの『永遠の出口』がとりあえず郊外というトポスを物語の背景としているけれど、どこで生まれ、どこで暮らし、年を経るにしても、「この世が取返しのつかないものやこぼれおちたものばかりであふれていること」、またほとんど「永遠にそれを見ることができない」ことを物語のコアにすえていることによっているのだろう。そして成長することがそれらを自覚することであり、そうしてようやく「永遠の出口」、すなわち「大人への入口」へと近づいていくことになる。それが紀子の十歳から十八歳にかけての家族、学校、社会との関係を通じ、心的現象やその揺らめきとして表出し、物語が形成されていく。それの意味において、『永遠の出口』はまさに少女のビルドゥングスロマンとよんでかまわないだろう。

それらは次のような物語コードを伴って表出し、進行していく。小学生時代の誕生会、及び少女たちの家庭の内奥、担任教師の監視的教育と権力伝説、前述した小学生と中学生の狭間における冒険のような千葉への「長旅」、中学時代の校則の包囲の中での髪型と服装、社会のルールやその体現としての母親との対立、部活と不良たち、夜遊びと外泊、疑似恋愛、万引とその発覚。

そしてさらに、物語と家族のクライマックスとしての大分県別府温泉二泊三日という家族旅行も加わる。これは大学受験を控えた姉によって企画されたもので、やはり中三の受験生だった紀子も同行することになる。紀子にはこれが「非行に走った娘の心を溶かそう」とする「悪趣味な罰ゲーム」のように思われたが、両親の雰囲気はよそよそしく、異変が察せられ、「家族愛」のための旅行ではないことを確信するに至った。姉の告白によれば、父が浮気をして、それが母に見つかり、それから母は父に口をきいておらず、一時は本気で別れるつもりになっていたという。姉は妹のためではなく、両親の関係の修復と和解のために、この旅行を提案したのである。別府温泉は父と母が二十一年前に新婚旅行できたところだったからだ。

それを聞いて、紀子はこれまでとまったく異なる思いに捉われた。家族などいらないいし、両親はうざったいだけで、一人になれたらどんなにすっきりするだろうかとずっと思っていたのに、両親の離婚という一語を目の前にして、「まるで暗幕に未来を塞がれたような息苦しさ」「底知れぬ畏れと、底なしの不安感」を覚え、「一家離散後のシチュエーションをあれこれと想定」してしまうのだった。

それでもずっと父を無視していた母はうっかりミスをし、耶馬渓という景勝地で、昼食に郷土料理のだんご汁をすすっていた時に、景色はずいぶん変わったけれど、この味は変わらないと独りごちてしまった。それを受けて父も同じ言葉で応じた。両親が二十一年前の記憶の共有を告白したことになる。しかしそれで夫婦の危機が修復されたわけでなく、ホテルでの晩餐は息苦しくて寒々しく、深刻な寒波がつきまとっていた。離婚後のことも、「現実的な……家族それぞれの能力の問題」として浮かび上がってきた。

しかしそれはホテルの火事の非常ベルの耳をつんざく音がもたらした「大騒動」によって、実質的に回避されることになる。ここにも時代が刻印され、それがホテル・ニュージャパン火災の翌年だったとあるので、その三十三人ものの死者を出した大惨事は一九八二年に起きていたことからすれば、八三年だったことを伝えている。それはさておき、そのベルで紀子と姉と母は、すでに開けられていた非常ドアから非常階段へと逃げ出し、三階まで降りた時、母は夫を忘れたことに気づいた。そこで三人で引き返し、部屋までたどり着くと、父は掛布団を頭からかぶり、大きな鼾をかいていたが、母は叫んだ。「火事よ、火事ですよ。あなた！　起きて、ねえ、生きて逃げなきゃ。あなた、早く生きてちょうだいっ」。興奮のあまり、「起きて」と「生きて」がごっちゃになっていた。だがそこで非常ベルの大音響がぴたりと止み、警報が誤作動だったとのアナウンスが入ったのである。このアクシデントに乗じて、父は母にビールを飲むかと誘い、母は夫を忘れて逃げた後ろめたさと生死をさまよった心のうねりのせいか、拒むことができず、それに応じることになった。

そして翌朝を迎え、母は健やかな笑顔で、朝風呂で一緒になった人から教えられた別府の北にある国東半島のもみじの見事なお寺行きを提案する。その「しぐれもみじ」の光景は次のようなものだ。

> 巨大な、まるで小さな森のようなもみじ、とても一樹の生命力だけで息づいているとは思えない。東へ、西へ、南へ、北へ、天衣無縫に枝葉を広げるその先はもうあまりに高く、遠くて目が眩みそうだ。その遠いところから地面へと降りそそぐ紅葉は、光の角度や梢によって微妙に色を移ろわせ、巨木に色彩の波を起こす。深紅。茜。緋。橙。鬱金。黄。萌葱―。
> 　しぐれもみじと、朱書された板を掲げた巨木の前で、私たち親子は呆けたように立ちつくした。(……)。

ここで紀子たちは「永遠」、もしくは「永遠の出口」ならぬ「永遠の入口」に出会ったといえるのではないだろうか。森がこのシーンを描いた時に思い浮かべていたのは、ランボーの「海」につながる「また見つかった。何が。永遠が。」という『地獄の季節』(小林秀雄訳、岩波文庫)のフレーズであり、それにもみじの色彩描写も「Aは黒、E白、I赤、U緑、Oは藍色」と始まる「母音」(鈴木信太郎訳『詩集』所収、『ランボー全集』1、人文書院)の一節に喚起されたのではないだろうか。

だが「永遠」は続くことがなく、母はいち早く「ベランダの洗濯物でも思いだしたかのような顔をして、しゃきっと現実に立ち返る」し、父もしぐれもみじに重ねて、「通り雨が降ることをしぐれる」と語り、「我が家もここ数年はずいぶんとしぐれたなあ」という。そして紀子がぐれたこと、姉の恋と相手の心変わりのこと、この旅行は姉が父と母のために企画したが、実は父が姉のために実現させたものだったことも、父の口から語られていく。そのかたわらで、「日常を司る母は強い」姿を回復し、まだ、もみじしぐれを眺めている姉に呼びかけていた。そこで紀子は思うのだった。

> 私が深酒したり、万引をしたりとろくでもない日々を送っていた頃、姉もまたろくでもない恋の結末を迎えていた。父は父で浮気などして母を泣かし、母は父に泣かされ、みんながそれぞれろくでもない日々を送りながら、そのろくでもなさを凌いで今まできた。そうしてこれからも……と、私は母の呼び声に駆けてくる姉を見やりながら思った。これからもまだしばらくはこのまま、互いのろくでもなさにうんざりしたりされたりしながら、四人で暮らしていくのだろう。

ここに表出しているのが『永遠の出口』の物語の基調低音といえよう。それは本書92、93の小島信夫の『抱擁家族』や山田太一の『岸辺のアルバム』と共通する家族の営みの原型を伝えるものであり、それがまた本書の基底に置かれていることはいうまでもあるまい。また家族の営みということで連想されるのは、『永遠の出口』における主人公の紀子という命名であり、それは小津安二郎の『東京物語』などで原節子が演じた紀子を思い浮かべてしまう。それらもまた戦後家族の物語であることからすれば、森の『永遠の出口』は、郊外を背景とする家族の物語とよぶこともできよう。

143 郊外消費社会のアパシーの行方——畑野智美『国道沿いのファミレス』〔集英社、二〇一一年〕

前回の森絵都の『永遠の出口』の中で、主人公の紀子が高校生になり、欧風レストランでアルバイトをする一章が設けられていた。しかしその店名と上質な料理には言及したが、そこでのアルバイトの具体的な仕事と人間関係についてはふれてこなかった。それはそのレストランが郊外のファミレスではなかったからだ。

ところが今回の畑野智美の『国道沿いのファミレス』はまさにチェーン店のロードサイドビジネスに他ならないファミレスを舞台とする物語であり、本書50などでもコンビニをトポスとする小説を紹介してきたけれど、ついにファミレスも、そのような物語を提出するトポスへと成熟していったことになる。『〈郊外〉の誕生と死』で述べておいたように、ロードサイドビジネスはファミレスを先駆けとするもので、それは一九七〇年のすかいらーくから始まり、ロイヤル、ロッテリア、デニーズなどが続き、八〇年代に急成長し、確固たる外食産業を形成するに至ったのである。
『国道沿いのファミレス』を書いた畑野智美は一九七九年生まれとあるので、ファミレスだけでなく、ロードサイドビジネスと郊外消費社会とともに成長した世代に属している。それに主人公たちに告白させているように、子供の頃、ファミレスは洋風の建物が「かっこ良く」、誕生日やクリスマスには「家族で行く特別な場所だった」のである。またこの世代はファミレスがアルバイトの場ともなり、実際に畑野もアルバイトをしていたようだ。さらに付け加えれば、この世代は二〇〇〇年の大店法廃止後、新たに大店立地法が施行されたことによって、大規模な郊外ショッピングセンターの出現を目撃し、その主要な客層を形成することになったといえよう。畑野の作品はそれらがもたらした社会的風景やハビトゥス、及び家族や男女関係の変容も含め、トータルとしての現在を描こうとしているように思える。しかもそれはネット社会の偽りの情報の伝播によって生じるサラリーマンの個的事情、外国人との混住社会が発生させる都市伝説的な犯罪などにも及んでいて、かつて読んだフランスの社会学者エドガール・モランの『オルレアンのうわさ』（杉山光信訳、みすず書房）を想起してしまった。これは一九六〇年代末にパリから離れた地方都市オルレアンで、何人かの女性が、ユダヤ人が営む婦人服店の試着室で姿を消し、地下室から外国の売春街へさらわれたという噂が広まり、その実態をレポートしたものだった。だが実際には行方不明になった女性など一人もいなかったのである。

まず『国道沿いのファミレス』もそのような『オルレアンのうわさ』的物語構造を有していることを記しておく。この物語は主人公の佐藤善幸が六年半ぶりに故郷の町に帰ってくるところから始まっている。彼の実家はシャッターが閉まっている店が多い商店街にある電器屋だったが、そこには寄らず、その外れのゴールデン街にあるスナック茜に向かった。そこは幼馴染のシンゴの母親の茜さんが営む八畳に満たない狭い店で、その内装はまったく変わっておらず、「タイムスリップしたような不気味さ」を感じさせた。茜さんはいなかったが、シンゴはいて、さらに高校時代に黒髪の清純派として知られた吉田さんも姿を見せた。そこまできて、「僕」＝ユキ＝佐藤君の自己紹介がなされる。

> この町で生まれ、この町で育った僕は高校を卒業したのと同時に町を出て、東京の大学に進学し、東京に本社がある外食チェーンの会社に就職した。
> 和食レストラン、居酒屋、イタリアンレストランと展

開している中で、配属されたのはファミリーレストランの「チェリーガーデン」だった。都内の店舗で三年くらい働き、その後は本社勤務という枠での採用だ。あと半年も経てば本社勤務になるはずだった。しかし今年の夏の初めに問題が起こり、転勤が決まった。転勤先の店舗があるのがこの町だった。東京から電車で一時間半、関東地方からポンッと弾き飛ばされたと中で最北端の地だ。
(……)

その店舗は住宅地を抜けた国道沿いの果樹園の木々の間にあるボウリング場やレンタルビデオ店と並んでいた。それは次のように描写される。

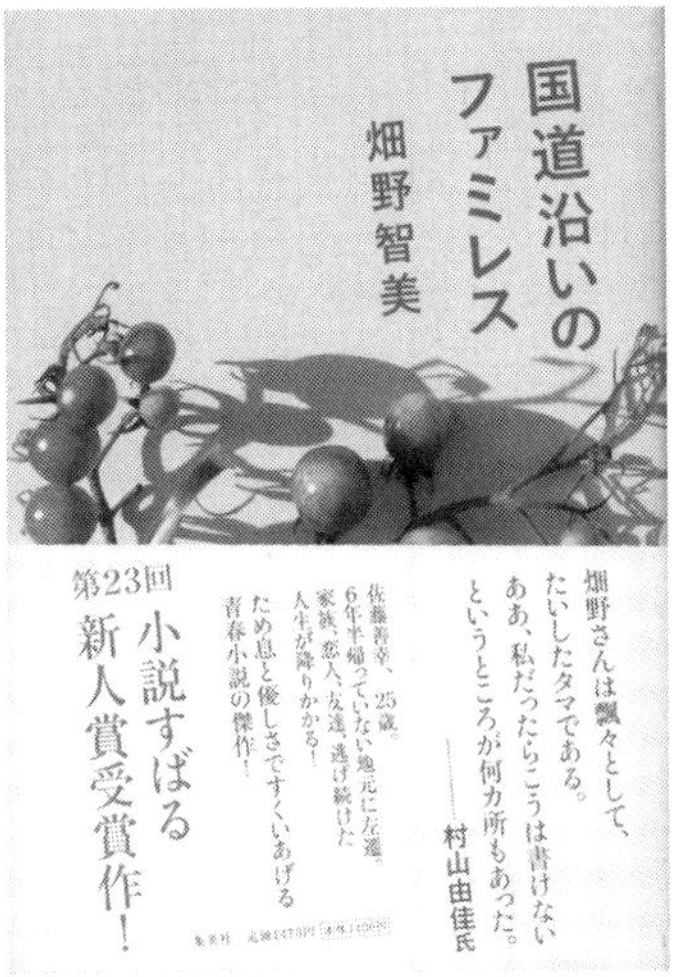

レンガを積んだように見せかけた外壁に茶色い屋根、広い駐車場兼駐輪場、屋根の上に掲げられた大きな看板。ファミリーレストランの基本を絵に描いたような構え。僕が幼稚園の頃にできて以来、何も変わっていない。しばらくここで働くのかと思うと気分が沈み、泣きたくなった。

「僕」がこの生まれた町の店にやってきたのは、「問題を起こした社員」として、地方の店に飛ばされたからだ。それはインターネットの掲示板に「チェリーガーデン都内S区S店の社員Sは高校一年のウェイトレスに手を出し、散々やりまくって捨てた」と書き込まれたことが発端だった。この掲示板は元アルバイトから社員になった人が開設したもので、アルバイトたちが当たり障りのない新メニューのおすすめポイントなどを書き込むものだったが、そこにこの当たり障りのありすぎる一文が書き込まれたのだ。都内店舗多しといえども、「S区S店の社員S」となると、「僕」しかおらず、しかも「女子高生」ではなかったが、「アルバイト」のウェイトレスに「手を出し」て、「やりまくって」いたのである。それが転勤辞令の出た理由となった。情報が伝わるのは速く、この店にまで「ロリコン社員」という噂が入ってきているようだった。だがこの故郷の町のチェリーガーデンは「幼稚園の頃にできて以来、何も変わっていない」。

それに古びて「何もかもが色あせた駅」と不釣合いな銀色に光る自動改札、シャッターが閉まっている商店街、「タイムスリップしたような不気味さ」を感じるスナックに対して、高校生の頃に爆発した製薬工場の跡地には、サクライというショッピングセンターが開業していた。吉田さんの言葉を借りれば、「すごいんだよ。広いスーパーがあるし、洋服もたくさん売っているし、大きい本屋さんも入っているし、雑貨屋もあるし、レストランもいっぱいあって、シネコンまであるんだよ」。まさに今世紀に入って、全国に増殖した大規模な郊外ショッピングセンターの典型に他ならない。

そうした故郷の町とチェリーガーデンを主たるトポスとして、『国道沿いのファミレス』は、森絵都の『永遠の出口』におけるレストランのアルバイトの後日譚的エピソードをコアとし、それに「僕」の家族、新しい恋人、シンゴの結婚問題などへと展開されていく。だがそうした舞台装置は先の引用からうかがわれるように、書割めいたニュアンスがつきまとっている。畑野がこの作品で描こうとしているのは、それらのトポスの輪郭ではなく、そのような環境に置かれることによって変容してしまった人間関係、もしくは何らかの欠落のようにも思われる。例えば、バイト上がりの社員と「僕」のような新卒採用社員は「先住民と開拓者」の比喩で語られているから、単なるアルバイトがどのようなポジションにあるのか推測がつく。また「先住民と開拓者」の関係が「僕」の転勤につながったといえる。それが登場人物の造型や行動にも表出し、次第にそれが「僕」の家族、とりわけ父親との関係に由来すると判明してくる。だが当初は畑野の個人の資質によっているのではないかとも考え、内田春菊のコミックと通底する女性特有の冷徹さを感じてしまったことも書きとめておくべきだろう。

それは「僕」が転勤するにあたって、見送りにきた「一年付き合っていた彼女」に示す態度、及び彼女の直截的反応に最もリアルに表出している。彼女こそはまさにあの「アルバイトのウェイトレス」なのだ。

(……)新宿駅のホームまでの見送りに来てくれた彼女に、遠距離っていうほどでもないし、大丈夫だよね?と聞かれた。大丈夫だよ、会いにくるよと嘘でもいいから言えばよかったのに、言葉が出てこなかった。お互いにしばらく黙り込んだ後、彼女は僕の携帯電話を取り上げ、本来折る方とは逆に折り、ベンチに投げつけ、踏み潰し

た。そして黙って帰っていった。周りにいた人達が唖然とした顔で見ている中、僕は携帯電話を拾い上げ、荷物の奥に突っ込み、急いで中央線に乗った。未練はない。もともとそんなに好きじゃなかった。

「僕」は結果として、「女子高生」ではないけれど、ネット上の「散々やりまくって捨てた」という書き込みを地で行ったことになる。もちろん先述したように、読み進めていくと、このような「僕」の女性観とその関係の根幹には父親の存在が大きく横たわり、それが「僕」のエロスを形成してきたとわかってくるけれど、ここに表出しているのはひとつのアパシーのかたちのように思われてならない。それは物語は異なっているが、本書135の高村薫の『冷血』を覆っていたアパシーと通底しているのではないだろうか。

　ただ『国道沿いのファミレス』のほうは『冷血』的結末ではなく、そのようなアパシーから脱け出し、それなりのハッピーエンドを暗示させてクロージングに向かうわけだが、物語全体にアパシーが付きまとっているという印象が抜けない。新宿駅の別れのシーンが反復されるのではないかというオブセッションから逃れられないのである。

　もはや故郷の町にしても、そこにも何のノスタルジーも喚起されていない。それは家族も幼馴染も同様だし、どこかでコミュニケーションが切断されてしまったようなニュアンスがある。男女関係にしても人間関係にしても、場所や職場が異なれば、季節ごとに気軽に脱ぎ捨てたり、変えたりできるもののように設定されている。これらのすべては郊外消費社会が内包し、体現しているファクターのように思われてならないのだ。それは携帯電話が象徴的に表象し、男女関係のつながりのメタファーとして機能している。「僕」は壊れた携帯電話を触媒として、ショッピングセンターで、機種の変更に乗じ、綾ちゃんという新しい彼女と出会うのだが、それは疑似オイディプス的関係を生じさせることにもなってしまう。

　そのような関係と相俟って、シンゴの出生の秘密も明らかにされる。一九八四年に外国人の二人組がゴールデン街のスナックに強盗に入り、茜さんをレイプした。それで生まれたのがシンゴだったのだ。茜さんはフランスに留学していた時の恋人がシンゴの父親だとか、スナックの常連客は酔ってそれぞれが父親だと語っていたが、それが「不細工」な顔の茜さんに白人とのハーフのようなシンゴが生まれた真相だったのである。商店街から外れた薄暗い道の奥にひとつの疑似家族が営まれ、シンゴは成長し、「僕」の物語とコントラスト的に市内の大学に進学し、商店街の先にある図書館で司書となり、中学時代から好きだった同級生の吉田さんと付き合い、障害をはねのけ、結婚へと至るストーリーが併走している。それは「国道沿い」ならぬ「ゴールデン街という路地」の物語であり、シンゴの出生が明らかになる物語の終盤に及んで、あらためて畑野が他者の意味を問うように、『国道沿いのファミレス』をユキとシンゴの二人の物語として描いていたことに気づかされる。そうして物語につきまとっていたアパシーも溶解していこうとしていることも。

144 セックスと子どもをめぐる家族の問題
――窪 美登『ふがいない僕は空を見た』〔新潮社、二〇一〇年〕

私は格別うれしくもなく、

「人非人でもいいじゃないの。私たちは生きていさえすればいいのよ。」

と言いました。

太宰治『ヴィヨンの妻』（新潮文庫）

窪美登の『ふがいない僕は空を見た』は五つの短編、中編からなる連作集で、それは次のような構成になっている。

①ミクマリ
②世界ヲ覆フ蜘蛛ノ糸
③2035年のオーガズム
④セイタカアワダチソウの空
⑤花粉・受粉

これらの集積が『ふがいない僕は空を見た』という連作長編を形成しているので、本来であれば、それぞれ視点と主人公が異なる①から⑤までの祖型をたどってみる必要がある。だがそうすると長くなってしまうので、ここでは互いに入れ子の物語となっている①と②に主として言及してみたい。ただそうはいっても、この二作に『ふがいない僕は空を見た』のエッセンスが表出していると見なせるからでもある。

①の「ミクマリ」は夏休みを迎えた高校生の「おれ」の、あんずとのコスプレセックスのシーンから始まっている。彼女はマンションに住み、十二歳年上で結婚しているので、「おれ」とあんずがやっていることは「不倫」であり、「淫行」ということになり、「おれ」は最初から、「ガキの典型的で健康的なセックスライフ」の道を外れてしまったのである。そのきっかけは友だちに連れていかれたコミケで、あんずにナンパされたことによっている。それは「おれ」がアニメの「魔法少女マジカル★リリカ」の「むらまさささま」にそっくりだったからだ。だからあんずと「おれ」はそれらのコスプレ衣装を着用し、セックスをして、デジカメで写真を撮ることを繰り返し、その代わりに「おれ」は一万円札をもらった。「あんずのやっていることはおれを金で買ってるってこと」だった。

そのようなコスプレセックスシーンの一方で、「おれ」のおふくろが助産師であることから、自宅がそのまま助産院となり、「おれ」もお産の手伝いに駆り出されたりしていた。それらの事情でお産の苦しみの声を聞いて成長し、その声があんずのセックスの時の声と同じことに気づいた。あんずの住むマンションは助産院の前を流れる川の真向かいにあった。それは川をはさんで、セックスと出産が通底しながらも、コントラスト化されていることを意味していよう。

ここでコスプレセックスが単なる「不倫」や「淫行」にとどまらず、「妊娠」と「子ども」の問題へともつながり、それは「おれ」のオブセッションともなり、あんずと別れようとする。しかしショッピングセンターで、あんずがコスプレではなく、Tシャツにデニムの高校生のような恰好をして、赤ん坊用の靴下を見ているのを目にして、「生まれて初めて恋をしている」気になり、あんずと細くつながっていた糸を切ったのは「おれ」だと思い、涙が流れた。

その翌日、「おれ」はあんずのマンションに向かい、「何かの罰ゲーム」のように、初めてコスプレ姿でない彼女とセックスをする。だがその後、あんずは代理出産の女性に会うために、夫とアメリカにいくことを告げる。そして彼女は「今までありがとう」と小さな声でいった「おれは子どもだから」、「行かないで」と繰り返したが、あんずは「もうおうちに帰らないとね」というばかりだった。

もはや夕方になっていた。「おれ」＝斉藤は「夕焼けではちみつ色に染まった空を、橋の真ん中に突っ立ってばかみたいにながめていた」。このシーンこそはタイトルの『ふがいない僕は空を見た』を表象するものだ。それは④の「セイタカアワダチソウの空」において、「ぼく」＝福田の視点から、「急に通せんぼされたような気持になって、ぼくは空を見上げた。細い月が見えた。星は見えなかった」として、もう一度繰り返されることになる。

この夕焼けの空に重なって思い出されるのは、親父とおふくろが激しい夫婦げんかをした後、そのふもとの山に家族三人ではなく、どちらかが「おれ」を連れていったことで、親父もおふくろも早歩きで後ろも振り返らないので、「おれ」は走って追いかけるしかなかった。そしておやじが家を出て、おふくろが助産院を始めるが、小学校に入ったばかりの「おれ」を山の中の「水分神社」に連れていき、「すいぶん」ではなく「みくまり」と読むのだと教え、長い間手を合わせたままでいた。

「何をおいのりしているの？」

「子どものことだよ」おふくろは目を閉じたまま言った。

「ぼくのこと？」

「もちろんあんたも、ぜんぶの子ども。これから生まれてくる子も、生まれてこなかった子も。生きている子も死んだ子もぜんぶ」

ここに『ふがいない僕は空を見た』の基層が表出している。それに『日本国語大辞典』や白井永二他編『神社辞典』（東京堂出版）によれば、「みくまり」とは「山や滝から流れ出た水が種々の方向に分かれる所。水の分岐点」をさし、「みくまりの神」とは「流水の分配をつかさどる神」で、「みくまり」を「みこもり（御子守）」と解し、子どもを守り育てる霊力を持つ神、子守明神信仰も生まれたとされ、実際に水分神社は奈良や大阪に存在している。

ここでようやく①の「ミクマリ」という意味不明だったタイトルが、そうした「みくまり」や「水分神社」縁起からとられていることが判明する。そしてこの後でまたしても助産院での「おれ」が手伝う出産シーンが描かれ、コスプレセックスシーンから始まった「ミクマリ」はあんずをめぐる子どもを産むことの問題、及び「おれ」と親父とおふくろの関係が浮かび上がってくることになる。それに「おれ」が中学生の時に目にした「女の子の場合、生まれたときから卵巣の中にはすでに卵子のもとになる数百万個の原始卵胞が詰まっている」という文章に加え、赤んぼうが生まれ、「ちんこが見えた。おまえ、やっかいなものをくっつけて生まれてきたね」との述懐を並べてみる。するとこの「ミクマリ」がセックスとは何か、家族とは何か、子どもとは何かを深く問い、人間が個々の男や女として現われる場所としての家族、その表象としての子どもを描こうとしたのではないかと思えてくる。

「ミクマリ」には「おれ」やあんずの他に、クラスメートでバイト仲間の福田、ガールフレンドの松永が登場しているが、物語が進むにつれて、誰もが斉藤のように「ふがいない僕」と変わらぬ姿で現われてくることになる、だが前述したように、ここでは残念ながらそれらの全員の姿を追跡することはできない。それでも④の「セイタカアワダチソウの空」で示されている『ふがいない僕は空を見た』のトポスだけは、ここに至ってようやく示されているので、提出しておくべきだろう。

駅前に並ぶスーパーマーケットとコンビニエンスストアとファストフードとチェーン店の古本屋。この沿線のどの駅で下りても代わり映えしない店が並ぶ商店街と、マンションと建て売り住宅が並ぶ、比較的新しめの住宅街。その間を埋めるようにいきなりあらわれる梨畑。目立った特徴のない小さな街をぐるりと囲むように低い山並みが続いている。

この町で一番大きな市民病院に続く、駅からのまっすぐな道を越えた山の奥には火葬場があって、さらにそれを越えると、部分的に舗装されたアスファルトのパッチワーク、つぎはぎだらけの道が続く。その道を山の頂上に向かって上がり、短くて暗いじめじめとしたトンネルを抜けると、ニュータウンという名前が皮肉に聞こえるほど、古ぼけた団地群があらわれる。団地のわきには学校のプールほどの大きな汚い沼がある。団地に住む人は池と呼ぶ人もいれば、沼と呼ぶ人もいるけれど、ぼくにとってはどっちだってかまわない。だって、ただの、汚い水たまりだ。

コンビニとファストフード、マンションと建て売り住宅からなる新しめの住宅街、その奥には古ぼけた団地群からなるニュータウンが位置し、その間には梨畑があり、街は低い山並みに囲まれ、そこには水分神社もあることからすれば、『ふがいない僕は空を見た』の連作の共通の舞台は、郊外の混住社会と見なしていいだろう。

このようなトポスを背景として、「ミクマリ」のラフな物語展開を補うかのように、この「世界ヲ覆フ蜘蛛ノ糸」が置かれている。ここでの主人公は①の「おれ」＝斎藤に代わって、「私」＝里美＝あんずである。彼女は結婚して五年経っているのだが、子どもができないので、夫の慶一郎さんの母であるマチコさんが探してくれた不妊治療のクリニックに通っている。しかし検査の結果、「私」の卵子と夫の精子に問題があり、自然妊娠は難しく、人工授精を試みていたが、それも失敗に終わっていた。だが「私」は子どもを望んでいなかったし、それは夫も同様だったので、「あんたたちは子どもを生まなくていいよ、と神さまから言ってもらったよう」に思われた。

「私」はママを早く失い、パパに育てられ、カトリックの中学に入ったが、アニメ中毒の「気持ち悪いオタク女」といじめられ、さらにまったく無視される存在となり、それが高校まで続いた。大学に入ると、パパが二重まぶた手術を受けさせてくれたせいなのか、急に男の子にもて始め、「セックスが気持ちいいなんて一度も思ったことは」ないのに、「やりマンのめす豚」と書かれるようにもなった。大学を出てから、パパのコネで小さなメーカーに勤めたが、勉強と同様に仕事ができず、上司から罵倒される日々を送るうちに、パパが急死し、借金返済のために財産もほとんどもっていかれてしまった。そんなときに出会ったのが製薬会社でMRと呼ばれる営業の仕事をしている慶一郎さんで、「ルックスは私の好みと正反対」にして、「丸顔で背が低くて、スーツがまるで似合わない」けれど、「里美ちゃんを大事にするからね」、また「結婚後は仕事をしなくていい」というプロポーズによって結婚を決めたのである。だが彼はかつて彼女の同僚に対して「ストーカー」だったようで、退職を報告すると、同僚たちは「あのストーカーと結婚する」のかと囁いていた。

マンションでの新婚生活がスタートするが、「それでも、私はしあわせだった」。家事はまったく得意ではなかったけれど、学校でいじめられたり、会社で罵倒されたりすることに比べれば、夫の出社後、自分の好きなマンガやアニメの世界にひたることができたからだ。しかし「でぶで、ぶすで、ばかで、不妊の主婦」に対する義母のマチコさんの不満はエスカレートする一方で、「がんばれと言われて妊娠できるわけでもないのに」、人工授精から対外受精にまでクリニックを強いられるようになる。

「私」はそのストレスからコスプレ衣装をまとい、疲れた主婦から魔法少女への変身を試みる。そして三人の魔法の少女の衣装を手作りし、やはり物理の先生で魔法使いの「むらまささま」も同様に仕上げ、慶一郎さんに羽織ってもらったが、まったく似合わず、そこに彼の老いだけでなく、自分の老いと結婚を続けていくことができるのかという不安を覚えたのだった。

かくして①の「ミクマリ」の最初のシーンのコスプレセックスに結びつくコミケでの斎藤くんとの出会いに至るのである。だがそれは慶一郎さんの体の「なまぐさい」においと異なり、「不思議なことですが、斎藤くんの体からはいつもミルクのような赤ちゃんのようなにおいが」した。それはコスプレセックスが子どもへと退行していくこと、疑似的出産や子育てのメタファーであることを暗示しているのだろうか。

しかし二人のコスプレセックスは慶一郎さんが仕掛けた隠しカメラで発覚し、マチコさんはモニターでそれを見ながら、土下座して離婚を頼む「私」に、アメリカでの代理母による出産を強要し、その準備が進められていった。そうした中で、「私」は斉藤くんとコスプレによらないセックスをする。ここにコスプレセックスと異なる二人の対幻想の始まりを見るべきだろうか。それは再び隠しカメラに捉えられ、慶一郎さんは離婚するなら、これらの写真や動画も、斉藤くんの家や学校も含めて世界中にばらまくといっているので、きっとそうなるだろう。それはウェブサイトのアドレスに書いてあるwwwは章タイトルに示された「世界ヲ覆フ蜘蛛ノ糸」という意味だけれど、「その蜘蛛の章のなかで、私と斉藤くんのこの瞬間は、時間や空間を越えて永遠に漂い続けるのです。ごめんね斉藤くん。私と会ったことが、ふいに顔に触れる蜘蛛の糸のように、あなたの人生にまとわりつくことになるかもしれない。（……）」。そして実際にそれは「K市に住むS藤T巳くんの過激でだれたコスプレセックス」としてネットに流されることになり、③の「2035年のオーガズム」はそれを受けて始まっていくのである。

『ふがいない僕は空を見た』のうちの①と②の「ミクマリ」と「世界ヲ覆フ蜘蛛ノ糸」を簡略にたどっただけだが、両者は男と女、それぞれの家族の合わせ鏡のような関係にあり、いずれもがセックスと子どもをめぐる家族の問題として提出されていることが了承される。

しかもこの二作は、さらに視点を変えて、続く三作に引き継がれ、乱反射し、「ふがいない僕」だけでなく、「ふがいない登場人物たち」を召喚していく。それらを具体的に挙げてみれば、③の「２０３５年のオーガズム」は松永が語る『岸辺のアルバム』的家族の肖像、「セイタカアワダチソウの空」は団地でぼけた祖母と暮らす福田の生活を通じて浮かび上がる彼の家族の位相、「花粉・受粉」は再び斉藤助産院のお産の光景に戻り、「私」という助産師の「ばかな恋愛」と破綻した夫婦関係が語られ、息子に関するいやがらせメールなども押し寄せてきている。だが「私」を産婆へと誘った中国人のリウ先生はいう。「悪いことはずっと悪いままではないですよ。（……）オセロの駒がひっくり返るように反転するときがきますよ。（……）」と。

そうなのだ。『ふがいない僕は空を見た』の登場人物たちは全員が「ふがいない」存在として出現し、描かれ、そのような生活を送っている。だがそこには子どもたちの確固たるモラルが見出されるし、それらの全員を「ミクマリ」が守っているかのようなのだ。そして神の存在とか、「オセロの駒がひっくり返るように反転する」とかのフレーズは、太宰治の『ヴィヨンの妻』の「この世の中の、どこかに神がいる」とか、「トランプ遊びのように、マイナスをあつめるとプラスに変わる」という言葉を彷彿とさせる。それらは『ふがいない僕は空を見た』という連作が、二一世紀の郊外のヴィヨンの妻と息子と娘たちの物語であることを告げているように思われる。

145 長崎市郊外に住む土木作業員が起こした事件
——吉田修一『悪人』〔朝日新聞社、二〇〇七年〕

吉田修一の『悪人』の冒頭には、まずその物語のトポロジーを提出するかのように、三瀬峠を跨いで福岡市と佐賀市を結ぶ全長48キロの国道263号線の現在の風景が描かれている。その起点は福岡市早良区荒江交差点で、一九六〇年代半ばから福岡市のベッドタウンとして発展してきたこともあって、周囲には中高層マンションが建ち並び、東側には巨大な荒江団地がひかえていた。また文教地区でもあり、福岡大学や西南学院大学なども点在していた。

その起点から263号線をまっすぐ南下すると、「街道沿いにはダイエーがあり、モスバーガーがあり、セブン-イレブンがあり、『本』と大きく書かれた郊外型の書店などが並ぶ」ロードサイドビジネスからなる郊外消費社会の風景が続いていく。その風景の中を抜けると、真新しいアスファルトと白いガードレールの三瀬の峠道が始まり、福岡と佐賀の県境にある三瀬トンネルへと至る。これは「やまびこロード」と呼ばれる有料道路で、峠道の急カーブや急勾配といった交通難を解消するために、一九七九年に事業化され、八六年に開通していた。この峠道は昼間でも鬱蒼とした樹々に覆われていたし、夜間は懐中電灯を頼りに山道を歩くような心持になるし、昔から殺人事件などにまつわる「霊的な噂話が絶えない」トポスでもあった。だが長崎・福岡間は高速を使わず、この峠越えをすれば、トンネル代を払っても千円近く節約できたのである。この国道263号線と高速・長崎自動車道が、『悪人』の物語の血脈として出現してくる。

それらの道路と事件の関係、及びその概要が、実際にはエピローグとして読めてしまうが、物語のプロローグのように続けて叙述されているので、それを引いてみる。これはおそらく『悪人』が道路を血管として紡ぎ出された物語であることを示そうとしているのだろう。

> 二〇〇二年一月六日までは、三瀬峠と言えば、高速の開通で遠い昔に見捨てられた峠道でしかなかった。
> (……)
> しかし、九州北部で珍しく積雪のあったこの年の一月初旬、血脈のように全国に張り巡らされた無数の道路の中、この福岡と佐賀を結ぶ国道263号線、そして佐賀

と長崎とを結ぶ高速・長崎自動車道が、まるで皮膚に浮き出した血管のように道路地図から浮かび上がった。

この日、長崎郊外に住む若い土木作業員が、福岡市内に暮らす保険外交員の石橋佳乃を絞殺し、その死体を遺棄した容疑で、長崎県警察に逮捕されたのだ。

九州には珍しい積雪のあった日で、三瀬峠が閉鎖された真冬の夜のことだった。

そしてこの事件には前回の窪美登『ふがいない僕は空を見た』や前々回の畑野智美『国道沿いのファミレス』と同様に、これも道路と同じく物語の血管のようにして、携帯電話、メール、出会い系サイト、インターネットなどによるヴァーチャルな回路も組みこまれている。それは二一世紀を迎え、成熟した郊外消費社会がヴァーチャルな郊外空間ともいうべきネット社会ともリンクしながら変容し、二〇世紀とは異なる混住社会を形成しつつあることを告げている。

「長崎市郊外に住む土木作業員」が起こした事件はその体現ともいえるもので、吉田の『悪人』はそのような二一世紀の郊外と混住社会がもたらした孤独、及び孤独な男女を表出させている。そして本書36のリースマンのいうところの一九五〇年代のアメリカで誕生した「孤独な群衆」が二一世紀を迎え、日本の地方にまで及んでいったことを実感させてくれる。主人公の清水祐一は二十七歳の土木作業員で、長崎から佐賀県大和のインターチェンジを経て、三瀬峠に至り、福岡にいる保険外交員の石橋佳乃に会いにいこうとしていた。祐一と佳乃は出会い系サイトで知り合い、その夜は天神の東公園の正面前で会う約束だった。

祐一は工業高校を卒業後、小さな健康食品会社に就職したが、すぐに辞めてしまい、カラオケボックスやガソリンスタンドやコンビニでバイトしたりしているうちに二十三歳となり、今の土建屋で働くようになったのである。彼はスカイラインのGT－Rに乗り、ハンサムではあったが、金髪に染め、ユニクロで買った赤やピンクの派手な色のトレーナーを着ていた。カラオケボックス、ガソリンスタンド、コンビニにユニクロを加えると、彼はロードサイドビジネスの落とし子のような存在に他ならないし、その外見はアメリカ人のメタファーのようでもある。だから久留米の床屋の娘だが、短大を出て二十一歳となり、博多で暮らす佳乃にしてみれば、ラブホテルにはいったものの、祐一は面白い相手ではなかった。それに彼女が勝手に思いこんでいる本命はアウディに乗り、博多駅前の広いマンションを借りている裕福な増尾という大学四年生だった。この疑似三角関係が、先に引用した佳乃を死に至らしめ、二〇〇一年十二月十日に三瀬峠で発見されたことになる。

　そのような第一章が主として佳乃の視点から「彼女は誰に会いたかったのか?」として語られ、第二章の「彼は誰に会いたかったのか?」へと引き継がれ、前章が福岡を舞台としていたことに対し、この章は長崎市郊外に転じ、しゆとして祐一の側から語られている。祐一の住む郊外とは一九七一年に埋め立てて海岸線を奪われた漁港に近い地域で、そこはつながっている広い国道と異なり、細い路地が張り巡らされた「小人の国」のような漁村だった。それと対照的に埋め立てで陸続きになった島には造船所の巨大なドックがあり、「巨人の街」といえた。また祐一の生い立ちも語られていく。彼の実家はこの路地の突き当りにあり、長年造船所に勤めていた祖父勝二、祖母房枝と一緒に住んでいた。祖父母には二人の娘がいて、次女の依子が祐一の母親だが、若くして結婚し、すぐに祐一を産んだ。ところが祐一が保育園に入る頃、夫が出奔してしまったので、彼女は祐一を連れて実家に戻ったけれど、すぐに男を作り、祐一を祖父母に押しつけ、家を出て、今では雲仙の大きな旅館で仲居をしているようだった。それで祖父母は祐一を育て上げ、中学に上がる時、養子とし、名字も清水姓となり、現在勤めている解体屋も祖母の姉妹の息子が経営者であった。祖父は重い糖尿病で寝たきりとなり、一家にとって祐一の存在は大きなものになっていた。その上この地域でも独居老人や老夫婦が多く、唯一の若者で車を持っている祐一はたよりにされていた。

　そのような祐一の生い立ち、さらに一体何が楽しくていきているのかわからない若者の現在が語られていく中で、車を乗り回して寝不足のせいなのか、蒼白となり、身震いして嘔吐する彼の姿が描かれ、それは夕食時にも繰り返される。また二年前に長崎市の繁華街にあるファッションヘルスの美保のところに毎晩のように通い、それが疑似恋愛という段階にまで発展し、彼女はそれが恐ろしくなり、その店を辞めていたという挿話も述べられていく。祖父を連れていった病院で、美保は祐一と再会するのだが、祐一はただ顔を青ざめさせるだけで、おそらく彼にしてみれば、

殺してしまった佳乃の姿が美保と重なってしまったのだ。「駐車場へ向かう祐一の姿が、月明かりに照らされていた。すぐそこにある駐車場に向かっているはずなのに、美保の目には、彼がもっと遠くに向かっているように見えた。夜の先に、また別の夜があるのだとすれば、彼はそこに向かっているようだった」。月明かりに照らされた彼の姿はまさにゾンビのようでもある。

だがその祐一の行く先にしても、郊外消費社会から逃れられないかのように、次のような描写が挿入される。彼は幼なじみからのメールによって呼び出されたのだ。その幼なじみは同じ地域育ちだったが、父親がギャンブルで借金をしたため、家と土地を売り、夜逃げ同然に市内の賃貸マンションに移っていたのだった。

　パチンコ店「ワンダーランド」は、街道沿いに忽然とある。海沿いの県道が左へ大きくカーブした途端、下品で巨大な看板が現れ、その先にバッキンガム宮殿を貧相に模した店舗が建っている。

　誰が見ても醜悪な建物だが、市内のパチンコ店に比べると、出玉の確立が高いので、出来はもちろん、平日でも大きな駐車場には、まるで砂糖にたかる蟻のように、多くの車が停められている。

全国の郊外のどこにでも見られる風景であり、それは第三章の「彼女は誰に出会ったか？」において召喚される馬込光代を取り巻く生活環境ともつながっている。そこは佐賀市郊外で、彼女は国道34号線沿いにある紳士服量販店「若葉」に勤め、二階のスーツコーナーを担当していた。まだ独身で、来年は三十歳になる。隣接するのはファストフード店で、これらも見慣れた郊外のロードサイドビジネスが建ち並ぶ風景である。四十二歳になる同僚の水谷和子は家電販売店の店長を夫としているが、大学三年の一人息子が部屋でパソコンに弄ってばかりで「ひきこもり」だと心配している。だが光代は思う。

　水谷の息子を庇うわけではないが、この町で外に出たところでたかが知れている。三日も続けて外出すれば、必ず昨日会った誰かと再会する。実際、録画された映像を、繰り返し流しているような町なのだ。そんな町より、パソコンで広い世界に繋がっていたほうが、よほど刺激的に違いない。

光代は双子の姉妹である珠代とともに、田んぼの一角に建てられたアパートに住んでいる。ロードサイドビジネスと田んぼとアパートが共存する風景。二人とも独身だから、昭和の時代であれば、近所の小学生などが「双子の魔女」と噂するに違いない。姉妹は地元の高校を卒業し、そこしか受からなかったこともあって、食品工場に就職した。仕事はライン作業で、働いていた三年間で目の前を何十万というカップ麺が流れたことになるが、先に妹の珠代が辞め、ゴルフ場のキャディとなり、その後商工会議所の事務員に収まった。光代もお定まりの高卒の女たちを対象とするリストラに遭い、工場の職業斡旋で紳士服店に転職し、実家を出て、二人でアパートを借りたのだった。すると弟は高校の同級生と郊外のメモリアルホールで結婚し、すでに息子も生まれていた。

　そのような中で、佐賀にいる光代は長崎の祐一とメールでつながるのである。

> 　祐一は車で何度か走ったことのある佐賀の風景を思い描いた。長崎と違い、気が抜けてしまうほどの平坦な土地で、何処までも単調な街道が伸びている。（……）
>
> 　道の両側には本屋やパチンコ店やファストフードの大型店が並んでいる。どの店舗も大きな駐車場があり、たくさん車は停まっているのに、なぜかその風景の中に人だけがいない。
>
> ふと、今、メールのやり取りをしている女は、あの町を歩いている人だ、と祐一は思った。とても当り前のことだが、車からの景色しか知らない祐一にとって、あの単調な町を歩くとき、風景がどのように見えるのか分からなかった。歩いても歩いても景色はかわらない。まるでスローモーションのような景色。いつまでもいつまでも打ち上げられない流木が《ママ》見ているような景色。（……）
>
> 　これまで寂しいと思ったことはなかった。寂しいというのがどういうものなのか分かっていなかった。ただ、あの夜を境に、今、寂しくて仕方がない。寂しさというのは、自分の話を誰かに聞いてもらいたいと切望する気持ちかもしれないと祐一は思う。これまでは誰かに伝えたい自分の話などなかったからだ。でも、今の自分にはそれがあった。伝える誰かに会いたかった。

　その「自分の話」とは殺人のことに他ならないのに、それにまだ会ってもいないのに、佐賀駅で待ち合わせ、「灯台を見に行く。海にむかって立つ、美しい灯台を二人で見に行く」ことになったのである。

　それでも光代のほうは会うことに迷いながら出かけたのだが、「金髪で背の高い男」の「立ち姿」や「冬日を受けた肌」や「どこか怯えていた彼の目」を見て、「その瞬間を境に何かが変わった。これまでついていなかった人生が、それで終わったような気がした。これから何が始まるかは分からなかったが、ここに来てよかったのだと思った」。佳乃と異なり、光代にとって祐一が、自分の「これまでついていなかった人生」を変えてくれそうな存在に映ったのだ。郊外の寂しい男と女が出会ったのである。そして二人が郊外消費社会の中で成長したことも語られていく。

男のほうは殺人を犯し、女のほうも本来であれば、一年半前にバスジャック事件に巻きこまれるところだった。それぞれのトラウマを抱えながら、まさに二人の道行が始まっていく。母親から捨てられた記憶を有する祐一にとって、光代との道行はそのトラウマからの脱出を意味するものであり、それはラブホテルから呼子の灯台へと至り着く。だが光代は「悪人」の祐一を見捨てたりはしない。物語の後半への言及はほとんど省略してしまったが、『悪人』の骨格は提出できたと思うので、ここで止めることにしよう。

この吉田修一の『悪人』を読みながら、ずっと脳裡を去らなかったのは、村上龍の『寂しい国の殺人』（シングルカット社、一九九八年）というタイトルである。同書の内容に関しての言及は差し控えるが、そこには「現代を被う寂しさは、過去のどの時代にも存在しなかった。（……）今の子どもたちが抱いているような寂しさを持って生きた日本人はこれまで有史以来存在しなかった」という一節があったからだ。そして今世紀に起きている殺人事件もまた「寂しい国の殺人」的メタファーに覆われているように思えてならない。

146　ベトナム難民とレワニワ伝説
――伊井直行『ポケットの中のレワニワ』

〔講談社、二〇〇九年〕

本書22から25にかけて、一九八〇年代に日本へと漂着したベトナム難民やインドシナ半島のボートピープルをテーマとする小説を取り上げてきた。二〇〇九年に刊行された伊井直行の『ポケットの中のレワニワ』は、その難民たちの二一世紀に入ってからの行方を描こうとしている。

この小説には「付録」として「ベトナム難民と日本をめぐる小史」が収録され、そこで当初日本政府はベトナム難民やボートピープルの受け入れを拒否したが、一九八〇年代半ばになって、それらの受け入れを三千人、五千人、一万人と段階的に拡大し、八九年には次のような状況を迎えたと記している。

難民資格認定制度が開始される。家族と共に日本に定住するベトナム難民が増加、インドシナ出身者が集中して居住する団地が出現した。交通不便な団地も多く、受け入れの実質的な窓口となった地方自治体による一種の「隔離」だったという説もある。総計、一万数千人が日本に定着した。

それと相前後して、ベトナム政府は海外脱出者の一時帰国を許可し、日本に定住した難民とベトナム間の中古品貿易が行なわれるようになり、ベトナムでも経済の自由化が徐々に進められていった。

このような日本におけるベトナム難民クロニクルとベトナム状況の推移を背景として、この混住小説に他ならない『ポケットの中のレワニワ』は紡ぎ出されている。

主人公の「俺」＝アガタ＝安賀多真一は職場のコールセンターで、小学三年の時に同級だった町村桂子＝グエン・ティアンに再会した。「俺」が通っていた向洋台小学校は親がベトナム人やカンボジア人、中国人である生徒が多く、ティアンもその一人だった。ただ彼女は五歳になる前に来日したので、日本語は話せたけれど、ベトナム語はカタコトだった。二人は孤独さを共有していたことから、港見学という「デート」をしたこともあり、その秋に転校してしまったが、「俺」にとっては最も印象に残っている女子だった。

だがそれは「運命の再会」というよりも、彼女の身も蓋もない言に従えば、「同じ貧乏な団地に住んでいた者どうし、結局同じように恵まれない職場にたどりついた」ことになる。しかしそうはいっても、ティアンのほうは正社員の統括主任、「俺」は中学でいじめにあって不登校になり、そのために底辺高校からFランク大学に進学し、卒業しても就職できず、フリーターやニートにはならなかったが、やっと見つけたのが派遣社員の仕事だった。つまり彼女は日本とベトナムの名前を持っている上司として、日本人の「俺」の目の前に現れたのである。

そしてティアンは「俺」に対して、親会社の野球部の試合がかつて通い住んだ小学校と団地のある向洋台球場で行なわれるので、一緒に応援にいこうと誘う。それは親会社の社員でコールセンターに出向している徳永さんに頼まれたからだ。これらの説明が付されたイントロダクションにふれただけで、二一世紀になって進行した職場における格差と待遇をめぐる状況が浮かび上がってくるし、それがベトナム難民がたどった日本での二一世紀の回路、及び国内における日本人の難民化とも重なり、『ポケットの中のレワニワ』のベースを形成していることに気づかされる。

その途中で、二人はやはり小学校と団地を同じくしたチュオン・キム・ハン＝山本泉と出会う。彼女の声は「学齢になってから日本に住むようになった東南アジアの女性が身につける日本語の間合い。向洋台団地にいた間、鳥の鳴き声のように耳に入って」きたもので、やはり彼女もベトナム難民なのだ。ティアンとハンが携帯アドレスを交換する一方で、「俺」の携帯にもいくつかのメールが入ってきていて、『ポケットの中のレワニワ』においても、携帯とメールが物語に同伴するメディアと化している。それらは先述した職場の階級構造、日本人とベトナム人の混住とパラレルに、携帯やメールが日常生活の通信インフラとして定着したことを告げている。そうして物語は進み、小学校や団地も姿を見せていく。

歩を進め、球場方向へと下って行く直前の小高い場所に立つと、団地の敷地の半分ほどが姿を現し、隣接する向洋台小学校の校舎も見える。だが同時に、近所にある工業団地が視野に入ってしまい、その先は田畑と住宅と工場や倉庫の混在する美的とはいいにくい地域だ。

（……）

向洋台団地は離れ島だった。子供にとっては、それが世界のすべてに思えるような。だから、俺や、団地の子どもたちにとって、成長するとは、世界が団地の外にあると気づくこと、世界がもっと広いものだと知ることと同じだった。

しかし、いつか世界は反転し、俺たちをまた狭苦しい場所に閉じこめようとする。さらに年齢を重ねると、世界の広さと自ら住む世界の両方を知ることになるのだ。俺は狭い子供の世界が嫌いで、早く大人になりたいと願っていた。要するに、俺はバカだったってことだ。こんな大人になってしまったのだから。……

「俺」と「貧乏人どうしでくっついて」見ている親会社の社員たちの野球はティアンにとって、「火星人のやっているわけの分からない遊びみたい」だったし、「俺」にしても、彼女とのデートや結婚を望んでみたいが、「ハケンから抜け出す道も、いつか家族を持つイメージ」が湧いてこない。

だが「俺」も試合に駆り出されているうちに、ティアンの姿が見えなくなったので、彼女を探しに団地に向かうと、今は住民も半分以上が一九八〇年代以降日本に帰化したり、定住した外国人となっていた。最初はベトナム、カンボジア、ラオスのインドシナ三国からの難民が中心だったし、九〇年頃にティアン一家も団地に越してきていた。それが今ではイラスト入りの大きな看板が立てられ、日本語、ベトナム語、中国語、カンボジア語、ラオス語、英語の六ヵ国語で、ゴミ捨て、近隣騒音、防犯などの生活上の注意書きが記されていた。それはかつてなかったもので、団地が荒れ始めた九三年以降だったら、落書きだらけになっていただろう。当時はゴミが散乱し、埃が舞い、部品をとられた自転車やバイクが放置され、道端にはしゃがんで通行人をにらんでいる若者たちがいた。不思議なメロディとわけのわからない歌詞のカラオケ、サイレンの音、酔っぱらいの喧嘩、高層棟の上層階で起きる火事、怒号と泣き声などの中にあって、解放されたような気分も味わっていた。だが団地が荒れ始めてから、経済的余裕のある家は越すことが多くなり、県の勤労者の平均年収以下の世帯しか団地に住めなくなった。そして九〇年代後半には住民の半分以上が入れ替わり、主体は老齢世帯と外国系世帯となり、小学校生徒は減少し、その半数以上が「外国とつながる」生徒

で占められるようになった。それもあってか、かつての荒んだ気配が消え、こざっぱりと清潔になっていた。

　このような八〇年代から九〇年代にかけての向洋台団地の推移は、難民や日系ブラジル人を受け入れ、混住することで変容せざるを得なかった全国各地の団地の姿であったといえよう。それはまたアメリカの町における黒人の増加によって郊外へと移住していった白人家庭、フランスにおける移民や難民の団地への隔離的収容をも想起させる。そうした環境と状況を「俺」やティアンたちはくぐり抜け、二一世紀へとたどり着いたことになる。

　その向洋台団地にあって、以前は東芝の特約小売店だったところがベトナム料理店になっていて、そこにはやはりベトナム人のヒエンもいて、ベトナム人の経営する廃品回収、中古品販売会社に勤めていた。「俺」とティアンとヒエンはレワニワを媒介とする仲間だった。レワニワのことを言い出したのは高校の生物教師だった「俺」の父親で、小学校二年生の時だった。レワニワはインドシナ半島の奥地に生息する両生類と爬虫類の中間に属する動物で、まだ生態はつかめておらず、「生物学上の謎」とされ、水辺で目撃されることが多いが、陸上も自由に動くことができる。妖精の場合、大きさは十センチから二十センチで、団地の隣の棟の軒下にも出たという。それで「俺」は父親とその軒下を見たが、妖精は見つからなかった。これは後になってわかったのだが、その棟にはベトナムで女優だったすごい美人の奥さんが越してきていて、父親は彼女を見るためのダシに息子を使うつもりで、レワニワというものを考え出したのである。しかしレワニワは団地の子供たちの心の中で生きのび、実在化することになった。

　それは次のような事情によっている。向洋台の子供たちは工業団地の近くを流れる水が茶色く汚れた浜川に、片目のないフナや背骨の曲がったボラなどの変な魚がいることを知っていた。その上流の田や畑の間を流れる小川の近くに住む生徒が変な動物を見たといってきた。その絵からすると、レワニワのようだったが、レワニワは東南アジアに生息するもので、しかもその地域でも今は幻の動物のはずである。そこで工業高校の教師の父親は自動車のエンジニアになるつもりで入学したベトナム人のクアンを呼び、その絵を見せると彼は驚き、レワニワに関して語り始めた。

　父母の子供時代、ベトナム中部の農村にはどこにでもいて、珍しい生き物ではなかった。しかし一九六〇年代半ばにベトナム戦争が本格化すると、レワニワは村の周辺では見つからなくなった。ところが村が北ベトナムの軍に占領され、再教育のために一家は山奥の未開の地に送られた。クアンはそこの近くの泥川でレワニワを見つけた。レワニワに話かけると言葉を覚え、仲のいい友達になるし、言葉を教えてくれた人の願いをかなえる力を持っている。だが決して願い事をしてはいけない。願い事を聞いたレワニワはその欲望に染まった心を養分にして巨大化し、人間化して、ついには人食い鬼になるからだ。それでもクアンはレワニワとつき合っていたが、言葉を覚えたかどうかわからないうちに、一家はその村を逃げ出すことになり、二度と戻ってこれないことを自覚した。そこでクアンはレワニワをつかまえ、ポケットの中に入れ、舟に乗った。

だが両親と妹は遭難し、兄とクワンとレワニワは生き延び、難民として日本へとたどりついた。そして向洋台に越してくる前に、異国での難民として願い事をしないためにレワニワを手離す決意を固め、日本の川に流し、それからレワニワを見たことがなかった。だが浜川で生きているという事実は、まだ誰もレワニワに願い事をしていないことを意味していた。ここまできてレワニワ伝説が造型される。レワニワとは日本人とベトナム人の合わせ鏡のような欲望を体現化する存在であり、それは同時に難民を表象しているのだ。それゆえにそのイメージを日本人もベトナム人も共有することになり、それは次第に現実の姿をも招来させていく。

父親はレワニワのことを「秘密」にしておかなければならないといったが、「俺」は親友の吉田君に話し、彼はヒエンにも伝えたので、三人に説明するはめになり、レワニワ探検隊も結成され、さらにそのメンバーは増えていった。三年になって、カンボジア人のミアン君がレワニワのことを言い出し、レワニワ伝説が広まっていることを知った。その伝説の広範な伝播は向洋台団地にベトナム、ラオス、カンボジア難民の家族たちが住めるようになったという友愛の雰囲気の中で起きたことだった。

それまで日本語だけの世界だった団地の小学校に、突然外国からの生徒が来たのだ。混乱するのは当然だった。先生も困ったし、生徒もとまどった。もちろん転校してきた側も。

でも悪い雰囲気ではなかった。

お互い何とか交流を持とうとし、仲良くなろうと努力した。吉田君は、積極的に話しかけた一人だった。そういう子供はほかにもいた。当時は、外国から来た子と仲良くするのはなかなか格好いいことだったし、なによりも楽しかった。お互いに言葉を教えあい、うまくいっても、いかなくても笑い合った。

先生たちも、多くは新しい事態に懸命に対応していた。生徒に、ベトナムがどこにある国か教え、歴史についてかたった。低学年のクラスで、生徒がどれほど理解したのかわからないが。同じ国民同士で争う戦争があったこと、そこから小さな舟に乗って逃げ出した人たちが、命からがら日本に来て団地に住むようになったこと、話のうまい先生のクラスでは生徒が泣いてしまったこともあるらしい。泣いたのは日本人の生徒だ。学校は新しい刺激を受けて活気づいた。

　ヒアンはこの友情の場を守りたいと思っていたのに違いない。(……)

　そこには難民としてのレワニワ伝説も寄り添っていた。そして日本人と「外国から来た子」が混住する第2次レワニワ探検隊が結成され、それは捕えてベトナム語を教えることを目的としていたので、その活動は「レワニワ狩り」と呼ばれていた。浜川の捜索だけでなく、レワニワはもう大人サイズになり、陸上では人間に変装して活動するともされていたので、団地に入ってくる不審な人物を見つけ、行動を監視したり、記録したりもした。そうして同級生の母親の愛人がレワニワではないかとの発見もなされてしまったのである。ただそれはレワニワを妖精的ファクターから忌むべき凶々しい存在へと転化させるきっかけでもあった。

　それを機にしてのように、向洋台小学校にあった友愛の雰囲気は消え、団地のムードもすさんでいき、外国系の人々と日本人の間の溝が深くなっていった。だがその一方で、バブル時代に入り、民間アパートの家賃は急上昇していたが、団地の家賃は安く、住みやすかった。

　これと時を同じくして、向洋台団地への外国系住民の転入、定住が始まった。それは、世間からは注目されない地味な異文化接触だった。継続的で、生活丸ごとの接触。それがなんの準備も心構えもないままに始まった。引っ越して空き住居になった部屋に、次に越してきたのが言葉の通じない、異なる生活習慣を持ち、日本の文化についてあまり知識のない人だった、というわけだ。そういう人たちが、一挙にというほどではないが、かといって徐々にというほど控えめでもなく、団地の住民となっていった。

　まさに混住の葛藤がいきなり表出してきたことになる。そうしてもはや学校も団地もかつてと異なるものになり、その合わせ鏡のようにして、レワニワはその混住から生じる「ホラ話の生け贄の中で増殖し」、ティアンたちをも巻きこんでいったのである。またそれが「俺」とティアンの

「デート」のきっかけだったし、小学三年生の時の思い出でもあった。

しかしティアンとの再会をきっかけにして、レワニワがあらためて姿を現してくる。それは「俺」のコートのポケットの中に見出され、難民のような生活を送っている「俺」の相談相手にもなり、告白もするし、会社を辞めてしまったティアンを探す手立てをも教えようとする。

ここにきて、レワニワは単なるアジアの妖精めいた生物ではなく、混住の「ホラ話の生け贄で増殖した」神のような位置に接近したことになる。そしてゆくりなく、本書28の篠田節子『ゴサイタン・神の座』を想起してしまう。まだ『ポケットの中のレワニワ』のクロージングまでは見届けていないけれど、ここで閉じることにしよう。

147　ディストピアとしての郊外
――奥田英朗『無理』〔文藝春秋、二〇〇九年〕

本書で、郊外消費社会が全国的に出現し始めたのは一九八〇年代だったことを繰り返し書いてきた。だからその歴史はすでに四半世紀以上の年月を経てきたことになる。それ以前の六〇年代から七〇年代にかけての郊外はまだ開発途上にあり、新しい団地に象徴されるように、高度成長期に地方から都市へと向かった人々にとって、ユートピアではないにしても、約束の地といったイメージが含まれていた。

そして八〇年代のファミリーレストラン、ファストフード、コンビニエンスストアなど始めとするロードサイドビジネスによる郊外の消費社会化は、その約束の地をコンビニエンスな空間へと変貌させたように見え、さらなる期待も含まれているかのようだった。しかしその隆盛とパラレルに、ロードサイドビジネスの建築様式はどれもＣＩ（コーポレート・アイデンティティ）によって同一規格化されているために、全国各地の郊外の風景は均一画一化し、かつての商店街は衰退し、ゴーストタウン化していく一方だった。

だがそのような郊外への期待も九〇年代初頭のバブル崩壊とともに後退し、また今世紀に入ると、巨大な郊外ショッピングセンターの建設が始まり、飽和状態となっていた郊外消費社会の空洞化を迎えようとしていた。それと機を同じくして、ついにショッピングセンターも含んだ郊外消費社会をディストピアとして描いた物語の出現を見るに至った。その小説は二〇〇九年に刊行された奥田英朗の『無理』である。

『無理』は東北地方の人口十二万の「ゆめの市」を舞台としている。それは三つの町が合併して一年前に誕生した新しい地方都市で、紛れもない郊外消費社会であることが、物語の冒頭に映し出される風景からわかる。

> 四車線ある国道の両脇には、原色の大きな看板が、不出来なテーマパークのように並んでいた。「靴」「酒」「本」。そこに掲げられた文字は、目立てばいいとでも言いたげだ。そして見事なまでに景観を破壊していた。子供の頃、家族とのドライブでこの辺りを通ったことがあるが、一面は美しい田園地帯だった。地元の子たちが凧揚げをしていてうらやましく思った記憶がある。今では量販店とファミリーレストランとパチンコ店の激戦区だ。おかげですべての駅前商店街がさびれ、シャッター通りと化した。
>
> 中にひとつ、「夢野あるゆめの市」と大書きされた大きなボードがあった。今の市は「湯田」「目方《めかた》」「野方《のかた》」という三つの町が合併して誕生した。それぞれの頭の字を取って「ゆめの市」となった。これといった反対運動が起こらなかったことからして、たまたま語呂がよかった偶然が受け入れられたのだろう。「向日郡《むこうびぐん》」という歴史ある地名はあっさり葬り去られたのだ。

そのロードサイドのパチンコ店は平日の昼間でも五割方の入りで、定職についていない男と暇な主婦たちが大半を占め、学生と老人は意外に少なかった。それは時間つぶしにはリスクが大き過ぎたし、毎日通わなければ勝たない仕組みだったからだ。だが「もしパチンコ店がなかったら、無為に時間を過ごすしかない人間は居場所がない。たとえ時間潰しでも、行くところがあるというのは、彼らにとっての救いなのだ」。郊外消費社会のエリアシェアとして、パチンコ店はどの地域においても最大であろうし、それはギャンブル性とともに確かに「居場所」が求められて

いることによっているのだろう。それらだけでなく、『無理』において、パチンコ店は主婦売春の場としても機能し、郊外消費社会のロードサイドにある金と性のトポスに他ならないことを露出させている。

また同じく国道沿いにはドリームタウンという「ゆめの市」で唯一の観覧車付きの複合商業施設、つまりショッピングセンターがあり、両隣の市にあるジャスコやイトーヨーカドーと熾烈に競合している。駅前デパートは閉店し、町は雪もつもり、風も強いので、車がないと買い物にもいけない。

だがその通称「ドリタン」もスーパーを中心として、いくつものロードサイド系飲食店のほかに、ボーリング場、シネコン、ゲームセンターなども揃っていたが、女子高生があこがれる洒落たブティックもカフェもない。といって出かける先はこのショッピングモールしかない。しかしここは万引の巣窟のようでもあり、痴漢も出没し、喧嘩もよく起きていた。それに近隣のロードサイド量販店との競合もあり、各店舗は一時間延長し、十時までの営業になっていた。

スーパーの副店長はぼやく。「こんな田舎で夜遅くまで開けけんなよ。従業員なんて大半が主婦のパートだろうが。どうやって人員確保しろっていうのよ。(……)こういう競争して、いったい誰がしあわせになるのよ。わけがわかんねえ。(……)」

山を切り開いて建設された大型団地は高齢化が進み、死んだような限界集落となり、まともな就職先のない町からは若者たちが流出している。その結果、「ゆめの市」は中卒者と母子家庭の多さ、低所得者層と高齢単身世帯の著しい増加、全国平均の一・五倍に達する、3パーセントを超える離婚率を示し、被生活保護世帯は二十世帯に一世帯という四千世帯に至り、その金額は市の予算の13パーセントに及んでいる。それに加えて、郊外大型店の進出で商店街がつぶれ、コミュニティが崩壊し、バイパスが市の中央を貫いているために外からの犯罪者の流入もあり、犯罪発生率が十年間で倍増し、それに部品工場で働くブラジル人労働者たちも増え、新たなマイノリティ・グループが形成されつつあった。

ゆめの市には大手部品メーカーの工場があり、ここ数年ブラジルから多くの労働者が出稼ぎにきていた。中には、家族を呼び寄せて住み着く日系ブラジル人もいて、その子供たちが徒党を組み、悪さをすると問題になっていた。野方町の古い町営団地はもはやブラジル村で、中学校にもたくさんの転校生がいるようだ。

また日系ブラジル人たちばかりでなく、フィリピン女性たちも出現して、売春にいそしんでいるようだ。そしてそこに新興宗教も加わっている。すなわち『無理』におけるロードサイドビジネスとショッピングセンターの出現、三つの町の合併、日系ブラジル人やフィリピン人の流入などのすべてが、あわただしく形成されてしまったひとつの地方自治体の混住社会化を告げるものだった。

もちろん「ゆめの市」はフィクションであるにしても、その郊外消費社会に包囲された地方都市の風景や商店街のシャッター化は全国共通のものであり、いずこも同じような問題を抱えていることは周知の事実となっている。それゆえに『無理』は現在を彷彿させる物語コードにあふれているといえよう。事件も出来事も登場人物たちもあまりにもパターン化され、デフォルメが施されているにしても。

奥田は「ゆめの市」をこのように描き、説明することで、小さな地方都市そのものを「下流社会」として設定し、物語を立ち上がらせようとしている。それは意識して書きこまれた「どうせゆめの市には富裕層も知識層も存在しない」「いつの間にか中流神話は過去のものになった」などという言葉に象徴的に示されている。

それではこの物語のためにどのような登場人物たちが召喚されているのだろうか。当然のことながら、誰の目にも「灰色」に映る「ゆめの市」に晴れがましいヒーローやヒロインが姿を見せるはずもないが、それらの人々を紹介しておくべきだろう。

社会福祉事務所で生活保護者を担当する公務員の相原友則、引きこもり男に拉致監禁される女子高生の久保史恵、詐欺的訪問販売に従事する暴走族上がりの青年の加藤裕也、ドリームタウンで保安員を務め、新興宗教に入っている中年女の堀部妙子、産廃業者と癒着した不動産会社の社長でもある市会議員の山本順一、団地住民で母親と二人暮らしの失業男の西田肇などである。

このような登場人物たちをめぐって、離婚のトラウマ、崩壊した家庭、新興宗教の介入、人妻たちの援助交際、引きこもりのゲームマニアによる女子高生誘拐と監禁、産廃施設に対する反対運動、ブラジル人たちと地元の不良勢力との抗争、殺人事件などがふんだんに配置されていく。それらは近年に起きた様々な事件のパスティーシュのようでもある。そして主たる登場人物たちは郊外消費社会のメインステージともいうべき国道での破滅的な大団円に向けて連鎖し、加速していく。それは「ゆめの市」が名前と異なるディストピアであったことを否応なく露出させ、「灰色」の町の寒々しいドラマを終焉へと導くのである。

しかしこの『無理』は小説であることを考慮しても、なぜ郊外消費社会に包囲された「ゆめの市」が「下流社会」化したのかについて、地域社会と産業経済構造に関する言及がないので、リアリティに欠けているといわざるをえない。その理由を、かつてはつながりのある地域共同体で、政治や行政も経済もうまくいっていたのに、都会の消費社会的ドラスチックな部分だけを導入したばかりに崩れてしまったこと、地方には文化がないことに起因すると説明されているが、これらの事件に拮抗する説得力としてはとても物足りず、物語の基盤を支えるリアルなものとなっていない。

それは郊外消費社会の背景にある混住社会化を表層的に描いていても、ダイレクトに対置させず、直視していないからのように思える。本書で既述してきたように、この「混住社会」というタームは一九七二年版の『農業白書』で初めて提出されたもので、当初は郊外における農家と非農家、つまり農業をベースとする在来住民とサラリーマンを主とする流入住民の「混住」を意味していた。私はこの「混住」の意味を広範に解釈し、農耕社会と消費社会、持家とアパート、マンション、日本人とブラジル人、様々なビジネスなどの「混住」の問題にまで当てはめ、それらの「混住」の可能性を見出すべきだと考えてきた。そして郊外の果てへの旅の向こうに立ち上がるであろう混住社会を幻視すべきだと。

だからこのような視点からすると、『無理』の前述した主たる登場人物たちはほとんど在来住民たちで、「ゆめの市」という「下流社会」の問題は彼らの視点から組み立てられた物語でしかない。そのために姿は見えても、流入住民やブラジル人たちの眼差しが含まれておらず、立体的なイメージを伴って「ゆめの市」が出現していない。あるいは混住の有機的シーンも垣間見られない。それゆえに破滅的大団円へと至るディストピア小説として終わってしまったことになる。

例えば、本書1、2の桐野夏生の『ＯＵＴ』（講談社文庫）において、同じように郊外消費社会とコンビニの弁当工場が描かれ、日系ブラジル人たちも登場しているが、郊外消費社会と工場の関係、ヒロインと彼らの共生が物語のラストできわめて効果的に浮かび上がってくる仕掛けになっていた。だが残念なことに『無理』も元保安員の中年女が弁当工場に勤めるようになるのだが、彼女と工場と宗教との関係も今ひとつ明確なイメージに至らず、中途半端な幕切れのように見える。その新興宗教問題にしても、本書28の篠田節子の『ゴサイタン・神の座』（双葉文庫）のような玄妙さと奥行に欠けている。

このように『無理』は郊外消費社会に象徴される地方都市のディストピア小説としての欠点をあげていけば、さらに多くを指摘できる。しかし奥田がこの『無理』を構想するに至ったのは、物語作家として全国各地で目撃してきた尋常ならぬ地方商店街に代表される疲弊した風景、「中流神話」が崩壊してしまった風景に触発されたからに他ならないだろう。彼もまたその風景の中に、村上龍が今世紀初頭の日本社会を描いた『希望の国のエクソダス』（文春文庫）において、主人公に呟かせた「この国には何でもある。本当にいろいろなものがあります。だが希望だけがない」という言葉を聞きつけたのではないだろうか。「この国」を「郊外消費社会」と読み換えても、それはまったく同じだからである。それがさらに切実な声となって、『無理』の物語からも聞こえてくる。だがその破綻のイメージは提出されても、真の「エクソダス」への道はまだ発見されていない。

148 ニュータウンの謎と異物
――カネコアッシ『SOIL［ソイル］』〔エンターブレイン、二〇〇四年〕

消費社会の風景はまったく映し出されていないのだが、郊外のニュータウンそのものを舞台とする不気味な物語がずっと書き続けられてきた。

それは小説でなく、コミックで、カネコアッシの『SOIL［ソイル］』という大作である。エンターブレインの『月刊コミックビーム』の二〇〇三年四月号から始まり、〇四年に第1巻、二〇一一年二月に11巻が刊行され、ようやく完結編を見るに至った。

これまで小説のみならず、コミックやアニメでも多くの郊外が描かれてきたし、それらは枚挙にいとまがないほどだ。本書でも14の大友克洋『童夢』や16の岡崎京子『リバーズ・エッジ』などを始めとして、コミックをも取り上げてきた。だがこの『SOIL［ソイル］』は郊外コミックとして群を抜いた異色の大作で、現在の郊外の深層のイメージを露出させている。もちろんコミックに通じた読者であれば、様々に先行する作品とのアナロジーを語ることができようが、その悪夢めいた重層的世界は比類なく構築され、郊外そのものが孕んでいる不気味さを表出させ、現在の郊外というトポスの闇を限りなく浮かび上がらせている。

しかし全巻で2500ページを超え、物語も錯綜しているために、1巻ずつストーリーを追って説明していけば、最もわかりやすいと思われるのだが、そうするとそれだけでかなりの分量になってしまう。だから私なりに要約して紹介するしかないだろう。

まずプロローグで、山を背景にした一面の森、森を切り開いた農村集落、道路の開通と新興住宅地の開発、鉄道の敷設と駅前ニュータウンといったそれぞれの風景が見開きで提出され、それらの上にはかならず流れ星が描かれている。

そして本編が始まっていく。二人の刑事が、「そいるニュータウン」に向かって歩いている。横井巡査部長と小野田巡査で、前者はセクハラ発言を繰り返す中年男、後者は26歳の女性という設定である。「そいるニュータウン」は均一画一的な家並が延々と続く風景によって示されている。昨夜町全体が停電となり、鈴白という一家の夫婦と娘、及び交番の巡査が身体中に鱗のある男を見たとの伝言を残し、失踪してしまった。その捜査のために、二人はやってきたのだ。鈴白家は夕食時の団欒の最中に消えてしまったようで、食卓もそのままだった。鈴白家は五年前に引越してきて、夫はピアノ調律師、妻はフラワーアレンジメントを手がけ、社交的で、娘の水紀は可愛く成績も上位で、理想的な家庭に見えた。しかし奇妙なことに、娘の部屋には塩からなる天井まで届きそうな立体像があった。そして娘が通っている中学の校庭にも、夜の間に同じく塩の山ができていた。両者は同じ岩塩だった。なお全巻のカバーに描かれているのは鈴白一家である。

「こんなにみんな幸せそうな町」に何が起きたのか。塩は何のメッセージなのか。自治会長はいう。「心配なのはね。闇に乗じて〝異物〟が入り込むことなんですよ！」

「そいるニュータウン」は十数年前に自治体と大手ゼネコンの合資で開発された、いわゆる新興住宅地で、当初はショッピングモールや公共施設を完備した複合都市になるはずだったが、バブル崩壊で開発が中断され、整備された空地が町を囲んだままになっていた。これが郊外特有の消費社会が描かれない理由の説明となっている。

停電の真相は鉄塔マニアの仕業と判明するが、そのかたわらで町や住民の暗部が浮上してくる。歯科医の自治会長の家にある町の監視カメラをチェックする部屋、水紀の突発性睡眠発作と自己同一混乱、水紀と親しかった「僕はきっとこの世界を汚してしまう」と呟く宮原健人の停電以来の欠席、「そいるニュータうんのみな様へ」という水紀の字を貼り合わせた脅迫状と三千万円の要求、鈴白の妻から始まった塩をめぐるそいるのマルチ商法とその破綻、健人の母による自治会長の刺殺等々。「確かなものに見えていた〝日常〟が得体のしれないものに浸食されていく」。

鈴白家の内情も明らかになる。マルチ商法破綻のために、様々な多くのいやがらせを受けていたのである。そして脅迫状をめぐる町の住民の疑心暗鬼。そのような中で一週間を経て、自治会長の死体が発見される。自治会長の葬儀に続いて、警察による町の住民に対する尋問が始まり、さらに事実が明らかにされていく。

塩のマルチ商法の実態、鈴白家がいやがらせにも何の反応も見せなかったこと、だがマルチの塩と鈴白家、校庭の塩は異なる種類のものだったこと、自治会長のビデオコレクションから、彼が少年愛嗜好者で、町の多くの少年たちが麻酔手術に乗じて被害にあっていたこと、それが原因で自治会長が健人の母に刺殺されたこと、また健人は町外れのお稲荷様に放火し、そこに住むゆかりという老婆に大やけどを負わせ、それを自治会長に握られていたことなど。これらの事実から浮かび上がるのは、「こんなにみんな幸せそうな町」なのに、他ならぬ鈴白家の人々、自治会長、健人も「異物」のような存在に他ならなかったのである。「むしろ積極的に、〝異物〟を見つけ出して、排除しようとするのが共同体の本質なのかもしれん」のだ。

またそいるの歴史もわかってくる。四千年前には呪術的儀式を行なう縄文人の集落で、昭和初期には稲作を営む農村だったが、戦後になってさびれ、産廃不法投棄地帯となり、見捨てられた土地だった。しかし十数年前に開発が始まり、遺跡が発見され、縄文時代のものと判明したのだった。

姿を消した健人は空地の幽霊ビルに潜んでいた。停電の夜に水紀もそこにいたが、消えてしまったのだ。またそこで片岡美砂という女生徒が不良たちにレイプされ、発見される。三人は同じようにそいる中学の二年生である。

ところで事件のほうは振り出しに戻ってしまった。鈴白一家失踪、残された塩、謎の鱗男、巡査の安否は何もわからないままだった。それに岩塩は地球のものではなく、ザック隕石に含まれていた四十五億年前に存在した小さな惑星の海水の残存物のようなのだ。

また町に異変が起きていた。ミステリーサークルの出現、何百羽の鳩の死骸、道を埋める土砂、電線にぶら下がる無数の靴、公園の逆に植えられた樹々等々。これらは健人中心とする少年たちによって仕掛けられていた。彼は言う。「〝異物〟をつくるんだ。この世界の裂け目のことだよ。裂け目を開いて、僕たちを傷つけたこの町をぶっ壊すのだ」。このようにして「異物」が出現することで、「日常」に「非日常」が入りこみ、そいるの町が歪んでいく。そしてこの町全体が集団催眠のような状態に追いやられていった。

町外れに住むさゆりが「蘇流」村の地主の末娘で、乱心した男が村人たちを殺害した際の唯一の生き残りであることも明らかになる。小野田は閲覧禁止となっている「蘇流村事件」記録を読む。それは昭和二十六年七月に起きた事件だった。地主の密閉された土蔵の中から扉を叩く音がするのをさゆりは聞きつける。するとその中に見たことのない男がいた。男自身も自分が誰で、どこからきたのかもわからない。地主は男の人柄を良とし、家に住まわせ、男も村になじんでいった。だが三ヶ月後のある晩、男は目隠しをして、村人たちを殺害し始め、さゆりだけを残して、全員が殺されてしまう。男は捕えられたが、動機も素性もわからないままに、自ら万年筆で目をつぶし、まだ一人いると叫ぶ。それはさゆりのことだった。男は精神病院に収容され、さゆりがいう。「あっちとこっちの穴が開いたの。あの男、とうとうそこからこっちに入って来ちゃったの」。

この事件を担当したヨモギダ刑事は土蔵の中に一本の奇形の花を見つける。「あいつはたぶん此処にいる者ではない。〝異物〟だからだ」。そしてこの刑事は姿を消し、数ヶ月後に全裸で現われ、自殺を図るが、未遂に終わり、さらに行方不明となり、「蘇流村事件」は神川警察のタブーと見なされるようになった。

小野田は北海道の精神病院にいるとされるその男を訪ねる。独房の男は足元に何十年も「そいるニュータウン」の地図を描き続けていた。彼は言う。「私は此処にいる者ではない。そこに居る」。そして彼は燃え始め、そいるにいたさゆりもともに死ぬ。

一方そいるでは少年たちが自治会長の家を占拠し、町の花が狂い咲きする。横井も小野田と同様に「蘇流村事件」を調べるうちに、かつて自分が担当した事件がオーバーラップしてきて、おかしくなり始める。横井は言う。「このヤマの核心は鈴白家を取り巻くなにかじゃなくて、あの一家そのものじゃねえかってよ」。鈴白家のデータはそいるに住んでいることも含めて、市役所にもどこにもなかったのだ。とすれば、あの家族は何者なのか。水紀は言っていた。「あたし達は誰なの!?」

そいるの事件に深く関与しすぎてしまった横井と小野田は神川警察によって、横井は懲戒免職、小野田は生活安全課へと移動になり、事件そのものはサクラダ警視とサクラという謎の二人組に象徴される警視庁に引き渡され、立てこもる少年たちも機動隊に制圧された。「そいるの騒ぎは潰した。裂け目は閉じた。もうあの町に〝異物〟は入ってこない」。しかし「裂け目」は塩とともにまたしても生じ、少年たちも消えてしまう。

それと同時にそいるという町が閉ざされた内部となってしまい、外部からは消えてしまった町となり、その中に小野田や住民たちは閉じこめられてしまう。日常と非日常の裂け目が開きっ放しになってしまったようなのだ。「事件のすべてを理解したいとか言ったが、それがどんなに無謀なことか、時代や社会背景、時間と空間の組み合わせ、いくら解き明かしても、『謎』は次々と顔を出す。行きつくところは結局のところ『謎』だ」

一方で横井はヨモギダが神川警察の資料管理室に送ってきた本を入手する。それはドイツ語の原書で、ゲーデルの『不完全性定理』(林晋、八杉満利子訳、岩波文庫)だった。その本を持って、横井はあの幽霊ビルに潜むが、本が燃え出し、その燃えた部分に「しるし」が浮かび上がる。それは大阪にある日本の煙突にはさまれた奇怪な塔を意味し、そこを訪ねていくと、ゴミの家に住むヨモギダがいた。そしてヨモギダはそいるの世界についての解釈を語り始めるが、それこそ「異物」=狂人として、家ごと強制執行があり、排除されてしまう。この部分は明らかに柄谷行人が言及するゲーデルの不完全性定理、及び森敦の『意味の変容』(ちくま文庫)の影響と反映だと思われる。

それはさておき、横井はヨモギダに教えられた乗鞍岳にある奇形の花が咲いている裂け目をめざすが、警視庁に追われ、逃亡する。そして潜伏した島で、「そいるニュータウン開発基本計画草案」という資料にめぐり合う。それは鈴白一家の写真が付されていた。横井はそれを作ったデベロッパーを突き止め、家族写真について尋問する。デベロッパーはいう。これは二十年前にタレント事務所から寄せ集めたメンバーでつくった「理想の家庭像」で、まだありもしない町のモデルハウスを使い、本当に町に住んでいるように家族の名前をつけ、プロフィルもまったく創作したものだと。横井は鈴白一家そのものが「虚像」だと知らされたのだ。

しかし「異物」にあふれ、閉ざされた外部から消えてしまったそいるの住民たちは、鈴白一家の写真を見出し、次のような会話を交わす。

「なにもかも……鈴白さんが消えてから始まった……」
「そうよ……」
「『そいる』にはこの家族が必要だったのよ……理想的な完璧な家族……ここに映っているのは……失われてしまった私達の姿……」

それを受け、子供たちはサクリファイスをもって水紀を呼び戻し、もう一度健人と出会わせようとする。そのために水紀が消えたあの停電の夜を再現しなければならず、鉄塔を倒しに向かう。

一方で横井は消えてしまったそいるの町のあったところに戻り、内部に閉じこめられたままの小野田との携帯による交信に成功し、事実を伝えるのだ。

「〝鈴白〟って家族はそもそも存在していない。嘗ても今も。(……)『そいるニュータウン』に住んでいるであろう理想の家族像……すなわち『虚像』としてしか」

小野田は問う。それならば、姿を消してしまったあの家族は一体何なのかと。

横井は「『異物』だ」と答え、次のように続ける。


「完璧に理想的な家族……陰のまったくない幸せなだけの〝ごく普通〟の家族……在り得るはずのないもの、ワケの判らないものとして、鈴白一家は『そいる』に現れたんだ。要するにあの三人はよ、(……)この『現実』に迷い込んできた『異物』ってことだ。

……だが『異物』が入り込むにはまず入口となる『裂け目』があったはずだ。日常の……『そいるニュータウン』の内部に生じた『裂け目』……あらかじめ町に存在した『異物』……鈴白一家はそこから迷い込んで来た。そして『現実』が変容した。鈴白一家が存在する『現実』に」


だが「異物」は必ず排除されるし、「現実」はそのように作動し、自らの領域を守るゆえに、鈴白一家も消えてしまったのである。しかしどうして「虚像」としての家族が終わった」のかという謎はまだ十全に解かれていない。

さらに横井は小野田にいう。


「『異物』とは〝謎〟のことだ……〝謎〟は解かれれば〝謎〟じゃなくなる。……この町に……排除されていない『異物』……隠され……解かれぬままの〝謎〟が在る。

……お前が解くんだ……

行け、小野田……！事件《ヤマ》のすべてを理解しろ……！」


最後までではないけれど、ほぼ最終巻に至るメインストリームをできるだけ簡略に追ってきたが、それでもかなり長いものになってしまった。しかしストーリーを一読しただけでも、この『SOIL［ソイル］』が突出した郊外の物語であると同時に、カオスと狂気に充ちたミステリーだと了承されるだろう。たとえていえば、夢野久作の『ドグラ・マグラ』(角川文庫)と柳田国男の『遠野物語』(角川ソフィア文庫)を融合させた現代郊外綺譚のようにも映ってくる。

多くの言葉を費やしてしまったので、ここで止める。読者よ、願わくば、ただちに「そいるニュータウン」に赴かれんことを。

149 「新しい故郷」の歴史と限界集落化——三冊の日本住宅公団史

二〇〇九年に『週刊ダイヤモンド』(9/5号)が「ニッポンの団地」特集を組んでいた。これが現在まで続く団地をめぐる様々な特集や言説、出版などの先駆けになったように思われる。

一九五五年に日本住宅公団が設立され、翌年に大阪の金岡団地や千葉の稲毛団地の竣工が始まり、五八年には団地族という言葉も生まれた。ダイニングキッチンと六畳、四畳半の二間からなる2DKに、バスと水洗トイレを備えた公団住宅は当時のあこがれの的であり、団地は核家族という特有の生活を生み出し、日本の戦後社会とともに歩んできたのである。

そうした意味をこめて、この特集のリードには「日本人の心の故郷」と謳われているが、すでに団地は半世紀の時を刻み、そこで暮らした人々にとって、ノスタルジーを伴った「故郷」のようなトポスと化しているのだろう。

しかし同時にその「故郷」は都市における「限界集落」的様相を帯びつつある。住民の急速な高齢化と建物の著しい老朽化というふたつの影に覆われ、その行方が問題となっている。この「ニッポンの団地」特集は、東西の二大団地エリアである多摩ニュータウンと千里ニュータウンの現在をレポートし、高齢化と老朽化の問題、それらによるコミュニティの崩壊、建て替えの難航と訴訟などに具体的に言及している。これらを通じて浮かび上がってくるのは、岐路に立つ日本の住宅政策、これからの住宅問題、団地が輝いていた時代の終焉、高度成長と団地との関係などで、団地もまた様々な産業と同様に、誕生と成長から衰退へと向かい、死か再生かの危うい段階に入っていることがはっきりとわかる。そのような団地の歴史と現在が豊富な写真、図版、チャートで示され、コンパクトで要領のよい特集に仕上がっている。

そして「限界集落」化し、死か再生かの岐路に立っている現在の団地の姿は、ちょうど同じような状況の中にある出版業界の姿と重なってくる。またあらためて民間、分譲も含めて500万戸を超える団地の住民こそが、洗濯機、白黒テレビ、電気冷蔵庫の「三種の神器」、カー、カラーテレビ、クーラーの「3C」の普及の主役だったように、戦後の出版物を支える存在だったと認識できるのである。つまり彼らが戦後社会の消費の主役だったことになる。そのように考えてみると、両者がともに「限界集落」化してくるのは偶然ではない。

出版業界の問題に関しては『出版状況クロニクルⅣ』を刊行したばかりなので、ここではこれ以上言及しない。だが団地についての重要な資料としてはまず出版物を挙げるしかない。それらは非売品扱いで刊行され、三冊に及ぶ日本住宅公団史で、団地に関する第一級基礎資料であるだけでなく、日本の戦後社会についての重要な文献となっているからである。それらのタイトルと発行年を記す。

①『日本住宅公団10年史』一九六五年
②『日本住宅公団20年史』一九七五年
③『日本住宅公団史』一九八一年

いずれも大判の大冊で、500ページ弱から600ページ余に及んでいる。この三冊の中に、一九五五年から八〇年にかけての団地の歴史、開発と建設、住民と生活などが刻印され、戦後住宅史のひとつのストリームが鮮明に描き出されている。それを①の『日本住宅公団10年史』から見てみる。①は②と③のA4判よりもやや大きい判型で、これだけの大冊は戦後住宅史においても嚆矢だったのではないだろうか。

日本住宅公団総裁の狭間茂はその「序文」で、公団が社会の脚光を浴びつつ住宅政策を推進して10年が経過したと述べ、次のように書いている。

10年の期間は、永劫にわたる国家生命からすれば、ほんのその一部に過ぎません。しかしその間、わが国の経済は極めて高度の成長を遂げ、社会経済事情の変貌、産業構造の転換などにともなって「もっと家を、よりよい家を、より多くの宅地を」といった国民待望の声もますます切実となり、政府の住宅政策は、年とともに拡充され強く推進されつつあるのであります。

この10年間に日本住宅公団は1万ヘクタールの土地を開発し、30万戸の住宅を建設していた。

この序文と公団の成長に呼応するように、谷川俊太郎が四編の詩を寄せ、その最初の詩は「新しい故郷」と題されている。これは谷川の全詩集にも含まれていないかもしれないので、引用しておこう。

荒野を流れていた小川が
いつか林の中を流れ

——今日は子ども等の学校へ通う
橋の下を流れている
人々がここでも寄りそって
コンクリートの谺

ここに団地という戦後の新しい「コンクリート」の「故郷」が造型されたのである。そして『日本住宅公団10年史』の特色は、巻頭から１２０ページに及ぶ各地の様々な団地の写真であろう。もちろん他の二冊も口絵写真ページはあるが、20ページに充たない。おそらく生まれつつあった「新しい故郷」を記念する意味で、また可能性としての団地の初源の姿をとどめようとして、このように多くの写真が収録されたと考えられる。実際に住民の高齢化も建物の老朽化の影もなく、開発されたむき出しの土地に団地が立ち並び、また樹木も植えられたばかりのようで、育っていない。これが半世紀前の団地の姿だったのだ。長い写真ページから始まって、日本の住宅と都市をめぐる公団との関係、及びその開発、建設、管理、財務にわたる10年の歴史が詳細に述べられ、２ＤＫなどの設計平面図も百数十例収録され、「新しい故郷」にふさわしい新しい住生活の誕生をリアルに伝えている。

それゆえにこの一冊は、公団のハードの部分と編集のソフトが絶妙のバランスで成立し、まだ瑞々しかった戦後の息吹きを感じさせる生活史のように読むこともできる。

これは日本住宅公団10年史刊行委員会による企画となっているが、谷川俊太郎の詩や団地の写真、斬新なレイアウトから推測できるように、当時の専門の編集スタッフに外注されたものであろう。スタッフとして本城和彦、プロデューサーとして藤田健三、チーフデザイナーとして粟津潔、写真家として二川幸夫、大塚守夫の名前が挙げられている。粟津潔以外の人の名前を知らないが、本城や藤田はどのような人物なのだろうか。だがこれだけはいえるだろう。団地が若かったように、詩人も編集者たちもまだ若く、戦後も成人の年を迎えたばかりだったのだ。

先述したように、②の『日本住宅公団20年史』の口絵写真は①と異なり、ページ数も大幅に縮小され、しかも①にあった団地の誕生のアウラは消滅している。そこに見えているのは創成期の団地ではなく、もはやひとつの住居ゾーンとしての確立された団地の姿であろうし、それは異邦の基地のようだ。高島団地、洋光台団地、男山団地、高蔵寺ニュータウン、多摩ニュータウンなどのハイアングルな俯瞰写真は、それらが高度成長期を通じて開発造成された、まさに郊外のニュータウンであることを告知している。

しかしこれは『〈郊外〉の誕生と死』でも指摘しておいたことだが、高度成長という戦後日本社会の経済成長のために、都市へと否応なく召喚された人々に対して、国家が経済成長のためのサラリーマンの基地として用意した団地が、七〇年代になって住居空間としての機能の限界を露出し始めていた。それは一九七五年刊行の『日本住宅公団20年史』に示された「およそ四・五年」という平均居住年数、及び日本住宅公団の賃貸住宅計画戸数が七一年の6万2千戸をピークとして減少し始め、七五年に至っては2万5千戸と半分以下になってしまったことに表出している。

その一方で、高度成長期は終焉し、七〇年代初頭のオイルショック以後、日本社会は急速に消費社会化していった。その過程で、家族と生活様式も変容していくのだが、そうした計画戸数の半減は日本住宅公団が、戦後家族の変容していくイメージを捉えることができなかったことをも意味している。それと同時に六〇年代後半に至り、来たるべき消費社会のコアを形成する情報産業やレジャー産業と並んで、本書108や113で既述しておいたように、住宅産業が登場してくる。そしてこれも本書で繰り返し記してきたように、七〇年代前半にはロードサイドビジネスが広範に開花する。

これらの事実は日本住宅公団の独占ともいえる住居の大量供給システム地と地域開発が、民間企業でも可能な段階に到達したこと、つまり住宅生産の工業化による民間供給システムの完成、及びニュータウン開発の実現を意味していた。またそれは住宅を巡るイメージとして、大工によって家を建てるのではなく、家を買うという時代、そうしたマイホーム時代に入りつつあったことにもなる。

そしてその中心となる団地居住者たちは都市の内側にマイホームを求めることは不可能であるから、団地のさらに外側の郊外へと向かう。かつて都市をめざしたように、今度は郊外へと。東京オリンピックに端を発する道路網の整備、首都高速道路・地下鉄・私鉄の新設や延長、自動車の普及、民間住宅産業の大量生産によるマイホームの出現、それらの時代状況のすべてが郊外に住むことを示唆していたし、かくして郊外は限りなく膨張していったのである。郊外に人口が移動し、マイホームが連なっていくという過程は、田や畑、森や丘陵地などが宅地になっていく風景として現出する。それこそが都市近郊の農村を混住社会化させるものだった。『日本住宅公団20年史』はその背景に、こうした郊外の膨張と都市近郊の農村の混住社会化を織りこんで成立しているといえよう。

団地の物語として、①が誕生、②が成長から衰退を語っているとすれば、③の一九八一年刊行の『日本住宅公団史』は何に相当するのか。それは終焉に他ならない。その事実を五代目日本住宅公団総裁の澤田悌の「序」によって語らせよう。まず日本住宅公団が八一年九月に閉じられ、新たに住宅・都市整備公団として再出発することが語られ、次のように続いている。

顧れば、戦災の傷あとなお深く、国民が住宅の絶対的不足にあえいでいた昭和30年に公団が発足してから、実に四半世紀の年輪が刻まれるに至りました。団地を故郷とする子供たちも、既に立派な社会人として活躍していることになります。この間、実に100万戸余の住宅を供給し、宅地の開発は施行中を含め、2万6千ヘクタールに及び、住宅団地は1000を超えるという一体事業体としては世界に類例のない大事業をなしとげました。往時の公団に課せられた使命は、限られた期間内に、大量の供給を行うことが中心でありましたが、一方公団は、住宅建設及び都市開発のパイオニアとして、創意と工夫をもって新しい住様式と新市街地を次々と開発し、現代の住宅と都市の在るべき姿を具現してきたのであります。

しかしながら昭和40年代後半に至り、激しい変化に伴い、当公団の事業にも、種々の困難な事態が発生したのであります（……）。

だがこの『日本住宅公団史』の中において、具体的に「種々の困難な事態」が語られているわけではない。このような公的資料にはよくあることなので、それに該当する部分を探すと、「住宅・都市整備公団設立の背景」の章に、次のような一文を見出すに至る。

一方、経済の高度成長期を経た我国の国民所得水準の向上は著しく、これに伴う生活水準の向上は、人々の欲求の面においても、単なる私的消費の充足の域から私的生活の質の充実を実現する方向を強く指向している。中でも、住宅及び都市環境の改善に対する要請は特に強く、量から質へ、そして質自体も、高度化、多様化しつつある。

つまりこれは先述したように、日本住宅公団の団地の大量供給システムが、時代と住民ニーズに合わなくなった事実を告白していることにもなろう。それは地域開発を担う宅地開発公団の機能も同様であり、住宅の供給と都市整備を総合的一体的に実施するために、両者が統合され、住宅・都市整備公団が発足するのである。だがそれはリストラ合併でしかなく、九〇年代のバブル経済崩壊で公団分譲マンションの含み損を抱え、その処理のために都市基盤整備公団へと衣替えする。そして二〇〇四年には特殊法人改革によって、公団の独立行政法人化の方針から、UR（都市再生機構）が発足し、〇六年には住宅の大量供給を支えてきた住宅建設計画法に代わり、ストック重視の住宅政策の転換を主とする住生活基本法が制定されるに至っている。

しかし日本住宅公団によって戦後の範として示された団地やニュータウンという住居の大量生産、供給システムはそのまま民間の住宅産業に引き継がれ、とりわけ賃貸用の民間アパートとマンションは、これからバブルの清算の時期を迎えようとしている。日本住宅公団そのものは一九八一年に消滅したが、そこで培養されたシステムは延命し、二一世紀のひとつの問題というべき火種を残したことになる。

150 団地の荒廃と暴動

――ミネット・ウォルターズ『遮断地区』〔東京創元社、二〇一三年〕

今世紀に入って、それも団地を背景とするミステリーがイギリスでも刊行されているので、やはり続けて上げておきたい。本書61や68などで、フランスの団地における叛乱や暴動に言及してきたし、ちょうど森千香子の「フランス〈移民〉集住地域の形成と変容」というサブタイトルの『排除と抵抗の郊外』（東大出版会）も出されたばかりである。だが今回はイギリスということになるけれど、トポス構造はまさにリンクしているし、ミステリーの様式に則っているゆえに、明快な問題提起と起承転結を伴っているからだ。

そのミステリーはミネット・ウォルターズの『遮断地区』（成川裕子訳、創元推理文庫）で、まず団地での暴動のシノプシスが新聞報道によって示される。それは飲酒で暴徒と化した二千人の若者たちがバリケードを築き、火焔瓶を投げ、五時間にわたる暴動を引き起こし、死者三名、負

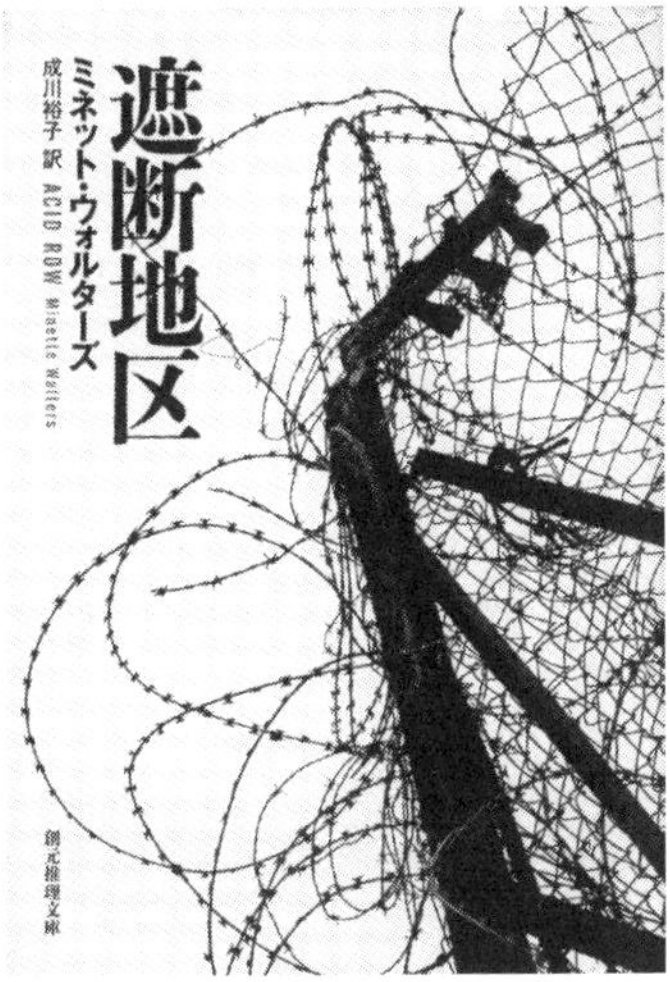

傷者百八十九名を生じさせ、その中には性倒錯者の虐殺も含まれていたというものだった。だが今回の暴動によって、様々な問題もまた浮かび上がらせることになったのである。

その団地は次のように説明されている。

〝掃きだめ〟というのは、バシンデール団地のために造られた言葉かもしれない。一九五〇年代から六〇年代に低所得者向け住宅として緑地帯を切り開いて造られた住宅団地は当時の社会工学のぶざまな記念碑である。バシンデール団地のケースでは、バシンデール農場と接する広葉樹の林がなぎ倒され、コンクリートに取って代わられた。

本当なら、牧歌的な住宅地になるはずだった。平等と機会均等をめざした戦後の一大プロジェクト。生活向上のチャンス。広々とした田園に囲まれた良質の住宅。新鮮な空気と空間。

だが、農地と隣り合う敷地内の道路はすべて袋小路になっている。(……)これらの道路は団地全体をアクセス不能にしてしまう砦のようなものだった。この団地はコンクリートで固められた圧力爆弾なのだ。(……)

戦後のベビーブームで高まった住宅需要は、おそまつな設計とずさんな工事を引き起こし、その結果、必然的に維持費がかさんで、もっとも目立つ問題箇所だけが手当てされることになった。(……)

地獄への道と同様、バシンデール団地への道も初めは善意によって敷かれたが、いまやそこは、社会から拒絶された人々の収容所と大差ないものになっていた。(……)住民の多くにとっては、牢獄だった。弱いおびえた老人たちは家に閉じこもり、シングルマザーと父親のいない子どもたちは、鍵をかけた室内で過ごすことで、なんとかトラブルを避けようとする。がらんとした風景がたまににぎわいを見せるのは、疎外された怒れる若者たちがドラッグの売買や売春の斡旋で通りを歩きまわるときだけだ(……)。

かなり省略を施したにもかかわらず、長い引用になってしまったのは、このバシンデール団地というトポスの実態がそのまま『遮断地区』の物語に他ならないからだ。引用部分は主として団地と住民への言及だが、両者に対する外からの視点も付け加えておくべきだろう。

国家からは垂れ流し的な予算と維持費を要する住宅団地、納税者にとっては怨嗟の的、警察のいらだちの種、そこで働くことになった教師や医療従事者やソーシャルワーカーにしてみれば、果てしない徒労感の源であった。「牧歌的な住宅地」にして「平等と機会均等をめざした戦後の一大プロジェクト」だったバシンデール団地は、まさに住民だけでなく、国家や社会にとっても呪われた地と化していたのである。とりわけ一九九〇年代以後はそれが顕著で、五〇年代には WELCOME TO BASSINDALE という看板がかかっていたが、その文字のいくつかが消え、さらに落書きが加えられ、WELCOME TO ASSID ROW となり、住民もそれがふさわしいと思い、そのままになっていた。すなわち「アシッド・ロウ（ＬＳＤ・街）」。教育程度が低く、ドラッグが蔓延し、争いが日常茶飯事の場所」を象徴するように。なお『遮断地区』の原タイトルは ACID ROW で、ここから取られている。

このディストピアに他ならないバシンデール団地はどのような回路を経て、暴動へと至ったのか。それが『遮断地区』のテーマであり、ミネット・ウォルターズはこのディストピアにおける暴動メカニズムを明らかにしようとしている。団地の「シングルマザー」であるメラニーはまだ二十歳になっていないが、四歳と二歳の子どもがいて、現在三人目を身ごもっている。その父親のジミーは黒人で、四ヵ月の刑務所暮らしから帰ってきたばかりである。メラニーの母親のゲイナも同じブロンドで五人の子持ちだった。この母娘は仲がよく、代々女の役割は子どもを産むことにあると考え、どちらの人生でも、男は変わっていっても、二人の忠誠心は変わることがなく、何についても意見は一致していた。

メラニーの部屋は汚れていたけれど、子どもたちは無条件に愛されていて、いつでも迎え入れてくれる場所があることが大切だと彼女たちは考えていた。そのようなメラニーとゲイナの拡大家族的生活は、ジミーにとっても掛け替えのないものだった。このメラニーに対して、「医療従事者」の一人である巡回保健師のフェイは、メラニーがあばずれだと決めつけ、子どもも虐待していると思いこんでいた。それは彼女が欲求不満のオールドミスゆえの偏見に他ならなかった。しかしメラニーの担当を外されることに加えて、そのやりとりから切れてしまい、フェイは彼女に、同じ公営団地のポーティスフィールドから小児性愛者が近くに移転してきたことを話してしまう。もちろんこれは社会福祉事業部の「部外秘」とされる通知であった。そのポーティスフィールド団地では十歳の少女が失踪していて、半月前に小児性愛者が強制退去になっていたのだ。

それを聞いたメラニーは役所に抗議する。「子育て」のことで、私たちにお説教していながら、小児性愛者という「ヘンタイ野郎」を近くに住まわせることは間違っていると。しかしそういう話は「ソーシャルワーカー」にしてくれと受け付けてもらえない。それからの動きは同じ公営住宅団地でありながらも、ポーティスフィールドとバシンデールでは明白に異なっていた。「一方は上昇志向のある人たちのモダンな団地。もう一方は底辺でくすぶる人たちの老朽化したゲットー。上昇志向組は苦情を訴え、底辺組はデモをする」という事態を現出させることになる。

その中心となったのはメラニーとゲイナで、土曜日の午後にデモ行進をして警察を突き上げ、子どもたちの安全を守るために、変質者を立ち退かせようとするものだった。だが二人には想像力が欠けていた。一年で最も暑い時期の昼日中に、警察も知っていないデモを敢行すれば、「底辺にくすぶる人たちの老朽化したゲットー」の「アシッド・ロウ」で何が起きるかということに関してである。

その一方で、行方不明になった女の子をバシンデール団地で見かけたという噂も飛び交い、アシッド中毒の少年たちの引ったくり事件も起き、パトカーが団地を走り回っていた。メラニーはデモについて、「ここは自由の国なのよ。抗議は認められているのよ」という。それに対して、「それはどんな抗議かによるんだよ。ヤクで頭がイカレた連中がおとなしく言われたとおりにすると思ってるんなら、大間違いだ。暴動に発展するかもしれないんだぞ」とジミーは警告する。実際に集合場所の学校の前庭では若者たちが缶ビールをあおり、火焔瓶を用意し、生協を襲撃し、「ヘンタイども」を串刺しにしようとしている興奮状態の中にあった。その中にいたメラニーの弟は不良少年の友人を見ていう。「見てよ、こいつの目。まるでゾンビだ」と。それはデモがゾンビの行進のようなものになることを予兆させている。

家に閉じこもっていた「弱いおびえた老人たち」の姿も描かれていく。テレビの連続ドラマの登場人物だけが現実との唯一の接点であるような認知症の老人、双眼鏡で騒動を見て、ドアや窓をロックし、チンピラどもが殺し合い、団地が少しでも平和になることを願っている老女たちである。もはや団地への侵入ルートはバリケードで封鎖されたようなのだ。

そのような中に、これも「医療従事者」である医師のソフィーが召喚されるのだが、彼女の訪問は喘息発作に襲われたポーランド人の老人と息子が住む部屋だった。この息子のミーローシュが小児性愛者だとわかってくる。しかもフラネクという父親はソフィーを襲い、盾にするつもりで迫ってくる。しかしそこは「ヘンタイ」などの声とともに投石に見舞われ、ソフィーは出ていくことができなかった。彼女は行方不明の女の子と間違われたのだ。警察ではなく、群衆が小児性愛者からシングルマザーや子どもたちを守らなければならないのだ。そうして閉じ込められたソフィーはフラネクと駆け引きするうちに、フラネクがサディストで、妻は家出し、息子を虐待し、そのためにミーローシュは小児性愛者になっていったのではないかと推測していく。さらにフラネクが妻を殺し、ミーローシュもそれを知っていたのではないかとも。フラネクはポーランドのジプシーで、戦争中はナチのジプシー迫害を逃れるためにスペインに潜み、それから一九五〇年代初頭にイギリスへ渡り、居住権を得るためにイギリス人の売春婦と結婚し、ミーローシュが生まれたのである。ミーローシュは母親が不在なまま音楽大学に進んだが、逃れられない関係から、父親とずっと一緒にいて、それが彼を小児性愛者ならしめていた。

このようにして、「コンクリートで固められた圧力爆弾」のようなバシンデール団地は、「シングルマザーと父親のいない子どもたち」、「弱いおびえた老人たち」、「疎外されて怒れる若者たち」が一堂に会し、それに「医療従事者」たちと警察が絡み、「小児性愛者」とサディストの父子が加わり、二千人に膨らんだ暴動は臨界点へと向かって沸騰していく。それはすべて負の連鎖のようでも、ミネット・ウォルターズはそのクロージングにそれをプラスに転換するようなエピソードを提出し、この『遮断地区』という物語を閉じている。それは繰り返し記してきたこの物語の混住がもたらした救いであるように思える。

151 田園都市からプライベートピアへ
――エヴァン・マッケンジー『プライベートピア』〔世界思想社、二〇〇三年〕とE・J・ブレークリー、M・G・スナイダー『ゲーテッド・コミュニティ』〔集文社、二〇〇四年〕

マッケンジーは『プライベートピア』（竹井隆人・梶浦恒男訳）の中で、本書58のハワードの田園都市構想がアメリカに移植されるにつれて、コーポラティヴな思想と方向性を失うかたちで発展していったことを、まず指摘することから始めている。

それはジェイン・ジェイコブスの『発展する地域 衰退する地域』（中村達也訳、ちくま文庫）やR・B・グラッツの『都市再生』（林泰義監訳、晶文社）などでも、正面から言及されていない事柄なので、ここで取り上げておきたい。しかもこの問題は、住むことにおけるアメリカの格差社会の現実を浮かび上がらせているし、二〇〇八年のリーマン・ショックをもたらしたサブプライム・ローンとリンクしているようにも思えるからだ。サブプライム・ローンとアメリカの住宅金融市場の歴史と構造に関しては、みずほ総合研究所編『サブプライム金融危機』（日本経済新聞社、二〇〇七年）を参照している。

「プライベートピア」とはCID＝common interest developmentと呼ばれる私的資本による住宅供給方式で、アメリカの二〇世紀を通じて発展してきたシステムだった。竹井、梶浦訳において、CIDは「コモンを有する住宅地」とされている。だがマッケンジーは直接ふれていないけれど、「プライベートピア」の成立に影響を与えているロールズ『正義論』（川本隆史他訳、紀伊國屋書店）やノージック『アナーキー・国家・ユートピア』（嶋津格訳、木鐸社）などのリベラリズム、リバタリアニズムの文脈からすれば、「共有利益（資産）開発地」と解釈してもかまわないであろう。このタームに、マッケンジーはアメリカのプライヴェティズム定義に基づく、市民は富の獲得を目的とし、都市は私的な蓄財家のコミュニティになることを結びつける。それは借地借家方式のハワードの田園都市計画と相反するものだったが、アメリカの民間デベロッパーたちは政府の援助を受け、そうしたマイホーム所有を鼓舞していった。

一九三〇年代から大手の建設会社が徐々に住宅建設事業の分野で目立つようになる。一世帯用の住宅は、彼らによって、トースターや自動車のように大量生産の消費

財に変えられた。このような会社は、一度に何百もの、後には何千もの住宅を建設するようになったが、それは短期的な利益を求めた結果であり、不動産としての価値を守るよう設計された。ハワードの「自己の利益ではなく、地域社会へのサービスを基盤にした新しい文明」への希望は実現しなかった。かわりに、アメリカのデベロッパーは、政府を隠れたパートナーとして、プライヴェティズムの記念碑として後世に残る、新しい住宅地を建設する道を選んだのであった。

それらの中でも、富裕層のための高級分譲地としてのCIDにおいて、デベロッパーたちは住宅所有組合（HOA）を組織し、アメリカの都市の歴史にとっての重要なトレンドを生み出したとされる。そのトレンドとはデベロッパーによる私的な土地開発計画の手段としての土地共有方式と証書規制の利用で、それが一九六〇年代に始まる中流階級向けのCIDやコンドミニアム、ニュータウンブームにも応用されるようになった。それらのニュータウンは政府の支援を受け、大企業がスポンサーとなったりしていて、大規模なものとしてはカリフォルニア州のランチョ・ベルナルドやアーヴァイン、ヴァージニア州レストン、メリーランド州コロンビアなどがあった。

このような私的に整備された集合住宅地としてのCIDは「インスタントシティ」と呼ばれながらも、全国的に広がり、驚くほどの増加を示した。一九六四年にHOAは五〇〇に満たなかったが、七〇年には一万、七五年には二万、八〇年には五万、九〇年には一三万、九二年には一五万に達し、三千万人以上のアメリカ人がHOAという私的政府の管理下にあるとされる。これはアメリカの人口の12％を占める人々が一五万に及ぶCIDに住んでいる事実を物語り、またハワードの田園都市構想とアメリカのプライヴェティズムとの混成であることから、マッケンジーはそれに「プライベートピア」という言葉を用いることになったのである。

そして「プライベートピア」としてのCIDは、アメリカ人の住宅の個人所有志向を利用した私的政府という形態を特徴とし、それらの多くは反友好的なプライヴェティズムを伴うイデオロギーの色彩に染められていった。最も上位に置かれるのは資産価値の保護であり、それはくだらない規則を強制するもので、しかも厳密で押しつけがましく、住宅はその規則に従うか、訴訟を起こすかの選択しかない。したがってCIDに住むということは資産の共同所有権、HOAへの強制的加入、同じ住宅地もしくは建物の住民により執行される制限約款という私的な法体系のもとでの生活を要求される。それはコンドミニアムやコーポラティヴ住宅も同様なのである。これらの私的政府形態は地方自治体とも著しく異なり、企業体と見なされるので、そのミクロポリティクスは反自由主義的で、非民主主義的といえる。

これらの事柄からわかるように、ＣＩＤはハワードの田園都市計画が描いていたすべての社会的階級に住宅を供給するものではなく、富める人々を社会から分離し、カースト社会を現出させようとするアメリカの象徴と見なすこともできる。しかしそれらの欠点を孕みながらも、ＣＩＤの有する住宅供給のユートピア的魅力は不動産市場戦略において不可欠なものであり、それゆえにアメリカで広範に開発に至ったと考えられる。その最悪のヴァージョンが、「コモン」ならぬ「サブプライム・ローン」付の住宅地だったのではないだろうか。

マッケンジーは『プライベートピア』において、田園都市からプライベートピアに至る経路をたどっていく。制限約款の発展の歴史、第二次大戦後の住宅ブームとＨＯＡの関係、六〇年代からのＣＩＤブームと土地経済が果たした役割、そして七〇年代以後のＣＩＤの理事会に大きな影響力を持つ弁護士や資産管理人で占められた特殊利益団体としてのコミュニティ組合研究機構（ＣＡＩ）に焦点が当てられ、次に私的政府の概念とＨＯＡの分析、税制や行政サービスをめぐる地方政治の分極化と富裕なＣＩＤ居住者の離脱へと至る。マッケンジーはそれらが必然的な流れだとは認めるものの、「ＣＩＤがかかわるところでは、現実と実践のギャップ、レトリックと現実のギャップは実に甚しい」と記し、問題はそれがこれまで公共的な観点から検証を受けることもなく、際限もなく複製されてきたことにあると述べている。本書57でふれたマイク・デイヴィスの『要塞都市ＬＡ』、それに併走していると見なせるジェイムズ・エルロイの『ブラック・ダリア』に始まる「暗黒のＬＡ四部作」は、このようなロサンゼルスやカリフォルニアの地政学をひとつのテーマとしているのではないだろうか。

　このプライベートピアのひとつの帰結がブレークリーとスナイダーが言及する『ゲーテッド・コミュニティ』（竹井隆人訳）ということになるだろう。それは要塞住宅地と呼ぶこともできよう。

　居住境界線をよりはっきり示す形態の一つであるゲーテッド・コミュニティは、一九八〇年初期から現在に至るまで米国中に出現してきた。何百万人という米国人が、以前はより多くの人が共同で平等に利用していた一般市民のスペースを、外壁で囲いフェンスを張り巡らした特定の共同住宅スペースとして、そこに居住することを選択した。

　ゲーテッド・コミュニティは、１９６０年代後半から１９７０年代に築かれた総合計画《アマタープラン》による退職者向け住宅が出現するまでは、依然として希少な現象であった。レジャー・ワールドのような退職者向け住宅は、平均的な米国人が自分自身を外壁で隔離することができた最初の場所であった。ゲートは、直ちにリゾートやカントリークラブの住宅地に、そして今度は中流層の郊外分譲地へと広がった。１９８０年代に、高級不動産への投機と派手な消費へと向かう傾向は、排他、威信《プレステイジ》、レジャーを目的に設計された、ゴルフコースを取り囲むゲーテッド・コミュニティの急増につながった。大衆がますます凶悪犯罪に恐れおののくようになるにつれて、主に恐怖から逃れるべく構築されたゲーテッド・コミュニティがこの10年間に多く出現した。ゲートは、郊外の単一世帯住宅の住宅地や高密度の都市のアパートメント群においても設置された。１９８０年代後半以降、ゲートは国中の多くの地域に偏在するようになり、今や警備員付き玄関口を特徴とする全体が独立法人化した都市までが存在する。

　このような現象を見て、マイク・デイヴィスが『要塞都市ＬＡ』の中で、「東ヨーロッパでは壁が次々と倒れていく時代にあって、ロサンゼルスのあちらこちらで壁が作られているのだ」と書いていたのだと納得する。ブレークリ

ーとスナイダーはこのゲーテッド・コミュニティの分布を示し、それはカリフォルニアやフロリダの二州が最大の基地で、それにテキサス州が続き、ニューヨーク市やシカゴ周辺やその他の大都市圏でも普遍的な現象となっているが、地方の諸州ではほとんど見られないとしている。

そして二人は具体的に様々なゲーテッド・コミュニティの実体を探求した後、アメリカの人種、所得、地理的位置の問題にふれ、一九五〇年代の膨張する中流階層を収容する郊外化の時代と異なっていることを指摘している。それは次のような人口と人種の動向である。五〇年代には人口は一億五千万人、白人比率は88%であったが、マイノリティ人口の増大と大量の移民によって、九五年には二億六千万人、白人比率は74%に落ちこみ、今世紀半ばには人口三億八千万人、白人比率53%、高齢者人口は前世紀末の13%が20%に達すると予測されている。

このような動向を受け、アメリカは人種と所得によって分割され、五〇年代の郊外化の果てにゲーテッド・コミュニティが出現したことになる。しかしそれは人種差別主義、エリート主義、分離主義という負のイメージを拭い難く、ゲートと壁によって異なる人種、文化、階層の相互交流を拒否するトポスであることを否定できない。それゆえに、『ゲーテッド・コミュニティ』は様々な検討を与えた後で、その結論的な第7章に「それほどすばらしくない新世界」というタイトルを付し、ゲーテッド・コミュニティが「市民の共同体」であるのかという問いを発していることを付け加えておこう。

なお日本人による言及として、渡辺靖がカリフォルニア州コト・デ・カザで見た「ゲーテッド・コミュニティ—資本・恐怖・セキュリティ」(『アメリカン・コミュニティ』所収、新潮社、二〇〇七年)がある。これはアメリカの最大規模のゲーテッド・コミュニティとされる。ブレークリーたちの『ゲーテッド・コミュニティ』ではその実態がリアルに伝わっていなかったが、渡辺は具体的に見て描写することで、これが子供たちにとって「社会の矛盾や悲惨なニュースとは無縁の温室コミュニティ」であり、「『近代』の象徴である『アメリカ』に増殖し続ける『新しい中世』の出現ではないかとの嘆息ももらしている。現代の郊外化の果てに出現した「新しい中世」、それは日本においても、ゲーテッド・コミュニティは多くを見ていないけれど、監視社会として、その一端を現わしているのかもしれない。

152　衰退していく郊外
――三崎亜紀『失われた町』〔集英社、二〇〇六年〕

二〇〇六年に三崎亜紀の『失われた町』が刊行された。この物語はガルシア・マルケスの『百年の孤独』（鼓直訳、新潮社）の消えてしまうマコンドという村、及びその住人であるブエンディア一族の記憶をベースとする変奏曲のように提出されている。

それだけでなく、『失われた町』は二〇一一年に起きた東日本大震災と福島原発事故によって起きた実質的な町や村の消滅の予兆的メタファーのようにも読める作品として出現していたことになる。しかも3・11の二万人に及ぶ死者たちにしても、その五分前には自らの死のみならず、町や村の消滅をまったく予測していなかったのである。本書80の大岡昇平の『武蔵野夫人』の中に、「事故によらなければ悲劇が起こらない。それが二十世紀である」というアフォリズムめいた言葉が見えていたが、それは二一世紀になっても起き、しかも「大きな悲劇」をもたらし始めているように思える。

ただそうはいっても、三崎の『失われた町』においては長きにわたる静かな悲劇のように語られ、その町の消滅は、冒頭で次のように説明される。

眼下に町の光が広がっていた。
すでに住民の撤退が完了した町には、人の営みを示す暖かな明かりは灯らず、街灯の白々とした光が規則正しい配列で光っていた。無人の町にすら秩序を強いるかのように、信号が一定時間ごとに色の変化を繰り返す。音も無く輝くその光からは、「町」の意識を感じ取ることはできなかった。
町の消滅には、一切の衝撃も振動も、音も光も伴われない。ただ人だけが消滅するのだ。

これは序章と終章を相乗させた「プロローグ、そしてエピローグ」に示された町の消滅のかたちである。そこに登場しているは消滅管理局員の由佳、彼女の心の中で生きている潤、調査員ひびきとのぞみ、ペンション経営者らしい茜、そのアトリエに住む和宏などで、これらの全員が三十年前に失われた月ヶ瀬町の関係者だったとわかる。そしてここに示されている町の消滅は現在のものであり、三十年

前はそうではなかった。町と人がともに消滅していて、月ヶ瀬町はその典型ともいえる例だった。近未来小説の体裁からなる『失われた町』の物語とは、そこで生じたトラウマを確認するように進行し、また同時にその「消滅の連鎖を断ち切る」ように動いていくことが次第に明らかになっていく。月ヶ瀬町は成和三十三年四月三日午後十一時頃、瞬時のうちに数万人の人々とともに消滅してしまった。この時代にあって、町の消滅は何百年も前から起きていることとされるが、本当の理由はわからず、新聞やテレビは管理局によって規制され、その町に関する記述のある書物も回収されていた。

それらを前提として、7つのエピソードから形成される『失われた町』が始まり、「エピソード1　風待ちの丘」へとリンクしていく。その最初のシーンは三十年前に消滅した月ヶ瀬町の回収で、茜はその「国選回収員」に任命されていたのである。半年間の「国選回収員」の仕事は国民の義務行為と見なされ、基本的に拒否できず、選抜者の職場なども、その終了後には復帰に最大限の協力をすることが求められていた。

失われた町
三崎亜紀
この思いを伝えたい。
たとえ明日
すべてが失われても。

その選抜条件は消滅化から五百キロ以上離れた場所に住んでいて、そこに一度も行っていないこと、失われた町に親戚、友人、知人が一人もいないことだった。これらの条件は町に「汚染」されないこと、言葉を代えれば、「汚染」とは町の消滅を悲しむことに他ならなかった。また一方で、失われた町に関わることは一種の「穢れ」として認識され、それは国民の中に広く浸透していたのである。

回収員たちは二人一組で人が消滅した家に入り、生活の痕跡を示す物を回収し、この町のすべての地名と住民の生活の痕跡を消去させようとする。そうした任務を終え、回収員たちは送迎用トラックで隣の市へと運ばれ、十七分十五秒後に降ろされる。しかしその場所は一定していなかったが、次のように描写される。

都川市は、消滅した月ヶ瀬町の隣に位置する、どこにでもある地方都市だった。市内の北よりの私鉄駅を基点として、南に向いてこぢんまりした繁華街が広がっていた。駅前大通りから一本外れた道はアーケードに覆われ、「都川駅前商店街すずらん通り」という、没個性化を目的にしたようなありふれた名前がつけられていた。

　買い物の中年女性が、この時間夢の主役だとばかりに、華やかさとは無縁の服装で闊歩する。スカート丈の短い女子高生が雑貨店やファストフード店にたむろし、仕事を早仕舞いした会社員が連れ立って裏通りの飲み屋へ繰り出そうとしている。どこにでもある地方都市の夕方の賑いだ。


　現時点における郊外ショッピングセンターに包囲された地方都市の状況からすれば、近未来の設定ではあっても、後半の部分は今から十年前の記述であるから、「どこにでもある地方都市の夕方の賑いだ」という一節は割り引いて考えるべきだろう。だがそれは図らずも消滅した月ヶ瀬町が「どこにでもある地方都市」の近傍に存在し、同じことが「どこにでも」起きていたことを伝えている。

　そして茜は管理局が用意した半年間の回収員受任期間中の仮住いである駅裏の六畳一間のアパートを見て、思うのだった。数万の人々が一瞬で失われたというのに、自分はその隣の、一人の知り合いすらいない都市に住み、自分もまた、もしいなくなったとしても、何も痕跡も残すことなく、消えていくのだと。この述懐は茜が何の関係もない「国選回収員」の立場にあっても、ほとんど月ヶ瀬町の人々と変らない社会状況にあることを暗示させている。

　都川市と月ヶ瀬町を流れている都川沿いには「消滅緩衝地帯」があった。消滅は町という行政単位で起きるようだが、消滅直後の町は非常に不安的で、町は人々の悲しみを吸収し、消滅を広げようとするので、その結果、町の範囲外でも「余滅」が起きるとされる。それゆえに、消滅した町の周囲一キロ以内は消滅緩衝地帯に指定され、住民は退去を命じられるのである。

　そこで茜は中西という都川の丘陵でペンションを営む六十代の男と知り合う。彼は月ヶ瀬町で妻と妹夫婦と孫娘を失っていた。その風待ち亭というペンションを茜は訪ねていく。そこから見る月ヶ瀬町は「残光」現象を示し、明かりが灯り始めたが、それは「見えているのに、そこに存在しない光」だった。失われた人々の想いはしばらく町に漂い続け、その間「残光」が光り続けるのだ。

　風待ち亭には茜の他にも、由佳という少女が訪ねてくる。彼女も月ヶ瀬で潤という幼なじみの友人を失っていて、「残光」を見るために訪れてきたのである。彼女はいう。町の消滅は不可解な部分が多すぎるし、過去の消滅について調べてみようとしたけれど、すべてが管理局に回収、規制されているのでわからない。それを知るために管理局に入り、その意味を調べてみたいと。そのために『失われた町』の冒頭において、管理局員として由佳が登場しているのだとわかる。

そしてこの風待ち亭を称して、中西が「終の棲家」というように、失われた町のかたわらにメタファーとしての失われないトポスが存在している。風待ち亭とは、それぞれの人生に新しい風が吹いてくるまでしばしくつろげる場所として、月ヶ瀬で消滅してしまった中西の妻が命名したものだったのだ。その新装オープンの最初の客が茜であり、由佳だった。そしてさらに新しい客たちも現われ、『失われた町』という物語も続いていくのだが、それらへの言及はここで打ち切るしかない。私たちもまた、現実の状況に戻らなければならないからだ。

三崎の『失われた町』の中での町の消滅の原因は不明とされているけれど、現実に消えていくかもしれない郊外の変容に関してはそれを説明できる。一九九七年刊行の『〈郊外〉の誕生と死』において、戦後の日本の郊外の誕生、それに伴う混住社会と郊外消費社会の出現に至る回路を既述しておいた。それらは高度成長期を通じての第一次産業から第二次、三次産業への急速な産業構造の転換、八千万人から一億二千万人近くに及んだ戦後の人口増加と大都市への人口移動、消費社会の幕開けとロードサイドビジネスの簇生などを通じて現実化していったのである。

このような郊外の歴史を包括的にたどり、パラレルに発生した郊外文学も参照しながら、一九九〇年代半ばまでを検証してきた。すると浮かび上がってくるのは日本の敗戦とアメリカの影に他ならず、日本の八〇年代の産業構造が、日本占領時のアメリカのそれとまったく相似することに気づかされた。その八〇年代とは郊外消費社会が隆盛を迎え、東京ディズニーランドが開園した時代であり、それらのアメリカ的風景は占領下の再現を彷彿させ、第二の敗戦をも示唆するものだった。

それゆえに否応なく、このような郊外の風景の行方を問わざるをえなかった。そうして二一世紀以降を幻視すれば、郊外を誕生させ、膨張を推進する基本的な要因であった戦後の人口増加は、当時の厚生省と国立社会保障人口問題研究所の「将来推計人口」によると、日本の総人口は二〇〇七年に一億二千七〇〇万人をピークとして減少し始め、二〇五一年には一億人を割るとされていた。それは同時に高齢化社会と少子化社会が想像以上に加速し、出現することを意味していたし、とりあえず「郊外の行方」として、核家族によって形成された郊外社会へとダイレクトに反映されていくであろうとの予測を提出しておいた。

二一世紀に入って、それは現実化し、予想よりも数年早く、二〇〇四年の一億二千七百九〇万人をピークとして、人口は減少し始めた。やはり〇五年には一人の女性が産む子供の数を示す合計特殊出生率は1・25と過去最低となり、また65歳以上の老年人口割合は20・1％に達し、世界でも突出した高齢化社会を迎えることになった。

これらの事実をふまえて、二〇一三年から、『〈郊外〉の誕生と死』の続編というべき本稿を書き始めるに至った。それは前著でふれられなかった日本近代の郊外の歴史、敗戦とアメリカによる占領、イギリスにおけるハワードの田園都市計画、アメリカの五〇年代とショッピングセンター、フランスの消費社会化と郊外の団地と移民、台湾の先住民族と戦後、再びアメリカのプライベートピアやゲーテッド・コミュニティなどを、主として文学や映画をアリアドネの糸として模索したもので、この郊外の果てへの旅は五年の長きに及んでしまった。もちろん郊外と混住という広範なテーマであるゆえに言及できなかった事柄も多く残されているけれど、ここでひとまず終えなければならない。それはこれ以上長くなってしまうと、単行本として刊行することも困難になるからだ。

その最後にここでは近年周辺で起きていることも含め、とりあえず前述した日本の人口減少、高齢化、少子化社会の影響を受け始めている郊外状況を記してみる。一九七〇年代以後に形成された所謂郊外の団地、ニュータウンが近隣に三ヵ所あるのだが、この数年売り家や空き家、空地が目立って増えてきた。それは団塊の世代のサラリーマンが退職したことを主たる要因とするもののようだ。仄聞するところによれば、経済的な事情は別にして、故郷への帰還、一戸建よりもメンテナンスがわずらわしくないマンションへの移行、別の県に住む子どもとの同居のための引越しなどがその理由とされている。

それは混住社会の先住民であるかつての農村の人々も同様であり、防風林に囲まれた古い家も空き家になったり、更地にされ、建売住宅が建てられたりしている。長きにわたって見慣れた風景がまったく変わってしまうのだ。またそこでの老人の孤独死なども生じたりしている。しかもそうした風景や出来事はもはやめずらしいものではなく、日常的に見られるもの、起きるものと化していくだろう。

これらの現象を裏づけているのは二〇一三年の総務省の「住宅・土地統計調査」で、総住宅数に占める空き家率は13・5％、８２０万戸に及び、そのうちの４００万戸は賃貸住宅である。また野村総合研究所の予測データによれば、その空き家率は二三年には20％、三三年には30％、２１６

7万戸に達するとされる。これは三軒のうちの一軒が空き家という状況を示すもので、まさに「向う三軒両隣」において、そうした現象が日常的に生じることを意味している。もはや本書18の黒井千次の『群棲』という作品も成立しないところまできている。また一九六〇年代に広く農地を買収して建てられたいくつもの工場の撤退や廃業も起き始めている。

それらの意味するところは、私が郊外論を構想するにあたって拳々服膺してきた佐貫利雄の『成長する都市 衰退する都市』というタイトルにちなんでいえば、「衰退する郊外」が全国各地に発生していることになる。それは郊外消費社会にも反映されていくはずで、ロードサイドビジネスの衰退やビジネスモデルの変容へともつながっていくだろう。それは業種によってすでに表出し始めていると判断できるし、総合スーパー、百貨店のみならず、様々な業種が大閉店時代を迎えていることはその予兆と見なせるであろう。最近も四半紀に及んで営まれてきた近所のコンビニが閉店したばかりだ。

これは本書13などでふれてきたが、ロードサイドビジネスはオーダーリース方式＝借地借家方式で出店していて、定住ではなく、ノマド的形態によるビジネスで、この本質からすれば、ニュータウンのマイホームよりもはるかに撤退は早く、郊外からのマイホームとロードサイドビジネスの相次ぐ退場は、地域によってはバニシングポイント的な風景をもたらすかもしれない。

最後に三崎の『失われた町』を取り上げたのも、これがこのような郊外の現実のメタファーとなっているからでもある。日本の郊外は、アメリカのようなプライベートピアやゲーテッド・コミュニティ、フランスにおける移民のためのあからさまなゲットーとしての団地は生み出さなかったけれど、人口の減少と少子高齢化社会が急速に進行し、「失われた郊外」を出現させていくことは確実だと思われる。郊外の果てへの旅を続け、混住社会をたどってきたが、日本の郊外はどうなるのか、ここにもう少しその旅を続けていくことを記し、ひとまず本書を終えることにしよう。

あとがき

本書は私のブログ「出版・読書メモランダム」において、「混住社会論」のタイトルで、二〇一二年十二月から一六年九月にかけてほぼ毎週連載したものに加筆修正し、新たに章タイトルを付し、『郊外の果てへの旅／混住社会論』として上梓するものである。

ブログ連載を始めた経緯と事情は「序」に記したとおりだが、前著『〈郊外〉の誕生と死』があらかじめ構成を決めた上で書き下ろされたことに対し、本書は長きにわたるブログ連載という形式もあり、郊外のタームを借りれば、いささかスプロール的にして、まさに混住的な言及と構成になってしまった。

それはネットで読む場合、連載であっても一編が独立して読めること、さらにリーダブルな一編の長さは四千字から五千字ではないかと判断し、そのために毎回特定の小説、著作、映画、コミックなどを取り上げるという手法を選択したことによっている。同様に展開しても、枚数が多い雑誌連載ということであれば、異なるかたちになっていたと思われるが、このような構成ゆえに、どの章から読み始めても、郊外と混住社会へと赴くことができるであろう。ただそうした構成と言及ゆえに記述に反復が生じてしまったこと、テキストの多様性のために数字表記の統一ができなかったことが挙げられる。これらに関しては読者のご海容を乞う次第である。

また当初は戦後の郊外化のデータと図表、詳細な注と文献案内を付すつもりでいたが、そうすると千ページ近くになってしまうし、これ以上の大部にできないこと、また本書は広義の文芸批評として書かれているけれど、アカデミズム的著作を意図していないこともあり、それらは止めた。その代わりに本文中に出版社、訳者、必要と判断すれば、刊行年も添えた文献案内を加えた。それにテキストを提供してくれた作者、著者、訳者、写真家、映画監督と出演者への深甚の謝意をこめる意味も含め、長い活字の連なりの中での休息の場として、それぞれの書影などを掲載することにした。さらに郊外化のデータと図表については、思いがけずにそれらを収録した前著も復刊されることになったので、必要とあれば、そちらを参照して頂ければ幸いである。

といっても、それは論創社の森下紀夫氏の編集の労をほとんど軽減したことにはならず、多大なご苦労をおかけしてしまった。だが考えてみれば、森下氏との出版界での出会いも混住も、『〈郊外〉の誕生と死』の刊行が機縁となっていて、その二十年後に彼の手で、その復刊と続編である本書が編集刊行されることは感無量の思いに捉われる。本書46ではないけれど、本当に長きにわたり、色々とありがとう。

二〇一七年三月　　著者

小田光雄（おだ・みつお）
1951年、静岡県生まれ。早稲田大学卒業。出版業に携わる。著書『〈郊外〉の誕生と死』（青弓社、復刊・論創社）、『図書館逍遥』（編書房）、『書店の近代』（平凡社）、『出版社と書店はいかにして消えていくか』などの出版状況論三部作、『古本探究Ⅰ～Ⅲ』『古雑誌探究』『出版状況クロニクルⅠ～Ⅳ』、インタビュー集「出版人に聞く」シリーズ（いずれも論創社）、訳書『エマ・ゴールドマン自伝』（ぱる出版）、エミール・ゾラ「ルーゴン＝マッカール叢書」シリーズ（論創社）などがある。個人ブログ【出版・読書メモランダム】http://d.hatena.ne.jp/OdaMitsuo/ に「出版状況クロニクル」と「古本夜話」を連載中。

郊外の果てへの旅／混住社会論

2017年5月20日　初版第1刷印刷
2017年5月25日　初版第1刷発行

著　者　小田光雄
発行者　森下紀夫
発行所　論 創 社
東京都千代田区神田神保町 2-23　北井ビル
tel. 03（3264）5254　fax. 03（3264）5232　web. http://www.ronso.co.jp/
振替口座　00160-1-155266
装丁／宗利淳一
印刷・製本／中央精版印刷　組版／フレックスアート
ISBN978-4-8460-1623-4